KB143715

민중, 저항하는 주체

민중의 개념사, 이론

강인철 지음

민중의 개념사, 이론

민중/저항하는 주체

민중

성균관대학교
출판부

민중은 2000년 이상의 장구한 역사를 가진 어휘이다. 그 오랜 세월 동안 민중은 '피지배 다수'를 가리키는 허다한 기표 중 하나일 뿐이었다. 그런데 1920년대에 이르러 신채호에 의해 '저항'과 '주체'라는 새로운 기의가 부여되면서 민중 개념에 대변혁이 발생했다.

그 후 민중은 매우 논쟁적인 개념으로 변했고, 민중이라는 기표는 정치적 쟁투의 대상이 되기 시작했다. 새로운 민중 개념에서 '주체'란 대체 무엇을 가리키며, '저항'은 무슨 의미인가? 역사주체, 정치주체, 변혁주체, 메시아적 주체 등으로 호명될 때 민중은 각기 어떻게 달라지는가? 이 질문들에 답하는 방식에 따라 민중의 정의도 크게 달라졌다.

합의된 민중 정의는 없다. 앞으로도 불가능할지 모른다. 그런 탓인지 한상진은 1987년에 낸 『민중의 사회과학적 인식』을 이렇게 시작했다. "사회학을 하면서 부딪치는 여러 문제들 가운데서 민중만큼 중요하면서도 모호하고 예민한 문제도 없는 것 같다. 민중은 이 시대에 가장 중요한 사회문제이자 가장 매력적인 사회사상이면서 동시에 어쩌면 가장 애매모호하고 가장 이론적 작업이 결여되어 있는 문제인지도 모른다."

원래 이 책은 1부와 2부를 포함하는 단권으로 기획되었다. 그러나 집필 분량이 예상을 크게 초과함에 따라 별개로 나눠 출간하게 되었다. 두 권은 각자 충분한 독립성을 갖도록 집필되었으므로 독자들로선 따로 읽어도 무방할 것이다. 이 책은 민중 2부작의 첫 번째 책에 해당한다. 두 번째 책이 민중 개념의 역사적인 측면을 밝히는 데 주력했다면, 이번 책은 민중 개념의 구성요소와 이론적인 측면을 밝히는 데 주력한다.

이 책은 민중 개념을 정의하고, 이 개념을 둘러싼 합의와 불일치를 판별하며, 피지배·다수·주체·저항·다계층성 등 이 개념의 구성요소들을 심층적으로 탐구해나간다. 2000년이 넘는 긴 시간 동안 '다수성'과 '종속성'이라는 기존 의미요소들이 유지되어왔던 민중 개념의 역사에서 20세기에 추가된, 더 정확히는 1920년대에 발생하고 1970년대에 재생된, 그리하여 민중을 그토록 논쟁적인 개념으로 만든 두 가지 새로운 의미요소, 즉 '정치 주체성'과 '저항성'을 해명하는 것이 이 책의 주된 관심사다. 개념들의 네트워크 안에 민중을 적절히 자리매김하는 것도 이 책의 과제 중 하나다.

단재 신채호 선생이 1923년에 "조선혁명선언"을 발표하면서 민중 개념에 거대한 지각 변동이 일어났다. "조선혁명선언"을 기점으로 평범하기만 했던 민중 용어가 비범한 개념으로 돌변했다. 민중 개념의 기나긴 역사에서 1923년만큼 중요한 시점을 찾아낼 수는 없다. 이때부터 민중 개념은 역동적이고 흥미진진한 20세기의 여정을 새롭게 시작하게 되었다. 처음부터 의도한 것은 아니었지만, 마침 그로부터 정확히 100년이 되는 올해 '민중 2부작'을 세상에 내놓게 되었다. 단재 선생도 기뻐하실 것 같다. 감개무량하다.

2019년 말 우연히 좋은 기회가 찾아왔다. 그때 필자는 한국학중앙연구원의 '한국학 학술용어' 연구프로젝트에 참여하면서 민중 개념 연구를 시작했다. 프로젝트의 결과는 2020년 여름 『한국학 학술용어』라는 제목으로 출간되었다. 필자의 "민중"이라는 글도 여기에 실렸다. 그러나 3년

단재 신채호 선생이 1923년에 "조선혁명선언"을 발표하면서
민중 개념에 거대한 지각 변동이 일어났다
"조선혁명선언"을 기점으로 평범하기만 했던 민중 용어가
비범한 개념으로 돌변했다. 처음부터 의도한 것은 아니었지만
마침 그로부터 정확히 100년이 되는 올해
'민중 2부작'을 세상에 내놓게 되었다
단재 선생도 기뻐하실 것 같다. 감개무량하다

가까이 지난 지금 생각하면 너무 준비가 안 된 상태에서 무모하게 덤벼
든 게 아닌가, 마치 한바탕 습작이라도 하고 난 듯한 느낌마저 든다. 1970
년대 이후 연구대상 영역이 급격히 넓어지는 민중 개념 연구의 특성을
고려하면, 불과 반년 남짓 진행된 단기 프로젝트를 통해서는 충분하고
만족스러운 연구를 진행하는 게 애초 불가능한 일이었다. 특히나 1980
년대에는 인문학과 사회과학의 모든 분과들을 집어삼킬 듯 무서운 기세
로 민중 개념의 영향력이 파급되지 않았던가? 더구나 통시적으로 보더
라도 민중은 기원전으로까지 소급되는 유구한 역사를 가진 개념이 아니
던가? 20세기 등장한 새로운 민중 개념은 그 하나하나가 거대한 연구 주
제를 이루는, '주체'와 '저항'에 대한 연구를 필수적인 것으로 만들기도
했다. 필자에게 생소한 여러 학문 영역과 접근방법들을 뒤늦게 공부하
고 익히는 데 예상보다 훨씬 많은 시간이 소요되었다. 그런 연유로 출간
계획도 일 년 이상 지연되었다.

한국학중앙연구원 프로젝트가 없었더라면 이 책도 당연히 없었을 것
이다. 그 덕택에 민중 개념사 연구의 중요성을 새삼 깨닫게 되었고, 뜻밖
의 연구가 주는 즐거움에 흠뻑 빠져들 수 있었다. 작업을 시작할 때 민중

개념 연구야말로 1960년대 이후 한국 지성사의 핵심적 일부를 이룰지도 모른다는 생각이 들었다. 이런 추측은 연구가 깊어질수록 점차 확신으로 바뀌어 갔다. 민중 개념은 한국 진보 학계의 동향, 나아가 현대 지성사 전반을 조망할 수 있게 해주는 탁월한 장점을 갖고 있다. 1970년대 이후 긍정적이든 부정적이든 민중에 대해 약간이라도 언급하지 않은 학자나 지식인은 드물다. 이 개념을 파고드는 와중에 민속학, 문학, 연극학, 미학, 신학 등이 이미 1970년대부터 긴밀한 상호 영향 관계를 유지해왔음을 발견했던 일도 유쾌한 놀라움이었다.

필자는 이 책의 작업을 50대 말에 시작해서 60대 초에 마무리했다. 30여 년을 종교사회학자로 살아왔는데 왜 하필 이때 낯선 개념사·지성사 연구에 뛰어들게 되었을까 생각하면 뭔가 운명적인 이끌림 같은 게 있지 않았나 하는 느낌마저 든다. 2019년 12월에 시작했고 한 달 후 한국에서 첫 감염자가 나왔으니 이 책은 코로나19 팬데믹과 시기적으로 거의 완벽하게 겹친다. 그 이전에도 사회적 접촉이 적은 편이었지만 코로나로 인해 더 적어졌고, 아이러니하게도 이런 고립 상황이 필자에게는 연구에 집중할 수 있는 환경을 제공했다.

이번 연구는 개인적으로 행운이자 큰 영광이기도 했다. 덕분에 민중사회학을 개척한 필자의 은사 한완상 선생님을 비롯하여 많은 스승과 선배·동학들의 지성적·사상적 발자취를 찬찬히 탐색해볼 수 있었다. 필자를 한국학 용어 프로젝트에 초대해서 민중연구의 첫발을 뗄 수 있게 해준 한국학중앙연구원에 깊은 감사를 표한다. 특히 당시 원장이던 안병욱 선생님, 프로젝트 진행 책임자였던 전우용 박사께 감사드린다. 프로젝트 당시 자문역을 맡아 귀중한 조언들을 제공해준 김경일 교수와 서호철 교수께도 감사의 마음을 전하고 싶다. 특히 당시만 해도 관심 영역이 고작 민중신학, 민중문학, 민중사회학, 민중사학 정도에 머물러 있던 필자에게 조동일과 김지하에 주목하도록 자극해준 김경일 교수께 각별한 감사의 말씀을 드리고자 한다. 그의 조언에 따라 연구를 진행하다 보니, 서로 친숙했던 조동일·김지하·허술 '3인방'이야말로 특유의 열정과 다재다능함을 무기로 여러 영역들에 두루 관여하면서 새로운 민중 개념을 정련해내고, 이렇게 형성된 신개념을 인접한 또 다른 영역들로 파급시키는, 이를테면 모으는 기능과 흩어놓는 기능을 겸한 결절점 내지 허브 역할을 담당했음이 분명해졌다.

필자는 이 책의 주역이 아니다. 진정한 주역은 이 책에 등장하는 수많은 '민중론자들'이다. 필자는 그들의 육성을 보다 많이 발굴하고 좀 더 충실히 소개하려 애썼을 따름이다. 그들의 목소리가 후속 세대와 새로운 독자들에게 좀 더 원활하게 이해되고 소통될 수 있도록 애썼을 따름이다. 연구 착수 당시 이미 고인이신 이도 적지 않았으나, 책을 준비하고 집필하는 몇 년 동안 민중론에 큰 족적을 남긴 이들 중 참으로 많은 분들의 부음을 슬픈 마음으로 접해야 했다. 존경의 마음을 담아 두 권의 책을 그 영전에 바친다.

2023년 여름,
강인철

목차

밀충

이 책은 일차적으로 개념사적인 연구이다. 이 말은 접근방법을 가리키지만, 동시에 연구대상을 지시하기도 한다. 연구대상 측면에서 이 책은 '민중' 그 자체나 '민중운동'에 관한 연구가 아니라고 해야 한다.[1] 필자는 민중에 대해 논의한 '지식인들'에 초점을 맞출 것이다. 그들이 공식 교육제도를 통해 배출된 지식인이든 민중 출신의 자생적 지식인이든 말이다. 필자는 지식인들이 어떤 의도로 어떤 의미를 민중이라는 기표에 부여하고자 했는지, 나아가 이들이 민중 기표를 통해 어떤 정치적·사회적·문화적 목적을 추구했는지를 탐구한다. 요컨대 필자의 우선적인 연구대상은 민중이 아닌 지식인이다.[2]

2009년 선보인 『국민·인민·시민: 개념사로 본 한국의 정치주체』에서 박명규는 '정치주체'의 역사적 형성 과정을 탐구하는 작업의 일환으로 다양한 민民 개념들을 검토하면서, "국민·인민·시민 개념에 민족·민중 등을 합치면 아마도 한국사에 등장하는 다양한 '민'의 범주를 종합적으로 이해할 수 있으리라 믿는다"고 말한 바 있다.[3] 필자는 박명규가 제시한 국민, 인민, 시민, 민족, 민중에 '계급'을 추가하여 '6대 정치주체 개념어'로 정리할 경우 '정치주체'에 관한 우리의 개념사적 논의가 더욱 온전해지리라 생각한다. 이듬해인 2010년에 박찬승의 '민족' 개념사 연구서 인『민족·민족주의』가 출간되었다.[4] 박명규의 책을 전후하여, 신진욱과 정상호 등에 의해 '시민' 개념사 연구서들이 출간되기도 했다.[5] 정치주 체 개념 중에서 민중만이 꽤 오랫동안 미답의 영역으로 남아 있었다. 여 러모로 부족하지만 우리 학계의 해묵은 숙제에 대한 필자 나름의 응답이 이 책인 셈이다.

1. 개념사와 지성사

잘 알려져 있듯이, 개념사conceptual history는 1950년대 이래 독일에서 오 토 브루너와 베르너 콘체 등에 의해 발전했다. 개념사 연구자들은 텍스 트 이해에 사회경제적 맥락을 경시했던 정신사Geistesgeschichte나 이념사 Ideengeschichte 연구를 대체하고자 사상과 시대의 관계, 이데올로기적 맥 락과 사회경제구조 사이의 상관관계를 중시하면서 관념사와 사회사를 융합했다.[6] 이로써 개념사는 사회사social history와 밀접한 연관 속에 놓 이게 되었다.[7] 그런데 한국의 민중만큼 사회사, 특히 사회운동과의 강한 연관성이 확인되는 개념도 드물다. 사회운동사, 정치사와의 연관에 대 한 적절한 이해 없이 민중 개념사는 결코 쓰일 수 없다. 한국에서 새로운 민중 개념이나 이론이 태동하는 데는 항상 선행하는 사회운동의 자극이 있었다. 또 역으로 새로운 민중 개념은 사회운동의 발전을 촉진했다. 이 남희가 주장했듯이 현대 한국사회에서 민중은 단순한 개념이 아니라 '운 동'(민중운동)과 '민중 프로젝트'로서 기능했다.[8] 구해근에 의하면 한국의 노동운동은 민중이라는 어휘와 연관된 다양한 언어와 문화 활동, 이념, 기억 등을 발전의 자양분으로 삼았다.[9]

독일 개념사를 획기적으로 발전시킨 라인하르트 코젤렉과 동료들은 18세기 유럽에서 '근대'의 시작을 알린 개념들, 곧 추상적 집합단수로서의 '역사'를 비롯하여 진보, 민주주의, 자유, 국가, 혁명 등의 개념들이 탄생하는 과정을 면밀히 추적했다.[10] 그런데 1920년대 식민지 조선에서 의미의 대전변大轉變을 겪은 '민중' 개념에는 그 상당 부분, 다시 말해 진보, 민주주의, 자유, 국가, 혁명, 역사(역사주체)가 두루 포함되어 있었다. 유럽에서 한 세기에 걸쳐 진행된 개념적 변화들이 한국에서는 1920년대 초의 불과 몇 년 동안 집약적으로 진행되었다. 이런 점에서 민중 개념은 한국판 언어혁명의 응축물이었다고 말할 수 있다.

　독일 개념사 연구는 세계 여러 곳으로 빠르게 확산되었다. 이런 국제적 확산의 흐름을 타고 한국의 개념사 연구도 2000년대 들어 본격화되었다. 한국 개념사 연구는 대개 '개념의 근대적 이행과정' 혹은 '근대 이행기의 개념 동태'를 다뤄왔다. 코젤렉의 표현을 빌리자면, '역사적 기본개념들'이 수용되고 자리 잡는 언어혁명의 시기인 말안장 시대 Sattelzeit 혹은 문턱의 시대Schwellenzeit를 찾아내는 데 집중해왔다고 말할 수 있겠다. 한국 개념사 연구는 한림대학교 한림과학원이 2007년부터 개시한 '동아시아 기본개념의 상호소통 사업'을 중심으로 발전했다. 그 성과가 2008년부터 '한국개념사총서'라는 이름으로 꾸준히 발간되고 있다.[11] 나인호에 의하면 "인문·사회과학의 근대적인 기본개념 형성" 시기가 한국개념사총서의 기본 문제의식을 이룬다. 그런데 "이 시기는 코젤렉의 『역사 기본개념』의 핵심 시기인 전통적 개념 세계에서 근대적 개념 세계로의 근본적인 변화가 일어났던 이른바 '말안장의 시기' 내지 '문턱의 시기'에 상응"하며, "우연의 일치인지는 몰라도 전자가 대략 1850~1950년으로 상정되어 대략 1750~1850년으로 상정된 후자보다 정확히 100년이 늦다."[12] 바로 이 시기가 한국의 "근대 개념 형성기"라는 것이다.[13]

이런 상황에서 기존의 개념사 연구가 암묵적으로 '서구 근대성'을 보편적 기준이나 목적론적 좌표로 전제하는 게 아니냐는, 일종의 탈(서구)근대적-탈식민주의적인 비판이 제기되는 것은 자연스럽다. 유럽 중심주의적 근대성 관념에 갇혀 '다른 근대'의 가능성을 상상하지 못하는, '근대화론의 사상사적 변종' 내지 '개념사 판본의 근대화론'으로 전락하는 게 아니냐는 문제제기 말이다. 한국과 유럽의 개념사 연구 모두가 이런 비판에서 자유롭지 못할 것 같다.[14] 한국의 경우 비판의 우선적인 대상은 이른바 '이중번역' 도식이 되어야 하지 않을까. 한국의 개념사 연구자들은 '유럽 → 중국/일본 → 조선'으로 이어지는 "개념의 공간운동"을 일종의 선험적 전제처럼 폭넓게 공유해 왔던 것 같다. 말하자면 이런 식이다. "한국 근대 개념사에서……통념적인 견해에 따르면, 개념의 공간운동은 개념의 근대성을 선취한 서양의 개념이 비非서양 세계로 전파되는 현상을 가리킨다. 한국 근대 개념사에서 이 현상에 대해 말하자면 서양의 특정 개념이 동아시아의 중국과 일본을 거쳐 한국에 도달한다는 식으로 설명될 수 있을 것이다."[15] 박명규가 한국 개념사 연구의 방법론적 원칙 내지 고려 사항으로, "19세기 후반 일본에서 이루어진 서구 개념의 한자어 번역 과정에 주목"할 것, 그리고 "이 단어가 번역어로 수용되는 과정, 기존 어휘와의 충돌, 그로 인한 혼란과 불일치, 개념적 전유를 향한 집단 사이의 갈등과 충돌에 주목"할 것을 강조한 것도 대체로 이런 문제의식을 반영하고 있다.[16]

위의 문제제기에 부응하여 탈근대적-탈식민주의적인 감수성과 성찰 능력을 갖춘 새로운 개념사 접근을 앞장서 모색하고 소개해온 이가 나인호이다. 새로운 개념사는 "유럽 중심주의 극복과 주체적 학문 연구"의 기치를 내세운 라틴아메리카, 동아시아, 유럽 주변부 학자들에 의해 주도되고 있다.[17] 나인호가 소개하는 새로운 개념사 접근을 크게 두 가지로 나눌 수 있을 듯하다. 다만 이런 새로운 접근들을 한국에서 실제 연구로 구현하는 일은 여전히 대부분 미래의 과제로 남아 있다고 해야 옳겠지만 말이다.

첫째, '일국사'의 관점에서 벗어나 '트랜스내셔널·글로벌 히스토리'로, '기원·확산 패러다임'에서 '공동생산·재발명 패러다임'으로 전환하는 것이다. 유럽 중심주의적 근대성 개념을 전제하고 있는 전통적인 비교사 패러다임을 넘어, 유럽 문명의 일방적인 전파·확산·수용이 아닌 문명의 '얽힘'으로, 개념의 '공동생산'과 '재발명' 과정으로 접근해야 한다는 것이다. 자신들이 놓인 독특한 역사적·사회적 맥락 속에서 당면한 문제를 해결하기 위한 능동적이고 주체적인 노력의 일환으로 비서구 구성원들이 '다른 의미를 생산해가는' 과정으로서의 개념사가 강조되는 것이다.[18] 이런 관점을 취하면 비서구 구성원들은 "서양을 주체적으로 그리고 창조적으로 취사선택"해왔다고 말할 수 있게 된다.[19] 이는 "다층적 의미를 지닌 개념을 각자의 문제의식에 따라 선택적으로 전유"하는, "서구 근대와 구별되는 또 다른 근대 기획"이기도 하다.[20] 정상호가 대안으로 제안한 '비판적 개념사'도 유사한 문제의식에 기초하고 있는 것으로 보이는데, 그가 말하는 비판적 개념사의 요체는 "연구대상 국가의 역사적 맥락과 현재 시점을 보다 강조"하는 데 있다고 한다.[21]

둘째, 이른바 '서발턴subaltern 개념사'를 적극적으로 발전시키는 것이다. 보다 구체적으로, (호아오 페레스가 제안하듯이) '비非기본개념'과 '비대칭적 반대/대응개념' 연구에 집중하는 것이다.[22] 여기서 비기본개념은 기본개념에서 배제된 개념들을, 비대칭적 반대개념은 주체와 타자를 불평등하게 규정하고 구분 짓는 개념들, 한마디로 "비대칭적이고 불평등하게 대조되는 개념들"을 가리킨다.[23] 이 반대개념들은 통상 "선택된 정치 공동체의 경계 밖에 있거나, 내부에 하위주체로 존재하는 인간집단을 호명하기 위해 사용"되며, "기본개념이 되지 못한 반대개념들과 기타의 주변부적 개념들은 특정 인간집단들의 박해와 배제가 지속될 때에는 결정적인 도구, 즉 매우 효과적인 사회적 통제수단으로 쓰인다."[24] 나인호가 적절히 말한 것처럼, "서발턴의 침묵을 탐구하는 것이야말로 비서구 사회의 개념사 연구가 담당해야 할 몫일 뿐만 아니라, 비서구 사회의 개념사 연구가 지닌 잠재적 역량이 가장 돋보일 수 있는 분야가 아닐까?"[25] '서발턴 개념사'가 민중 개념 연구에 보다 직접적인 도움을 제공하리라는 데 대해선 의문의 여지가 없다. 서발턴 개념사란 결국 '비기본개념 중 비대칭적 반대개념들'에 일차적 초점을 맞추는 연구가 될 것이다.

그러나 개념사 영역에서 진행된 근래의 참신한 이론적 혁신들에도 불구하고, 민중 개념의 관점에서 볼 때 아직 몇 가지 의문이 남는 것 또한 사실이다. 무엇보다 새로운 주장들조차도 여전히 '외부-내부' 혹은 '서구-비서구'의 이분법적 공간 도식에 매여 있는 게 아니냐는 질문이 제기될 수 있다. 민중 개념이야말로 앞서 언급한 이중번역 도식을 반박하는 가장 강력한 반증 사례일 수 있다. 특히 민중의 경우 번역어 여부與否부터가 분분한 논란거리이다. 민중이 근대 이행기의 번역어라는 주장과 한국의 독창적인 고유어라는 주장이 팽팽히 맞서며 갑론을박이 이어지고 있는 것이다. 민중이라는 어휘가 서구 기원으로 소급되는 근대적 발명품이 아님은 분명하다. 민중 어휘의 고대적인 중국 기원은 명확히 확인되며, 그 어휘가 수입될 당시 어떤 심각한 갈등이 있었다는 역사적 증거도 발견되지 않았다. 대부분의 한국인 연구자들은 코젤렉이 말한 말안장 시기를 19세기 말에서 20세기 초반까지로 잡고 있는데, 그 시기에 민중이 people의 번역어로서 인민·국민 등의 개념들과 경합했다는 역사적 증거 또한 부족하다. 민중은 어휘 변화의 시간적 리듬 역시 매우 독특한 편이다. 민중 개념은 한국의 말안장 시기에 상대적으로 잠잠했던 데 비해, 1920년대에 이르러 비로소 의미의 격렬하고도 근본적인 변화를 겪었다. 반면 다른 정치주체 개념들 가운데 1920년대에 결정적인 의미론적 변화를 거친 사례는 거의 없는 것 같다. 만약 민중이 번역어가 아니라는 주장이 학문적 정통 담론으로 자리 잡을 경우, 이는 '서구 근대(적 개념)의 창조적·주체적 수용'이라기보다는, 직면한 안팎의 도전과 위기를 해결하기 위해 '전통의 재발명'을 시도한 쪽에 가깝다고 하겠다. 말하자면 국가 주권을 박탈당한 식민지 민족주의자들이 기존의 '민족' 개념에 '사회혁명social revolution'의 요소를 추가함으로써 민중 개념에 대한 급진적 재해석을 기도했다고 해석할 여지가 다분하다는 것이다.[26] 한편 민중이 번역어라고 주장하는 이들은 하나같이 민중을 people의 번역어로 간주하는데, 이 경우 people의 번역어로 더 유력한 '인민' 개념이 이미 존재하므로 별도의 민중 개념사 연구는 사실상 불필요해진다.[27]

또 하나 제기될 법한 불만은 ('비대칭적 반대개념'의 존재에도 불구하고) 국제적으로나 한국에서나 '권력과 개념의 관계'에 대한 학문적 관심이 여전히 충분치 못하다는 것이다. 민중은 인민과 함께 권력의 개입이 명확히 감지되는 대표적인 개념이다. 분단 이후 인민이 권력에 의해 금기어로 규정된 것처럼, 1960년대 이후, 특히 1980년대에 민중은 권력의 직간접적인 통제와 간섭을 받는 개념어로 부상했다. 이 시기에 민중 개념의 의미와 사용법을 둘러싸고 자주 정치적 각축이 벌어졌다. 이런 관점에서 민중을 비롯한 특정 개념에 대한 권력의 부정적·긍정적 개입이 초래하는 개념적 병목이나 결핍 현상, 새로운 개념적 창안創案으로의 압력이나 기회공간 발생 현상 등을 탐구해야 마땅하다고 생각한다.

한편 필자는 보다 온전한 민중 개념 연구를 위해 '개념사'뿐 아니라 '지성사intellectual history' 접근도 함께 활용할 필요가 있다고 판단한다. 영국 케임브리지학파로 대표되는 지성사와 독일계 학자들이 중심이 된 개념사는 넓은 공유 지반을 갖고 있다.[28] 왓모어는 아예 개념사를 지성사의 여러 접근법 중 하나로 간주한다.[29] 왓모어는 영국 최초로 지성사 교수직에 취임한 존 버로우의 정의, 즉 "과거의 사람들이 무엇을 의도했는지를 그들이 실제로 말한 내용과 그것이 그들에게 실제로 '무엇을 의미했을까'에 근거하여" 복원하는 과정이라는 지성사 정의를 소개하면서, 지성사 연구의 핵심을 "역사 속의 행위자가 남긴 발화와 주장을 진지하게 탐구함으로써 과거를 조망하는 일"로 간명하게 제시한 바 있다.[30] 지성사와 개념사의 공유 기반은 '현존하는 과거'와 '과거의 현재'를 명확히 구별해야 한다는 코젤렉의 주장에서도 명확히 확인된다. 여기서 '현존하는 과거'는 "오늘날 현존하는 사람들이 과거에 대하여 언급할 때 마음속에 지니는 의미"를, '과거의 현재'는 "과거 사람들이 그 당시의 현재에 관하여 언급할 때 마음속에 갖는 형상"을 말한다.[31] 그러면서도 개념사 쪽이 '관념과 사회의 상관관계'를 중시한다면, 지성사 쪽은 '언어적 맥락'을 더욱 중시하는 것 같다. 지성사 연구자들과 유사하게, 바디우도 '인민' 개념이 그 자체로 진보적인 명사도 아니고 파시스트적인 용어도 아님을 강조하면서 "모든 것은 맥락의 문제"라고 단언한 바 있다.[32] 민중처럼 동일 시대 안에서도 여러 의미로 사용되었던 용어, 특히 지배 맥락의 용법과 저항 맥락의 용법이 정치적 갈등 관계로 돌입하기까지 했던 용어인 경우, 어떤 맥락에서 민중을 발화發話하느냐에 따라 그 의미가 전혀 달라지기 때문에 그것의 언어적·이데올로기적·정치적 맥락을 따져보는 게 필수적인 작업이 될 수밖에 없다.

지성사는 이처럼 연구자들의 '맥락 민감성'을 요구한다. 이에 부응하여 필자는 '현재의' 시각으로 '당대의' 텍스트나 발화행위들을 함부로 재단해서는 안 되며, '당대의' 시각과 감각으로 저자·발화자의 의도와 언어적·지적 맥락들을 최대한 온전하게 재구성하고 복원해내는 노력을 게을리해서는 안 된다는 지성사 연구자들의 조언을 민중 개념 연구자들이 경청해야 한다고 생각한다. 정상호의 말처럼 '현존하는 과거'와 '과거의 현재'를 뒤섞는 일이 유독 민중 개념에서 빈번하게 발생하기 때문이다. "기존의 개념사 연구들을 볼 때마다 과거의 현재보다 현존하는 과거에 치중하고 있다는 인상을 받는다. 시민 영역에 있어서도 당시 사람들이

대통령 탄핵 광화문 촛불집회(2016)

생각하고 있는 바를 충실히 해석하기보다는 현재에 합의되어 있는 개념을 갖고 과거를 재단하려는 경향이 매우 강하다. 그런 점에서 기존의 연구들은 사후적 관점에서 역사적 관념 또는 이데올로기를 재구성한 목적론적 방법을 따른다고 할 수 있다. 이는……특히 민중의 개념 연구에서 두드러진다."[33] 아마도 정상호는 1980년대 중반 이후 득세한 '계급론적 민중론'을 주로 염두에 두고 이렇게 말했을 것이다. 그런데 필자가 보기에는 1990년대 중반 이후의 민중 개념 연구자들도 오랜 논쟁과 시행착오 끝에 도달한 '정답 모음집'에 가까운 '탈근대적·탈식민주의적 민중론'의 관점에서 이전의 민중론들을 손쉽게 재단하려는 유혹에 빠지기 쉽다.

필자는 '민중은 사회적·역사적 실체이다'라는 명제를 둘러싼 어지러운 논란을 지켜보면서 지성사적 접근의 필요성을 유독 강하게 느꼈다. 기존 민중 담론들이 '실체론/본질주의essentialism'의 오류에 빠져 있다는 주장이 1990년대 이후 누차 제기되었지만, 이런 주장은 진실을 오도하기 쉬울 뿐 아니라 지성사가들이 경고하는 오류의 전형적인 사례일 수도 있다. '실체'라는 말 자체에 강한 거부감을 갖는 포스트주의자들이 논쟁에 개입하면서 쟁점이 훨씬 복잡해졌고 논점이 일부 왜곡되기도 했다는 게 필자의 판단이다. 이에 대해 조금 더 자세히 살펴보자.

2. 허구인가 실체인가: 지성사적 접근

민중의 실체성 주장에 대해서는 여러 시기에 걸쳐 다양한 내용의 비판들이 가해졌다. 민중은 객관적인 사회적·역사적 실체인가, 아니면 지식인들이 주관적으로 만들어낸 지적 구성물인가, 아니면 둘 다인가? 이런 질문을 둘러싸고 여러 견해들이 교차하고 충돌했다. 필자가 보기에 민중의 실체성 논쟁에는 적어도 세 겹의 서로 다른 담론 지층地層이 중첩되어 있는 것 같다. 중요한 점은 민중의 실체성과 관련된 애초의 쟁점은 '실재냐 재현이냐' 하는 포스트모던한 질문과는 별 상관없는 맥락에서 발단되었다는 사실이다.

1984년에 나온 민중 개념 관련 논문 선집選集인『민중』을 편찬한 유재천은 총론 글에서 "민중이 역사주체이자 사회적 실체"라는 점을 1970년대 민중론의 합의 사항 중 하나로 꼽았다.[34] '역사주체론'과 '사회실체론'을 논리적으로 결합시킨 점이 이채로운데, 풀어쓰자면 민중이 '역사를 주체적으로 이끌어 나가는 객관적이고 사회적인 실체'로 간주된다는 뜻인 듯하다. 비슷한 시기에 박현채도 "민중은 역사적 존재이자 사회적 실체" 혹은 "사회적 관계 속에 주어지는 실체"라고 보았다.[35]

지식인들 자신의 '생생한 체험', 말하자면 민중의 충격적인 혹은 감격적인 발견, 강렬한 정동을 동반하는 민중과의 조우라는 개인적인 경험이 민중 실체론의 근거로 제시되는 경우도 잦았다. 많은 지식인들이 우연히 민중 삶의 현실(이른바 '민중 현실')과 맞닥뜨림으로써, 때로는 너무나 비참한 민중의 실상을 충격적으로, 때로는 어려움 속에서도 꿋꿋이 생활력을 보이거나 투쟁하는 민중을 감격적으로 발견했던 일들을 민중 실체성 주장으로 표출하곤 했다. 바로 이런 맥락에서 '실제의, 살아 있는' 민중 구성원들과의 대면을 통한, "민중이 정말 거기에 있다!"는 개안開眼 내지 깨달음의 체험, (위로부터 아래로의, 지배자로부터 피지배자들로의) 시선 전환을 통한 민중의 (재)발견이라는 체험과 관련지어 민중의 실체성을 주장하곤 했던 것이다. 이만열의 다음과 같은 언명이 이런 경험을 잘 표현해주고 있다. "역사 인식에서 민중을 역사의 주체로, 역사학의 주 대상으로 파악하게 되는 데에 결정적인 역할을 한 것은 1970~80년대의 어려운 시기에 고난받는 민중을 발견하면서부터라고 생각한다.……민중이란 나의 역사 경험과는 무관한 것으로 인식하던 역사학자들이 이제 민중이란 더 이상 그런 추상적인 존재가 아니라 바로 내 앞에 존재하고 나의 삶과 직면하는 존재임을 확인하게 되었던 것이다."[36]

'민중이 실체'라는 말이 의미하는 바에 대해 약간 다른 해석들도 등장했다. 한완상이 '반反계급환원주의'라는 맥락에서 '실체'의 의미를 찾았던 것도 한 예이다. 그는 계급 개념으로 환원되지 않는 민중 개념의 독자성을 강조하는 입장, 즉 "민중과 계급을 가급적 분리하여……민중 자체의 독자적 영역을 추구하려는 경향"을 '실체론적 접근'으로 명명했다.[37] 박현채는 '노동하는 존재'로서의 측면을 부각하여 민중을 "생산노동에 종사하는 사회적 실체"로 규정한 바 있다.[38] 김진균처럼 민중을 '계급·계층 연합체'로 개념화하면서 그 연합체라는 속성에서 민중의 실체성을 찾는 이도 있었다. 그에 의하면 "민중 개념은 70년대까지는 정치적 측면이나 신학적 측면이 상대적으로 강조되었으나 80년대 들어 여러 계급·계층의 연합된 운동체로, 그럼으로써 객관적 사회적 실체로 규정되는 경향이 대두하였다."[39] 이런 언급은 경험적 자료를 통해 객관적으로 포착되고 검증 가능한 실체, 특히 계급·계층 분석을 통해 그 사회적 경계가 명확히 획정될 수 있는 실체, 계급연구에 기초한 모순 분석(기본모순, 주요모순)에 의해 판별되는 실체라는 관념을 전제한다. "민중은 변화하는 주요모순에 대응하는 확정되지 않은 개념"이라는 박현채의 언명도 그런 맥락에서 이해될 수 있다.[40] 민중이 "계급·계층 역량의 연합체라는 점에서 객관적 사회적 실체이며 기본모순과 부차적 모순의 관계 변화에 따라 내부구성이 항상 변동하는 정치적 운동사적 개념"이라고 규정한 정창렬도 같은 입장이라고 볼 수 있겠다.[41] 다른 예로서 실체의 의미를 '실체가 되어감의 과정'으로 해석하는 경우도 있다. 민중은 자기 각성과 사회적 실천을 통해 사회적 실체가 된다는 이세영의 주장이나, 민중의식의 획득을 통해 비로소 역사적 실체로서의 민중이 탄생한다는 정창렬의 주

장이 대표적이다.[42]

　결국 1970년대 이후 한국의 진보적 지식인들은 '민중이 사회적 실체'라는 말을 '살아있는 민중'과의 조우 체험, 계급연합을 포함한 정치적 세력연합, 그러면서도 계급으로만 환원될 수 없는 집단, 간헐적인 저항적 사회운동을 통해 변혁적 존재감을 드러내는 이들, 그런 면에서 정치적·역사적 실체가 되어가는 이들, 노동과 생산의 실질적 주체이자 사회 전체의 재생산·존속을 떠받치는 존재 등과 연결 지어 상당히 다의적으로 사용하고 있었던 셈이다. 그런데 위에서 지적했듯이 민중의 실체성 논쟁은 최소한 세 가지 서로 다른 시기에 서로 다른 의미로 전개되었다. 이를 뒤섞는 오류와 혼란에 빠지지 않도록, 개별 논쟁의 고유한 시간성과 맥락을 가려내어 제자리로 되돌려놓음으로써 핵심 쟁점과 그 함의를 정확히 복원하려 노력하는 게 무엇보다 중요하다. 아무래도 그중 첫 시기, 즉 1970년대 중반부터 1980년대 초반까지의 민중 실체 논쟁을 원래대로 재구성하여 불필요한 혼란을 최소화하는 게 급선무이리라.

(1) 세 겹의 담론 지층들

민중의 실체성에 대한 비판과 반론의 첫 물결은 1970년대 중반 무렵부터 나타났다. 민중은 진보적 지식인들의 희망을 투사한 환상과 상상력의 산물일 뿐이라는 주장이 이때 제기되었다. 민중은 정말 지식인의 허상虛像, 그들의 지적 유희遊戱에 불과한가? 이런 공격에 직면하여, 민중이 지식인들이 가공해낸 허구·허상·환상이 아닌 '살아 있는 실체'임을 입증하려는 노력 속에서, 한국 민중론이 본격적으로 시작되었다고 해도 과언이 아니다. 또 언론에 간헐적으로 보도된 이런 논란을 통해 소수의 참여적 지식인 공동체 안에 머물러 있던 민중 논의가 비로소 지식인사회 전체, 나아가 전 사회적인 쟁점으로 떠올랐다고도 말할 수 있다. 이런 부류의 주장도 여러 세력에 의해 약간씩 색깔을 달리하며 제기되었다. 1970년대에는 대개 보수적 입장의 지식인들이 이런 입장을 내놓았다. 1980년대 초부터는 정부 주도의 이른바 '이데올로기비판교육'에 의해 유사한 입장이 계승되었다. 문학평론가 김병걸은 1983년에 쓴 글에서 1976년 10월의 한 일간지 칼럼을 소개한 바 있다.

> 모 일류 사립대학에서 철학을 가르친다는 어떤 교수가 1976년 10월경 신문 문화면에 민중이란 허상에 불과하다는 글을 발표한 적이 있다.……한국의 일부 지식층 및 문인들이 두 갈래로 갈라져, 한쪽은 엘리트 의식을 내걸었고 다른 쪽은 민중의식을 고취하며 날뛰는데, 전자는 우파적 이데올로기에 매달려 있고 후자는 좌파적 이데올로기에 신들려 있다는 것이었다. 그리하여 한국의 정신 풍토가 그런 허상적인 추상론에 들떠 있는 한, 우리 문화는 알맹이 없는 헛껍데기를 핥는 것이므로 이의 극복이 시급히 요청된다는 것이었다.……그 교수의 말대로 민중은 정말 허상인가.[43]

철학자 황문수도 『신동아』 1980년 7월호에 실은 글에서 "민중이란 지식인의 지적 유희의 산물인 허상에 지나지 않는다"는 한 문학평론가의 말을 소개한 적이 있다.

> 내가 아는 문학평론가가 주위에서 민중을 강조하는 중압을 덜기 위해 민중의 실체를 발견하려는 탐험 여행에 나섰다가 결국 민중은 존재하지 않는다는 결론에 도달하고 돌아와서 민중이란 지식인의 지적 유희의 산물인 허상에 지나지 않는다고 열변 어조로 말하던 일이 기억난다. 나는 그의 열변을 들으면서 민중의 정의를 내 나름으로 내려보려고 했으나, 만족스러운 정의에 도달하기가 어려웠다. 사실상 우리는

민중이니 민중의식이니 하는 개념을 자주 사용하면서도 민중의 실체가 무엇인가 하는 물음에 직면하면 당황하게 된다. 내가 아는 문학평론가가 민중을 직접 체험하려는 여행에 나섰던 심정도 넉넉히 짐작할 만하다. 어디에나 있는 것 같으면서도 어디에도 없는 민중―그것은 과연 허상인가? 지식인들이 그들의 이론의 배경을 마련하기 위해 만들어낸 추상적 개념에 지나지 않는가?[44]

민중 개념에 대해 중립적이거나 우호적인 인사들도 '민중 실체성'에 대해 여러 비판을 개진한 바 있다. 예컨대 독문학자이자 민속학자인 이상일은 『신동아』 1980년 7월호에 실은 글에서 무속(무교)의 예를 들어 민중을 찬양 내지 미화하는 지식인들을 겨냥해 "감상적인 속죄의식"이나 "보상심리", "어설픈 동정론" 등으로 맹렬히 비판한 적 있다.[45] 문학평론가인 김주연의 표현을 따르자면, 대중과 같은 '실체 개념'과는 달리 민중은 "현실 순응을 거부하고 인간된 삶을 지향하려 하는 태도에 붙여지는 이름"이라는 점에서 '가치 개념'에 가까운, 말하자면 "지식인의 관념의 그림자"에 불과한 무엇이다.[46] 유재천도 1970년대 민중 개념이 "대단히 목적 지향적인 개념"으로, 실제의 민중과 거리가 있는 "지식인의 관념"일 뿐이라고 주장했다.[47] 백낙청도 1979년 발표한 "민중은 누구인가"라는 글에서 "실재하는 대중이 지식인이 생각하는 민중답지 못하다고 해서 별도로 민중의 개념을 만들어 그들에게 강요해 보려는 것은 하나의 이상주의에 지나지 않는다"고 지적한 바 있다.[48]

민중 실체성 문제에 대한 비판의 두 번째 물결은 1980년대 중반 이후 계급론적-마르크스주의적 민중론자들에 의해 비롯되었다. 계급론적 민중론자와 그 이전 민중론자는 공히 민중의 실체성 주장을 수용했다. 일례로 이진경은 '객관성' 개념을 설명하는 맥락에서 "사회구성체가 객관적 실재인 것이라는 점에서 주관주의적 구성물과 구별"된다고 주장한 바 있는데,[49] 이런 입장에 서면 사회구성체가 '객관적 실재'이듯이 사회구성체 분석을 통해 도출된 계급이나 계급연합(즉 민중)도 객관적 실재가 될 것이다. 따라서 이 논전에서 실제적인 쟁점은 민중의 실체성 여부가 아니라, 실체성에 접근하는 방법의 '과학성' 정도였다. 마르크스주의적 민중론자는 민중의 실체를 정확하게 포착할 '과학적 민중론'의 요체를 '계급'과 '모순' 분석으로 간주했다. 그 때문에 여기서는 '관념으로서의 민중'(혹은 지적 구성물로서의 민중)과 '실재의 민중' 사이의 상동성相同性이나 근접성 정도가 주요 쟁점으로 부각된다. "1970년대의 민중 개념이 '실재의 민중', '현실의 민중'에 맞는 혹은 다가가는 개념이 되기 위해서는 1980년대의 민중과 민중운동을 기다려야 했다"거나, "1970년대의 지식인의 '관념적' 민중 개념은 민중운동의 발전을 배경으로 '실재성'과 구체성을 획득하여 이론적·분석적 개념으로 발전해갔던 것"이라는 이세영의 평가를 대표적인 사례로 꼽을 수 있을 것이다.[50] 요컨대 마르크스주의적 민중론자들은 이전의 민중론이 민중을 낭만화하고 이상화·관념화함으로써 '실체로서의 민중'과 동떨어진, 과장되고 왜곡되고 부정확한 민중상民衆像을 창조해냈다고 비판했다.

세 번째 공격의 물결은 1990년대 이후 '포스트주의' 성향의 학자들에 의해 주도되었다. 이런 비판은 대개 '본질주의 대 구성주의' 혹은 '실재 대 재현representation'의 대립 구도를 전제하고 있다. 모든 형태의 민중 실체론은 기본적으로 고정불변의 보편적·선험적 본질을 전제하는 '본질주의'의 아류로 간주된다. 예컨대 김원은 "민중론은 1970~80년대 비판적 지식인이 발명한 최고의 가치"로서, "민중은 지식인이 만들어낸 상상 속에 존재하는 가공물"이었다고 주장했다.[51] 사실 이런 류의 비판은 넘쳐난다. 역사학자들로만 한정하더라도 그런 사례들을 아주 쉽게 발견할 수 있다. 예컨대 장훈교는 '본질주의 대 구성주의' 도식을 민중에 대한 두 접근으로서의 '실체적 관점' 대 '구성적 관점'으로 새롭게 명명하면서, 단호히 후자의 입장을 취했다.[52] 이용기도 '실체론 대 구성론'이라는, 사실상 동일한 도식을 제시했다.[53] 역사문제연구소 민중사반民衆史班의 선언적 글에 의하면, "민중은 '실체'가 아닌, 지식인이 구성해낸 '개념'"으로 "고정적, 본질적 실체"가 아니다. 민중은 "지식인에 선차적으로 존재"할 뿐 아니라 "현실적 기반을 갖고 있으면서도" 지식인에 의해 구성된 개념임을 강조했다.[54] 윤해동은 민중을 '실체'가 아닌 '형성의 계기'로 접근했다. "민중은 어디까지나 주체 형성의 계기로서 만들어져온 개념이기 때문에 실체로서 명백히 주어지는 것이라고는 할 수 없고, 따라서 다양한 문맥에서 읽힐 수밖에 없는 일종의 이데올로기적 공간이라고도 할 수 있다"는 것이다.[55] 황병주도 민중과 같은 '집합적 호명기호'(혹은 '다수자로 호명된 집단주체')는 "현실 속의 수많은 '차이'를 소거한 채 담론적 재현 속에서만 가능한 '동질적' 집단주체를 내세운다는 점에서 '재현의 정치'에 속한다"면서, 특히 1960년대의 민중을 가리켜 "가장 유력한 집단주체 중의 하나로 등장했지만, 실체라기보다는 담론적 구성물에 가까웠다"고 평가했다.[56]

1990년대 이후 (굳이 탈근대주의적 시각을 전제하지 않더라도) 민중 실체성에 대한 규범적·당위적 접근을 비판하는 이들이 줄을 이었다. 기존 민중론들이 '현실의 민중'이 아닌 '관념 속의 민중'에 집착한다는 역사문제연구소 민중사반의 비판이나, 계급론적 민중론이 '역사적인' 맥락에서 민중을 '구체적으로' 이해하지 못하고 "관념적 도그마"에 사로잡혀 있다는 김성보의 비판이 그런 사례에 해당할 것이다.[57] (한완상과는 약간 다른 의미로) '존재로서의 민중'과 '당위인 민중'을 엄격히 구분하면서, 후자에 대한 집착이 전자에 대한 올바른 인식을 방해한다는 이상록의 견해도 이와 비슷하다.[58]

(2) 평가 혹은 음미: 민중 실체성 논쟁의 공功과 과過

이처럼 '민중은 실체'라는 말을 놓고 여러 시기에 걸쳐 각기 다른 의미로 논쟁이 벌어졌음을 우리는 기억해야 한다. 그렇지만 어느 시기에든지 민중론이 강한 규범성과 목적론의 색채를 띨수록, 민중은 객관적 실체가 아닌 허구적 창안물에 불과하다는 주장에 더욱 힘이 실릴 수밖에 없다. 개념의 규범적·당위적 성격이 강조될수록, 민중은 '역사적·사회적 실체'라기보다는 지식인들에 의한 '지적·문화적 구성물'—그것도 자의적이고 주관적인 구성물—이라는 성격이 강해지기 쉽다. 이 경우 민중은 일종의 자기완성적 개념self-fulfilling concept이 되고, 민중이라는 다계층적 연합체는 '이 세상을 구원할 상상의 공동체imagined community'와 가까운 그 무엇이 될 것이다.

사실 이남희의 저서에서 잘 확인되듯이, 그리고 비록 민중 연구서는 아닐지라도 김홍중의 책이 설득력 있게 제시했듯이,[59] 또 민중론 전체에서 신학 분야의 강세 현상에서도 잘 입증되듯이, 한국의 민중 개념은 강한 규범성과 윤리성으로 특징지어진다. 민중신학자들은 말할 것도 없고 한완상을 비롯한 초기 민중론자들은 '민중이 주인 되는 세상'에 대한 소망을 굳이 감추려 하지 않았다.[60] 이남희의 표현대로 "민중은 지식인과 대학생이 '유토피아적 지평'을 간절하게 염원하는 장場"이었다.[61] 이것이 유사한 개념, 예컨대 인도 출신 지식인들이 주도한 '서발턴' 개념 등과 민중 개념이 뚜렷이 구분되는 지점이기도 하다. 한국 민중 개념에 내장된 윤리성·규범성이 '민중 실체성' 논란에 항상 그리고 직접적으로 부정적인 영향을 미치는 것은 물론 아니다. 오히려 민중 개념 특유의 이런 성격이 엄청난 학문적 에너지와 동력을 만들어낼 수도 있고, 이런 잠재력이 어느 정도 현실화되기도 했다.

그러나 민중이 지식인의 지적 구성물일 뿐이라는 주장에 빌미를 제공했던 사례가 아예 없었던 것도 아니다. 특히 이상록이 설득력 있게 보여주었듯이 1950~1960년대 함석헌이 말한 민중은 '현실의 민중'이 아닌 '당위의 민중'에 가까웠다.[62] 1980년대 후반의 몇 가지 사례들, 예컨대 민중미술 진영에서 추구했던 '민중 전형성'이나,[63] 민중 특히 노동자계급을 우상시하던 1980년대 학생운동 진영의 '운동문화'[64] 등이 '허구적 창안물로서의 민중' 주장을 뒷받침하는 빌미를 제공했음은 부정할 수 없다.

민중 실체성 문제를 둘러싼 여러 시기의 상이한 논쟁 자체가 종종 민중론 발전의 촉진요인으로 작용했다는 사실도 반드시 언급해두어야겠다. 김주연이 '실체 개념'과 '가치 개념'을 양자택일적으로 구분하면서 민중을 후자의 범주에만 귀속시켰지만, 전상기는 실제 민중을 실체성과 가치성을 모두 지닌 이중적이고 양가적인 존재, 즉 "실체이자 가치"로 접근해야 한다고 주장했다.[65] 강정구는 민중이 '실체'이자 '전망 개념'이라는 주장을 폈다.[66] 김주연과 유사하게 한완상은 '존재명제'와 '당위명제'를 구분하는데,[67] 한완상이 실제 현실 속에 존재하는 민중으로 제시하는 '즉자적卽自的 민중'과 '대자적對自的 민중' 가운데 후자 즉 대자적 민중은 '존재명제와 당위명제의 통일'로 간주해야 마땅할 것이다.[68] 이와 유사하게 한상진도 '상징'(민중의 상징)과 '실체'(민중의 실체)를 민중의 두 차원으로 제시하면서, 양자의 수렴 혹은 괴리 정도에 주목한다.[69]

이처럼 논쟁을 거듭하면서 민중 개념과 관련된 '이항대립'을 '이중성의 복합'(민중 개념의 두 차원)으로 발전시켜가는 사례를 다수 발견할 수 있다. 민중 실체성 논쟁을 '오류 대 진리'의 대립구도가 아닌 '상호보완적인 두 접근법'(민중 이론의 두 접근)으로 재해석하려는 시도들도 나타났다. 대표적 사례로써 민중에 대한 '실재적 접근'과 '담론적 접근'을 구분한 후 양자를 종합하려는 권진관의 시도를 꼽을 만하다. 이때 '실재적 접근'은 계급구성 분석이나 이야기·사회전기社會傳記 분석을 통해 "있는 그대로의 민중"을 포착하려는 시도들을, '담론적 접근'은 민중의 객관적 측면뿐 아니라 의식·문화·역량potential 등 주체적 측면에 일차적 관심을 둠으로써 "가능태로서의 민중"을 포착하려는 시도들을 가리키는데, 모름지기 민중 연구자라면 두 접근을 상호보완적으로 활용할 줄 알아야 한다는 것이다.[70] 최장집 역시 "구체적 사회집단"에 초점을 맞추는 '실체로서의 민중' 접근과 "추상적 사회집단"이자 "운명적 의미공동체"인 '담론으로서의 민중' 접근을 상호보완적인 두 접근으로 제시한 바 있다.[71]

민중은 허구나 환상에 불과하다는 보수 지식인들의 '민중 부재不在' 주장에 대해서도 주목할 만한 새 해석들이 제시되었다. 이는 다시 '민중의 사회적 비非가시성' 문제, 그리고 '저항적 민중의 비非존재'라는 두 가지로 나뉠 수 있다.

먼저, 민중의 비가시성 문제는 '부재로써 존재하는'[72] 민중의 특성을 제대로 드러낸 것이라는 주장이 제기될 수 있다. 민중은 존재하면서도 부재한, 부재한 것 같으면서도 존재하는, 마치 '유령과도 같은' 특성을 갖고 있다. 민중은 "그저 짙은 어둠인 채로 역사 속에 자신의 존재를 희미하게 드러내는 슬픈 생명들……짙은 어둠으로만 자신을 드러내는 희미한 존재들"이다.[73] 그들은 심지어 "살아 있으나 죽은 것과 다름없는 존재"이다.[74] 그들은 경계 바깥으로 추방된 존재이기에 체제 안쪽의 사람들에게 (추방된 이들이 실제로는 여전히 체제 내부에 머물고 있음에도 불구하고) 낯설고 이질적인 존재로 여겨지며, 이런 낯섦과 이질성 또한 종종 부재로 체험된다. 혹은, (아감벤의 용어를 사용하자면) 민중은 배제의 형식으로만 포함되는 '포함된 배제'이자 '내적 외부'인 잔여remnant이기도 하다.[75] 신경림의 시 〈3월 1일〉에 대해 김나현이 평한 바 있듯이, "시 속에서 '우리'로 표현된 민중은, 안전망으로서의 '국가'가 셈하고 관리하는 '인구' 카테고리에 들어오지 못하는/않는 주체 형상이다. 그러나 동시에 이 시는 민중과 국가가 박탈의 형식으로 결속되어 있음을 보여주는 것이다."[76] 민중신학자 박일준의 언어로 표현하자면, 민중은 "기존 체제가 '비존재'로 규정하는 그래서 공백으로 간주되는 주체"이고, "생생하게 삶으로 존재하지만, 그의 삶과 존재는 철저하게 '비존재non-being'로 간주되며, 그의 존재를 외면당하는 자……살아 존재하여도, 자신의 존재감을 전혀 인정받지 못하는 귀신 같은 존재"이며, "규정될 수 없었고 정의될 수 없었지만 그럼에도 불구하고 생생하게 살아 활동하던 그 이름할 수 없는 것"이다.[77] 민중이 "공백의 주체"이자 "비존재"이자 "귀신 같은 존재"라면, 그들은 필시 부재로써만 존재하는 이들인 것이다. 민중은 부재와 존재의 속성을 모두 갖는 이중성을 보여준다. 민중은 단발적 저항이나 산업재해 등의 사고事故 같은 '우발적 사건'으로만 불현듯 실체를 드러냈다가 이내 사라지고 마는, 그러면서도 순간적으로 기존질서에 내재한 억압성과 폭력성의 징후를 선명하게 폭로하는 모순과 균열의 존재이다. 그렇기에 민중의 존재 스펙트럼은 비존재—반半존재[78]—존재를 망라한다. 민중은 비존재가 존재로서 가시적으로 돌출하는 놀라운 순간(예컨대 민중 저항 사건)을 거쳐 다시 비존재 혹은 반존재로 돌아가는 '존재-비존재의 역사적 진자운동'을 계속한다.

다른 한편, '저항적 민중의 비존재' 주장은 이후 순응과 저항의 다양하고도 복잡한 조합들, 권력-민중의 복합적이고 유동적인 관계와 관련된 일련의 질문들로 발전되었다. 권력으로부터의 자율성과 저항성이 과잉 강조된 민중상("투쟁하는 민중" 혹은 "혁명적 민중")에 대한 비판, 권력과 지배이데올로기에 오염되지 않은 순수하게 독립적인 민중의 부존재不存在 주장은 당연히 수용되어야 한다. 그러나 현실의 민중 논의는 거기서 멈추지 않고, 저항-순응 및 대자성-즉자성의 복잡한 접합 문제로 성큼 나아갔던 것이다.

(3) 논의의 확장 가능성

지금까지 살펴보았듯이 민중이 사회적·역사적 실체라는 명제에 대해 상이한 해석, 상이한 비판과 반론이 시대적 맥락에 따라 명멸했다. 민중론의 규범적이고 목적론적인 경향, 저항적 예술 장르들에서의 의도적인 '민중 전형' 탐색, 급진적 '운동문화'에 매료된 일부 대학생들의 민중 우상화 경향 등 비판의 빌미를 제공했던 사례들이 실제로 있었던 것도 부인할 수 없는 사실이다. 그럼에도 지성사 연구자들이 경고하는 '시대 뒤섞기의 위험'을 피해야 한다는 교훈만큼은 분명히 확인해둘 필요가 있다.

비단 '실체' 용어를 둘러싼 논란에 그치지 않고 논의를 더 길게 이어갈 수도 있다. 예컨대 '주체' 개념과 관련해서도 유사한 분석이 가능할 듯하다. 사실 1970년대에 대두한 '민중 주체론'은 지배와 정치의 대상·객체이던 민중이 역사적·정치적 주체로 역할이 변화되어간다는 '이행 담론', 혹은 그런 방향으로 시대의 성격이 근본적으로 바뀌고 있다는 '전환기 담론'의 일환이었다.[79] 아울러, 당시 민중 주체 개념은 누가 진정한 역사의 주체인가, 역사를 실질적으로 만들어가는 이는 영웅이나 엘리트인가 아니면 보통사람들인가 하는, 말하자면 '영웅사관·엘리트 중심 사관 비판'의 맥락에서 제기되기도 했다. 둘 중 어느 것이든 '서구 근대적 주체' 관념과 관련된 일련의 논의들, 예컨대 타자를 창출·지배하는 위압적이고 능산적能產的인 주체, 반대로 권력의 효과로 생산되는 탈중심화되고 수동적·순응적인 주체 관념과는 별 상관이 없었다.

1970년대에 대두된 '민중적 당파성' 주장도 그러하다. 당시 당파성 논란은 일차적으로 지식인의, 오로지 지식인만의 문제였다. 그 핵심은 '한국의 지식인들이 지배자의 편에 설 것인가, 그에 맞서는 민중의 편에 설 것이냐?'는 단순한 질문에 응축되어 있었다. 이는 4·19혁명 직후 대학생들에게 전형적으로 발견되던 엘리트주의적 지식인관, (홍정완의 표현을 빌리자면) "빈곤과 무지에 허덕이는 민중을 구제하고 근대적 시민사회의 건설을 위해 그들을 계몽·선도할 존재"[80]로서의 전통적 지식인관, 종종 '독재 불가피론'으로 경도되는 경향을 보였던 전통적인 엘리트주의적 민중관에 심각한 동요가 발생하고 있었음을 의미한다.

1970년대 당시 지식인들은 한완상이 '지배자의 흑백논리'라고 말했던 것에 끝없이 시달렸다. 정윤형이 말했듯이, 한국 지식인들은 "어느 한 편을 선택하도록 강요"당했고, "제3자적 위치의 어려움"은 명백했다.[81] 냉전적 분단상황과 독재정치는 한국의 지식인들에게 '자발적이고 능동적인 선택으로서의 당파성'(능동적 당파성)과 '가급적 피하고 싶으면서도 끝내 피하기 힘든 당파성'(수동적 당파성)을 모두 요구했다. 김지하는 (김수영을 따라) 이런 난처한 처지를 '풍자諷刺냐 자살自殺이냐'라는 양자택일적 상황으로 제시했다.[82]

그런데 편들기 대상의 선택이 생각보다 심각한 문제였던 것은, 그 선택이 단순한 학문적 발상의 전환이나 새로운 방법론의 도입 정도를 훨씬 뛰어넘는 실존적 고뇌와 고통을 수반했기 때문이다. 대다수 지식인들, 특히 대학교수들에게 그것은 권력의 보복에 대한 공포를 극복하고 박해를 감수하면서까지 편들기 대상을 바꾸는 문제, 다시 말해 이전까지 지배자 편에 서는 것을 당연시했고 그로 인해 비교적 안온하고 높은 지위를 인정받아왔는데 그 특권들을 포기하고 심지어 지배 권력의 폭력 앞에 무방비로 노출되면서까지 편들기 대상의 고통스럽고 두려운 전환을 감행할 것이냐 하는 존재론적 결단의 문제였다. 따라서 1970년대에 당파성 쟁점은 한국 지식인사회의 사상적·세계관적 변혁이자 인식론적 단절의 문제였을 뿐 아니라, 보다 근본적으로는 '도덕적·양심적 선택' 차원의 문제였다고 할 수 있다. 학문 방법론이나 사회관의 변화는 자신의 온 삶을 거는 이런 윤리적 결단 '이후'의 문제, 양심의 선택에 '부수하는' 일들이었다. 더 나아가 민중신학자들은 민중적 당파성의 정당성을 '신神

자신'으로부터 직접 도출했다.[83] 1970년대 민중론에서의 당파성 논의는 '인식론적으로 불가피한 당파성 내지 선입견'과 같은 인간학적 수준의 쟁점, 혹은 계급동맹 구축에서 '노동자계급 헤게모니'의 인정 문제와 결부된 당파성 쟁점[84]과는 거리가 멀었다.

3. 민중 개념 연구

필자는 지금까지 이 책의 성격을 크게 두 가지로 제시해왔다. 그 하나는 개념의 역사성과 사회성을 강조하는 개념사적인 연구이다. 이 경우 사회사와의 연관 속에서 민중 개념의 역사적 변화를 추적하는 것이 중요하다. 다른 하나는 지성사적인 연구로서, 여기서는 역사적 맥락의 차이에 유념하면서 지식인들이 제시한 민중이라는 관념ideas의 내용과 출현, 전파·확산 혹은 쇠퇴, 변용 과정 등에 주목해야 한다. 필자는 '세대世代'라는 프레임을 통해 지난 반세기 동안 서로 다른 세 가지 민중 담론 혹은 민중 패러다임이 계기적繼起的으로 중첩되었음을 입증하려 한다.

더 나아가 필자는 민중 개념 연구가 프랑스 학계를 중심으로 발전한 '심성사' 내지 '망탈리테사'와도 접합점을 형성할 수 있다고 본다. '심성心性'은 특정 시대에 개인들이 공유하는 집단적 의식이나 무의식으로서, 논리적 사유와 정서적 감정을 포괄한다. 앞서 김영범이『정감록』을 비롯한 조선 후기 민중문화 연구에서 심성사적 접근을 선구적으로 시도한 바 있기도 하다.[85] 필자가 보기에 심성사적 민중 개념 연구는 특히 1920~1930년대와 1980~1990년대에 적실성을 지닌다. 두 시기의 공통점은 비판적 지식인들이 민중으로 지칭하는 이들이 정치적 주체임을 자각하고 '민중'이라는 말을 스스로 사용했다는 사실이다. '민중' 혹은 '민중운동'

이라는 어휘가 들어간 대중조직들이 속속 등장했다. 1980년대에는 '민중시인'도 여럿 등장했다. 도시빈민·룸펜프롤레타리아·농민계급·노동자계급 등에 속하는 방대한 대중이 '민중'을 자칭할 때, 스스로 민중이라는 의식이나 정체성을 갖고 있노라고 주장할 때, 개념사와 심성사의 간

'빈민노동자'라는 제하의 국가기록원 자료사진(1961)

격은 좁혀진다. 민중이 지식인의 언어에서 대중의 언어로 변화하는 '민중 개념의 대중화', 민중을 중심으로 한 '지식인 언어와 대중 언어의 수렴', 민중이라는 말의 발화자發話者-청자聽者 및 호명자-피被호명자의 수렴, 그에 따른 '타칭他稱 민중'과 '자칭自稱 민중'의 일체화,[86] 랑시에르가 "밤의 프롤레타리아"[87]라고 표현한 집단의 출현과 유사한 '대중(민중)의 지식인화' 등의 현상이 활발하게 나타나고 관찰될 때, 민중 개념 연구는 심성사의 성격을 동시에 띠게 되는 것이다.

이제는 기존 연구들을 개관해보자. 엄격히 보면 '광의의 민중연구'는 '민중 개념사 연구'와 '협의의 민중연구'로 양분된다.

첫째, 개념사 연구는 다시 '비교-개념적 연구'와 '역사적 연구'로 나뉜다. 이 중 비교-개념적 연구는 유사 혹은 경쟁 개념들과의 비교 및 대조 작업을 통해 민중 개념의 독자성과 특수성, 혹은 다른 개념들과의 유사성을 가려내는 작업에 쏠려 있다. 비교-개념적 연구는 한국·중국·일본의 민중 개념에 대한 비교분석으로 나아갈 수도 있다. 개념사의 본령에 해당하는 역사적 연구는 크게 여러 시대를 아우르는 '통사적' 연구, 특정 시대의 민중 쓰임새와 의미를 규명하려는 '시대사적' 연구, 특정 지식인의 민중관을 추적하는 '개인사적' 연구로 구성된다.

둘째, 협의의 민중연구는 주된 접근법에 따라 대략 다섯 가지 부류로 세분할 수 있다. 필자는 이를 다원주의적 접근, 문화적 접근, 사회운동적 접근, 경제적-계급적 접근, 일상사적 접근으로 각각 명명하고자 한다.[88]

(1) 협의의 민중연구

첫째, '다원주의적 접근'은 1970년대 후반 사회학자 한완상이 처음 정식화한 이후 대다수 민중론자들에 의해 곧장 수용되었다. 한완상은 통치수단, 생산수단, 문화수단 모두로부터 소외된 집단으로 민중을 규정함으로써 정치·경제·문화 영역을 망라하는 포괄적인 접근법을 제시했다. 서양사학자 노명식도 다원적 접근의 대열에 초기부터 합류했다. 1970년대와 1980년대 초에 민중신학이나 민중문학(또는 민중적 민족문학)은 물론이고, 계급적 요인을 중시했던 경제학의 박현채, 역사학의 정창렬, 사회학의 김진균조차 이런 다원주의적 접근을 곧바로 수용했다. 최장집, 구해근, 김원 등 1990년대 이후에도 이런 다원주의적 접근의 맥이 이어지고 있다.

둘째, 문화적 접근은 다원주의 접근과 마찬가지로 이미 1970년대부터 활발하게 구사되었다. 문화적 접근은 매우 포괄적인 표현이다. 민중문화를 강조하는 접근, 탈춤이나 인형극·민화民畵 등 민중예술을 강조하는 접근, 무속巫俗·정감록·동학 등 민중종교를 강조하는 접근, 민중언어나 이야기·서사를 강조하는 언어적-담론적 접근, 한이나 신명 등을 강조하는 집합감정적·정동적 접근 등이 모두 이 범주에 담길 수 있다. 국문학과 민속학의 조동일·심우성·김흥규·이상일·김열규·최길성,[89] 미학·연극학·무용학·국악학을 아우르는 채희완과 임진택,[90] 인류학의 김광억과 김성례,[91] 종교학의 황선명,[92] 사회학의 김영범·한완상·김성기·박승길·박명규·조성윤·한도현[93] 등 다양한 분야의 연구자들이 민중문화나 민중예술, 민중감정·민중정동, 민중종교에 관한 연구 성과를 남겼다. 언론학자인 유재천은 민중 개념을 정의할 때 '문화의 공유'를 강조했다는 점에서 문화적 접근의 대열에 합류한다.[94] 사실 민중신학의 두드러진 특징 중 하나라고 해야 할 만큼 민중신학자들도 세대를 가리지 않고 문화적 접근을 선호했다.[95] 초기 민중신학자들 가운데 현영학과 서광선은 탈춤이나 민요 등 민중예술에 주안점을 두었고,[96] 서남동과 김용복은 이야기·민담·사회전기에 중점을 두었다.[97] 안병무도 "예수사건의 전승 모체"와 같은 글에서 이야기, 민중언어, 민중 유언비어를 강조했다.[98] 민중언어에 큰 관심을 두었던 것 역시 초기 민중신학자들의 공통된 특징이었다.

1980년대 중반 이후 민중신학에서도 '정치경제학적 접근'을 강조하는 '2 세대'가 출현했지만, 그 선두주자 중 한 사람인 강원돈은 여전히 민중문화·민중문화운동의 중요성을 강조했고, 또 다른 선두주자인 김창락도 '이야기신학'을 적극적으로 시도했다.[99]

셋째, 사회운동적 접근은 주로 민중운동사나 민중봉기 연구로 나타났다. 1980년대 초부터 이런 연구들이 활발하게 진행되었다.[100] 1986년에 발간된 한국민중사연구회의 『한국민중사1, 2』도 그런 시각에서 집필되었다.[101] 3·1운동과 같은 역사적 저항사건을 민중운동의 관점에서 재해석하려는 시도는 이미 1969년 천관우나 김진봉에 의해서부터 시작되었다.[102] 한국의 민중운동은 한국계 재일 연구자들에 의해서도 활발하게 연구되어온 주제였고, 일부 외국인 학자들도 민중운동 연구의 성과를 내놓은 바 있다. 일본의 사회학자인 마나베 유코眞鍋祐子는 현대 한국 민중운동과 문화적-정동적 접근을 결합한 박사학위논문을 1995년에 작성했고, 미국의 정치학자인 조지 카치아피카스는 1894년 동학농민전쟁부터 2008년 촛불시위까지 일련의 '민중봉기들uprisings'을 분석한 저서를 2012년 영문으로 출간했다.[103]

넷째, 경제적-계급적 접근은 이른바 '과학적 민중론'의 기치 아래 1980년대 중반 이후 전면적으로 등장하여 급속히 영향력을 확장해갔다. 이 부류의 지식인들은 혁명적 시각에서 마르크스주의적인 정치경제학적 방법론과 계급 및 모순 분석을 적극적으로 활용하면서, 민중을 노동자계급의 헤게모니에 기초한 계급동맹 혹은 계급연합체로 이해했다. 1980년대 후반에 이르러 이 접근법은 압도적인 지배력을 행사하는 지위로 올라섰다.

마지막으로, 일상사적 접근은 1980년대 중반부터 1990년대 초까지 풍미했던 경제적-계급적 접근을 비판하는 맥락에서 출현했다. 2000년대 이후 사학계에서 등장한 '민중사' 연구자들이 이런 흐름을 대표한다. 이 접근을 선호하는 이들은 일상사뿐 아니라 미시사, 문화사의 방법론들을 두루 수용하는 경향을 보인다. '문화사적 접근'을 표방한 이남희도 이 범주와 가깝다 하겠다.

(2) 민중 개념사 연구

이번에는 '민중 개념'을 집중적으로 탐구한 연구들을 일별해보자. 여러 방면에서 민중연구가 활성화되고 민중운동을 표방한 사회운동도 확산함에 따라 민중에 대한 개념사적 연구도 조금씩 등장하기 시작했다. 1976년 11월 송건호·안병직·한완상이 참여한 가운데 "민중의 개념과 그 실체"라는 주제로 열린 『월간 대화』의 좌담이 다소 느슨한 형식으로나마 시도된 개념사적 탐구의 첫 시도였지만, 본격적인 연구는 1980년대 들어서야 시작되었다. 1980년대부터 1990년대 초에 걸쳐 민중 개념 연구에 큰 도움이 되고 시간도 절약해주는 논문 선집들도 몇 권 발간되었다. 한국신학연구소가 편찬한 『한국민중론』(1984년), 유재천이 편집한 『민중』(1984년), 정창렬 등이 집필에 참여한 『한국 민중론의 현단계: 분과학문별 현황과 과제』(1989년), 이정복·송복·길승흠·김재홍이 참여한 『한국 민중론 연구』(1990년) 등이 그런 사례들이다. "민중은 누구인가"라는 주제를 단 월간지 『신동아』의 1980년 7월호 민중론 특집도 단행본 분량에 육박한다. 지금까지 발표된 것 가운데 민중 개념의 역사에 대한 가장 체계적이고 상세한 연구는 이세영의 2006년 논문 "'민중' 개념의 계보학"이다. 이 긴 논문에서 그는 민중 개념 자체에 초점을 맞추고 1970년대 이후 시기를 중심으로 방대한 관련 문헌들을 꼼꼼하게 분류하고 분석했다. 2007년 영문으로 발행되고 2015년에 한글 번역판이 나온 이남희의 『민중 만들기』는 민중 개념사와 관련된 유일한 단독저서라 할 만하다.[104]

민중 개념 연구는 양적으로도 적은 편이다. 그러나 기존의 많지 않은 연구들조차 특정 시기에 쏠려 있다는 것이 민중 개념사 연구의 가장 큰 약점이자 난점으로 남아 있다. 저항적 민중 개념에 대한 우호적 연구이든, 중립적 연구이든, 비판적 연구이든 기존의 민중 개념사 연구 노력은 거의 전부 1970년대 이후, 특히 1970~1980년대의 민중 개념을 다루고 있다. 앞서 언급한 민중 논문 선집들도 하나같이 1970년대 이후의 민중 개념에 초점을 맞추고 있다. 민중이 매우 익숙한 단어면서도 의외로 생각보다 아는 게 많지 않은 개념으로 남아 있는 것도, 기존 연구가 워낙 적을 뿐 아니라 시기적으로도 편중된 탓이 크다.[105]

이처럼 1970년대 이전 시기를 포함하는 민중 개념에 대한 통사적 연구, 그리고 이 개념의 발원지인 중국과 한국을 아우르는 연구는 극히 희귀하다. 1981년에 발표된 역사학자 이만열의 글 "한국사에 있어서의 민중"이 통사적 접근을 시도한 최초의 사례이나 너무 소략하다. 그럼에도 이만열의 글은 1920년대의 중요성에 주목하게 해주었다는 점에서 특별한 가치를 지닌다. 당시 이만열은 "'민중'이라는 말이 우리 사회에 자주 사용되어지게 된 시기는 1920년대부터"라면서, 이 시기에 민중은 "다수의 피지배층"이자 "민족독립운동의 주체로서 새 역사의 발전을 위해 투쟁하는 세력" 혹은 "의식화된 대다수의 백성"으로 간주되었고, 따라서 "이렇게 '민중'이란 말을 정의해 들어가기 시작하면 글의 내용도 1920년대 이후의 한국사를 이야기해야 한다는 결론에 이르게 될 것"이라고 주장했다.[106] 일찍이 경제사학자 안병직은 1973년 12월 발표한 글에서 신채호의 민중론, 특히 1923년의 "조선혁명선언"에 등장한 민중론을 상세하게 소개했다.[107] 천관우도 1974년 발간한 『한국사의 재발견』에서 신채호의 '민중직접혁명론'을 소개한 바 있다.[108] 앞서 언급한 1976년 11월의 좌담에서 1920년대 '민중운동자' 조직과 대회에 주목하게끔 해준 것도 안병직의 기여이다. 오랜 세월이 흐른 후 오대록이 '전북민중운동자동맹'에 대한 심층적인 연구를 내놓았다.[109] 필자는 여기서 실마리

신채호

를 얻어 관련 조직과 활동에 대한 본격적인 조사에 나섰는데, 그 결과 전라북도를 필두로 황해·경남·관서·호서 등지에서 등장한 민중운동자동맹이나 민중운동자대회, 전국 차원의 전조선민중운동자대회 등이 줄줄이 쏟아져나왔다. 김창후는 제주 출신 재일 조선인들의 항일운동에 초점을 맞춤으로써 김문준과 「민중시보」의 존재를 깨우쳐주었다.[110] 1920년대의 도道 단위 민중운동자동맹들, 전북민중운동자동맹 기관지인 『민중운동』, 전조선민중운동자대회 개최 공방, 1930년대 김문준과 「민중시보」는 필자의 연구 초기 단계에서 발견해낸 최대의 성과로 내세울 만했다.

어쨌든 안병직과 천관우, 이만열의 기여로 민중 개념사 연구가 '신채호의 민중론'에서 시작하는 경향이 뚜렷해졌다. 다시 말해 '저항적 정치주체인 민중'의 기원과 의미 전환을 중시한다면 신채호로부터 시작해야 한다는 데 학계의 합의가 이뤄져 있는 편이다. 허수의 경우 이보다 약간 이른 '3·1운동 전후' 시기에서부터 연구를 시작하는데,[111] 신채호를 비롯한 저항적 지식인들이 민중 개념의 대전환을 시도한 직접적인 계기가 3·1운동이었음을 감안하면 적절한 선택으로 보인다.

국문학자 조동일이 1984년에 발표한 "민중, 민중의식, 민중예술"은 중국과 조선을 망라하는 본격적인 통사적·비교개념사적 연구를 시도한 최초의 사례였다. 이 글은 지금까지 후속 연구자들의 이정표 구실을 훌륭히 수행하고 있다.[112] 정치학자 노재봉도 "'민중'이데올로기와 민중운동"을 주제로 한 『신동아』 1985년 7월호 좌담 당시 1910~1920년대 일본에서 '민중' 용어 사용이 활발해진 현상에 주의를 환기한 공로가 있다.[113] 김진하의 1990년 석사학위논문인 "민중론에 관한 실증적 접근"도 주목할 만한 통사적 연구이다.[114] 정치학자인 최정운 역시 2007년에 민중 개념의 역사적 기원을 잠시 추적한 바 있고, 그 과정에서 20세기 초 일본의 민중 개념에 대해서도 짧게 다뤘다.[115] 역사학자 황병주는 "1960년대 비판적 지식인사회의 민중 인식"에서 1960년대를 집중적으로 분석하면서도 식민지 시기부터 1950년대까지의 민중 개념사를 간략히 정리한 바 있다.

1970년대 이후 시기의 민중 개념 연구들을 제외할 경우, '시대사적인' 민중 개념 연구 곧 특정 시대의 민중 개념에 대한 연구는 황병주의 2009년 논문이 사실상 유일하다. 황병주의 글은 1970년대라는 '민중 르네상스' 직전의 '이행기적 시간'인 1960년대에 주목하게 해주었다는 점에서 대단히 가치 있는 민중 개념사 연구이다. 비교적 많이 언급되어온 신채호와 함석헌 외에, 1950년대의 손우성, 1960년대의 통합야당인 민중당, 잡지『청맥』과 이진영의 존재를 알게 해준 장본인도 황병주이다. 특정 인물의 민중론에 대한 개인사적·사상사적 연구는 조금 있는 편이나, 그나마 1920년대 신채호,[116] 1950~1960년대 함석헌의 민중 개념[117]에 대한 연구가 대부분을 차지한다. 물론『홍길동전』저자 허균의 민중론에 대한 최정운의 글, 민중적 관점에서 허균의 '호민護民' 개념을 연구한 이이화의 글, 민중적 관점에서 정약용을 연구한 조광의 글,[118] 이 밖에 전봉준·최제우·최시형을 민중 혹은 민중 지도자로서 접근한 일군의 연구들도 같은 범주로 묶을 수 있을 것이다.

4. 문제의식

이제 이 책의 문제의식을 좀 더 직접적으로 제시해보자.

1. 무엇보다 필자는 민중 개념의 차별성과 한국적 독특성에 주목하려 한다. 이와 관련해 '민중은 서구 개념의 근대적 번역어인가?'라는 쟁점이 비중 있게 취급될 것이다. 초기 민중론자들 가운데는 민중이 고유어

임을 강조하는 이들이 많은 데 비해, 1980년대 중반 이후 마르크스주의적 민중론자들은 거의 예외 없이 민중이 people의 번역어임을 마치 자명한 사실처럼 주장하곤 했다. 필자는 이런 흥미로운 불일치가 탈식민주의적 태도와 근대주의적 태도의 차이에서 비롯되는 것은 아닌지 따져 볼 필요가 있다고 생각한다.

2. 이세영은 2006년 발표한 "'민중' 개념의 계보학"에서 '민중학'이라는 용어를 세 차례나 언급한 바 있다.[119] 이 책 역시 다양한 분야들로 구성된 한국 학계의 주체적이고 창의적인 학문적 성과로서 '민중연구/민중학minjung studies'의 형성 과정과 발전 가능성을 탐색하려는 문제의식을 공유한다. 우리가 민중연구 내지 민중학을 운위할 수 있다면, 그것은 1970년대에 탄생했으며, 1980년대에 절정기를 맞았다가, 1990년대 이후 쇠퇴했지만 신학(민중신학)과 역사학(민중사)을 중심으로 지금까지 명맥이 이어지고 있다고 말할 수 있을 것이다.

3. 이번 연구를 통해 필자는 한국 민중 개념의 몇 가지 도드라진 특징들을 효과적으로 부각시킬 수 있기를 바란다. 예컨대 신학·문학의 강세나 '메시아적 주체' 주제 등에서도 잘 드러나는 강한 윤리적·규범적·성찰적·유토피아적 성격, 민중문화나 민중예술·민중종교에 중점을 두는 넓은 의미의 문화적 접근—한국의 민중연구는 사실상 이곳에서 시작되었다고 해도 과언이 아니다—의 유난한 활달함, 민족·민족주의 개념과 민중 개념의 뚜렷한 친화성 등을 우선 꼽을 수 있을 것이다. 민족·민족주의와 민중의 친화성은 한반도 분단상황에 대한 치열한 문제의식을 반영하거나, 학문적 종속성 극복을 위한 탈식민주의적 관심을 반영하는 것일 가능성이 높다.

4. 우리의 민중 개념사 연구는 '독특하게 한국적인' 민중 개념화, 즉 1920년대 이후의 새로운 민중 개념에 집중할 필요가 있다. 필자는 민중 개념의 대전환, 그리고 민중 개념의 재발견과 부흥이라는 측면에서, 1920

년대와 1970년대가 가장 중요한 시기였음을 강조할 것이다. 민중의 개념사 전체로 보면 1920년대와 1970년대는 말안장기나 문턱기라고 부를 만한 개념의 대전환기였지만, 관련 저술의 양적 측면에서 1920년대는 1970년대 이후와 비교할 수 없을 정도로 적다. 전통적인 민중 개념에 '저항적 역사·정치 주체'라는 의미가 추가된 1920년대는 그 중요성에 합당한 연구 관심의 대상이 되어야만 한다. 1920년대의 개념적 전환을 중시한다는 점에서, 한국의 민중 개념사 연구가 (정치주체 개념들에 관한 연구 중에서도) '저항적 정치주체'에 중점을 두는 특징을 보이는 것은 매우 자연스럽다. 이와 동시에, 필자는 1970년대 이후 최근까지의 약 반세기, 더 좁히면 1970년대 초부터 1990년대 후반까지 근 30년에 이르는 시기에 집중할 것이다. 1920~1930년대에 처음 등장한 새로운 민중 개념은 대체로 '사회운동의 언어'에 머물러 있었다. 민중 개념이 학문 내부 영역으로 편입되어 '학문의 언어'가 된 것은 1970년대가 처음이었다. 따라서 1970년대는 민중이 '사회운동·정치의 언어'이자, '학술용어' 내지 '학문사회의 용어'로 처음 사용되기 시작한 시기였다는 점에서도 중요하다. 물론 '전환기'인 1920~1930년대와 '부흥기'인 1970년대 사이 약 30년에 이르는 '잠복기'를 어떻게 평가할 것인지도 중요한 관심사가 될 것이다.

5. 민중론의 시대적 다양성도 이 책에서 강조될 것이다. 필자는 이른바 '민중론'으로 불리는 다양한 민중 이론들을 그 단일성이나 단조로운 동질성이 아닌, 그것의 풍요로운 다양성과 차이들 속에서 고찰할 수 있기를 바란다. 민중 개념과 관련된 역사적 가변성과 차이, 그리고 그것의 공시적共時的 다양성은 매우 뚜렷하게 확인된다. 민중이라 하면 '1970년대'의 민중론과 '1980년대'의 민중론만 있는 것처럼 생각하는 경향이 우리 사회에 널리 퍼져 있다. 그러나 보다 긴 안목에서 보면 '1970년대 이전'의 민중론도 존재했고 (비록 확연히 약화했을지언정) '1990년대 이후'의 민중론도 분명 존재했다. 1920년대에 저항적 민중 개념이 등장한 이후 한

국에서 출현한 민중 개념의 역사적 다양성에 주목해야 한다는 것이 이 책의 핵심 주장 중 하나이다.

6. 아직도 많은 이들이 민중이라는 단어를 통해 1980년대 중후반에 확고히 정립된 '계급론적 민중 개념'을 떠올리곤 한다는 것, 또 저항적 민중 개념의 사용빈도 측면에서 그 시기가 최고 수준을 기록했다는 것은 분명한 사실이다. 그러나 이 개념의 긴 역사에 비추어보면, 아니 그것을 오늘날의 민중 개념과 직접적인 맥이 닿는 20세기로 한정시키더라도, 1980년대 중후반이라는 시기 그리고 그 시기의 급진적이고 계급론적인 민중 담론은 '예외적인' 에피소드나 돌출사례에 불과했다는 것이 이 책의 또 다른 핵심 주장 중 하나이다. 더구나 1980년대 중후반부터 1990년대 초까지 마르크스주의적 민중 개념이 강한 지배력을 과시하는 와중에도 그와는 결이 다른 주장과 연구들이 꽤 많았음을 필자는 보여주고자 한다.

7. 민중론의 시기 구분도 좀 더 세밀하고 정확해져야 한다고 생각한다. 특히 1970년대 이후가 문제이다. 기존 방식은 대개 10년 단위로 나눠 1970년대 민중론, 1980년대 민중론, 1990년대 이후 민중론으로 분류하는 것이었지만, 필자가 보기에 이 방식은 너무 투박하고 부정확하다. 따라서 필자는 민중론 혹은 민중 개념화를 세 개의 차별적인 '세대'로, 즉 1970년대 초부터 1980년대 초반까지를 '1세대'로, 1980년대 중반부터 1990년대 초까지를 '2세대'로, 1990년대 중반 이후를 '3세대'로 각각 명명하는 방식으로 재분류하고자 한다. 이때 1985년은 1세대와 2세대를 나누는 뚜렷한 분기점이고, 1993~1994년은 2세대와 3세대를 구분하는 기준선이 된다. 연구자나 지식인 개개인에 초점을 맞출 경우, 위의 세 시기 중 어느 시점에서 자신의 민중론 혹은 개념을 본격적으로 발표하기 시작했는지를 기준으로 분류할 것이다.

8. 이 책에서 필자는 3세대 민중론의 문제의식과 여러모로 유사하거나 상통하는 고민을 그 이전 세대 지식인들, 특히 1세대 민중론자들이 공

유하고 있었음을 보여주려 한다. 동시에 1세대 민중론과 2세대 민중론을 명확히 구별하고, 양자의 뚜렷한 차이를 강조하는 것도 중요하다. 요컨대 필자는 이 책에서 한편으로는 1세대 민중론과 3세대 민중론의 유사성 내지 친화성을, 다른 한편으로는 1·3세대 민중론과 2세대 민중론의 차이와 이질성을 부각시킬 것이다.

9. 박명규는 "한국의 개념사는 어느 사회보다도 사회사나 정치사와 깊이 연계되어 있는 지식사의 한 사례"라고 말한 바 있다.[120] 민중에게 정당한 정치주체의 지위를 부여하는 '정치적·법적 질서'나, (송호근이 잘 보여주었듯이) 민중의 주체 형성 및 정체성 형성의 장으로 기능할 수 있는 '공론장'은 민중 개념사를 이해하는 데도 긴요하다. 또 앞서 언급했듯이 여러 개념들 중에서도 민중이야말로 현대 한국사회의 사회운동 및 정치와 가장 밀접한 관계를 유지해온 개념이다. 사실 저항성이라는 새로운 의미가 민중 개념에 침투한 이래, 저항적 사회운동·정치와 민중 개념의 친화성은 자연스럽고도 불가피한 현상이 되었다. 그러나 개념과 환경 사이의 상호작용을 정밀하게 포착하기는 매우 어려운 반면, 이 상호작용을 추적하다 보면 자칫 너무 방대한 작업이 됨으로써 꼬리가 몸통을 흔드는 격이 되기 십상이다. 따라서 필자는 민중 개념과 그것의 환경 사이에 '저항적 사회운동'과 '진보적 학계'라는 두 개의 매개변수를 설정하려 한다. 거시적·구조적·장기적 사회변동이 직접 개념사에 영향을 미치는 것도 아니고, 설사 그렇다 해도 그 인과적 영향을 밝혀내기가 쉽지 않은 반면에, 저항적 사회운동과 진보 학계가 민중 개념 변동에 미친 영향은 보다 선명하게 확인된다. 이른바 '진보 학계'는 해직교수들, 젊은 대학교수들, 대학원생들을 중심으로 1980년대에 본격적으로 형성되었다. 그러나 1970년대에도 비판적 지식인들 사이에는 (기독자교수협의회 등을 매개로 한) 비교적 촘촘한 인적 네트워크가 형성되어 있었다. 이 매개변수들은 정치사회적-이데올로기적 환경에서 일어난 변화를 민중 개념에 전달함과 동

시에, 민중 개념의 변화를 정치사회적-이데올로기적 환경으로 전달하는 역할을 수행할 것으로 가정된다. 사회운동과 진보 학계는 민중론을 주도하는 지식인들을 사회사적 동학과 연계시킨다. 따라서 시대마다 저항적 사회운동과 진보 학계의 동향을 관찰하고 분석하면서 민중 개념의 변화상을 추적해간다면, 논의가 산만해지거나 자의적 해석으로 흐르는 것을 어느 정도 제어할 수 있으리라 기대한다.

10. 학계 일부까지 동원된, 개념에 대한 권력의 빈번하고 강도 높은 개입과 공격, 그로 인한 개념의 과도한 정치화 현상도 이번 연구에서 강조되어야 할 쟁점이다. 이미 언급했듯이 민중은 동일한 시대 안에서도 여러 의미로 사용되어왔을 뿐 아니라, 민중이 어떤 정치적-이데올로기적 맥락에서 발화되느냐에 따라 그 의미가 전혀 달라지는 특징을 보여주었다. 여기서 지배-저항 맥락의 차이가 중요한데, 지배자의 언어 혹은 통치 담론으로서의 민중—곧 순종적이고 애국적인 민중—과, 저항적 피지배자의 언어로서의 민중은 그 발화 맥락에 따라 첨예하게 대립적인 의미들을 산출해왔기 때문이다.[121] 1980년대에 전형적으로 그러했듯이 민중에서 '저항언어로서의 측면'이 '지배언어로서의 측면'보다 월등하거나 전자가 후자를 압도할 때, 민중이라는 말 자체가 권력에 의해 '금기어'로 규정되기 쉽다. 이 경우 민중은 '침묵의 말'을 넘어 '금지된 말', 따라서 은밀하게 지하에서 '유언비어'로 유통될 수밖에 없는 말이 될 것이다. 저항적 정치주체로서의 민중 개념이 등장한 1920년대 이후의 한 세기 전체를 조망해볼 때, 민중 개념의 급진성과 변혁성, 곧 '저항적 정치주체'라는 민중 기의에 대해 지배세력과 저항세력이 사실상 '합의'했던 유일한 때였다는 점에서도 1980년대는 '예외적인' 시대였다.

11. 민중 개념에 대한 역사적 탐구는 '저항적 정치주체의 계보학'을 그 일부로 포함한다. 여러 세대에 걸쳐 켜켜이 쌓인 계보학적 역사의 무게를 진지하게 고려하는 것, 그런 과정에서 특정 어휘가 지배자의 언어

혹은 저항자의 언어로 점차 굳어지는 과정을 '지식의 고고학'을 수행하듯 찬찬히 살피는 것, 이야말로 필자가 가장 흥미롭게 생각하는 대목 중 하나이다. 이 계보학은 저항적 정치주체에 대한 긍정적 호명의 역사이기도 한데, 이를 탐구하려면 인민·시민·민족·계급 등 특정 역사 시기에 저항적 정치주체로 호명되었던 인접 개념들과 민중 개념의 관계를 고찰하는 게 필수적이다. 민중은 한편으로는 '박탈된 자들'을 호명하는 일련의 개념들과, 다른 한편으로는 '저항적 정치주체'를 호명하는 개념들과 '이중적인 대화 관계' 속에 놓여 있다. 민중은 내적 경쟁과 외적 경쟁이라는 '이중적 경쟁 관계' 속에 놓여 있기도 하다. 내적 경쟁은 민중이라는 기표의 다의성多義性으로 인한 '전통적 기의' 대 '새로운 기의' 간의 경합 관계를 말한다. 외적 경쟁은 다시 둘로 나뉘는데, 그 하나는 박탈층 및 저항 정치주체를 지칭하는 유사 개념들과의 경쟁이고, 다른 하나는 순응적 정치주체를 지칭하는 개념들과의 경쟁이다. 인접 개념들과의 관계는 제8장에서 집중적으로 자세히 다룰 문제이다.

12. 개념사나 지성사, 심성사 말고도 민중 개념 연구는 국내외의 선행하는 이론과 접근방법들로부터 많은 유용한 통찰들을 끌어올 수 있다. 몇 가지 주요한 예만 들어보자. 우선, 에릭 울프로 소급되고 에릭 홉스봄과 에드워드 파머 톰슨이 본격적으로 열어준 '아래로부터의 역사history from below' 관점은 민중 개념사 연구에 어떤 도움을 줄 수 있을까?[122] 또 서발턴연구의 대표적인 저작인 라나지트 구하의 『서발턴과 봉기』의 통찰들에서 끌어올 수 있는 것은 무엇일까? 더 나아가 '일상적 저항들' 내지 '작은 저항들'에 초점을 맞추는 제임스 스콧의 『은닉대본』, 로버트 단턴의 『고양이 대학살』 등이 제공하는 통찰들을 어떻게 활용할 수 있을까? 『열정적 정치』에 집약된 이른바 '사회운동의 감정사회학'은 어떤 도움을 줄 수 있을까?[123] 민중의 저항성에 초점을 맞춘 한국 쪽 연구들은 과연 이런 이론·접근법들과 비견될 법한가, 나아가 독창적인 기여로써 되갚을

만한 잠재력을 갖고 있는가? 최근 한국에 소개된 '정동이론affect theory'은 필자로 하여금 민중론자들이 파고든 한恨과 신명 개념, 판소리, 현영학의 이른바 '오장육부五臟六腑의 신학' 등을 색다른 눈으로 보도록 이끌어주었다.[124] 민중의 유사 개념들에 대한 연구도 큰 도움이 된다. 인도 출신 학자들이 주도하여 국제적으로 확산된 서발턴연구subaltern studies는 물론이고, 안토니오 네그리와 마이클 하트의 다중multitude 개념, 라클라우나 바디우의 인민people 개념 연구도 민중 개념 이해에 유용한 여러 통찰의 원천으로 기능했다. 특히 그람시의 통찰들을 발전시킨 라클라우의 헤게모니 개념과 인민 연구는 예컨대 1980년대와 1990년대 초 한상진이나 조희연·김진호의 민중론, 나아가 해직과 투옥·망명으로 인한 1980년대 전반기의 학문적 공백기를 거친 '후기 한완상'의 민중론이 지닌 위상과 의의를 올바르게 평가할 수 있는 안목을 필자에게 제공해주었다.

민중 개념과 관련된 이론적 쟁점들을 주로 다루게 되는 이 책에서 제2장과 제3장은 민중론과 관련된 '합의점들'과 '이견들'을 일목요연하게 소개한 후, 그중 주요 쟁점 몇 가지를 따로 추려 보다 심도 있게 탐구하는 방식으로 구성되었다. 제4장~제7장에서는 1920년대에 등장한 민중 개념의 새로운 기의인 '주체성'과 '저항성'을 집중적으로 분석한다. 마지막 장인 제8장에서는 인접 개념들과 민중의 관계를 '개념들의 네트워크' 안에서 관찰한다.

민중

1. 정의

현재까지 민중에 대한 합의된 정의는 없다. 더구나 민중 개념의 내용이
역사적으로 계속 변해왔기 때문에, 이 모두를 아우를 정의는 사실상 불
가능할지도 모른다. 한국의 근현대로만 한정하더라도 민중의 의미 스펙
트럼에는 다수자, 하층민, 피치자被治者, 피억압자, 역사(발전)의 주역, 저
항운동이나 변혁운동의 주체와 같은 다양하고도 중층적인 요소들이 포
함되어 있다.

국어사전에 따르자면, 민중은 "국가와 사회를 구성하고 있는 사람들"
(다음 국어사전), "피지배계급으로서의 일반 대중"(다음백과), "국가나 사회를
구성하는 일반 국민. 피지배계급으로서의 일반 대중"(네이버 국어사전) 등
으로 규정된다. 더 많은 사례는 〈표 2-1〉을 통해 확인할 수 있지만, 민중
의 뜻에 대한 설명은 대동소이하다.

사전적 용법들은 대체로 '전통적인' 민중 개념을 반영하고 있다. 한국
·중국 등 동아시아의 맥락에서 오랫동안 통용되어온 전통적 의미의 민
중 개념은 '다수자'와 '피지배층'이라는 두 요소를 축으로 삼고 있었다.

구분	저자/감수자	출판사(년도)	의미
큰 사전	한글학회	을유문화사 (1947, 1957)	인민의 무리. (민서=民庶)
표준 조선말사전	이윤재	아문각 (1947)	많은 사람의 무리.
조선어사전	문세영	영창서관 (1949)	세상의 모든 사람. 많은 백성들.
도해 국어대사전	이숭녕 감수	미도문화사 (1980)	① 다수의 국민. people. ② 국민을 동등하게 일원(一員)으로서 본 전체(全體).
새 우리말 큰사전	신기철·신용철	삼성출판사 (1981)	세상 일반의 인민. 민서(民庶).
동아 새국어사전	이기문 감수	동아출판사 (1990)	(국가나 사회를 이루고 있는) 다수의 일반 국민. [흔히 피지배 계급으로서의 일반 대중 을 가리킴.] 민서(民庶).
금성판 국어대사전	김민수 외	금성출판사 (1991)	국가나 사회를 구성하는 다수의 일반 국민. 흔히, 피지배(被支配) 계급으로서의 일반 대중을 말함. 민서(民庶).
최신 국어대사전	이숭녕 감수	숭문사 (1992)	최대 다수(最大多數)의 국민.
연세 한국어사전	연세대언어 정보개발연구원	두산 (1998)	한 국가나 사회에서 다수를 이루면서도 권력 에서 소외되어 있는 사람들.
표준 국어대사전	국립국어 연구원	두산동아 (1999)	국가나 사회를 구성하는 일반 국민. 피지배 계급으로서의 일반 대중을 이른다. 민서.
새로 나온 국어대사전	국어국문학회 감수	민중서관 (2000)	국민의 무리. 많은 사람의 무리. 민서(民庶). people.

요컨대 전통적 의미의 민중은 '한 사회의 인구학적 다수를 이루는 피지
배층'을 가리켰다. 이런 의미에서 민중은 다양한 민民 계열 용어들과 동
렬에 위치한다. 중국, 한국, 일본을 포함하여 동아시아에서 널리 사용되
어온 민民 계열 용어는 국민, 인민, 시민, 민족 혹은 족류族類, 민중뿐 아니
라 민民, 백성百姓, 서민庶民, 서인庶人, 민서民庶, 중서衆庶, 여서黎庶, 여민黎
民, 민려民黎, 여원黎元, 민맹(民氓, 民甿, 民萌), 민생民生, 민초民草, 중민衆民, 만

중萬衆, 만민萬民, 억조億兆, 신민臣民, 공민公民, 조민兆民, 원원元元, 민인民人, 민하民下, 하민下民, 민구民口, 민령民靈, 민례民隸, 민이民夷 등 상당히 긴 목록을 자랑한다. 우리는 여기에 검려黔黎, 검수黔首, 백민白民, 범민凡民, 생령生靈, 생민生民, 적자赤子, 창맹蒼氓 등을 추가할 수 있다.

민중은 무엇보다 인구학적 '다수자'이나, 사회경제적으로는 한 사회의 재생산을 떠받치는 '직접생산자'이자 '노동하는 이들'이라는 의미도 추가되었다. 한편 '피지배층'이라는 말에는 객관적 차원의 '구조적 열위 劣位', 그리고 (그러한 객관적 위치와 관련된) 주관적 차원의 '고통' 경험이 함축되어 있었다. 민중이 억압·착취·배제·차별의 대상이라거나, 모순의 응축 지점이라는 부류의 주장은 주로 구조적 열위와 관련된다. 여러 민중론자들은 고통스러운 일상체험에서 비롯된 민중의 감정 세계에 주목했다. 민중 사회전기의 공통분모는 '고난의 경험'이며 "하느님의 백성의 사회전기는 백성의 고난의 이야기"라는 김용복의 주장을 비롯하여, 많은 민중신학자들은 민중을 일차적으로 "고통을 당하는 자들"로 이해했다.[1] 1970년대 이후 피지배층이라는 위치와 관련된 '민중의 독특한 시각 내지 세계관'의 차원이 추가되었다. 민중에 특징적인 것으로 간주된 '아래로부터의 시각'은 다양한 형태의 인식론적·존재론적·윤리적·구원론적 특권 담론을 촉발했다.

어쨌든 '피지배 다수자'라는 구래의 정의는 1970년대 이후 빈번히 사용된 민중 개념과 다소 동떨어진 것이다. 1970년대 이후의 민중 개념은 1920년대의 민중 개념을 '의도치 않게' 되살린 것이었다. 1920년대 식민지 조선의 일부 진보적인 지식인들은 민중 단어의 기존 의미에다 '역사·정치 주체', 곧 역사와 통치의 객체·대상에서 주체—유일한 주체는 아닐지라도 주요 주체 중 하나—로의 변화, 그리고 '저항성', 곧 가정되고 당연시된 순응성에서 저항성으로의 변화라는 새로운 의미들을 추가함으로써 민중 개념의 기나긴 역사에서 일대 변혁을 일으켰다.

물론 전통적 민중 정의의 두 요소만으로도 저항의 잠재력을 논리적으로 도출해낼 수는 있다. 황문수는 이를 '민중의 역설'로 표현했다. "그 사회의 원활한 기능 발휘를 위해서는 불가결한 사람들이면서도, 또한 그 사회의 모든 영역에서 실제적으로는 가장 중심적인 역할을 하면서도, 언제나 주변인을 면하지 못한다는 민중의 또 하나의 역설성—이것이 바로 민중의 또 하나의 본성이라고 할 것이다."[2] 이처럼 민중은 '다수자=소수자'(다수자이자 소수자)인 형용모순과 이율배반의 존재, 다시 말해 인구학적으로는 다수자이지만 사회정치적으로는 소수자인 이들이다. 다만 이런 '논리적' 이율배반이 빚어내는 긴장이 '실제적인' 갈등으로 현실화하는 경우가 드물 뿐이다. 그러나 특정한 역사적 변동, 그중에서도 군주제로부터 공화제로의 이행, 귀족정·과두정으로부터 민주정으로의 이행으로 집약되는 혁명적 정치변동은 전통적 민중 개념이 내부에 품고 있던 잠재적 긴장을 실제적 갈등으로 표출시킬 가능성을 상승시킨다. 주체성과 저항성이라는 새로운 민중 기의 등장은 이런 역사 변동의 자연스러운 반영일 것이다. 한편 '다수성'은 언제든 폭력적인 '전체성'과 '통일성'으로 질주할 위험을 안고 있다. 이 경우 민중 개념에 내장된 '근본적인 소수성', 혹은 '다수성과 소수성의 단단한 의미론적 결속'은 '다수성과 전체성·통일성의 연계 가능성'을 차단하거나 제한하는 담론적 안전장치로 기능할 수도 있다.

전통적 민중 개념의 두 요소(다수성과 피지배성)만으로는 민중 개념을 위한 독자적인 '이론 공간'이 생성되기 어렵다. 대체 가능한 여타 민民 계열 개념들과의 의미론적 유사성 및 중첩성이 워낙 도드라지기 때문이다. 그러나 '정치 주체성'과 '저항성', 나아가 '연대성'이라는 의미가 덧붙여지면 상황이 달라진다. 민중 개념 고유의 의미론적 자율성이 생겨나 다른 개념들과의 명료한 차별화가 가능해질 뿐 아니라, 주체나 저항의 의미화 방식, 민중 개념을 구성하는 요소들의 접합 방식, 이질성을 가로지르는 연대 형성의 방식 등과 관련된 다양한 주장들이 제기되면서 자신만의 이론이 발생할 가능성의 공간이 넓게 열리는 것이다.

1920년대와 1970년대라는 서로 다른 시기에 진보적 지식인들이 감행한 민중에 대한 시각 전환은 한편으로 '민중의 재발견'으로, 다른 한편으로는 '민중의 역사적 복권'으로 나타났다. 이제 민중은 '역사의 주체', 나아가 '역사의 주인'으로 간주되기 시작했다. 역사의 객체이자 부재자不在者였던 민중은 역사의 주체이자 현존자現存者로 변신했다. 오랫동안 공식기억과 정통역사에서 부당하게 지워짐으로써 역사주체 자격을 인정받지 못했지만, 새로운 개념에서 민중은 최소한 '공동 주체', 다시 말해 역사의 '유일 주체'는 아닐지라도 지배세력과의 갈등 속에서 '함께' 역사를 만들어가는 역사주체 중 하나로 자리매김되었다. 나아가 민중은 역사의 '진정한 주체'로 종종 간주되었다.[3] 1970년대에 "민중이 역사의 주체"라는 언명은 곧 민중신학, 민중문학, 민중사학의 '핵심 명제'로 선언되었다. 김성재에 따르면 "역사발전의 주체는 민중이다"라는 명제는 1970년대와 1980년대 초까지 학문 분야를 막론하고 널리 받아들여졌던 "초기 민중론의 테제"였다.[4] 물론 이 명제에는 지배층이 독점해온 역사의 분점分占, 나아가 빼앗긴 역사의 탈환, 기존 역사를 전복시키기, 역사 바로잡기, 역사 다시쓰기의 측면이 포함되어 있다. 분석적으로 보자면, 민중 역사주체 명제는 두 차원을 포함한다. 그 하나는 객관적 사실의 차원으로서 민중의 역사 추동력을 입증하거나, 민중 중심으로 역사를 재구성하려는 노력을 포함한다. 다른 하나는 주관적 의식의 차원으로서 역사주체라는 민중 스스로의 자각과 주인의식, 새로운 사회 건설에 대한 프로그램이나 비전의 창출을 포함한다.[5] 요컨대 역사적 주체성은 주체 '역할'과 주체 '의식'의 혼합으로 간주되었다.

참여 지향, 자각성 등 약간씩 용어가 다르기는 하지만 임헌영, 한상진, 최장집, 안병직, 조동일, 유재천, 한상범 등은 대체로 '주체성'에 주안점을 두고 민중을 정의했다. 임헌영은 "역사를 창조해온 직접적인 주체이면서도 역사의 주인이 되지 못한 사회적 실체"로 민중을 규정했고, 한상진은 "정치적으로 활성화의 잠재력을 지닌 채 역사적 경험에 근거한 나름대로의 의식을 공유하고 그 끈으로 묶여진 기본적으로 참여 지향적인 집합체"로 간주했다.[6] 최장집은 "민중은 의식적으로 자각된 주체"라고 보았다.[7] 1976년에 안병직은 '무자각적 대중'인 백성과 '자각성을 지닌 대중'인 민중을 구분하면서, "역사 속에서의 자기를 항상 지배 대상으로만 인식하는 것이 아니고 자기 자신이 역사를 이끌고 가는 하나의 주체로서 자기를 주장할 수 있는 단계에 있어서의 대중, 이것을 민중이라고 불러야 하지 않을까"라고 말한 바 있다.[8] 유사한 취지에서 조동일도 '생활에서의 민중'을 가리키는 '민民'과 '의식에서의 민중'을 구분했다. "민은 생활에서의 민중이기는 해도 의식에서의 민중은 아니기 때문에 구별해서 말하자는 것이다. 생활에서의 민중은 민중을 이루는 필요조건이기는 해도 충분조건은 아니다. 의식에서의 민중이기도 한 충분조건까지 갖춘 민중이 나타나서 성장한 시기는 조선 후기부터라는 말이다." 이런 취지에서 조동일은 민중을 대중과 구분했다. "민중은 소수의 특권층과 구별되는 다수의 예사 사람을 한꺼번에 지칭하면서 그 주체적 성향과 집단적 행동을 부각시키는 용어라고 할 수 있다.……주체적이거나 능동적인 움직임을 보인다는 점에서 대중과 다르다."[9] "민중을 사회와 역사의 주인공으로 파악하면 민중은 자각된 존재로서 역사의 진전에 행동으로 참여하는 집단 개념"이라거나, "민중을 자의식을 가진 자각된 집합으로 보고 이들을 삶의 조건을 억압하는 세력과 제도에 대해 비판하며 이를 개혁하려는 집단으로 파악할 때 민중은 사회와 역사의 주인공으로 이해된다"는 유재천의 주장,[10] 그리고 다음과 같은 한상범의 주장도 마찬가지이다. "대다수를 차지하는 사람들이 사회에서 객체화된 대상으로 머물러만 있다고 할 때에는 민중들의 의미는 없다. 이들이 스스로의 의

지를 지닌 자각된 주체로서 자기를 주장하고 그것이 사회 발전에 건전한 힘이 될 때에 민중론의 본래의 뜻이 있고 여기에 민중론의 역사적 정립과 그 사회적 지향에 의미가 있는 것이라고 본다."[11] '자각한 주체로서의 민중'이라는 관념은 '역사주체로서의 민중' 관념과 자연스럽게 결합되었다.

1920년대 들어 전통적인 민중 개념에 '저항성', 나아가 '변혁성'이라는 의미가 도입되면서 민중 개념에서 대지진大地震이 발생했다. 저항성이라는 새로운 의미가 덧붙여진 것은 민중 개념의 장구한 역사에서 최대의 개념적 혁신이자 가장 결정적인 변화였다. 이를 통해 오랜 세월 '정치의 객체'이자 '통치의 대상'에 불과하던 민중이 '정치의 주체' 지위로 올라섰을 뿐 아니라, 정치주체를 호명하는 다른 개념들과도 명료히 구분되는, '저항적 정치주체'라는 민중만의 독특한 의미구조가 최종적으로 완성되었다. 민중은 '저항적 정치주체'이자 '저항이념의 담지자·운반자'로서 새롭게 이해되었다. 또 저항성이 개념의 내부로 들어옴에 따라 '기술적記述的 개념'에 머물던 민중은 '추동적推動的 개념'으로 환골탈태했다. 한완상은 1976년에 민중을 "부당한 정치권력에 대해서는 과감히 저항하는 세력"으로 정의한 바 있다.[12] 1982년에 정창렬이 민중은 '동태적인' 개념이라면서, 민중을 "정치·경제·사회적인 모순에 의한 억압과 수탈을 받으면서 그러한 억압과 수탈을 해체시키기 위하여 싸우는 주체로서의 인간집단"(인용자의 강조)으로 정의했던 것도 동일한 문제의식을 담고 있다.[13] 이세영 역시 "정치적 지향성을 갖고 지배세력에 저항하는 여러 계층과 계급으로 구성된 복합적인 존재"로 민중을 규정했다.[14]

아울러 1920년대의 민중 개념에는 '다계층성' 즉 민중은 다양하고 이질적인 계층들로 구성된다는 관념이 내포되어 있었다. 1970년대에 이르러 민중이 여러 계층·계급을 포괄한다는 점에 대해 보다 확고한 합의가 성립되었다. 한완상은 1976년 좌담에서 민중을 "수는 많지만 피지배자의 입장에 서 있고 반드시 단일 계층적인 것이 아니고 그 속에는 여러 계층적인 요소가 복합적으로 병존하는” 세력으로 정의했다.[15] 민중의 다계층성을 강조하는 이런 정의는 대부분의 비판적 지식인들에 의해 수용되었다. 민중은 다양한 계급과 계층들로 구성되어 있으며, 민중 구성의 복합성은 젠더, 종족, 세대 등의 차이들을 포괄할 수도 있다는 것이다. 박현채의 표현에 의하면 민중은 “계급·민족·시민 등 여러 개념을 포용하는 상위개념”이다.[16] 그런 면에서 정도 차는 있을지언정 대부분의 민중 연구자들은 민중의 내적 다양성과 이질성을 인정한다고 말할 수 있을 것이다. 고통, 착취, 억압, 부자유, 빈곤과 같은 용어들을 동원하는 것이 민중에게 어떤 ‘동질성’의 이미지와 성격을 부여하는 행위임은 분명하다. 그러나 사회운동의 맥락에서 민중의 내적 동질성이나 단일성·단결력을 강조하는 투박한 주장을 무비판적으로 수용하는 연구자는 드물었다.

1920년대 민중 개념에는 다양한 계층들이 차이를 초월하여 결집함으로써 어느 정도의 동질성을 지닌 민중을 형성한다는 초기적인 ‘연합·연대’ 관념의 요소도 일부 포함되어 있었다. 그러나 이를 일반적인 합의였다고 볼 수는 없다. 이해충돌 가능성까지 포함하는 민중 구성의 내적 이질성과 차이, 나아가 내적 차이가 제기하는 ‘연대의 딜레마’에 대한 정교한 논의가 1980년대 이전에 진행되지 못했음은 분명한 사실이다. 민중을 구성하는 다양한 사회집단들은 공동의 목표 아래 연대하기도 하지만, 반면에 이해관계와 정치·사회의식의 분기分岐에 따라 서로 대립할 수도 있다. ‘연합·연대’의 요소가 민중 개념의 핵심적 일부로 확고히 자리 잡은 시점은 1980년대였다. 다시 말해 연대 문제는 ‘사회혁명’의 관점이 분명해지고 ‘혁명전략’의 차원에서 세력연합이나 통일전선·인민전선 문제가 현안으로 떠오른 1980년대 중반 이후에 가서야 본격적으로 다뤄지기 시작했다.

필자는 민중 어휘의 긴 역사에서 1920년대에 일어난 '개념혁명', 그리고 그 취지를 전면적으로 되살리면서도 더욱 창의적으로 발전시킨 1970년대의 개념적 혁신들을 민중 정의에 마땅히 반영시켜야 한다고 본다. 그러려면 전통적 민중 개념의 두 요소인 '다수성'과 '피지배성', 그리고 새로운 민중 개념의 요소들인 '주체성'과 '저항성'과 '다계층성'이라는, 비교적 쉽게 합의할 수 있는 다섯 요소를 중심으로 잠정적 정의를 구성하는 것이 가장 합당하리라 생각한다. 이 경우 민중은 "한 사회의 다수를 이루는 피지배층으로서, 다양한 계층으로 구성되며, 역사와 정치의 한 주체이자, 저항적 잠재력을 상대적으로 더 풍부하게 지니고 있다고 간주되는 이들"로 정의될 수 있다.[17]

이 정의에서 저항을 향한 잠재력 내지 잠재적 가능성을 비교적 풍부하게 가진 것으로 간주되거나 그렇게 추정된다는 대목이 중요하다. 이런 가능성과 잠재력을 실현해가는 과정이 곧 민중의 '주체화' 과정이다. 랑시에르의 주체화 개념에 의존하여, 조현일은 문학계의 민중 개념 개척자들인 염무웅과 신경림의 민중 개념, 특히 "가능성이 항시 열려 있는 존재"로서의 민중, 그리고 그 가능성의 현실화로서의 '민중 주체화'에 대해 다음과 같이 정리했다. "(민중은—인용자) 랑시에르 식으로 표현하면, '사회적으로 기능할 뿐 정치공동체에서 자신의 몫을 갖지 못한 자'로 파악한다.……농민은 스스로가 셈해지지 않았다고 선언하는 순간 치안에 맞서 정치를 활성화하는 정치적 주체가 될 수 있는 것이다. 염무웅과 신경림의 평론은 현실의 농민, 민중을 반드시 그리해야 하는 존재로, 즉 당위론적으로 파악하지 않으면서도 그러한 가능성이 항시 열려 있는 존재로 보면서 그 가능성이 현실화되는 모습을 포착한다는 점에서 중요한 의의를 갖는다"(인용자의 강조).[18] 민중운동사 연구와 관련하여 배항섭은 '가능성으로서의 역사'를 '발전론적·목적론적 역사 인식'과 대조시켰다. "민중운동사 연구는 무엇보다 역사를 고정된 것, 목적론적인 무엇으로 파악하는 것이 아니라 인간의 삶이 주체적으로 대응해나가는 속에서 역사를 어떤 가능성으로 이해하려는 데 그 의의가 있다. 그러나 지금까지의 민중운동사 연구는 서구적 경험을 준거로 한 발전론적·목적론적 역사 인식에 입각하여 민중운동이 역사의 진화론적 전개 과정을 증명해주는 표상이라는 점을 선험적으로 전제하여왔다.”[19]

이런 취지에서 우리는 ‘저항적 잠재력’을 (이미 현실화된 저항인) ‘현재적 저항’과 구분해야 하며, 민중 개념의 정의를 전자 쪽에 초점을 맞춰야 한다. 황문수는 1980년 발표한 “민중의 역설성”이라는 글에서, “사화산이면서도 활화산이라는, 사적인 개인으로서는 가장 무력하면서도 그 잠재력이 나타날 때 가장 무서운 힘이 된다는 또 하나의 민중의 역설성”을 말하면서 민중을 ‘잠재력의 잠재적 존재’, 곧 “잠재적 힘을 가진 잠재적 집단”으로 규정했다.[20] 김명인도 민중을 존재태이자 가능태(가능성 주체)로 보았다. 민중은 “노동자, 농민, 도시빈민 등 넓은 의미의 생산대중을 아우르는 포괄적 존재 개념이면서도 분단된 신식민지 국가독점자본주의 체제를 극복하고 새로운 사회를 건설하는 가능성 주체”라는 것이다.[21]

안병무나 김용복 등 초기 민중신학자들이 민중에 대해 정의 내리기를 한사코 거부하면서 민중을 ‘살아 있는 생명체’로 내세웠던 것도 민중의 비고정성과 가변성, 유동성에 주목했기 때문이었다. 그들에게 민중은 “역사적으로 유동적流動的이며 사회적인 것으로서 하나의 생명체”였다.[22] 안병무의 표현으로는 “민중이란 어떤 기존 개념으로 고정시킬 수 없다. 그것은 산 실체이다.”[23] 생명사상의 관점에서 민중에 접근했던 1980년대의 김지하도 같은 입장이었다. “민중의 절대성 곧 보편적이고 근원적인 민중의 절대적 실체는 잡을 수 없는 것일까? 바로 그 점, 민중의 절대적 실체는 잡을 수 없다는 점, ‘이거다’ 하고 딱 집을 수 없다는 점, 살아 생동하는 생명체라는 점, 여기에 착안해야 한다.”[24]

이처럼 역동적 가능성의 존재로 이해될 때 민중은 라클라우가 인민

people 개념을 두고 규정했던 '텅 빈 부유하는 기표empty and floating signifier' 라는 성격에 더욱 가까워지게 된다.[25] 한상진은 이와 유사한 취지로 '통합 상징'이라는 표현을 사용한다. 그는 "다양한 체제 모순의 극복을 지향하는 변혁운동이 자기 정체성의 표현이자 수평적 연대의 상징으로서 민중이라는 통합 상징을 강력히 필요로 한다"고 썼다.[26] 라클라우가 말하는 기표의 '비어 있음'은 '충만함'(혹은 '보편성')의 다른 이름이다. 서광선의 표현을 빌리자면 "충만한 것이 바로 허공虛空"이고,[27] 라클라우의 표현으로는 "'완전한 비어 있음'과 '완전한 충만함'은 실상 같은 것"이다.[28]

이처럼 유동적이고 다의적인 성격을 지니면서도 널리 선호되는 기표는 정치적-이데올로기적 전유 경쟁의 대상이 되기도 한다. 그렇기에 텅 빈 기표는 온갖 해석들(기의들)로 가득 찬 기표이고, 백가쟁명 혹은 소통 불가능한 왁자지껄함의 공간이고, 양립 불가능한 욕망들이 동시에 표출되는 대상이다. 이런 경쟁 속에서 민중 기표는 '금지된 기표'(지배세력에 의한 개념적 억압이 강해질 때)와 '낭만화된 기표'(저항세력에 위한 민중 이상화가 두드러질 때)라는 두 극단 사이를 오가게 될 것이다.[29] 다시 황문수의 언어로 풀이하자면, "민중이라는 말은 그 말을 사용하는 사람마다 그 의미를 달리하고 있다……이 말을 사용하는 사람의 관점에 따라, 또한 그가 어떤 필요에서 민중에 의지하려고 하며 민중에 호소하려고 하는가에 따라 민중을 파악하는 방식이 다른 것이기 때문이다. 어느 누구든 자기의 규정에 의해 민중을 정의하고 그 민중에 대한 태도를 결정할 수 있는 것이다. 천의 얼굴을 가진 사람들, 그것이 민중이란 말인가."[30]

결론적으로 민중은 '잠재력과 가능성의 기표'이자, '텅 빈 유동하는 기표'이자, 헤게모니적 쟁투가 벌어지는 '갈등의 장소인 기표'이기도 한 무엇이다. 민중의 저항적 잠재력이나 민중 기표의 유동성·과정성에 대해서는 이 장 후반부와 제5장~제7장에서 더욱 상세히 논하게 될 것이다.

우리는 앞에서 다수성, 피지배성, 주체성, 저항성, 다계층성이라는 다섯 요소를 중심으로 민중 개념에 대한 잠정적 정의를 시도해보았다. 물론 지금까지 민중을 정의하려는 수많은 시도들이 있었다. 기존의 다른 정의들은 필자가 제시한 요소들을 두루 반영하면서도 제각기 강조점을 달리하는 모습을 보여준다. 어떤 이들은 민중의 '객관적인' 측면을 중시했고, 어떤 이들은 민중의 '주관적인' 측면을 강조했다. 민중 개념에 대한 '다원적 정의'를 시도하는 이들도 있었고, '단원적 정의'를 시도하는 이들도 있었다. 어떤 논자들은 계급주의적 관점에서 경제적 측면을 주로 부각시켰다. 다른 이들은 민족주의적 관점에서 민족 대립의 측면을 주로 강조했다. 어떤 논자들은 민중을 정의할 때 정치적·경제적·사회적·문화적 측면들을 두루 고려하거나, 민족 대립과 계급 대립을 동시에 반영하고자 했다. 기존의 정의 중 많은 사례들이 민중에게는 없는 것이나 빼앗긴 것 등 말하자면 '네거티브 접근'에 기초한 '박탈剝奪 정의'에 치우쳐 있다면, 몇몇 논자들은 민중이 가진 것이나 창출해낸 것 등 '포지티브 접근'에 기초한 '공유共有 정의'를 시도했다. 이에 대해서는 곧 다시 언급할 것이다.

2. 수렴

민중에 대한 정의 내리기는 민중 개념의 공통적 구성요소들을 발견하려는 행위이기도 하다. 김성재는 1980년에 처음 발표한 글에서 1970년대 민중론의 공통점을 총체적 수탈과 소외, 민중의 역사적 체험의 중요성, 탈脫서구적 접근의 필요성, 인간해방 지향, 민중을 해방 주체로 제시한 것 등 다섯 가지로 제시했다.[31] 배경식은 1970년대 민중론의 대표적인 논자들로 박현채(민족경제론), 한완상(소외론적 민중론), 정창렬(민중민족주의 역사학) 등 세 사람을 꼽으면서 이들의 민중론이 공유한 특징을 다섯 가지로 요약한 바 있다. 첫째, 한국적 특성을 중심으로 민중론에 접근했다는 점, 둘째, 계급 문제를 염두에 두되 민중과 민족을 동일한 범주로 인식했다는 점, 셋째, 민중과 계급 개념의 차별성을 강조했다는 점, 넷째, 사회적 관계들의 복합적 모순관계로 민중을 인식했다는 점, 다섯째, 민중의 내부 구성에서 노동자 헤게모니를 필연적으로 전제하지 않았다는 점이 그 것이다.[32] 1984년의 민중 선집 편찬자 유재천은 이 개념에 대한 그때까지 학계의 암묵적인 합의 사항을 역사 주체성과 실체성, 피지배층, 내부 구성 및 범위의 역사적 가변성 등 세 가지로 정리한 바 있다. 풀어 말하자면, 첫째, 민중이 역사의 주체이며 사회적 실체라는 것, 둘째, 민중이 정치적·경제적·문화적 지배 관계에서 피지배층을 의미한다는 것, 셋째, 민중의 내포와 외연은 역사적 상황에 따라 달라진다는 것이다.[33]

자세히 들여다보면 이것들 말고도 상당한 공감대를 형성하거나 암묵적 혹은 명시적으로 의견이 수렴되는 요소들을 몇 가지 더 찾아낼 수 있을 듯하다. 이번 절에서는 필자가 민중 개념화에서 어느 정도 합의된 요소들로 제시했던 다수성, 피지배성, 주체성, 저항성, 다계층성의 다섯 요소를 제외하고, 우리가 민중 개념을 온전히 포착하기 위해 고려해야 할 여러 요소들을 한데 모아 정리해보고자 한다(다만 서장에서 길게 다룬 민중의 실체성 문제는 논의에서 제외할 것이다). 이 가운데 민중의 다원성·이중성과 역사적 진보 관념에 대해서는 이 장 후반부의 별도 절들에서, 그리고 저항성과 주체성에 대해서는 별도의 장들을 할애하여 상세히 분석해보려 한다.

■ **고대성**古代性 민중은 한국사회가 근대화의 격랑을 만나기 훨씬 오래 전부터 존재해온 용어이다. 용어의 시공간적 기원을 언제 어디로 설정해야 할지에 대해서는 논란의 여지가 있을지라도, 적어도 민중이 근대 이후에 생겨난 용어가 아니라는 데 대해서는 폭넓은 합의가 존재한다. 이

는 민중 개념사를 19세기 말 이전으로까지 확장한 이들, 특히 조동일과 최정운의 연구를 통해 명백해진 '역사적 사실historical fact'이기도 하다.

■ **긍정성** 한국에서 전통적 민중 개념이 '민중의 부정성'을 강조했다면, 그 현대적 개념은 '민중의 긍정성'을 강조한다. 부정성에서 긍정성으로의 이미지 전환은 오만한 엘리트의 시선에 기초한 '위로부터의 부정적 접근'과 결별하면서, 민중에 대해 우호적인 공감의 시선 그리고 지식인들의 낮아진 눈높이에서 비롯되는 '아래로부터 긍정적인 접근'을 채택함을 뜻한다. 민중에 대한 시각의 대전환은 일련의 민중 재발견 프로젝트로 이어지기 쉽다. 전통적 민중 개념이 무지無知와 몽매蒙昧, 무도덕無道德과 야만성 등의 이미지와 결부되었다면, 새로운 민중 개념은 오히려 민중의 인식론적·도덕적 우월성이나 미덕과 결부된다. 새로운 민중 개념은 예컨대 '한恨'과 같은 개념으로써 민중이 겪는 고통·고난에 담긴 심원한 의미를 탐구하거나, (정감록이나 개벽사상 등에 담긴) 고난에 굴하지 않는 희망, 고통의 현실을 보듬으면서 견딜 수 있게 해주는 공동체적 부조扶助의 전통, 진실의 포착·폭로에서 탁월한 역량을 드러내는 번뜩이는 풍자와 해학, 지배층 구성원들의 위선·이중성과 대비되는 도덕적 건강함, 한글문화나 민중예술·민중문화 영역에서 드러나는 창조성 등에 주목한다. 심지어 김지하나 김영무 같은 일부 민중론자들은 때때로 '부정성 속의 긍정성'이랄까, 민중의 부정적인 측면들조차 애정 어린 시선으로 바라보곤 했다.[34]

■ **당파성과 실천성** 민중의 대한 긍정적인 시각 전환은 학문 활동 자체에도 영향을 미쳤다. 민중 개념을 선호하는 학자들은 이론과 실천의 수렴을 강조하는 '학문의 실천성'과 함께, 민중의 편에 서서 민중의 이익 증진에 기여하고자 하는 '학문의 민중적 당파성'을 강조하는 경향을 보였다. 이처럼 실천성과 당파성은 진보적 지식인들의 역사적 책임의식이나 (피지배층에 대한) 부채의식에서 비롯되는 민중론의 당위적·규범적 성

격과도 맞닿아 있었다. 학문의 민중적 당파성은 지배자들과 갈등하는 민중의 편에 서기, 정치적·경제적·사회적 약자인 민중을 위한 우선적 선택으로 현실화된다. 가야트리 스피박이 말했듯이 재현representation은 무언가를 "다시 제시re-presentation"하는 것일 뿐 아니라, 누군가를 "대변하는 speaking for" 행위이기도 하다.[35] 재현은 "국가 형성들과 정치경제 체계들 내부에서의 이데올로기적 주체-구성"에 기여할 수도 있고, 반대로 "대항헤게모니적인 이데올로기적 생산"에 기여할 수도 있다.[36] 민중을 재현하려고 나선 한국의 연구자들은 1970년대 이후의 한국사회라는 상황에서 민중을 '다시 제시'하는 데 그치지 않고 적극적으로 민중을 '대변'하고자 했을 뿐 아니라, 그것이 민중의 '대항헤게모니적 이데올로기 생산'에도 기여하기를 바랐다. 또 민중 연구자들은 이론과 실천의 통일, 나아가 민중해방을 촉진하는 현실 변혁에 기여한다는 학문적 목적성을 강조했다. 1980년대에 많은 연구자들은 자신들의 학문 활동을 사회운동의 일환인 '학술운동'으로 간주했다. 다만 민중 편들기, 민중 편에 서기, 민중의 눈으로 세상 보기 등을 뜻했던 민중 당파성의 의미는 1980년대 중반 이후 계급동맹 내에서의 노동자계급 주도권에 대한 지지로 변화되었다.

■ **구조적으로 불의한 세상** 민중론자들의 사회관은 주어진 현실을 '구조적 불의不義'로 인식하는 상황정의로 수렴된다. 이런 상황정의는 지배자-피지배자 간의 대립이 강조되는 갈등론적 사회관·역사관과 친화적이다. 사회 하층부에 위치한 이들의 시각에서 바라본 세상이 구조적 불의로 특징지어진다는 점은 주어진 현실을 기술하고 설명하는 데 동원되는 용어들이 착취, 수탈, 억압, 핍박, 차별, 멸시, 소외 등 부정적 함의를 지닌 것들 일색이라는 사실에서도 단적으로 드러난다. 기존 현실은 경제적·정치적·사회적·문화적으로 양극화된 상황으로, 극소수 특권층이 부富·권력·지위·위광威光을 독점하고 있는 반면 민중은 온갖 불이익과

고통을 감내해야 하는 구조적 열위의 위치에 처해 있다. 그것은 전복되어 마땅한 세상이다. 확실히 한국의 민중 개념에는 '권력과 부·위광을 독점한 권력자들에 의해 부당하게 억압당하고 수탈당하고 멸시당하는 이들'이라는 이미지가 포함되어 있다.

■ **낙관적 역사관** 민중 개념은 '역사의 진보'라는 낙관적·목적론적 역사관과 결합되는 경향이 강했다. 거기엔 자각·각성에 기초한 민중의 주체적 참여를 통해 역사의 진보가 실현되리라는 믿음이 깔려 있었다. 기존질서에 대한 민중의 저항을 역사 진보와 연결 짓는 게 민중론의 특징이었다. 현실의 구조적 불의를 혁파하고 바로잡는 과정, 민중의 지위를 개선하고 민중의 정치적·경제적·사회문화적 해방을 구현해가는 과정은 역사를 진보의 방향으로 움직여나가는 것으로 여겨졌다. 민중해방을 위한 사회의 변혁은 옳고 바람직하고 좋은 것으로 간주되었다. 민중론은 이처럼 민중해방이 실현된 평등 세상을 향한 유토피아적 열망과 자연스럽게 결합되었다. 이런 '역사적 낙관주의'와는 구분되는, '심성적 낙관주의'라고 부를 만한 접근방식도 종종 발견된다. 이는 민중적 집합심성의 특징 중 하나로서 낙관적 세계관이나 낙천성을 강조하는 것으로, (비극적 성격을 띠는 '한'과 더불어) 해학과 골계미滑稽美를 강조하는 '희극적 가면극' 등 민중문화·민중예술을 언급할 때 두드러지게 나타난다.[37]

■ **민족·민족주의와의 친화성** 한국의 민중 개념은 민족 개념 그리고 민족주의와 친화적이다. 한국에서 '민족적 민중' 혹은 '민중적 민족'과 같은 조합은 전혀 낯선 일이 아니었다. 사실 이런 성격은 저항적 민중 개념이 처음 등장했던 1920년대의 신채호 때부터 뚜렷했다. 백낙청은 1974년 무렵 이전의 '시민문학'에서 "민중에 바탕을 두는 민족문학"으로 이동했다.[38] 박현채에게 민족경제론은 곧 민중경제론이기도 했다. 민중사회학을 처음 주창한 한완상도 민족주의와 민주주의가 수렴되는 "민중적 민족주의"가 "바람직한 민족주의"이며,[39] "한국사회학"인 민중사회학

은 민족분단과 일본제국주의 잔재가 민중의 억압·소외와 사회 현실에 어떻게 연결되며 어떤 영향을 끼쳤는가를 최우선으로 탐구해야 한다고 주장했다.[40] 역사학에서도 민중사학은 1980년대 초 강만길, 정창렬, 이만열 등의 '민중적 민족주의사학'에서 태동했다. 1980년대 중반 이후에도 민중 개념에는 항상 민족모순과 계급모순 개념이 따라다녔다. 1980년대를 화려하게 장식한 수많은 변혁론들에서도 어느 쪽에 강조점을 두느냐의 차이일 뿐 '민족해방NL+민중민주주의PD의 도식'은 당연한 공통분모 내지 상수常數처럼 취급되었다. 따라서 1980년대 마르크스주의적 민중론으로의 이행은 "'민족'에서 '계급'으로"가 아니라, "'민족'에서 '계급+민족'으로"의 변화였다고 보아야 한다. 문학과 역사학, 경제학 등에서 뚜렷하게 나타났듯이, 1970년대에는 '민족' 사학·문학·경제학이 (민중이 민족의 실체 혹은 중핵이라는 의미에서의) '민중적 민족' 사학·문학·경제학으로 빠르게 이행해갔으며, 1980년대에는 '계급모순과 민족모순의 총체로서의 민중' 사학·문학·경제학이 본격적으로 전개되었다. 역사학계를 중심으로 '민중과 민족의 점진적인 분리'가 진행된 것은 1990년대 중반 이후의 일이었다.

■ **이중성** 너무나 유명한 한완상의 즉자적-대자적 민중 구분을 비롯하여, 대부분의 민중 연구자들은 '민중의 이중성' 혹은 '이중적 존재로서의 민중'을 인정한다. 즉자적 민중과 대자적 민중의 구분은 민중 자신의 성찰성 및 자각·의식화 정도에 따른 차이에 주목한다. 이는 다시 기존질서와 권력에 대한 대조적인 관계 방식, 곧 순응-저항 및 보수-진보의 이중성으로 이어진다. 민중의 이중성과 그로 인한 내적 모순은 라나지트 구하가 식민지 인도의 농민 서발턴 의식에 작용하는 "두 개의 서로 모순적인 경향들"이라고 지칭한 것, 곧 "대대로 이어지고 무비판적으로 흡수된 지배문화의 요소에서 유래하는 보수적 경향과 반란자의 존재 조건의 실질적인 변혁을 지향하는 급진적 경향"과 다르지 않다.[41] 이와 유사하

게 백욱인은 "민중의식이 갖는 <u>허위의식적 측면</u>과 <u>진보적 측면</u>"(인용자의 강조)을 구분했다.[42] 박현채와 김세균은 지배체제와의 상반되고 양면적인 관계에 따라 수동적·피조작적 민중과 능동적·주체적 민중을 구분한다.[43] 김세균에 의하면, 전자가 체제에의 복속, 권력에 대한 종속, 권력과 자본에 의한 포섭, 착취·수탈·지배·억압의 대상, '구성 당하기'로 특징지어진다면, 후자는 자율, 해방, 탈주, '구성하기'로 특징지어지는 존재이다.[44] 임지현은 "권력을 거부하는 자율적 세계"와 "권력이 위로부터 주입한 지배이데올로기가 관철되는 내적 식민지"가 동시에 존재하는 "민중적 삶의 이율배반성"을 지적한 바 있다.[45] 민중의 이중성에 대한 강조는 1990년대 이후 민중의 다면성多面性과 다성성多聲性에 대한 강조로 확장되었다.

■ **다차원적 존재, 다원적 접근** 이미 1970년대부터 민중은 정치, 경제, 사회, 문화, 언어 등을 두루 고려하는 다원주의적 접근을 통해서만 비로소 정확하게 이해될 수 있는 다차원적 존재로 여겨졌다. 다원주의 접근의 필요성은 적어도 1970년대에는 민중론자들 사이의 합의점에 가까웠다. 그런데 한상진을 비롯한 여러 논자들이 거듭 비판했듯이, 1980년대 중반 이후의 2세대 민중론으로 갈수록 다원주의적 접근을 대신하여 경제주의적·계급주의적 접근이 지배적인 방법론으로 떠올랐다. 그 결과 1980년대 중반 이전 1세대 민중론의 다채로움과 대조적으로, 2세대 민중론은 다소간 단조롭고 환원주의적인 느낌을 자아내게 되었다.

■ **역사적 가변성** 거의 모든 역사적 시대에 민중 개념을 적용할 수 있다고 보는 이들이든 아니면 특정한 역사적 시기에만 제한적으로 사용할 수 있다고 보는 이들이든 상관없이, 대부분의 민중론자들은 민중의 내적 구성과 외적 범위가 역사적으로 가변적임을 강조한다. 민중의 내포內包와 외연外延은 시대와 사회에 따라 달라진다. 보다 구체적으로, 그것은 특정 사회의 성격과 발전단계에 따라, 각 시대마다의 역사적 과제에 따

라, 식민주의적·신식민주의적 세계질서 안에서 특정 사회가 놓인 위치에 따라 계속 변화한다는 것이다. 조희연의 말대로 "민중의 내적 구성은 사회발전에 따라 변화해가는 것이지, 결코 선험적 실체로 존재하는 것은 아니다."[46] 한완상도 "지배를 가능케 하는 수단들 가운데 어느 것이 상대적으로 우세한 것인가에 따라 지배집단의 성격과 민중의 성격이 달라진다는 사실"을 강조했다.[47] 그런 면에서 (한상진의 표현에 의하면) 민중은 "열려진 개념"이다.[48] "노동자 농민 중산층을 일종의 모집단으로 삼아 민중운동의 전개에 따라, 또는 이들을 묶는 민중적 프로그램의 개발에 따라, 또는 이들 사이에 작용하는 집합적 열망의 상호작용에 의해, 민중의 실체가 역사 안에서 끊임없이 움직이고 확산될 수 있다."[49] 따라서 '우리 시대의 민중이 누구인가?'는 영원히 유효한, 또 영원히 피해갈 수 없는 질문이 된다.

■ **과정성** 민중의 구성과 범위가 역사적으로 변화될 뿐 아니라, 민중 그 자체가 '형성적-과정적 존재'라는 점이 많은 지식인들에 의해 지적되었다. 민중은 한편으로 스스로의 이중성을 초월하여 수동적·즉자적 존재에서 능동적·대자적 존재로, 다른 한편으로는 민중을 구성하는 여러 집단들 간의 차이와 이질성·대립을 극복하면서 연대성과 통일성을 구축해나가는 존재로 간주된다. 이 과정이 직선적인 것도 아니고 필연적인 것도 아니지만, 어쨌든 민중은 '되어가는 존재'이자 '아직 아님의 존재'로 간주되었다. 민중 자신의 이런 동태적이고 역동적인 특성에 주목하는 시각 및 견해는 민중론 1세대부터 뚜렷하게 존재했지만, 1990년대 이후 더욱 확고해졌다.

지금까지의 논의를 정리해보자. 전통적인 민중 개념의 두 요소는 다수자와 피지배층이었다. 여기에 근대 이후 다채로운 새 의미와 특징들이 추가되었다. 가장 주목할 변화는 주체성(역사의 공동 주체 혹은 진정한 주체),

저항성(저항성의 도입과 그로 인한 개념적 긴장·역동성의 극대화), 다계층성의 세 가지였다. 그러나 이 밖에도 민중 실체성, 개념의 장구한 역사 혹은 개념의 고대성, 민중의 긍정성에 대한 강조, 학문(민중론)의 실천성과 당파성, 불의한 구조라는 상황정의와 전복성, 역사의 진보 혹은 진보하는 역사(역사적 낙관주의), 민족·민족주의와의 친화성, 민중의 이중성, 다차원적 존재와 다원적 접근, 내부 구성 및 외연의 역사적 가변성, 형성적·과정적 존재 등도 민중 개념을 구성하는 요소들이었다.

〈표 2-2〉 민중 개념의 명시적 구성요소와 암묵적 구성요소

명시적 구성요소	다수성, 피지배성, 역사·정치 주체성, 저항성, 다계층성
암묵적 구성요소	실체성, 개념의 고대성, 긍정성, 학문적 실천성과 당파성, 구조적 불의라는 상황정의, 역사적 낙관주의, 민족·민족주의와의 친화성, 이중성, 다차원적 존재, 역사적 가변성, 과정성, 탈식민주의적 에토스

　　여기서 우리는 민중 개념의 '명시적인' 혹은 '드러난' 차원과 '암묵적인' 혹은 '숨은' 차원을 구분해볼 필요가 있다(〈표 2-2〉 참조). 민중 개념의 명시적 구성요소는 위에서 언급한 다수성, 피지배성, 역사 주체성, 저항성, 다계층성을 가리킨다. 이에 비해 암묵적 차원에 포함된 여러 요소들은 정의 자체에는 잘 드러나지 않지만, 조용히 개입하여 '개념의 아우라'를 제공함으로써 한국식 민중 개념을 대단히 독특하면서도 풍요롭게 만든다. 대부분의 민중연구에서 발견되는 '탈식민주의' 내지 '학문적 주체성' 담론의 요소들 역시 암묵적 차원에 속한다고 할 수 있을 것인데, 이는 한편으로는 민중 담론에서 발견되는 '민족·민족주의와의 친화성'과, 다른 한편으로는 민중 담론의 '당위적·규범적 성격'과도 관련된다고 하겠다. 이처럼 민중은 겉으로 드러난 명시적 차원보다 드러나지 않으면서도 이 개념의 주요 구성요소를 이루는 암묵적 차원이 훨씬 넓고도 깊

다. 그런 면에서 민중은 마치 빙산과도 유사한 개념이라 하겠다. 이하에서는 민중 개념의 공통 요소들 가운데 몇 가지 중요한 주제들을 보다 심층적으로 분석해볼 것이다.

3. 다원적 접근

다원주의적 접근의 수용 여부는 특정 지식인이 민중을 정의하는 방식을 통해 가장 명료하게 드러난다. 앞서 서술했듯이 1970년대 후반 한완상이 '통치수단·생산수단·군림수단 모두로부터 소외된 집단'으로 민중을 정의하면서 다원주의적 접근을 처음 정식화했다. 한완상은 1978년에 펴낸 『민중과 지식인』에서 "정치적 통치수단과 경제적 생산수단과 사회·문화적 군림君臨수단으로부터 소외되어서 부당하게 억압받고, 빼앗기고 냉대받는 사람들"이라고 규정했다.[50] 그는 1980년에 출간한 『민중과 사회』에서 통치수단의 점유 여부, 생산수단의 유무, 명예 또는 위광prestige의 소유 여부에 따라 정치적 민중, 경제적 민중, 문화적 민중을 가려냈다.[51] 같은 책에는 "정치, 경제, 사회, 문화 각 분야에서 총체적으로 소외된 피지배자"라는 민중 정의도 등장한다.[52] 덜 체계적일지라도 이런 입장은 이전부터 존재하고 있었다. 예컨대 서양사학자 노명식은 이보다 앞선 1976년에 다원주의적 민중관을 이미 드러낸 바 있다. 이는 "정치적으로는 지배를 받고 경제적으로는 생산수단을 소유하지 못하고 사회적으로는 평민 내지 쌍놈의 신분을 가진 이 민중"이라는 표현에서 단적으로 드러난다.[53] 다원주의적 민중 접근은 다른 이들에 의해서도 이내 수용되었다.

다원주의 접근은 환원주의를 명백히 거부한다. 이런 맥락에서 한완상은 1979년 발표한 글을 통해 "정치적 소외가 경제적 소외 못지않게 독립변수로 작용"한다고 주장했다.[54] 동일한 취지에서 한상진도 "다양한 모순들 간의 우선순위를 선험적으로 설정하는 본질론적 입장을 비판"하면서 "관심을 모순의 위계질서로부터 모순들의 복합적 관계로 돌리자"고 제안했다.[55]

1970년대와 1980년대 초에 민중신학을 개척한 이들 역시 다원적 접근을 선호했다. 안병무는 1979년 글에서 예수의 청중이었던 이들의 "사회적 성분을 밝히려면 정치·문화·경제적 측면에서 규명해야 할 것"이라고 했고,[56] 서남동은 "민중은 사회경제적으로는 피압박/피착취, 정치적으로는 역사주체이고 그렇게 되어야 할" 존재라고 보았다.[57] 김용복은 정치적 접근을 취하면서도 그 정치를 언어와 문화까지 포함하는 광범위한 것으로 재규정했다.[58] 서광선은 "포괄적으로 말할 때 민중은 정치적 억압과 사회·문화적인 소외, 경제적 수탈을 당하는 인간집단"이라고 규정했다.[59] 현영학에 따르면, 민중은 "소위 엘리트, 특권층, 또는 지도층과 대비되는 말"로서, "정치권력이나 경제적 부나 사회적 지위나 고등교육이 없는 사람들을 가리키는 말"이다.[60]

상대적으로 계급 요인을 중시했던 박현채, 정창렬, 김진균도 다원주의적 접근을 수용했다. 박현채의 경우 정치적(피지배), 경제적(직접생산자, 노동 산물로부터의 소외), 사회적(피지도 지위의 피동성) 차원을 두루 고려한 민중 정의를 선호했다.[61] 정창렬에 의하면, 1970년대에 확립된 민중 정의는 "정치·경제·사회적인 모순에 의한 억압과 수탈을 받으면서 그러한 억압과 수탈을 해체시키기 위해 싸우는 인간집단"이라는 것이었다.[62] 사회학자 김진균도 마찬가지였다. "민중은 경제적으로뿐만 아니라 정치적으로도 문화적으로도 소외되어 있는 사람들의 범주에 해당하는 것"이라는 언명을 통해 그의 입장은 명확히 확인된다.[63]

철학자 장일조도 1984년 발표한 글에서 "민중은 문화적으로는 소위 귀족문화와 구별되는 서민문화를 소유하고, 정치적으로는 지배체제의 관료제에 의해서 지배받거나 아니면 그러한 관료적 지배권을 갖지 못한 무력한 정치적 소외자들이며, 사회·경제적으로는 지배계층에게 착취와 수탈을 당하거나 사회·경제적 구조의 모순으로 신분이 낮고 가진 것이 없는 사람들"로 간주했다.[64] 재미 사회학자 구해근은 『한국 노동계급의 형성』에서 "민중은 정치적으로 억압받는 사람, 사회적으로 소외된 사람, 그리고 경제성장의 혜택에서 배제된 사람들을 모두 포함"한다고 했다.[65] 사회학자 김영범은 '민중'과 '민중집단'을 다음과 같이 정의했다. "① 물질적 자원의 생산 및 유통을 주로 담당하고, ② 정치권력에의 접근 통로가 봉쇄된 채 통치의 객체라는 종속적 위치에 서며, ③ 인구의 절대다수를 점하는 기층 성원이면서, ④ 어느 한 계급(신분) 범주로 귀속되지 않는 계급(신분) 혼성의 인구층이 민중이다. 조선 사회에서는 신분적으로 하위 신분층인 양인 및 천민층이, 직역으로는 농민, 상고商賈, 수공업자, 노비 및 기타 천역층(하례[下隸], 역졸, 재인, 광대, 무격[巫覡], 백정, 창기[倡妓] 등)이 이에 포괄되겠다. '민중집단'이란 '민중'의 객관적 규정 위에서 일정한 행동 패턴과 사고방식을 공유하면서 움직여가는 역사적 집합체를 지칭하기 위한 용어이다."[66]

유재천, 한상진, 한승희, 최장집, 김원 등 몇몇 민중론자들은 기존의 다원주의 전통을 더욱 풍요롭게 만들었다. 앞서 필자가 '공유 정의'라고 불렀던 것, 즉 "민중이 가진 것이나 창출해낸 것 등 포지티브 접근에 기초한" 정의를 시도했던 이들이 특히 그러하다. 이들은 민중 정의에서 문화, 관습, 전통, 규범 체계, 상징, 심성, 기억, 연대 등을 강조한다. 유재천에 의하면, 민중은 "귀족 내지 사대부 계층과 구별되는 그들 자신의 문화를 향유하고 있는 사람들",[67] 혹은 "구성원들 사이에 상호작용과 경험의 교환이 이루어지고 있고, 공통의 관습이나 전통을 지니고 있으며, 공통의 규범 체계를 가진 집단"이다.[68] 한상진에 의하면, "민중은 어느 정도

깨어있는 정치의식과 상징을 공유하고 있는 집단들로 구성된다. 즉 참여를 원하면서 공통의 적에게 분노를 느끼는 집단들로 구성된다. 비록 사회경제적 배경은 다를지라도 사회 각 층위의 지배과정 안에서 계급들을 가로지르는 유사한 심성과 갈증으로 묶여질 수 있는 집단들이 민중을 이룬다."[69] 한승희는 '연대'를 강조한 정의를 내놓았다. "광의에 있어서 민중은 지속적으로 인간의 공동체적 환경을 파괴해온 지배적인 사회적 힘, 즉 근대화 개발주의―그것은 자본주의와 함께 정통 맑시즘의 한계도 포함하는 것인데―에 저항하기 위한 다양한 민중 부문의 연대를 의미하는 것으로 이해되어야 한다."[70]

필자가 보기에 지금까지 가장 흥미로운 민중 개념을 제시한 이는 최장집과 김원이다. 우선 최장집은 역사상 가장 풍부한 민중 개념을 구상했다. 그는 '경제 수준'과 '정치 수준'뿐 아니라, '세계체제와 분단 수준' 그리고 '언술 수준'까지를 모두 포괄하는 민중 접근을 시도했다. 특히 '기억공동체'까지 내포하는 '언술 수준'의 민중을 그는 다음과 같이 규정했다. "민중은 언술 수준에서도 존재한다. 계급적 언술이 반공을 지도이념으로 하는 권위주의체제 하에서 중심적 억압의 대상이 되기 때문에, 민중이라는 언술의 형성은 지극히 한국적인 것이다. 뿐만 아니라 민중은 현재적 사회집단에 대한 언표일 뿐 아니라, 일제하 민족독립운동, 해방 후 자주적 국가 수립 운동 과정에서 '억압의 경험에 대한 기억'을 공유하는 전통으로서의 역사 속에서의 집단적 행위자로 기억된다."[71] 김원도 '과거'(기억공동체)와 '미래' 차원까지 망라한, 최장집의 그것과 견줄 만큼 광범위한 민중 개념을 제공했다. 그에 의하면 민중은 '피착취'와 '정치참여 배제'라는 특성 말고도, "과거 민중들의 '억압의 경험에 관한 전통과 기억' 속에 존재한 집단적 행위자"라는 성격, "혁명 또는 사회변혁의 주요 세력으로 변화할 가능성이 있는 미래의 행위자이자 능동적인 사회세력"이라는 성격도 갖고 있다.[72]

4. 민중의 이중성

민중의 이중성 내지 양면성 쟁점은 한완상이 1978년 2월에 쓴 "민중은 역사의 주인이다"라는 글에서 '즉자적 민중'과 '대자적 민중'을 구분한 데서 비롯한다. 이 구분은 '성찰성' 내지 '자아 객관화 능력'의 정도, 곧 "자기의 모습을 특히 자기의 잠재력과 저력을 객관화해서 볼 수 있는 능력"에 따른 것이었다.[73] 우리는 민중의 이중성을 서로 긴밀히 연관된 세 차원, 즉 의식의 이중성, 감정·정동의 이중성, 행동의 이중성으로 구분해볼 수 있다. '의식의 이중성'은 정치의식·계급의식·민족의식의 각성 정도, '감정·정동의 이중성'은 지배자에 대한 끌림·선망·모방과 혐오·분노·수치심의 교차, '행동의 이중성'은 기존 지배질서나 역사적·정치적 반동에 영합·동조하거나 저항하는 정도를 가리킨다. 한완상은 주로 의식이나 감정·정동의 이중성을 말하는 듯하지만, 그의 전체적인 논의가 행동의 이중성까지 포괄하고 있음을 파악하기란 어렵지 않다.

필자는 앞서 서장에서 민중 이중성과 관련한 박현채, 백욱인, 임지현, 김세균의 논의를 간략히 소개한 바 있다. 민중의 이중성에 주목한 게 비단 그들만은 아니었다. 김지하도 1970년 발표한 "풍자냐 자살이냐"에서 "민중 가운데에 있는 우매성·속물성·비겁성과 같은 부정적 요소"와 "민중 가운데에 있는 지혜로움, 그 무궁한 힘과 대담성 같은 긍정적 요소"를 말했다.[74] 민중신학자이자 교육학자인 문동환은 민중의 '참모습'(진정한 모습)과 '허위의식'으로 구분했고, 허병섭은 민중의 '혁명성'과 '보수성'이라는 양면성(두 얼굴)을 부각시켰다.[75] 이상일은 '강체의, 양성의, 의식의 민중 집단'과 '약체의, 음성의, 무의식의 민중 집단'을 나누었다.[76] 1988년에 이세영은 일부 민중사학 그룹을 겨냥하여 "피압박대중의 저항과 투쟁만을 보며 그들의 지배질서에의 적응과 흡수의 실상을 보지 못하는, 따라서 지배계급과의 상호 관련 속에서 계급 경험과 계급 대립의 변증법적 측면을 보지 못하는" 오류를 매섭게 비판했다.[77] 민중의 이중성은 1993년에 이르러 김진호에게서 '고난의 담지자인 민중'과 '역사주체로서의 민중'이라는 새로운 표현을 얻는다.[78] 김진호의 민중 이중성론은 1986년에 한완상과 백욱인이 '존재주체'로서의 민중과 '인식주체'로서의 민중을 분리하려 했던 것과 유사한 문제의식에 기초하고 있다.[79]

기세춘 역시 '민중의 양면성인 허무虛無와 저항'이라는 독특한 논의를 전개했다.[80] 허무의 측면은 황석영의 소설 〈객지〉에서도 생생하게 묘사된 바 있다. 여기서 간척공사 노동판에 투입된 날품 건설노동자들은 세상이 나아지리라는 희망도 없고, 스스로의 저항 능력도 불신하는 사람들이었다. 종교적 구원이라는 꿈마저 거부하는 밑바닥 사람들이 익힌 삶의 지혜란 바로 그런 것이었다.[81] 시인인 호인수 신부가 "언제부터 우리들은 이처럼 순하디순하게 길들여져 왔는가"라고 탄식했던 이들이었다.[82] 반면에 민중은 '왜곡된 욕망'의 주체일 수도 있다.[83]

1970년대 이후 등장한 주요 민중론자 중 이를 인정하지 않는 사례를 찾기 어려울 정도로, '민중의 이중성 테제'는 탄탄한 합의 토대를 구축하고 있었다. 나아가 이미 1920년대부터 명확히 지적되었을 정도로 민중의 이중성과 양면성 논의는 '오래된 통찰'이기도 했다. 다음은 「동아일보」 1927년 9월 17일자(1면)에 실린 "민중의 동정動靜"이란 제목의 사설 중 일부로서, 만주 지역 조선인들의 배일排日운동에 대한 당국의 탄압을 비판하는 내용이다.

평시에 잇서서는 아모리 격분될 문제가 민중에게 알이여 잇슴에도 불구하고 민중은 어리석은 듯이 잠든 듯이 잠잠한 상태를 보이고 잇서서 집권자는 흐니 민중은 어리석은 것이오 무능한 것으로만 보아 그 욕심대로 그 심사대로 강압도 하고 무시도 하며 우롱도 하랴고 한다. 그러나 민중은 어리석은 반면에 또한 현명한 바가 잇는 것을 이저서는 아니된다.……민중이 잠자다십히 또는 죽은 듯이 평온한 상태를 보고 욕심부리는 집권자들아 민중의 현명한 점과 굿센 점을 무시하지 말고 우롱하지 말라. 잘못하면 큰 화를 짓는 것이다. 그뿐 아니라 집권자의 수단手段 끗헤서 폭발된 민중의 궐기라고 그것을 전부 괴뢰시傀儡視하지 마라. 우에서 오인吾人이 지적한 바와 갓치 그와 정반대되는 사실이 잇는 것이다. 이 엇지 경계할 바가 아니랴.

  사실 즉자성이나 대자성은 모두 상대적인 개념이므로, 실제 현실 속의 민중은 하나의 연속적인 즉자성-대자성 스펙트럼 위에 존재하는 다양한 지점들로 재규정될 필요가 있다. 또 즉자적 민중과 대자적 민중은 현실에서 발견되는 어떤 전형적인 성질들을 압축적으로 추상화한 '이념형'일 따름이므로, 즉자적-대자적 민중의 양극단 사이에는 거의 무한대의 변이들이 존재할 수 있다. 실제로 한완상은 즉자적-대자적 민중의 이분법적 유형화에서 멈추지 않고, 곧바로 대자적 민중의 세분화 작업에 나섰다. 그는 "자기가 민중이라는 깨달음의 깊이에 따라" 대자적 민중의 단계들을 (1) 자의식의 민중, 즉 "자기가 정치-경제적 및 사회-문화적 피지배자란 것을 희미하게나마 알고 느끼는 단계", (2) 비판적 민중, 즉 "지배집단의 허위의식을 꿰뚫어 보고 그것을 폭로하는 단계", (3) 행동하는 민중, 즉 "기존의 질서를 바꾸기 위해 행동하는" 단계로 나누었다. 그리고 '행동하는 민중'을 다시 '수단적 민중' 혹은 '전략 지향적 민중', 즉 "기득 이권 구조를 변경시키는 일에는 찬성하나 이 운동이 성공할 것으로 믿는 때만 행동하는 단계", 그리고 가장 성숙한 경지인 '신앙적 민중' 혹은 '목적 지향적 민중', 즉 "지배질서의 변경과 지배집단의 참회를 촉구하기 위해 희생을 각오하고 행동하는 단계"로 구분했다.[84]
  필자가 보기에 민중 유형론의 발전보다 더욱 결정적인 이론적 혁신은 유형론과 이분법 자체를 넘어서는 것이다. 이를 위해서는, 첫째, 즉자성과 대자성을 '민중의 두 속성'으로 이해하는 것, 둘째, 민중을 '두 속성의 혼합'으로 이해하는 것이 필요하다. 그리하여 '즉자적/대자적 민중'이 아니라, '민중의 즉자성/대자성'으로 패러다임을 바꿔야 한다. 민중의 이중성을 두 유형이 아니라 그 속성들의 '혼합'으로, 동시에 그 속성들이 분리된 것이 아니라 '결합'된 것으로, 한 개체·집단 내부의 두 '측면'으로, 단순한 '이중성'이 아닌 '이중성의 통일'로 보아야 한다. 이렇게 접근하면 민중의 이중성은 다름 아닌 민중의 양가성ambivalence으로, 나아가 민중의 혼종성hybridity으로 재해석된다. 민중은 즉자성과 대자성의 불안정하고 유동적인 조합이자 중첩 그 자체이다.

한완상의 경우 1978년 초에는 "두 종류의 민중을 분석적으로 구별할 필요"[85]를 언급하면서 즉자적/대자적 민중의 구분이 오로지 학문적이고 분석적인 필요에 따른 것임을 언급하는 데 그쳤지만, 1980년 초에는 이 구분의 의의를 민중의 '역동적 형성 과정' 속에 보다 명확하게 위치시켰다.

> 나는 민중을 둘로 갈라 보았다. 모든 민중이 즉자적 민중과 대자적 민중으로 짝 갈라지는 것은 아니다. 이 분류는 분석적인 가치를 갖고 있어서 현실을 보다 정확하게 보기 위하여 개념적인 길잡이 노릇을 할 뿐이다. <u>인간은 만들어지는 존재요, 변화의 과정 속에서 자신을 적응시켜 가는 존재다. 그러면서도 그 변화과정 속에서 자기 주체성을 세워 가려고 노력하는 존재다.</u>(인용자의 강조)[86]

한완상은 1984년 2월에 쓴 "기독교의 민중 이해"라는 글에서 즉자/대자 구분이 민중의 '종류'를 가리키는 것이 아닌, 민중의 '수준'과 '측면'을 가리키는 것임을 재차 언급했다.[87] 박현채는 1978년 12월 이런 발상을 좀 더 명료하게 정식화했다. 그는 민중의 피동적 측면과 능동적 측면에 주목하면서, 민중을 '두 측면의 모순적 결합'으로 제시했다.

민중이란 역사에 있어서 부富나 권력, 그리고 명성이나 특권적 지위에 가깝지 않은 생활을 하는 사람들의 총칭이다. 따라서 이것을 보다 구체적으로 개념 지으면 다음과 같은 것으로 된다. 먼저 민중이란 정치권력이라는 관점에서 본다면 피지배 상태에 있는 사람들이고, 경제활동이라는 관점에서 본다면 한 사회에 있어서 주로 사회적 생산의 직접 담당자로 되면서 노동의 산물의 소유자로 되지 못하고 노동의 산물에서 소외된 사람들이며, 사회적 지위라는 관점에서는 지도되는 저변底邊에 있는 사람들, 즉 피동적인 성격을 지니는 사람들(서민 또는 대중)이라는 측면을 지니고 있다. 다른 측면에서는 정치권력에 대해서 저항하고 기존의 권력에 대항하는 정치운동에 참여하고 있는 사람들, 노동조합이나 농민조합에서의 활동을 통해 직접적 생산자로서의 여러 조건의 개선에 노력하고 있는 사람들, 그리고 지역 기타의 사회적 제 집단에서 저변의 소리를 대표하고 있는 사람들, 즉 능동적 성격을 갖는 사람들(인민 또는 시민)이라는 <u>두 개의 측면을 동시에 갖는 역사적 집단</u>이라고 이야기된다. 이로부터 민중이란 <u>소외된 인간과 소외로부터 회복되려고 의도하고 있는 인간이 결합된 상태</u>라고 이야기될 수 있다. <u>민중의 이와 같은 상호 모순되는 두 개의 측면 가운데 어느 것이 지배적인 것으로 되느냐</u>는 역사적 집단으로서의 민중의 계급적 계층적 구성 그리고 그들의 민중의식을 결정하는 사회경제적 조건에 의해 달라질 수밖에 없다.(인용자의 강조)**88**

1979년 5월에는 문동환이 '즉자성과 대자성의 혼합으로서의 민중'이라는 발상을 다시금 제출했다.

교육이라는 입장에서 한 가지 밝히고 지나가야 할 일이 있다. 그것은 즉자적인 민중과 대자적인 민중이 둘로 깨끗이 갈라져 있는 것으로 생각해서는 안 된다는 점이다. 사람이란 언제나 과정에 사는 존재다. 그리고 억압 아래 있는 자로서 완전히 즉자적인 자도 없거니와, 완전히 대자적인 자도 없다. 아무리 지식인이라도 말이다. 다 제한된 한계 안에서 의식한다.(인용자의 강조)[89]

1984년 출간된 『탈춤의 사상』에 수록된 글에서 민중신학자 현영학도 유사한 생각을 피력했다. 그는 현실의 민중에게서 발견되는 경향 내지 유형들을 '숙명론'과 '의식화'와 '행동화'로 정리한 후, 실제로는 민중 안에 세 가지가 '혼합되어 있다'고 주장했다.

이 세 가지 유형이 제각기 독립해 있는 것이 아니다. 개인이나 집단을 막론하고 이 세 가지 경향은 다 혼합되어 있다. 농촌사회에서 민중의 반란을 볼 수 있으며, 공장지대에서 숙명론적인 민중을 만날 수 있다. 민중이라는 말은 이 세 가지 유형을 다 포함하는 개념이다.(인용자의 강조)[90]

민중의 이중성이 민중의 '혼종성'으로 이해될 때, 우리는 그 혼종성을 '이중 긍정과 이중 부정의 결합'으로 설명될 수 있게 된다. 한편으로, 이중 긍정은 '이것도-저것도both-and'의 논리이다. 민중은 역사와 사회의 희생자·고난자이면서 동시에 해방자·구원자이기도 하다. 민중신학의 언어로 얘기하자면 민중은 '희생자이자 메시아'이다. "민중신학의 증언의 신학이 제기하는 고통의 수사학은 '해방의 수사학'을 동반했다. 예수가 그랬듯이 민중은 희생자인 동시에 '메시아'였다는 것이다."[91] 다른 한편으로, 이중 부정은 '이것도-저것도-아님neither-nor'의 논리이다. 민중은 기존 체제에 대한 온전한 순응자도 아니고, 완전한 저항자도 아니다.

민중의 이중성 논의는 민중을 이상화·미화·찬양하거나 특권화한다는 비판, 나아가 1930년대 초반 식민지 조선에서 벌어졌던 학생 브나로드운동의 '낭만적 인민주의(포퓰리즘)'가 1970년대 이후 재연된 것이 아니냐는 비판에 대한 효과적인 방어 논리, 혹은 최소한 약간의 변명거리라도 제공한다. 1930년대 브나로드운동의 우파적·엘리트주의적 성격과 관제운동에의 포섭을 날카롭게 파헤친 정준희의 최근 연구도 있지만,[92] 문학계 민중론의 선두주자 중 한 사람인 신경림의 브나로드운동 비판은 유난히 눈에 띈다.

> 30년대에 전개되었던 브나로드운동에 주목해보자. 이 운동의 주역은 지식인들이었다. 그들은 "농민 속으로"란 구호를 내걸고 우선 농민 대중의 의식의 계발에 온 힘을 기울였다. 농민이 가난한 까닭은 첫째 무지라는 전제에서였다. 전국 방방곡곡에 야학이 세워지고 한글 읽는 소리가 산천을 울렸다. 우리는 이들이 이룩해놓은 성과를 결코 과소평가할 수 없다. 이들이 역점을 둔 의식의 계발은 개인적인 차원에서뿐만 아니라 민족적인 차원에 있어서도 커다란 자원資源이 되었음이 분명한 것이다. 그러나 그 전후해서 취임한 바 있는 우가키宇垣 총독이 내건 농촌진흥農村振興, 자력갱생自力更生, 심전개발心田開發, 농공병진農工竝進 등의 구호나 "농촌진흥은 지주 및 지식인의 손으로!"라는 일련의 발상과 이들의 것이 얼마나 다른 점을 가지고 있는가.……그 의도 여하에 불구하고 이들 지식인들은 결과적으로 우가키宇垣의 일본자본주의의 돌파구를 찾기 위한 한국의 농촌 개발정책을 상당히 도운 것이 되었음을 우리는 안다.[93]

일군의 독일 신학자들[94]은 1985년에 한국 민중신학이 대중의 부정적인 측면, 특히 '대중의 죄성罪性'을 간과하고 있지 않느냐는 비판을 담은

이성환이 농민계몽을 위해 쓴 야학교재인 『농민독본』(1931)

공개편지를 보낸 바 있다(이 독일인 신학자들이 파시즘에 열광적인 지지를 보내던 광기 어린 대중을 염두에 두고 있었음은 분명하다). 이에 대해 안병무는 민중신학자들의 의견을 종합하여 다음과 같이 답했다.

> 우리는 민중을 윤리적으로 도덕적으로 죄가 없다고 생각하지 않고, 못 본 척 넘어가는 것도 없습니다. 우리도 민중의 일상적인 타락을 인정합니다. 윤리적으로 도덕적으로 단순한 사람들이 더 나쁠 수 있습니다. 그럼에도 우리는 민중 속에서 자기-초월과 같은 것이 지속적으로 일어나는 놀라운 체험을 하게 됩니다. 이것은 특히 그들의 부단한 노력, 부지런함, 또 자발적인 희생을 의미합니다.[95]

독일인들의 편지는 1985년 3월에, 안병무의 답문은 1986년 6월에 작성되었다.[96] 민중신학자들은 이런 취지에서 '정치적 메시아주의'와 '메시아적 정치'를 구분하기도 한다. 1세대 민중신학자이자 민중신학의 내부 비판자이기도 한 김경재 역시 민중 속에 공존하는 약함과 죄성罪性 그리고 신성神性과 '원형적 인간성'의 공존을 인정하는 민중관을 피력한 바 있다.

> 민중은 변덕스러운 데가 있고 지조가 없고 부화뇌동하며 이익이 가는 데로 쏠리는 본능적 행동 무리들이다. 그러나 그것만을 보고 민중을 깔본다면 그것은 지성인의 오만이다. 민중이 나타내는 인간적 약점은 인간 공통의 약점이요 죄된 모습이라고 보는 것이 정직한 것이다. 민중을 경제적 사회계층으로 구분하는 세련된 사회학적 발상법을 필자가 거부하는 것은 민중 속에서 인간성의 원형과 신성의 흔적을 찾아 읽어야 하기 때문이다.
> 민중은 대양大洋과 같다. 미풍과 태풍이 역사적 상황에 따라서 불면

대양의 표면은 파도를 일으키며 요동하고 출렁인다. 그것이 민중의 변덕스러움이요, 예수를 환호하며 어제는 맞이하다가, 오늘은 죽이라고 소리치는 무리의 모습이다. 그러나 대양은 출렁이는 파도가 전부인 것은 아니다. 도리어 무겁고 흔들림 없는 수심水深을 안은 채 고요히 말 없는 대양의 거대한 물이 민중의 본 모습이다. 온갖 공장의 폐수와 오물을 강 하구로부터 말없이 받아 정화淨化하며, 수만 종 어류를 길러내는 대양과 같은 것 그것이 민중이다.……민중은 원망을 모른다. 어머니가 자식 기르는 고생을 고생이라고 생각 아니하듯이 민중은 말없이 역사라는 나무를 피땀으로 기른다.[97]

민중신학계에서 1세대 민중론자에 가까운 김성재도 "민중신학에서 말하는 민중은 이데올로기적으로 개념화된 민중이 아니라 현실의 민중이어야 한다"고 말했고,[98] 3세대 민중론자인 김진호도 "민중우상주의", "민중 우상화", "이데올로기적으로 포장된 민중"을 경계했다.[99] 2세대 민중론자인 박성준도 마찬가지였다.

나는 결코 민중에 대한 미화나 낭만화romanticize를 찬성하지 않는다. 우리는 현실의 있는 그대로의 민중을 말해야 한다. 낭만화된 관념 속의 민중, 비현실화되고 박제화된 민중이 아니라 살아 숨 쉬는 민중, 질긴 생존력으로 일상의 삶의 터전에 뿌리내린 '생활하는 주체'로서의 민중을 있는 그대로 다루어야 한다. 자기 속에 '한'을 품고 살지만 '빛'도 품고 살아가는 온전한 민중을 제시해야 한다.[100]

민중 이중성 논의의 쓰임새는 단순한 방어 논리나 변명거리 수준을 훨씬 넘어선다. 민중 유형론의 세분화는 물론이고, 즉자성과 대자성의 유동적이고 복합적인 혼합이라는 새로운 민중관은 '민중 내부의 다양성과 이질성'에 관한 풍요로운 논의의 장을 열어주었다. 즉자성과 대자성이 만나고 결합하는 무궁무진한 방식들은 민중을 '천의 얼굴을 지닌 존재'로 만들 수밖에 없기 때문이다.

즉자성·대자성의 혼합으로 민중 이중성을 이해하면 '권력과 민중의 관계'에 대해서도 새로운 시각이 열리게 된다. 즉자성에 끈끈하게 결박結縛된 대자성은 지배의 불완전성이나 결함을 보여주는 증거일 수 있고, 지배체제 균열의 징후일 수도 있다. 즉자성 안에 끈질기게 잔존한 대자성은 지배체제에 의해 끝내 동일화될 수 없는 차이가 존재함을 시사한다. 즉자성 속에 도사린 대자성을 우연히 목도하는 순간마다 지배자들은 불안과 공포에 사로잡힐 수 있다. 역으로, 민중은 지배자 앞에서 즉자성과 대자성을 고의적·전략적으로 조합할 수도 있다. 보다 정확히는 즉자성-대자성의 전략적 조합에 의한, '즉자성의 대자적 이용'이라고 말할 수 있으리라. 1979년 9월에 쓴 "민중의 의식화"라는 글에서 한완상은 이렇게 말했다.

> 여기서 우리는 또 하나의 문제에 부닥친다. 외부로부터의 압박이 심할 때 잠깬 민중들이 짐짓 잠자는 체하기 때문에 얼핏 보기에 그들이 즉자적 민중으로 보이기 쉽다. 험악한 상황에서 살아남기 위해서도 일부러 잠자는 체한다. 언뜻 보기에는 의식 없는 바보처럼 행동한다. 속으로는 다 알고 있으면서 겉으로는 모르는 체한다. 농촌에 가면 그리고 공장에 가면 이러한 민중이 많다.……그들은 속으로 지배세력의 속셈을 낱낱이 다 알고 있다. 그러나 오랫동안 몸으로 배운 지혜를 가졌기에 짐짓 모르는 체할 따름이다. 그들은 훌륭한 대자적 민중임에 틀림없다.(인용자의 강조)[101]

민중의 표리부동表裏不同 내지 면종복배面從腹背는 즉자성과 대자성을

'동시에' 표출하는 교묘한 '저항의 기술'이거나, 즉자성의 외피를 씀으로써 지배자의 보복·처벌 가능성을 미리 차단하는 '생존의 지혜'일 수도 있다. 그것은 즉자성의 외양外樣 속에 대자성을 '감춤과 동시에 드러내는' 행위이다. 이 점에 대해서는 한완상뿐 아니라 조동일을 비롯하여 민중극(탈춤) 등 민중예술을 연구하는 많은 이들이 누차 지적한 바 있다. 일상이라는 연극무대에서 의식과 행동을 의도적으로 분리하여 '즉자성을 연기演技하는' 행위는 민중의 즉자성에 대한 새로운 이해를 요구한다.

우리가 민중을 즉자성과 대자성의 유동적인 결합으로 새롭게 접근할 때 기대할 수 있는 이점은 이론적 초점을 정태적인 민중 유형론을 넘어 역동적인 민중 형성론으로 이동시킬 수 있게 된다는 것이다. 이런 새로운 민중관은 1990년대 초반 이후 등장한 3세대 민중론과도 유사하다. 3세대 민중신학을 대표하는 김진호는 이론적 초점의 이동을 '민중은 누구인가'에 일차적 관심을 두는 '실체론'으로부터, '민중은 어떻게 출현하는가'에 일차적 관심을 두는 '형성론'으로의 변화로 설명했다.[102] 요컨대 민중은 '출현적 실체'인 셈이다. 이 대목에서 민중의 이중성 논의는 '잠재력/가능성의 존재'로서의 민중 논의, 그리고 민중의 '역사적 가변성' 논의와도 합류한다.

필자가 보기에 한국 민중론의 이론적 도약에 결정적이었던 양대 이론적 혁신은 '이중성(즉자성/대자성)의 통일'로서의 민중 개념화, 그리고 '정치적 세력연합'으로서의 민중 개념화였다. 그리고 민중의 이중성에 대한 새로운 이해에 기초하여 '민중 유형론'은 '민중 형성론'으로 발전해갔다. 이와 동시에 민중 형성 이론은 '의식 형성'과 '연합 형성'의 두 방향으로 발전해갔다. 이로써 대자성의 범위는 '저항적 의식 형성'뿐 아니라, '저항연합 형성'을 위한 의지와 고투苦鬪까지 포함하는 것으로 대폭 확장되었다. 민중 형성 문제는 제5장에서 상세히 다뤄질 것이다.

제
3
장

—

불일치

밀촌

앞장에서는 민중 개념화에서 비교적 폭넓게 합의된 요소들을 일별한 후, 그 가운데 일부를 조금 더 상세히 분석해보았다. 이제는 민중을 개념화하는 과정에서 노출된 몇 가지 이견들을 다룰 차례이다. 여기서도 먼저 이견들을 전체적으로 개관해본 후 그중 몇 가지를 따로 추려 깊이 있게 분석해보는 방식으로 논의를 진행하려 한다. 민중 개념의 역사적 시효(시간성), 지식인과 민중의 관계, 중산층의 민중 포함 여부, 민중의 내적 동질성과 이질성, 진보·역사·보편성 관념과 관련된 쟁점들이 그것이다. 우선 민중 개념화를 둘러싼 이견들을 종합해보자.

1. 이견들

유재천은 앞서 인용한 글에서 개념 정의의 가능성과 불가능성을 둘러싼 논란, 개념을 적용할 수 있는 공간적 범위를 둘러싼 논란, 민중의 실체성 논란, 민중의 범위 혹은 외연을 둘러싼 논란 등 민중을 둘러싼 여섯 가지

상이한 관점들을 소개한 바 있다.

> 첫째, 민중이라는 개념을 사회과학적으로 정의를 내리는 것 자체가 불가능하다는 의견이 있다. 왜냐하면 민중이란 생동하고 항상 변화하는 실체라고 보기 때문이다. 이에 비해 사회과학자들은 대부분 과학적인 정의가 가능하다고 본다. 둘째, 민중이라는 개념을 한국사와 마찬가지로 세계사 속에서 볼 수 있는 실체로 파악하려는 데 대해 동양사회에서만 나타나는 동양적 개념이라고 보는 관점이 있다.……셋째, 민중을 사회적 실체로 보기보다는 대중 속에 뿌리를 박고 지식인다운 고뇌를 통해 성립되는 그 어떤 깨어있는 정신일 것이라는 관점도 있다. 넷째, 민중의 개념을 실천적 차원과 결부시켜 보는 관점이 있는가 하면 민중의 실체와 정체는 오로지 민중 스스로가 만든 전기傳記에 의해서만 파악될 수 있다는 시각도 있다. 다섯째, 민중을 깨어있는 자각된 주체로만 한정시켜 이해하는 입장을 취하는 사람들이 있는 반면 스스로 민중됨을 이해하지 못하는 사람들도 민중 속에 포함시키는 관점을 지닌 분들도 있다. 여섯째, 민중이라는 개념을 계급·민족·시민 등의 여러 유사 개념들을 포용하는 상위개념으로 보는 관점이 있는가 하면 민중은 곧 인민의 다른 말에 지나지 않는다는 시각도 보인다. 이 밖에도 여러 상이한 관점들이 노출되고 있다.[1]

유재천의 분석은 1970년대와 1980년대 초의 민중론을 대상으로 한 것이었다. 1970년대에 본격적으로 등장한 한국의 민중론은 1980년대 중반 이후 2세대와 3세대를 거치면서 더욱 다양한 차이들을 드러냈다. 1980년대 중반 이후로는 민중론자들 사이에 자못 치열한 논쟁이 벌어지는 장면도 종종 목격되었다. 앞에서 민중 개념과 관련하여 의견이 수렴되는 요소들에 대해 정리했지만, 사실 그 '합의' 안에는 이론異論의 불씨가 잠복한 경우가 적지 않았다. 물론 밖으로 드러난 이견들은 민중론을 더욱 심화·발전시키는 계기로 작용하는 경우가 대부분이었다.

■ **실체 대 구성물** 서장에서 자세히 다뤘던 논쟁, 즉 민중이 사회적·역사적 실체냐 지식인들이 만들어낸 지적 구성물이냐의 논쟁이 우선 꼽힐 수 있겠다. 여러 시대에 걸쳐 상이한 맥락에서 다양한 논전들이 펼쳐졌다. 1970년대의 경우 민중은 진보적 지식인들이 가공해낸 허상에 불과하다는 주장이 민중이 사회적·역사적 실체라는 주장에 맞섰다. 1980년대에는 민중의 실체성에 접근하는 방법의 '과학성' 정도를 둘러싼 논쟁으로 초점이 바뀌었다. 1990년대 이후에는 '본질주의 대 구성주의' 도식에 근거하여 실체적 관점과 구성적 관점, 실체론과 구성론을 대비시켰다. 많은 3세대 민중론자들이 '민중 실체론'을 본질주의의 아류로 간주했다.

■ **다원적 정의 대 단원적 정의** 1970년대의 민중론에서 다원적 정의와 다원주의적 접근법이 우세했다는 점에 대해서는 이미 밝힌 바 있거니와, 더 긴 안목에서 보면 여전히 민중 개념에 대한 다원적 정의와 단원적 정의가 맞서고 있다고 말할 수 있다. 어떤 논자들은 계급주의적 관점에서 경제적 측면만을 강조하거나, 민족주의적 관점에서 민족 대립의 측면만을 강조한다. 물론 계급주의적·경제주의적 민중 정의는 1980년대 중반 이후 지배적이었다. 반면에 어떤 논자들은 민중을 정의할 때 정치적·경제적·사회적·문화적 측면들을 두루 고려하거나, 민족 대립과 계급 대립을 동시에 반영하고자 한다.

■ **역사적 시효(개념의 시간성)** 민중의 시간성, 즉 민중이라는 개념을 유효하게 적용할 수 있는 역사적 시기를 어떻게 획정할 수 있을 것인가를 둘러싼 논란도 대표적인 차이 중 하나이다. 이 논쟁은 민중이 모든 역사적 시기에 나타났던 '역사-보편적 존재'인지, 역사의 특정 시기에만 나타난 '역사-특수적 존재'인지를 가리는 문제이다. 이 쟁점은 다음 절에서 보다 상세히 다룰 예정이다.

■ **개념의 공간성** 민중 개념을 유효하게 적용할 수 있는 공간을 둘러 싼 이견도 나타났다. 여기서는 민중이 동양 사회에서만 유용하게 사용 될 수 있는 개념인지, 아니면 동양 사회들은 물론이고 동양·서양의 거의 모든 사회들에도 유효하게 사용될 수 있는 개념인지가 문제가 된다. 이 문제는 한완상, 송건호, 안병직이 참여한 『월간 대화』 1976년 11월호 좌 담에서 처음 제기되었다. 당시 송건호는 '동양'과 '식민지'에만 민중이 존재한다고 주장한 데 반해, 한완상은 '후진국'과 '선진국' 모두에 민중 이 존재한다고 보았다. 이 쟁점이 활발한 후속 논의로 이어지지는 못했 지만, 민중신학자 서남동은 (서구사회의 '시민'과 대비하는 맥락에서) 민중을 '식 민지 경험을 거친 제3세계의 피지배층'을 지칭하는 용어로 사용했다.[2] 1980년대의 민중사학자들도 이와 유사한 입장이었다. 이세영에 의하면, "민중사학은 민중을 특정한 역사적 시기와 조건에 한정하여 파악"하면 서 "민중을 세계 자본주의 체제의 후진 지역인 식민지 및 신식민지 사회 에서 형성된 것으로 파악"했다.[3]

■ **번역어 대 고유어/발명품** (민중 개념의 공간성 문제와 연관된 또 하나의 쟁점으 로) 민중 개념이 서구 개념의 번역어(혹은 일본이나 중국을 매개로 한 이중적 번역 어)인지, 아니면 한국 지식인 혹은 연구자들에 의해 만들어진 독창적인 개념어인지의 논쟁도 있었다. 1970년대의 민중론자들 중에서는 민중이 서구 용어의 번역어가 아니며 한국사회의 독특한 발명품이라는 주장을 펴는 이들이 많았다. 그러나 1980년대에 뒤늦게 민중연구에 뛰어든 계 급론적 지향의 소장 학자들은 대부분 민중을 people의 번역어(따라서 인민 의 대체어)로 간주하거나, 민중의 영문 번역어로 people을 선택했다. 이 쟁 점에 대해서는 제8장에서 상세히 고찰할 것이다.

■ **민중 구성** 민중의 내적 구성과 외적 범위가 시대와 사회에 따라 변 화됨을 대부분 인정하지만, '현대 한국사회에서' 민중의 범위·규모·구 성이 어떠한가에 대해서는 갑론을박이 계속되었다. 통상 민족 문제 혹

은 민족모순을 강조할수록 민중의 외연이 넓어지고, 계급 문제나 계급모순을 강조할수록 외연이 축소되는 경향을 보인다. 학문 분야에 따라서도 차이가 나타나는데, 한숭희가 적절히 지적했듯이 경제학자나 사회학자들보다는 문화연구자나 인류학자들이 매우 폭넓게 민중 외연을 설정하는 경향을 보였다.[4] 아울러, 민중에 노동자·농민·도시빈민이 포함된다는 점에 대해서는 폭넓은 합의가 존재하지만, 중간층·중산층이나 지식인층이 민중에 포함되는지에 대해선 뚜렷한 이견들이 존재한다.[5] 민중-지식인 관계, 중산층의 민중 포함 여부 문제는 조금 뒤 자세히 다룰 것이다.

■ **인식론적 특권** 민중의 일상의식은 지배이데올로기의 왜곡 작용 등 여러 요인들에 의해 허위의식에 가까운 모습을 띨 수도 있지만, 사회의 밑바닥으로 쏠린 사회구조적 위치와 '아래로부터의 시각'으로 인해 지배집단 구성원들에 비해 불평등하고 불의한 사회현실에 대해 보다 정확하고도 올바른 인식에 도달할 가능성이 높다는 것이 민중의 인식론적 특권 혹은 우위성 주장의 요체이다. 민중의 현실 인식이 반드시 옳고 진리에 가까운 것은 아닐지라도, 사회경제적·정치적 위계에서 밑바닥에 가깝다는 독특한 사회구조적 위치와 관련되는, 지배 엘리트의 그것과 구분되거나 반대되는 '독특한 민중적 인식론'이 명백히 존재하며, 거기에는 이전에 지식인이나 학자들이 미처 주목하지 못했던 창조성·지혜·통찰력 등이 담겨 있다는 것이다.[6] 현영학이나 김창락과 같은 민중신학자들이 이 주장에 가장 적극적인데, '가난한 자의 인식론적 특권'을 주장했던 라틴아메리카 해방신학—특히 휴고 아스만—의 영향이 감지된다.[7] 이런 인식은 1970~1980년대의 감옥에서 나름의 민중론을 발전시킨 신영복에게서도 발견된다. 그는 민중을 신성시하거나 불우한 존재로 못 박고 연민의 대상으로 접근하는 태도의 위험성을 경고하면서도, 독특한 민중 인식론, 즉 밑바닥에서 세상을 올려다볼 수밖에 없는 맨홀 작업자가 세상

의 숨은 비밀을 더 잘 직시할 수 있다는 이른바 '맨홀 논리'를 제시했다.[8] 반면에 한완상은 지배이데올로기의 작용에 의한 '허위의식'이 민중을 '즉자성의 포로'로 묶어둔다고 보기 때문에, 이데올로기비판과 민중 의식화를 위한 지식인의 개입 필요성을 강조한다. 그런데 1980년대 중반으로 가면서 '민중의 인식론적 특권'은 '노동자계급의 인식론적·실천적 특권'으로,[9] 다분히 축소 지향적으로 변화된다.

■ **내적 이질성** 민중의 내적 다양성을 대부분 민중론자들이 인정하지만, 민중을 구성하는 다양한 집단들 사이의 이질성 혹은 동질성을 강조하는 정도 면에서는 미묘한 견해차가 나타났다. 어떤 이들은 집단 간 연대를 통한 민중 형성을 촉진하는 공통의 이해관계나 문화를 보다 강조하는 반면, 어떤 이들은 연대와 민중 형성을 방해하는 집단 간 불일치와 대립·차이의 측면을 부각시킨다. 민중을 구성하는 다양한 집단 사이의 계급·계층적 이해관계 충돌로 인한 분열과 상호 갈등의 가능성은 박현채 등에 의해 일찍부터 지적되었다. 이중의 침묵(침묵 속의 침묵)일 수밖에 없는 '서발턴 여성의 침묵'을 통해 '서발턴 중의 서발턴', 혹은 '서발턴 내부의 이중적 배제와 억압' 현상을 부각한 스피박의 문제제기[10]에 공감하는 3세대 민중론자들은 민중 내부의 차이들, 특히 내적인 차별과 억압의 측면을 강조한다.

■ **연대의 성격** 민중은 내적인 차이와 이질성을 가로질러 공통의 이해관계, 공동의 집합의지, 공동의 기표를 만들어가는 '연대적 존재'라는 점이 1980년대에 와서 명확해졌다. 그러나 연대의 성격을 둘러싼 이견도 노출되었다. 우선, 그 연대는 민중의 내적 다양성과 차이를 없애면서 '동질화하는' 연대인가, 아니면 민중을 구성하는 집단 고유의 특이성들을 유지하는 연대—말하자면 '이질성들의 연대'—인가에 대해서도 의견이 엇갈렸다. 전자는 레닌주의적 헤게모니 개념으로 대표되는, '권위주의적 헤게모니'에 기초한 연대에 가까울 것이고, 후자는 라클라우가 말하

는 '민주주의적 등가 원리'에 기초한 '민주주의적 헤게모니'의 연대에 가까울 것이다.[11] 또한, 민중을 구성하는 여러 집단들 가운데 연대 및 변혁의 '중심세력'이 존재하는가 하는 쟁점을 둘러싸고도 다양한 주장들이 제기되었다. 유난히 강한 계급의식이나 변혁성, 연대의 촉매 역할을 수행하기에 적합한 자질 등을 갖춘 '특권적이고 차별적인 핵심 주체'가 존재하는지 여부, 그런 핵심 주체가 존재한다면 과연 누구일지 등이 논란거리로 떠올랐다. 이런 특권적 핵심 주체의 존재가 인정될 경우 '민중 형성적 연대'의 성격은 '수직적 연대'에 가까울 것이고, 그렇지 않을 경우에는 '수평적 연대'에 가까울 것이다. 연대와 변혁의 핵심 주체가 존재한다면, 그것은 중간층(한상진)인지 노동자계급(계급론적 민중론)인지, 그 핵심 주체는 고정불변인지 상황에 따라 가변적인지도 논쟁거리였다.

■ **권력과의 관계** 대부분의 연구자들이 지배 권력과 민중 관계의 양면성, 즉 권력으로부터의 '탈주脫走' 측면과 권력에 의한 민중 '포섭' 측면을 모두 인정하면서도, 민중 연구자 다수는 체제로부터 탈주의 측면을 더욱 강조해 왔던 편이다. 반면에 특히 3세대 민중론자들은 체제에 의한 민중 포섭의 측면이 지나치게 경시되어왔으며, 따라서 이 문제를 보다 심각하고 진지하게 다뤄야 한다고 주장한다. 권력에 대한 민중의 자율성은 지배체제의 '외부' 혹은 '외부와의 경계'(즉 내부-외부의 경계를 이루는 시공간)에서 보다 뚜렷하겠지만, 지배체제의 '내부'에서도 피지배 민중의 존재가 발견된다는 새로운 주장도 제기되었다. 지배담론 혹은 지배이데올로기 안에 담겨 있는 피지배층의 '성취'(발리바르) 혹은 저항의 '흔적'(데리다) 측면을 인정함으로써, 지배체제 '내부'를 예속성과 비非예속성(나아가 저항성)이 뒤섞이는 시공간으로 새롭게 접근하는 것이다.

■ **저항의 다차원성** 민중이 수행하는 저항의 다차원성 혹은 다양성을 둘러싼 '조용한' 이견도 존재한다. 에릭 울프는 민중의 저항을 "단일 범주"로 간주하는 이들을 비판했거니와,[12] 민중의 저항은 그 형태와 강도,

목표 등의 측면에서 다양할 수밖에 없을 것이다. '민중운동사'나 '민중해방운동사'를 강조하는 이들은 민중봉기, 민중의 사회운동, 민중혁명, 농민전쟁 등 급진적이고 일시적이고 때때로 폭력화되는 저항에 초점을 맞추는 경향을 보였다. 반면에 '민중문화'를 강조하는 이들은 일상생활이나 민중 생활세계 속에 스며든 보다 미묘하고 낮은 수준의, 그러나 꾸준히 지속되는 저항에 초점을 맞추는 경향이 있다. 제임스 스콧의 표현을 빌려 말하자면, 전자에 속하는 이들이 '은닉대본hidden transcripts이 공개적으로 선언되는 때'에 주목한다면, 후자에 속하는 이들은 은닉대본의 존재 자체와 그것의 은밀한 작동에 주목한다.[13]

■ **저항으로의 전환 주체** 저항으로의 전환, 다시 말해 수동적-즉자적 민중이 능동적-대자적 민중으로 변화되는 데 필요한 조건은 무엇이고 그 주도 세력은 누구인가를 놓고도 여러 입장이 개진되었다. 비판적 지식인, 훈련된 사회운동가들이나 혁명가들이 이끄는 운동조직 혹은 전위정당, 높은 정치의식을 지닌 이들의 선도투쟁, 단결된 노동자계급 등이 이런 맥락에서 논쟁 현장으로 소환되었다. 바디우는 "'인민을 대표한다'고 선언하는 것이 아니라 스스로를 '인민이라고' 선언하는 소수의 투사적 분견대"의 필요성을 긍정했는데,[14] 1980년대 중반 이후의 2세대 민중론자들은 대개 어떤 형태로든 이런 지도그룹 혹은 선도그룹의 역할이 필수적이라고 보았다.

■ **변혁론** 모든 변혁운동에서 적대의 형성, 곧 지배체제와 대립하는 진영 및 전선을 형성하는 일은 필수적인 요청에 해당한다. 라클라우와 무페가 말하듯이, "민주주의 투쟁들 사이에 등가사슬을 구축하려 할 경우, 우리는 반드시 경계를 확립하고 대적자를 정의해야 할 뿐만 아니라 무엇을 위해 싸우고 있는지, 어떤 사회를 건설하길 원하는지에 대해서도 알아야 한다."[15] 민중이 추구하는 변혁의 경로와 성격, 목표와 관련해서도 백가쟁명에 가까운 갑론을박이 펼쳐졌다. 민중해방 혹은 변혁을 어

떻게 정의하는가, 변혁은 혁명적 변동을 의미하는가 아니면 점진적이고 온건한 개혁까지 포함하는 것인가, 그 혁명은 폭력적인 것인가 아니면 비폭력적인 방법까지 포함하는 것인가, 당면한 변혁운동의 목적지는 어디인가, 거기에서 중간 기착지와 최종 목적지를 다시 구분해야 하는가? '비혁명적' 노선과 '혁명적' 노선이 우선 분화되었다. 이때 비혁명적 노선은 가장 체계화된 중도개혁 노선인 한상진의 '중민中民 이론'으로 대표된다. 혁명적 노선 내부에서도 계급모순을 우선하는 그룹과 민족모순을 우선하는 그룹, 다단계 혁명을 추구하는 그룹과 직접 사회주의혁명을 추구하는 그룹이 분화되었다. 정자환은 민중적 변혁과 해방의 목표를 노동해방(조정환), 분배 정의(조희연, 박현채), 민주주의(한상진), 인간 회복·인류 구원(백낙청, 신영복) 등으로 나누기도 했다.[16]

■ **역사관과 보편성** 민중론자들의 '역사관' 및 '보편성 관념'과 관련된 몇 가지 쟁점들이 제기되었다. 역사관과 관련된 일차적이고 중심적인 쟁점은 그들이 가정하는 '진보' 관념이 직선적이고 진화론적이고 서구 중심적인 역사발전을 가정하는 역사주의historicism로부터 얼마나 자유로운 가 하는 것이다. 보편성과 관련된 쟁점은 다시 둘로 구분된다. 보편성의 '단수성 혹은 복수성' 문제가 그중 하나이고, 보편성의 '고정성 혹은 유동성' 문제가 다른 하나이다. 이 질문들은 탈근대 및 탈식민지적 문제의식으로 무장한 3세대 민중론자들이 대거 등장한 1990년대 중반 이후 집중적으로 제기되었다. 이에 대해서도 후속 절에서 재론할 것이다.

간략히 살펴보았듯이, 1970년대 이후 민중을 둘러싼 주요 쟁점들은 민중의 역사적·사회적 실체성(객관적 실체 대 지적 구성물), 정의 방식(다원적 정의 대 단원적 정의), 민중 개념의 역사적 시효 내지 시간성(역사-보편 대 역사-특수), 민중 개념의 공간적 적용 범위 내지 공간성(세계 대 동양, 선진국 대 제3세계/식민지), (민중 개념의 공간성 문제와 연관된) 민중 개념의 한국적 특수성·독창성 정도(번역어 대 고유어/발명품), 민중의 구성 및 범위, 민중의 내적 이질성 및 차이에 대한 해석, 민중의 인식론적 특권 문제, 연대의 성격(동질화 연대 대 이질성들의 연대, 수직적 연대 대 수평적 연대, 연대의 중심세력 존재 여부 및 소재), 권력과의 관계(포섭 대 탈주), 저항의 다양성 및 다차원성 정도(공적-급진적 저항 대 일상적-미시적 저항), 저항으로의 전환을 이끄는 조건과 주도 세력, 변혁론(민중해방의 경로·성격·목표), 역사관(진보 관념)과 보편성 관념 등으로 정리된다. 이견의 목록은 앞으로 더 길어질 수도 있다.

1970년대에 새로운 민중 개념이 본격 등장한 이래 시간이 지날수록 더 많은 연구자들이 민중연구에 참여하고 인문사회과학의 여러 분야들로 민중연구가 확산함에 따라, 특히 1980년대 들어 민중연구가 폭발적으로 증가하면서 민중론도 더욱 다채로워졌다. 민중론의 다변화·복수화複數化 추세로 인해, 민중 개념의 공통 기반 못지않게 차이들이 부각되는 것도 불가피해졌다. 이런 상황에서 여러 갈래와 유형의 민중론들과 민중 패러다임들이 제출되었다. 민중론 진영 내부의 차이들이 상이한 유형론들로 발전했던 셈이다.

정치학자인 이정복은 기존의 민중론들을 1950년대 후반부터 1960년대에 걸친 함석헌의 민중 논의로 대표되는 '종교적 민중론', 1970년대 말부터 1980년대 초에 걸친 한완상의 논의로 대표되는 '사회과학적 민중론', 1980년대 학생운동권으로 대표되는 '급진적 민중론'으로 구별했다.[17] 역시 정치학자인 길승흠은 계급적 민중주의(학생운동권), 종속적 민중주의(김진균), 정치적 민중주의(한완상)로 구분했다.[18] 또 다른 정치학자인 김세균은 민중의 내적 동질성을 강조하는 '민중주의(인민주의) 민중론'과 민중 내부의 계급적 차이를 강조하는 '계급적·마르크스주의적 민중론'으로 나눈 바 있다.[19]

사회학자들도 몇 가지 유형론을 제시했다. '대자적 민중'만 긍정할 뿐 '즉자적 민중' 개념 자체를 인정하지 않는 한상진은 기존의 민중 논의를 남미南美와 한국의 그것으로 먼저 구분한 후, 한국 민중 개념을 다시 민중을 노동자·농민·도시빈민으로 한정하고 경제모순을 중시하면서 계급주의적 틀로 접근하는 '계급론적 접근'(박현채), 그리고 민중을 정치·경제·문화적 지배수단으로부터 소외된 이들로 간주하는 '소외론적 접근'(한완상)으로 대별했다.[20] 한완상과 백욱인은 기존 민중론을 실체론적 접근, 계급론적 접근, 운동론적 접근으로 구분하기도 했다.[21] 1980년대 민중론에 한정하여, 또 '변혁주체론의 관점'에서, 조희연은 민족주의적 민중론, 주변부자본주의론적 민중론, 국가독점자본주의론적 민중론, 국가독점자본주의론적 노동자계층주체론으로 분류했다.[22]

한편 민중이 아닌 '민중주의populism'에 초점을 맞춘 문성호는 유교적 혹은 민본적·실학적 민중주의(허균, 정약용), 반봉건반외세·농민적 민중주의(전봉준), 민족적·무정부주의적 민중주의(신채호), 역사철학적·종교적 민중주의(함석헌), 휴머니즘적 민중주의(전태일)를 유형화하여 민중론의 시간 폭을 조선 중기인 16세기까지로 크게 확장했다.[23] 김성보는 '민중사학'에 한정된 유형론을 시도했는데, 소시민적 민족주의 관점의 민중사학론, 통일전선론적 관점의 민중사학론, 도식적인 사적 유물론의 대안으로서의 민중사학론 등이 그것이다.[24]

시간이 흐를수록 민중 개념화를 둘러싼 다양한 쟁점들은 크게 두 가지로 압축되어갔다. 필자는 이를 '구성론'과 (변혁론을 포함하는) '실천론'으로 명명하고자 한다. 구성론과 실천론은 김세균의 '객관적 계급론·민중론'과 '주체적 계급론·민중론' 구분, 그리고 조희연의 '주체 규정'(민중의 구성)과 '지향 규정'(혁명적 지향) 구분과 상통한다.[25] 1970년대에는 민중의 의식意識 이해 및 계발과 관련된 '의식론'을 비롯하여, 의식론·구성론·실천론의 세 흐름을 중심으로 논의가 진행되었다. 그러나 민중론 1세대에서는 구성론과 실천론 논의가 그다지 활발하지 못했다. 아울러 '규범성'이라는 민중론의 또 다른 특징이 구성론과 실천론 모두에 개입하고 있었다.[26] 이에 비해 1980년대로 접어들면서부터는 구성론과 실천론이 민중 개념을 떠받치는 양대 축으로 떠올랐다. 대신 종전의 '의식론'은 역할이 축소되어 실천론의 일부로 편입되는 양상을 보였다. 따라서 1980년대 이후 개념으로서의 민중은 '구성론과 실천론의 통일'이라고 말할 수 있게 되었다. 구성론과 실천론의 결합은 민중의 개념적 역동성을 한층 증가시킨다. 민중 개념의 역동성은 '실천론'에서 곧바로 발생하는 것이 아니라, '구성론과 실천론의 결합', '구성론과 실천론 간의 긴장'에서 분출하는 것이다.[27]

구성론이 '민중은 누구인가' 혹은 '민중은 무엇인가'라는 질문과 주로 관련된다면, 실천론은 '민중은 무엇을 하는가'라는 질문과 주로 관련된다. 계급이나 모순 관계 등 사회경제적 분석에 치중하는 구성론이 (역사적 변동을 다루면서도) 상대적으로 정태적인 성격을 띤다면, 계급연합 형성이나 통일전선 구축 등에 치중하는 실천론은 한결 동태적이고 정치적인 편이다. 보다 구체적으로 구성론은 특정 시공간에서 민중의 상황, 구성, 범위, 다양성 등을 다룬다. 전통적인 민중 개념은 '피지배 다수'로 규정되지만 그 구체적인 구성이나 범위는 시대에 따라 달라질 수밖에 없다. 이 문제를 다루는 게 바로 구성론이다. 실천론은 이중성(즉자성)의 극복, 저항으로의 전환, 저항적 민중연합의 형성, 연대와 변혁의 핵심 주체, 변혁운동의 지도조직이나 지식인의 역할, 변혁의 경로·목표 등의 쟁점을 포괄한다. 나아가 실천론의 영역은 교육(민중교육) 영역, 타자를 위한 책임이나 의무의 윤리적 영역으로까지 확대될 수 있다.

실천론의 영역은 이처럼 방대하다. 그러나 우리는 실천론의 핵심 과업을 '의식화'(비판적 의식 형성)와 '연대'(저항연합 형성)라는 두 가지로 압축할 수 있다. 그리하여 우리는 실천론의 영역에서도 '잠재력이자 가능태로서의 민중'에 대해 다시 말할 수 있게 된다. 민중은 '출현하는 존재'이다. 우리는 한편으로 '각성覺醒으로서의 민중'을, 다른 한편으로 '연대로서의 민중'을 말할 수 있게 된다. 민중은 연대의 '가능성'이자 그것의 '실현'으로 간주될 수 있다. 구성론의 견지에서 보면 민중이 '계층적 연합체'에 가깝지만, 실천론의 견지에서 보면 민중은 '정치적 연합체'에 가깝다고 할 수 있다. 1970년대에는 구성론-실천론을 대표하는 키워드가 '소외-해방'의 조합이었다면, 1980년대에는 '모순-혁명'의 조합으로 바뀌었다.

실천론이 강렬한 정치적 함의를 띠고 있음은 자명하다. 그러나 구성론 역시 상당한 정치적 함축을 품고 있음을 강조할 필요가 있다. 그것이 인민이든 민중이든 국민·시민이든, 정치적 주체성 범주들의 '구성'은 역사적·사회적으로 가변적이었을 뿐 아니라 정치적 입장에 따라서도 가변적이었다. 경계 짓기는 항상 정치적인 행위일 수밖에 없다. 달리 말해 정치주체의 구성 내지 경계 짓기 문제는 반드시 '경계boundaries의 정치' 내지 '포용-배제의 정치', (무페와 라클라우의 표현을 사용하자면) '구성적 배제'를 수반한다.[28] 특정 사회범주들을 정치주체로 인정·포용하는 행위는 다른 사회범주들을 배제하고 불평등한 지위로 내모는 행위라는 점에서 차별의 창출(생산) 혹은 재생산에 기여한다. 경계 짓기의 주체가 지배층이냐 저항세력이냐에 따라 특정 정치주체 개념의 외연은 크게 달라질 것이다. 지금까지 학계에서는 지배층에 의한 경계 짓기가 주로 논의되었지만, 피지배층에 의한 경계 짓기에도 응당한 주의를 기울일 필요가 있다. 어떤 사회범주를 인민 혹은 민중의 경계 안에 포함할 것인가 배제할 것인가의 문제에는 항시 모종의 정치적 힘이 개입하게 마련이다. 나아가 민중연합체가 정치권력을 장악할 경우, 민중 구성론은 정치적 차별기제로 작용할 수도 있다. 또 앞서 말했듯이 기존 사회현실을 '고통과 불의'라는 규범적·윤리적 언어로 규정하는 경향 역시 구성론에 상당한 정치적 긴장감을 불어넣는다.

1970년대와 1980년대 초반의 1세대 민중론에서는 억압·착취·차별 상황의 부당함과 불의함이 자명하거나, 당연시되거나, 이미 주어진 것으로 전제되는 경향이 강했다. 반면에 1980년대 중반 이후의 2세대 민중론에서는 현실에 대한 '과학적' 분석이 중시되었다. 열띤 분위기 속에서 구성론과 관련하여 '계급론'과 '모순론'이 득세했으며, 이 둘은 내적으로 긴밀히 연관되어 있었다. '모순'은 정치적 적대로 이어지기 쉬운 경제적·계급적 이해관계의 구조적 대립을 가리킨다. 이 개념을 도입할 경우 민중은 이중적으로, 즉 '모순의 집중적인 담지자'이자 '모순 극복의 주체'로 이해된다.[29] 아울러 2세대 민중론의 시기에는 실천론과 관련해서도 다양한 '혁명이론들'이 등장하여 치열하게 각축했다.

그러나 지배세력의 시각으로 볼 때 민중은 갈수록 불온한 언어가 되어갔다. 마침내 1980년대에 이르러 민중 개념은 지배 권력과 격렬하게 충돌했다. 민중 용어에 대한 '개념적 억압'도 개시되었다. 1980년대는 특정 개념과 용어에 대한 정치적 탄압이 현실화된, 역사적으로 아주 희귀한 시대가 되었다. 민중과 관련된 많은 책들이 '금서禁書'로 분류되고 낙인찍혔다. 그것을 출판하거나 거래하거나 소지한 이들은 처벌당했다. 전복적인 민중 개념으로 인해 분서갱유의 시대가 도래한 것이다.

2. 개념의 시간성

민중 개념의 시간성은 어떠한가? 민중이라는 개념을 유효하게 적용할 수 있는 역사적 시기를 우리는 어떻게 획정할 수 있을까? 과연 민중은 거의 모든 역사적 시기에 나타났던 '역사-보편적 존재'인가, 아니면 역사의 특정 시기에만 출현하는 '역사-특수적 존재'인가?

종교의 관점에서 민중 개념을 탐구하는 이들은 역사-보편적 민중 개념을 선호하는 경향이 강하다. 성서聖書 시대의 민중을 천착해 들어가는 그리스도교 신학자들에게 민중은 대부분 '역사-보편적' 존재이다. 개신교 민중신학자들 사이에 널리 공유되는 서남동의 '두 이야기의 합류' 테제에서도 잘 나타나는 역사-보편적 민중 개념은 역사학이나 사회학·경제학 등의 다른 분과학문들과 구별되는 민중신학만의 도드라진 특징이다. 다른 학문 영역들에서는 같은 분과학문 내에서도 논자에 따라 주장이 엇갈리는 경향이 있는 반면, 민중신학자들은 '성서 시대의 민중 이야기 및 민중 전통'과 '한국의 민중 이야기·전통'의 상호 교호적 전개 과정에 관심을 기울인다.

붓다 시대부터 논의를 전개해가는 민중불교학의 경우도 민중신학과 비슷한 모습을 보인다. 1977년 『월간 대화』에 "민중불교론"을 발표하여 민중불교 논의를 촉발한 전서암(전재성)은 '중생衆生'이 "부처님의 평등감과 동족감을 사람과 사람의 관계를 넘어서 동물에 대한 태도에까지 환기시키려는 절실한 사회적 요청에 의해 만들어진 개념"이라면서, '보살 정신'에 입각하여 "역사적 현실에서 중생을 구체화"한 것이 바로 민중이라고 주장했다. 이런 맥락에서 원효에게 "중생은 민중이며 보살행은 그들과의 대화"였다고 해석했다.[30] 이처럼 민중불교에서 민중 개념은 불교의 시초始初로 소급될 수 있는 것이다. 1980년에 시인 고은은 승려 시절 법명 '일초一超'를 딴 '표일초表一艸'라는 필명으로 "미륵신앙과 민중불교" 제하의 논문을 발표했다. 그 역시 붓다의 제자로서 붓다보다 일찍 생을 마감한 미륵Maitreya을 "민중불교의 천재", "미래지향적인 각성한 민중종교의 천재" 등으로 지칭하면서, 한국 불교사에서도 통일신라 이후 미륵신앙은 "상류계급의 국시적國是的 신앙으로부터 민중 신앙으로 발전적 해체"의 움직임을 보였다고 주장했다.[31] 고은은 1980년 글을 발전시킨 "미륵과 민중"이라는 글에서도 미륵 시대와 민중 시대를 사실상 동일

한 것으로 간주했다.[32]

민중은 "계급 분열의 소산"이며, 역사단계의 변화에 따라 주된 민중 구성이 노예(고대사회), 예농隸農 혹은 농노(중세 봉건사회), 노동자계급(자본주의사회)으로 변화되어왔음을 강조하는 경제학자 박현채도 역사-보편적 관점에 서 있음이 분명하다.[33] 민중론을 전개한 또 다른 경제학자인 안병직은 일관되지 못한 입장을 드러냈다. 그는 "민중과 피지배층은 역사의 특수한 단계에서만 존재하는 것이 아니고 초역사적으로 있어왔"다고 주장하는가 하면, (앞에서도 인용한 바 있듯이) "역사 속에서의 자기를 항상 지배 대상으로서만 인식하는 것이 아니고 자기 자신이 역사를 이끌고 가는 하나의 주체로서 자기를 주장할 수 있는 단계에 있어서의 대중, 이것을 민중이라고 불러야 하지 않을까"라고 주장하기도 했다.

사회학 쪽의 경우 한완상이 역사-보편적 민중 접근을 사용한다면, 한상진은 역사-특수적 접근에 가까웠다. 한완상은 민중, 특히 '즉자적 민중'의 초역사적 존재를 주장했다. "객체적 피지배자로 거기에서 일상적으로 살아가고 있는 즉자적 민중은, 인류 역사가 있어 온 이후 언제나 존재해왔다. 우리의 경우 단군 이래 그들은 한국 역사 속에 줄곧 존재해왔다. 어느 역사 어느 사회구조 안에서나 지배자가 있고 통치 집단이 있는 곳에 반드시 그러한 민중이 존재했었고, 존재하고 있으며, 또 존재할 것이다."[34] 한완상은 1978년 초에 발표한 "민중은 역사의 주인이다"라는 글에서 민중의 역사-보편적 존재성을 지배-피지배 관계의 보편성과 연결시켰다. "민중은 역사 속에 항상 존재한다. 왜냐하면 역사는 지배자와 피지배자의 역사이기 때문이다. 부리는 사람과 부림을 당하는 사람들 간의 불평등은 편재적 사회현상이다."[35] 반면 한상진은 민중 존재의 보편성 주장은 민중 개념의 역사성과 구체성을 흐릴 수 있다고 비판하면서, 즉자적 민중 개념도 민중의 역사-보편적 존재를 전제하므로 문제라고 못박았다.[36] 한상진은 "역사적으로 볼 때 민중의 개념은 전통적인 봉건

사회 구조가 붕괴되면서 변동의 주체로 '민民'이 등장하면서 가능해진 것"으로 보았다.[37]

조동일은 민속학과 문학 분야를 중심으로 '민중의 존재 시기'를 둘러싼 네 가지 견해를 소개한 바 있다. 첫째, 민중이 역사가 시작된 이래로 항상 있어 왔다는 견해(심우성, 이상일), 둘째, 민중은 역사의 어느 시기에 또는 어떤 조건이 갖추어졌을 때 형성된다는 견해(김열규), 셋째, 민중은 아직도 형성되지 않은 미래지향적 개념이라는 견해(염무웅), 넷째, 민중은 실체가 아니고 개념일 따름이므로 형성의 시기를 역사적으로 문제 삼기 어렵다고 보는 견해(김주연)가 그것이다.[38] 조동일의 분류처럼 이상일도 역사-보편적 민중 개념을 사용하고 있다고 말할 수 있다. 그는 1981년 발표한 글에서 민중을 전통 형성의 주체로 간주하면서, '전통'을 '민중적 토착성'과 동의어처럼 사용하는가 하면, '민속民俗'을 '기층민중의 생활상'으로 해석했다.[39] 1980년 발표한 글에서 그는 이렇게 말했다. "전통을 담당하는 3대 요소의 핵심으로서의 민중은 과거에도 있었고 현재에도 있으며, 미래에도 있게 될 것이다. 그리고 그 면면한 지속성에 대한 인식이 바로 민중론이 되어야 할 것이다."[40]

고대에는 노예와 가난한 평민, 중세에는 농노 형태의 농민, 근대에는 노동자와 소시민 등으로 민중이 설정되어 있다는 점에서 백낙청의 민중 개념도 역사-보편적이다. 특히 다음 구절이 그의 입장을 잘 보여준다. "민중이 누구인지 분명치 않은 이유 중의 하나는……민중의 모습이 나라마다 다르고 또 역사의 여러 단계마다 달라져 오기도 했기 때문이다. 이를테면 고대사회의 민중은 주로 노예였지만 가난한 평민도 포함되었던 것이며, 중세의 민중은 '농노'의 형태를 띤 농민들이 대부분이나 후기에 올수록 시민계급의 비중이 커지게 된다. 그러다가 드디어 이들 시민계급이 시민혁명을 거쳐 지배계급으로 되면서 근대사회가 이루어진다고 흔히 말하는데, 근대의 민중도 또한 소시민·노동자 같은 다양한 구성을 보이고 있다. 그러나 자본제 사회라는 근대사회로서의 성격이 확립된 곳일수록 민중의 주요 성원은 자본의 소유에서 소외된 노동자계급이 될 것이다."[41] 후천개벽後天開闢 시대뿐만 아니라 그 이전의 선천先天 시대에까지 민중 개념을 적용하는 김지하 역시 역사-보편적 민중 개념을 구사하고 있음이 분명하다. 예컨대 그에 따르면, "이제까지 '주체'다·'민중'이다 했을 때, 대체로 선천 시대에 있어서는, 생산노동과 그 노동의 결과로부터의 소외의 정도, 또는 모든 형태에 있어서의 재난(전쟁·혁명·국난·외침·자연적 재해 등)에 대응하는 전위로서의 역할을 했던 것이 소위 '민중'이다. 즉 인간이 먹고살고 문화를 건설하고 문명을 이룩하는 주체적인 담지자가 '민중'으로 불리워진 것이다."[42] "우리의 근세사는 왕조실록, 승정원일기, 비변사등록 등 지배층 중심으로 엮어진 곡학아세의 관선 기록과는 달리, 민중의 자기 각성, 천대받으며 짓눌리고 묶이며 밟힌 그 소외의 질곡에서 자기를 확보하고 내 땅의 주권자로서의 자리를 찾으려는 투쟁의 통사痛史였다"는 대목(김병걸), "삼국시대 이후만 보더라도 왕족·귀족·호족·사대부·양반 등의 특권계급이 지배해온 역사 속에는 억압과 수탈을 당하며 비인간적인 삶을 강요받은 다수의 민중이 언제나 있었다"는 대목(김종철)도 역사-보편적 민중 개념을 보여주는 사례들이다.[43]

역사학계에서도 의견이 갈린다. 『한국민중사』 2부작의 저자들(한국민중사연구회)이 역사-보편적 민중 개념을 사용했음은 명백하다. 이들에 따르면 민중은 모든 역사적 시대에 '역사주체'가 되는데, 그것은 "생산적 노동, 사회변혁운동, 정신적 가치 창출"의 세 차원에서 민중이 항상 "역사 창조자" 역할을 수행해왔기 때문이다.[44] 이만열도 민중의 역사적 시효를 '고대 이후'로 확대했다. 그는 1981년에 발표한 글에서 "'민'이 자기의 계급적 한계를 의식하고 있다는 의미에서 민중화"하는 현상이 두드러지게 나타나는 시기가 "나말여초羅末麗初와 여말선초麗末鮮初의 전환기"였음을 강조하는가 하면, "대외항쟁사에 있어서 고려 후기 몽고의 침략으로부터는 대외 투쟁의 주역으로서 '민' '노비' 등의 민중이 등장하고 있음에 유의해야" 한다면서 "여기서 민중이라 함은, '민' '노비' 등이 자기의 사회적 처지에 대한 자각을 갖게 된 정도로라도 의식화된 단계를 말하는 것"이라고 했다.[45] 서양사학자 노명식 역시 민중을 통시대적 존재로 본다. 역사-특수적 존재인 대중(현대 산업사회), 시민(근대 시민사회), 노예(고대사회)와 달리, 민중은 "역사의 전 시간을 통하여 어디서나 존재하는 절대 대수의 비특권적 평민을 가리키는 일반적 개념"이라는 것이다.[46] 노명식에 의하면, "역사적으로 일정한 역사적 단계의 일정한 사회에는 항상 형태는 비록 각이各異하더라도 극소수로 구성되는 특권적 지배계급이 존재한 동시에 그 지배를 받는 절대다수의 민중이 존재하였다. 정치적으로는 지배를 받고 경제적으로는 생산수단을 소유하지 못하고 사회적으로는 평민 내지 쌍놈의 신분을 가진 이 민중을 역사발전의 적극적 요인으로 인식하기 시작한 것은 민중이 민중 자신의 역량을 자각하기 시작한 때부터이다. 서구에 있어서 그것은 시민계급의 대두에서 시작하였다."[47] 말하자면 노예, 농노, 프롤레타리아, 시민, 대중 등은 민중이라는 '일반적 개념'에 대한 '특수적 개념'으로, 이들은 시대마다 달라지는 민중의 다양한 존재 형태라는 것이다.[48]

반면에 강만길과 조동걸, 정창렬, 김성보는 역사-특수적 민중 개념을 선호한다. 분단사학을 주창한 강만길은 민중에 대한 통시대적 접근에 반대하면서, '변혁성'이 나타나는 '근대 이후 반反제국주의운동'부터 이 개념을 적용해야 한다고 주장했다. 그는 "반제운동이 있기 이전의 피지배층은……피지배층으로 존재했을 뿐"이며, 따라서 반제운동이 나타났던 "그 시기에 한해서 민중을 역사변혁의 주체로 삼아도 좋다고 생각"한다면서 "그래야지 만약에 민중이 조선시대의 백성이란 말과 같은 의미로 다루어진다든지 하면, 이것은 너무 비과학적인 인식"이라고 주장했다.[49] 조동걸도 "민중이란 근대사회와 더불어 형성된 사회계층"이라고 주장했다. 그에 따르면 "봉건시대의 서민 또는 천민이 사회구조상의 모순을 의식하고, 자기 위치를 자각하여 그 모순에 도전하는 계층으로 성장하는 것은 봉건사회의 붕괴와 근대사회의 형성이 진행되는 가운데 나타나는 현상"인데, "한국사의 경우에는 근대사회가 태동하는 18세기부터 그러한 조짐이 나타난다"고 보았다.[50]

정창렬은 1982년 발표한 논문에서 민중은 18세기 봉건체제 해체기에 등장했고, 이후 1894년 동학농민전쟁과 3·1운동을 거치면서 '민중의식'이 본격적으로 형성되었다는 주장을 폈다. 그는 "민중을 피지배계층 일반이나, 지배계층에 의하여 왜곡되고 억눌리며 소외되는 인간집단 일반으로 광범위하게 규정하면, 민중이 초역사적인 존재로 됨으로써 그 실체가 애매하게 될 우려가 있다"면서, "지배계층의 강제에 의하여 규범화된 지배이데올로기를 인민이 어떻게 내재적으로 극복함으로써 스스로를 민중으로서 정립하였는가"를 기준 삼아, 14세기 이후의 한국사를 세 시기로 비교적 정교하게 구분했다.[51] 첫째, 14세기 말에서 18세기 중엽까지의 시기는 "민본이데올로기·양반문화에 예속된 채, 봉건사회의 유지에 기여하면서 주체적인 독립성을 결여"했던 '백성의식의 시대', 둘째, 18세기 중엽부터 1876년까지는 "민중은 형성되었으나 의식에 있어서는 민중의식에 이르지 못한" '평민의식의 시대', 셋째, 1876년 개항 이후는 민중 사이에 인간해방, 사회해방, 민족해방의 지향이 뚜렷해지고 민중이 이러한 해방운동의 핵심 주체로 등장하는 '민중의식의 시대'였다는 것이다. 그는 특히 1920년대 후반기에 인간해방·사회해방·민족해방 과제의 해결을 담당할 민중과 그 해결에 필요한 의식체계로서의 민중의식이 확립되었다고 간주했다.[52] 다시 말해 1920년대 후반기에 이르러 "인간해방의 의식, 계급해방의 의식, 민족해방의 의식이 서로 유기적인 적합관계를 이루면서 하나의 체계로 통일된 것이 민중의식·민중문화였다"

는 것이다.[53]

김성보 역시 "민중을 초역사적 범주로 바라보는 비과학적 태도에 대한 비판"을 수용한다. 그에 따르면 "민중은 특정의 역사적 조건 밑에서 형성되는 역사적인 산물이다. 민중이 여러 계급, 계층의 연합이라는 점에서, 민중은 계급적 유대에 의한 결합의 원리가 정착되는 자본주의적 관계의 보편화 이후의 산물이다."[54] 역사학계의 3세대 민중론을 대표하는 역사문제연구소 민중사반 역시 민중 개념의 역사적 시효 문제가 역사학 내에서 논란거리라면서, 민중은 근대 이행기 혹은 근현대 시기에 유의미한 주체라는 입장을 취했다.[55]

민중이라는 용어가 고금古今을 막론하고 오랜 기간 사용되어왔음은 명백하다. 그럼에도 민중 개념의 역사적 시효를 둘러싼 논란이 분분한 것은 이 개념을 정의하는 방식이 제각각이기 때문이다. 사전적이고 전통적인 정의를 따르는 이들에게 민중은 역사-보편적 개념이 되기 쉬운 반면, 20세기 이후 추가된 의미를 담은 정의를 선호하는 이들에게 민중은 역사-특수적 개념이 되기 쉽다. 다시 말해 민중의 주체성·저항성을 강조할수록 역사-특수적 개념으로, 다수성·종속성을 강조할수록 역사-보편적 개념으로 경도되는 경향이 있는 것이다.

민중 개념의 역사적 시효를 둘러싼 이견은 두 가지 방식으로 봉합될 수도 있을 듯하다. 말하자면, 저항성이나 주체성을 수용하면서도 전통시대로까지 민중 용어의 적용 범위를 확장하는 것을 가능케 하는 두 가지 해법인 셈이다. 그 하나는 저항·자각 요소를 중시하는 가운데 간헐적일지언정 전통시대에도 민중 저항은 존재했다는 방식으로 민중 적용 대상 시기를 확대하는 것이다. "의식적이었든지, 돌발적 충동에 의해서였든지 인간으로서 살아야겠다는 내적 필연성 때문에 인간 가치 회복을 위해 투쟁하면서 살아온 개인 그룹 사회는 인류 역사에 언제나 존재해왔다. 우리는 이런 모든 사람들을 민중民衆이라고 불러 보자"는 고재식의 제안이 한 예일 것이다.[56] "어디에나 있을 것 같으면서도 어디에도 없는 듯하던 민중이 갑자기 폭발적으로 자신의 모습을 적나라하게 드러내고 거센 힘으로 무서움에 떨게 한 실례를 우리는 동서의 역사에서 고금을 통해 무수히 찾아볼 수 있는 것"이라는 황문수의 예를 들 수도 있다.[57] 다른 해결책은 역사주의적 시대구분을 경계하면서도 민중 저항성·주체성의 역사적 확대 '과정'과 '경향'을 강조하는 것인데, 역사 '단계'의 차이보다는 '정도'의 차이에 주목하는 것이다. 『한국민중사』의 저자들 역시 "전근대 역사주체와 근현대 역사주체의 차이, 근현대에서의 단계적 차이"를 강조하면서 이렇게 서술한 바 있다.[58] "전근대사회에서 생산대중은 역사를 움직이는 기초였으나, 그들이 역사 표면에 의식화된 주체로서 등장하지는 못하였다. 그러나 노동자를 중심으로 하여 농민, 빈민 등으로 구성되어 있는 근대사회 이후의 생산대중은 자신을 역사의 주체로서 의식하고 행동해나갔다."[59]

민중 개념을 적용할 수 있는 시간대를 둘러싸고 의견이 분분한 것은 사실이라 할지라도, 민중 연구자 대부분이 합의하는 사실이 하나 있다. 그것은 '근대라는 시기의 특수성'과 관련된다. 요컨대 근대 '민주주의' 시대에 이르러 혹은 근대 '자본주의' 시대에 이르러, 민중이 역사·사회의 주체이자 주인으로 도약할 가능성이 이전 시대에 비해 훨씬 높아졌다는 것이다. 이 주제에 대해서는 다음 장에서 상세히 다루려 한다.

3. 지식인, 중산층, 민중

여기서는 지식인과 민중, 중산층과 민중의 관계 문제를 주로 다룰 것이다. 지식인과 민중 관계 문제는 세 가지 하위 쟁점들을 포괄한다. 첫째는 지식인도 민중에 포함되는가 하는 것이고, 둘째는 민중과 관련된 지식인의 역할은 무엇이며, 지식인과 민중의 바람직한 혹은 올바른 관계 방식은 무엇인가 하는 것이다. 세 번째는 지식인-민중 이분법을 넘어서려는 몇몇 시도들과 관련된다.

(1) 지식인의 민중성

지식인도 민중인가? 1970년대 이전 시기의 대표적인 민중론자인 함석헌은 민중과 지식인의 구별을 '당연시'하면서, 그 바탕 위에서 지식인과 민중의 바람직한 관계를 모색했다. 김종철은 1984년에 발표한 "민중과 지식인"이라는 논문에서 기존 민중론들을 개관하면서 지식인을 민중의 일부로 본 이들로 정창렬·안병직·송건호·고은·박현채·백낙청을, 지식인과 민중을 별개로 구분해야 한다는 입장의 대표자로 서남동을 꼽은 바 있다.[60]

서남동은 민중이 '육체노동'에 종사하는 '직접생산자'임을 강조하면서, 지식인은 민중일 수 없다고 단호히 말했다.[61] 현영학도 지식인은 민중이 아니라는 입장이었다.[62] 문동환이 말하듯이, (김용복 정도가 다른 입장일 뿐) "대다수 민중신학자들은 자기들을 민중이라고 느끼지도, 자처하지도 않는다."[63] 철학자 황문수도 지식인은 민중이 아니라고 보았다.[64] 엄밀한 계층 분석에 입각하여 지식인-민중의 경계 획정 문제에 접근하는 경우는 거의 없었지만, 민중과 지식인을 별개 범주로 간주하는 이들은 대체로 사회적·문화적·경제적 차원에서 발견되는 양자 간의 계층 격차를 암암리에 전제하는 경향을 보였다. 그러므로 지식인의 계층적 지위가 '소시민'에 가깝다는 점에서 민중의 넓은 테두리 안에 넣을 수 있다고 본 백낙청은 오히려 예외적인 사례에 가까웠다.[65]

더 많은 이들은 지식인층의 상대적으로 높은 계층 지위보다, 지식인 집단의 '정치적·이데올로기적 분화'에 주목한다. 지식인들의 정치적·이데올로기적 성향이 분화함에 따라 지식인 중 일부는 민중에 포함되지만, 일부는 민중에 포함되지 않을 뿐 아니라 (지배층의 편에 서서) 민중과 대립한다는 것이다. 이런 입장의 민중론은 1960년대 중반 '인텔리겐차intelligentsia'와 '인텔렉츄얼intellectual', '창조적 지식인'과 '기능적 지식인'을 대립시킨 이진영에게서 나타난다. 이진영은 특히 『청맥』1966년 3월호에 발표한 "지식인과 역사의식"이라는 글에서 "인텔리겐차란 민중에 앞장서서 그들의 시중을 들면서 민중의 복지를 위해 전위가 된다는 점"을 지적하고, "민중화한 지식인, 민중으로서의 지식인은 동시에 지식인으로서의 대중이 아니면 안 된다"면서, 한국의 지식인들이 "민중으로서의 의식을 체현하는 지식인임과 동시에 지식인으로서의 민중이 되고자 하는 지식인"을 지향해야 한다고 주장했다.[66] 이진영의 이런 선구적인 입론은 '지식기사知識技士'와 '지식인知識人'을 구분하고 후자를 '대자적 민중의 일부분'으로 인정한 한완상의 주장으로 계승된다.[67] "민중과 더불어 살고 있는 지식인이야말로 민중의 일부"이며 "자각된 민중의 일부"라는 김종철의 입장도 한완상과 거의 비슷하다.[68] '민중적 지식인'(혹은 '민중지식인')과 '성직자적 지식인'을 구분하는 역사학자 박성수도 유사한 부류이다. 그는 갑오농민전쟁이나 의병전쟁 같은 민중운동의 좌절로 인해, "민중적 지식인은 소멸하고 권력에 가까이하거나 은연중에 협력하는 성직자적 지식인이 늘어가고 있다"고 분석했다.[69] 미술평론가 원동석 역시 정치의식과 이데올로기 성향에 따라 지식인 중 일부가 스스로 민중의 일부가 되어간다는 접근을 취하고 있다.[70]

(2) 지식인-민중 관계

민중과 관련된 지식인의 역할 내지 사명은 무엇이며, 지식인-민중의 바람직한 관계 방식은 어떠해야 하는가? 지식인과 민중을 분리하는 이들조차 (지식인들의 사회적·역사적 사명을 부각시키면서) 지식인과 민중의 긴밀한 관련을 강조하는 경우가 종종 있다. 예컨대 황문수는 지식인은 민중이 아닐지라도 "민중의 각성에 불가결한 존재"라고 보았다. 그는 민중의 '허위의식'을 깨뜨리는 데 양심적 지성인의 결정적인 역할을 강조하면서 지식인과 민중은 "공동운명체"임을 주장했다.[71] 국문학자이자 문학평론가인 조남현도 "넓게는 지식인과 대중, 좁게는 엘리트와 민중은 서로 대립 개념이 되면서 동시에 상호보완적 개념이 될 수밖에 없음"을 강조했다.[72]

많은 이들이 스스로 바람직하다고 여기는 민중-지식인 관계를 제시한 바 있다. 이를 교육, 지도, 연대라는 세 가지 키워드로 요약할 수 있을 것 같다.

먼저, 지식인과 민중은 '교육-피교육' 관계에 놓일 수 있다. 이런 입장은 1950~1960년대에는 함석헌과 이진영에 의해, 1970년대 이후에는 '민중교육'을 강조하는 교육학자들과 한완상에 의해 대표된다. 함석헌은 지식인과 민중의 관계를 "뇌세포와 몸 사이의 관계"로 비유하고, "지성을 바로 세우지 못하면 민중이 민중 노릇을 못 한다"면서 "민중이 민중다운 자격과 행동을 하지 못하는 것은 지식인의 책임"이라고 주장했다.[73]

1970년대 말부터 활발하게 번역 소개된 파울로 프레이리의 교육학이 한국의 '민중교육론' 형성에 큰 영향을 미쳤다.[74] 여기서는 민중 스스로 사회현실을 체계적이고 비판적으로 인식·판단하고 행동할 수 있는 주체로 되어가는 과정인 '의식화conscientization'가 관건이 된다. 한완상의 표현을 사용하자면 의식화는 즉자적 민중이 대자적 민중으로 변해가는 과정인 셈이다. 이미숙에 의하면, 민중교육은 "현실사회의 모순을 '과학적으로 인식하는 지식인'과, 그 모순된 '삶 속에서 부딪치며 살아가는 민중'이 결합하여 모순을 해결해나가는 운동적 혹은 교육적 노력"이다.[75] 민중교육을 중시하는 이들은 의식화 과정에서 발생하는 지식인과 민중의 상호적인 변화·침투와 학습, 민중 스스로의 주체적 각성, 의식화 과정에서 실천·투쟁의 중요성을 강조하는 편이다. 즉자적 민중이 지배이데올로기의 작용에 의해 허위의식에 사로잡혀 있다는 사실로부터 지식인의 비판적 개입 필요성을 도출했던 한완상은 1987년에 발표한 글("민중사회학의 방법론")에서 다소 새로운 입장을 개진했다. 여기서 그는 지식인 개입의 필요성과 관련하여 기존의 이데올로기적 순치 효과 외에 "과학으로부터의 소외"라는 새로운 요인을 추가함과 동시에, 지식인의 주도적 개입이 없어도 민중 스스로 실천 및 투쟁의 과정을 통해 '인식주체'로 상승할 가능성을 열어놓았다.

다음으로, 지식인과 민중은 '지도-피지도' 관계에 놓일 수 있다. 이때 지식인과 민중의 관계는 '전위와 대중', '지도자와 대중'의 그것이 된다. 1980년대 중반 이후 레닌주의가 본격적으로 도입된 이후 '직업적 혁명가들'로 구성된 전위(프롤레타리아의 전위)의 주도적 역할이 강조되었다. 레닌주의적 접근은 '전위-대중의 분리'를 전제한다.[76] 지식인-민중의 관계는 파울로 프레이리가 말하는 '수평적 대화'가 아닌 '위계적 지도'로 특징지어진다. 민중은 주체적인 존재라기보다는 혁명적 지식인 그룹이 흡수·포섭하고 정복(동질화)해야 할 대상이자 객체로 취급되는 경향을 보인다. 민중은 정치적 전술의 대상, 위로부터의 교육·선전·설득·선동의 대상이 된다. 혁명운동에 역행하는 것으로 간주된 '즉자적 민중'은 때때로 '파괴'와 '적대'의 타깃으로 지목된다.

마지막으로, 지식인과 민중은 '상호적 연대' 관계에 놓일 수 있다. 이것은 다시 둘로 나뉠 수 있다. 그 하나는 '투쟁의 연대'로, 다른 하나는

'공감의 연대'로 이름할 만하다.

'민중교육'이 의식화를 매개로 한 지식인-민중 연대라면, 1980년대 학생운동권에서 추구된 '노학연대勞學連帶'는 사회운동과 정치 영역에서의 지식인-민중 연대라 하겠다. 이전에는 지식인-민중 연대가 주로 농민과의 연대 활동을 뜻했고, 그것의 식민지적 표현이 '브나로드운동'이었고 1960년대적 표현이 농촌계몽운동이었다면, 1970~1980년대에는 농민뿐 아니라 노동자와의 연대까지 적극적으로 추구되었다. 이 시기의 지식인-노동자 연대가 바로 '노학연대'로 명명되었던 것이다.[77] 최장집은 1980년대 노학연대와 1930년대 브나로드운동의 유사성을 강조하는 이들을 향해 "그때와는 비교할 수 없이 많은 대학생들이 노동운동에 투신했다"고 반박한 바 있다.[78] 1970년대 후반부터 꾸준히 이어지던 학생운동 활동가들의 노동현장 진출은 1984~1986년경 절정에 이르렀다. 이를 기반으로 수도권 최초의 정치파업이라 불리는 1985년의 '구로동맹파업'이 출현하기도 했다. 이 밖에도 청계피복노동조합 재건(1984년), 한국노동자복지협의회 결성(1984년), 서울노동운동연합 결성(1985년) 등이 노학연대의 대표적인 결실들로 거론된다.[79]

필자가 '공감의 연대'로 이름 붙인 지식인-민중 연대는 역설적이게도 '민중의 절대타자성'에 대한 지식인들의 인정에서 출발하는 듯하다. 1980년에 문동환은 "지식인은 민중이 아니다, 결코 민중이 될 수 없다, 알 수도 없다"고 단호히 주장했다.[80] 지식인에게 민중은 '알 수 없는' 존재라는 것이다. 이와 사실상 동일한 맥락에서, 선의를 지닌 진보 지식인들의 주관적이고 독단적인 재현·대변 시도가 또 다른 민중 대상화와 왜곡을 초래하는 사례처럼, 재현·대변 행위에 내재한 이데올로기성과 위험을 항시 경계하면서 '침묵의 목소리'를 제대로 경청하기 위한 '듣기의 윤리'가 필요하다는 주장이 개진되었다.[81] 역사문제연구소 민중사반도 선언적인 글에서 유사한 입장을 피력한 바 있다. 그들은 "'새로운 민중사'는 지식인(민중사가)이 민중을 이끌 수도 없고, 그렇다고 민중과 혼연일체가 될 수도 없다는 사실을 냉철하게 자각하고 최대한 '그들'과 공감하고 소통하고 연대하려는 것을 미덕으로 삼는 자세에서 출발"해야 한다고 주장했다. "민중은 지식인과 합치될 수 있는 존재도 아니다. 오히려 지식인의 '합리적' 관점으로는 잘 파악되지 않는 나름의 독자적인 인식과 감각을 가진 존재라는 것이 사실 더 가까울 것이다."[82] 그렇다면 지식인은 민중과 어떻게 관계해야 하는가?

> 민중과 지식인이 서로 다른 차원에 있다면 우리는 어떻게 민중의 목소리를 듣고 그것을 재현해낼 수 있는가? 이 문제는 민중의 경험과 생각이 역사적 자료에 거의 남아 있지 않다는 객관적인 한계와 더불어, 지식인과는 다른 화법을 사용하는 민중의 목소리를 제대로 이해하고 형상화하는 것이 대단히 힘들다는 인식론적 난점을 포함한다. 전자와 관련해서는 지배자나 지식인이 남긴 기존 사료의 '전복적 독해' 또는 '결을 거스르는 독해'를 통해 민중의 목소리를 듣는 방법, 파편적일망정 널리 현전하는 민중의 기록과 흔적을 발굴하고 활용하는 방법, 민중의 구술을 통해 그들의 과거 경험과 현재의 기억을 읽어내는 방법 등이 가능할 것이다. 후자와 관련해서는 그 유명한 '민중은 말할 수 있는가Can the subaltern speak?'라는 질문을 고민해야 한다. 이에 관해서는 아직 우리가 명확한 답을 할 준비가 되어 있지 않지만, 지식인이 민중의 목소리를 정확하게 이해하고 대변할 수 있다는 생각은 대단히 섣부르고 심지어 위험할 수도 있다는 자각에서 출발하고 싶다.[83]

어쩔 수 없이 침묵하거나, 울부짖음 · 신음 같은 ('목소리'가 아닌) '소리'로만 말하는 사람들에게 "소리의 매체"가 되고 "'소리의 내력來歷'을 밝히는 한의 사제"가 되라는 서남동, 민중의 침묵을 발화發話로, '소리'를

'목소리'로 바꿈으로써 서로 소통되지 못하는 이질적인 두 언어 세계를 연결하는 '번역의 신학'을 주창했던 안병무, 민중언어의 번역에 힘쓰면서 민중언어에 기초한, 민중의 목소리 내기를 돕기 위한 민중교육을 추구한 허병섭 등도 '공감의 연대'를 추구한 이들이라고 할 만하다.[84]

정치사학자인 김원은 지식인과 민중(서발턴) 간 '고통의 연대'를 말한다. 민중의 목소리 듣기, 민중에게 말 걸기는 모두 "책임과 공감의 윤리"에 터한 윤리적인 행위이다. 고통의 연대는 '고통 및 타자에 대한 개방성이나 환대'의 태도를 전제로 한다. 김원은 고통의 연대에 기초할 때 민중연구(특히 구술사)는 상당한 '치유적' 효과를 산출할 수 있으며, 지식인(민중연구자)은 '임상역사가'로 기능할 가능성이 있다고 보았다.

> 서발턴의 고통이나 곤경, 희생 등을 과도하게 강조하는 것은 그들에 대한 '연민sympathy'만을 강화시킬 뿐, 연구자가 이를 '자기 문제'로 인식하지 못하게 만들 수도 있다.……이제 연민이 아닌 자기 자신과 연관되지 못한 문제에 대해 자기 감성을 개입시켜 '자기화'하는 과정으로서 '공감empathy'이 필요하다. 다른 식으로 말하자면 타자와 마찬가지로 자신도 상처 입을 가능성에 노출시킴으로써 가능한 '고통의 연대'가 요청된다.[85]

> 연구자는 서발턴을 대상화하려는 욕망을 고백해야 한다. 동시에 양자 사이에 메울 수 없는 간극 역시 인정해야 할 것이다.……지식인인 나의 인식으로 환원할 수 없는, 서발턴의 고유성에 주목하는 책임과 공감의 윤리를 통해 타자에 반응해야 한다. 이는 일종의 윤리적 관점으로, 말하는 자와 듣는 자의 위치가 교차하는 지점, 즉 타자의 관점에서 사유하려는 태도로, 양자 간의 '경계'가 혼돈화되는 것이다. 특히 타자의 언어를 이해하기 위해서는 그들의 언어와 문화에 대한 심층적인 이

해 과정을 통한 '치유 기능'을 강조할 필요가 있다.……폭력, 좌절, 피해의식, 무의식적 증언 기피 등 트라우마를 지닌 구술자와 나누는 대화는 이를 함께 극복하는 '자기해방적 의미'와 '자기성찰적 의미'를 동시에 지니고 있다. 정신분석학자와 심리학자가 인간의 내면을 유년기의 억압 기제로 포착하여 치유하듯이 침묵을 강요당해온 이들과 나누는 대화 역시 이들의 내면에 자리 잡은 것을 들추어 조정하고 치유와 연대의 방법을 모색할 수 있는 '하나의 방법'이다. 이러한 점에서 누구든 자기 역사를 씀으로써 스스로를 치유하고, 가족사를 작성하면서 가족의 상처를, 마을의 역사를 씀으로써 자유로운 개인들의 연대를 구성하는 '임상역사가'가 될 수 있을 것이다.[86]

(3) 이분법을 넘어1: 지식인의 민중 되기

우리는 지식인-민중 이분법 자체를 극복하거나, 양자의 경계를 허물려는 시도들에도 주목할 필요가 있다. 이런 시도들은 상반되는 방향으로의 두 움직임, 즉 '지식인의 민중 되기'와 '민중의 지식인 되기'로 대별될 수 있다. '지식인의 민중 되기'에 대해 먼저 살펴보자.

자세히 보면, 민중 되기는 '민중처럼'(민중을 모방하기)이라는 예비 단계, '민중 속으로'라는 중간·이행 단계, '민중 살이'(민중으로 살기)라는 실행 단계로 구성되어 있다. 첫 단계인 '민중처럼'은 '상상된 노동자'를 모방하거나 '상상된 노동자'처럼 일상을 살고자 했던, 1970~1980년대 대학생들의 '운동권문화'로 대표된다. 당시 운동권 대학생들은 상상을 통해 민중공동체의 일원이 되기를 꿈꾸었다. 상상된 노동자의 모방 혹은 체현體現 노력은 1970년대 말 이후 대학캠퍼스에 출현한, (김원의 표현에 따르면) '상상된 민중공동체'의 일부를 이루고 있었다. "학생운동이 과거를 통해 재해석한 대학사회 내의 '상상된 민중공동체'가 학생운동의 하위문화와 공동체의 담론, 가치 그리고 의례에 의해 실현되었다"는 것이다.[87] 물론 이런 하위문화는 대중적 저항과 급진적 주체 생산을 가능케 한 주요 요소였다.[88] 이남희는 1970년대 말과 1980년대 초 대학 운동권 학생들의 삶을 이렇게 기술했다.

> (학생운동권은 대학에서—인용자) '새로운 규범과 위계'를 확립했다. 새로운 질서는 이전에 확립된 자본주의적 세계관의 잔재로 간주되는 것을 경멸하고 억눌렀던 반면에, 민중 지향적이라고 간주되는 것을 적극 권장했다. '순수하고 건전하며' 전반적으로 우월한 민중문화에 동화되기 위해, 운동권 학생들은 언어, 옷차림, 음식, 일상습관 전반에 걸쳐 '자본주의적'이고 부르주아적인 경향을 걷어내려고 부단히 노력했다. "무조건 민중같이"는 운동권이 실천하고자 하던 구호였다. 운동권 학생들은 자신들이 민중적 소양이라고 여겼던 정직, 소박함, 부지런한 생산적 활동 등을 장려했다.……'민중같이' 되려는 부단한 노력에도 불구하고, 혹은 그런 노력으로 인해, 운동권 학생은 쉽게 구별되었다. 1970년대 말과 80년대 초 운동권 여학생은 흔히 짧은 머리에 맨얼굴, 구겨진 티셔츠와 청바지, 운동화 등으로 금방 표가 났으며, 남학생의 경우 군복, 감지 않은 머리, 과음과 흡연으로 거칠어진 얼굴, 고무신 등으로 쉽게 확인되었다.[89]

당구 금지, 프로야구 시청 금지, 맥주 자제, 핸드백 금지, 화장 금지, 나이트클럽 출입금지, 볼링 금지, 거친 욕설이나 말 사용, 일부의 고무신 신기 등도 운동문화의 풍경들이었다. "소위 '지식인이다'라는 비판은 적어도 나에게는 가장 뼈아픈 비판이었지"라는 고백이 나올 정도로 운동권 대학생들은 '지식인임'을 스스로 거부했다.[90] 평소 농촌문제에 관심이 많던 서강대 학생 김의기는 전형적인 사례였다(광주항쟁의 직접 목격자이기도

했던 그는 항쟁의 비극적 종결 사흘 뒤인 1980년 5월 30일 군사독재에 반대하여 서울에서 투신했다). "본래부터 외양에 크게 신경 쓰지 않던 그였지만 사회의 구조적 모순에 대한 인식의 심화와 교회·학내 활동을 통한 실천 과정은 그의 옷이나 신발, 머리 모양, 말투, 행위 양식 등을 통해서도 표출되었다. 그는 항상 흰 고무신에 군복 바지, 쥐색 잠바, 청색 스웨터 차림이었다. 그것은 시세에 대한 거부로서 궁극적으로는 대중을 조종하고 있던 지배계층에 대한 도전이었다."[91]

다음으로, 중간 혹은 이행 단계인 '민중 속으로'는 지식인이라는 신분과 지위를 유지한 상태에서 이뤄지는 제반 활동들을 포함한다. 노동자·농민·도시빈민 실태조사, 야학夜學, 농촌활동(농활), 공장활동(공활), 노동자나 농민을 대상으로 한 탈춤·판화 교습 및 공연 등이 그런 예들이다. 1970년대 중반 이후 노동야학이 활성화되고 방학을 이용한 공장활동이 시작되었고, 아예 학업을 중단하고 공장노동자로 변신하는 사례들이 속속 나타났다.[92] 변화의 계기는 전태일사건, 광주대단지사건, 긴급조치 9호 등에 의해 제공되었다. 1970년 11월의 전태일 사건을 계기로 "노동문제가 학생운동의 전면에 부각되자 학생운동은 단순히 관념적인 구호나 주장만을 외쳐대는 시위의 형태에서 벗어나 구체적 일상활동을 전개하는 운동방식으로 전개되기 시작했다. 겨울방학에는 노동실태 조사 활동이 꾸준히 확산되었고 공장노동자가 되어 기층 생산자와 삶을 함께하려고 시도하는 학생들도 나타나기 시작했던 것이다."[93] 1971년 8월 광주대단지 사건이 발생하자 서울대 법대 사회법학회는 같은 해 10월 『광주대단지 빈민 실태 조사보고서』를 발표했다. 보고서는 학생운동을 "민중의 역사창조에 기여하는 지식인"의 운동으로 규정하면서, "모든 인간적이고 민중적인 지식인은 빨리 지식인 특유의 기회주의적 악성을 극복하고 민중 속에 뛰어들어야 할 것"이며 "이제 문제의 해결을 위해서는 단 하나 우리의 단호한 행동, 민중 속에 들어가고 민중을 조직하고 민중과

더불어 생존권 보장을 위하여 싸우는 것만이 남았다"고 주장했다.[94]
1975년 5월 선포된 긴급조치 9호는 학생운동가들로 하여금 가장 확실한 계층상승 통로의 포기, 사실상 보장된 중간계급 지위의 포기를 결단하도록 종용함으로써, 정권의 의도와 반대로 비공개 조직운동, 노동야학, 공장활동, 노동현장 투신을 활성화하는 결과로 이어졌다. 긴급조치 9호의 역설적 효과에 대해서는 이해찬이 잘 정리해놓았다.

> 긴급조치 9호가 학생운동에 미친 영향은 이루 말할 수 없다. 먼저 정권의 철저한 억압책으로 말미암아 학생운동이 비공개 조직운동으로 발전하는 질적 심화를 낳았다. 조금이라도 과격한 발언이나 행동만 해도 곧바로 제적·투옥되어 사회적·법률적 신분이 전혀 달라지기 때문에……학생들은 자신의 장래와 일생을 깊이 생각하여 결단을 내려야 했고 문제를 보는 시각도 대단히 첨예해지고 삶의 자세도 철저하게 가다듬어야 했다. 특히 대학진학 동기가 대부분 계층상승을 위한 것이었으며 실제로 그 가능성이 크게 열려 있었던 대학생이란 신분이 박탈되고 제적·투옥되어 전과자로서 모든 사회적 권리를 박탈당할 것까지 각오한다는 것은 한마디로 결연한 실존적 결단을 요구하였으며, 대부분의 경우 학생 본인뿐만 아니라 가족 전체의 삶에도 큰 영향을 가져오는 것이었다. 이처럼 긴급조치 9호는 학생들로 하여금 중간계급으로서 누릴 수 있는 사회적 지위와 모든 혜택을 포기하고……<u>민중 속의 지식인</u>으로 활동하기 위한 구체적인 준비과정으로서의 학생운동의 새로운 발전 방향이 형성되는 데 큰 영향을 미쳤다. 그리하여 긴급조치 9호 하에서의 학생운동의 민중 지향성은 관념의 수준을 벗어나 구체적인 자신의 삶과 직접적으로 연관 지어 모색되기 시작하여 방학 기간을 이용한 학생들의 공장활동이 시작되고 노동야학이 확산되기 시작하였다. 때로는 학교를 스스로 그만두고 공장노동자로 들어가는 경우도 생

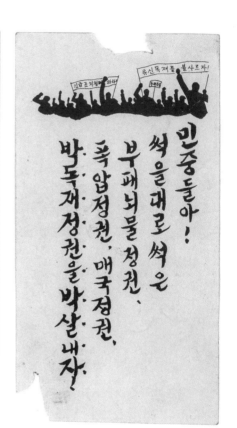

유신헌법 철폐하라!
긴급조치 9호를 해제하라!
대미뇌물상납사건의 진상을 공개하라!
체포, 구금한 애국학생들과 민주인사들을 당장 석방하라!

민중들아!
썩을대로 썩은 부패뇌물정권,
폭압정권, 매국정권,
반독재정권을 박살내자.

"유신헌법 철폐", "긴급조치 9호 철폐" 전단

기기 시작했고 이러한 실천적 자세는 학생운동의 한 모범적 형태로 학생들 사이에 받아들여지기 시작하였다.(인용자의 강조)[95]

긴급조치 9호 이후의 이른바 '긴조 시대'에 대학 '이념서클'의 주된 활동으로는 매주 개최하는 세미나, 학기별로 1~2회 실시하는 MT, 여름방학의 농촌활동 등이 자리 잡았다.[96] 상당수 대학생들이 여름방학 중 짧은 기간이나마 민중(농민)이 되어보는 농촌활동 체험을 했고, 1970년대 말에는 하계 농활과 별도로 동계 농활도 시작되었다.[97] 1980년대에는 '봄 파종기'와 '가을 추수기'로까지 활동 영역이 확대되었다. 박인배가 전하듯이 "대학문화패들 중에는 독자적으로 농촌활동을 떠나는 경우도 있었고, 개인적으로 농촌에 가서 머슴을 살면서 농민 문제를 몸으로 체험하고자 하는 시도들도 나타나고 있었다."[98]

'민중 속으로' 단계는 조만간 '민중 살이' 단계로 이어졌다. '민중 속으로' 단계와 달리 '민중 살이' 단계는 정체성, 신분, 지위의 급격한 변화를 수반한다. 이른바 '존재 이전' 혹은 '현장 이전'이 진행되었다. '야학에서 공장으로'의 이행이 대표적이었다. 노동야학은 1975년부터 시작되어 1977~1978년경 크게 늘어났다.[99] 야학 참여 대학생 상당수가 지식인에서 노동자로 변신했다. 1980년대 초에 정환규가 관찰했듯이, "민중교육론은 노동자 교육론과 동일시되어 노동운동의 일환으로 인식되게 되었고, 그것은 노동야학으로써 실현되었다. 참여적 대학생들의 의식 경향은 '민중의식'으로써 엘리뜨주의를 부정하려고 노력했기 때문에, 자신의 계층의식을 노동계급 의식화하려고 노력했다. 실제로 최근 들어 적극적 노동야학 참여자들의 상당수가, 대학 졸업 이후 보장받는 사회적 지위를 포기하고 공장으로 들어가 노동자가 되는 경우가 증대하고 있다."[100]

1980년대 초라는 시점이 하나의 분수령이었던 것 같다. 조희연에 의하면, '긴조 9호 시대'였던 1970년대 중반 이후부터 학생운동권 내에서

'현장준비론'(다수파, 1980년대 초 '무림' 그룹으로 이어짐)과 '투쟁우위론'(소수파, 1980년대 초 '학림' 그룹으로 이어짐)의 분화가 일어났고, 이것이 1980년 이후 '단계적 투쟁론 대 전면적 투쟁론의 대립'으로 나타났다.[101] 현장준비론 과 투쟁우위론 진영은 1982년 초 나온 『야학운동 비판』 소책자와 그해 하반기에 나온 『학생운동의 전망』 소책자를 통해 논쟁을 벌였다.[102] 그 런데 『학생운동의 전망』에서는 1970년대 현장준비론의 실천적 한계가 지적되었다. "현장준비론은 실제로 실천에 옮겨진 경우가 극히 적었 다.……실천에 옮겨진 경우에도 그저 현장에 들어가는 것이 목표인 것 처럼 되어 현장 경험의 습득이라는 수준에 머물렀다."[103] 정근식은 "대 학생들이 노동운동이나 빈민운동을 위해 직업적인 활동가로 전환하는 흐름이 1980년대 초부터 크게 확산"되었다고 분석했다.[104] 요컨대 1970 년대 후반기부터 '민중 살이'의 큰 흐름이 생겨났지만, 그 흐름의 폭이 확대되고 제대로 속도가 붙은 시점은 1980년대 초부터였다는 것이다.

(4) 이분법을 넘어2: 민중의 지식인 되기

이번에는 '민중의 지식인 되기'에 대해 살펴보자. 이 쟁점의 뿌리는 철학 자-노동자, 지식인-노동자 이분법 자체를 거부하는 전통으로 거슬러 올 라간다. 그람시와 유사하게, 랑시에르는 사유하는 자와 생산하는 자 사 이의 플라톤적 분할을 거부한다. 그는 이 플라톤적 분할이 "생각하는 자 가 죄의식을 갖도록 한다는 바로 그 측면을 통해 생각하는 자에게 위엄 을 부여하는 그런 분할"이라고 비판하면서,[105] 노동자의 말하기에 사유 의 지위를 부여하고 노동자도 시인이요 철학자임을 생생하게 입증하는 사례들을 제시한다. 그는 "사유가 업이 아니었으나 그럼에도 낮과 밤의 순환을 교란시키면서 우리에게 말과 사물, 이전과 이후, 가능함과 불가 능함, 동의와 거부의 관계의 자명함을 문제화하는 것을 가르쳤던 이들"

에 주목하면서 이들에게 '밤의 프롤레타리아'라는 멋진 이름을 선물했다.[106] 인류학적·민속학적 역사학을 추구한 로버트 단턴 역시 피지배층이 자기 나름의 충분한 지성을 갖고 세상을 구성해낼 능력을 갖추고 있다고 보았다. "밑바닥의 수준에서 일하는 사람들은 '세상 물정에 밝아지는' 법을 배운다. 그리고 그들은 자연의 방식대로 철학자만큼이나 지성적일 수 있는 것이다. 그러나 그들은 논리적 명제를 추론하는 대신에 구체적 사물, 아니면 이야기나 종교의식처럼 그들의 문화가 그들에게 제공하는 어떤 것을 대상으로 생각을 한다."[107] 한완상도 백욱인과 함께 1986년에 발표한 글에서 "피지배계급에서 생성되는 민중철학의 가능성과 '유기적 지식인'의 성장 가능성에 대한 그람시의 논의는 민중사회학에 많은 시사점을 던져 준다"고 적었다(인용자의 강조).[108] 유사한 취지에서 법성은 민중불교의 목표를 '민중의 철학화' 혹은 '철학적 민중 되기'로 제시했다.

> 한국불교는 그간 고도의 정치한 이론체계를 안정된 지식계급, 제도권 승려, 지배계급이 장악해옴으로써 불교를 지배자의 철학으로 기능하게 하였으며 철학을 독점한 자들은 다시 민중에게는 주술성과 기복성만을 통용시켜냄으로써 민중의 자기해방의 의지를 파탄시켜왔다. 다시 말하면 한국불교 1,600년사는 철학의 비민중화와 민중의 비철학화로 점철되어온 역사였다. 그리하여 민중의 것은 쉬운 것 비천한 것이어야 한다는 허위의식이 우리를 지배해왔다. 새로운 역사, 민중이 주인 되는 해방된 사회淨土는 노동계급과 지식계급의 양분법이 사라진 사회며 일하는 자의 철학과 철학하는 자의 일이 통일된 시대다.……(이 책은—인용자) 철학을 민중의 것이 되게 하고 민중을 철학적 민중이 되게 하려는 사상적 내용성을 담고 있다."(인용자의 강조)[109]

한완상은 일찍이 지식인-민중의 교육적 상호작용을 논하면서 지식인
-민중 이분법 해체의 맥락에서 지식인 소멸론·해체론('사라지는 지식인' 테
제)을 내세운 바 있다. 민중교육은 '민중적 지식인'과 '지식인적 민중'의
동시 등장 과정이다. 한완상은 자신이『문학과 지성』1978년 가을호에
쓴 글에서 "'사라지는 지식인'에 대해서 언급한 바 있다"고 밝히면서,
"이것은 지식인의 자기부정自己否定을 뜻한다"고 덧붙였다.[110] 한완상은
1986년 글에서는 '민중의 과학화'와 '과학의 민중화'를,[111] 1992년 글에
서는 '민중의 학문화'와 '학문의 민중화'를 언급하고 있다.[112] 1992년 글
에서 그는 이렇게 말했다. "『민중사회학』의 제1장에서 나는 민중사회학
이 '민중을 위한 사회학'으로 남아 있어야 할 것이 아니라……마침내 '지
식인은 사라져버려야 한다'는 것을 강조하면서 민중사회학은 궁극적으
로 '사회학의 민중화'를 도모해야 한다고 주장했다."[113]

역사적 인물들의 민중성도 재발견되었다. 많은 민중신학자들은 그 자
신 온전한 민중으로 태어나 목수로 성장하고 어부 등 민중과 어울리면서
민중언어로 말했던 예수가 전형적인 '민중지식인'이었음을 발견했다.
민중종교 연구자들은 양반 서자인 최제우, 잔반殘班의 아들이자 소농·훈
장인 전봉준, 머슴 출신 농민인 최시형 등 동학의 지도자들 역시 민중지
식인에 가까운 이들임을 부각시켰다. 조영래 변호사가 쓴『전태일 평전』
은 노동자 전태일의 지식인적 면모를 잘 드러냈다.

1980년대 중반 이후 민중문학과 민중미술 모두에서 '민중에 관한, 민
중을 위한 지식인의 예술 창작'이 아니라 '민중 자신에 의한 예술 창작'
이 향후의 바람직한 방향으로 제시되었다. '민중미술'이란 말의 작명자
이기도 하고 민중미술계를 대표하는 평론가였던 원동석은 지식인-민중
문제를 양자택일적이거나 제로섬 관계로 제시하지 않았다. 그에 의하면
민중미술의 주체는 민중 자신과 민중 지향적 지식인 모두였다. 1985년
당시 그는 "지금까지 민중예술은 지식인, 작가들의 입장에서 주장하는,

'민중을 위한' 위에서 아래로 향한 확산 운동이었으며, 이 운동에는 깨달은 문화 계층의 선도적 위치가 민중을 객체로 보는 한계"를 드러냈으므로, "아래로부터 솟아오르는 민중 자체가 자발적으로 주체가 되면서, 주·객이 합일하려는 '민중에 의한 민중의 운동'의 단계는 아니었다"고 보았다.[114] 이런 진단을 바탕으로 민중예술의 향후 지향을 '민중에 의한 민중의 예술'로 잡았다.

> 70년대의 민중예술론은 전문적인 문학인에 의해 주장되었고 대학생의 서클운동으로 시도되었던 사례들이 많았다고 볼 수 있으나, 자각된 계층에로의 확산은 아니었던 것이다.……거기에는 민중 자체가 주체가 되지 못한 문화지식인의 계몽적 한계가 있었다.……우리의 문화지식인은 민중의 역사적 힘과 창조 능력에 대한 애정과 신뢰를 가지고 스스로 창작과 비판 활동에서 민중의 에네르기를 발굴, 동원한 것이 사실이었다. 따라서 70년대는 민중의 발견, 민중적 자각의 시대였으며, 문화지식인으로서 가장 풍성한 수확의 연대를 기록한다.……바야흐로 민중예술은 '민중을 위한' 단계로부터 '민중에 의한 민중의 예술'로 접합되는 80년대의 방향을 잡은 것이다.[115]

1977년 『월간 대화』에 연재된 류동우의 『어느 돌멩이의 외침』이나 1983년부터 발표한 시편詩篇들을 묶은 박노해의 『노동의 새벽』을 비롯하여 민중 작가들의 현란한 등장이 이어졌던 민중문학 쪽에서는 '민중지식인 현상'이 보다 뚜렷했다.[116] 이를 배경으로 1987~1988년에는 '민족문학 주체 논쟁'이 벌어지기도 했다.[117] 민중의 문학창작 활동은 1970년대 독서회·문학회 결성이나 개인적인 논픽션·수기 쓰기 등으로 진행되다가, 1980년대에는 "'노동(해방)문학' 개념으로 정초되고 전국에 '의식적인' 노동자문학회가 결성되는 단계로 이어져 나갔"고, 1990년대 이후 민중문학이 "지식인들로부터 처절하게 배신당했지만" 노동자문학회들은 활성을 계속 유지했다. 천정환은 광주노동자문학회 '글맥'(1988년 창립), '구로노동자문학회'(1988년), 마창노동자문학회 '참글'(1989년), 부천노동자문학회 '글나눔'(1989년), 성남노동자문학회 '고개마다 피는 꽃'(1988년), 인천노동자문학회 '글터'(1989년) 등을 주요 사례로 꼽았다.[118]

(5) 중산층의 민중성

중산층/중간층과 관련된 토론은 크게 세 가지 논점으로 압축될 수 있다(중산층과 중간층은 구분되어야 하나, 여기서는 편의상 '중산층'이라는 용어를 사용하려 한다).

첫 번째 논점은 중산층이 과연 민중의 일부인가 하는 것이다. 이는 중산층의 '계급적 지위' 및 '변혁성' 정도를 따지는 논쟁이다. 김용복과 문동환은 중산층도 민중의 일부라고 보았지만, 대다수 민중신학자들은 (지식인을 포함한) 중산층을 민중 바깥의 존재로 간주한다.[119] 박현채는 민주주의와 관련된 서구 중산층의 중요한 역사적 기여와 역할을 인정하고 중산층을 민중에 포함하기도 하지만, 변혁성의 관점에서는 부정적 평가를 내리고 있다.[120] 장상철은 이를 '제3의 입장'으로 평가하기도 한다. "주목할 내용은 그(박현채—인용자)가 민중의 구성에 이른바 중산층을 포함시키고 있다는 점이다. 오늘의 세계에서 정치 경제 사회 문화적인 상황의 개선은 일부 민중 구성 속에서 이른바 중산층을 낳게 되는데, 이들은 민중의 능동적 주체로서의 구성 과정에서 이탈하여 민중의 주체적 해방에 대한 주요한 장애적 요인으로 된다는 것이다."[121]

배경식은 박형준, 한상진, 최장집, 서관모, 조희연 등이 참여한 이른바 '신중간층 논쟁'에 초점을 맞췄다.[122] 박형준은 스스로의 이중성을 극복할 역량이 없다는 이유로 중간계급을 민중 구성에서 배제했던 반면, 최장집과 서관모는 중간층을 민중 구성에 포함했다. 배경식에 따르면,

"최장집은 민중은 노동자, 농민, 도시빈민의 기층민중과 중산층, 지식인, 학생, 중소자본가로 이루어져 있고, 변혁주체는 기층민중이라고 했다. 서관모는 민중 구성을 크게 프롤레타리아, 반프롤레타리아, 쁘띠부르주아로 파악하고 프롤레타리아, 반프롤레타리아를 기층민중으로, 쁘띠부르주아를 중간층으로 분류했다. 그는 쁘띠부르주아를 동맹 세력으로 획득하지 않으면 변혁운동에 성공할 수 없다는 점을 강조했다."[123]

두 번째 논점은 이른바 '변혁주체' 논쟁인 셈인데, 중산층이 민중의 일부로 포함된다면 민중연합 내지 변혁진영 내에서 기층민중/노동자계급과 중산층 중 누가 주도적인 역할을 수행해야 하는가이다. 이는 '연대 형성'의 문제와 직결된다. 이 논쟁의 참여자 대부분은 '기층민중 변혁주체론'으로 기울었지만, 한상진은 중산층의 변혁성과 참여 열망을 강조하면서 '중산층 주도의 변혁노선', 즉 중민 노선을 주장했다.

세 번째 논점은 중산층 쟁탈전, 곧 중산층 획득을 둘러싼 지배연합과 민중연합 간의 경합에 초점을 맞춘다. 여기서는 중산층을 지배연합과 민중연합 '사이에' 놓인 존재로 보는 게 특징이다. 지배연합과 저항연합을 가르는 '경계의 유동성'을 감안할 때 그 경계 지대에 위치한 중간층을 둘러싼 논의야말로 흥미진진할 수밖에 없다. 결국 중산층은 두 연합세력 간 경합의 귀추에 따라 민중연합의 일부가 될 수도 있고 지배연합의 일부가 될 수도 있는 '유동적인 존재'로 간주된다. 조희연은 중산층의 '모순적 위치'에 기인하는 이중성에 주목하여, 중산층 획득·견인을 위한 정권과 민중운동 간 경쟁을 다음과 같이 정리한 바 있다.

한 계급의 의식적 성향 혹은 정치적 태도에 대한 분석에는 크게 두 가지 차원이 있을 수 있는데, 그 하나는 한 계급의 객관적 성격에 준거하여 일반론적 규정을 행하는 차원과, 둘째는 특정 국면에서 그러한 일반론적 성향, 태도가 어떻게 발현되는가 하는 데 대한 분석의 차원이다. 전자에서 볼 때, 중간 제계층은 의식·태도상에 있어 이중성을 지니고 있다는 점을 인식해야 할 것으로 보여진다. 즉 한 특정 사회의 중간 제계층은 객관적인 사회적 위치상 중간적인, 즉 모순적인 위치에 놓임으로써 체제 동조적인 의식(태도)과 체제 저항적 의식이 공존하게 되는 것이다. 이러한 이중적이고 모순적인 의식이나 태도가 특정 국면에서 제반 매개요인의 영향으로 특수하게 발현되게 되는 것이다. 따라서 국면이 변화함에 따라 중간 제계층의 의식이나 태도는 전혀 상이하게 변화할 수 있으며, 체제 동조성이나 체제 비판성의 내포가 달라질 수도 있다.……중간 제계층의 의식은 이중성을 띠고 있는바, 정권 담당자의 입장에서는 그러한 중산층의 개혁 열망이 급진화되지 않도록 하면서 체제 자체의 수정이 일어나지 않는 범위 내에서 적극적으로 수용하게 되는 것이고, 급진적인 사회운동 세력의 입장에서는 그러한 개혁 열망을 사회에 대한 급진적 변혁의식으로 고양시키려 할 것이다.[124]

4. 동질성과 이질성

민중이 다양하고 이질적인 계층·계급들로 구성된다는 데 대해서는 상당한 공감대가 형성되어 있다. 필자는 이를 '다계층성'이라는 용어로 집약하여 민중 정의 안에 포괄한 바 있다(필자가 사용하는 다계층성 용어는 좁은 의미의 계층뿐 아니라 젠더, 세대, 종족, 지역, 종교도 포함한다). 민중의 내적 다양성을 대부분 연구자들이 인정하지만, 민중을 구성하는 다양한 집단과 개인들 사이의 이질성 혹은 동질성을 강조하는 정도 면에서 미묘한 견해차 또한 나타났다. 어떤 이들은 집단 간 연대를 통한 민중 형성을 보다 용이하게 만드는 공통의 이해관계나 문화를 보다 강조하는 반면, 어떤 이들은 연대와 민중 형성을 방해하는 집단 간 대립의 측면을 강조한다.

이 논란과 관련된 한 가지 흥미로운 쟁점은 1980년대 중반 이후 등장한 2세대 민중론자들이 "자본주의적 '계급분화'라는 구조 변동에 주목하지 못했기에 민중을 부당하게 '동질적인' 집단으로 간주했다"면서 1세대 민중론자들을 세차게 비판하곤 했다는 것이다. "미분화된 피지배층 일반"이라는 1세대 민중론의 (비과학적) 인식으로부터 "분화된 계급의 연합체"라는 2세대 민중론의 (과학적) 인식으로 발전했다는 것,[125] 즉 계급구조 인식 측면에서 '미분화에서 분화로'의 변화가 민중론 발전의 핵심 지표 중 하나라는 주장인 셈이다.

여기서 '미분화=동질성'이라는 등식, 즉 미분화(자본주의적 계급분화의 지체 혹은 계급분화에 대한 무지)를 동질성(민중을 구성하는 다양한 세력들을 묶어주는 공통성)과 등치시키는 경향이 분명하게 나타난다. 아울러, 사적 유물론과 마르크스주의 변혁론에 입각한 2세대 민중론자들은 계급분화 개념을 노동자계급 헤게모니 개념과 결합시키는 경향도 드러냈다. 2세대 민중론자들이 민중의 내적 이질성과 복합성에 주목했음은 분명하다. 그런데 '민중의 내적 이질성' 담론이 (변혁이론의 맥락에서, 그리고 계급이익·계급의식 차원의 차별성과 위계성이라는 맥락에서) '노동자계급 주도성' 담론과 결합하는 양상이 뚜렷했다는 것이다. 그리하여 (1) 계급분화에 대한 무지에 기인하는 비과학적 '동질성' 가정을 비판하기 → (2) 계급분화로 인한 '이질성' 심화 과정을 과학적으로 인식하기 → (3) 노동자계급 헤게모니에 기초한 계급연합 구축을 통해 '동질성'을 확대하기라는 독특한 삼단논법이 성립하게 된다. 민족문학론의 민중 개념에 대한 조정환의 비판은 이런 삼단논법을 바탕에 깔고 있는 것으로 보인다. "민족문학론이 민중을 이야기하면서 그 내부의 대립적 요소를 깊이 고려하지 않았다는 것은 주체 이해에 있어서 또 하나의 중요한 약점이다. 민중이 <u>미분화된 통일성</u> 속에서 이해됨으로써―그 분화의 인식이 전무한 것은 아니나 문학론에 변화를 가져올 만큼은 못 된다―객관적 실재로서의 민중 내에 또한 객관적 실재로서 존재하는 제 계급적 요소의 차별성이 간과된다. 이 차별성에 대한 간과는 민중 내 각 계급의 지위와 역할의 차이에 대한 무고려로 나타난다"(인용자의 강조).[126]

그러나 여기서 '미분화=동질성=비과학성' 등치 논리는 과연 타당한가 하는 의문이 제기될 법하다. 역설적이게도 민중의 내적 다양성과 이질성은 2세대 민중론에 비해 1980년대 중반 이전의 1세대 민중론에서 훨씬 선명한 것처럼 보이기 때문이다. 2세대 민중론의 비판과는 정반대로, 오히려 1세대 민중론이 민중의 내적 이질성과 차이를 더 적극적으로 긍정하는 것처럼 비치는 현상은 어디서 연유하는 것일까? 필자의 견해로는 두 가지가 중요한 것 같다. 그 하나는 1세대 민중론자들이 민중의 범위를 폭넓게 설정하는 성향이다. 다른 하나는 노동자계급과 같은 '중심부 민중' 내지 '특권화된 민중'보다, 룸펜프롤레타리아트 같은 '주변부 민중'에게 더 애정 어린 시선을 보내는 성향이다.

이 주변부 민중은 서남동이 성서와 "민중신학의 초점"이 바로 여기에 있다고 말했던 "사회의 찌꺼기들",[127] 그리고 안병무가 민중신학의 대상이라고 했던 '성문 밖으로 밀려난 익명의 군상群像'이다. 황용연에 따르면, 안병무에게 "오클로스(민중―인용자)의 예로 지칭되는 집단들은 어떤 단일한 체계로 통합되기보다는 그 집단 고유의 고통의 언어를 가지고 등장하는 형태로 병렬되어 있다."[128] 1975년에 행한 "민족·민중·교회"라는 유명한 강연에서 안병무는 민중을 가리키는 성서의 두 가지 용어 '라오스'와 '오클로스' 가운데, "마가복음에서는 예수가 싸고돌며 또 예수를 무조건 따르며 그에게 희망을 건 사람들을 라오스라고 하지 않고 오클로스라고 했다는 사실"에 주목했다. 안병무에 의하면 "오클로스 저들이 바로 수고하고 무거운 짐 진 사람들이며 기성 사회에서 죄인으로 규정된 사람들이며 잃어버린 양이며, 백안시당한 탕자며 초청받지 않았던

동네 큰 거리와 골목에서 배회하는 '가난한 사람들', '불구자들', '맹인들', '절뚝발이'며, 해가 져도 일자리 없어 거리를 헤매는 실업자들이며, 눌린 자, 포로 된 자들이며, 배고프고 헐벗었으며 슬퍼 통곡하며 박해를 받은 자들이다."[129] 서남동은 병자, 신체 불구자, 여인들, 세리와 죄인들(율법을 지키기 어려운 처지의 가난하고 천한 사람들)을 모두 성서의 민중 곧 오클로스의 범주에 포함시켰다.[130]

예수님과 오클로스의 관계를 보면 단순히 인간의 물질적인 경제적인 생산 활동을 생각을 해가지고 누가 거기에 실제로 종사했느냐? 하는 것을 표준으로 해가지고 민중이다 하는 것과는 훨씬 다릅니다. 실지로는 그들이 물론 생산하지요. 그러나 예수님의 선교의 대상은 그들에게만 있는 거 아닙니다. 오히려 가령 절름발이든지 귀머거리든지 장님이든지 문둥병에 걸렸든지 사귀가 들렸든지 혈루증에 걸렸든지 집이 가난해서 부모 형편이 어떠했든지 창녀로 팔렸든지 하는, 정말 바닥에 깔리고 그 지배기구에서 밀려 나가고 인간의 울타리 밖에 나가 앉은 천민들이 그 오클로스 속에 들어 있다, 그 말입니다. 그것이 성경이 말하는 민중입니다.……그 모든 것이 구조적인 모순에서 오는 겁니다마는, 그렇게 절름발이, 천하고 가난하고 귀머거리고 과부고 고아고 그런 사람들이 끼어 있다고 하는 것이, 성서적인 조명이 민중 개념에 들어가서 새롭게 된다 그 말입니다.[131]

현영학은 민중의 범주들을 이렇게 나열했다. "민중신학자들은 민중이라는 낱말을 사용할 때 잘 정리된 어떤 개념을 생각하는 것이 아니라 구체적으로 살아있는 사람들을 머리에 떠올린다. 예를 들면, 시골의 가난한 농부들, 시골에서 견디다 못해 도시나 공장지대나 탄광촌으로 삐어져 나온 사람들, 언제 쫓겨날지 모르는 꼬방동네 사람들, 넝마주이, 깡

패, 날품팔이, 청소부, 창녀, 포주, '닭장'에서 '칼잠'을 잔다고 하는 젊은 남녀 직공들, 특히 영세업체의 여직공들, 교도소에 갇혀 있는 사람들 등등이다."[132] 민중신학자들이 설정하는 민중의 범위는 지배층에 가까운 이들도 일부 포함할 만큼 넓다. 민중신학을 가리켜 흑인여성신학자 미치 스미스가 논평했듯이, "세리가 군중들 가운데 있다는 사실은 군중 또는 민중이 경제적·정치적으로 소외된 이들에 국한되지 않는다는 것을 보여준다. 오클로스는 관계적이고 유동적인 표현이다."[133] 조동일과 채희완 등 대표적인 민중극(탈춤) 연구자들은 18세기에 농민이 주도하는 '농촌 탈춤'에서 상인·이속吏屬 집단이 주도하는 '도시 탈춤'으로 이행해 간 과정을 체제비판의 강화, 민중의식 심화, 민중의 개방성 확대 과정으로 해석했다. 그렇다면 하급 관리인 이속들도 (지배층의 앞장이 혹은 '말단 지배층'이라기보다는) 민중의 한 부분으로 간주되었던 셈이다. 조동일은 1974년 논문에서 "사회적 유대감의 성격에 따라서 민중의 개념은 상이하게 구체화"되며, 따라서 "때로는 민중이 주로 농민을 의미하고, 때로는 이속吏屬이나 상인 등이 민중의 일원으로서 농민에 못지않은 중요성을 가지기도 한다"고 주장한 바 있다.[134]

전통사회 민중의 중핵은 마땅히 '농민'이어야 했을 것이지만, 무당과 함께 "8천賤"에 속하는 "사노비私奴婢, 중, 백정, 광대, 상여군, 기생, 공장工匠" 등도 '민속문화'를 주도한 이들이었다.[135] 조동일도 농민, 이속, 상인 외에 이농민, 농촌 임금노동자, 유랑민 등을 민중의 범주에 추가한다. 여기서 '유랑민'은 걸인과 도적, 그리고 사당패·거사패·초란이패·걸립패·광대 등 춤·노래·연극 따위를 팔아 살아가는 사람들을 망라한다.[136] 일찍이 1970년대 후반부터 민중론을 펼쳐온 채희완이 서술하고 있듯이 탈춤에 등장하는 민중상民衆像은 지극히 다채롭다. 특히 가부장제까지 가세한 이중삼중의 억압·차별에 시달리다 죽는 미얄할미는 스피박이 말하는 '서발턴 중의 서발턴'과도 닮았다.

새로운 사회를 앞장서 주도하는 진보세력의 추진력 속에는 역사의 뒷전 그늘진 구석에서 있는 듯 없는 듯 하잘것없는 인생 군상의 숨은 힘이 뒷받침하고 있다. 취발이와 말뚝이는 수많은 할미의 이름 없는 죽음 속에서 거듭난다고 할 수 있다. 탈춤을 조금만 유의해 보면, 할미와 같이 이름 없는 인물들이 널려져 있어 주역 인물의 행위를 부추기고 있음을 알 수 있다. 사회의 밑바닥에서 구걸행각을 벌이는 문둥이나 병신, 각설이패가 그렇고, 비슷한 처지에서 노래와 춤과 몸을 팔고 사는 사당패 소무 왜장녀 애사당이 그렇다. 술집 여자이던 덜머리 제밀주 제대각시 서울색시 등 첩살이도 그렇고, 백정, 봉사 돌팔이의원 포수도 이들과 멀지 않다. 떠돌이 장돌뱅이인 신장수나 옹생원, 상좌나 옥중 등 한량기 있는 파계승, 나아가 도끼나 도끼누이, 미얄할미까지도 마찬가지다. 이들을 모두 한통속, 같은 인물 유형으로 볼 수는 없다고 하더라도 이들 대부분은 양반의 후예이든 일반 서민이든 천민이든 한결같이 사회의 밑바닥에서 예나 이제나 따돌림받는 하루살이 유랑인생 군상들인 것이다.[137]

현대 민중극에서도 상황은 크게 다르지 않았다. 1980년 초 공연된 〈녹두꽃〉의 민중은 농민·노동자·지식인은 물론이고, 유민流民·창녀·거지·장애인·범죄자 등 룸펜프롤레타리아트 범주들을 당연히 포함할 뿐 아니라 때때로 그들을 주역으로 묘사한다.[138] 또 〈녹두꽃〉의 민중은 모두 장애인 이미지와 겹쳐 있기도 하다. "오늘날의 사회계층을 크게 농민(꼽추), 노동자(꽈배기), 지식인(짱구), 창녀(엉덩이) 등 유랑민으로 구분하여 마당판의 네 모서리를 차지하게 함으로써 역사를 밀고 나가는 '수레바퀴'의 네 기둥을 이루게 하고 있다.……역사의 진보를 위해 같은 자리에 모인 네 유형인 농민·노동자·지식인·유민은 꼽추·꽈배기·짱구·엉덩이로서 모두 병신들이다."[139]

문학적 민중론의 개척자 중 한 사람인 김지하도 1984년에 발표한 "생명의 담지자인 민중"이라는 논문을 통해 '제3세계의 맥락'에서는 고전적인 계급·계층 개념보다는 훨씬 포괄적으로 민중을 개념화해야 한다고 주장했다. "민중이란 것은 고전적인 계급 개념과는 다르다.……고전적인 의미에 있어서의 노예나 임금노예·봉건적인 농노와는 크게 다르다. 노동자 농민뿐만 아니라 유민, 일반적인 서비스 부문 종사자, '룸펜 프롤레타리아', 범죄자, 완전히 소외된 마약중독자 정신분열 환자들, 소수민족, 인종 분규에 말려 들어간 차별받는 인종들, 또는 활동하는 지식인, 소외된 모든 사람들, 불구자들, 특히 모든 여성들, 그리고 성직자나 여러 가지 형태의 영세민들·소시민들, 어떤 때는 중산층까지도 다 여기에 속한다고 볼 수 있다. 그러니까 현실적 개념으로 봐서 제3세계의 경우에 있어서 민중의 실체는 고전적인 계급 개념이나 계층 개념으로는 잘 안 잡힌다."[140]

1세대 민중론 시기에 해당하는 1970년대와 1980년대 전반기에 민중의 일상적 삶과 애환, 생존을 위한 분투를 형상화한 문학 작품들도 '주변부 민중'이 중심에 놓이는 경우가 많았다. "근년의 문학사에서 노동문제가 본격적으로 다루어지고 또 예술적인 성공에 이른 최초의 작품"(염무웅), "노동문제를 처음으로 작품 속에 뛰어나게 형상화시킨 소설"(김병걸)로 평가받은 황석영 소설 〈객지〉(1971년)의 주인공들도 간척공사 노동판에 투입된 날품(일용직) 건설노동자들이었다.[141] 김병걸의 평가처럼, "아직은 〈객지〉를 본격적인 노동문학이라고 말하기는 어렵다. 여기에 등장하는 인물들이 떠돌이·뜨내기·막벌이꾼으로서, 사회의 일정한 계층으로 정착할 수 없었던 부동층이며, 진정한 노동계급이 아니었던 까닭이다."[142] 1976년부터 발표되기 시작한 조세희의『난장이가 쏘아올린 작은 공』속 단편들에서도 도시빈민촌을 배경으로 장애인이자 도시 비공식부문 일용직 혹은 자영업자인 아버지, 노동자인 아들, 척추장애인(꼽추)과

앉은뱅이가 주역으로 등장한다.[143] 특히 '난쟁이 아버지'는 평생 "채권 매매, 칼 갈기, 고층 건물 유리 닦기, 펌프 설치, 수도 고치기" 등 여러 직업을 전전한다.[144] 역사소설들에서는 주변부 민중의 색깔이 더욱 도드라진다. 1974년부터 연재된 황석영의『장길산』은 17~18세기 화적·도둑·노비들을, 1979년부터 연재된 김주영의『객주』는 19세기 보부상들을, 1981년부터 연재된 문순태의『타오르는 강』은 19세기 말부터 20세기 초를 시대 배경으로 노비 출신의 소농小農들을 주인공으로 삼았다.[145] 1983년부터 연재된 조정래의『태백산맥』에서는 빨치산으로 참여한 지식인들은 물론이고, 누대累代 소작농의 후손들, 머슴, 백정, 무당 등이 주역으로 활약한다.[146]

이처럼 신학, 민속학·연극학·미학, 문학 등의 영역에서 활동한 1세대 민중론자들은 민중의 외연을 매우 넓게 설정하는 경향이 있었고, 민중 내부에서도 '주변부 군상'에 주목했다. 이 주변부 민중이야말로 '이질성의 보고寶庫'였다. 사실 이질성과 다양성뿐 아니라, 민중의 이중성과 양가성도 '주변부 민중'에게서 훨씬 선명하게 보인다. 그로 인해 결과적으로 1세대 민중론이 2세대 민중론에 비해 한결 다채롭고 풍요롭게 보이는 것이다. 물론 1세대 민중론자들이 주변부 민중에 대한 보다 체계적인 논의를 발전시키지는 못했을지라도 말이다. 주변부 민중에 더 주목하는 성향 때문에 노동자계급의 중심성을 강조하는 2세대 민중론자들의 비판 대상이 되긴 했으되, 1세대 민중론의 이런 특성은 3세대 민중론자들이 '민중의 다성성多聲性'을 강조하고 나선 1990년대 중반 이후에는 뜻밖의 미덕으로 부각되었다. 주된 활동 시기로 보아 3세대에 가까운 조경달은 주변부 민중을 '저변 민중'으로 부르면서, "사회적으로 배제된 빈민이나 하층민을 역사의 주체로 부각시키는 작업", "사회적 일탈자의 주체 형성에 대한 관심"이 필요하다고 강조했다. 그에 의하면, "일반적으로 정통적 마르크스주의에서는 자립적인 농민이나 공장노동자 등이 변혁의 주

'빈민노동자'라는 제하의 국가기록원 자료사진(1961)

체로 여겨진다. 항상적인 일자리를 가지지 못하는 존재는 룸펜프롤레타리아로서 배제의 대상으로까지 여겨진다."[147] 1세대 민중론은 어떤 면에서 3세대 민중관의 선취先取였던 셈이다.

그러나 신학, 민속학·연극학·미학, 문학 분야의 1세대 민중론자들이 민중 내부의 이질성과 다양성·차이만 내세운 것은 아니었다. 민중은 주로 공동의, 지배문화와 어느 정도 차별화된, 따라서 일정한 자율성과 독자성을 갖는 문화, 그리고 민중적인 종교를 통해 동질성을 확보하는 것으로 여겨졌다. 말하자면 공유된 '문화의 힘'과 공유된 '종교의 힘'이 이질성과 차이들을 가로지르고 초월하여 공동의 정서, 유사한 감정구조, 유사한 집단적 멘탈리티 내지 집합심성을 조형해낸다고 본 것이다.

목소리 없는 민중voiceless minjung의 문제, 다시 말해 민중 내부에 존재하는 '소수자' 내지 '주변부 서발턴', 민중 내부의 중심부-주변부 위계화, 민중 내부의 "이중적 타자화"와 "다중적 억압" 등 민중 내부의 차별과 억압 문제를 경계하고 환기하는 움직임도 점차 활성화되고 있다.[148] 사학자인 장훈교는 "민중 스스로가 어떤 존재들을 배제하고" 있을 가능성을 제기한 바 있다.[149] 유사한 취지에서 재일조선인 지식인인 서경식은 『시대와 민중신학』에 실은 글에서 "재일조선인은 '민중'인가?"라는 질문을 제기하면서, 민중신학이 '주변부 서발턴' 군상에게 관심을 좀 더 기울여야 한다고 촉구한 바 있다.[150] 현영학이 말했듯이, "(탈춤의 미얄할미 과장에서는—인용자) 민중 사이에서도 처첩제도 같은 문제가 생겨서 서로 싸우게 된다."[151] 조동일 역시 탈춤의 미얄과장이 "남성의 횡포에 대한 비판"을 다루고 있다면서, "남성의 횡포는 가면극을 창조하고 발전시킨 사람들 자신도 지니고 있는 문제이며, 이런 것까지 드러내면서 다루었다는 데서 가면극 창조자들의 비판정신이 철저하다는 사실을 알 수 있다"고 말한 바 있다.[152] 1980년대의 많은 민중론들이 한국 민중을 외세와 토착 지배자들의 '이중지배'에 시달리는 존재로 설명했지만, 그중에서도 여성 민중, 비정규직 여성, 난민·이주민 여성이라면 삼중 혹은 사중의 지배에 시달려야 했을 것이다. 가야트리 스피박의 문제의식을 수용하여, 미셸 바렛은 서발터니티subalternity―우리는 이 단어를 '민중성'으로 번역할 수도 있을 것이다―를 "목소리와 행위능력agency이 거부된 종속 형태"로 새롭게 정의했고, 로절린드 모리스는 서발터니티를 "권력에 접근하는 능력을 근본적으로 가로막는 구조화된 장소"로 규정했다. 역시 모리스에 의하면, 스피박의 서발터니티 개념은 식민지 인도의 맥락에서는 "젠더화된 말 없음"을 가리키며, 그것은 "하나의 정체성이라기보다는 하나의 곤경"이다.[153] 황용연의 표현으로는, 민중(오클로스)은 "언어가 없는 존재", 다시 말해 "사회적 배제 위에 존재하는 체계 안에서 소통이 가능한 언어를 가지지 못하는 사람들"이다.[154]

이처럼 민중은 침묵하지만, 침묵의 이유는 다양할 수 있다. 민중의 침묵에는 일본군 위안부(성노예), 한국군 위안부,[155] 주한미군 기지촌 출신 여성들이나 좌익 연좌제 대상자들이 겪어야 했던 '강요된 수동적 침묵'―스피박이 제기했던 그 침묵―뿐 아니라, 생존의 지혜나 수단으로 선택된 '자발적인 능동적 침묵'도 있을 수 있다. 나아가 민중 스스로가 '침묵의 문화'의 공범자 혹은 가해자 역할을 떠맡을 수도 있다(강요하는 침묵).[156] 민중운동이 또 다른 '다수자 기획'으로 작동할 때 그것이 빚어내거나 감추기 쉬운 어두운 측면들, 예컨대 '저항 속의 침묵' 혹은 '저항으로 인한 침묵'의 문제도 있을 수 있다. 저항의 효율성을 높이기 위해 내부의 억압·차별 목소리를 침묵시키는 일, 그 공론화 시도를 막거나 탈脫의제화하는 일 따위 말이다.[157] 적과의 진영 대립이 내부의 차이를 억압할 가능성, 적대적 대립이 '차이에 기초한 차별'을 억압적으로 은폐하거나 그런 은폐 속에서 차별을 고착화할 가능성은 '민중 진영' 안에서도 언제든 자라나 현실화할 수 있다.[158]

1990년대 이후 3세대 민중론자들의 묵직한 도전으로 떠오른 이 문제들은 여전히 미해결 쟁점으로 남아 있는 편이다. 이 민감한 문제는 많은 민중 연구자들이 고의적으로 혹은 무의식적으로 회피했던 것일 수도 있다. 사학자 김득중은 다음과 같은 자기성찰적 진단을 내놓은 바 있다. "진보 사학계가 지칭했던 민중은 노동자, 농민뿐만이 아니라 비정규직 노동자, 여성, 이주노동자, 성적 소수자, 혼혈 등으로 재형성되는 과정에 있다.……과연 민중사학은 이러한 소수자를 분석할 만한 방법과 이론이 있는지, 민중사학이 소수자 역사에 주목하고, 이들을 연구의 대상으로 삼음으로써 연대의 손을 내밀 것인지는 불확실해 보인다."[159] 이런 관점에서 상당수 1세대 민중론자들이 '주변부 민중'에 각별하고도 우선적인 관심을 기울였다는 사실을 다시금 깊이 음미해볼 필요가 있다. 같은 견지에서, 경제·정치·사회 차원의 억압에 '문화적 소외'를 추가하여 여성과 장애인 문제를 적극적으로 껴안으려 했던 서남동의 시도 역시 주목할 만하다.[160] 1990년대 이후 인도 '달릿신학Dalit Theology'과 한국 민중신학의 교류 역시 눈여겨볼 가치가 충분하다고 생각한다. 1997년부터 민중-달릿신학자협의회를 중심으로 한국과 인도를 오가며 '민중-달릿신학자대회Minjung-Dalit Theological Dialogue'가 수차 개최되었던 일은 민중·서발턴 내부의 균열과 차별에 대한 민감성 제고를 위해서도 매우 의미심장한 사건이었다.[161]

차별·배제·갈등 등 '차이의 부정적 효과들'보다는,[162] '더 많은 민주주의'나 '상호적 보충과 학습' 같은 '차이의 생산성과 긍정성'을 강조하는 입장도 3세대 민중론자들을 중심으로 대두하고 있다. 민중 내부의 차이와 다양성은 내부 분열과 갈등으로 이어질 수도 있지만, 더욱 확장되고 풍요로운 연대로 귀결될 수도 있다는 것이다.

5. 진보, 역사, 보편성

앞서 제2장에서 확인했듯이 한국에서 민중 개념은 '역사의 진보'라는 낙관적·목적론적 역사관과 결합하는 경향, 그리고 기성 질서에 대한 민중의 저항을 역사 진보와 결부시키는 경향을 보였다. 이용기의 표현대로 민중사학자들은 "역사를 민중의 자기해방 과정으로 인식함으로써 역사의 '진보'에 대한 강한 신념"을 드러냈다.[163] "민중이 계급적·민족적 해방을 달성해가는 과정으로 역사를 이해"[164]했던 이른바 '과학적·실천적 역사학' 그룹은 대표적인 사례였다. 이런 성향은 비단 역사학자만이 아니라 대부분의 다른 민중 연구자들에게도 발견된다.

1983년 『민중』이라는 제목의 무크를 발간했던 청사출판사의 편집실은 제1호에 실린 창간 취지 글에서 이렇게 주장했다. "민중은 사회구조적 위치로 보아 민족 내부의 보편적 이익에 가장 충실할 수 있는 세력입니다. 특권적 혹은 특권 지향적 사람들은 기득권에만 집착하기 때문에 사회적 전진에 역행하기 쉽습니다. 민중 특히 자각적 실천적 민중만이 이 시대 이 민족의 주체로서 유일한 희망일 것이라고 생각합니다."[165] 서남동은 "인간 구원사"를 "민중해방의 확대 과정"과 동일시한다는 점에서 민중사학과 민중신학은 매우 비슷하다고 주장했다.[166] 서남동의 역사관에 대한 서광선의 해설에 따르면, 서남동은 "역사발전이란 각 시대마다의 저변 확대 과정이며, 민중이 자유인으로 해방되는 과정"이라는 이기백의 주장을 수용하여 "'한국 통사通史의 발전과정은 민중이 자기 운동 결정의 주체로 성장해 나가는 방향'이라는 기본적 틀을 찾는다. 그리고 이 틀 속에서 한국 역사를 민중이 자기 존재를 쟁취해 나가는 민중운동사로 읽어 내려간다."[167]

진보에 대한 이런 낙관론적 인식은 단순한 주관적 희망에 그치는 것이 아니라고 주장되었다. 진보는 역사발전에 조응하는, 객관적인 사회경제적·사회의식적 기반을 갖는 것으로 간주되었다. 예컨대 박현채는 "민중과 역사"라는 글에서, 원시공산사회, 고대 노예제사회, 중세 봉건사회, 근대 자본주의사회를 거치면서 수동적·피被조작적 민중과 주체적·능동적 민중이라는 이중성 가운데 민중의 주체적·능동적 성격이 점차 강화되어왔다고 보았다.[168] 역사 속에서 민중은 '기본적으로' 역사의 주인이었고 장기적 추세에서도 '경향적으로' 역사의 주인이 되고 있다는 것인데, 다만 그럼에도 불구하고 오늘날까지도 민중이 '현실 세계의 주인'이 되는 것을 여러 요인들이 방해하고 있다는 것이다. "현대에 있어서 민중은 자각된 주체로 성장되고 있을 뿐만 아니라……수동적 객체인 상태에 있는 민중이란 수준은 이미 벗어나고 있다"(한상범)[169]는 낙관적 인식은 1세대 민중론자들에게 자주 발견된다.

그러나 진보, 역사, 보편성과 관련해서 서로 엇갈리는 의견들도 제시되었다. 이를 크게 두 가지, 작게는 세 가지 정도의 쟁점으로 압축할 수 있을 것 같다. 각각의 쟁점들은 '탈근대적postmodern' 문제의식과 '탈식민지적postcolonial' 문제의식이 교차하고 중첩되는 영역에 속해 있다.

첫째, 민중론자들의 진보 관념은 부당한 목적론과 역사주의의 발로가 아닌가 하는 의문이 자연스럽게 제기되었다. 말하자면 역사적 낙관주의, 목적론, 그리고 직선적 역사발전을 가정하는 역사주의와의 위험한 동행同行 문제가 떠오른 것이다. 이것은 서구적 근대성에 내재한 역사주의와 근대적 시간관을 문제 삼는 것으로서 이른바 '탈근대주의'의 문제의식과 상통한다.

둘째, 우리가 역사주의를 '유럽사史를 보편화하는 역사주의'로 이해하면,[170] 역사·진보 등 '시간성'의 문제의식은 '보편성'의 문제의식과 자연스레 조우하게 된다. 단순화하자면 역사주의가 '역사는 직선적'이라는 믿음이라면, 보편주의(역사적 보편주의)는 '역사는 하나'라는 믿음이다. 여기서 보편성의 쟁점을 다시 둘로 나눌 수 있는데, 하나는 '보편성의 단수성/복수성'(보편은 하나인가 여럿인가) 문제이고, 다른 하나는 '보편성의 고정성/유동성'(보편성은 고정된 실체인가 아닌가) 문제이다. 이 가운데 '보편성의 단수성/복수성' 문제는 '서구근대성=보편'이라는 등식에 대한 도전, 나아가 서구적 근대성을 상대화하거나 지방화하려는provincializing (차크라바르티) 시도를 포함하므로 탈식민주의적 문제의식과 직접 통한다.

탈근대적 도전과 탈식민지적 도전에도 불구하고, 다시 말해 역사의 '단선성'(역사주의)과 '단일성'(보편주의) 신화를 넘어서서, 민중 개념은 '진보' 관념과 '보편성' 관념을 유지할 수 있을까? 물론 여기서 보편성은 '서구근대성=보편성' 신화에서 해방된 '다른 근대성들' 및 '다른 보편성들'에 대한 관심, 그리고 (라클라우의 표현을 따르자면) "단순한 특수주의에 매몰되지 않고 보편의 차원을 생생하게 유지하는 해방적 담화"[171]에 대한 관심과 직결된다. 전자의 관심이 '탈서구적 보편성'을 추구한다면, 후자의 관심은 (탈서구적 보편성과 함께) '해방적 보편성'을 추구한다고 하겠다. 역사주의적이지 않은 진보는 가능한가? 서구중심주의적이지 않은 보편성은 가능한가? 보편의 복수성, 곧 여러 보편성들 사이의 상생적 공존은 가능한가?

(1) 역사와 진보

먼저, 직선적 역사관과 진보 개념에 대해 살펴보자. 현영학은 민중이 '숙명론'의 단계에서 '의식화' 단계로, 다시 '행동화' 단계로 나아가는 것을 "민중의 역사적 발전과정의 순위"로 간주하면서도 그 과정이 직선적인 것은 아니라고 못박았다. "이 세 가지 유형은……민중의 역사적 발전과정의 순위라고 볼 수도 있다. 세계사의 민주화(민중이 주체가 되어가는) 과정에서도 그렇지만 민중사로 이끌어가는 이기백의 한국사 이해에서나 한국 가면극의 역사를 민중의식의 발전과정으로 본 조동일의 서술에서도 그러한 사실을 볼 수 있다. 민중의 역사는 시간의 흐름에 따라 유형적으로 새 것이 낡은 것을 깨끗하게 바꿔치는 과정이 아니다. 낡은 것이 축적되고 소화되면서 새로운 것으로 발전하는 과정이다. 직선적이 아니고 복합적이다"(인용자의 강조).[172] 1976년 민중 주제 좌담회에 참여함으로써 초기 민중론자 그룹에 합류한 송건호가 『청맥』 1964년 11월호의 글("지성의 사회참여")에서 강조했듯이, "역사의 발전은 결코 직선적이 아니다. 숱한 모순과 우연의 '지그재그' 속에서 때로는 충돌하고 때로는 후퇴까지 하면서 자기의 모순을 부단히 극복하고 전진해 나간다."[173] 이들은 역사의 '발전'과 '진보'의 관념을 유지하면서도, 그 발전과 진보의 과정은 직선적·단선적이지 않다고 주장하고 있는 것이다. 민중신학이 강조하는 '사건'과 '카이로스' 개념에 이르면, 동질적이고 공허한 근대적 시간관과 그에 근거한 역사주의적 사관을 고수하기란 더욱 어려워진다.

그 반대편에는 역사주의를 따르는 이들이 있는바, 계급주의적 민중론을 표방한 1980년대 마르크스주의자들로 대표된다. 1980년대에 마르크스주의적 민중론의 탁월한 이론가이기도 했던 이진경은 2010년 저작에서 이른바 '역사법칙'이라는 이름으로 '하나의 보편적 역사'를 추구해 온 종전의 마르크스주의 역사관을 강하게 비판했다. 그 역사관은 "원시시대부터 자본주의 이후까지 모든 것을 책임지고 하나로 통합할 수 있는 장대한 보편적 역사, 모든 공간을 포괄하고 지구상의 모든 사회에 대해 정연한 논리를 제공할 수 있는 하나의 단일한 역사……너무도 근대적이고 너무도 다수적인 이런 종류의 역사……다양한 종류의 소수적 이탈을 염려하거나 보편법칙의 이름으로 단죄하는 역사"로 규정되었다.[174] 더구나 마르크스주의적 역사주의는 서구적 근대를 절대화·규범화할 뿐 아니라, 서구적 근대를 기준·척도이자 최종 목적지로 선험적으로 전제한다는 점에서 서구적 근대의 보편성을 '본질화'한다고도 말할 수 있다.

그런데 대립은 역사주의 그룹과 반反역사주의 그룹 사이에만 존재하는 것이 아니다. 반역사주의 그룹 내부에도 미묘한 차이가 존재한다. 비슷한 시기에 나온 김홍중과 이진경의 저작에서 그 차이를 비교적 선명하게 확인할 수 있다. 두 사람은 모두 베냐민의 '근대적 시간'[175] 대 '메시아적 시간' 구분에 기초하고 있지만, '진보' 개념의 유효성에 대해서는 견해를 달리한다.

먼저, 김홍중은 '근대'와 '진보' 관념의 연관을 강조한 후,[176] '진보의 역사철학'과 '순간의 역사시학'을 대립시킨다. "근대 내부의 대항근대성 즉 '문화적 모더니티'는 진보의 역사철학이 상정하는 목적론적 시간관에 대한 강한 거부 혹은 발본적인 비판을 제기하며, 이를 바탕으로 시간과 역사에 대한 독특한 관점을 표방하였다. 우리는 이를 진보의 역사철학과 대비되는 '순간의 역사시학'이라 명명한다."[177] 진보의 역사철학과 순간의 역사시학의 대립은 '유토피아와 구원의 대립'을 내포한다. 이때 구원은 '기다림'과 '사건', "순간의 질적 깊이"와 관련된 '카이로스', 역사 내적 구원 즉 "역사 '속에서의' 해방"을 지향하는 '근대적 메시아주의'와 연관된다.

> 순간의 역사시학은, 진보의 역사철학과는 달리 유토피아의 사상이 아니라 구원 사상을 지향한다. 유토피아는 체계이며 구조이며 조직체이다. 그러나 구원이란 사건이며 개입이며 순간적 기억이다. 유토피아는 지속적 시간 속에서만 가능한 무엇이지만, 구원은 찰나에 이루어진다. 유토피아가 건설되는 것이라면 구원은 행위를 통해 주어지는 것이다. 그리하여 유토피아를 추구하는 정신은 설계도를 그리지만 구원을 추구하는 정신은 기다린다.……문화적 모더니티는 시간의 외부를 상정하여 그곳으로 돌진하는 사회적·경제적·정치적 모더니티와 보편사의 이념을 비판하면서, 시간의 가장 내밀한 곳에서 내재적인 가능성을 획득하

고자 한 것이다. 유토피아의 사상이 결국 역사'로부터의' 해방을 지향한다면, 구원의 사상은 역사 '속에서의' 해방을 사유한다. 이것이 바로 인격적 메시아를 찬양하면서 그가 가져다줄 천상의 왕국을 소망하는 전통종교의 메시아주의와는 다른 근대적 메시아주의의 특징이다.[178]

김홍중이 '진보' 용어의 기각 쪽으로 기울었다면, 이진경은 그 용어의 폐기에 동의하지 않는다. 물론 이진경 역시 탈근대주의의 도전을 수용하여 역사주의적이지 않고 목적론적이지 않은 진보 개념을 추구했다. 이진경은 "종말이나 목적의 관념 없는 진보는 가능하다"고 단언한다.[179] 그가 품고 가려는 새로운 진보 개념 역시 베냐민에게 빚지고 있는 것으로 보인다.[180]

이진경은 두 가지 전혀 다른 진보의 개념이 가능함을 주장한다.[181] 그는 우선 '근대적 진보 개념'을 '거시적-적분적 진보' 개념으로 제시한다. 그것은 "하나의 척도적인 직선을 따라 동질화되고 양화된 시간, 그리고 그러한 시간적 변화의 누적과 통합을 통해 정의"된다는 점에서 적분적積分的이며, "모든 국지적 변화를 '진보'라는 하나의 방향 안에 포섭하고 통합한다는 점에서, 그리하여 역사 전체를 포괄하는 거대한 변화 속에 통합"한다는 점에서 거시적이다.[182] "현재를 추동"하는 "목적론적 원인"으로 작용할 뿐 아니라 현실의 다양한 움직임들을 평가하는 "초월적 기준"이 되어 "하나의 사건이나 시도에 대해 진보적/반동적이라는 이항적 절단기를 작동"시킨다는 점에서, "거시적 진보의 개념은 목적론적일 뿐 아니라 초월적 위상을 갖는다."[183] 이진경은 이에 맞서는 대안적 진보 개념을 미분적, 미시적, 불연속적, 이질적, 내재적 성질을 갖는 것으로 제시한다. "우리는 적분적 진보의 개념과 대비되는 미분적 진보의 개념이, 거시적 진보의 개념에 반하는 미시적 진보의 개념이 있을 수 있음을 상정할 수 있지 않을까? 연속성에 반하는 불연속적 진보의 개념이, 하나의 척도로 모든 것을 동질화하는 진보와 달리 이질적 성분들의 만남을 포착하며 사건을 구성하는 <u>이질적 진보</u>의 개념이, 하나의 초월적 기준을 통해 포착되고 평가되는 진보와 달리 내재적 관계에 의해 포착되고 평가되는 <u>내재적 진보</u>의 개념이 있을 수 있지 않을까"(인용자의 강조).[184]

이런 대안적인 진보 개념 속에서 민중은 미래와 현재 시제에 동시 개입하는 존재, 곧 '도래하는 민중'으로 이해된다. 다시 말해 이진경은 민중을 ('대문자 역사'와 '다수적 역사'에 대항하는) '반反역사'와 '소수적 역사'의 맥락 안에 위치시키면서, '반역사적 돌발인 사건을 통해 도래하는 존재'로 묘사한다.

> 소수적인 역사란 소수자들이 역사 속에서 올바른 가치를 인정받고 제대로 된 지위를 할당받게 만드는 양심적 역사가 아니라, '역사' 속에서 역사화될 수 없는 사건을 역사로부터 돌발하게 하고 이로써 역사 안에서 다른 돌발의 지점들이 만들어지도록 촉발하는 역사다. 그리고 이러한 이탈을 통해서 만들어지는 '반역사적' 민중이 역사 속에서 출현하게 하고, 침묵 속에 매장된 민중의 힘이, 그것의 창조적 능력이 드러나게 된다.……어떤 소수자의 문제가 그 소수자만의 문제가 아니라 투쟁하려는 인민 모두의 문제임을 보여줌으로써, 그리고 그것을 통해 다른 인민들이 이탈하게 촉발함으로써 새로이 '도래할 민중'을 구성한다. 이런 의미에서 소수적 역사란 그 도래의 시간을 구성하는 방식으로 현재를 구성하는 것이다. 따라서 소수적 역사는 과거의 시제를 갖는 게 아니라……현재의 시제, 아니 미래의 시제를 갖는다.[185]

'사건' 개념을 극구 강조하는 안병무도 "도래의 전선"이라는 표현을 통해 '도래의 관점' 내지 '도래의 시간성'을 강조한 바 있다. "종말론적 선언은 낡은 세계의 종말과 더불어 개벽開闢의 때를 알려줌으로 흩어진

이 오클로스에게 새로운 희망과 변화의 길을 열어준다.……민중은 새 세계를 기다린다.……예수는 그 나라의 도래의 전선에서 민중과 더불어 싸운다."[186]

(2) 보편성

두 번째로, 탈脫서구중심주의적 보편성 혹은 다중적多重的 보편성의 가능성 문제이다. 이는 서구근대성을 고정불변의 실체로 간주하는 본질주의와 결별하는 문제이기도 하다. 이처럼 보편성 논의는 근대성 논의와 긴밀히 연관되며, 한편에서 '하나의 근대성에서 여러 근대성들로의 전환', "'통상적인' 근대성과는 다른, 공존하는 대안적 근대성들"[187]이 활발하게 토론되는 것과 유사하게, 버틀러·라클라우·지젝이 참여한 공동작업[188] 등 '하나의 보편성에서 여러 보편성들로의 전환' 논의도 활발해지고 있다. '다중적 근대성' 논의와 '다중적 보편성' 논의가 병행竝行하고 있는 것이다. 최샘과 정채연이 말하는 "보편의 탈중심적 다원성과 변화 가능성", "보편에서 보편들로의 전환", "보편들 사이의 탈중심화된 관계", "보편들 사이의 평화롭고 조화로운 공존" 등도 사실상 동일한 문제의식을 반영하고 있다.[189]

　필자가 보기에 조동일 이후 '탈춤의 미학'을 정련해온 민중예술 쪽, 그리고 동양사상과 신학의 접목을 시도하거나 '사건의 신학' 혹은 '탈脫신학/반反신학'의 기치를 내걸고 서구신학의 극복을 추구하는 민중신학 쪽에서 탈식민주의적 문제의식이 가장 선명하게 드러난다. 반면에, 자본주의의 단일한 세계사적 법칙성이 한반도에도 관철되고 있음을 입증하려 노력하는 마르크스주의 민중론자들에게서 서구중심주의적 보편성 관념이 가장 현저한 것으로 보인다. '구체적 보편'이라는 용어에 이들의 입장이 압축적으로 담겨 있다. 이병천과 윤소영에 의하면 "구체적 보편

(성)"은 "구체성(특수성) 속에서 관철되는 보편성"으로서, 한국에서는 "'구체적 보편'으로서의 국독자(국가독점자본주의-인용자)라는 생산양식"으로 나타난다.[190] 경제학뿐 아니라, "민중문학의 리얼리즘을 구체적 보편이라는 전형성의 바탕에 기초"해야 한다는 채광석의 주장도 발견할 수 있다.[191] '보편의 계기를 내장한 특수'를 강조하는 김동춘의 보편성 개념은 탈서구적 보편성과 서구적 보편성 개념 사이의 중간쯤 되는 위상을 갖는 것 같다. 그는 보편-특수 간의 이론적 긴장 속에서 한국사회에 접근해야 한다는 취지에서 "보편과 특수의 통일로서의 '개별성'의 인식"이 중요함을 강조한다.[192] 한국을 포함한 개별 사회들은 "내부에 일반화 혹은 보편화의 계기를 내장"하고 있으므로, "자기 속에 내재해 있는 보편의 계기"를 놓치지 말아야 하며, 따라서 "서구주의와 민족주의의 이항대립의 의식을 극복하여 자신이 특수한 존재이지만, 동시에 보편적인 존재로 파악하는 능력을 획득하는 것"이 필요하다고 주장한다.[193] '특수에 의해 구축構築되고 변질되는 보편'(라클라우)[194]이라는 통찰에는 미치지 못하지만, '특수에 내재한 보편'(김동춘)이라는 견해는 '특수를 통해 관철되는 보편'(이병천·윤소영) 입장보다는 탈서구적 보편성 관념에 조금 더 가깝다고 하겠다.

마지막으로, 보편성의 유동적인 특성, 곧 '유동하는 보편성' 문제가 남아 있다. 라클라우의 표현을 따르자면, 이 문제는 보편성을 띤 기표의 핵심적 특징 중 하나인 '부유성floatingness' 혹은 '본질적 비非고정성'과 주로 관계된다. 라클라우에 의하면 보편성은 "등가연쇄를 통합하는 일반적 등가물"로서, 네그리와 하트의 표현으로는 '공통적인 것the common'의 창출, 공통의 이해관계를 만들어가는 것에 해당할 것이다.[195] 그런데 이 일반적 등가물은 '비어 있는 기표'임과 동시에 '떠다니는 기표'이다. 인민이라는 보편적 기표는 다수의 집합의지 형성, 지적·도덕적 지도력의 구축, 헤게모니적 구성체 형성의 과정에서 만들어지고 명명된다. 그런데 보편적 기표는 '만들어지는' 것일 뿐 아니라 항상 '흔들리는', 심지어는 흔들리다 '사라지는' 것이기도 하다. 민중도 마찬가지이다. 민중은 등가연쇄를 구축하는 헤게모니적 프로젝트에 의해 보편성을 띤 기표로 '만들어지지만', 바로 그 순간 다른 경쟁하는 헤게모니적 프로젝트(들)의 개입으로 인해 끊임없이 '동요하거나 해체 위험에 직면하는' 운명에 시달린다.

앞서 언급했지만, 민중신학자들과 김지하 등은 민중이라는 보편적 기표가 '살아 있는 생명체'이기 때문에 그것을 정의할 수 없다고 주장했다. 민중은 살아 있는 생명체이므로 그 절대적 실체를 포착할 수 없고(김지하), 살아 생동하는 실체이므로 인위적인 정의로써 '고정할 수 없는' 것이다(안병무). 김지하의 설명을 조금 더 들어보자. "그러한 개념들(민중, 주체, 공동체 등―인용자) 역시 끊임없이 살아 움직이는 생명체이기 때문이다. 그래서 '이거다' 했을 때 이미 이것이 아닌 것이며, 어떤 사물에 대해서 이름을 붙였을 때 이미 그 사물은 이름과는 관계가 없는 딴 곳으로 옮겨져 있는 것이다."[196] 또한, "이 민중운동 속에서 민중의 실체를 잡아내야 한다. 즉, 살아 생동하는 방법으로 살아 생동하는 민중을, 민중의 실상을 인식하는 태도이다. 운동 속에서 민중의 실체를 찾

김지하

아야지, '민중은 이것이다'라고 규정해서 고정시켜 놓고 잡을 때는 이미 민중은 거기 없다."[197] 여기에는 '고정되자마자 곧 사라져버리는 보편성'이자, 항상 빈 그리고 유동하는 기표일 수밖에 없는, '일시적이고 잠정적인 보편'으로서의 민중이라는 관념이 담겨 있다. 다음에 소개하는 김홍중의 인용문에서 "공명의 체험"은 일시적으로나마 어떤 보편성을 창출해내는 사회적 연대의 감정적 기초로 제시되고 있는데, 필자가 보기에 여기서 김홍중이 말하는 '사회'는 '헤게모니'나 '보편성' 개념과도 연결될 소지가 농후하다.

> '나'의 마음이 '당신'의 마음과 다르지 않고 '우리'의 마음이 '그들'의 마음과 구별되지 않는 어떤 공명의 체험 속에서, 우리는 어렵사리 하나의 사회를 기획하고, 계약하고, 꿈꾸고, 체험한다. 사회란, 모두가 같은 마음이 되는 덧없는 순간의 불안정한 제도화이다.(인용자의 강조)[198]

이진경은 '소수자 역사의 보편성 획득'에 부수되는 또 다른 문제들을 환기한다. 우리가 위에서 (민중적 보편성과 지배적 보편성을 포함한) 모든 보편성이 숙명적으로 직면할 수밖에 없는, 대체로 '수동적인' 측면을 다뤘다면, 여기서는 어렵게 획득한 민중적 보편성(역사화에 성공한 소수적 역사)이 지배적 보편성(다수적 역사)에 포섭되어 변질되는 사태를 막기 위한 '능동적인' 노력이 필요하다는 점이 강조된다. 이진경은 먼저 '소수자 역사의 역사화'에 수반되는 아포리아 혹은 역설을 말하고 있다. 이때 '반역사적 돌발'과 '역사적 포획'이라는 대립 개념이 동원된다. 민중으로 대표되는 소수자 역사가 '역사화'된다는 것은 그 역사가 한 사회의 정통기억 내지 문화기억의 일부로 자리 잡으면서 일정한 보편성을 획득함을 뜻할 것이다. 그런데 이진경은 "역사의 내부에서 이탈하며 그것을 균열시키는" '반역사적 돌발'(사건)마저 "역사의 내부로 끌어들여 역사의 일부로 만드는"

'역사적 포획'의 가능성을 우려한다. "소수자들의 돌발이 역사화되는 것은 소수자 자신의 역사를 만드는 게 아니라, 다수의 역사의 일부가 되는 것을 뜻한다는 역설……반-역사적 돌발이 역사화되는 순간, 반역사적 본성이, 역사 안에 균열을 만들고 역사를 동요시키는 힘이 소멸되고 만다는 역설"이 현실화될 가능성을 경계하는 것이다.[199] 그것이 역설이자 딜레마인 것은 민중의 "투쟁과 구성이 성공적일수록, 다시 '역사'에 포섭되고 영유될 가능성을 갖는다"[200]는 사실 때문이다. 이와 유사한 맥락에서, 이진경은 민중과 관련된 피해의 역사나 저항·투쟁의 역사서술에서 종종 나타나는, "소수자가 쓰는 다수적 역사"의 위험도 경고한다.[201] 이는 소수자들이 기존 '역사'의 문법을 차용하여 기존 '역사'와 크게 다르지 않은 방식으로 자신들의 역사를 쓸 때 나타나는 현상이다. 이런 위험들을 피해 가려면 '혁명'으로 표현해야 할 정도로 고도의 목적의식적인 행위들이 요구된다는 게 이진경의 판단이다.

> 소수적 역사 내지 반역사는 역설적인 성공에 안주하는 게 아니라, 그 '성공'의 순간에 "그럼 또다시" 하면서 끊임없이 새로 시작해야 한다. 역사의 외부는 영원히 계속되어야 할 혁명의 운명을 갖고 있으며, 소수적 역사는 그 '영원회귀' 내지 '영구혁명'의 시간성 속에 존재하는 것이다.[202]

주체

민중

거듭 언급했듯이 20세기 들어, 특히 3·1운동 직후 민중이라는 용어에 '저항성'과 '주체성'이라는 새로운 의미요소들이 거의 동시에 부착됨으로써 개념의 역사적 도약이 발생했다. 그리하여 수천 년 동안 단순한 '피지배 다수'를 가리키던 민중은 단숨에 '저항적 정치주체'의 독보적 기표로 발돋움했다. 이번 장(제4장)과 다음 장들(제5장~제7장)에서는 '20세기 민중 개념혁명'의 핵을 이루는 두 요소인 주체성과 저항성을 심층적으로 다뤄보려 한다.

'주체 형성'과 '저항 실천'의 긴밀한 연관성을 미리 강조해둘 필요가 있겠다. '반反권력 효과'로서의 주체화, '책임 떠안기'로서의 주체화, 그리고 '메시아적 주체'의 형성은 모두 주체화와 저항의 긴밀한 내적 연계를 보여준다. 이 경우 주체화 혹은 주체 형성은 '저항주체의 형성'에 다름 아닐 것이다.

첫째, 주체 형성 혹은 주체화는 권력과의 복잡한 상호작용을 통해 진행된다. 이때 이 상호작용의 두 측면, 즉 수동적 측면인 '권력 효과로서의 주체화'와 능동적 측면인 '반권력 효과로서의 주체화'를 균형 있게 파악하는 것이 중요하다. 통상 두 측면은 '함께' 작용한다. 전자의 경우 권력 혹은 구조·레짐의 효과로 생산되는 주체로서, 주체화 과정이 수동적이고 그 결과로써 순응적 주체가 생산된다. 후자는 반권력/탈권력/탈주脫走 효과, 한마디로 권력 해체 및 권력으로부터의 이탈 효과를 낳는 주체화를 가리킨다. 이는 권력에 저항하는 비판적 실천을 통해 형성되는 주체로서, 주체화 과정이 능동적·적극적이며 그 결과로써 저항적 주체가 산출된다. 김동춘이 투렌느를 인용해 말했듯이, "'주체를 만드는 것은 바로 거부하는 몸짓이며 저항하는 힘이다'……주체화란 언제나 사회화, 순응화에 반대되는 개념이므로 의심과 회의에서 출발한다."[1]

둘째, 지젝에 의존하여 김정한이 주장했듯이, 주체화는 '책임을 떠안는' 행위일 수도 있다.[2] 타자에 대한 책임을 떠안는 이들이 느끼는 자책이나 미움, 부끄러움이나 죄책감은 저항적 맥락의 투신과 참여로 이어질 수 있다.[3]

셋째, 기존 상황 및 시간과의 단절을 야기하는 메시아적 시간과 사건, 그리고 그때 불현듯 출현하는 '메시아적 주체'라는 주제 역시 주체의 문제영역과 저항의 문제영역을 이어준다. 메시아적 주체 주제는 윤리, 저항, 연대 등의 주제와 두루 연결된다. 카이로스적 시간·사건의 상황 돌파 잠재력은 기성 질서를 결정적으로 동요시킨다. 또 타자/소수자에 대한 책임 지기와 환대, 타자/소수자의 고통에 대한 공감, 그 고통을 자신의 것으로 수용하는 자기화自己化는 저항적 연대, 곧 기성 질서에 대해 강렬한 저항적 함의를 지닌 연대를 구축하는 동력이다.

1. 역사주체

한국의 민중론자들은 민중을 '역사의 주체'라고 선언했다. 그러나 역사
주체라는 말이 의미하는 바는 다양하게 해석되었다. 기존 논의를 종합
하는 김지하의 다음 인용으로 충분할 것이다.

> 민중은 생산노동의 주체다, 문명의 창조자다, 문화의 건설자다. 문화
> 기초를 만드는 자, 또는 국가를 건설하는 일을 주체적으로 담당하는 자
> 가 민중이다. 아울러 국난을 극복하는 데 있어서의 전위, 노동의 결과
> 를 스스로 수렴하는 자, 또 그 수렴된 노동의 결과를 공동으로 나누는
> 자, 또 그 노동의 결과·나눔의 결과인 그 경험의 열매를 확대재생산의
> 형태로 창조적 노동 속으로 다시 재투입하는 자, 이렇게 해서 보편적
> 인 인간노동의 전체를 양의 상태에서 질의 상태로 변화시키는 자, 일
> 상적인 인간들의 일상적이고 구체적인 생활에 있어서의 직접적인 담
> 당자, 또 그것이 장애에 부딪쳤을 때, 수탈당하고 억압당하고 침략당
> 하고 약탈·박탈·겁탈당했을 때 그에 대해 저항하는 자, 그 저항을 통
> 해서 장애요인·억압요인·수탈요인·약탈요인, 침략하는 대상을 극복
> 해서 그 얽어매어진 상태를 역사 안에서 상대적인 한계 내에서나마 해
> 방하는 전위적인 담지자… 대체로 이런 내용들이 이제까지 나온 얘기
> 가 되겠다. 그래서 "역사의 주체다"라고 말해 온 것 같다.[4]

'역사주체' 이전에 '주체'라는 말 자체가 중층적인 담론적 맥락들에
둘러싸여 있었다. 몇 가지만 예를 들어보자. 우선, 많은 이들이 민중을
국민·인민 등처럼 어엿한 '정치주체' 중 하나로 간주했다. 또 많은 민중
론자들은 민중이 기성 질서에 순응하는 게 아니라 그에 도전하는, 즉 저
항적 주체이기도 하다고 규정했다. 특히 민중은 단순한 저항주체를 넘

어 기존 체제의 전복을 꾀하는 혁명적 세력, 곧 변혁의 주체로도 호명되었다. 민중이 '정치주체'를 넘어서는 '역사주체'로 상승하고 있으며, 마땅히 그렇게 되어야 한다는 주장도 활발하게 개진되었다. 민중 주체 주제는 서구에서 발원한 '근대적 주체' 개념의 한계를 넘어서는 문제, 서구 근대성의 폭력적이고 억압적인 주객 이분법을 극복하는 쟁점과도 연관될 수 있다. 물론 '객체에서 주체로의 전환' 직후부터 민중론자들 사이에 서구 근대적 주체 개념이 문제시된 것은 아니었고, 탈근대주의를 비롯해 이른바 '포스트주의들'의 도입이 활발해진 시점, 즉 빨라도 1980년대 중후반 이후에야 비로소 쟁점화되었다.[5] 나아가, 서구 근대적 주체 개념을 극복하면서도 주체 자체가 폐기되거나 실종되는 사태를 막고 비판적·저항적 주체 개념을 보존해야 한다는 주장도 제기되었다. 서구 근대적 주체 개념 비판과 유사한 맥락에서, 민중이 (이전의 '프롤레타리아트'가 그랬던 것처럼) 또 다른 '특권적 주체'가 되는 것을 경계하는 목소리도 나왔다. 마찬가지로 민중은 '비非지배적 주체'가 되어야 한다는 주장 또한 나타났다. 더 나아가 민중은 마땅히 희생적 주체, 윤리적 주체, 메시아적 주체로 나아가야 한다고 주장하는 이들도 출현했다. 민중은 다수의 이질적인 세력들이 결합하고 연합함으로써 생성된 주체, 즉 '연대적 주체'라는 생각을 내세우는 이들도 여럿이었다. 민중 스스로 역사의 주체라고 생각하는 '자각·자의식' 정도에 주목하는 논의도 있었다.[6]

(1) 정치주체, 역사주체, 변혁주체

이처럼 정치주체, 저항주체, 변혁주체, 역사주체, 서구 근대적 주체, 특권적 주체, 비지배적 주체, 윤리적 주체, 희생적·메시아적 주체, 연대적 주체 등 대단히 다양한 의미·쟁점·담론들이 민중 개념을 휘감고 있었다. 필자는 이런 다양한 담론을 정치주체, 역사주체, 변혁주체, 메시아적 주체의 네 가지로 정돈해보려 한다.

첫째, 정치주체 담론은 '역사적 이행' 및 '역사적 상승'의 맥락에서 제기되었다. 우선 정치주체 담론은 무엇보다 민중이 정치·통치의 객체 위치에서 주체 위치로 이동했다는 '역사적 이행'을 의미한다. 아울러, 정치주체 담론은 민중의 위상이 국민·인민 등과 같은 반열로 승격했다는 '역사적 상승'을 의미한다. 이런 위상 상승으로 민중은 또 하나의 당당한 정치주체로, 적어도 정치적 공동주체로, 여러 정치주체 중의 하나로 인정받게 되었다는 것이다. 단순한 통치대상 정도가 아니라 정치체계에서 철저히 배제돼오던 존재들, 일반적인 통치대상보다 더욱 비참한 '호모 사케르'(아감벤) 상태로 밀려나 멸시받던 존재들, 전체주의가 만들어낸 '쓸모없는 인간, 무용지물인 인간'(아렌트)과 하등 다를 바 없이 취급되던 존재들, 바로 그런 존재들이 감히 스스로 정치주체임을 선언하면서 자신들의 '정치적 몫'을 주장하고 나선다는 것(랑시에르)은 엄청난 혁명적 의의를 지닌다. 민중이 역사의 공백을 찢고 나와 제모습을 드러낸 것, 그들이 역사의 빈틈에서 빠져나와 역사의 무대에 올라선 것, '정치의 외부'에 머물던 그들이 '정치의 내부'로 진입한 것은 문자 그대로 혁명적인 대전환이었다.

그런 면에서 민중 정치주체 담론은 '서구 근대적 주체'를 추구하는 것과는 거의 상관이 없었다. 오히려 그런 위압적이고 잔혹한 서구 근대적 주체들에 의해 변방으로 밀려난, 한마디로 정치적 객체화를 강요당하는 이들이 그런 '추방령'을 거부하려는 몸부림에 관심을 집중했던 게 민중 정치주체 담론이었다. 민중 정치주체 담론은 명백히 정치적 민주화·평등화의 역사적 맥락을 반영하고 있다.

둘째, '정치주체' 호명보다 '역사주체' 호명 빈도가 훨씬 높지만, 역사주체라는 어휘가 매우 다양한 의미로 사용되어왔기 때문에 그 핵심을 가려내는 일이 쉽지만은 않다. 그러나 필자가 보기에 역사주체 담론의 핵심은 '역사적 진보' 관념에 있는 것 같다. 역사주체는 역사를 변화시키는 힘의 근원 내지 핵심 행위자가 누구인가의 문제는 물론이고, '진보'나 '발전'처럼 역사 전개의 특정한 방향성 문제까지 포함하는 개념인 것으로 보인다. 다시 말해 정치주체 담론에 역사적 '진보'나 '사명' 등의 관념이 결합되면서 역사주체 담론이 탄생하게 된다는 것이다.[7] 이렇게 되면 민중은 루카치가 '프롤레타리아트'에 부여한 것과 유사한 역사적-목적론적 책무를 지닌 존재, 그런 아우라를 지닌 존재로 변모하게 된다. 한완상과 함께 집필한 글에서 백욱인은 민중이 프롤레타리아와 마찬가지로 어떤 "정치·철학적인 의미"를 띤 개념이라고 주장했다. "민중이라는 것이 경제환원론적 개념이 아닌 것처럼 프롤레타리아트라는 용어 자체도 산업노동자 등의 경제적 개념과는 달리 정치·철학적인 의미도 띠고 있다고 본다면 이것을 경제환원론적 개념으로만 보는 것도 문제가 되겠다. 따라서 역사주체로서 민중과 보다 포괄적 의미의 프롤레타리아트 사이에는 본질적인 유사성이 존재한다고도 볼 수 있겠다."[8] 민중의 존재론적 특권, 민중의 인식론적 특권, 민중의 도덕적 특권(우월성) 등 지배층이 갖지 못한 민중의 갖가지 미덕과 우월성을 내세우는 각양의 '특권 담론들'도 민중 역사주체 관념과 관련된다(다만 현영학 등이 주장하는 '민중의 종말론적 특권'은 메시아적 주체 개념과 연결된다).[9]

결국 '민중=역사주체' 담론에 이르러 국민, 인민, 시민 등 여느 정치주체 기표들과 민중의 차별성이 뚜렷이 가시화된다고 말할 수 있을 것이다. 역사주체 개념은 이후 두 가지 방향으로 발전했다. 그 하나는 1980년대의 이른바 '사회구성체 논쟁'을 거치면서 각종 혁명론으로 개화한 '변혁주체' 담론이고, 다른 하나는 다양한 학문 분야의 지식인들이 가담한 '메시아적 주체' 담론이다.

셋째, 1980년대의 2세대 민중론자들을 중심으로 민중은 종종 변혁주체 혹은 혁명주체로도 호명되었다. 민중은 "역사를 변혁·추진하는 방대

한 에네르기"(정창렬)를 품은 존재로 간주되었다.[10] 임경석의 표현으로
는, 혁명의 시기에 "민중은 역사를 이끌어가는 기관차"였다.[11] 앞서 소
개했듯이, 분단사학을 주창한 강만길은 민중 개념에 대한 통시대적 접
근에 반대하면서, 민중의 '변혁성'이 나타나는 '근대 이후 반反제국주의
운동'부터 이 개념을 적용해야 한다고 주장했다. 그는 "반제운동이 있
기 이전의 피지배층은……피지배층으로 존재했을 뿐"이라며, 반제운동
이 나타났던 "그 시기에 한해서 민중을 역사변혁의 주체로 삼아도 좋다"
고 말했다. 변혁주체론의 등장은 '당대의 민중운동'에서 '과거의 민중운
동'으로, '폭발적 저항'에서 '일상적 저항'으로의 양 갈래 탐구 여정으로
이어졌다. '역사주체와 변혁주체 수렴'의 논리는 '투쟁이 역사발전의 동
력'이라는 갈등론적 역사관을 바탕으로 하는 경우가 대부분이다. "아시
아 근대사에 있어서 역사발전의 원동력은 아시아 민중의 민족주의적·민
주주의적 투쟁이었다"는, 1975년 당시 안병직의 주장은 그 한 예에 불과
하다.[12]

특히 1980년대에는 변혁론·혁명론이 활발하게 등장하고, 그에 따라
민중 개념과 변혁 개념이 자연스럽게 결합하고, 그에 따라 민중이 변혁·
혁명주체로 호명되기 시작하는, 세 가지 연쇄적인 변화가 속도감 있게
진행되었다. 정치주체로의 상승이 권력구조의 '개방' 즉 기존 권력구조
의 개방성 확대를 의미한다면, 변혁주체로의 상승은 권력구조의 '전복'
즉 기존 권력구조의 역전 혹은 대대적 재구성을 추구하는 변혁운동을 전
제로 한다. 이제 '변혁주체'라는 칭호까지 더해짐으로써 민중은 프롤레
타리아트나 '사회주의적 인민' 개념과 훨씬 가까워지게 되었다. 그러나
사회주의혁명 단계에 국한된 프롤레타리아트나, 인민민주주의혁명 단
계에 국한된 사회주의적 인민 등 특정 역사 시기에만 유효한 개념들과는
달리, 민중은 한층 넓은 역사적 적용 범위를 갖는 개념이었다. 변혁주체
담론은 '시대적 과제'의 해결 주체 논의로도 이어졌다. 민중을 "모순의

해결 주체"[13]로 간주하는 게 전형적인 사례일 것이다. 이만열은 시대마다 달라지는 '역사적 과제'를 해결하는 주역이 누구인가를 논했고, 정창렬은 '민족적 과제 해결의 담당 주체', 보다 구체적으로 인간해방·사회해방·민족해방이라는 3대 과제의 해결을 담당할 주체로서 민중을 내세웠다.[14] 강만길은 아예 "역사의 발전이란 각 시대마다의 시대정신에 충실한 역사 담당 주체세력의 확대 과정"이라고 규정했다.[15]

변혁주체에 부수되는 또 다른 질문은 '교체 대 해체', 곧 변혁이 지배세력의 자리·위치 교체냐, 아니면 지배 자체의 철폐·해체냐 하는 것이다. 여기서 모든 지배와 권력의 종언이라는 유토피아적 상상은 조만간 다룰 '메시아적 주체' 담론과 친화적이다. 변혁주체 담론에 대해서는 '저항' 주제를 다루는 다음 장들에서, 메시아적 주체에 대해서는 이 장의 마지막 절에서 재론할 것이다.

(2) 기저 접근과 형성 접근

이와는 약간 다른 각도에서 역사주체 문제에 접근해볼 수도 있겠다. 역사주체의 다양한 의미를 과감하게 '기저적基底的/토대적 접근'과 '과정적/형성적 접근'의 두 가지로 압축해보자는 것이다. 전자가 근대 이전을 포함한 거의 모든 시기에 사회의 토대나 저류底流 수준에서 민중이 역사주체 역할을 해왔다고 본다면, 후자는 근세 혹은 근대에 이르러 비로소 민중이 점점 역사주체가 '되어 간다'는 과정 측면을 강조한다. 전자가 통시대적 차원에서 장기지속의 거시-구조적 역사를 주로 다룬다면, 후자는 역사적 호흡이 더 짧은 편이다.

물론 두 접근은 서로 배제적이지 않으며, 얼마든지 두 접근을 조합하여 동시에 구사할 수 있다. "민중은 언제나 역사주체였지만 그럴 가능성은 근자로 올수록 더욱 커진다"는 방식으로 말이다. 예컨대 백낙청은 "우리가 민중이 역사의 주체라고 말할 때 사실은 민중이 역사의 올바른 주인 노릇을 못하는 시대에도 엄연히 역사의 주체로서 활약을 한다고 주장하는 것과 마찬가지로……"라고 하거나,[16] "특별한 교육이나 식견도 없고 버슬도 재산도 없는 많은 사람들이 그날그날 먹고 입고 자식 낳아 기르며 살기 위해 애써온 노력의 총화가 곧 역사를 움직이는 힘이었고, 그 역사는 이제 드디어 땅을 거의 정복하고 민중이 역사의 주체라는 인식마저 낳을 정도로 진보해온 역사"[17]를 거론했다. 미술평론가인 원동석은 1975년에 발표한 글에서 유사한 견해를 피력했다. "민족의 실체는 민중이며 문화의 주체자도 역시 민중이다. 살아 있는 민족문화의 발현은 주체자가 스스로 민중이 되는 창조적 활동에 의해서만이 현실적으로 가능하다.……과거의 민중은 상부 계층에 봉사하는 데 끝났지만, 현재의 민중은 계층분화를 극복하고 주인이 되어야 한다. 물론 여기에는 정치·경제 면에서 민중의 향상이 보장되어 있어야 한다. 그러한 조건이 충족될 때 민중은 민족의 살아 있는 힘이며 현실이며 역사가 되는 것이며, 그로부터 근대적 의미의 민족문화가 창조된다고 할 것이다."[18] 일단은 기저적/토대적 접근 쪽으로 배치했지만, 아래에서 보듯이 민중의 문화적 자율성을 강조하는 이들도 두 접근을 동시에 활용하는 경우가 많다.

'기저적/토대적 접근'은, 첫째, 영웅사관이나 엘리트주의 사관을 비판하는 맥락에서, 둘째, 인간의 근원적인 능동성과 행위주체성을 강조하는 맥락에서, 셋째, 민중의 생산자 역할과 사회재생산 기능을 강조하는 맥락에서, 넷째, 민중의 문화적 자율성과 독자성을 강조하는 맥락에서 자주 등장하고 활용된다. 각각에 대해 조금 더 자세히 살펴보자.

첫째, 영웅·엘리트주의 사관 비판은 역사의 동인動因을 어디서 찾는가, 역사를 실질적으로 이끌어가거나 변화시키는 주체는 누구인가라는 질문과 관련되어 있다. 역사를 움직이는 힘이 위(지배층)로부터 혹은 아래(민중)로부터 오는가 하는 질문에서 단호하게 '아래로부터의 역사' 시각을 채택하는 것이다. 민중은 공식적으로 기록된 '대문자 역사'에서는 비록 은폐되어 있을지언정 최소한 '공동주체'(즉 지배층과 '함께' 혹은 '나란히' 역사를 만들어온 공동주체)로, 최대한 '진정한 주체'로 인정되었다.[19] 민중신학자 권진관이 이 접근을 잘 정리해두었다. "1970~80년대의 민중은 가난하고 소외되었지만, 역사의 주체로 참여하는 모든 사람들이었다. 당시의 민중은 역사의 진정한 주체라는 개념으로 해석되었다. 왕이나 지배계급이 역사를 이끌어 가는 주체로 기록되고 있으나 실제에 있어서는 역사를 짊어지고 이끌고 가는 계층은 약자인 민중이라는 것으로 개념 정리하였다. 민중은 고난의 역사 속에서 역사를 이끌어간 진정한 주체로 이해되었다."[20] 법학자인 한상범에 의하면 민중은 "역사를 이끌어온 이름 없는 대다수의 사회 밑바닥에 깔린 사람들"이었다.[21] 영웅사관을 탄핵하면서 민중의 역사 주체성을 강조하는 전통은 20세기 민중 개념의 창시자인 신채호로부터 꽤 면면하게 이어지고 있다. 비단 신채호만이 아니라 "조선혁명선언"과 같은 해인 1923년에 나온 황의돈의 『신편 조선역사』는 통사通史에서 처음으로 피지배층 저항 사건에 주요한 의미를 부여했고, 특히 '홍경래의 난'과 '동학농민운동'에 대해서는 "통사 서술상 최초로 피지배층 저항 사건에 '혁명'이라는 큰 의미를 부여"했으며, 황의돈의 이런 인식은 동시대의 문일평과 안확 등에 의해서도 공유되었다.[22] 현대사에서도 유사한 발견이 잇따랐다. 김득중의 주장에 따르면, 1980년대 민중운동사 연구의 부상은 "한국 현대사를 이끈 주체로서 민중을 발견하는 과정"이었다.[23] "통치자가 아니라 혁명적 대중운동이라는 '역사의 다른 결'을 따라가면서, 굴곡 많은 한국 현대사에서 민주주의를 키워왔던 역사의 동력이 이승만, 박정희 같은 '지도자'가 아니라 밑으로부터의 힘이었다는 점에 주목하게 되었다."[24]

평범한 민중을 역사의 주체로 내세움, 곧 민중사관으로의 전환은 포괄적인 '역사학 비판'의 일부를 이룬다.[25] 영웅·엘리트주의 사관에 맞서

박정희 의장 동학혁명기념탑 제막식 참석(1963)

민중을 역사주체로 부각하려는 시도는 사관의 전환, 역사 방법론의 전환, 그리고 공식 역사에서 부당하게 지워지거나 과소평가된 민중의 역사적 복권을 지향한다. 사관의 전환은 아래로부터의 역사 시각에 기초하여 기존 공식 역사를 전복하면서 역사적 진실을 재구성하려는 시도이다. 방법론적 전환은 '방법론적 민중(우선)주의'로 명명될 수 있는데, 민중을 우선적이고 집중적인 연구대상으로 선택하는 것, 영웅·엘리트주의 사관에 입각한 기존 역사·사료에 대한 비판적 독해를 포함하는 역사 거슬러 읽기(민중신학자 서남동은 이를 '뒤엎어 판독하기'라고 불렀고, 김용복은 '역사를 거꾸로 읽기'라고 불렀다),[26] 은폐되었거나 드러나지 않은 민중 역사의 발굴(한국 민중론자들은 이를 '민중사실'이나 '민중 사회전기'라고 불렀다) 등을 망라한다. 결국 민중 중심의 '새로운 역사학'은 민초들의 관점에서 민초들의 역사를 새로 쓰려는 프로젝트인 셈이다. "사회의 기본적 동력과 에너지를 기층 민중에 둔다. 거기서부터 출발한다"는 정치학자 최장집의 짧은 언명은 사관과 방법론의 전환을 압축적으로 대변한다.[27] 국문학사와 관련하여, 천정환은 "'쓰이지 않은' 혹은 '쓸 수 없는' 문학과 문학의 역사", 즉 "'문학사'의 '구성적 외부'"를 이루는 "민중의 문학사"가 새롭게 구성되어야 한다고 말했다.[28]

둘째, 민중의 능동적 행위자 측면을 강조하는 이들도 대체로 유사한 입장을 취해왔다. 이 입장은 『유럽과 역사 없는 사람들』에서 '역사 없는 사람들people without history'의 '저항성'보다는 '능동성'에 초점을 맞췄던 에릭 울프의 그것과 일맥상통한다. 울프는 "보통사람들은 역사적 흐름들 속에서 희생자이자 말 없는 목격자였던 만큼이나 작인作因이기도 했다"는 인식에 바탕하여, "'미개인들', 농민들, 노동자들, 이주민들, 둘러싸여 있던 소수집단들의 능동적 역사"를 탐구했다.[29] 일군의 독일인 신학자들은 민중신학에서 말하는 역사주체를 무엇보다 '능동적 행위주체'로 이해했다. 민중은 수동성이나 숙명론과 반대되는 능동성을 갖고 있으며, 공적인 책임을 수행하는 능동적인 주체라는 것이다.[30] 하이델베르크대 선교신학 교수인 준더마이어도 민중신학의 역사주체 개념을 "자기 운명의 주체"라는 의미로 해석했다.[31] 이는 민중 자신을 (객체가 아닌) "자신의 이야기와 운명의 주체"로 보는 역사 이해가 민중 사회전기에 담겨 있다는 김용복의 인식과 일치한다.[32]

한완상이 민중사회학적 문제의식을 본격적으로 발표하기 직전인 1977년 저작 『현대 사회학의 위기』에서 내세웠던 '인도주의사회학'의 문제의식도 '행위주체로서의 역사주체' 개념과 상통하는 바가 있다.[33] 인간 주체의 능동성·창조성을 강조하는 인도주의사회학은 일차적으로 인간의 피동성과 객체성을 강조하는 사회학적 구조주의(구조결정론, 구조환원론)의 대립항이었고, 여기에 휴머니즘(인도주의) 사상이 결합된 것이었다. 따라서 그것은 포스트모더니스트들이 비판하는 인간주의·인간중심주의·의식意識중심주의와는 전혀 다른 것이었다.[34]

셋째, 역사주체 담론을 민중의 생산자·노동자 역할과 사회재생산적 기능을 강조하는 맥락에서 논의하는 이들도 여럿이다. 민중은 생산대중 혹은 직접생산자이고, 부富와 재화 대부분의 생산을 책임지는 이들로서 소비층·향락층으로서의 지배자들과 구분되며, 사회의 토대이자 사회재생산의 불가결한 기초를 이룬다는 점에서 역사의 실질적인 주체라는 것이다. 문동환에게 민중은 "몸으로 땅을 정복하면서 역사를 밀고 나가는 무리들"이며,[35] 김지하나 백낙청에게서도 이와 유사한 표현을 발견할 수 있다. 박현채에게는 민중이 무엇보다 "사회적 재생산에서 기본적으로 자연과 인간을 매개하는 직접적 생산자로서의 성격과 위치를 갖는 계급 또는 계층 그리고 사람들"이었다.[36] 『한국민중사』의 저자들은 생산대중을 민중의 동의어로 간주하면서 민중이 생산적 노동, 사회변혁운동, 정신적 가치 창출의 세 차원에서 항상 "역사 창조자" 역할을 수행해왔다고 보았다.

역사의 창조자로서의 생산대중의 역할은 구체적으로 어떤 것이었을까? 첫째, 생산대중은 자기의 생산적 노동에 의해 역사를 창조한다. 물질적 생산활동의 과정에서 그들은 자신의 경험을 축적하고, 나아가 이것을 통하여 과학·기술·예술·정치를 위한 기초를 만들어낸다. 둘째, 역사에서 생산대중의 역할은 생산력의 발전과 이에 조응하는 새로운 사회체제로 이행하기 위한 전제조건을 준비하는 데 그치는 것이 아니다. 그들은 사회변혁운동의 방향과 그 완수를 결정하는 가장 기본적인 힘이 된다. 선구적인 이념·이론도 이러한 대중들의 변혁을 위한 요구의 반영이며, 투쟁 경험의 집약이다. 마지막으로 생산대중은 물질적 가치뿐만 아니라 위대한 정신적 가치도 만들어낸다. 노동의 기쁨과 수탈에 대한 분노·투쟁·좌절은 노래와 춤, 시와 이야기로 표현된다. 이들은 정신적 가치의 참다운 보고寶庫이며, "모든 위대한 시 중에서 가장 위대한 시인 인류 역사를 만들어낸 시인들이다."[37]

부정적으로 말하면, 이들이 없을 경우 사회의 재생산과 존속이 원천적으로 불가능하다는 의미에서도 민중은 역사의 주역이다. 역사학자 이기백도 민중 없이는 사회의 존립이나 유지 자체가 불가능하므로 사회와 지배층은 민중에 의존하고 있다는 점을 강조했다.[38] 이만열의 표현을 사용하자면, 민중은 부족사회 시대에는 "지배층의 생산을 담당한 존재"였고 삼국시대에도 "생산과 부역을 담당하는 등 지배층 존립의 중요한 기반"으로 기능했던, 한마디로 "지배층 존립의 전제조건"이었다.[39] 겉으로는 지배층이 역사 주도 세력으로 보이지만, 그리고 민중은 역사에 기록되지 않았지만, 지배층의 존립 조건을 제공해온 민중이 사라지면 지배층의 역사 자체가 붕괴한다. 아도르노와 호르크하이머가 적절히 기술했듯이, "그들(오디세우스 배의 선원들로 대표되는 민중—인용자)은 자신들의 삶과 함께 억압자의 삶을 재생산하며, 그럼으로써 억압자는 자신의 사회적 역할로부터 탈출할 수 없게 된다."[40] 교육학자인 김인회는 역사주체의 핵심적 의미를 경제 영역이 아닌 문화·역사·종족의 차원에서 찾았다. 민중이 '역사의 지속성과 생명력의 원천'으로서의 역할, 고난 속에서도 '문화적·민족적 동질성과 일체성'을 유지하는 역할을 수행해왔다는 것이다.[41]

넷째, 정치·경제·사회적 종속성에도 불구하고 문화적 차원, 집합심성 및 집합의식 차원의 자율성을 강조하는 이들도 민중의 보편적인 역사주체성을 강조하는 경향을 보인다. '자율적 민중문화'는 '자율적 민중정치'의 기반으로 작용할 수 있다. 재일 역사학자인 조경달도 민중문화의 자율성과 그에 기반한 민중운동의 자율성을 주장해왔다. 그는 르페브르와 야스마루 요시오安丸良夫 등의 연구에 기초하여, 세계의 다른 여러 곳에서처럼 후기 조선에서도 민중은 "고유한 문화를 가진 자율적 존재"였으며, '민속문화의 자율성'이 '민중운동의 자율성'으로 이어졌다고 보았다.[42] 이와 유사하게 김영범은 조선 후기에 '구어 담론'과 '문필 위주의 담론권력'이 서로 맞서는 가운데, 구어 담론이 "상당한 독자성을 갖는 고유의 의사소통권을 운영"하고 있다고 보았다.[43] 여기서 김영범이 말하는 '의사소통권'은 송호근의 '공론장'이나 '담론장' 개념과 상통하는 것으로 보인다. 송호근은 조선 후기에 등장한 '문해인민文解人民'[44]이 '언문담론'의 주역이었으며, '국문 담론'에 기초하여 '평민 담론장'이 형성되었고, '자각인민'은 ('양반 공론장' 혹은 '사족 공론장'을 대체하는) '평민 공론장'을 형성한 주체였다고 했다.[45] 민중문화의 자율성과 그것의 저항적 함의에 대해서는 제6장에서 자세히 다루려 한다.

이번에는 '과정적/형성적 접근'에 초점을 맞춰 보자. 이 접근은 민중의 '역사주체 형성' 혹은 '역사주체화' 과정에 중점을 둔다. 여기서 민중은 역사주체가 '되어가는' 존재, 과거에는 그렇지 못했으나 점점 역사주체 지위로 '올라가는' 존재로 간주된다.[46] 이 입장은 "민이 역사주체로 상승하는 민중화 과정"이라는 이만열의 언명에 집약되어 있다.[47] 이와 유사한 주장들을 여럿 발견할 수 있다. 예컨대 경제학자인 박현채는 민중을 "역사적으로 자기 회복에 의해 다시 역사의 주인으로 되어가고 있는 사회적 존재"로 규정했다.[48] 문학평론가인 염무웅은 이렇게 말했다. "'민중'은 그 현실적 실체가 자신을 민중으로 각성하는 정도에 따라, 그리고 그들이 역사 발전의 주체의 역량으로 성장하는 정도에 따라 내용이 주어지게 될 말이 아닐까 생각한다. 이 말에 대한 이해의 깊이 역시 민중적 현실과 민중적 실천에 대한 참여의 정도에 따라 결정될 것이다."[49] 자유실천문인협의회가 만든 『실천문학』의 창간사도 민중의 역사적 상승을 경축한다. "새 역사는 오고야 만 것이다. 우리 민족의 실체인 대다수 민중의 존엄성이 바야흐로 착실하게 떠오르고 있다."[50] 여익구는 『민중불교 입문』에서 "인류의 역사는 민중의식의 확대·발전사史"이며 "오늘날엔 그야말로 민중이 역사의 주인이 되었다"고 했다.[51] 역사학자 김성보는 "스스로를 새로운 변혁의 주체로 정립하여 나아가는 주체적 자기 창출의 존재"로 민중을 제시하는가 하면, 민중운동사야말로 "민중 스스로가 자기를 활성화하고 역사의 주체로서 전면에 등장해가는 자기의 구성의 과정"이었다고 주장했다.[52] 3세대 민중신학자 김진호에 의하면, 민중은 "사회구성체의 모순구조 속에서 '이 모순적 구조를 극복하려는 역동적인 형성적 실체'", 혹은 "모순적 사회구조가 존재하는 한 각 시기, 각 상황에서 언제나 변형되어 형성되는 역동적 실체"로서, '고난의 담지자인 민중' 단계에서 '역사의 주체로서의 민중'으로 점차 형성되어 간다.[53]

이 접근은 근대의 특별함, 곧 근대가 다른 시대와 구분되는 특수한 시기임을 강조하는 시각과 대체로 상통한다. 그러나 민중이 언제부터 역사주체가 되었다고 보는가에 대해서는 다양한 견해들이 제시되었다. 백낙청은 구한말 혹은 식민지기에 '민족의 주체'가 민중으로 바뀌게 되었다고 보았다. 앞서 소개했듯이, 정창렬도 1876년 개항 이후 민중이 해방운동의 핵심 주체로 등장하는 '민중의식의 시대'가 개시되었고 1920년대 후반기에 이르러 민중의식이 확립되었다고 간주했다. 민중 대신 인민 용어를 사용하고 있긴 하지만, 송호근도 19세기를 전후한 시기에 인민이 '역사의 객체' 지위를 벗어나 '역사의 주체'로 등장하기 시작했다고 판단했다.[54] 배항섭은 민중 주체화 과정의 첫 사례로, 다시 말해 "민중이 근대사의 전개 과정에서 적극적으로 자신들의 생각과 행동을 드러낸 주체로 등장하는 최초의 사건"으로 1882년의 임오군란을 꼽았다.[55] 서남동은 동학혁명으로부터 4·19혁명에 이르기까지 민중의 역사 주체성 성취 과정을 개관했다.[56] 문동환은 기존 민중론들을 종합하여 20세기를 역사·정치의 객체에서 주체로 전환하는 '민중 각성의 시대'로 결론지었다. "민중에 대한 글들을 종합해보면, 그 핵심적인 것은 인류의 절대다수를 차지하고 있는 민중들이, 역사에서 소외당하고, 집권자들의 객체가 되어 희생당하며 살아왔었는데, 금세기에 접어들면서 서서히 각성하기 시작했다는 것이다. 그리고 내일의 새 주인공으로서의 자각을 가지게 되었다는 것이다."[57] 이만열은 3·1운동이 '민족지도자'가 민중으로 바뀌는 결정적 계기였다고 했다.[58] 안병직도 이만열과 유사한 주장을 폈다. 앞서 소개한 바 있듯이 안병직은 1976년 11월호 『월간 대화』지 좌담에서 "자기 자신이 역사를 이끌고 가는 하나의 주체로서 자기를 주장할 수 있는 단계에 있어서의 대중"만을 민중으로 호명할 수 있다는 입장을 피력했다. 같은 좌담에서 그는 3·1운동을 민중 역사주체화의 시점始點으로 보았다. "3·1운동 이후의 민중운동에서는 자신이 역사발전의 주체가 될 수 있다는 자각 하에서 참여한 사실이 두드러집니다.……이때부터 진실로 민중이 역사발전의 주체가 되는 단계로 넘어가게 됩니다."[59] 민중의 역사주체화 시점을 가장 늦게 잡은 이는 최장집이었다. 그에 의하면 민

중은 1980년대 민주화 투쟁에서 "역사상 최초로 민주주의를 실현코자
하는 의식적으로 자각된 행위 주체로 형성되면서 역사의 무대에 나타났
다.⋯⋯민중이 1980년대에 처음으로 역사의 주체로 등장했다."[60]

보다 넓은 맥락에서 역사주체론을 전개한 몇몇 사례도 눈에 띈다. 대
표적인 경우로 서양사학자 이광주를 들 수 있다. 그는 『신동아』1980년
7월호에 실은 "민중의 서구적 논리와 계보"라는 글에서 프랑스혁명과 파
리코뮌을 통해 민중이 역사창조의 주체로 상승했으며, '혁명 참여'를 통
해 민중 개념의 대전환이 발생했다는 논지를 개진했다.

> 민중이 역사에 획기적 전환을 마련한 것은 프랑스대혁명이었다.⋯⋯
> 지난날 그처럼 국가사회의 체제로부터 소외되었던, 18세기 후반기에
> 이르러서도 기껏하여 비정치적 문화의 개념으로서 경시된 민중은 이
> 제 처음으로 공공선公共善, 즉 공화국에 주체적으로 참여하는 정치적
> 시민이 되었다. 민중이 단순한 개인적 인간이 아닌 정치적 덕성, 다시
> 말하여 참가하는 의지를 갖춘 그 시점에서 근대적 국민국가가 탄생되
> 었던 것이다.⋯⋯1789년에서 개시되고 1871년에 이르러 새로운 모랄
> 과 논리를 획득하게 된 혁명의 시대 속에서 대중은 이제 역사창조의 주
> 체로서 출현하였으니 '대중의 시대'의 개막이라고 할 것이다.[61]

1965년에 이진영은 민족운동의 주역이 서구에서는 '시민'이었지만,
비서구 식민지들에서는 '민중'이 될 수밖에 없다고 주장했다.[62] 이와 유
사하게 서남동은 인류사에서 역사주체의 계보는 '귀족'에서 '시민'을 거
쳐 '민중'으로 변화되었는데, 한국처럼 식민지를 경험한 사회들에서는
'시민사회'를 건너뛰고 '민중사회'로 직행하는 경향이 있다고 보았다.[63]

2. 민중과 근대

(1) '민중의 시대'인 근대: 주체와 주인의 간극

필자가 서장에서 강조했듯이, 1920년대와 1970년대에 대두한 '민중 주체론'은 지배·정치·역사의 대상이자 객체였던 민중이 주체로 역할이 변화된다는 '이행 담론', 혹은 그런 방향으로 시대 성격이 근본적으로 바뀌고 있다는 '전환기 담론'의 맥락에서 제기되었다. 이미 1920년대부터 「동아일보」 지면 등에는 '민중의 시대 도래'를 운위하는 기사들이 빈번히 발견되거니와, 민중시대에 이미 진입했거나 그것이 임박했다고 본 많은 민중론자들이 이러한 이행기 내지 전환기를 '근대'로 명명했다. 그리하여 민중시대로 선포된 근대에 특별한 역사적 의의가 부여되었다. 앞서 고찰한 역사주체에 대한 과정적/형성적 접근 역시 근대주체 담론과 자연스럽게 결합되었다. "노동자·농민이 역사주체의 한 부분이라는 것은 근대사회에 들어와 너무나 당연한 사실이 되었습니다"라는 강만길의 확언은 수많은 사례 중 하나에 불과하다.[64] 『한국민중사』를 공동 집필한 민중사학 그룹도 마찬가지였다. "전근대사회에서 생산대중은 역사를 움직이는 기초였으나, 그들이 역사 표면에 의식화된 주체로서 등장하지는 못하였다. 그러나 노동자를 중심으로 하여 농민, 빈민 등으로 구성되어 있는 근대사회 이후의 생산대중은 자신을 역사의 주체로서 의식하고 행동해나갔다."[65]

근대는 자본주의, 산업혁명, 시민혁명 등과 연결되었다. 장상철은 근대와 자본주의를 연결시키는 박현채의 근대관近代觀을 이렇게 설명했다. "민중의 주체적 성격은 근대 자본주의사회에 와서 강화되는데, 그 이유는 신분적이거나 경제 외적인 제약에서 해방되어 형식적이나마 대등한 권리를 갖고 있는 민중을 제약하는 것은 이제 경제적 관계에서의 불평등

뿐이기 때문이다."[66] 1979년 펴낸 『민중시대의 논리』 머리말에서 노명식은 '민중시대로서의 근대'를 다음과 같이 설명했다.

> 민중이 역사의 주인공으로 역사의 무대에 등장하기 시작하는 것은 산업혁명과 시민혁명을 통해서이다. 산업혁명은 산업주의를 낳고, 시민혁명은 민주주의를 낳는다. 산업주의는 인간의 물질생활에 사상 초유의 혁명을 가져왔고, 민주주의는 인간의 사회생활에 사상 초유의 혁명을 가져왔다. 이 두 혁명과 함께 민중의 시대가 열리기 시작한 것이다. 지난 200년의 세계사는 영국의 산업혁명과 미국의 독립혁명에서 막을 올린 민중의 시대가 전 세계 방방곡곡으로 번져간 역사이다. 이 역사의 조류는 계속 더 강대해질 것이다. 그 흐름을 막을 자는 아무도 없다.……새 역사의 산모는 어느 영웅이나 위인들이나 특정한 계급이 아니라, 민중 전체이다.[67]

염무웅도 민중시대 담론을 즐겨 사용한 이들 중 한 사람이다. 그는 1979년에 출간한 평론집 『민중시대의 문학』 머리말에서 이렇게 말했다. "한 가지 분명한 사실은 이 시대가 다름 아닌 민중의 시대라는 점이다. 언제부터 민중의 시대가 시작되었느냐를 판별하는 것은 또 다른 전문적 논의를 요하는 일이 될지 모르지만, 민중이란 말이 이처럼 각 분야 각 층에서 널리 쓰여지고 있다는 사실 자체가 민중적 각성과 성장의 표현이요, 민중시대의 한 징표일 것이다."[68] 이상록은 함석헌이 자각성을 기준으로 '근대의 민중'과 '근대 이전의 민중'을 명확히 분별했다고 설명했다. "그(함석헌—인용자)는 전근대 민중과 근대 민중의 차이를 개인의 자각 여부로 구분하였다. 전근대에는 하늘 뜻의 대행자를 자칭하는 지배자들이 민중을 속이고 압박하기 쉬웠으나, 근대의 자각된 민중은 의식적으로 역사의 주인 노릇을 하기 시작했다고 하였다."[69] 이런 시대 인식은 "민중이 주인 노릇 하는 시대"이자 "민중 스스로가 자기 운명을 알아서 결정하고 실행하며 더욱 깊이 깨닫는 시대"라는 백낙청의 표현과도 닮았다.[70]

　민중 개념의 역사에서 왜 근대가 중요한가? 근대 자체가 중요하다기보다는, 그것이 인민주권 및 민주주의 사상을 동반했기 때문일 것이다. 비록 형식적일지언정 민중의 '주권자' 자격이 인정되었고, 그로 인해 적어도 원리적으로는 민중이 국가 '내부로' 끌어 당겨짐과 동시에, 국가 내부의 위계에서 '위로' 끌어 올려졌다. 인민주권과 민주주의 사상을 국가이념으로 공식화한 나라들에서 민중/인민은 주권자, 모든 권력의 원천, 심지어 지배자·통치자로 선언되었다. 그것이 아무리 형식적인 수사修辭에 불과한 것이었을지언정 이런 선포 행위에 함축된 무한한 중요성과 의의가 결코 격하되거나 경시되어선 안 된다. 인민주권이나 근대 민주주의 이념에 비춰보면, '인구학적 다수자'가 거의 항상 '정치적·경제적·사회적 소수자' 지위로 고정되어 있다는 사실, 다수자가 정치주체이기는커녕 실제로는 '노예 주체'나 '소외자 주체'에 가깝다는 사실 자체가 심각한 스캔들이 아닐 수 없다. 민중을 '주체이자 비非주체'인 형용모순의 존재, 주체로 호명되면서도 실제로는 비주체인 묘한 존재로 만드는 이런 상황은 스캔들일 수밖에 없다. 이데올로기 수준에서의 '주체 인정'과 현실 권력관계에서의 '탈주체화'(그리고 권력에 의한 부단한 '순응적 주체' 생산) 사이의 긴장이 확대된다. 주권의 형식적 획득일 뿐 실질적인 내용은 부재한 현실, 형식–실질의 이런 이율배반은 인민주권과 민주주의 이념 시대를 특징짓는 '정치적 모순'을 구성한다. 인민주권과 민주주의 이념이 공식 표방되는 시대에 전통적인 민중 개념의 두 요소인 피지배자와 다수자의 결합, 즉 '피지배 다수자'라는 말도 더 이상은 자연스럽거나 당연하게 여겨지지 않는다. 인민주권과 민주주의 이념 아래서 민중 개념의 내적 모순과 긴장이 고조되는 것이다. 결국 근대는 이런 정치적 모순의 시대이고, 이 모순 때문에 민중의 개념적 긴장과 역동성이 극대화되는 시대이다.

이 점을 정확히 포착한 것이 백낙청의 중요한 기여였다. 그는 "민중은 누구인가"라는 글에서 "근대 민중의 독특한 성격"을 강조한 바 있다. "오늘날 민중이라는 낱말에 늘 어떤 긴장이 따르는 것도 근대 민중의 독특한 성격 때문이다. 그것은 곧 그들이 주권자요 역사의 주인임을 누구나 입으로는 인정하지만 여전히 피지배자의 운명을 벗어나지 못하고 있다는 점이다."[71] 그러므로 근대라는 시대는 "억압행위가 위장되지 않으면 안" 되는, "억압을 안 하는 체하지 않고서는 억압을 계속하기 어려운 단계"인 것이다.[72]

임헌영이 『문학비평용어사전』의 '민중' 항목에서 재치 있게 표현했듯이, 민중은 "역사를 창조해온 직접적인 주체이면서도 역사의 주인이 되지 못한 사회적 실체"이다. 이런 주체와 주인의 간극이 민중을 '가능성의 존재'로 만드는 요인 중 하나일 것이다. "민중은 개념의 완성을 향하여 부단히 운동하는 역사 사회적 실체"라고 백욱인은 말한 바 있는데,[73] 주체와 주인 사이의 간극을 메우는 과정을 '민중 개념의 완성을 위한 부단한 운동'으로 이해할 법도 하다. '주체의 주인화' 과정, 즉 역사발전의 주체인 민중이 사회·국가의 주인이 되어가는 과정이 역사라는 민중사학 측의 주장도 유사한 발상을 담고 있는 것으로 보인다.[74] 이런 주체와 주인의 간극 내지 지체 문제가 정치 쟁점화되는 게 근대의 특징이라고도 말할 수 있겠다. 결국 여기서 '변혁'은 역사주체와 역사주인의 모순적 괴리 상태를 뒤흔듦으로써 주체와 주인의 점진적 혹은 급진적인 수렴·일체화를 추구하는 과업이 된다. 앞서 언급한 '개념적 긴장'에 이런 '현실적 간극'까지 추가될 때 민중은 강렬한 역동성과 전복성을 지닌, 매우 독특한 개념이 될 수밖에 없다.

(2) '서구 근대적 주체'를 넘어서기

한국의 민중론은 '서구 근대적 주체' 문제를 의식하면서 그것의 여러 한계들을 넘어서기 위해 씨름해왔는가? 결론부터 말하자면 1세대와 2세대 민중론에서는 이 문제가 진지하고도 충분하게 논의되지 못했다. 서장에서 이미 언급했듯이, 한국 민중론에서 '주체' 문제는 이행/전환 담론이나 영웅·엘리트 사관 비판의 맥락에서 주로 논의되었다. 서구 근대적 주체 관념 비판의 맥락에서 타자를 창출하고 지배하는 위압적·능산적 주체, 그리고 권력 효과로 생산되는 탈중심화되고 수동적이고 순응적인 주체가 자주 논의되기 시작했던 것은 1980년대 후반부터 혹은 1990년대 이후부터였다. 다만 민중신학은 이런 큰 흐름에서 이례적인 움직임을 보였다.

한국의 민중신학은 이미 1980년대 초부터 국제 신학계에 널리 알려졌다. 특히 1979년 10월 22~24일 "하나님의 백성과 교회의 선교"라는 주제로 서울에서 열린 '아시아에큐메니칼신학모임'은 민중신학 국제화의 결정적인 계기였다. 이 모임은 민중신학 역사에서 기념비적인 글들이 다수 발표된 자리이자, 참여자들의 합의로 Minjung Theology라는 이름이 공식 탄생한 자리이기도 했다. 이때 발표된 글들을 엮은 영문서적이 아시아기독교협의회(Christian Conference of Asia: CCA) 신학위원회에 의해 *Minjung Theology: People as the Subjects of History*(민중신학: 역사주체로서의 피플)라는 제목으로 1981년 싱가포르에서 발행되었다.[75] 테오 준더마이어에 의하면, "한국의 민중신학자들은 그들의 새로운 신학적 입장을 처음으로 큰 규모의 회의에서 발표하였다. 이 회의에서 발표된 논문들이 출간되자 이 새로운 신학사상은 아시아에 널리 알려지게 되었고 곧이어 유럽에도 소개되기 시작했다."[76] 1985년에는 문희석의 『민중신학』(1977년)이 영문으로 번역·출간되었고, 딘 W. 펌이 엮어 1986년 발행한 *Third*

World Liberation Theologies(제3세계 해방신학들)에서도 한국의 민중신학 논문들이 여러 편 소개되었다.[77] 1985년부터 1990년까지 민중신학을 주제로 한 한국과 일본 신학자들의 회합이 이어졌다. 이 시기에 한국신학연구소와 도미사카그리스도교센터에 속한 신학자들이 세 차례에 걸쳐 양국을 번갈아 왕래하며 '민중신학합동협의회'를 개최했던 것이다.[78] 이런 사실들은 민중신학이 국외의 서구 및 비서구 신학계로부터 제기된 다양한 질문과 도전에 일찍부터 노출되었음을 뜻한다. 마침 1980년대는 서구·비서구 학계의 선도적 인사들이 '포스트주의'로 나아가던 시절이었으므로, 탈근대주의나 탈식민주의를 전제로 한 학문적 토론의 기회가 민중신학자들에게도 적잖이 주어졌을 것이다. 탈근대주의, 탈식민주의, 페미니즘 등의 시각에서 국제 진보신학계가 민중신학에 제기한 비판적 도전은 재미 신학자 이정용이 편찬하여 1988년에 출간한 *An Emerging Theology in World Perspective: Commentary on Korea Minjung Theology*(세계의 시각에서 본 신흥 신학: 한국 민중신학에 대한 논평)에서도 쉽게 확인할 수 있다.[79] 이에 앞서 1985년 3월 일군의 독일인 신학자들이 한국 민중신학자들에게 띄운 공개 편지에서 제출한 질문들도 마찬가지이다. 서남동이나 안병무 등 1세대 민중신학자들은 1980년대 이후 그런 흐름을 의식하면서 민중신학의 문제의식을 가다듬어 갔을 가능성이 농후하다.

　1세대 민중신학자들 중에는 외국유학 경험자들이 유난히 많았다. "그들은 모두 미국과 독일 등지에서 진보적이고 자유주의적인 신학을 공부"했다는 이석규의 지적처럼,[80] 1세대 민중신학을 대표하는 서남동(캐나다), 안병무(독일), 서광선(미국), 현영학(미국), 김용복(미국), 문동환(미국), 문익환(미국) 등은 모두 해외유학파였다. 민중신학의 '공동 창시자' 대접을 받는 서남동과 안병무는 식민지 말기 일본으로 유학하여 신학을 공부했다가, 1950~1960년대에는 각각 캐나다와 독일로 두 번째 유학을 다녀온 독특한 이력을 갖고 있다. 현영학과 문익환·문동환 형제도 식민지 시대의 일본 유학과 해방 후의 미국 유학 경험을 지닌 사람들이었다. 1세대 민중신학자들은 유학 경험을 통해 서구의 진보적 신학들을 습득했음은 물론이고, 귀국 이후에도 국제 신학계 동향에 민감하게 반응하면서 외국 진보 학계와의 교류를 계속했다. 특히 서남동은 "현대신학의 안테나"라는 별명까지 얻었을 정도였다.[81] 그가 국제 신학계의 동향에 얼마나 밝았는지는 1976년 저작인 『전환시대의 신학』에 잘 나타난다.[82]

서구적 근대 주체를 극복하려는 민중신학자들의 시도는 주체-객체 이원론 비판에 집중되었다. 필자가 보기에 서구적 주객 이원론 극복을 위한 민중신학의 이론적 무기는 두 가지였다. 그 하나는 '사건' 개념으로, 이후 민중신학은 스스로를 '사건의 신학'으로 부르기 시작했다. 다른하나는 노장老莊사상과 불교를 중심으로 한 '동양사상'으로, 여기에는 탈근대주의적 문제의식뿐 아니라 탈식민주의적 문제의식도 함께 깔려 있었다. 동양사상을 서구중심주의 비판의 수단으로 삼는 이들 중 상당수가 '포스트모더니즘이라는 우회로'를 거치지 않은 채 서구중심주의 비판이나 탈식민주의로 직진하는 특성을 보여주는데, 1세대 민중신학자들도 그런 쪽에 속한다.

안병무는 2세대 민중신학자 박재순과의 대담에서 이렇게 말했다. "제가 민중신학을 하기 전에 탈서구화라는 작은 글을 썼어요. 탈서구화하지 않으면 예수의 실상을 알 수 없다는 생각이 절실했지요."[83] 탈식민주의적 문제의식, 서구중심주의에 대한 거부의식은 1세대 민중신학자들이 표방한, 서구신학에 대한 근본적 전복전략으로서의 '탈신학'과 '반신학' 기치에 집약되어 있다. 탈신학/반신학 담론에는 서구신학을 넘어서려는 집요하고도 강렬한 욕망이 담겨 있다. 탈신학/반신학은 서구적 이분법 전반을 극복하기 위한 방법론적 전환에 무게를 둔다. 독일인 신학자들의 질문에 대해 안병무는 한국 민중신학자들의 의견을 종합하여 다음과 같이 답했다.

서구의 신학은 이원론dualism으로 가득 차 있습니다. 일상의 경험은 종교적 경험으로부터 분리되어 있습니다. 서방 교회의 역사 또한 마찬가지입니다. 교회는 자신을 지키는 데 급급했기 때문에 세속화에 대해 방어적인 저항의 자세를 취해왔습니다. 세상의 역사와 구원의 역사, 국가와 교회, 하나님과 민중은 철저하게 구분되어야 했습니다. 마치 본능적으로 분리를 필요로 하는 듯합니다. 우리에게 이것은 하나님의 보편성과 창조에 대한 믿음과 모순되게 보입니다. 이원론은 인위적입니다. 무엇보다도 우리는 분리가 아닌 통일성을 추구합니다.……우리는 오랫동안 서구의 영향을 받았습니다. 그러나 지금 그 이중적 분리를 거부합니다.[84]

민중이 스스로를 구원할 수 있는지 물었습니다. 또 민중은 죄가 없는지 물었습니다. 여기서 분명히 드러나는 것은 이런 질문이 갖는 주체-객체적 구조입니다. 구원자와 구원을 받는 자, 구원의 주체로서의 하나님과 구원의 객체로서의 인류. 이런 도식은 늘 배후에서 우리의 의식을 형성시켜 왔습니다. 그러나 구원의 역사는 모든 것을 포괄하고 있으며, 능동과 수동의 구분을 수반하지 않습니다. 구원된다는 것은 수동적인 과정이 아닙니다. 인간의 노력과 은혜의 선물은 분리된 것처럼 보지 말아야 합니다.……그 둘은 언어적 표현은 다르지만 하나입니다.[85]

인용문들이 보여주는 것처럼, 안병무는 서구식의 이원론적 '분리'보다는 '하나됨'을 추구하며, 나아가 주객 도식을 넘어 '객체/타자의 능동성'에 주목하는 발상의 전환을 촉구하고 있다. 안병무의 제자이자 3세대 민중신학의 대표주자 중 한 사람인 김진호는 서구신학의 주객 도식에 대한 안병무의 비판을 해설한 바 있다. "선생이 보기에 서구신학은 예수에게 영원불변의 가면(페르소나)을 씌웠다. 그런 점에서 독백적 언술 구조인 서구신학의 주객 도식은 담론적으로 제국주의적 패권주의와 등가적이다. 제국주의는 식민화된 사회를 계몽의 대상으로 설정하면서, 원주민을, 그들의 언어를, 그들의 외침을 침묵하게 했고, 자신들의 말만을 소통되게 했다. 이러한 일방주의에 대한 대화주의적 비판이 바로 선생의 '주객 도식의 극복'이라는 테제였던 것이다."[86] 다른 곳에서 김진호는 이렇게 말하기도 한다. "민중신학의 반론은 정곡을 찌른다. 이른바 서구의 주류 신학들이 공히 그 내적 논리로 '주객 도식'을 전제하고 있다는 것이다. 그것은 '신학의 타자들'에게 은연중 신을 '서양-백인-남성'적 가치와 동일시하고 있다는 주장으로 이어진다. 이러한 비판은 민중신학의 해방의 수사학이 서양의 주객 도식을 단순 전도시키고 있는 것이 아니라 그것의 해체를 지향하고 있다는 주장을 함축한다."[87] 또 다른 3세대 민중신학자인 오승성 역시 주체-객체 이항대립의 '역전'이 아닌 '해체', '자리바꿈'이 아닌 '대립적인 것의 긴장된 공존'을 추구한다. 거기에는 자아의 '타자 의존성', 자아 정체성을 구성하는 과업에서 타자 존재의 '본질적인' 중요성, 자아의 불순不純함과 오염됨과 혼종성, 자아 내부에 이미 자리 잡은 타자라는 인식이 전제되어 있다.[88] 그는 데리다의 '대리보충supplement' 개념을 끌어들여 "이항대립적 관계의 무엇들은 대립의 경계선을 넘어 상대방으로 흘러 들어가 흔적으로서 서로를 보충한다"고 주장한다.[89]

1세대 민중신학자들이 탈신학/반신학이라는 전복적 용어로써 부각하려 했던 것은 몸, 사건, 이야기, 체험, 실천 등이었다. 그들은 이를 통해 서구적 육체-정신 이분법을 극복함과 동시에, 오히려 전자에 우위를 부여했다. 또 탈신학/반신학은 지배이데올로기화된 기존 서구신학에 반대하면서, '지배의 신학'으로서의 서구신학을 '민중의 신학'으로 전환하려는 데 중점을 둔다.[90] 서남동의 표현처럼, "탈신학화는 마음에 대한 육체의 부활이요, 정신에 대한 물질의 부활이요, 남성에 대한 여성의 부활이요, 지배자에 대한 민중의 부활이요, 하늘에 대한 땅의 부활이요, 이성과 지성에 눌려 있는 감정과 본능의 부활이요, 역사와 신학에 가리고 밀려난 이야기와 민담의 복권을 의미한다."[91] 서남동이 내세운 '성령론적·공시적 해석'은 "전통적인 기독교 신학의 근본적인 문제였던 이원론적 세계관, 특히 그것이 근대적 사유 체계 안에 배태된 이성주의, 개체주의, 감각주의와 결부되면서 생겨난 숱한 문제점들을 극복하려는 해석학적 시도"였다고 김희헌은 평가했다.[92] 반신학은 '지배신학'에 반대하며, '몸의 신학'을 세우기 위해 '머리의 신학'에 반대하며, '서구신학'에 반대한다.[93] 현영학은 "한이 담긴 몸의 경험"에 다름 아닌 무당의 신병神病을 화두 삼아, 이원론적 사고방식에 젖은 서구신학을 극복하려 한다. "무당의 신병이라는 것은 갑자기 하늘에서 떨어진 어떤 '계시' 때문도 아니며, 귀신들의 장난 때문도 아니며, 일상생활에서의 지독한 고통과 고생, 그리고 거기서 맺히고 쌓여진 한 때문이라는 것이다.……무당의 신병은 필자로 하여금 한국인으로서 그리스도교 신학의 문제를 새로운 시각에서 다시 검토해보아야 할 계기를 마련해준다. 이데아의 세계와 현상의 세계, 정신과 물질, 영혼과 육체, 성과 속, 구속사와 일반사, 케리그마와 역사적 사건, 남성과 여성, 지배자와 피지배자라고 하는 이원론적 사고방식을 극복하는 방법 모색에 참고가 되리라고 믿어진다."[94] 민중신학자들은 민중극 연구자들, 민중불교론자들과 함께 탈식민주의 대열의 선두에 서 있었다. 서구신학 극복의 의지가 서구적 주객 이분법에 대한 비판으로도 나타났음은 물론이다.

거의 모든 민중신학자들이 '사건' 개념을 중시한다. 실천(프락시스)과 사건 현장에의 참여·투신의 중요성을 강조하는 맥락에서, 마르크스주의에 경도된 2세대 민중신학자들 또한 사건 개념의 의의를 높이 평가했다. 2세대 민중신학의 대표자 중 한 사람인 강원돈은 이렇게 평가했다.

"필자는 민중신학을 민중신학답게 만드는 것을 민중 '경험'과 그것에 대한 독특한 '해석방식'이라고 본다. 민중신학은 일찍이 이것을 '사건'과 '증언'이라는 독특한 개념으로 정식화한 바 있다. 민중신학은 출발부터 '사건의 신학'이었다. 사건의 신학은 역사적인 사건들 속에서 활동하는 하느님을 발견하고 그것을 해석하고 증언하는 과제를 스스로에게 부여한다. 이 관점에서 발견되는 하느님은 '사건을 일으키는 신'이며, 사건을 통해 인식되는 신이다."[95] 민중신학적 사건 개념의 시발점은 안병무였다.[96] 안병무는 '사건'의 발견이 자신에게 신학적 전환점이 된 깨달음이었다면서, 지체 없이 자신의 신학을 '사건의 신학'으로 작명했다. 그것은 기쁨과 감격을 동반하는 유레카적 체험이었고 열광적인 깨달음이었다. 안병무의 사례가 잘 보여주듯이 사건은 '인식론적 단절과 도약' 그리고 '정체성 변혁'을 수반한다.[97]

> 서양사람들은 오클로스에 관심하지 못했는데, 그들은 모든 것—신도 예수도 성령도—을 '인격persona'으로 파악하기 때문입니다. 그들은 "예수가 누구냐?" 하고 '누구냐'만 물어요. 그래서 예수도 "어떤 어떤 인격이다"라는 답을 얻고, 거기에 안주하고 말아요. 그러나 나는 그게 아니라고 생각했어요. "예수는 하나의 사건이다!" "하느님도 사건이다!" 나는 이것을 깨달았던 것입니다.……이 깨달음이 내 신학적인 전환점이었습니다.……'사건으로서의 예수', 이것이 고리가 되어 나의 역사적 예수의 추구는 민중신학으로 연결된 것입니다.……사건으로서의 예수, 즉 '예수사건'으로서 그를 새롭게 이해하게 되니까 역사적 예수에게 접근하는 큰 신작로가 열린 느낌이 들었습니다.……나는 여기에 착안을 해서 '사건의 신학'이라는 것을 제창하게 된 것입니다.[98]

사건의 신학은 '예수사건'에서 시작된다. 안병무에 의하면, 예수사건은 하나의 '집단적' 사건, 즉 '민중사건'이었다. 이후로도 예수는 성령을 통해 민중사건을 지속적으로 일으키는 거대한 화산맥火山脈으로 기능한다.[99] 서남동 역시 그가 '성령론적-공시적 해석'이라 부르는 방법을 통해 그 자신의 '사건의 신학'을 개척했다. 사건 개념은 안병무뿐 아니라 서남동에게도 서구 근대적 사유를 극복하는 데 관건적이었다. "성령이 일으키고 있는 사건, 그 사건을 통해서 드러나는 그리스도의 현재성을 증언"하는 것이 성령론적-공시적 해석의 핵심이었다.[100] 신이 자기를 계시하는 매체가 바로 '사건'이다. 왜 그런가? 최형묵에 의하면, "신학의 궁극적 근거인 하나님의 계시는 시·공간을 초월하여 경험할 수 있는 것이 아니라 언제나 특정한 시·공간 안에서 경험할 수밖에 없기 때문이다. 곧 '사건' 안에서 경험하는 것이다."[101] 그렇기에 사건은 세속성과 비세속성(초월성)의 통일이다. "이 민중사건은 세속적이면서 또 세속적이지 않다. 이 사건은 하느님 없이 일어나기는 하지만 그 안에 구원을 안고 있다. 사건은 그 사건 자체를 초월한다. 이 사실은 역사 안에서 흔히 간과되었거나 지배자들에 의해 의식적으로 억압받았는데, 까닭은 거기로부터 해방의 자극이 주어지기 때문이다."[102] 이정희는 안병무의 '말씀'(로고스, 케리그마)으로부터 '사건'으로의 전회에서 "데리다의 '로고스 중심주의'의 해체"를 목격한다.[103]

'사건'은 '말씀'을 대리보충하면서 의미의 종결을 연기시키고(자크 데리다) 차이를 생성하는(질 들뢰즈) 것은 아닐까? 사건은 어떤 '사태'와 그것에 개입하는 '행위'(알랭 바디우의 '진리-사건'의 정치)와 그것에 관한 '말'이 통섭通攝되면서 개시開示되는 것 아닌가? 안병무의 사건으로의 급진적인 패러다임 전회는 다음 말로 집약될 수 있다. "하느님은 사건으로 말씀하신다." 이것이 '하느님의 선교'이면서 '민중신학의 기초'다.[104]

나아가, "태초에 케리그마가 있었던 게 아니라 예수사건이 있었다!" 는,[105] '말씀'에 대한 '사건'의 선행성先行性마저 선포되었다. 사건 안에서 예수와 민중은 주체-객체 관계에 놓이기는커녕, 주체-객체 경계가 허물어진 혼융의 관계이자 상호적 변형의 관계로 접어든다. 이정희는 이를 줄탁동시와 유사한 관계로 설명한다. "민중과 예수가 줄탁동시啐啄同時로 창출되면서, 이제 서로 서로의 무늬로 상감되어 새로운 존재로 변신하기. 민중은 예수의 무늬로 상감되며, 예수는 민중의 무늬로 상감한다. 예수-메시아-사건은 그 상감의 섭동을 바탕으로 창출된다. 마침내 민중신학은, 무대의 탑 라이트 밑에서 독백하는 예수, 그리스도론적 독백의 신학에 틈을 낸다. 갖가지 '임계와 경계와 한계'에 갇혀 그 껍질㐬을 부수기 위해 몸부림치는 민중, 그 민중의 껍질 부수기 몸부림에 참여하는 예수의 몸부림, 그것이 예수-메시아-사건이다."[106] 예수사건은 성령을 매개로 민중사건들의 연쇄로 이어진다. 예컨대 2세대 민중신학을 대표하는 강원돈은 "전태일 사건을 통한 예수사건의 재현과 반복을 계속적으로 증언하는 일"이 민중신학의 임무라고 말한다.[107] 안병무는 전태일 사건, 김세진 사건과 그 어머니의 신앙고백, 6월항쟁에서 민중사건, 십자가와 부활 사건을 연이어 체험한다.[108]

민중신학자들이 서구적 주객 이원론을 극복하는 데는 동양사상도 중요한 이론적·사상적 무기로 활용되었다. 여기서도 안병무가 선구적인 역할을 맡았다. 그러나 서남동도 민중신학으로 뛰어들기 전인 1970년대 초의 생태신학 논문들에서 일찍부터 동양사상 도입의 필요성을 주장하고 있었다. 그는 생태학적 위기에 대응하기 위해 동양종교로부터 배우자면서, 동양사상에서도 정신-육체의 상호의존을 강조하는 심신일체心身一體 사상과 인간-자연의 유기체적 관계를 강조하는 만물동체萬物同體 사상에 특히 주목했다.[109] 서남동은 "두 이야기의 합류"와 "두 전통의 합

류"를 내세우는 '합류合流의 신학'을 통해서도 동서양 철학의 만남과 합류를 깊이 있게 논했다.[110]

안병무는 동양사상 안으로 더 깊이 들어갔다. 그는 어릴 때부터 한의사이자 한학자인 부친에게서 한문과 동양고전을 익혔다.[111] 그가 1956년에 하이델베르크대학으로 유학 가서도 "한동안 몰두한 것이 중국 고전인 사서삼경四書三經"이었다.[112] 1965년에 끝낸 그의 박사학위논문은 공자의 유교와 서구신학을 비교하는 논문이었다.[113] 그러나 이 주제는 그를 힘들게 했다. 당시 안병무의 지도교수로부터 안병무를 도와주라는 부탁을 받았던 준더마이어의 회고에 따르면, "그는 유교 경전을 서구 학문에 길들여진 독일의 눈으로 읽었다. 그리고 그것이 그를 아주 회의에 빠지게 했다. 그는 더 이상 유교에서 올바른 길을 찾지 못했다."[114] 이처럼 독일 유학 시절부터 동양사상에 큰 관심이 있었고 박사학위논문도 그런 주제로 작성했지만, 안병무는 유교에서 벗어나 불교와 노장사상으로 옮겨가면서 비로소 서구신학을 완전히 넘어서게 된다. 이런 독특한 출발이 그의 탈식민주의를 매우 돋보이게 만드는 것으로 보인다.

안병무에 따르면, "중국에서 공자 이후 관념화되어……인의예지나 삼강오륜 같은 것들이 얼마나 민중을 소외시키고 억압했는지 모릅니다. 그런 의미에서 도덕경과 노자는 좀 더 후대에 민중 편에 서서 그 그물에 저항하면서 그것들을 상대화하고 깨는 데 전력을 기울였습니다.……불교도 힌두이즘에 대해 저항하려 했고 다시 불교가 낡아빠지니까 민중 미륵불교가 나오게 된 것입니다."[115] 안병무의 제자로서 안병무 사상의 동양적 연원과 탈식민주의적 성격을 밝히는 데 열심이었던 김명수에 의하면, 안병무는 불교의 '불이不二 사상'이나 '제법무아諸法無我 사상'의 영향을 받았다. 『유마경』의 불이사상에서 중생-보살은 '상호의존 관계성' 속에서만 파악 가능한데, 예수-민중의 관계도 주객 이분법을 넘어서는 "불이적不二的 의존관계"로 파악될 수 있고, 예수는 철저히 민중과 얽혀 있는

"관계적 존재"였다는 것이다. 이와 유사하게 『금강경』의 제법무아 사상에 따르면 모든 사물은 고립된 실체가 아니라 서로 기대어 존재하며, 모든 사물은 연기적緣起的으로 존재할 뿐이고 변화의 과정으로만 존재한다는 것이다.[116] 세상 만물의 상호 연계 속에서 '내(주체) 안에 이미 들어와 있는 타자(객체)들'을 고려하면, 주객 이분법이나 주체 우위론은 그만큼 설 땅이 좁아질 수밖에 없는 것이다. 인간이 관계적-상호의존적 존재임을 증명하기 위해 안병무는 줄탁동시의 비유를 사용한다. "인간은 관계적인 존재입니다.……씨알 안에 맹아가 따로 있지요. 그런데 그놈이 두꺼운 껍질을 벗기고 나오는 데에는 태양과 땅과의 관계도 있지요. 또 수정된 계란도 부화되는 데는 어미 닭이 품고 있는 따뜻함의 관계에서 가능하고, 마지막에 병아리가 되어 나올 때는 어미 닭이 그 껍질을 쪼아주거든요. 이런 관계가 생명을 이어갑니다."[117]

안병무는 노자로부터 민중의 평등사상을 배웠다. "노자의 물에 대한 이미지는 사회적 평등사상과 결부되어 있다.……타자와 다투지 않으면서도 만물을 이롭게 하고, 우주 만물에게 생명을 부여하며 항상 평등을 지향하는 물이야말로 민중의 전형적인 모습이다. 안병무에 따르면 민중은 물과 같다民衆若水."[118]

불교의 공空 사상과 도가의 무위無爲사상은 나와 타자의 경계를 해체한다. "안병무가 말하는 동양사상이란 무엇인가?……불교의 세계관에서는 있음(色)과 비어 있음(空)이 상호 의존되어 있고, 변증법적으로 통전성으로 이해되고 있음을 볼 수 있다. 안병무는 불교의 공空이나 도가의 무위無爲사상을 '존재의 침묵'이라고 불렀다. 이 '존재의 침묵'은 나와 나 아닌 것 사이의 경계를 해체하고, 전체로서의 '하나(一者)'가 되는 참 존재의 시작이다. 공이나 무와의 만남은 안병무에게 있어서는 하나님과 만나는 계기가 된다.……비어 있음[nihil]이 모든 피조물의 터전이라는 것이다."[119] 독일 신학자들에 대한 답변서에서 안병무는 이렇게 말했다. "'공

空', '무위無爲' 그리고 '무의식無意識' 같은 종교의 가장 높은 단계의 개념들은 서구적으로 접근할 수 없습니다. 그 주체-객체의 가름이 여기선 더 이상 적용되지 않습니다. 말로 표현할 수 없는 것과 알 수 없는 곳으로의 진입을 뜻하기 때문입니다. 그러므로 높은 차원의 힘에 대한 믿음의 본질은 '무언無言'입니다."[120] 시간이 흐른 후 안병무는 '로고스'를 '기氣'로 대체하여 "태초에 말씀이 있었다"는 명제를 "태초에 기가 있었다"는 명제로 바꾸기도 했다.[121]

유영모와 함석헌의 씨알(씨ᄋᆞᆯ)사상도 안병무의 탈서구적 신학 형성에 큰 영향을 미쳤다.[122] 주지하다시피 유영모와 함석헌은 그리스도교 사상과 동양사상의 합류에 적극적이었다.[123] 안병무는 독일 유학 시절에도 함석헌·유영모와의 교류를 계속했고, 귀국 후 중앙신학교 교장 시절에도 유영모와 함석헌을 강사로 초빙했다. 그는 한신대학교로 옮긴 후에도 함석헌의 강좌 개설을 계속 주선했다.[124] 김명수는 함석헌 씨알사상이 안병무에게 미친 영향을 "동양종교, 특히 불교나 도가 사상에 눈을 돌려 동양사상의 지평에서 기독교신학의 외연을 확장하고 재조명할 수 있는 안목을 제공"한 것으로 요약한 바 있다.[125] 안병무 평전의 저자 김남일은 안병무가 동양철학에 기대어 포스트모더니즘 혹은 포스트구조주의 기획의 맹아를 풍부하게 펼쳐 보였다고 평가했다.

> 안병무는 생래적으로 전체주의를 용납하지 못하는 사람이었다. 그래서 그는 헤겔 대신 키에르케고르를 택했고, 서양의 합리주의 세례를 받았으면서도 동양적 사유의 맥을 놓지 않았다. 우리 사회에서 그의 그런 선택의 정당성은 그의 말년에야 비로소 논리적 공방을 통해 입증되기 시작했다. 이른바 포스트모더니즘 혹은 포스트구조주의가 그 무렵 우리 사회에 유행처럼 소개되기 시작했다. 헤겔이 쌓아 올린 저 완강한 이성과 동일성의 성채를 일거에 허물어뜨린 해체론자들의 어쩌면

얄밉도록 예리한 언어와 과감한 기도에 열광했다.……우리는 안병무에게서, 그리고 그가 기대는 동양철학에서 이미 그런 기획의 맹아를 얼마든지 발견할 수 있는 것이다.[126]

김지하 역시 불교를 비롯한 동양사상과 한국 고유의 동학사상 등에 기대어 서구적 주객 이원론을 돌파해나가는 모습을 보여주었다. 그는 1984년 출간한 『밥』에 실린 "생명의 담지자인 민중"에서 이렇게 주장했다. "우리가 '민중 주체의 시대'라는 말을 자주 하고 있고 그것은 모두가 바라는 소망이기도 하지만, '민중'이란 단어와 마찬가지로 역사 안에서 '주체'라는 것이 중요시되는 것도 한 시대의 산물일 것이다. 영구불멸한 진리의 차원에서라면 주체가 어디 있으며 객체가 어디 있는가. 주체도 없고 객체도 없고 주체이면서 객체이고 객체이면서도 주체이며 또한 주체가 아니면서도 객체가 아닌 '제3의 눈'이 찾아져야 한다."[127] 역사적 관점에서 보든 존재론적 관점에서 보든 민중(인간)은 '주체이자 객체'인 존재이다. 통시적 관점에서 볼 때, 역사가 민중에 대한 억압의 역사(객체화)이자 해방의 역사(주체화)였다는 점에서도 민중은 '주체이자 객체'였다. 민중은 지배·억압의 대상(객체)이자 저항의 주체라는 이중적 계기로 구성되어 있다는 언명처럼,[128] 민중은 공시적 관점에서 보더라도 '주체이자 객체'였다. 또 주체-객체 관계, 주체-타자 관계, 주체-이방인 관계는 주체-주체 관계, 타자-타자 관계, 이방인-이방인 관계이기도 하다는 데리다적 의미에서,[129] 존재론적 관점에서 볼 때도 인간(민중)은 '주체이자 객체'이다. 그런데 민중에 관한 김지하의 주장 속에는 '주체이자 객체임'(이것도-저것도)의 논리, 그리고 '주체도 객체도 아님'(이것도-아니고-저것도-아님)의 논리가 동시에 작동하고 있었다.[130]

민중불교를 내세운 법성은 불교의 '중도中道' 사상을 통해 주객 이분법을 극복하고자 했다. 중도 사상은 적대적 주객 이분법이 극복된 역사의 실현 가능성에 대한 희망이자, 그런 역사로의 개방성 그 자체로 이해되는 듯하다. "중도는 있음과 없음, 주체와 객체가 서로 적대적으로 분리되지 않는 세계의 실상이자 소외된 인간현실을 지양하여 억압과 착취, 대립과 소외가 없는 인간의 본질을 실현해가는 인간의 사회적 실천이다. 곧 중도는 유무 고락의 대립이 없는 역사의 개방성이자 그 본질을 전면적으로 구현해가는 우리들의 사회적 활동이다."[131] 1987년 6월항쟁 당시 광주 원각사의 '민주쟁취를 위한 범불교도대회'에서 발표된 '민중선운동선언'은 불교의 '연기론緣起論'으로써 주객 이분법을 넘어서려 했다. "불교의 연기론은 모든 존재를 상호의존의 관계와 상호주체적인 개방성 속에서 파악한다. 그러므로 연기론은 객체에 의한 주체의 노예적 종속과 주체에 의한 객체의 도구적 이용을 동시에 지양함으로써 삶들의 주체적이고 개방적인 의사소통의 지평을 확보해준다.……모든 기만적인 통일 논리를 분쇄하고 주체가 주체가 아닌 주체이며 객체가 객체가 아닌 객체인 곳에서 주-객의 진정한 하나됨이 이룩될 수 있음을 보이고 있다."[132] 여기서 '주체가 아닌 주체'는 권능적 주체를 부정하면서도 주체성을 유지하는 경지를, '객체가 아닌 객체'는 영원히 환원되고 동일화될 수 없는 타자성과 객체성의 경지를 가리키는 것으로 보인다.

사실 지금까지 소개한 1세대 민중신학자들과 김지하, 법성 등은 포스트모더니즘이나 포스트콜로니얼리즘 용어를 사용하여 자기주장을 펼친 사람들이 아니었다. 그런 면에서 우리는 이런 용어들을 명시적·의식적으로 구사했던 사회학자 김성기에 주목할 필요가 있다. 김성기는 1987년에 "후기구조주의의 시각에서 본 민중: 주체 형성 논의를 중심으로"라는 논문을 발표한 데 이어, 1991년에는 『포스트모더니즘과 비판사회과학』을 출간했다. 김성기의 1987년 논문은 민중론에서 나온, 서구 근대적 주체 개념에 대한 최초의 본격적인 비판 작업이었다고 할 만했다. 그는 같은 작업을 통해 2세대 민중론도 비판대에 올렸다. 말하자면 그의 논의는 서구 근대적·능산적 주체 개념과 그 아류에 가까운 2세대 마르크스주의 민중론을 동시에 겨냥한 셈이었다. 김성기는 "초월적·선험적 주체", "자족적이며 통합적인 존재"로서의 주체, "통일된 의식 주체", "거짓된 의식 통일성", "일관성 있고 완전무결한 주체"는 인정할 수 없으며, "'주체의 동일성'을 주장하는 논의들 속에 내재하는 관념론을 벗어날" 필요가 있다고 주장했다. 이런 비판 위에서 그는 라캉을 따라 오직 "중심을 잃은 decentered 주체"만 인정할 수 있을 뿐이며, 폐기되어야 마땅할 '본질적인 주체' 개념 대신에 '과정적인 주체a subject in process', 즉 "언제나/이미 사회적 과정 속에 내포되어 구성되지만, 단순히 하나의 버팀목support으로 환원되지는 않는 그러한 주체" 개념이 필요하다고 제시했다.[133] '서구 근대 주체'에 대한 탈근대적·탈식민지적 비판은 1990년대 중반 이후 출현한 3세대 민중론에 이르러 당연한 출발점으로 간주될 정도로, 하나의 상식이자 표준으로 자리 잡았다.

3. 메시아적 주체

메시아적 주체는 기존 상황 및 시간과의 갑작스런 단절을 촉발하는 메시아적 시간, 메시아적 사건 속에서 유령처럼 출현하는 주체적 존재이다. 그는 메시아적 시간과 사건에 스스로를 개방하면서 능동적으로 반응하는 역사적 주체이기도 하다. 베냐민에 의하면, 역사의 모든 세대에게는 "'희미한' 메시아적 힘이 주어져 있고", 그러므로 중요한 일은 "위험의 순간에 역사적 주체에 예기치 않게 느닷없이 나타나는 과거의 이미지를 꼭 붙잡는 것이다."[134]

베냐민은 메시아적 시간을 "동질적이고 공허한 시간이 아니라 '현재 시간Jetztzeit'에 의해 충만된 시간"으로 정의했다.[135] 메시아적 시간은 "역사의식의 기념비"인 시간이고, 기억의 날이자 혁명의 날이자 속죄·참회의 날이며, 전체 역사가 응축된 씨앗으로서의 시간으로, 혁명적 기회, 역사가 완전히 새로운 질적 단계로 도약할 기회를 제공한다. 메시아적 사건은 "사건의 메시아적 정지"이며, "역사의 연속성과 지속성을 폭파"하거나 "동질적이고 공허한 역사의 진행 과정을 폭파"하는 "돌발적 사건"이다.[136] 리처드 카니의 표현을 빌리자면, 메시아적 사건은 "성스러운 낯선 것이 나타나는 결정적인 순간"이며, 메시아적 시간은 "이전의 것을 이후에, 일찍이 있었던 것을 나중에 되찾는 일―선형적인 크로노스적 시간의 순차성을 재배치하는 재생"이고, "갑작스러운 빛 비침, 은총의 순간을 가로지르는 에피파니의 순간(epiphanic moment)(찰나의 일별[Augenblick] 내지 지금시간[Jetztzeit])"이고, "미래-로서의-과거의 신비"이고, "시간 안에서 시간을 벗어나는 시간"이고, 복음서의 "남겨진 시간"이고, "내재성 안에서의 초월"이고, "'무'와 '비어 있음'의 케노시스적 순간"이다.[137] 그리하여 메시아(적 시간)는 "구원 가능성으로 충만한 모멘트로 현상하여 역사적 행위를 촉발하는 시간성"으로 이해된다.[138]

메시아적 사건은 '계몽주의적인 낙관적-선형적-목적론적 진보 역사'가 아닌 그것의 중단, 진화론적 연속성이 아닌 불연속, 그리하여 강렬한 전복적·초월적 의미를 수반하는 종말론적 사건이다. 동시에 메시아적 사건과의 우발적인 마주침은 새로운 정치적·윤리적 시공간들, 새로운 정체성들, 새로운 역사적 가능성들의 예기치 못한, 경탄할 만한, 때로 두렵기조차 한 '열림'을 수반한다. 따라서 메시아적 사건은 기존 현실, 개인적·집단적 자기 정체성과의 '단절'과 '초월', 새로운 가능성을 향한 '열림'을 동시에 촉발한다고 말할 수 있다. 동일한 취지에서 들뢰즈와 가타리는 '역사'와 '사건'을 대립시킨다. "역사 속에서는 아무것도 변하지 않거나 변하지 않는 것처럼 보일 수 있지만, 사건 속에서는 모든 것이 변하며 우리 자신도 변한다"는 것이다.[139] 메시아적 시간과 사건 안에서는 현실태와 잠재태가 중첩·교차하는데, 이런 상황이 아널드 방주네프와 빅터 터너가 논구한 리미널리티liminality와도 유사한 구조적 긴장과 비결정 상태, 나아가 기존 현실에 대한 성찰성을 자극한다.

(1) 메시아적 주체의 여러 이름들

필자가 보기에 메시아적 주체는 크게 네 가지 요소로 구성된다. 첫째, 기존 현실과의 '단절'과 새로운 가능성으로의 '열림', 둘째, 자기와 현실의 이중적 초월을 의미하는 '내재적 초월', 셋째, 타자와 소수자·이방인을 향한 '환대', 자발적인 '희생'과 '고난·고통 (대신) 떠안기', 넷째, 카이로스적 시간의 도래를 고대하면서 준비하는 '종말론적 기다림'이 그것이다. 그러므로 메시아적 주체는 성찰적 주체, 초월적 주체, 책임 주체, 환대하는 주체, 희생적 주체, 대속적代贖的 주체, 고난·시련의 주체, 종말론적 기다림의 주체, 심지어 구원의 주체 등 여러 이름으로 불릴 수 있다.

메시아적 주체는 무엇보다 합리적·타산적·경제적 주체와 대비되는 '윤리적 주체'이다. 오히려 '윤리적 주체 되기' 여정旅程의 마지막 지점혹은 정점에서 메시아적 주체를 만나게 된다고 말해야 할 것이다. 윤리적 주체는 "타자들의 부름 및 호소에 대한 책임의 윤리·정치"(데리다)를 실천하려는 사람이다.[140] 윤리적 주체는 '시련 속의 인내'를 통해 비극적 고통의 와중에 '부서져 열림'을 체험한다.[141] 레비나스가 말하듯이 메시아적 주체로의 길은 주체성의 폐기가 아닌 윤리적·책임적 주체로의 이행, 곧 '실존혁명'을 의미한다. 윤리적 주체는 타인의 고통을 떠안거나 대신 짊어지고자 하며, 때때로 대속적 희생양 되기를 기꺼이 감수하기도 한다. 급기야 이 희생양이 바로 메시아라고 선포된다.[142] 그런 면에서 윤리적 주체 주제는 함석헌이나 민중신학의 '고난사관苦難史觀'과 명백히 친화적이다. 계급주의적 민중론에 가까웠던 사회학자 김진균도 작고하기 직전 2003년에 발표한 글에서 "연대는 사람이 다른 사람의 고통을 자기의 것으로 감내하는 자세에서 나온다"고 말했다.[143] 1975년 3월 10일 천주교정의구현전국사제단이 발표한 선언문의, "우리는 민중의 고통을 우리의 고통으로 할 것"이라는 다짐도 같은 메시지를 담고 있다.[144]

심지어 타자에게 주도성과 능동성을 위임하는, '수동성이 주체성'이라는 주장마저 등장한다.[145] '모든 인간은 타자에 매여 있는 존재'라는 존재론적 조건과 함께, 타자에 대한 개방성과 환대(데리다가 말하는 '절대적-무조건적 환대')의 태도가 '주체의 수동성'을 요구한다는 것이다. 안병무는 타자인 민중을 향한 '절대적 환대'의 태도, 그리고 '주체의 수동성'을 드러내는 태도를 예수에게서 발견한다. 예수는 민중을 조건 없이 수용하고 환대했다. "그는 저들에게 아무런 조건도 제시하지 않고 있는 그대로의 그들을 하나님의 아들과 딸로 받아들였다."[146] 예수는 "그 동기야 어떻든 그 공동체에서 소외되어 멸시당하는 계층은 무조건 옹호한다."[147] 또 타자(민중)에게 주도권이 주어지고, 예수 자신은 '근본적인 수동성'에 따른다. 예수는 "저들을 규합하거나 또 어떤 가치를 가르치기 위해 능동적으로 저들에게 접근하지 않았고 오직 저들의 요청에 응했을 뿐이다."[148]

> 그들에 대한 예수의 행태에서 가장 주목할 사실이 있다. 그것은 예수가 저들을 받아들이고 옹호하는 데 어떤 조건을 제시하거나 요구하지 않고, 있는 그대로의 그들을 받아들이고, 무조건 영접하며, 또한 미래(하나님의 나라)를 약속하고 있다는 사실이다. 이런 행위는 당시 유대교의 주류를 이루고 있는 계층(바리새파, 사두개파)은 물론 탈예루살렘 종파(엣세네, 세례요한파)들에게도 도저히 용납될 수 없는 것이다.[149]

예수는 등장하자마자 곧 민중에 의해 둘러싸인다. 여기서부터 사건이 연속해서 일어난다. 그런데 예수가 어떤 구체적인 프로그램을 가지고 그들에게로 나아갔다는 인상은 없다.……아니, 오히려 민중에게 끌려 다닌 인상이다. 엄밀하게 말하면 끌리는 것이 끄는 것이고, 끄는 것이 끌리는 것이다. 그가 일으킨 사건 가운데 소경이 눈을 뜨고, 정신병자 가 낫고, 앉은뱅이가 걷는 등 병이 치유되는 이야기가 많이 전해진다. 그런데 예수가 의도적으로 병을 고치려고 나섰다는 느낌은 없다. 주도 권initiative은 병자 자신 또는 그와 함께 그의 친척 아니면 그의 친구들 이 취한다. 예수는 수동적으로 그들의 요청에 응한다.[150]

메시아적 주체는 윤리적 주체일 뿐만 아니라 '종말론적 주체'이기도 하다. 종말론적 주체는 종말을 향해 '완성되어가는' 주체임과 동시에, 서 광선이 "개방된 미래에 대한 희망"이라고 말했던,[151] 오늘의 각박하고 고 단한 삶 속에서도 종말론적 희망을 품고 카이로스적 시간을 준비하는 이 들이다. 아감벤이 해설한 '바울(바울로, 바오로)의 신학'이 그러했듯이, 종 말론적 주체는 '마치 ~이 아닌 것처럼(as if not)'이라는 메시아적 사고방 식과 윤리, 혹은 "메시아적 삶의 공식"에 따라 사는 사람들이다.[152] 그들 은 세속과의 절연이 아니라 세속 현실을 존중하며 그 안에서 성심껏 삶 을 영위하면서도 현실을 지배하는 규범들을 근본적으로 거부하는 사람 들이다. "공동체의 모럴에 의해서 선험적으로 주어졌던 소임은 성찰적 으로 괄호에 묶"이며, 메시아적 주체들은 "'이미 이루어진 도래'(사건적 순 간)와 '아직 이루어지지 않은(회상적 순간)' 재림 사이에 존재하는 기다림의 순간" 곧 카이로스의 시간을, "'이미'와 '아직' 사이의 역설적 긴장"을 살 아낸다.[153]

메시아적 주체로서의 민중은 이미 선포되고 도래한 구원 약속과 그것 의 궁극적인 완성에 대한 희망 속에서 기다림의 카이로스적 시간을 살아 가는 이들이며, 현실과 소명召命에 대한 이중적이고 긴장된 충성을 실천

베를린 홀로코스트 기념비 중에서

하는 종말론적 존재이다. 그들은 기다림 속에 두 세계의 경계에서, 두 세계를 동시에 살아가는 존재이다. 메시아적 시간 혹은 카이로스적 시간은 김홍중이 '진보의 역사철학'과 대비시킨, "순간의 질적 깊이"와 "순간의 구원적 가치"를 강조하는 '순간의 역사시학'으로, 그리고 '순간의 정치학'과 '기다림의 윤리학'이 결합된 어떤 것으로 향한다.[154] 그리하여 1세대 민중신학자 김용복이 "메시아와 민중"에서 말하듯이, "민중의 주체는 '아직 이루어지지 않았으나' 그럼에도 불구하고 '이미 이루어져 있다'는 현재와 종말의 중간시간에 존재해 있는 것이다."[155] 나아가, 민중은 "신(하나님)의 구원역사의 주체"로까지 간주된다.[156] 현영학은 '민중의 종말론적 특권'을 언급하기도 한다.

(2) 메시아적 민중

메시아적 주체라는 주제는 이처럼 우리를 다양하고도 중요한 차원들과 하위 주제들로 인도해준다. 이로 인해 메시아적 시간·사건 주제로, 윤리적 차원으로, 시련·고난·고통·한이나 '깨어져 열림'과 같은 민중적 정동으로 민중 이론의 관심을 넓혀갈 수 있게 된다. 그럼으로써 새로운 주제 및 차원과 소통하고 합류할 이론적 공간이 열리는 것이다. 메시아적 주체 논의는 민중신학자들이 파고든 '민중메시아' 이론으로 대표된다. 그러나 신학 분야만이 아니고 철학·문학·사회학·미학·인류학 등 매우 다양한 학문 분야에서 동시다발적으로, 제각기 다른 음조를 띠고 유사한 논의가 등장했다는 것이 한국 민중론(특히 1세대 민중론)의 주목할 만한 특징이었다.

우선, 함석헌에게 민중의 동의어인 '씨올'은 메시아적 주체라 불릴 만하다. 『함석헌 평전』의 저자 이치석에 의하면, 함석헌이 씨올이란 말을 처음 접한 것은 1956년 12월 말 유영모의 『대학』 강의에서였다.[157] 함석헌은 1957년 글에서 "하나님과 민중, 둘이 하나다.……거룩한 하나님의 발이 땅을 디디고 흙이 묻은 것, 그것이 곧 민중이다"라고 말했다.[158] 『사상계』 1959년 12월호에 실린 "씨알의 설움"이라는 글에서, 그는 "씨알의 하나님은 발을 흙 속에 디딘 하나님"이라는 기존 주장을 반복한 후 이렇게 덧붙였다. "씨알로 감은 결국 하나님으로 감이다.……씨알은 하늘 말씀의 내려온 것이요, 씨알의 운동은 곧 하늘로 올라가는 운동이다. 그러므로 하늘이 언제나 바다의 품에 깃들여 있듯이 하늘의 뜻은 언제나 씨알의 가슴에 내려와 있다.……씨알을 받들미(받듦이−인용자) 하늘나라 섬김이요, 씨알을 노래함이 하나님을 찬양함이다."[159]

이철호는 '민중적 민족문학' 정초자의 한 사람인 백낙청의 초기 비평에 나타나는 "죽음-생명의 변증법 혹은 그 역설의 미학"에 대해 다음과 같은 평가를 내린 바 있다.

박태순의 회고로 보자면, 민족문학론이 민중 개념을 제고하는 과정에서 씨올 개념의 전유가 이루어졌다. 1970년대 민중문학은 1960년대 씨올론의 계보 속에서 배태된 성과라는 것이다. 그리고 보니 백낙청의 초기 비평에서 '거룩한 것'을 비롯하여 '소명' '복된' '믿음' '사랑' 등의 기독교적 뿌리를 지닌 표현들이 예사롭지 않다. 하지만 그중에서 가장 주목되어야 하는 것은 죽음/생명의 변증법, 곧 부활이라는 사건 event에 있다. 장일담은 그 대표적인 경우에 해당한다. 백낙청 자신도 검토한 김지하의 옥중메모 〈장일담〉은 비록 미완에 그쳤으나, 잘 알다시피 부활하는 민중 주체의 표상으로 널리 회자되었다. 시적 화자가 처한 현재의 상황은 참담한 죽음과도 같으나 이를 직시하는 순간 오히려 생명의 계시가 도래하게 되는 예외적인 경험. 이러한 역설의 미학은 김지하의 1974년 1월 분석에 한정되지 않고 백낙청의 민족문학론에 있어 중요한 해석학적 범례를 이룬다.[160]

조현일은 1970년대 초중반의 백낙청 평론에 대해 '정치신학적인' 해석을 시도했다. 조현일은 바디우와 아감벤에게서 발견되는 것과 유사한 메시아적 민중 주체론을 백낙청에게서도 발견한다. 여기서 텍스트는 『창작과 비평』 1973년 여름호에 실린 "문학적인 것과 인간적인 것", 그리고 『씨올의 소리』 1975년 5월호에 실린 "민족문학을 통해 본 기다림의 참뜻"의 두 편이다. "전자는 염무웅이 제시한 영달, 백화, 정씨의 '묶임'(타자의 고통에 대한 공감의 연대─인용자)과 그 묶임을 가능케 하는 주체의 구조를 백낙청이 시기적으로 앞서 개념적으로 논리화하고 있으며, 후자는 그러한 주체의 시간과 자세를 '기다림'으로 명명하고 그 의미를 규명하고 있기 때문"에 '메시아적 주체' 주제를 읽어낼 수 있다는 것이다.[161] 조현일은 계속해서 황석영에 대한 염무웅과 백낙청의 평론을 대비시킨다.

신경림은 김정한을, 염무웅은 황석영을 통해 '민중'과 민중문학의 고유의 의미를 발전시키고 있다.……황석영의 인물들은 이와 같은 "몫 없는 자임을 선언하는 정치적 주체로서의 민중"에서 한 걸음 나아가 '사건'에 대한 믿음, 사랑, 희망을 실천하는 민중의 모습을 형상화하는 것으로 해석할 수 있다. 황석영에 대한 염무웅의 비평에서 나타나는 이러한 관점은 백낙청에 의해서 논리적인 언어로 표현된다. 백낙청에 따를 때 민중이란 '이상'이 아니라 '사명'에 따르는 주체들이라 할 수 있다. 그들은 사명에 자신을 가져다 놓아 사명에 정진하는 삶을 사는, 즉 부름에 응해 '~이 아닌 것처럼' 사는 주체들이다. 그들의 삶의 자세와 시간은 한마디로 "기다림"으로 요약되는데, 이때의 기다림이란 "그날그날의 할 일을 하고 싸움을 싸우는", "정진에의 부름"(사명)을 실천하는 삶을 의미한다. 그것은 단순한 기다림이 아니라 "믿음과 소망과 사랑의 행사行使로서의 기다림"인 것이다. 염무웅과 백낙청의 이러한 '민중'은 조르조 아감벤이나 알랭 바디우가 사도 바울을 분석하면서

도출한 주체와 그 구조가 동질적인 존재들로서 정치적 주체로서의 민중 개념을 개별성과 특수성을 넘어서 보편성의 차원으로 발전시키고 있다는 점에서 큰 의미를 갖는다고 할 수 있다.[162]

한편 한완상은 대자적 민중의 최고단계로 '신앙적 민중'을 제시했다. 이들은 전략적 계산을 초월하여 자기를 비울 수 있는 행동인이며, 자기희생의 의지와 메시아주의의 열정을 갖고 있다.[163] 한완상이 예수를 모델로 정립한 '내려가는 마음'의 단계론에도 타자의 고통을 떠안음, 자기 비움과 희생, 절대적 환대의 요소들이 담겨 있다. 그것은 첫째, 절대권력, 절대화된 체제, 신성화된 운동을 모조리 배격하는 '절대화를 거부함'의 단계, 둘째, 자기 비움, 내어줌, 자기부정, 자기 초월, 희생의 마음, 상처와 아픔의 공감, 스스로 아픔을 경험함을 포함하는 '함께 아파함'의 단계, 셋째, 타인의 고통에 동참하기 위해 그들을 편들기, 그것마저 넘어 스스로 종從이 되기를 포함하는 '종과 동일체화하기' 단계, 넷째, 죽음을 각오할 정도로 내려옴, 고난을 축복으로 여기기를 포함하는 '고난과 죽음'의 단계, 다섯째, 모든 고난을 극복한 후 '영광으로 올라가는' 단계이다.[164] 한완상은 고통을 나누고 함께 겪는 '동고의 실천', 즉 "억울한 고통을 당한 민중들과 동고同苦하려는" 이들에 주목하는데, 이들 역시 메시아적 주체에 가깝다고 하겠다. 한완상은 기독자교수협의회(기교협)를 신앙적 민중의 모범적이고 전형적인 사례로 생각했던 것 같다. 다음은 자전적 회고의 일부이다: "서남동, 안병무, 문익환, 문동환, 현영학, 서광선, 조요한, 김용옥(서울감신대), 이문영, 김용준, 노명식, 김찬국 등이 이 공동체의 식구들이었는데, 예수의 하느님나라 운동의 비전을 가지고 한반도의 평화, 민주화, 인권의 실현을 위해 헌신하고자 했습니다", "이분들과 만나고 나면 어떤 사명감이 더욱 불타오르는 것을 느끼게 되고 집단적 희망도 더 단단해지는 듯했습니다. 우리는 이 공동체를 예수의 종말론적 공동체로 인식했습니다", "당시 기교협은 종말론적 희망으로 무장한 일종의 신념 공동체 같았습니다."[165] 마나베 유코는 한완상의 '크로노스적 시간'과 '카이로스적 시간' 구분에 주목했다. "크로노스Chronos가 디지털적으로 흘러가는 양적인, 문자 그대로의 '시간'인 데 대해, 카이로스Kairos는 순서에 따르는 기계적인 변화가 아니라, 근본적인 변화를 불러일으키는 질적인 시간의 흐름"으로, 중요하고 자랑할 만한 일은 "새로운 역사를 만들어내고자 진지하게 온몸을 다한 카이로스의 투쟁"이라는 것이다.[166]

민중극 연구자이자 미학자·무용학자인 채희완은 민중의 죽음, 특히 이중삼중의 질곡에 시달리는 '여성 민중'(미얄할미)의 죽음이 인간해방의 지렛대가 되는 구원의 테마를 언급한 바 있다. "사회적 질곡의 틈바구니에 치여 할미는 허망하게 죽는다. 그러나 이렇게 깔뭉혀 초라하게 죽어가는 이름 없는 민중의 죽음이야말로 전근대적인 인간 억압에서 세계 본연의 인간해방으로 이 세상을 들어 올리는 지렛대가 된다(오늘날 이른바 여성해방의 근원적인 참뜻을 이에서 찾아볼 수 있다고 한다면 지나친 의미 부여가 될까?)…… 취발이와 말뚝이는 수많은 할미의 이름 없는 죽음 속에서 거듭난다고 할 수 있다."[167]

인류학자인 김성례는 제주의 무교巫敎가 "제주도와 육지 국가의 권력 관계에 대한 역사를 기억하는 아카이브로서 권력에 대한 저항과 종교적 구원을 상상하는 담론을 구성"하고 있음을 강조했다.[168] 국가폭력에 억울하게 희생된 민중의 영靈들과 무당(심방)의 상호작용 과정에서, 이 상호작용을 지켜보며 동참하는 이들의 깊은 공감 속에서, 메시아적 구원 주체로서의 민중이 생성될 가능성은 없는 것일까?

기세춘도 색다른 방식으로 민중메시아론과 닮은 주장을 펼친 바 있다. 기세춘의 견해는 묵자 해석과 노장사상 해설이라는 두 갈래로 메시아적 주체 주제와 연결된다. 우선, 묵자에게 "구원의 주체는 민중"이었다고 기세춘은 주장한다.[169] 아울러 묵자는 "하느님의 뜻 즉 민중의 뜻이 실현되는 것이 역사라는 이른바 민중적 구원사관"을 고수했다고 해석했다.[170] 기세춘은 민중이 메시아 기능을 대행한다는 수준을 훌쩍 넘어, '민중 스스로 메시아가 되는' 것이 묵자의 뜻이라고 보았다. "(그리스도교와는 달리—인용자) 묵자에게는 메시아가 없으므로 민중 스스로 메시아가 되어야 한다"는 것이다.[171] 다음으로, 기세춘은 장자莊子의 시대에 "도인의 민중 하방" 움직임이 진행되었고, 그 결과 "도인의 민중화" 혹은 민중 자신이 "세속의 신선"으로 상승하는 변화가 일어났다고 주장했다.

> 전국시대에 와서는 도인이 민중으로 하방下放되기 시작한다. 즉『노자』
> 에서는 허유, 백이伯夷, 숙제叔齊 등 천하를 준다 해도 이를 뿌리치고 세
> 속을 등진 은거인이 도인의 대표로 등장하지만,『장자』에 이르면 꼽추,
> 난쟁이, 추남, 백정 등 농공상의 삼민三民과 천민 등 하층 민民 계급이
> 도인의 주류를 이루며, 이들 민초들은 왕후장상이나 성인과 동렬로 배
> 치된다. 이처럼 노자의 도인은 속세를 버리고 산속으로 은둔하여 천상
> 과 우주를 노니는 신비스런 은인隱人이었다면, 장자의 도인은 속세에
> 서 천한 삶을 누리는 평범한 민중들이다. 이것이 노자와 다른 장자의
> 특징이다. 이러한 중대한 변화는 전국시대를 거치면서 도인의 민중화
> 가 진행되었다는 것을 의미하는 것으로 주목되는 대목이다.[172]

국문학자 류보선은 친일親日 행위에 대한 반성 위에 선 '해방 직후의 채만식 문학', 그리고 거기서 발견되는 '증여의 윤리, 증여의 공동체', 특히 "'못난 사람들'의 증여의 윤리"에 주목하면서 이를 "값진 문제의식"으로 높이 평가했다.[173] 증여의 윤리 및 공동체는 '잘난 사람들'이 만들어놓은 '교환경제' 체제를 흔드는 저항적 잠재력을 갖고 있다. 그것은 데리다가 제시한 "다른 정치적 전략"인 "무저항의 저항", 즉 "증여, 용서,

환대 같은 무저항의 저항"을 실천하는 것이기도 하다.[174]

　　채만식이 '잘난 사람들'이 만들어놓은 전쟁에 가까운 상황을 넘어설 존재로 설정한 것은 비유하자면 '못난 존재들', 그러니까 '잘난 사람들'에 의해 쓸모없는 실존으로 격하된 존재들이다. 채만식의 작품(이) 그중 주목하고 있는 것은 여성과 (청)소년들이다.……유작인 〈소년은 자란다〉를 통해서는 역경을 스스로 헤쳐 가는 '소년'과 그에게 증여의 모랄을 알려주는 못난(?) 민중들이 빚어내는 증여의 공동체를 통해 '잘난 사람들'의 '교환경제'를 넘어설 가능성을 감동적으로 그려내기도 한다.[175]

(3) 민중신학의 메시아적 주체론

이번에는 민중신학 쪽으로 눈을 돌려보자. 메시아적 주체는 민중신학의 '민중메시아론'에서 가장 선명한 형상에 도달한다. 모든 메시아 담론이 그러하듯 민중메시아 담론에도 '현재로 침투하여 현재를 변혁하는 미래', 그리고 '그 미래의 도래에 대한 기대와 대망'이라는, 일종의 미래지향적-종말론적 관점이 전제되어 있다고 말할 수 있다. 필자가 보기에 민중메시아론은 다음의 몇 가지 요소들로 구성되어 있다: 첫째, 고난의 주체이자 대속적 주체인 민중, 둘째, 자기초월적 존재인 민중, 셋째, 성육신 혹은 육화incarnation 사건의 현장이자 장소인 민중, 넷째, 구원의 매체이자 통로인 민중, 다섯째, 민중의 종말론적 특권, 여섯째, 정치적 메시아주의를 배격하는 메시아적 정치. 물론 각 요소들의 상대적 비중을 설정하는 방식, 개별 요소들에 대한 동의 여부나 그 강도는 민중신학자들 사이에도 상당한 편차가 발견된다.
　　첫째, 민중을 고난의 주체이자 대속적 주체로 보는 견해는 "세상의 죄를 짊어진 고난의 종"인 민중이라는 현영학의 표현에 집약되어 있다.[176]

민중은 무엇보다 고난·고통을 '당하는 자들'이고, 그 사실로 인해 세상을 구원으로 이끄는 이들이다. 이 견해는 '고난사관'을 전제한다. 이런 관점에서 최근 3세대 민중신학자들은 민중신학의 성격을 '고통의 신학'(고난의 신학)으로 규정했다.[177] 채수일은 '메시아 비밀', 곧 메시아성의 비밀스러운 기반을 '고난'에서 찾기도 했다.[178] 서남동은 '고난받는 민중의 메시아성'을 "한의 속죄적贖罪的인 성격"에서 찾았다.[179] 안병무는 (예수가 진 십자가처럼) "세상의 죄를 지고 가는 민중", 그리고 예수처럼 모욕당하고 "얻어맞는 민중을 통한 구원"을 말했다.[180] 김명수에 의하면, 안병무에게 "예수-민중은 모두 세상의 죄(구조악)를 지고 가는 희생양"이다. "안병무는 요한복음의 '세상 죄를 지고 가는 하나님의 어린양'을 민중과 일치시킨다(1장 6절). 민중의 고난은 우리를 구원으로 이끄는 메시아적 고난의 성격을 띤다. 민중은 구원의 주체이며 동시에 구원의 통로이기도 하다."[181] 안병무의 전태일론도 같은 맥락에 있다. "전태일은 고통을 승화하여 타자, 노동자 전체, 인류로 확대하는 민중적 메시아상"을 보여주었다는 것이다.[182] 전태일은 자기 몸을 던지는 폭파 행위를 통해 세상의 고통을 짊어진 채 그 고통의 부조리함과 비인간성을 고발하는 희생양이 되었다. "민중을 정확하게 바라보고 각계에 호소했으나 이 사회는 카프카의『성城』처럼 그에게 차단되어 있었다. 그러므로 그는 육탄으로 이 굳은 성을 폭파하는 방법을 선택할 수밖에 없었다."[183]

둘째, 민중은 자기초월적 존재로 간주되었다. 민중신학자들은 초월이라는 말을, (1) '일상'의 초월(즉 '초일상적 경험'으로서의 초월), (2) 직접적인 '이해관계'의 초월, (3) 기존 현실·제도 및 지배층의 '제약과 위협'에서의 초월 등의 의미로 사용하는 것으로 보인다. 세 번째 의미의 초월은 다시 기존 규범으로부터 탈주 혹은 고의적인 위반이나 파괴를 통해 그것을 넘어서는 것, 그리고 기성 질서의 상대화와 탈신화화·탈자연화·역사화의 두 가지로 나눌 수 있다.[184] 현영학에 의하면 "비판적 초월의 가능성은……사회계층의 밑바닥으로 내려간 층일수록 더 많아"진다. 그는 지배층이 "애매하고 추상적이고 부정확하고 불성실하게" 될 수밖에 없는데 반해 "민중은 몸으로 살아야 하는 그들의 사회적 위치 때문에 사회의 부조리성을 꿰뚫어 볼 뿐만 아니라 그것을 넘어서 미래에 대한 비죤도 본다"면서, "민중이 가장 진실한 현실의 초월자이며 초월(구원)의 주체"라고 결론짓는다.[185] 김용복은 민중이 고통스러운 삶 때문에 메시아에 대한 기대와 갈망을 가질 수밖에 없고, 이런 열망으로 인해 권력과 불가피하게 갈등 관계를 유지할 수밖에 없다고 본다. 이런 지배 극복의 지향은 민중으로 하여금 "시간과 공간을 통틀어 권력구조를 초월"하도록 만든다. 아울러 이런 '역사 초월성'으로 인해 "민중은 항구적인 영원한(종말론적) 역사의 실체"가 된다는 것이다.[186] 서남동은 민중을 '역사적 사명' 내지 '역사에의 부름'을 안고 있는 존재로 본다.[187] 안병무는 민중의 '자기-초월'을 가리켜 "그들의 부단한 노력, 부지런함, 또 자발적인 희생을 의미"한다고 설명한 적이 있다.[188] 그는 다른 곳에서 "자기의 재능, 자기의 성격, 자기의 무기력, 자기의 가능성을 초월"하는 것을 민중의 자기 초월 능력으로 설명하기도 했다.[189] 중요한 점은 안병무가 민중의 자기 초월 능력을 고통·고난 체험과 연결 짓고 있다는 것이다. 다시 말해 안병무는 고통을 승화하는 '부서져 열림'의 깨달음, 고통을 통한 '눈 열림 開眼'과 '마음 열림 開心'의 깨달음, 나아가 '자식을 바침'과 같은 '대속적 희생'의 경지에서 자기 초월의 능력이 생겨난다고 주장한다. "절망과 체념에서 되살아난 이 군상, 이들이 참 민중"이다.[190]

주목할 것은 두 아들을 감옥에 넣은 평범한 어머니가 제 자식만을 위해 기도하는 것이 아니라 그 아픔을 딛고 일어서서 자기의 고통을 잊고 다른 사람의 고통을 돌볼 만큼 성장했다는 사실입니다. 나는 여기서 자기 초월의 구체적 사실을 경험했습니다.……10년 전에 드렸던 한

어머니의 기도는 아들을 옥에 넣은 고통을 통하여 '내 아들'만이라는 이기주의를 넘어서 이웃의 고통과 자기의 고통이 같다는 데 눈뜨게 되었습니다. 그런데 10년을 경과한 지금 드리는 또 다른 어머니의 기도는 그보다 성장하여 자기 자식들을 새로운 민족의 역사가 전개되게 하는 데 희생의 제물로 하느님께 바치는 기도입니다. 자기 아들딸들의 석방을 원하는 말은 한마디도 없고 도도히 불의와 싸우고 하느님이 원하는 진실한 역사가 이 나라에 실현되게 해달라는 민족적 지평에로 승화되고 있습니다.[191]

동시에 이 '자기 초월'은 '내재적 초월'이기도 하다. 문동환은 이를 다음과 같이 설명하고 있다.

그(안병무—인용자)는 이 과정을 민중의 자기 초월이라고 한다. 그들의 능력이나 기대 이상의 결과가 나타나기 때문이다. 이것을 그는 하나님의 주권의 확보라고 부른다. 이렇게 말한 그는 자칫하면 이원론적으로 들릴 것 같다고 해서 새로운 표현을 쓴다.……'죄의 현실에서 인간이 할 수 있는 노력을 다하되 궁극적으로는 전혀 새로운 현실을 향해서 그 가능성을 열어둘 때 종말적 사건이 일어난다'는 것이다. 이 이원론의 극복은 전혀 새로운 현실이라는 것이 우리 속에 내재한, 그러나 우리가 평소에는 의식하지 못했던 차원에서 돌연히 나타나는 것이라면 가능해진다. 안병무는 자기의 능력으로 되는 것이 아니라 자기를 비우는 상태에서 가능해진다고 한다. 다시 말해서 우리 속에 내재하는 새로운 현실이 우리 자신이 완전히 자신을 비울 때 우리 삶에 나타난다는 식이라면 이원론이 극복된다는 것이다.[192]

3세대 민중신학자 신익상이 말하듯이, "메시아는 자기 초월성으로서의 역사 내적 경향"이자 "현실과 현실 초극이 교차하면서 중첩되는 역사 내재적 운동", 혹은 "현실과 현실 초극의 교차와 중첩"이다.[193] 유사한 취지에서 또 다른 3세대 민중신학자인 김희헌은 "민중이라는 역사적 실재에 담긴 타력적 구원과 자력적 구원의 통일성"을 말했다.[194]

셋째, 민중이 성육신 사건의 '장소'라 함은 민중이 역사와 현실 속에서 예수의 십자가 고난 사건을 지속적으로 재현해나가는 주체라는 말과 같다. "메시아는 고난받는 이웃으로 화신化身해 가지고 우리에게 접근"하며,[195] 따라서 '민중사건'은 곧 "카이로스적인 사건"이 된다.[196] 서남동의 말처럼 그리스도는 "고난받는 민중(이웃)의 얼굴과 아픔으로 오시는" 존재이며,[197] 역으로 "메시아로서의 민중은 스스로의 고난을 지고 새 시대를 열어가면서 하나님의 역사적 화육이신 그리스도를 드러낸다."[198] 김희헌은 민중메시아론을 "민중의 고난을 통해서 역사를 속량해나가는 과정과 결합된 신의 구원사적 섭리에 관한 범재신론적 증언"으로 이해하자고 제안한다.[199] 여기서 '최초 성육신' 이후 (성령을 통해) 영구적으로 이어지는, 수많은 '성육신 사건들'이라는 어떤 연속성과 반복성이 나타남을 강조하는 게 중요하다. 메시아적 초월 사건이 일회적인 것이 아니라 반복적인 것이라는 의미에서, 신익상은 메시아가 고유명사가 아닌 보통명사이며, 나아가 메시아는 명사(메시아)보다는 형용사적·서술적 용어(메시아적)로 사용하는 게 적절하며, 메시아는 명사적으로 고정된 불변의 본질적인 것이 아니라 운동이나 과정으로 이해되어야 한다고 주장했다.[200] 이런 반복성과 연속성은 민중적 삶의 리듬과 중첩되면서 관철된다. 현영학은 민중적 삶을 지배하는 세 가지 시간성들temporalities의 중첩 혹은 '리드미컬한 교체'를 말한 바 있다. 그 시간성들은 (1) 탈춤이라는 '놀이와 환상의 시간', (2) 그것이 끝난 이후에 돌아오는 '무속(한풀이)의 시간', (3) 기회가 오면 촉발되는 저항과 반란의 때인 '카이로스의 시간'이다. "이들(민중—인용자)은 역사의 종말, '하느님 나라'가 올 때까지 탈놀이와 같은 환상과 비전의 세계와 역사 안에서의 세계를 동시에 또는 리드미컬하게 교체하면서 살아갈 것이다. 말하자면 초월과 현실을 함께 산다는 말이다."[201]

넷째, 민중이 구원의 '매체'이자 '통로'라는 주장은 "이웃에게 한 것이 내게 한 것"[202]이라는 예수의 최후 만찬 메시지에 근거한다. "민중의 고난에 동참하면 그게 사람 되는 길이고 그게 바로 구원의 길"이다.[203] "신음하는 이방인·민중"이 "세속적 그리스도"이고, 그들의 "신음소리, 한의 소리"가 "그리스도의 음성"이다.[204] 민중(이웃, 타자, 이방인)의 고난에 동참하고 환대하는 것이 구원의 유일한 길이다. 이 주제에 대해 민영진은 우리에게 훌륭한 설명을 제공해준다.

> 민중신학에서는 메시아가 자신을 일치시킨 대상이 바로 이들(민중—인용자)이었다는 점에 착안한다. 그 성서적 근거는 마태 25:31~46의 '최후의 심판'이다. 특히 40절 "분명히 말한다. 너희가 여기 있는 형제 중에 가장 보잘것없는 사람 하나에게 해준 것이 바로 나에게 해준 것이다." 메시아는 자기를 굶주린 사람, 목마른 사람, 집 없는 나그네, 헐벗은 사람, 병든 사람, 유죄판결을 받고 형을 사는 감옥에 갇힌 죄인들과 일치시킨다. 그렇기 때문에 민중신학은 민중에게서 메시아적 성격을 본다. 구원사에서 민중이 차지하는 비중은 거의 결정적이다. 이것의 성서적 근거는 다시 마태 25:31~40이다. 여기 구원의 길이 제시되어 있다. 하느님께서 만세 전부터 준비해놓으신 그 '나라'를 차지하느냐, 못하느냐는 메시아가 자기를 일치시킨 그 민중에 대한 그의 태도, 그가 민중에게 어떻게 하느냐에 달려 있다. 민중을 발견하고 그의 요청에 긍정적으로 응답하면 그것이 바로 사람 되는 길이고, 그것이 바로 구원의 길이라는 것이다. 민중을 발견하고 그 요구에 응답한다는 것은 예를 들면 굶주린 이에게 먹을 것을, 목마른 이에게 마실 것을 주는 것

이고, 나그네를 따뜻하게 맞이하는 것이고, 헐벗은 이를 입히고, 병든 이를 돌보아주며, 감옥에 갇힌 이를 찾아주는 것이다. 민중에 대한 태도 여부가 구원을 결정한다는 것이다. 새 시대의 주인으로서의, 역사의 주체로서의 민중은 이런 메시아적 이해와 관련되어 있다.[205]

다섯째, 민중신학자들 가운데는 민중이 장차 '도래할 역사'의 주역, '새 세상'의 주인이라는 폭넓은 공감대가 형성되어 있다. 이런 생각을 적극적으로 밀고 나간 것이 '민중(가난한 자)의 종말론적 특권'이라는 현영학의 용어이다.[206] 그는 이 용어를 처음 착상했던 순간의 희열을 다음과 같이 토로한 바 있다.

> "너희 가난한 사람들은 복이 있다. 하느님의 나라가 너희의 것이다"……남미의 해방신학자 후고 아스만Hugo Assman은 '가난한 자의 인식론적 특권'이란 표현을 썼다. 가난한 자가 가진 자보다 더 정확하게 세상을 꿰뚫어 본다는 말이다. 그러나 루가복음 6장 20절의 예수의 선포는 그 이상으로 가난한 자의 종말론적 특권이다. 생각이 여기에 미쳤을 때 나는 도깨비한테 홀린 듯한 느낌이 들었다.[207]

여섯째, 이런 주장들은 김용복이 "민중을 자유롭게 하는 민중의 메시아적 '정치학'"이라고 부르는 차원으로 발전했다.[208] 이것은 두 가지 주장을 포함한다. 그 하나는 '메시아가 민중'이라는 것이고, 다른 하나는 '민중이 메시아'라는 것이다. '메시아가 민중'이라는 주장은 메시아인 예수가 스스로를 민중과 동일시했고, 민중 속에서 민중과 동고동락했으며, 민중의 종servant으로 자처했고, 자신의 부활을 통해 민중의 부활을 촉진했다는 의미이다.[209] 김용복은 '정치적 메시아주의'와 '메시아적 정치'를 명확히 구분했다. 정치적 메시아주의는 '권력적 메시아니즘'으로, 메시아적 정치는 '민중적 메시아니즘'으로 명명되기도 한다.[210] 그에 의하면, "메시야니즘이란……민중이 메시야와 더불어 메시야적인 역할을 하는 역사이다. 그런 반면에 정치적 메시야니즘은 민중을 '역사적으로 무력한 존재'로 만들거나 비주체적인 대상으로 만들고 있다. 예수의 '메시야적 정치'는 민중을 자신들의 운명에 대한 역사적인 주인들로 만듦으로써 민중의 역사적인 구체성을 실현하려는 정치학이다."[211] 이 개념들은 민중신학자들에 의해 폭넓게 수용되었다. 메시아정치는 고난과 연결되는 반면, 정치적 메시아주의를 지배·영광·폭력·권력 등과 연관된다. 채수일에 의하면, "예수의 메시아정치에는……고난이 전제되어 있다. 그래서 민중신학은 모든 형태의 폭력에 기초한 권력관계를 철저하게 거부한다. 하나님의 고난받는 종으로서의 예수의 메시아성이 정치적 메시아주의와 구별되는 이유도 여기에 있다."[212] 김용복은 '종말론적 민중관'이 민중을 절대화하지 않을 뿐 아니라, "메시아정치가 미래로부터 현실 역사에 돌연적으로 개입함으로써 고난의 역사가 희망의 역사로 변화"됨을 강조한다고 말한다.[213] 이처럼 메시아정치는 민중과 역사 모두를 새롭게 한다. 다음은 문동환의 설명이다. "(김용복에 의하면—인용자) 구원은 그들에게 내재해 있는 능력이나 내적인 운동의 법칙에 의해서 이룩되는 것이 아니라 메시아정치가 미래로부터 돌연히 현실에 개입함으로 이룩된다는 것이다. 이 과정에서 민중은 새로운 주체로 변화되고 새 역사 과정이 형성된다."[214] 이와 비슷하게 채수일도 민중신학의 '민중 메시아니즘'은 '역사 내재적 진보이념'임을 강조한다. "'민중 메시아니즘'은 메시아 희망의 담지자가 민중 자신이라고 본다. 메시아 역시 초월적 존재라기보다는 민중 가운데에서 육화한다. 민중의 자의식의 진보적인 성숙이 운동 가운데서 기대된다. 민중해방은 민중 자신의 힘에 의해 성취되며, '민중 메시아니즘'의 역사 이해는 '역사 내재적 진보이념'이다.……민중을 역사의 주체로 파악하게 되었으며, 민중의 현실변혁을 위한 자기초월적 행동에 메시아적 성격이 부여되었다."[215] 서남동은 독특하게도 메시아정치를 "새로운 방식의 연대"의 필요성과 연결지었다.[216] 이런 맥락에서 서남동은 메시아(예수)와 민중의 관계를 "고난의 연대"로 표현했다.[217]

메시아적 주체나 윤리적 주체라는 주제를 다루는 과정에서 우리는 자연스럽게 '저항'의 문제영역으로 이동해간다. 특히 저항의 원천으로서의 '윤리'나 '도덕감정'의 문제로 이행하는 것이다. 우리가 제7장에서 고찰해야 할 문제이기도 하다.

지금까지의 논의를 토대로 하나의 민중 유형론을 시도해볼 수도 있지 않을까. 〈표 4-1〉은 '기존질서에 대한 태도'와 '타자에 대한 태도'를 변수 삼아 교차시킨 결과이다. '기존질서에 대한 태도'는 동조(혹은 순응)와 비동조(혹은 저항)로, '타자에 대한 태도'는 배제와 환대로 각각 구분했다. 이를 통해 네 가지 유형의 민중 주체를 가려낼 수 있다. 우리는 (1) 기존질서에 대해 동조적(순응적)이고 타자에 대해 배제적인 민중 주체는 '전체주의적 주체'로, (2) 기존질서에 대해 비동조적(저항적)이고 타자에 대해 배제적인 민중 주체는 '부족주의적tribalist 주체'로, (3) 기존질서에 대해 동조적이고 타자를 환대하는 민중 주체는 '조건부 환대 주체'로, (4) 기존질서에 대해 비동조적이고 타자를 환대하는 민중 주체는 '무조건적 환대 주체'로 각기 명명할 수 있을 것이다.

〈표 4-1〉 다양한 민중 주체들

		타자에 대한 태도	
		배제	환대
기존질서에 대한 태도	동조	전체주의적 주체	조건부 환대 주체
	비동조	부족주의적 주체	무조건적 환대 주체

제
5
장

저항(1)

이번 장과 이어지는 두 장에서는 '주체성'과 함께 20세기 민중 기표에 결정적 변화를 초래한 또 하나의 요소, 즉 '저항성'에 대해 집중적으로 살펴보려 한다. 저항이라는 새 의미 도입과 더불어 '저항적 피지배 다수자'라는 신新개념이 탄생하면서, 민중을 둘러싼 '개념적 긴장'이나 민중의 '개념적 역동성'이 극대화되었다. 민중과 호환 관계에 있는 정치주체 개념들에서 좀처럼 발견되지 않는 높은 강도의 개념적 긴장과 역동성 자체가 민중의 도드라진 특징 중 하나로 자리 잡았다.

우리는 이런 긴장·역동성이 '근대 민주주의 시대'에 극적으로 고조되는 경향이 있음을 앞장에서 확인한 바 있다. 또 민중이 '형성적 존재'로 이해됨에 따라 민중이 복잡하고 난해한 개념으로 변했다는 것도 앞서 살펴본 바와 같다. 이제 피지배 다중多衆의 저항성이라는 의미까지 추가됨에 따라, 민중의 형성적 특징은 더욱 강화되고 개념의 복합성 역시 배가될 수밖에 없게 되었다.

'저항'은 1세대부터 3세대 민중론까지를 관통하는 공통 키워드이다. 기존 체제에 대한 저항의 명명이 1세대의 '인간해방·인간화·민주화'에서 2세대의 '혁명·변혁'을 거쳐 3세대의 '일상적 저항'으로, 저항으로의 전환을 위한 최우선 실천과제가 1세대의 '의식 형성'(의식화)에서 2세대 이후 '연대 형성'으로 바뀌어왔음에도 불구하고 말이다. 3세대 민중론자들이 '민중'이라는 용어 자체를 버리자는 일각의 요구에도 불구하고 이를 고수하는 이유도 바로 거기에 있다고 하겠다.

그러나 1세대 민중론 이후 현재에 이르기까지 저항성의 원천, 혹은 순응에서 저항으로의 전환 요인을 어떻게 설명할 것인가는 민중 이론의 최대 딜레마 중 하나였다. 특히 민중의 저항성을 선험적으로 전제하거나 미리 주어진 것으로 당연시하지 않으면서, 그와 동시에 민중의 저항성을 결정론적 독단으로 추정하거나 기계적으로 연역하지 않으면서, 어떻게 저항성의 중층결정적 발생을 경험적·역사적으로 설득력 있게 제시할 수 있을 것인가는 결코 만만한 과업이 아니다.

『서발턴은 말할 수 있는가?』의 편집자 로절린드 모리스가 명확히 했듯이, 이 분야의 "분수령인 텍스트"로 1982년에 출간된 에릭 울프의 『유럽과 역사 없는 사람들』*Europe and the People without History*,[1] 이런 연구의 "표준 텍스트이자, 일정 정도는 출범 텍스트"인 제임스 스콧의 1985년 작 『약자의 무기: 농민 저항의 일상적 형태들』*Weapons of the Weak: Everyday Forms of Peasant Resistance*과 1990년 작 『지배와 저항의 기술: 은닉대본』*Domination and the Arts of Resistance: Hidden Transcripts*[2] 등을 중심으로 "저항, 무의식적 저항, 때로는 피억압자의 행위능력이라고 다양하게 이름 붙여지는 어떤 것을 포착하고 명료하게 하려는 새롭고 강력한 충동이 해석적 사회과학들에서 생겨났던 것"은 1980년대 이후의 일이었다.[3] 물론 라나지트 구하의 1983년 작 『식민 인도에서의 농민봉기의 기초적 측면들』*Elementary Aspects of Peasant Insurgency in Colonial India*도 이와 함께 반드시 언급되어야 한다.[4] 그런데 한국은 조금 앞서 나갔다. 다시 말해 한국에서는 민중의 저항성, 나아가 민중 저항의 지속성을 강조하는 학문적 전통이 이미 1970년대부터 어느 정도 확립되어 있었던 것으로 보인다.

1. 권력과 민중

앞서 보았듯이 대부분의 민중 연구자들이 민중의 이중성을 인정한다. 민중의 이중성 문제는 마르크스가 이론적 방법으로 활용한 '내부와 외부의 변증법'이라는 공간적 차원에서 고찰될 수도 있다. 여기서 노동력은 "자본의 원천"이자 "자본주의 발전의 동력"이라는 점에서 '자본의 내부'를 나타내지만, 동시에 노동력은 프롤레타리아트가 "자신의 사용가치와 자율성을 인식"하며 "해방을 향한 자신의 희망을 근거 짓는 장소"를 드러낸다는 점에서 '자본의 외부'를 나타내기도 한다.[5] 우리는 "자본의 내부이자 외부라는 프롤레타리아트의 이중적 입장"[6]이라는 표현을 '지배체제의 내부이자 외부라는 민중의 이중적 입장'이라는 표현으로 비교적 무리 없이 대체할 수 있다. 민중은 지배체제 생산/재생산의 원동력이라는 점에서 '체제의 내부'에 있지만, 기존 지배체제를 끊임없이 넘어서려 한다는 점에서 '체제의 외부'에 있기도 한 것이다.

이미 확인했듯이 우리는 민중을 '즉자성과 대자성의 유동적인 접합'으로 접근한다.[7] 민중 개념에 대한 이런 접근은 권력과 민중의 관계에 대해서도 새로운 시각을 열어준다. 즉자성을 대자성과의 결합 속에서 해독하다 보면, (저항적 목적에 즉자성을 활용하는 것을 포함하여) 즉자성에 대한 새로운 이해의 지평이 열릴 수도 있다. 어쨌든 민중은 지배이데올로기와 지배문화의 영향에 의한 수구적 경향(민중의 즉자성), 그리고 지배질서의 변혁을 지향하는 비판적 경향(민중의 대자성)을 '모두' 보여준다. 그러기에 "저항적인 예속성 혹은 예속적인 저항성"이라는 표현도 가능할 것이다.[8] 대부분의 민중 구성원들은 지배자에 대해 한편으로는 혐오와 증오, 다른 한편으로는 모방·동경과 매혹당함의 이중적인 태도를 보인다. 지배-피지배 관계로 압축되는 권력-민중 관계에서 지배와 저항, 순응과 저항은 '동시에' 나타나기도 한다. 권력-민중 관계의 복합성이 때때로 순응-저항의 동시성을 선명하게 드러내는 장소는 자이니치(재일조선인)처럼 "상이한 삶이 섞이는 혼성의 지대"(이진경),[9] 정체성·담론·체제의 경계를 둘러싼 협상과 협약이 끊임없이 발생하는 '경계 지대'(호미 바바),[10] 지배와 저항의 가능성들이 섞이고 모호하게 공존하는 식민지의 '회색지대'(윤해동)[11] 등이다. 어쨌든 권력-민중 관계에 내재된 복합성, 즉 지배-탈주, 순응-저항의 다양한 조합 및 결합 방식들, 양자 관계의 다양한 유형들에 주목하는 것이 대단히 중요하다.

지배-저항의 이분법에서 벗어나 지배-저항의 복합적인 얽힘과 뒤섞임, 그로 인해 발생하는 '민중의 혼성성' 쪽으로 민중연구를 진일보시킬 필요가 있다는 주장은 전적으로 옳다. 그러나 한국의 민중 개념에는 '지배의 관철 속에서도 의연히 이어지는 저항의 항상성'에 주목하는 것이 중요하다는 인식이 밑바탕에 자리 잡고 있다. 겉으로 드러나는 '복종의 례' 속에서도 저항의 감정은 살아 꿈틀댈 수 있고, 제임스 스콧이 말하는 '은닉대본'과 같은 상당히 체계화된 인식 및 실천지침이 발전되어 있을 수도 있다. 박권일의 표현대로 "권력에 굴복하는 듯 보이지만 실은 '면종복배'를 일삼아온 인민의 창조적 저항 역량"에 주목할 필요가 있다는 것이다.[12] 필자가 이 책에서 사용할 잠정적인 민중 정의에 "저항적 잠재력을 상대적으로 더 풍부하게 지니고 있다고 간주되는 이들"이라는 구절을 넣었던 것도 바로 이런 뜻에서였다.

이런 저항적 잠재력은 주변성과 열위성劣位性을 특징으로 하는 민중의 구조적 위치와 관련이 깊을 것이다. "역사철학테제"에서 베냐민은 "억눌린 자들의 전통이 우리들에게 가르치고 있는 교훈은, 우리들이 오늘날 그 속에서 살고 있는 '비상사태'라는 것이 예외가 아니라 상례라는 점"이라고 말했다.[13] 민중은 일상의 삶 자체가 비상사태인 이들, 비상사태가 상례화된 삶을 살아가야만 하는 이들이다. 민중이 처한 구조적 위치에서 비롯되는 일상적 삶의 체험은 '고통'으로 집약된다. 민중은 지배자들의 부당한 대우에 억울해하고, 일상화된 모욕에 괴로워하고, 비인격적인 취급으로 자존감에 상처를 입고, 그것이 누적돼 한이 맺힌 이들이다. 인간으로 인정받기를 바라는 그들의 기대는 늘상 좌절된다. 민중의 삶은 강렬하고도 부정적인 고통 체험과 감정으로 채워져 있다. 스콧이 잘 제시했듯이, 피지배자들은 자신들의 계급적 위치로 인한 "일상적 치욕"에 고통받고, 공개적으로 진행되는 "욕설, 경멸하는 눈빛, 신체적 모욕, 한 사람의 성격이나 지위에 대한 공격, 무례" 등으로 마음의 깊은 상처를 입으며, 이런 "경험된 모욕"과 상처들이 그들의 사회적 의식으로 연결된다.[14]

민중은 현재의 세상 질서가 불의함을 온몸으로 느끼고 배우는 가운데 그것이 변화되기를 갈망하기 쉽다. 고통의 현실에 신음하는 이들은 '세상이 한번 확 뒤집혔으면' 하는 욕망을 품기 쉽다. 현재의 질서가 영속하기를 바라는 특권층의 '행운의 신정론theodicy of good fortune'과 대비하여, 막스 베버가 비非특권층의 종말론적 경향을 강조하기 위해 '절망 혹은 도피의 신정론theodicy of despair or escape'이라고 불렀던 바로 그것이다.[15] 민중은 이 세상에 속해 있으나 너무 괴로워서 이 세상을 떠나고 싶어하는 이들, 이 세상에서 추방되어 떠돌아다니거나 방랑·표류하는 이들, 집합적 심성 측면에서 정주형이 아닌 유목형 삶을 사는 이들이다. 체제의 '내부'에만 존재하는 정주형 집단들과 달리, 체제의 '내부이자 외부'라는 민중의 존재론적 조건은 그들의 유목민적·종말론적 성향을 강화한다. 요컨대 민중의 구조적 위치는 세상의 전복을 꿈꾸는 데는 '존재론적으로 특권적인' 위치이기도 한 것이다.

구조적 위치에서 비롯되는 잠재적 저항 가능성에 또 하나의 요인, 즉 구조적 제약에도 불구하고 상당한 능동성·창조성을 발휘하는 '인간의 주체적 행위능력human agency'을 덧붙여야 민중의 저항적 잠재력이 완성될 것이다. 앞서 언급했듯이 한완상은 민중사회학을 개척하기 직전에 선

보인 '인도주의사회학'에서 이런 문제의식을 밝힌 바 있다. "구조의 힘에 의한 막강한 영향력을 냉철히 인정하면서도 이 잘못된 구조를 고칠수 있는 힘을 불리한 입장에 있는 사람들이 갖고 있다는 사실을 강조하려 한다. 그리고 그러한 뜻에서 그들이 주체적이고 창조적인 존재임을강조하려는 것이다. 그들은 무대 위의 인형 같이 행동하지만, 동시에 자기를 잡아당기는 줄을 끊을 수 있는 창조적 인형이다."[16]

우리가 민중의 저항 잠재력에 유의한다고 해서 그들의 저항 능력을과장하는 잘못을 범해서는 안 될 것이다. 민중의 저항성을 당연시하거나, 민중의 저항을 사회구조 분석에서 기계적으로 유추하거나 거의 자동적으로 도출될 수 있는 것처럼 가정하는 오류도 반드시 피해야 한다.[17]에릭 울프는 "인간은 본능적으로 지배에 저항할 것"이라거나 저항을 "단일 범주"로 파악하는 이들에 맞서, "사람들은 자기네가 속박 상태에 있다고 인지해도 항상 저항하지는 않"는다고 주장한다.[18] 한국에서도 1980년대에 횡행했던, "불세출의 영웅적 집단주체를 통해 목적론적 역사서술을 구축해왔던 저항 담론"은 비판받아 마땅하리라.[19]

사회 모순구조에 대한 합리적·과학적 분석과 '저항윤리'는 별개의 문제이다. 김창호는 하버마스의 주장을 이렇게 요약한다. "'노동'이라는목적합리적 행위로부터 도덕적 행위를 직접적으로 도출할 수 있다는 잘못된 견해를 지니고 있는 역사적 유물론의 견해가 '역사객관주의'적 관점을 취하고 있다……자본주의라는 사회적 조건 자체에 의해 공산주의의 내적이고 객관적 필연성이 보장된다는 결정론적 사고로부터 공산주의의 규범적 정당성이 기계적으로 도출될 수 없다."[20] 1980년대 후반의2세대 민중론자들은 민중을 "모순을 집중적으로 체현한 자이기 때문에적절한 계기(주로 올바른 지도)가 주어진다면 필연적으로 투쟁·저항·변혁에 뛰어들 존재"로, "민족모순과 계급모순의 변증법을 통해 주조되는 통일적 실체"로 인식했다고 3세대 민중론자인 이용기는 비판했다.[21] 또 다른 3세대 민중론자인 허영란도 '모순'과 '실천·변혁운동'의 관계를 기계적으로 설정하는 편이었다고 2세대 민중론자들을 비판했다. "구조를 해명하면 운동을 설명할 수 있다고 봤던 관점……구조를 해명하는 건 아주 중요하지만 그 구조 속에서 실천이라고 하는 문제를 어떻게 위치시킬 것인가, 즉 구조적 모순으로부터 민중의 실천은 저절로 나오지 않는다는 것이죠.……구조적인 모순의 담지자들의 실천이 저절로 나오는 건 아니기 때문에 그 구조와 실천의 관계를 어떻게 설정할 것인가 하는 문제라고 생각이 되고요."[22] 모순론에 과도하게 의존했던 일부 2세대 민중론자들은 "모순 일반은 자신의 단순한 직접적 위력에 의해 혁명의 승리를 유발할 수 없다"는 알튀세르의 주장[23]을 경청할 필요가 있다.

민중이 겪는 '고통'의 강도와 민중 '저항'의 강도 사이에 비례 관계는 성립하지 않는다. 라나지트 구하가 말하는 '헤게모니 없는 지배'에 해당하는 사회들에서 피지배층에 대한 강제·억압의 정도는 더욱 높아지고 그에 따라 민중이 겪어야 할 고통의 정도 또한 높아질 것이다. 제임스 스콧이 말하듯이, "지배하는 자와 지배받는 자의 권력 차이가 크면 클수록, 그리고 권력이 보다 자의적으로 행사될수록"[24] 지배층과 피지배층 사이의 사회심리적 거리도 증가할 것이다. 그럼에도 '고통에서 불만으로'의 경로는 자연스럽지만, '불만에서 저항으로'의 경로는 당연하지 않다. 고통스러운 현실이 불만이나 한恨과 같은 부정적 감정들을 낳게 마련이지만 그것이 항상 저항으로 이어지는 것은 아니다. 민중은 지배문화의 가치를 내면화하여 지배자들에 대해 '모방 욕망'을 품을 수도 있고, 숙명론적 체념의 문화에 침윤되면서 그에 적응할 수도 있다. 현영학이 말했듯이 고통의 현실에 직면한 민중의 반응은 다양하다. "무조건 복종하는 극히 보수적인 사람들, 숙명론적인 사람들"이 있는가 하면, "의식화되어 현실의 실상을 볼 줄 알게 된 사람들"도 있고, "의식화되고 눈치껏 조직하고 투쟁하는 사람들"도 있게 마련이다.[25]

우리는 민중이 권력에 포섭되어 순응적 주체로 생산되는 측면을 인정해야 한다. 그러나 권력-민중 관계의 복합성을 시야에서 놓치지 않으려면, 또 단순한 이분법을 넘어 순응-저항의 복잡한 얽힘에 충실하고자 한다면, 권력의 민중 포섭 능력을 과도하게 설정하는 오류 또한 반드시 피해야 할 것이다. 서로 연관된 두 가지 오류, 즉 지배의 위력을 과장하는 일, 또 저항의 문제를 미궁에 빠뜨리는 일은 경계해야 마땅하다. 한상진이 『민중의 사회과학적 인식』에서 밝혔듯이 권력의 민중 통제 효과를 과장해서는 안 된다. "권력의 명백한 한계"는 민중에 의해 저항의 원천이나 자원으로 활용될 수 있다.

> 권력의 개념도 보다 신중히 탄력성 있게 사용되어야 할 것처럼 보인다. 지배자는 마치 권력을 전적으로 독점하고 민중은 권력이 전혀 없는 양 취급한다든지, 지배자는 권력의 행사를 통해 민중의 의식을 조작하고 모든 것을 자의적으로 하는 데 반해 민중은 무력한 채 권력에 복종하거나 침묵한다는 식으로 관계를 설정하는 것은 지나친 단순화이다. 이와 같은 단순한 대립 모델에서 벗어나기 위해서는 권력의 분산을 상정해야 하고 권력에 의한 통제 효과를 과장하기보다 권력의 명백한 한계를 보여주는 것이 중요하다.[26]

민중의 저항은 여러 차원과 수준에서 다채롭게 전개된다. 특히 민중의 일상생활이나 생활세계를 순응, 굴종, 무저항의 영역으로 단순화하는 것은 명백한 오류이다. 구조적 불의와 그로 인한 고통이 만연한 민중의 일상은 평온함과 잠잠함의 이미지 못지않게 분노로 들끓는 이미지로도 묘사되어야 하지 않겠는가? 민중의 저항 행동에는 일상적 저항이 있는가 하면 공적 저항도 있고, 일상의 상징적 봉기가 있는가 하면 폭력적 봉기도 있고, 저강도 저항이 있는가 하면 고강도 저항도 있다. 최초의 저항

4·19 당시 학생의거

이 어떻게 발생하는가도 중요하지만, 그 저항의 연속성과 지속성 여부도 흥미로운 문제이다. 국지적인 저항이 어떻게 보다 광범위한 저항으로 확산되는가도 마찬가지이다. 저항의 확산은 연대나 소통 매체 같은 또 다른 중요한 문제영역들과 맞닿아 있다.

　민중봉기나 반란과 같은 공적이고 폭발적인 저항은 제임스 스콧이 "정치적 전율political electricity의 순간", "민중의 카리스마적 행동" 혹은 "폭발", "광기의 순간", "단기간의 특권적 순간들", "예외적 순간", "특별한 정치적 순간", "진리의 순간"으로 경험되는 때 등으로 표현했던 그런 저항들이다.[27] 이때는 그동안 은폐되어 있던, 따라서 지배자가 제대로 알 수 없었던 민중의 은닉대본들이 제 본모습, 그 실체를 공개적으로 드러내는 순간이라는 의미에서 "은닉대본의 공개선언"이기도 하다.[28] 이런 종류의 민중적 저항들은 주로 역사학자들에 의해 탐구되어왔다. 실제로 한국에서도 민중연구의 일환으로 1970~1980년대에 민중의 저항적 사회운동과 봉기를 다룬 연구가 상당히 활발하게 이뤄졌다. 3·1운동이나 동학농민전쟁 등을 민중운동의 시각에서 접근하려는 시도는 이미 1960년대 말부터 시작되었다. 「동아일보」 지면에서는 저항의 최고 형태인 '혁명'과 '민중'의 담론적 연계가 이미 1925년부터 심심찮게 시도되고 있었다. 1925년 사회주의인터내셔널이 프랑스공산당으로 하여금 북아프리카에서 "민중의 혁명"을 선동하도록 촉구한다는 기사(1925년 2월 12일자), 손문이 일으킨 중국의 "민중혁명"에 관한 기사(1925년 8월 18일자), 필리핀의 "혁명민중"에 관한 기사(1927년 5월 18일자), 중국의 "혁명민중"에 관한 기사(1934년 1월 3일자) 등이 그런 예이다. 해방 직후에도 「경향신문」 지면을 통해 3·1운동에서 표출된 "민중의 혁명역량"을 되살려 "민주국가 건설에 사투할 때"라는 기사(1947년 3월 1일자), 중국이 "민중혁명으로 국민혁명을 성공"시켰다는 기사(1949년 10월 11일자) 등을 발견할 수 있다. 1960년대에는 4·19혁명이나 동학농민전쟁을 "민중혁명"으로 호명하는 기사

들을 찾아볼 수 있다.[29]

아래로부터의 사회운동이나 민중봉기 등 집단적·일시적 저항 사례에 대한 연구는 많지만, 일상적인 수준에서의 지속적이고 (종종 공개적이면서도) 은밀한 저항에 대한 연구는 드물다. 그러나 피지배자들의 저항은 대부분 정치적 폭발의 예외적인 순간이 아니라 평범한 일상생활 속에서 펼쳐진다. 따라서 우리가 주목해야 할 지점은 민중의 '일상적 반란' 사례들이다. 아래로부터의 사회운동이나 반란·봉기처럼 역사적으로 매우 희귀한 사례일 수밖에 없는 일시적 폭발과는 구분되는, 그러면서도 그런 폭발을 차근차근 준비해가는 과정일 수도 있는, 민중의 일상적이고 지속적인, 그러면서도 어느 정도는 공개적인 무수한 작은 저항들을 포착·관찰하고 이해하도록 우리를 도와준다는 점에서도 민중문화나 민속문화에 대한 연구는 소중하다. 대체로 역사학자들에 한정된 민중운동·민중봉기 연구에 비해 민중의 일상적 저항 연구에는 민속학, (국)문학, 미학·연극학, 종교학, 신학·불교학, 사회학 등 다양한 분야의 학자들이 참여했다. 탈춤을 비롯한 조선시대 민중예술과 민중문화, 민중미술·민중가요를 비롯한 현대의 문화운동 등이 그 대상이었다.

일상적 저항과 공적 저항은 서로 연결되어 있다. 민중불교론자인 법성의 표현에 따르자면, 민중의 저항은 "일상적이되 역사적이며 역사적이되 일상적인" 것이다.[30] 일상적 저항이 봉기를 준비한다. 이용기가 말하듯이 '일상적 저항'을 기반으로 '혁명적 저항'이 폭발한다.[31] 푸코식의 표현을 사용하자면, "일상의 미시정치" 혹은 "미시권력의 다양한 저항지점들"이 거시정치를 가능케 하며, "거시정치는 미시정치의 한 부분, 그러나 가장 가시적인 하나의 집합"이 된다.[32] 스콧이 설명하듯이 평온한 외양의 일상생활 속에서 만들어지는 은닉대본이 폭발적 저항의 기초가 되며, 그런 면에서 민중봉기는 '은닉대본 현재화'의 순간이라고 할 수 있다. 김영범은 1986년에 발표한 논문에서 민중의 저항의식을 담은 "판소리계 집합의식"이 19세기 민란의 "의식 기반"으로 작용했을 가능성을 주장한 바 있다.

> 19세기의 민란 가운데 순수하게 하위신분 서민층(이 – 인용자)······'주도' 하여 적극 참여했던 것은 주로 1862년의 임술민란과 고종조의 민란이었다. 그중에서도 임술년에 특히 민란이 다발했던 호남과 호서 지방은 공교롭게도 판소리의 명창이 다수 배출되고 판소리가 성행하면서 그 사회적 기반을 다져놓은 지역과 일치하거나 그 근린 지역이었다.······ 이런 점으로 보면, 판소리계 집합의식이 민란이라는 행동구조 성립의 의식 기반이 되었을 개연성이 충분히 있다.[33]

조경달이나 배항섭 등 몇몇 역사학자들은 일상적 저항에서 공적 저항으로 나아가는 경로가 아닌 '봉기에서 일상으로'라는 역逆의 경로를 활용하는 접근법, 즉 공적·폭발적 저항을 연구함으로써 민중의 일상세계와 집합적 심성을 파악할 수 있다는 방법론적 전략을 채택하기도 했다. 민중봉기는 일상생활의 지배구조 및 규칙이 가시화됨과 동시에, 일상생활 속에서도 은폐되어 있던 민중의 집단적 의식·반≄의식·잠재의식이 가시화되는 이중의 이점을 연구자들에게 제공한다는 것이다. 김영범의 개념을 사용하자면, 평소에는 '심리적 선별 기제', 즉 "사회적으로 금기시되거나 억압되는 심층적 원망願望 또는 욕구는 언표와 행동에 노출·반영되지 않게끔 미리 조절하는 기제"의 작용으로 인해 감춰져 있던 "그런 욕구나 원망이 무의식적으로 현시顯示되거나 폭발적으로 분출하는 상황"이 바로 민중봉기인 셈이다.[34] "민중은 자신에 대해 이야기하는 데 서툴러서 사료를 별로 남겨놓지 않았"던 반면, "민중에 대해 진술한 사료는 민란이나 농민전쟁 혹은 범죄나 의적·민중종교 활동 등 비일상적인 세계가 전개될 때에 남겨진 것이 많"으므로, "민중운동사는 역사의 전환과 방향을 통찰하는 동시에 민중의 일상세계를 투시하고자 하는 연구 영역"이라고 조경달은 주장한다.[35] 보다 구체적으로, 민중운동은 "민중의 심성이나 일상적 세계", "지배의 합의 시스템(지배자와 민중 사이에 존재하는 지배와 합의의 시스템—인용자)의 내용과 실체, 그리고 사람들 사이의 관계성이나 인성, 일상생활의 양상 등도 엿볼" 기회를 제공해준다.[36] 배항섭도 유사한 주장을 편다. 민중운동의 시공간은 "관찬 기록이나 지식인들의 기록에서는 잘 볼 수 없는 당시 사회의 이면이나 밑바닥, 혹은 은폐되어 있는 구조나 의식", 혹은 "당국이나 지식인들의 기록, 혹은 이른바 '위로부터'의 시선으로는 잘 볼 수 없거나, 확인하기 어려운 당시 사회의 이면이나 밑바닥뿐만 아니라, 사람들의 생각이나 삶의 방식이나 사람과 사람 간, 혹은 국가권력과 사람들 간의 관계 등을 엿볼 수 있는 중요한 단서가 될 수 있다"는 것이다.[37]

2. 저항으로의 전환

민중은 형성적 존재이다. 성민엽의 표현을 빌리자면, "민중은 선험적이거나 실체적으로 규정되는 것이 아니다. 그것은 열려 있는 생성의 민중이다."[38] 필자는 순응에서 저항으로의 전환 문제를 '민중 형성', 즉 대자적·비판적·저항적 민중의 형성 문제로 접근하고자 한다. 한국의 민중이론가들은 민중 형성 문제를 '의식 형성'(의식화)과 '세력 형성'(연대)의 두 방향으로 발전시켜갔다. 의식 형성 문제가 1세대 민중론에서 중시되었다면, 세력 형성 문제는 2세대 민중론에서 중시되었다. 세력 형성 혹은 연대의 쟁점은 유사한 의지와 감정을 지닌 이들의 결합에 의한 '저항의 탄생', 국지적 저항들의 접합을 매개로 한 '저항의 확산', 다양한 계층·

계급의 결집을 통한 '저항연합 구축' 모두에 해당한다. 의식 형성 문제는 앞서 지식인-민중 관계를 분석하면서도 이미 언급한 바 있으니 여기서는 세력 형성 문제를 좀 더 상세히 다루려 한다.

(1) 의식 형성: 의식화

한완상은 의식 형성의 문제를 다음과 같이 정식화했다. "민중을 즉자적 민중과 대자적 민중으로 나눌 때 우리는 적어도 두 가지 문제에 맞닿게 된다. 첫째는 즉자적 민중을 대자적 민중으로 변화시키는 문제요, 둘째는 누가 어떻게 이 변화 작업을 주로 담당하는가 하는 문제이다. 첫 번째 문제는 민중의 의식화의 문제요, 두 번째 문제는 지식인의 역할에 관한 문제다."[39] 한완상은 즉자성의 원인을 지배이데올로기에 의해 조장된 '허위의식'에서 찾기 때문에, 대자성으로의 의식전환을 위한 지식인의 임무는 이중적인 것, 즉 한편으로는 지배세력을 겨냥한 이데올로기비판, 다른 한편으로는 민중을 겨냥한 의식화 내지 민중교육이 된다.[40] 결국 민중의 의식 형성은 '교육'(민중교육)과 '이데올로기비판'의 과제로 집약된다.

교육의 차원에서 의식 형성 문제는 일차적으로 교육학자들의 관심을 끌었다. 또 이데올로기비판의 차원에서 의식 형성 문제는 일부 언론계 지식인과 언론학자의 주목을 받기도 했다. 이른바 '민중언론학'은 허위의식-지배이데올로기의 생산·확산 매체인 기성 언론에 대한 비판, 그리고 '민중언론'의 형성 및 활성화에 대한 기여라는 두 과제를 갖는다. 이런 취지에서 김종철은 민중언론을 "제도언론의 사실 왜곡과 은폐와 조작을 폭로하고 대중의 정치·사회·문화의식을 높이는 수단으로 활용할 매체", "대중에게 그 운동(사회변혁운동─인용자)과 투쟁(생존권 투쟁─인용자)의 정당성을 선전하고 활동가들과 시민을 정치적으로 교육하고 지배계급의 물리적·이데올로기적 공격에 맞서 자신을 방어할 도구로 이용할 매체", "정치적 해방, 경제적 평등, 문화적 자주를 위해 '복무'하려는 신문·라디오·방송·영화", "민중 또는 피지배계급의 자유롭고 풍요로운 삶을 이루기 위해 일하는 매체" 등으로 정의했다.[41] 자칭 민중언론학자인 손석춘 역시 "민중의 언론 활동이 곧 '민중언론'"이며, "민중언론을 위한 학문"이 바로 민중언론학이라고 간명하게 규정했다.[42]

민중의 의식화 내지 의식 형성 문제는 비판적 지식인들의 오랜 관심 대상이었고, 따라서 그만큼 긴 논의 역사를 갖고 있다. 1950년대부터 함석헌이 민중의 자각 내지 비판의식 형성을 위한 지식인의 역할을 강조했고,[43] 1960년대의 이진영도 유사한 주장을 펼쳤다.[44] 이 문제의 중요성은 '인간혁명'(함석헌)[45]이나 '의식혁명'(기세춘)[46] 등의 표현에서도 잘 드러난다. 앞에서도 언급한 바 있듯이 1980년대 이후 '민중교육론'을 전개한 이들은 의식화 과정에서 발생하는 지식인과 민중의 상호적인 변화와 학습, 민중 자신에 의한 주체적 각성의 가능성과 필요성, 의식화 과정에서 실천과 투쟁이 갖는 중요성을 강조했다.

이 가운데 지식인-민중의 상호적 변화와 관련하여 한완상은 이렇게 말했다. "지식인은 대자적 민중이다. 그들은 즉자적 민중의 잠을 깨워주는 일을 맡을 수 있다. 그런데 그들이 의식화 교육과정에서 많은 것을 피교육자들로부터 배우게 된다는 사실에 우리는 주목해야 한다."[47] 허병섭도 지식인-민중의 상호침투와 수렴을 내세웠다. "민중 현장의 직접 체험을 통해서 지식인은 민중적 지식인이 되는 것이며 민중은 지식인적 민중이 되는 것이다."[48] 1970년대 이후 '노동야학'에 참여한 대학생들도 이런 자세를 견지하려 애썼다. 이해찬의 설명에 따르면 "노동야학에서 교사로서의 대학생은 단순히 노동자를 가르치는 사람이 아니라 노동자로부터 노동자의 삶과 노동 현실을 배운다는 측면에서 이른바 '강학講學'이라 불리는 양상을 낳기도 하였다."[49]

또 허병섭은 민중 자신의 주체적 각성과 관련해서 다음과 같이 주장했다. "지식인이 민중의 민중성을 돕는 그 범위를 넘어설 수 없다고 생각한다.……민중은 지식인의 노예가 되지는 않아야 하며 지식인은 새로운 지배 논리로 민중을 얽어매지 말아야 할 것이다.……민중운동의 과제는 민중으로 하여금 민중운동의 주체적 역량을 함양하도록 지식인이 어떻게 봉사하느냐 하는 것이다."[50] 다음은 한숭희의 주장이다. "비록 지식인들이 초기에 민중의 의식화를 도왔다고 하더라도 궁극적으로 민중교육은 민중의 주체적 자기각성운동이 되어야……밑으로부터의 지역사회를 중심으로 한 공동체 학습운동이 되어야 하며, 그 학습공동체가 어떠한 특정 정치 이슈나 목적을 위해 존재한다기보다는, 학습공동체 내에서의 열린 의사소통적 상호작용을 통해서 정치적 문제가 드러나며 실천으로 연결되는 모델이 되어야 하는 것이다. 민중교육은 교육문화운동으로서 자율적인 운동양식으로 이해되어야 하며, 정치적 목적의 달성에 대하여 목적-수단 관계로 종속될 경우 우리가 80년대 변혁운동을 통해 경험했던 파시즘적 운동 논리의 그림자가 새로운 교육운동의 전망을 가리게 될 가능성이 존재하게 된다."[51]

또 많은 이들이 의식화 과정에서 실천과 투쟁의 중요성을 강조했다. 이만열에 대해 논평하면서 이세영이 제기한 질문도 유사한 판단을 담고 있다. "'민'은 어떻게 의식화되었는가, 농민·민은 자신들이 사회발전의 주체라는 의식을 어떻게 갖게 되었는가 하는 문제가 제기된다. '민'은 즉자적으로 '민의식' 혹은 '민중의식'을 갖는 것일까? '민란'은 이미 의식화된 '민'이 일으킨 것이라기보다는 '민'이 '민란'을 함께 겪으면서 동학농민운동 단계에 이르러서는 그러한 '의식'을 공유하게 됨으로써 민중으로 성장했다고 보아야 하지 않을까?"[52] 한완상·백욱인 역시 "투쟁공동체에의 참여라는 실천체험" 혹은 "투쟁 실천"이 대자적 민중의식에 도달하는 길임을 강조했다.[53] 앞서 언급했듯이 한완상은 지식인의 개입 없이도 투쟁 과정에서 민중이 스스로의 역량으로써 '인식주체'로 상승할 가능성을 열어놓았다. 한완상은 백욱인과 함께 쓴 글에서도 같은 주장을 반복했다. "공동생활과 공동투쟁의 과정 속에서 민중 스스로가 자기들의 해방에 필요한 지식과 과학을 산출하여 자신들을 교육할 수 있는 가능성은 항상 존재한다"는 것이다.[54]

1세대 민중론자 중 2세대 민중론과 가장 근접한 입장을 가진 경제학자 박현채는 지식인의 개입을 상정하지 않은 채 민중을 구성하는 각 부문들의 상호적인 접촉 그리고 공동의 투쟁 경험이 축적되는 과정에서 민중 전체가 보다 높은 수준의 의식으로 발전해갈 수 있다고 보았다. 민중은 보다 낮은 차원의 인식(즉자적 관계)에서는 경제적 이해의 불일치와 대립을 보이지만, 보다 높은 차원의 인식(대자적 관계)에서는 이해관계의 일치에 대한 의식, 나아가 '민중의식'에까지 도달할 수 있다는 게 박현채의 생각이었다.[55] 그는 민중의식 획득의 조건과 과정을 상호적 접촉 및 공동의 투쟁을 통해서 '공유된 체험과 소망·원망顧望'의 폭을 넓혀나가는 것으로 설명했다. 보다 구체적으로, "민중의 일상적 비일상적 체험이나 원망의 집적集積이 민중 상호 간의 접촉과 내외의 투쟁의 과정에서 민중적인 공유共有 체험으로서 자각되고 어떤 추상적인 가치 가운데 응축되어감에 따라 민중의식은 정도의 차는 있으나 보다 높은 차원의 것으로 진보해 간다"는 것이다.[56] 동일한 취지에서 그는 민중의식을 "공동 체험이나 소망으로 자각되고 어떤 추상적인 가치 가운데 응축된 것"으로 정의하기도 했다.[57] 이렇게 성취되는 '민중의식'은 계급의식·민족의식·시민의식·인류의식의 복합이면서, 동시에 보다 고차적인 통일이다.[58]

박현채는 민중이 '원초적 경제 이해와 생활의식'에 머물 수도 있고 높은 수준의 '체제 인식'에 도달할 수도 있는데, "원초적 경제 인식을 높은 차원의 인식으로, 종국에는 정치적 차원까지" 끌어올리려면 "노동계급의 주도"가 필요하다고 했다. "민중은 하나로 존재하는 실체가 아니라 부단한 인식 차원의 제고가 민중 구성의 보다 기본으로 되는 노동계급의 주도에 의해 주어질 때만이 하나로 되는 사회적 실체"라는 것이다.[59] 박현채는 객관적 현실분석에서 곧바로 비판의식을 도출하는 오류를 피해 간다. 단순한 경제적 이해관계의 수렴을 넘어 체험의 차원, 가치의 차원, 소망·원망과 같은 정동적 차원을 끌어들이고 궁극적으로 정치적 차원까지 거론하고 있다는 점에서, 박현채의 의식 형성론은 '연합 형성'으로 나아갈 잠재력이 충분하다고 평가할 만하다. 민중적 세력연합이 궁극적으로 정치적 수준에서 완성된다는 사실을 명확히 인식하고 있기도 하다. 다만 이 모든 논의가 지나치게 소략하다는 점은 아쉬운 대목이다.

교육학자인 한승희는 민중교육의 범위를 '의식화'뿐 아니라 '조직화'까지 포함하는 것으로 대폭 확장했다. 이렇게 함으로써 민중교육은 '대항헤게모니'를 구축하는 사회운동으로 새롭게 자리매김되었다.[60] 이런 접근을 통해 의식화(의식 형성)와 연대(연합 형성)의 두 과제를 서로 수렴될 수 있도록 만든 것이 한승희의 독특한 기여라고 할 수 있다.

(2) 세력 형성: 연대

반복하거니와 '연대로서의 민중' 관념을 명료히 발전시킨 것이 2세대 민중론의 가장 중요한 기여였다. 라클라우의 표현을 빌려 '연대로서의 민중'을 필자 나름대로 다시 정의하자면, "이질적인 사회적 요구들의 정치적 접합political articulation으로 만들어진 등가사슬chain of equivalences에 기초한, 동시에 고차적인 목표와 의식·감정과 언어·상징을 공유함으로써 지적-도덕적 지도력을 확보한 헤게모니적 구성체hegemonic formation"쯤으로 정리할 수 있을 듯하다. 필자가 보기에 이런 방식의 연대적 민중 개념화에 가장 가까운 이는 사회학자인 한상진과 신학자인 김진호였다. 한상진은 라클라우를 언급하지 않으면서도, 김진호는 명시적으로 라클라우에 의존하여 자신들의 독자적인 연대 논의를 펼쳤다.

'연대로서의 민중' 관념의 논리적 전제는 '민중의 내적 이질성'이다. 민중의 구성이 동질적이라면 연대 문제가 아예 제기되지 않을 것이므로, 모든 연대 쟁점은 이질성과 차이에서 출발한다. 그런데 이질성이 강해질수록 연대는 더욱 달성하기 어려운 과업이 될 것이다. 특히 1990년대 이후 등장한 3세대 민중론에서는 '주체의 다원성·다성성' 테제가 대세를 이루게 되는데, 이 경우 연대·세력 형성 문제는 한층 민감하고 복잡한 쟁점으로 떠오를 수밖에 없다. '차이의 정치' 시대가 무르익을수록 연대를 구축하는 일은 더욱 험난한 정치적 난제가 되는 것이다. 차이의 정치 시대에 '민중의 다수화 기획이 전체화·총체화로 이어지는 동질화 기획이 되면 안 된다'는 것은 일종의 정언적 명령이 된다. 적대세력과의 대립이 민중 내부에서 '차이에 기초한 차별'을 묵인하거나 은폐하기 쉬움에도 불구하고, 내부의 차이를 인정하고 존중하면서, 차이를 넘고 가로질러서 연대를 조율해내야 하는 상황인 것이다. "민중의 사회전기는 개인전기와 유기적인 관계를 가지면서도 개인전기를 획일화하지 않는다"는 김용복,[61] "개인기도와 집단행동의 통일"을 말하는 서남동,[62] "개별 인격들의 자유로운 전체인 민중"을 말하는 김지하[63] 등 '개인과 집단의 관계'에 대한 고민들 역시 유사한 문제의식의 연장선 위에 있다고 하겠다.[64]

연대 문제에 뒤따르는 또 다른 딜레마는 세력 형성과정이 '대항헤게모니'나 저항'진영'의 구축 노력을 동반함으로써 권력-민중, 지배-저항, 순응-저항 등 이항대립적 도식을 불가피하게 재도입하게 만든다는 것이다. 지배를 정당화하거나, 지배 능력과 저항 능력을 비역사적으로 본질화 내지 과장하거나, 대립하는 진영들의 내적 동질성을 선험적으로 가정하는 함정에 빠지기 쉬운 그 이분법 말이다. 말하자면 이는 민중에 의한 지배-저항 이분법의 전략적 활용에 해당한다.[65]

'연대'와 '적대'는 동전의 양면과 다름없다. 앞서 인용했던 라클라우와 무페의 말처럼, "민주주의 투쟁들 사이에 등가사슬을 구축하려 할 경우, 우리는 반드시 경계를 확립하고 대적자를 정의해야 할 뿐만 아니라 무엇을 위해 싸우고 있는지, 어떤 사회를 건설하길 원하는지에 대해서도 알아야 한다."[66] 천정환의 용어를 사용하자면, 이것은 정치공동체의 경계를 설정함으로써 적대를 창출하고 공동체를 구성하는 일이다.[67] 한상진도 세력연합의 구축에서 "공동·공통의 적" 개념의 중요성을 여러 차례 강조했다.[68] 또 김진호의 말처럼 한정된 저항 역량의 약화로 이어질 가능성이 높은 '전선戰線의 파편화'를 피하려면 '연대의 정치'가 필수적이다. "저항의 지점을 단순히 무수하게 분산시킬 수만은 없다……자본에 대한 저항이라는 맥락에서 다양한 실천들 간의 '연대의 정치'를 구상하지 않으면 안 된다는 것이다."[69]

지배 측은 그 나름대로 지배세력 내부의 이질성·다양성을 통합하여 일정한 통일성과 질서를 부여하고 나아가 '비非민중 중간계층들'로 그 경계를 확장하려는 헤게모니적 프로젝트를 작동하게 마련이고, 이에 맞서 피지배 세력도 대항헤게모니 구축을 위해 저항 진영을 최대한 확대 형성하려는 노력을 멈추지 않는다면, 헤게모니 프로젝트들 간의 갈등적 경쟁은 거의 항상적인 현상이 된다. 요컨대 "지배연합"[70]과 "민중연합",[71] 혹은 "지배헤게모니"와 "민중헤게모니"[72]의 형성 및 충돌인 셈이다.

한완상은 '지배세력의 이분법'과 '민중의 이분법'을 구분해야 한다고 주장했다. 그는 이분법 대신 '흑백논리'라는 용어를 사용한다. 이 논리는 이분법적 사회관과 세계관, 중립과 중도노선을 불허하는 적대·전쟁·갈등의 논리와 우리-그들 이분법, 나아가 선악 이원론으로까지 확장될 수 있다. 무엇보다 중요한 점은 민중의 흑백논리(민중적 이분법) 사용이 불가피하다는 것이다. "눌리고 착취당하는 민중은 지배세력에게 저항하는 과정에서 흑백식 사고와 행동을 취하지 않을 수 없다. 닫힌 구조와 그것을 뒷받침하는 지배층의 흑백 생리를 거부하고 다른 새로운 구조를 제시해야 되는 민중은 자연히 '기존의 것은 안 되고 새것으로 해야 한다'는 뜻에서 흑백논리를 사용하게 된다."[73] 한완상은 흑백논리에 대한 정당한 평가를 위해서는 상황의 개방성 여부와 지배-피지배 문제라는 두 조건을 고려해야 한다고 말한다. 열린 상황(개방적이고 다원적인 상황)에서 모든 형태의 흑백논리는 주로 부정적인 효과만 내는 반면, 닫힌 상황(폐쇄적이고 획일적인 상황)에서는 흑백논리가 힘을 얻을 뿐만 아니라 흑백논리의 주창자가 누구냐에 따라 그 성격과 효과가 판이하게 갈라진다.[74] 이는 '지배의 이분법'과 '변혁의 이분법' 사이의 대립인 셈이다. 지배자의 흑백논리와 민중의 흑백논리는 세 가지 차이를 보인다. 첫째, 지배자의 흑백논리는 가해자의 것인 반면, 민중의 흑백논리는 피해자의 것이고 "가해자의 논리에 대한 저항과 대안"으로 나온 것이다. 둘째, 지배자의 흑백논리는 선택적이고 의도적인 것인 반면, 민중의 "흑백적 저항"은 선택권조차 없는 "그럴 수밖에 없는 것"이다. 셋째, 지배자의 흑백논리는 "구조와 역사를 더욱 경직화시키고 전체주의화시키지만", 민중의 흑백논리는 "경직화된 구조와 전체주의 체제를 극복하는 일"을 목표 삼으며, 따라서 이런 닫힌 상황에서 "민중의 흑백논리와 그것에 기초한 투쟁은 결국 정직과 용기의 표상"이자 "희생정신, 용기 및 정직성의 발현"이 될 수 있다.[75]

한완상의 논의는 지배층 스스로가 이분법적 분할 담론을 즐겨 사용하며 통치에 적극적으로 이용해왔음을 분명히 드러낸다. 이 점은 앞서 언급한 코젤렉의 '비대칭적 반대개념'에서도 명백히 나타난다. 지배층이 창조하고 구사하는 비대칭적 반대개념의 목록은 그리스도교인-이교도, 헬레네인-야만인, 인간-비인간, 초인-하등인간, 서양 백인사회-제3세계 유색인사회, 혁명-반동 등으로 무수히 확장될 수 있다. '반대파(서발턴)와 자신(지배자)을 동시에 지칭하는 기능'을 가진 이 개념들은 주체(지배자)와 타자(민중)를 불평등하게 구분하고 규정하며, 박해와 배제의 도구 혹은 사회통제의 수단으로 사용되어왔다.[76]

1970년대에는 민중론자들 사이에서 연대나 세력 형성 문제에 대한 논의가 전반적으로 부족했다. 그런데 1980년대에는 세력연합으로서의 민중을 강조하는 논의가 활발해졌는데, 서로 치열한 논전을 벌인 한상진과 마르크스주의 민중론자들이 이런 흐름을 주도했다. 이 과정에서 연대로서의 민중 관념이 더욱 명확해졌고, 이는 1980년대 민중론의 최대 성과라 할 만했다. 그런데 연대는 어떻게 가능한가, 또 어떤 연대여야 하는가? 연대는 합리적·과학적 판단, 위로부터의 지도, 저항운동의 '프론티어들'(라클라우)의 정치적 역능, 윤리적 결단 등에 의해 가능하다는 주장들이 제기되었다. 말하자면, 연대는 계급·계층들의 객관적 이해관계와 역사발전 법칙에 대한 합리적·과학적인 판단과 합의에 의해, 혹은 특권적 계급을 대신하는 전위세력의 탁월한 지도력에 의해, 혹은 사회의 다양한 저항적 요구와 투쟁들을 접합하는 프론티어들의 정치력에 의해, 혹은 대의나 약자를 위한 양심적·윤리적 선택과 희생에 의해 가능하다는 것이었다. '저항연합'으로서 민중 형성의 논리도 대략 과학, 정치, 윤리의 세 가지로 압축되었다. 요컨대 과학의 이름으로 정당화된 특정 계급의 특권화, 사회적 요구들의 정치적 접합에 기초한 헤게모니, 윤리에 기초한 연대의식과 환대의식 등이 민중연합 형성의 논리로 제시되었다.

민중론에서 세력 형성과 관련된 논의를 다음 네 가지 대립쌍들로 유형화할 수 있을 듯하다. (1) 계급연합과 정치연합, (2) 수직적 연대와 수평적 연대, (3) 종단적 연대와 횡단적 연대, (4) 합리적 연대와 윤리적-정동적 연대가 바로 그것이다. 이 가운데 계급연합·계급동맹, 수직적·권위적 연대, 합리적 연대, 횡단적 연대는 서로 수렴하는 양상을 보인다. 필자가 보기에는 2세대 민중론을 대표하는 마르크스주의적 민중론이 이런 특징들을 전형적으로 보여준다. 마르크스주의적 민중론은 변혁적 전망을 전제하므로, 변혁이론의 맥락에서 논의가 전개되었다는 점이 중요한 특징이었다. 마르크스주의적 민중론의 연대 문제는 혁명 주력군의 역량 배치를 위한 '계급 분석'과 '모순론', 그리고 혁명 진영을 더욱 확장하고 공고화하기 위한 '통일전선론'으로 구성된다. 계급 분석은 모순 분석과 결합하여 계급연합 논의의 토대가 되고, 노동자계급이 주도하는 계급동맹을 구축하기 위한 방법론을 포함하는 통일전선론은 수직적·권위적 연합 논의의 근간을 이룬다.

흥미롭게도 '계급연합으로서의 민중' 관념을 가장 일찍 제기한 이들은 국문학자 조동일, 경제학자 박현채·조용범·안병직, 서양사학자 노명식 등이었다. 우리는 조동일이 1968년에 발표한 석사학위논문, 그리고 1972년 발표한 논문에서 '민중연합' 내지 '연합으로서의 민중'이라는 민중 개념의 새로운 경지를 발견할 수 있다. 보다 구체적으로 조동일은 도시 신흥상인계급을 대표하는 '취발이'와 농촌 하층민인 '말뚝이'의 계급적 연합을 강하게 시사했다. 예컨대 "(말뚝이에 이어―인용자) '취발이' 역시 이 공격에 가담하고 있다는 점은 주목된다. 이는 농촌 하층민과 상인이 항거를 위해 어떤 유대를 맺고 있음을 암시한다"는 것이다.[77] 이와 유사하게 "'말뚝이'와 '취발이'의 협력은 중요한 의의를 가지고 있다. 이 둘은 봉건사회를 청산할 두 세력을 의미한다. '말뚝이'는 농민에 기반을 두고 있는 광범위한 하층민의 힘을 의미하고, '취발이'는 특히 상인의 힘을 의미한다."[78] 노명식은 1979년 출간한 『민중시대의 논리』에서 프랑스혁명 당시의 민중을 부르주아와 프롤레타리아 양대 계급의 연합체로, 다시 말해 "봉건 귀족계급에 대립되는 부르주아와 프롤레타리아를 하나로 묶어서 민중으로 파악"하자고 제안한 바 있다.[79]

이병천과 윤소영은 정치경제학적 성격을 띤 '민족경제론'을 전개한 두 인물인 박현채와 조용범이 일찍부터 계급동맹론의 성격을 띤 민중론을 제기함으로써 1970년대에 지배적이던 '민중주의/포퓰리즘' 성격의 민중론들과 차별화했다고 주장한 바 있다. 박현채가 1969년에 처음 발표한 "계층 조화의 조건"이라는 글에서, 그리고 조용범이 1973년에 처음 펴낸 『후진국 경제론』의 "민족경제 연구 서설"(I·II) 부분에서 민족경제 구성원 내부에 모순과 대립이 존재하고 있음을 명백히 지적했을 뿐 아니라, 민족경제의 담당 주체인 민중의 계급적 구성을 노동자·농민·독립소생산자·민족자본가 등으로 적시했다는 것이다.[80] 이병천과 윤소영의 이런 해석은 민족경제 담당 주체들이 (매판자본가나 제국주의 세력 등을 상대로 하는) 민족경제 자립을 위한 투쟁 과정에서 서로 연대하고 연합함으로써 '계급동맹으로서의 민중'을 완성해나간다는 논리로 이어진다. 한편 안병직은 『창작과 비평』 1973년 가을호를 통해 발표한 "단재 신채호의 민족주의"라는 글에서 계급연합으로서의 민중 개념을 제시한 바 있다. 그는 "미발견未發見의 민중, 민중은 역力의 원천"이라는 제목의 「동아일보」 1924년 2월 6일자 사설의 일부를 인용한 뒤 다음과 같이 덧붙였다.

위와 같은 '민중'의 개념에 따르면 그것은 농민·어민·노동자를 합한 것이고 조선 민중의 중심은 농민에 있다. 여기서 우리는 '민중'은 프롤레타리아도 포함하고 있으나 프롤레타리아만으로 구성되어 있는 것은 아니기 때문에 프롤레타리아로 이해할 수는 없다. '민중'을 구성하는 요소의 대부분이 농민이므로 '민중'은 반半프롤레타리아가 대부분이기는 하나 그것만도 또 아니다. 그리고 '민중' 내에는 소小부르조아지도 포함되어 있는 것이다. 그러므로 신채호가 말하는 '민중'은 프롤레타리아·반프롤레타리아와 소부르조아지의 연합체인 것 같다. 신채호는 또 예속자본가나 일본제국주의에 복무하는 봉건계급은 민족혁명의 대상으로 삼았지만 그렇지 않은 자본가나 지주는 민족혁명의 대상으로 삼지 않았다. 그러므로 그가 민족혁명을 통하여 이룩하고자 한

국가형태는 근로계층과 애국적 자본가층의 연합국가일 것으로 추측된다.(인용자의 강조)[81]

계급연합으로서의 민중 논의는 1980년대 이후 서관모 등의 계급연구 발전에 힘입어 본격화되었다. 김진균은 "민중의 계급적 구성을 천착하는 것은 민중 구성 부분들의 각 역량을 민중운동의 역량으로 연합시키기 위한 객관적 조건을 규명하는 시초의 작업"이라고 규정했다.[82] 공제욱은 변혁운동의 맥락에서 이를 좀 더 구체적으로 기술했다. "계급 분석의 목표는 각 계급의 세력 배치 및 그 역학관계, 그리고 계급동맹의 가능성을 밝혀 변혁의 주체세력과 그 대상을 명확하게 하는 데 있다. 그러므로 계급 분석의 쟁점들은 한국 사회성격 논쟁의 쟁점들과 얽혀 있으며, 변혁전략 논쟁으로 이어지게 된다."[83]

계급 분석 작업은 모순 분석과 결합되었다. 이때 모순은 주로 계급모순과 민족모순을 가리키며, 따라서 계급연대는 '계급모순과 민족모순의 동시적 해결을 위한 주요 계급들의 연합'을 의미하게 된다. 모순 개념을 중심으로 접근할 때, 우리는 '위-아래' 간 계급모순과 '안-바깥' 간 민족모순의 복합이라는 이원적 사회 인식에 다다르게 된다. 여기서 '상부-외부'의 세력들이 일종의 이익동맹을 형성하여 이중지배·이중억압의 체제를 구축한다면, 그에 대립하는 '하부-내부' 세력들의 공통분모가 바로 민중을 이루게 된다.[84] 이 공통분모를 현실화하는 것이 연대로서의 민중을 형성하는 일차적 실천과제이다. 물론 공통분모에 직접 해당하지 않는 '내부'의 넓은 중간지대가 여전히 존재하며, (상부-외부 연대세력에 의한 지배헤게모니와의 경쟁을 이겨내고) 이 중간지대를 차지하는 것이 확장된 연대에 토대하여 대항헤게모니를 구축하기 위한 이차적 실천과제가 된다.

마르크스주의적 민중론자들이 주창한 계급연합은 대체로 수직적이고 위계적이고 권위적인 연대였다. 수직적-권위적 연대의 핵심 요소로는 '노동자계급 헤게모니'와 그에 기초한 '통일전선' 관념을 꼽을 수 있다. 두 요소를 합치면 '노동자계급이 주도하는 전선론戰線論'이 될 것이다. 여기서 노동자계급 헤게모니라는 용어는 궁극적으로 권위주의 성향을 띠는 '레닌주의적 헤게모니 개념'에 의존하고 있었던 것으로 판단된다.[85] 이런 상황에서는 민중이 '정치적 주체'라기보다는 '정치적 객체'로 전락하기 쉬울 것이다. 앞에서도 언급했듯이, 유난히 강한 계급의식이나 변혁성, 연대의 촉매 역할을 수행하기에 적합한 자질 등을 갖춘 '특권적이고 차별적인 핵심 주체'의 존재가 인정될 경우 '민중 형성적 연대'의 성격은 '수직적 연대'에 가까울 수밖에 없을 것이다. 계급주의적 민중론에 근접한 입장이던 박현채에 의하면, 근대 자본주의사회에서 민중 구성은 노동자계급이 '기본구성', 소생산자인 농민과 소상공업자, 도시빈민, 일부 진보적 지식인이 '주요구성'이 되며, 이 중 노동자계급은 "근대 자본주의사회에서 기본모순에 대응하는 사회구성으로 됨으로써 이 시기의 역사적 시대에서 가장 진보적인 계층"이 된다.[86] 성민엽은 노동자, 농민, 도시빈민의 관계에 대한 박현채의 주장을 다음과 같이 요약했다.

이들 세 계층은 "자본주의 논리의 관철이라는 순환계열상의 다른 범주로 되면서 긴밀한 상호관계를 갖고 있는"데, 이들의 사회적 존재가 "자본과의 대립 관계" 위에 있음으로 해서 "체제 인식이라는 차원에서"는 이해利害가 일치하지만 "그 논리적 일체성에도 불구하고 민중 구성 그 자체가 갖는 대립 모순 때문에 현실적으로 하나가 되는 것은 아니다." 민중이 현실적으로 하나가 되기 위해서는 즉자적 관계에서의 대립·모순이 "민중적 차원, 그리고 역사적 진보의 선에 따라 통일"되어야 하는데, 이 통일은 "자본주의하 자본·임노동 관계 위에 자기 재생산의 기반을 갖고 민중으로서 부단히 존속"하며 "그 수적 구성에서 다수"이며 "역사에서 보다 진보적"인 노동자계급의 이해 위에 이루어져야 한다.

이러한 "대립 위에서 주어지는 일체성"에 대한 인식은 이 민중 논의의 핵심이다.[87]

김진균도 이와 비슷하게 노동자계급이 민중 구성의 '핵심'이자 '기본 계급'이고, 서로 존재양식과 직접적 이해관계가 달라 분열·대립할 수도 있는 민중 내부의 다른 계급들은 '노동운동의 시각'에서 평가되고 동원되어야 한다고 주장했다.[88] 백욱인 역시 '연합으로서의 민중'을 말하는 가운데, 민중운동의 선도세력으로 등장하는 노동자계급의 "선도성·선진성과 지도성", 그리고 "계급동맹과 이에 입각한 민중적 통일전선의 형성"을 부각시켰다.[89] 1990년대 초 민중-시민 개념 논쟁이 벌어지기 전까지 마르크스주의적 2세대 민중론이 압도적 지배력을 행사하던 상황에서, '노동자계급 중심의 민중 형성'이라는 명제는 거의 의심받지 않았다. 그럼에도 불구하고 변혁운동 지도자들의 개인적·집합적 능력에 의존하는 임기응변적 '전술'(통일전선 전술) 차원에서만 주로 논의되었을 뿐, 정작 연대로서의 민중 형성에 대한 진지하고 정교한 논의는 별로 진척되지 못했다.[90] 계급 분석과 통일전선론은 따로 놀기 일쑤였고, 계급·모순 분석으로부터 변혁 실천을 기계적으로 도출하는 논리적 비약도 심심찮게 나타났다. 더욱이 노동자계급 중심의 민중 형성 명제가 거의 당연시되던 1980년대 후반과 1990년대 초의 시점에서조차도 노동자계급 헤게모니에 입각한 통일전선이 '실제로' 구현된 사례는 거의 없었다. 대신 한국 민중운동의 역사에서는 보다 광범위하고 다양한 집단들이 비교적 평등하게 참여하는 느슨한 연합조직들이 연이어 등장하곤 했을 따름이다. 그런 와중에 이른바 'IMF체제'에 의해 도래한 '97년체제' 아래서 노동자계급의 진보성에 대한 회의는 점점 짙어졌다.

계급연합으로서의 민중 관념에 맞서, 한상진과 '후기 한완상', 김진호 등 몇몇 논자들은 '정치연합으로서의 민중' 관념을 내세웠다. 이들은 정치연합으로서의 민중 관념을 발전시키는 데 많든 적든 그람시의 영향을 받았다는 공통점을 보여주기도 한다.[91]

1984년경부터 민중 논의에 참여한 한상진은 계급연합론에 대해 시종일관 비판적이었다. "민중은 계급과 달리 처음부터 정치적으로 규정되는 존재"이므로, 계급을 초월하는 "민중정치"나 "정치적 민중주의"가 요구된다는 게 한상진의 지론이었다.[92] 그는 계급주의적 "양극 모델"이 '세력연합'인 민중을 '하층계급'으로 축소했다고 비판하면서, 민중은 경제적 이해에 기초한 연대인 "다계급연합" 이상의 존재임을 강조했다.[93] 한상진은 계급이 민중에 포함될 수는 있으나 민중이 계급으로 환원될 수는 없다는 한완상의 주장에 동의를 표했다.[94] 민중은 "계급의 개념보다 더 원초적이고 포괄적인 개념"으로서, "민중은 계급들의 연합으로 이루어질 수도 있지만, 공유하는 역사적 경험에 근거하여 계급 이전에 혹은 계급의 경계를 넘어서서 다양한 사회집단들의 연합으로 이루어질 수도 있다"는 게 그의 생각이었다.[95] 혹은, "근원의 면에서 다양하고 이질적인 사회집단들이 역사의 특정 국면에서 계급의 경계를 뛰어넘어 집합적·정치적 유대를 지속적으로 발전시킬 때 민중이 가능해진다."[96] "민중은 일차적으로 정치적인 수준에서 결정된다"는 언명처럼, 한상진의 민중 이론은 무엇보다 '정치적 민중' 개념에 기초했다. 다음 인용문에서 보듯이 민중은 "계급을 가로지르는 유사한 심성과 갈증으로 묶여"지는 존재이다. 그에 의하면, "민중은 어느 정도 깨어 있는 정치의식과 상징을 공유하고 있는 집단들로 구성된다. 즉 참여를 원하면서 공통의 적에게 분노를 느끼는 집단들로 구성된다. 비록 사회경제적 배경은 다를지라도 사회 각 층위의 지배과정 안에서 계급들을 가로지르는 유사한 심성과 갈증으로 묶여질 수 있는 집단들이 민중을 이룬다.……민중은 본질적으로 정치적인 집합체로 나타나며……정치적 수준에서 민중을 본다면 이것은 역사의 특정 국면에서 다양한 세력의 연합으로 등장"한다.[97] 민중적 정치연합을 이끌어갈 핵심 주체와 관련하여 한상진은 마르크스주의적 민중론자들의 노동자계급(프롤레타리아트) 주장에 반대하면서, 대신 '진보적이고 참여 지향적인 중산층'을 전면에 내세웠다. 조희연은 한상진이 내세우는 핵심 논리를 "오늘의 정치 현실에서 중간계급을 이루는 많은 집단들은 민중 개념을 구성하는 데 있어서 단순히 그 외연에 위치시킬 것이 아니라 그 핵심에 위치시켜야 한다"는 것으로 요약한 바 있다.[98] 한상진의 중산층 주도론 곧 중민이론은 '점진적 개혁주의' 노선, 그리고 '양극화 모델'이 아닌 '중심화 모델'로 이어졌다.

'후기 한완상'의 입장도 정치연합으로서의 민중에 가까워 보인다. 한완상은 1970년대 후반부터 1990년대 초까지 민중사회학 저술을 활발하게 발표하다가, 공직생활이 이어지는 1993년 이후에는 학술적 활동 자체가 뜸해졌다. 따라서 1990년대 초까지로 분석 대상 시점을 한정할 경우, 필자는 1980년대 초 이전, 특히 1976~1980년의 '전기 한완상'과 1980년대 후반 이후, 특히 1986~1992년의 '후기 한완상'을 구분하는 것이 유용하리라 생각한다. 1980년대 전반부의 학문적 공백기를 기준으로 전기와 후기를 구분해보자는 것이다. 1976년 시작된 첫 번째 해직 기간 동안 민중사회학의 골격을 완성했던 한완상은 1980년 두 번째 해직부터 투옥과 미국 망명으로 이어진 긴 학문적 공백기를 보내야 했고, 1984년 복직 이후 백욱인·김성기 등 서울대 사회학과 제자들과의 공동작업 혹은 단독 작업을 통해 종전 입장을 조금씩 확장해나갔다.[99] '전기 한완상'에게는 '세력 형성'의 시각에서 민중에 접근하려는 문제의식 자체가 약한 편이었다. 그 때문에 좌파 민중론자들은 한완상의 민중사회학을 계급연합의 시각이 결여된 소박한 이론이라고 비판했고, 한상진 역시 한완상은 이질적인 집단들이 어떻게 "민중이라는 공통의 집합성"을 띠게 되는지를 제대로 설명하지 못한다고 비판했다.[100] "예전 나의 책에서 대자적 민중과 지식인이 연대해야 한다고 주장"했다는 2017년 회고담에서도 드러나듯이,[101] '전기 한완상'에게 확인할 수 있는 연대 개념은 '지식인-민중연대'를 넘어서지 못했다. 그러나 '후기 한완상'은 그람시를 끌어들여 지식인-민중 연대론을 대폭 확장했다. 이때에 이르러 그는 '세력 형성' 문제를 대항헤게모니 형성의 과제로 명료히 정식화하게 된다. 우선, 1986년 백욱인과 함께 집필한 글에서 그는 이렇게 말했다. "피지배계급에서 생성되는 민중철학의 가능성과 '유기적 지식인'의 성장 가능성에 대한 그람시의 논의는 민중사회학에 많은 시사점을 던져준다. 그람시는 민중(대중)의 일상의식과 일상적 활동을 중시하면서 대중정치의 형성을 시도하여 대중의 역사주체의식을 확보하고 이론과 일상적 의식을 계급투쟁의 매개를 통하여 통합하려 하였다. 대중의 자발성과 의식성을 매개하는 역할을 대중 자체에 그 존재근거를 갖는 유기적 지식인에게 부여한데 그람시의 특징이 있다."[102] 1987년에 김성기와 발표한 글에서는 민중의 한(恨)을 극복하는 방식과 방향을 구상하기 위해, 그람시의 대항헤게모니 개념과 진지전 개념을 도입할 필요성이 있다고 주장했다.[103] '유기적 지식인'만이 아니라 '헤게모니'와 '진지전' 개념까지 등장한 것이다. 한국사회학회 회장으로 재임하던 1992년에 단독으로 쓴 글에서 한완상은 대항헤게모니 형성의 장으로서 '시민사회'의 중요성을 강조했다. 민중내부의 이질성과 차이가 증가할수록 민중적 연대를 달성하기는 더욱 어려워질 것이고 '정치'의 개입 필요성은 더욱 커지게 마련인데, 그 정치의 핵심 무대는 정치사회나 제도정치권이라기보다는 '진지전의 장소'인 시민사회일 터이다. 한완상은 "시민사회란 도덕적 지도력 곧 헤게모니가 형성되고 작동하는 영역"이자, "경제적 필요와 대립되는 영역이며 동시에 강제와 대조되는 자유와 동의의 영역이기도 하다"면서,[104] 다음과 같이 덧붙였다.

헤게모니의 주체는 단일 계급만이 아니다. 곧 프롤레타리아만이 아니다. 주체는 각축하는 여러 계급들이다. 지식인과 비계급적 집단들이기도 하다.……시민사회 안의 헤게모니를 장악할 때만이 권력 장악이 가능하므로……시민사회가 상대적으로 강고한 자본주의 상황에서는 기동전보다 진지전이 더욱 적합한 전략이 된다. 진지전을 성공적으로 치러내자면, 점진적으로(천천히 그러나 착실하게) 시민사회의 지배적 지도력(헤게모니)을 잠식해나가면서 마침내 대안적(혹은 대항적) 헤게모니를 세워나가야 한다.……그람시의 시민사회가 경제적 계급 관계와 무관하게 존재하고 작동한다고 단언해서는 안 된다. 그가 강조한 시민사회의 주체 가운데 유기적 지식인은 노동계급과 유기적인 관련을 맺으면서 활동하는 대안적 대항적 세력임을 잊지 말아야 한다.……오늘 우리의 상황에서 그람시의 통찰력을 참고할 때, 계급운동의 한계와 가능성을 동시에 정확하게 조명해볼 수 있을 것이다.[105]

1991년의 한국사회학회 회장 취임 강연과 1992년 한국사회학회·한국정치학회 공동학술발표회 기조 발제에서 한완상이 마르크스주의적 민중론을 비판하고, 민중운동과 함께 시민운동을 옹호했던 것은 분명한 사실이다. 그러나 전기-후기 한완상의 이런 변화를 정수복이 말하듯이 민중사회학에서 '시민사회학으로의 전환'이라고 평가하기는 어려울 것 같다.[106] 오히려 민중사회학의 확장, 즉 초기의 민중사회학을 '온건하고 유연한 마르크스주의'까지 포용하는 방향으로 더욱 확대했다고 보아야 하지 않을까. 그람시를 매개로 한 한완상의 민중 개념 혁신 시도는 1986년부터 비교적 일관적 흐름을 보이고 있기도 하다.

김진호는 1993년에 3세대 민중신학의 출범선언문 성격을 띤 논문을 발표했다. 그는 2세대의 용어인 '사회구성체'와 함께 헤게모니적 절합(접합)이나 정치연합과 같은 라클라우·무페의 개념들을 적극적으로 구사했다. 이런 맥락에서 그는 민중을 단순히 '계급동맹'으로 파악하는 것을 넘어 '역동적인 형성적 실체'인 '정치연합'으로 간주해야 한다고 보았다. "형성론적 관점에서, 계급은 경제적 관점에 초점이 있는 개념인 반면, 민중은 정치적 관점에 초점이 있"는 만큼, 민중을 "변혁적인 정치연합"으로 간주하자고 제안한다.[107] 1997년에 이르러 그는 2세대 민중신학을 계급론에 입각한 '정치경제학적 민중신학'으로 간주하고, 이를 보완 혹은 대체할 패러다임으로 '문화정치'에 기초한 '문화정치학적 민중신학'을 제창하기에 이른다. "차이들의 위계화에 저항하는, 탈중심적 주체화 과정으로서의 민중 형성의 정치"라는 표현에서 확연히 드러나듯이, 민중을 정치연합으로 접근하는 김진호의 입장은 2000년대에도 계속 유지되었다.[108]

앞서 보았듯이 계급연합론은 권위적-수직적 연대 관념과 결합하는 경향이 뚜렷했다. 이를 비판하면서 수평적-민주적 민중연합을 주장하는 견해들도 나타났다. 전자는 민중의 내적 다양성과 차이를 소멸시키는 '동질화하는 연대', 레닌주의적 헤게모니 개념으로 대표되는 '권위주의적 헤게모니'에 기초한 연대에 가까울 것이다. 반면 후자는 민중을 구성하는 집단들 고유의 특이성을 유지하는 '이질성들의 연대', 민주주의적 등가 원리에 기초한 '민주주의적 헤게모니'의 연대에 가까울 것이다. 수평적 연대론은 특정 계급이나 집단의 특권화를 배제한 '평등한 연대'를 특징으로 하지만, 계급을 넘어 다양한 비非계급적 집단들을 가로지르고 포용하는 '확장된 연대'의 관념까지 포함하는 경우가 많았다.

연합의 위계성-평등성의 상하上下 스펙트럼을 가정한다면, 그 꼭대기에는 '노동자계급 헤게모니 하의 통일전선론'이 자리 잡을 것이다. 계급론적 민중론자 대부분이 여기에 속하고, 앞에서 보았듯이 박현채와 김진균(전기 김진균)도 노동자계급의 주도성을 인정하는 편이다. 수직적-수평적 연대 스펙트럼에서 최장집은 중간쯤의 위치를 차지할 듯하다. 한상진과의 토론에서 최장집은 민중의 '내적인 위계'를 인정하면서 '평면적 나열'에 반대한다는 입장, 그리고 기층민중에 중심과 무게를 부여하되 유연성·포괄성·역동성도 인정하는 입장을 피력한 바 있다.[109] 김성기도 '경제결정론적 계급이론'에 의한 민중 개념화를 비판하는 맥락에 서서, 민중을 '연합세력'으로 간주하면서도 그 연합이 경제적 이해관계만으로는 성립될 수 없다고 주장했다.[110] 한상진은 보다 분명한 어조로 연대의 수평성을 강조했다. 그는 민중이 "이질적인 다양한 집단들의 수평적 연합"이며, "다양한 집단들이 각각의 이질성을 넘어서서 수평적으로 연계될 수 있도록 해주는 구조적 조건"을 찾아내야 한다고 강조했다.[111] 아울러 그는 "(다양한 사회운동들이 제각기 갖는—인용자) 가치를 어떤 위계 모델 없이 다 같이 존중"해야 한다고 주장했다.[112] 앞서 소개했듯이 김진호는 "다양한 실천들 간의 '연대의 정치'"를 주장했는데, 그는 곧바로 이렇게 덧붙였다.

> 그것은 물론 수직적 형태의 민중연합이 되어서는 안 된다. 민중연합은 '대화적 근대성dialogic modernity'을 제도화하기 위해 투쟁해야 할 뿐 아니라, 대화적 품성dialogic character으로 연합이 구성되도록 하기 위해 투쟁해야 하는 것이다. 따라서 민중신학의 제3세대가 짊어져야 하는 세 번째 과제는 ('차이의 정치'뿐 아니라) '대화적인 연대의 품성'을 제도화하는 새로운 신앙적 정체성 형성을 탐색하는 데 있다.[113]

필자가 보기에 가장 인상적인 수평적 연대론을 전개한 사람은 김진균이었다. 더 정확히는 1990년대 말 이후, 특히 1998~2003년 사이의 '후기 김진균'이었다. 이 시기의 연대 형성론이 1980년대 김진균의 그것과는 뚜렷한 차이를 보이므로, 필자는 (한완상과 비슷하게) '전기 김진균'과 '후기 김진균'을 구분할 필요가 있다고 판단한다.[114] 김진균의 평전을 쓴 홍성태, 최근 김진균의 민중사회학을 천착한 정수복도 1990년대 말 이후 김진균의 민중 개념에서 의미심장한 변화가 진행되었다고 평가했다.[115] 후기 김진균의 민중적 연대론은 '원통적圓通的 사고'와 '화이부동和而不同', 그리고 연암 박지원의 실학사상에서 유래한 '상자이생相資以生' 관념으로 집약된다. 이 시기에 그는 자본주의에 의한 '동일화의 전체주의'에 맞서는 '차이의 철학'을 수용하여, 차이를 인정하고 존중하는 '화이부동의 사회'를 지향했다. 또 개개의 모든 위치가 '주축主軸'이 되는 수평적이고 민주주의적인 사상 즉 '원통적 사고'의 필요성, 그리고 상호의존적 관계성 인식에 기초하여 상호 부조적 상생을 강조하는 '상자이생의 길'을 주창했다. 김진균은 상자이생을 "어느 하나가 다른 것을 낳았다는 의미에서 상생相生이 아니라 상자相資함으로써 생한다", "민물民物이 상자함으로써 상생한다는 명제", "서로의 필요에 의해 서로의 능력과 감성과 도덕성이 서로를 위한 자원이 되게 어울려 사는 방법" 등으로 설명했다.[116] 홍성태의 표현을 따르자면, "그는 당연하게 여겨지던 다양한 분리와 배제의 구획들을 넘어서 계급, 지역, 인종, 성, 세대 등의 차이를 인정하면서 존중하는 '화이부동和而不同'의 사회를 적극 추구해야 한다고 제시했다."[117] 다음 몇 가지 인용문에서 김진균의 수평적-민주적 연대론의 진면모가 드러난다.

> 우리는 화이부동을 음미해볼 필요가 있다. 화합하고 평화롭게 연대하고 관계를 맺지만 상대를 나와 동일하게 만들지 않는다는 말이다. 한 가지 기준을 가지고 모두를 동일화시키고자 한다면 그것은 억지이고 또한 폭력일 것이고 그 사회적 관계에서는 강자와 노예가 있을 뿐이다. (1998년의 글)[118]

지구촌 곳곳에서 뿌리가 뒤집혀 흔들리고 있는 민중들이 이러한 자본주의의 전체주의적 문명화 경향에 맞서서 투쟁하고 있다. 민주주의의 새로운 과제는 이러한 전체주의적 경향에 대하여 그 본질적 인식 영역과 기획 차원에 새로운 인식의 전환이 일어나도록 하는 데 초점을 맞추어야 한다고 생각한다.……현재 지구촌 민중은 '지구촌' 차원에서 서로 연대해서 투쟁하는 문제를 깨닫고 있다. 실제로 20세기 국가 내에서 조절되었던 민중적 삶의 방식으로는 전 지구촌으로 뻗어가는 전체주의적 경향에 대항할 수 없음을 깨달아가고 있다. 이 대중투쟁은 계급과 인종, 지역, 성 그리고 세대에 의하여 분리되거나 격리되어 있던 사람들을 하나의 연대로 인식케 할 것이다. 그 연대는 감성적이고 지적이고 도덕적인 정감을 갖게 하고 정의正義를 새롭게 인식케 할 것이다. 민주주의는 그러한 기초 위에서 차이를 인정하면서 화합해가는 새로운 생활방식(고전적으로 화이부동[和而不同]으로 표현되었다)을 추구하는 데서 꽃피울 수 있을 것이라고 생각한다.(1999년 글)[119]

세계화와 지구화를 '지구는 둥글다'라는 명제에서 생각해보면, 이는 '원통圓通'적 인식 차원에 있기도 하다. 지구 어느 위치에서든지 그 위치가 주축이다. 이 원통적 사고는 지구촌 인류를 수평적 관계로 사고하게 한다. 자본주의가 전 지구적으로 획일화된다는 것은 인간을 수직적으로 위계화한다는 뜻이다.……자본주의는 원통적 관계에 있는 사람들 사이에 '착취'가 있게 한다. 지구가 하나의 우주를 유기적으로 구성하는 한 개체라고 생각하고 원통적 단일 개체라고 인식한다면 그 속에 있는 구성요소로서의 주체들은 차이로써 균형을 이룰 것이다.…… 지구화의 어떤 위치에 있는 큰 주체들, 그리고 무수한 작은 주체들은 그들의 존재 능력으로 존재 영역을 확보하려 할 것이다. 작은 주체들이 자신들의 존재를 자주적으로 확보하고 집단적 창의력을 발휘하고

자 하면 할수록 전체에의 획일적 일체성을 재생산하려는 기존 지배질서, 즉 세계적 통합 자본주의의 생산과 재생산 질서를 타격하는 효과를 자아낼 것이다. 차이를 인정하되 원통적 사고를 해나가는 것이 필요하다. 그리고 작은 주체들조차 '민중'의 개념에 넣는다면, 아직은 민족국가 형태 안에 있는, 그리고 한민족처럼 통합되어야 하는 미완성의 민족국가 형태 안에 있는 민중들 사이의 연대를 통해 주체들 사이에 정치적 패권과 경제적 착취가 배제된 상자이생相資以生의 길을 뚫어갈 수 있으리라 기대해본다.(2003년 글)[120]

한편, 세력 형성 논의는 '횡단적cross-sectional 연대'와 '종단적longitudinal 연대'로도 구분될 수 있다. 기존 세력 형성론의 거의 대부분은 횡단적 연대, 공시적 연대, 당대當代의 연대에 관한 것이었다. 그런데 일부 민중론자들은 세대를 뛰어넘는 종단적 연대, 통시적 연대, 누대累代의 연대 쪽으로 연대 개념의 대대적 확장을 시도했다. 심지어 삶과 죽음의 경계마저 넘어서는 생자生者-사자死者의 연대도 나타났다. 여기에는 과거 희생자들과의 '기억연대', 특정한 고통과 희생의 기억을 공유하는 '기억의 코호트 혹은 세대공동체'가 포함된다.

앞서 소개했던 최장집과 김원의 민중 정의, 곧 "억압의 경험에 대한 기억을 공유하는 전통으로서의 역사 속에서의 집단적 행위자"로서의 민중(최장집), "과거 민중의 억압 경험에 관한 전통과 기억 속에 존재한 집단적 행위자"로서의 민중(김원) 규정이 기억공동체 내지 기억의 연대를 소환한다. 제주 4·3 희생자들을 위한 무교 의례를 매개로 형성되는 기억공동체에 대해서도 언급한 바 있다. 김성례는 죽은 원혼들이 꿈이나 신들린 심방(무당)을 통해 역사의 '진실'을 전달하고, 이를 경청한 산 자들이 죽은 이들과 연대를 형성하고, 이 연대의 결실로 원혼들이 '폭도' 낙인에서 벗어나 국가폭력의 '희생자'로서 새로운 역사적 시민권을 획득하고,

이런 정체성 변화를 통해 해원(한풀이)에 이르는 과정을 밝혀냈다.[121] 김성례에 의하면, "죽은 영혼의 통곡이 억압된 기억의 단층 사이에서 새어나올 때 역사는 잠에서 깨어난다. 잊힌 기억, 그중에서도 폭력에 관한 기억의 어두운 밤이 진실의 빛 가운데 드러나도록 허용되자 죽은 영혼은 살아나 살아 있는 그들 자손에게 말을 하기 시작한다."[122] 사월혁명이나 광주항쟁 희생자들에 대한 추모의례가 민중적 연대의 형성으로 이어진 일들, 갑작스러운 죽음을 맞은 '열사烈士들'과 관련된 열사의 정치학, 죽음의 정치학, 애도의 정치, 열사문화 형성을 파고든 마나베 유코, 임미리, 천정환, 김정한, 이소영 등도 우리로 하여금 종단적 연대 혹은 생자-사자 연대를 사유하도록 이끌었다.[123] 사자가 생자에게 보내는 편지인 유서遺書, 그 뜻에 부응하려는 생자들의 의지는 죽음을 초월한 연대, 혹은 죽음을 매개로 한 연대를 만들어내는 핵심 기제였다.[124]

계급연합, 수직적 연대, 횡단적 연대를 특징으로 하는 계급주의적 세력 형성론은 합리적·과학적 접근을 표방했다. 이 입장은 경제적-계급적 이해관계에 기초한 연대를 강조함으로써 대체로 합리적-타산적 영역에 머물렀고, 윤리나 감정 등은 비과학적 영역으로 규정하여 경시하거나 배척하는 편이었다. 반면에 일부 민중론자들은 세력 형성 문제에서 윤리나 감정과 같은 '비합리적' 혹은 '초超합리적' 요소의 중요성을 강조했다. 일종의 '윤리적 연대론'이자 '정동적 연대론'인 셈이다.

이미 앞에서 다룬 내용만 상기하더라도, 한완상의 "도덕적 지도력"으로서의 헤게모니 개념, 김진호의 "대화적 품성" 내지 "대화적인 연대의 품성" 언급, "연대는 감성적이고 지적이고 도덕적인 정감을 갖게 하고 정의를 새롭게 인식케 할 것"이라는 김진균의 표현, 나아가 김진균이 제기하는 원통적 사고나 상자이생·화이부동 관념 모두가 윤리적 영역과 맞닿아 있다. 한상진의 "공유하는 역사적 경험", "계급을 가로지르는 유사한 심성과 갈증", "깨어 있는 정치의식과 상징을 공유", "공통의 적에게 분노를 느끼는 집단들"과 같은 표현들도 마찬가지이다. 뿐만 아니라 한상진은 정치연합을 구축하는 데도 윤리가 필수적이라고 주장했다. 연합을 위해서는 "좁게 설정된 집단이익의 양보가 필수적이며, 이런 윤리가 확립될 때 비로소 새로운 헤게모니를 구축할 수 있다", "중민 노선은 중민이 목전의 집단이기주의로부터 벗어나 보편적 윤리로 기층민중과 연대를 추구할 때 성립 가능해집니다", "전면적인 힘겨루기나 배타적인 이익 추구가 아니라 대다수 구성원들의 권익과 합의를 중시하는 윤리가 중민 노선의 기저를 이룬다"는 한상진의 주장들이 단적인 예들이다.[125] 방금 논의한 종단적 연대나 생자-사자 연대에 이르러 민중적 연대 형성 논의는 이미 윤리적 차원으로 훌쩍 넘어가 있었다.

앞서 언급했듯이 서남동은 메시아(예수)와 민중의 관계를 "고난의 연대"로 표현한 적이 있다. 많은 민중신학자들은 민중이 이미 겪고 있고 결코 피할 수 없는 '시련'과 '고난'에 주목했다. 고난과 구원을 연결 짓는 발상에서도 잘 드러나듯이, 민중신학자들은 민중의 고난에서 심원한 잠재력, 어떤 긍정적이고 창조적인 잠재력을 발견해내려 애썼다. 필자가 보기에 이런 입장은 불안정성precarity을 공통적인 삶의 조건으로 살아가는 이들의 연대, 즉 '취약한 이들의 연대'라는 버틀러의 발상과 일맥상통한다.[126] 아울러 '연대·돌봄·공동체·협력 없이는 도저히 생존할 수 없는 빈자들이 사랑으로 생산해내는 새로운 공통적 주체성'이라는 네그리와 하트의 실천적 대안과도 통한다.[127] 네그리·하트의 주장과 유사하게, 가야트리 스피박이 제시하는 윤리 역시 '사랑에 기초한 타자와의 관계 맺기'를 요구한다.[128] 이익과 타산에 기초한 합리적 연대로부터, 타인의 고통에 대한 공감, 타자와 이방인에 대한 환대 등에 기초한 윤리적-정동적 연대로 나아가는 것은 연대 문제를 사고하는 패러다임의 의미심장한 전환이라 할 만하다.[129]

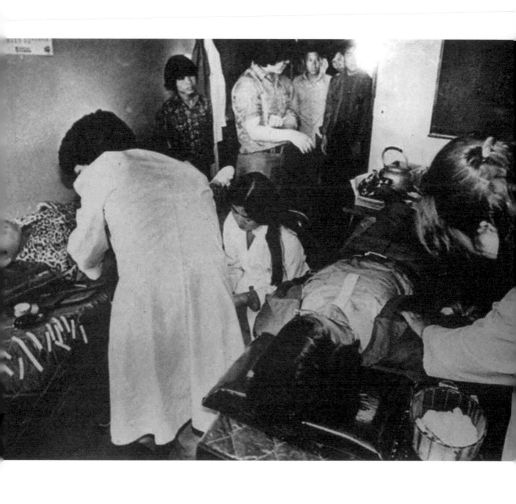

5·18 광주민주화운동 당시 헌혈에 나선 시민들의 헌신과 연대의 공동체

지금까지의 논의를 기초로 우리는 '민중의 여러 얼굴들'을 한눈에 조망해볼 수 있는 한 가지 민중 유형론 정립을 시도해볼 수도 있을 것이다. 〈표 5-1〉은 기존질서에 대한 '저항의 강도'와 '연합의 수준'을 변수로 교차시켜 얻은 결과이다.

〈표 5-1〉 민중의 여러 얼굴들

		연합 수준	
		높음	낮음
저항 강도	높음	헤게모니적-혁명적 민중	국지적-전투적 민중
	낮음	헤게모니적-개혁적 민중	일상저항적 민중 (혹은) 순응적 민중

〈표 5-1〉에서 보듯이, 저항 및 연합이라는 두 변수를 교차시킬 경우 네 가지 민중 유형들을 도출해낼 수 있다. 우리는 (1) 저항의 강도(혹은 수준)가 높고 연합의 수준 역시 높은 민중을 '헤게모니적-혁명적 민중'으로, (2) 저항의 강도는 낮고 연합의 수준은 높은 민중을 '헤게모니적-개혁적 민중'으로, (3) 저항의 강도는 높고 연합의 수준은 낮은 민중을 '국지적-전투적 민중'으로, (4) 저항의 강도가 낮고 연합 수준 역시 낮은 민중을 '일상저항적 민중'(문화적 저항 민중) 혹은 '순응적 민중'으로 각각 명명해볼 수 있을 것이다. 여기서 '헤게모니적-개혁적 민중'은 정치적 타협에 의한 점진적 개혁 노선을 걷는 민중으로서, 한상진이 말하는 '중민 노선'이 실현된 유형에 가깝다고 하겠다. 또 '일상저항적 민중'과 '순응적 민중'은 동일하게 즉자적 민중의 외양을 취할 수 있지만 그 대자성의 정도 면에서는 확연히 구분된다.

저항(2)

이번 장에서는 저항의 다양한 원천들을 다룬다. 민중 저항의 발원지는 어디인가? 민중의 저항 잠재력과 에너지를 어디에서 찾아야 하는가? 한 편으로는 권력의 취약성과 틈새, 내적 균열 때문에, 다른 한편으로는 민중의 주체적 역량 때문에 저항이 가능해진다고 말할 수 있으리라. 전자는 권력의 내부이자 민중의 외부이고, 후자는 권력의 외부이자 민중의 내부에 해당한다. 이렇게 보면 저항의 원천은 권력의 내부와 외부, 민중의 내부와 외부 모두에 산재해 있다고 말할 수도 있겠다.

필자가 보기에 저항의 가능성 혹은 원천과 관련된 기존 논의는 '저항 주체'에 일차적으로 초점을 맞추는 흐름, 그리고 '권력 자체'(그것의 빈틈과 한계)에 일차적 초점을 맞추는 흐름으로 양분된다. 좀 더 자세히 살피자면, 비판적 성향의 지식인들 가운데서도 (1) 포스트구조주의나 해체주의 계열의 이론가들이 저항의 거점이나 자원으로 기능할 수도 있는 지배의 빈틈·균열을 찾아내는 작업에 열중하는 반면 대중의 아래로부터의 자발적인 저항성을 인정하는 데는 다소 인색한 편이라면, 또 그럼으로써 저항의 가능성을 체제·권력의 '외부'가 아닌 '내부'에서 찾아야 함을 넌지시 제시하고 있다면,[1] (2) 바바나 차크라바르티는 지배 테크놀로지에

압도되기보다는 오히려 그것의 허점과 약점을 집요하게 드러냄과 동시에, 일상적 삶 속에서 피지배층의 끈질기고 재치 있는 저항을 잘 조명했고, (3) 구하, 스콧, 울프, 단턴 등은 처음부터 피지배층의 저항적 잠재력과 그 문화의 상대적 자율성을 인정하는 가운데 피지배층의 일상적·비일상적 저항 쪽에 분석의 초점을 맞췄다. 한국의 민중문화, 민중예술, 민중극(탈춤, 인형극)에 대한 연구들은 세 층위의 이론 중에서 (2)와 (3)의 층위 모두에 걸쳐 있다고 보인다. 민중운동이나 민중봉기에 관한 연구는 당연히 (3)의 층위에 해당할 가능성이 높을 것이다.

1. 지배의 틈새

한상진이 말했던 "권력의 명백한 한계"가 저항의 잠재적 원천일 수 있다. 이 역시 지배체제의 불안정성, 그리고 지배체제의 정당성 부족이라는 두 범주로 다시 나눌 수 있다. 체제의 불안정성은 저항에 대한 취약성을 의미할 수 있다. 체제의 정당성 부족은 피지배층의 저항을 유도할 수 있고, 심지어 저항을 정당화할 수도 있다.

체제의 불안정성은 다양한 요인에 의해 증폭될 수 있다. 예컨대 지배연합을 구성하는 여러 집단 사이의 분열과 이질성이 불안정성을 조장할 수 있다. 어쩌면 체제 불안정성은 모든 지배자들이 불가피하게 감수해야 할 숙명일 수도 있다. 무엇보다 모든 권력과 지배자는 '동일화'와 '차별화'라는 서로 모순되는 목적을, 그것도 동시에 추구해야 하는 아포리아에 직면한다. 지배자들은 차이를 없애려 하면서 동시에 유지하려는 이율배반적 전략을 추구한다. 동일화와 차별화 사이의 절묘한 균형에 도달하기란 사실상 불가능하며, 설사 그 순간에 도달한다 해도 균형은 금세 동요하게 마련이다. 지배-피지배 세력의 차별화, 부르디외의 표현을 빌리자면 '구별짓기distinction'[2]는 그 자체로 지배수단이자 지배 정당화 수단이기도 하다. 그런데 지배가 지배이기 위해 반드시 유지되어야 하는 차이, 권력·자원의 불평등한 분배와 차별을 정당화하는 차이가 종종 저항의 불씨로 돌변할 수 있다.

게다가 피지배층의 동화同化와 포섭을 위한 이데올로기적 동일화 작업은 항상 그리고 불가피하게 불완전한 상태에 머무르게 된다. 황병주의 말대로, 민중을 계몽하는 것은 지배의 정언적 명령("사활이 걸린 정언명령")이지만, 민중의 "계몽적 재생산은 거의 반드시 불완전 재생산"에 그치고 만다.[3] 온전한 동일화, 온전한 내부화 자체가 달성 불가능한 목표라는 것이다. 민중이 완전히 정복당하는 법은 없다. 지배자의 입장에서 볼 때 민중은 영원히 환원될 수 없는 잉여 내지 초과이다. 그리고 김택현이 말하듯이 이 초과는 "저항과 통제 불가능성의 지점들"을 창출할 수밖에 없다.[4]

그리하여 민중이라는 기표 자체가 체제의 균열 그리고 완전히 동일화될 수 없는 차이를 가리키게 된다.[5] "민간전승에는 오직 변이가 있고 작품이 없다는 명제"를 제시한 김열규처럼,[6] 민중은 '지배자 공개대본'과 '민중 은닉대본'의 차이, '지배자 공개대본'과 '민중 공개대본'의 차이, '민중 공개대본'과 '민중 은닉대본'의 차이로서만, 그리고 이 다양한 차이들의 미묘한 조정 과정을 통해서만 존재한다. '차이 속에 차이로서 존재하는 탈춤'에 대해 김열규는 이렇게 말한다.

각 탈춤의 비슷한 상황들은 서로 변이관계에 있게 된다. 동일한 것의 변화라는 상호관계를 지니고 있는 것이다. 이것은 민간전승이 변이로서 존재한다는 일반법칙에서 유래되는 것이다. 이럴 때 그 변이들 사이에 유일하고도 절대적인 원형을 찾으려 하는 것은 무의미한 일이다.[7]

이처럼 차이는 지배의 정언이자 지배의 빈틈이며, 지배수단이자 저항수단인 것이다. 민중에게 차이는 고통의 원천―저주로서의 차이―이기도 하지만, 생산성과 아름다움과 저항의 단초端初―축복으로서의 차이―일 수도 있다.[8]

영원한 차이의 존재인 민중은 그 유령과도 같은 '낯섦'으로써 지배자들의 불안과 공포를 자극하곤 한다. "체제 경계 외부에 있는 서발턴에 대한 공포", "도시 하층민에 대한 체제의 공포와 위기감", "유령과 같은 서발턴이 어느 순간 일으켰던 사건들은 체제에 있어서도 '공포'였다"는 김원의 표현들이 보여주듯이 말이다.[9] 지배자들에게 민중은 멸시와 조롱의 대상일 뿐 아니라 불안과 공포의 대상이기도 한 것이다. 지배자들에게는 여전히 어딘가 낯설고, 잘 안다고 생각하나 착각이기 쉽고, 지배자들이 보내는 '권력의 시선'(시선의 권력)은 엉뚱한 곳을 향하기 십상이고, 그래서 허탕 치기를 끝없이 되풀이하는, 때로는 되치기를 당하기도 하는 그런 유동적이고 탈구된 관계가 지배자-민중 사이에 형성되고 유지된다. 민중을 향한 지배자들의 양가적 태도에서 비롯되는 불안은 (불분명하게나마 '인식'됨에도 불구하고) 대체로 '무의식' 수준에서 발생하고 작동한다.[10] 그러기에 손쉽게 교정될 수 있는 것도 아니다.

민중에 대한 지배자들의 의존성, (아도르노와 호르크하이머가 말했던) 피지배자에 의한 민중-지배자 삶의 동시 재생산, 지배자-민중의 상호의존성, '지배자 양반'의 정체성 구성을 위한 필수 요소로서의 '타자 민중' 등도 거의 항구적인 숙명적 조건이다. 민중신학자 서광선이 말하듯이, "양반들은 전적으로 종 말뚝이에게 의존하고 있다."[11] 이런 (상호)의존성도 지배체제의 틈새로 작용하여 저항의 여지를 제공한다.

지배담론 및 지배이데올로기 내부에 각인 혹은 기입되어 있는 '민중의 몫'도 저항의 무기로 사용될 수 있다. 지배이데올로기를 역이용한 저항의 가능성에 대해서는 민중이 구사하는 '저항의 기술'이라는 맥락에서 다시 언급할 것이다. 지배체제의 불안정성과 저항의 관계에 대해서는 김택현이 훌륭하게 정리했다. 우리는 서발턴을 민중으로 바꿔 읽기만 하면 된다.

> 지배담론이 구성한 서발턴의 예속성은 그것에 대한 저항을 동시에 지시하고 드러낸다는 점에서 지배담론 안에서 출현하는 '하나의 비판의 포지션'이고 '저항적인 차이a recalcitrant difference'라고 할 수 있다.……서발턴연구는 지배자들에 대한 서발턴의 자율성은 아니더라도 이질성을 지배담론 안에서 발견하고자 하며, 그렇기 때문에 서발턴의 저항적인 예속성 혹은 예속적인 저항성은 지배담론 안으로 사라지는 것이 아니라 지배담론의 틈새 속에서, 지배담론에서의 서발턴의 침묵과 외면 속에서, 서발턴의 행위를 순화시키고 규범화시키는 지배담론의 권력기능 속에서, 지배담론의 속임수와 장황한 수사 속에서 나타나는 것이다.[12]

체제의 불안정성 문제에 비해 체제의 정당성 부족 문제는 좀 더 가시적이다. 무엇보다 민중의 존재 자체가 자신들의 '비참'과 '슬픔'과 '고통'의 삶을 통해 지배이데올로기를 포함한 체제의 위선과 자기모순, 거짓됨을 드러내는 생생한 증거이다. 그들의 몸은 폭력과 질병과 위험으로부터의 안전·보호라는 공적 약속의 허구성을 드러낸다. 체제의 정당성이 심각하게 결여된 상황을 민중신학자들은 마땅히 저항하여 바로잡아야 할 "구조적 죄"나 "구조적 불의"라고 부른다. 이는 구하가 "헤게모니 없는 지배domination without hegemony"로 압축한 상황이기도 하다. 구하는 『서발턴과 봉기』의 한국어판 서문에서 이렇게 말했다. "엘리트 권력이, 그것이 외국인 엘리트 권력이건 토착 엘리트 권력이건 간에, 결코 이 시기 동안 아대륙에 대한 지배를 완전하게 확보하지 못했음을 보여준다. 그

두 권력 모두 민중에 대한 지배의 합법성의 증표로 헤게모니를 열망했으나 거부당했다."13 '헤게모니적 지배hegemonic domination' 체제를 구축하는 데 실패한, 곧 '헤게모니 없는 지배'로 특징지어지는 사회들에서는 노골적인 강제에 의존할 수밖에 없으므로 민중에 대한 자의적인 폭력과 억압의 강도는 더욱 높아지고 민중이 겪어야 할 고통도 더 커질 수밖에 없다. 다음은 김택현의 설명이다.

> 구하는, 피식민 국가는 서양의 제국주의 국가와 근본적인 차이가 있다고 주장한다. 서양의 근대 자본주의 국가는 설득이 강제보다 우세한 권력관계에 기초하여 지배를 행사하므로 그 성격상 헤게모니적이지만, 피식민 국가는 그 지배구조에서 강제가 더 우세하므로 비헤게모니적이며, 그렇기 때문에 식민지의 이른바 시민사회를 국가에 통합시킬 수 없었다는 것이다. 구하는 피식민 국가의 이러한 성격을 "헤게모니 없는 지배"라고 규정하면서, 인도에서 자본은 식민지적 조건하에서 법의 지배라든가 형식적 권리의 평등, 혹은 대의제 정치 등을 보편화시키는 데에서 역사적으로 실패하였고, 그 결과 제국주의 부르주아 문화가 식민지 권력관계 안에서 인도의 토착 문화를 완전히 분해시키거나 완전히 동화시키는 데에도 실패했다고 주장한다.14

헤게모니 없는 지배체제는 그 자체가 저항의 가능성을 폭넓게 제공할 뿐만 아니라, 아래로부터의 끊임없는 저항으로 인해 헤게모니적 지배체제 구축에 실패한 것이기도 하다. 김택현의 표현을 다시 빌리면, 우리는 "제국주의자들과 토착 엘리트들의 헤게모니적 지배를 불가능하게 하였던 서발턴의 현존"에 주목해야 하는 것이다.15

황병주는 지배체제 자체가 어느 정도의 저항을 허용한다고 보았다. 그럼에도 지배자들이 허용한 범위와 경계를 넘어서고 위반하는 '잉여·

초과의 저항'이 출현하는 것은 불가피하다. 다시 말해 "지배질서는 저항의 무화가 아니라 일정한 강도로 유지하는 것"이지만, "저항은 언제나 초과된 저항 또는 잉여의 저항으로 나타났다."[16]

요컨대 지배는 결코 끝날 수 없고 완전히 성공할 수 없는 과업이다. 지배자들에게도 '지배'라는 과업은 진정 만만찮은 일이다. 그것은 각고의 그리고 부단한 노력을 요구한다. 더구나 그 노력은 영원히 완결될 수 없는 시시포스의 난제와도 같다. 그것은 한편으로는 부단한 감시, 이데올로기적-종교적 설득과 계몽, 능력의 의례적이고 주기적인 시전示展, 다른 한편으로는 주기적인 힘의 과시, 공포심을 자극하기 위한 본보기 처벌 등 비용이 많이 드는 수많은 행위와 이벤트를 끝도 없이 요구한다. 그리고 이 모든 것의 밑바닥에서는 항상 어느 정도의 불안감과 공포심이 스멀대는 것이다. 조동일의 표현에 따르자면, "양반의 특권이 얼마나 힘들게 유지되는가……잠시라도 방심하고 있으면 특권이 유지되지 않기에 신경을 쓰고 언성을 높이며 수단을 가리지 않고 덤빈다.……여유 있으면서도 각박하고 조용하면서도 소란한 모순 속에 양반이 존재한다."[17]

2. 민중문화

이번에는 민중의 주체적 저항 역량에 초점을 맞춰 보자. 이 책 서장에서 확인했듯이, 문화 요인을 중시하는 것은 한국 민중연구의 중요한 특징 중 하나였다. 문화적 접근의 대상은 민중문화, 민중예술, 민중종교, 민중도덕, 민중언어, 민중서사(민중이야기, 민중 사회전기), 민중 감정·정동 등을 망라한다. 학문 분류로 보더라도 문학, 민속학·국문학, 미학·연극학·미술학·무용학·음악학, 인류학, 사회학, 언론학, 신학, 철학 등 다양한 분야의 지식인과 연구자들이 민중에 대한 문화적 접근을 시도했다.

　문화적 접근 선호 경향은 1세대 민중론자들에게서 비교적 선명하게 나타나며, 이것이 정치경제학적 접근 혹은 경제적-계급적 접근을 선호하는 2세대 민중론자들과 1세대 민중론자들의 확연한 차이이기도 하다. 일부 2세대 민중론자들은 문화적 접근에 대해 경멸적인 의미를 담아 '문화주의'라는 낙인을 부여했다.[18] 문화적 접근은 저항운동에서 민중종교가 중대한 역할을 담당한다는 사실에 주목했던 반면, 이른바 '과학적 민중론'은 동학농민전쟁 등 농민봉기에서 종교의 역할을 축소해석하는 데 급급했다. 필자가 1994년에 쓴 글에서 밝혔듯이 "상대적으로 진보적인 입장에서 쓰여진 역사학계의 연구일수록 종교로서의 동학이 차지하는 비중을 평가절하하는 경향"을 보였다.[19] 더구나 일부 2세대 민중론자들은 저항의 기원 내지 원천과 관련된 문제들에 대해 아예 무관심한 듯한 모습을 보이기도 했다. 1987년의 6월항쟁이나 노동자대투쟁에 고무된 나머지, 혹은 '혁명운동 고조기'라는 상황인식 때문에, 민중의 저항성을 당연시하거나, 저항을 이미 진행 중인 기정사실로 전제하는 경향을 보였던 것이다.

　그러나 2세대 민중론에 비판적인 3세대 민중론자들 사이에서는 문화사, 일상사, 미시사, 문화정치학적 민중신학 등을 통해 문화적 관심이 전반적으로 재생되었다. 이번 절을 포함한 이 장의 나머지 부분에서는 문화적 접근을 중심으로 저항의 원천 문제를 다뤄보려 한다.

　기존의 민중론들은 권력의 외부이자 민중의 내부에 잠재하는 저항적 요소들을 주로 문화(민중문화, 민중예술, 민중종교), 언어와 소통 매체(민중언어), 감정과 정동(민중감정, 민중정동), 윤리(민중윤리, 민중도덕)의 네 가지 차원에서 발견해왔다고 할 수 있다. 아마도 여기에 민중사상, 민중철학, 민중이데올로기라 부를 만한 것을 추가할 수도 있을 것이다.[20] 그러나 중복을 피하기 위해 여기서 별도로 다루지는 않으려 하는데, 이런 민중적 사상·철학·대항이데올로기는 대부분 다음 두 가지에서 발원한 것이기 때문이다. 그중 첫째는 '지배이데올로기 안의 피지배자 몫'이라 할 수 있는 것, 곧 지배이데올로기의 구성요소들 가운데 피지배자들이 이전의 투쟁을 통해 쟁취해낸 역사적 성과들을 반영하는 요소 혹은/그리고 피지배자들이 향후 투쟁에서 유리하게 전용 혹은 모방할 수 있는 요소들이고, 둘째는 지배이데올로기로부터 일정한 독자성 내지 자율성을 획득해냈고, 피지배자들로부터 폭넓은 추종과 지지를 확보한 혼합주의syncretic 성향의 '민중종교들'이다.

폭력적 민중봉기와 같은 '고위험 사회운동high-risk social movement'에의 참여는 그것이 실패했을 때 예상되는 처벌과 보복 때문에 큰 공포심을 유발하게 마련이다.[21] 따라서 민중은 고위험 사회운동을 우회하는, 처벌과 보복의 위험이 덜한 문화적이고 일상적인 저항, 의례적·연극적·놀이적 전복을 통한 저강도 저항을 끊임없이 시도하게 된다. 극장국가theatre state의 정치가 화려하고 장엄한 의례를 통해 드러나는 것과도 유사하게, 피지배층의 정치적 행동은 대부분 문화적으로 표현된다. 그러므로 우리는 "(피지배자들이─인용자) 왜 문화적 삶을 통해 반대의견을 표현하는지" 이해해야 하며, 따라서 민중이 만들어내고 공유·향유하는 "복합적 상징 및 은유에 의한 문화적 표현"에 주목해야 한다.[22]

1세대 민중론을 중심으로 한 일군의 민중 이론들은 민담·설화·한글소설이나 탈춤·가면극 대본 등에 담긴 저항정신을 찾아내려 애썼다. 민중의 사회전기에 주목했던 김용복을 비롯하여, 국문학자인 조동일과 민속학자인 심우성 등을 대표적인 사례로 꼽을 수 있다. 특히 조동일은 양반 지배층이 주도한 기록문학과 대비되는 '민중의 문학'인 구비문학口碑文學, 즉 설화(신화, 전설, 민담), 민요(노동요, 의식요, 무용유희요), 무가巫歌, 판소리, 민속극(가면극, 인형극), 속담, 수수께끼 등을 탐구하여 양반 및 그 지배체제에 대한 풍자로 집약되는 저항적·반봉건적 민중의식의 성장을 분석했다. 다양한 구비문학 장르 가운데 1972년 논문에서 농민 중심의 농촌가면극과 상인·이속吏屬이 주도한 도시가면극으로 양분되는 '가면극'에 초점을 맞췄다면, 1974년 논문에서는 민요·판소리·민속극을 집중적으로 분석했다. 18세기 이래 구비문학의 발전과정은 곧 민중의식의 성장 과정이자, 민중의식에 의한 양반의식의 극복 과정이었다는 게 조동일의 판단이었다. 구비문학은 지배층에 대한 풍자와 조롱·야유 그리고 삶의 고통과 노동의 즐거움을 두루 포함하면서 쉽사리 운명론적 체념에 빠지지 않고 현실을 있는 그대로 긍정하는 현실주의적 합리성과 사회개조 의식을 표현했던, '고통과 항거의 문학'이자 '민중의 지하방송'으로 기능했다는 것이다.[23]

민중신학자 김용복은 민중 스스로 창조했고 민중 자신을 "이야기와 운명의 주체"로 끌어올리는 '민중 사회전기'에 주목할 필요가 있음을 강조했다. "민중의 실재와 정체는 민중의 이야기, 즉 민중 스스로 창조해내고 그러므로 민중이 가장 잘 이야기할 수 있는 사회적 전기에 의해 알 수 있다. 민중의 사회적 전기로서 민중의 이야기에는 민중을 지배하는 권력구조의 실체에 관한 이야기들이 있다. 이러한 이야기들 속에서는 민중이 주역이 되고 권력은 상대역을 맡게 된다. 민중은 스스로 주역이 되는 것이다. 이와 같이 민중의 이야기에는 민중을 객체가 아닌 그들 자신의 이야기와 운명의 주체로 보는 역사 이해가 뒤따르게 된다."[24]

민중예술과 민중종교를 포함하는 민중문화는 저항 잠재력의 거대한 창고이자 마르지 않는 샘물로 간주되었다. 송호근은 조선 후기에 '자각 인민'이 형성한 '평민 공론장'은 '양반 공론장'에 대해 상당한 독자성을 가지면서 "억압적 현실에 대한 개념 규정, 즉 저항적, 비판적 지식의 수원지"로 기능했으며,[25] 그들이 주도한 "예능과 놀이문화"는 "순간의 해방구"를 만들어주었다고 주장했다.

다른 인민들은 문예 담론장과 접속하면서 또 다른 세계가 가능하다는 데에 생각이 미쳤다. 사대부와 조정이 내세운 통치철학에서 이탈할 수 있다는 가능성, 집권 세력이 주조했던 집단적 정체성에서 개인적 정체 성을 형상화할 수 있다는 가능성을 엿보았던 것이다. 문학은 자신이 처한 현실의 질서와 거리 두기를 할 수 있는 자각의 공간이었고, 작품 주인공과의 일체감을 통해 상상으로나마 현실 이탈을 감행할 수 있는 수단을 제공했던 것이다. 예능과 놀이문화는 현실의 불합리성을 간파 한 인민들에게 순간의 해방구를 만들어주었다. 인민들은 통치계급과 의 정면 대결을 피해 해학과 골계, 은유와 냉소의 언어를 구사했다. 언 문은 그런 복합적 감정의 샘물을 퍼올리고 서민층의 정서적 갈증을 해 소해줄 수 있는 표현의 창구였다.……표현의 창구, 이탈의 창구가 주 어진다는 것은 인민들이 주체의식의 리허설을 암암리에 하고 있다는 증거이며, 통치질서에 대한 객관적 성찰이 이뤄지고 있다는 것을 의미 한다.[26]

김성기와 한완상은 "민중문화의 규범적이고 가치평가적 성격"을 담 은 "민중의 집단 에토스"가 탈춤에 구현되어 있었다고 주장했다. 그 에 토스의 핵심은 바로 "저항정신"으로서 "민중의 대항문화" 형성으로 이 어졌으며, "민중의 정동 체험이 대항문화로 전화될 때" 사회변혁이 발생 한다고 보았다.[27] 조선 후기에는 물론이고 1970~1980년대에도 민중극 인 탈춤 혹은 마당극의 공연은 그 자체로 '상징적인 봉기'였다. 김광억의 인류학적 연구가 이런 점들을 잘 보여주었듯이, 1980년대 초 대학가의 탈춤 공연은 종종 시위 등 저항적 집단행동으로 연결되곤 했으므로 경찰 과 정보기관의 엄중한 감시나 금지 대상이 되었다.[28] 오랜 시간에 걸쳐 형성되고 변형되면서 축적된, 그래서 일정하게 제도화된 저항성이 대중 집회를 방불케 하는 공연형식 속에서 공개적으로 시연되자마자 마치 잠자던 무의식이 깨어나듯 특정 음악과 리듬, 북소리의 진동, 춤사위에 의해 가라앉아 있던 집합적 정동이 거의 자동적으로 솟구쳐 올라, 참여자들은 즉흥적이지만 전형화된(혹은 문화적으로 약속된) 동조행동 내지 추임새에 나서게 되는 것이다. 이런 공연은 참여자들로 하여금 일상 속에서 '초월' 경험을 제공함으로써 기존질서와의 비판적 거리 두기와 성찰을 가능케 하는 리미널한 사건으로 작용하기 쉬웠다. 아마 조선 후기에도 탈춤 공연이 예고되고 그 소식이 퍼져나가는 며칠 동안 그 인근 마을들에는 '반란의 기운'이 떠돌았을 것이다.

김영범은 신재효가 정리한 여섯 마당 판소리 사설의 담론 주제를 "사회관계의 대립구조"로 요약한 바 있다.[29] 개별 판소리 담론들을 대상으로 "판소리의 유의미한 담론 성분으로 편입된 현실의 측면들"을 정리하자면 다음 표와 같다.

〈표 6-1〉 판소리의 유의미한 담론 성분으로 편입된 현실의 측면들[30]

판소리 담론들	현실의 측면들
토별가	중앙권력의 정치 현실과 지방통치기구 및 중간지배층의 행태
적벽가	장기간 전란으로 인한 민중 생활세계의 의미 영역의 파탄
춘향가	신분 관계의 제도적·인식론적 속박과 그것에 편승한 지방 수령의 폭정 및 하위신분층 침학
변강쇠가	토지로부터 밀려난 유랑민층의 비참한 생활과 소외상
박타령	심화된 계층분화에 따른 절대빈곤층의 궁핍상, 그리고 빈부층 간 및 신구 세력 간 갈등
심청가	기존의 행동규범으로는 감당·대처하기 어려워 보이는 궁핍과 재난 상황

이것만이 아니었다. 판소리 사설들은 금지된 것 혹은 금기 영역에 속한 것들을 공개된 성찰과 담론의 장場으로 끌어들이고, 그럼으로써 금기를 깨고(즉 더 이상 금기가 아닌 것으로 변화시키고), 동시에 억압되어 무의식이나

반半의식 영역에 머물러 있던 것을 의식적 성찰의 지평 위로 끌어올렸다는 게 김영범의 주장이었다. 이 경우 민중 담론장의 경계가 그만큼 확장하는 효과가 발생했을 것이다. 다음을 보자.

> 판소리는 이전에는 일종의 '불문역不問域' 내지 '논외역(論外域, universe of the undiscussed[부르디외]; doxa)'으로 치부되거나 비평적 토론의 금제禁制 영역이던 중세적 사회질서—그 주축 원리는 물론 신분질서이었다—와 그 이념을 과감하게 담론의 장으로 끌어들여 '논가역論可域'으로 변환시키게 되었던 것이다. 그리고는 그 균열의 단층을 다시 성찰의 지평 위로 끌어올려 보았을 때, 신분 위계적 사회관계는 이제 현실적으로 지배집단과 종속집단 간의 융화가 아닌 첨예한 대립·갈등의 소인素因을 여러 측면에서 배태하고 있음이 민중 담론주체들에 의해 확인되게 된다. 그리하여 그 갈등 촉발의 직접 요인으로 상정되는바, 사회지배층과 권력 통치층의 행태 및 사고방식이 주로 풍자와 암유暗喩로써 우회적으로, 그러나 때로는 노골적인 직설도 불사되는 방식으로 비판받게 된 것이다.[31]

19세기 민란이나 동학농민전쟁 등 민중 저항에서 종교가 수행한 역할을 탐구한 연구들도 다수 생산되었다. 물론 민중종교는 저항과 순응 모두를 고무할 수 있다. 그러나 황선명을 필두로 한 일부 종교학자들, 그리고 김영범·박승길·한도현 등의 사회학자들, 문희석·안병무·문익환 등 다수의 신학자들, 그리고 여익구를 위시한 민중불교학자들은 종교운동이 민중적 저항을 촉진했던 사례들을 다수 밝혀냈다. 깃발(농기), 노래(칼노래, 동요), 춤(칼춤), 의례(주문 암송) 등을 통해 동학농민군의 저항문화와 상징을 밝힌 김양식의 최근 연구에서도 확인할 수 있듯이, 민중의 봉기 행동에는 공동노동에 뿌리를 둔 민중문화와 다양한 상징들 그리고 전통적

인 민중종교가 혼합적으로 작용했다.[32]

지배 권력의 민중 포섭 능력을 과장하지 말아야 한다는 견지에서, 많은 민중론자들이 비록 상대적인 것일지라도 '민중의 문화적·정치적 자율성'에 주목할 필요가 있다고 주장해왔다. 물론 이 경우에도 민중의 저항성·능동성을 과장하거나 선험적으로 본질화하지 않지 않으면서, 시종일관 경험적으로 입증한다는 원칙은 지켜져야 할 것이다. 또 우리가 여기서 자율성을 말할 수 있으려면, 설사 창작 및 재창작 과정에 지배층이 개입하고 그로 인해 상당한 오염·변질의 요소가 있을지라도 민중의 주도권이 유지되는 것, 지배문화로 흡수되기 어려울 뿐 아니라 지배문화와 충돌하는 차이와 특이성들이 보존되는 것, 지배적 질서와 문화에 대해 그만큼의 저항성과 비판적 거리를 유지하는 것, 구어 전통과 집단창작 기조가 유지되는 것 등 내용과 형식의 측면에서 몇 가지 지표들이 충족되어야 할 것이다.

민중의 저항적 잠재력을 주목하는 민중론자들의 입장은, 서발턴에 대한 '억압'과 그에 대한 '저항'이 "적대적이지만 동반적인 전통들"이며 "반항 구조들은 일상생활에서조차 그리고 개인이나 소집단의 저항에서조차 미약하고 파편적인 방식으로 작동하고" 있다는 라나지트 구하의 문제의식과 상통한다. 다시 말해 구하는 농민에 대한 억압과 그에 대한 농민들의 저항은 수세기 동안 나란히 발전해온 "동반적인 전통들"이었으며, 농민의 "반항 구조들"은 일상적 수준과 봉기 수준 모두에서 작동하고 있다고 주장했다.[33] 우리 연구의 민중에 상응하는 식민지 인도의 '서발턴'은 이처럼 '저항적'이고 '자율적'이었다. 구하의 『서발턴과 봉기』를 번역한 김택현 역시 "옮긴이 후기"에서 서발턴을 "농민이나 노동자와 같이 헤게모니 관계나 권력관계에서 종속적 위치에 있지만 그럼에도 불구하고 지배집단에 단속적斷續的으로 저항하면서 일정한 자율성을 유지해온 집단"으로 정의했다.[34] 식민지를 특징짓는 '헤게모니 없는 지배'에서는 시민사회가 국가에 통합되지 못하며, 따라서 시민사회 안에서 서발턴의 독자적인 문화적·정치적 시공간이 탄생하고 지속될 여지가 그만큼 커진다. 그 결과 식민지에서는 '이중적 문화·정치구조'가 폭넓게 펼쳐진다. 체제의 낮은 피지배층 포섭능력 때문에 '피지배 세계'와 '지배 세계'가 사실상 분리되어, 높은 강제·억압 수준에도 불구하고 피지배 세계의 자율성을 증가시키는 경향이 있는 것이다. 스콧이 말하듯이, 지배층과 피지배층 사이의 사회적·문화적 장벽이 공고할수록 은닉대본은 발전하기 쉬우며, 이를 통해 피지배층은 지배층과의 격리, 삶의 조건의 동질성, 피지배자들 사이의 상호의존성, 나아가 운명공동체 의식을 발전시킨다.[35] 저항적 성격을 내장한 문화를 공유하고 실행하는 가운데 민중 사이에 연대감이 확산되고 통합이 증진된다.

조동일, 이상일, 심우성, 채희완 등으로 대표되는 민중극(탈춤, 인형극) 연구자들은 방대한 연구 성과를 통해 지배자들의 예술(지배문화)에 대한 민중예술(민중문화)의 상대적 자율성을 효과적으로 입증했다. 앞서 언급한 바 있듯이 사회학자 김영범도 조선 후기에 민중의 '구어 담론'이 '문필 위주의 담론권력'에 대해 "상당한 독자성을 갖는 고유의 의사소통권"을 확보했다고 주장했다. 김영범은 특히 판소리 담론을 가리켜 "조선 후기 민중집단이 이야기꾼의 기량을 빌려서 독자적으로 개발한, 진정 새로운 형식의 성찰적-비판적 담론"이었다고 주장했다.[36] 김성기 역시 양식과 장르 측면에서 조선 후기 민중예술의 독자성을 강조한 바 있다.

> 광대·평민·중인계층이 사회적으로 잠재세력을 구축하여 자기들의 생명리듬을 필요로 하게 될 때, 그것이 계속적 발전을 이루려면 스스로의 독자적 양식이나 장르를 세우지 않으면 안 되었다. 그리하여 진경산수眞景山水, 풍속화, 판소리, 가면극, 단편소설 등의 상상적 산물들이 풍부하게 드러나게 되었다. 이들이 바로 조선 후기 민중예술의 핵심적

의미구조를 이루는 것인데, 여기에는 당대 민중의식의 사실적인 표현
이 중요 내용으로 되어 있으며 풍자와 해학 또는 가장 구체적인 현실
의 모습이 대량으로 노출되고 있다.……이 시기에 산출된 민중예술은
모두 반봉건으로 집약되는 민중의식의 사실적인 표현체들로서 새로운
리얼리즘의 중요한 형식들이었다.[37]

서남동은 한국과 고대 이스라엘 모두에서 "왕조사 전통"에 대해 독자
성을 유지해온 "믿음의 증인 전통"(민중운동사 전통)이 면면히 이어져 왔음
을 주장하면서, 이를 입증하고자 "민중사의 계보"를 추적한 바 있다.[38]
역사학자 중에서 민중문화의 자율성을 강조하는 입장은 오랜 기간 '민
중사'를 천착해온 조경달·신창우 등 재일 조선인 연구자들에 의해 대표
된다.[39] 정무용은 식민지 시대인 1940년대 초까지도 전통 화폐인 엽전
이 유통되는 등 동계洞契에 기초한 자율적·독자적 민중 생활세계가 지속
되었음을 입증함으로써 포섭과 저항이라는 민중의 이중성·양가성 속에
서도 민중이 자율적이고 독자적인 생활세계와 문화 논리를 유지했으며,
이런 지배질서의 균열이 저항이 자라나는 잠재적 기반으로 작용할 수도
있었음을 입증했다는 점에서 이용기의 연구들을 높이 평가했다.[40]
민중문화의 자율성 문제에 대한 우리의 이해를 진전시키려면 〈표 6-
2〉에서와 같이 세 개의 시공간을 구분해보는 게 유용할 듯하다. 지배문

〈표 6-2〉 민중문화의 자율성 정도

시공간의 성격	위치		지배적인 대본 형태	자율성 정도
지배		심부	은닉대본(지배층)	낮음
	경계부	표층부(지배)	공개대본(지배층)	중간
피지배		표층부(피지배)	공개대본(피지배층)	
		심부	은닉대본(피지배층)	높음

화의 영역, 민중문화의 영역, 그 경계 영역을 구분하고, 지배문화·민중문화 각각에서 심부深部와 표층부表層部를 상정하는 것이다. 지배문화의 관점에서는 '한 문화 내부의 중심부-주변부 관계'로 보이겠지만, 여기서는 '두 문화의 관계'로 접근한다.

편의상 도식화한 것일 뿐 지배 권력의 영향은 해당 사회 모든 곳에 미친다. 그러나 자율적 시공간의 존재를 상정하기 위해서는 '권력의 불균등한 편재遍在'를 가정하는 게 결정적으로 중요하다. (앞서 인용한 한상진의 표현을 따르자면) 우리는 "권력의 분산"을 상정해야만 한다. 강옥초가 레나테 홀럽에 의존해서 말했듯이 권력은 편재하지만 불균등하게만 그러하다. '헤게모니 없는 지배'로 특징지어지는 사회들에서 권력 분포의 불균등성은 더욱 도드라질 것이다.

> 이 점에서 푸코와 그람시의 차이가 뚜렷하게 드러난다. 물론 양자 모두에게 권력은 일상생활의 틈새에서 생산, 재생산되며 또 도처에 존재하는 것이다. "하지만 푸코와 반대로 그람시는 권력이 질로나 양으로나 무차별적으로 편재遍在한다는 이미지를 불러일으키지는 않는다.……그람시는 권력관계가 편재한다는 푸코의 주장에는 일치하지만 그 권력관계가 불균등하게 편재한다는 것을 지적함으로써 푸코와 구별되는 것이다"(Renate Holup).[41]

권력의 불균등한 편재 현상으로 인해 저항의 틈새가 생겨나고, 권력의 통제와 감시가 제한적으로만 관철되는, 순전한 지배와 순전한 피지배에서 벗어난 '제3의 공간들', 지배문화의 직접적 영향권에서 멀어진 '자유공간들free spaces'이 탄생한다. 이곳들이 민중문화의 '심부'를 이루게 된다. 이곳은 민중의 은닉대본이 은밀하게 생산되고 유포·공유·전승되는 공간, 지배층의 감시·통제 시선에서 벗어나 상대적으로 독자적인 공간, 불균등한 지배력의 상대적 약세 공간, 불온한 저항운동을 모의하고 준비하는 자유의 공간이다. 이런 곳들은 종종 허균의 소설 〈홍길동전〉에 나오는 '율도국栗島國'이나 임꺽정·장길산의 은신처들처럼 공간적 형상으로 상상되기도 한다. 김진호가 앤서니 기든스에게서 빌려와 사용한 개념인 "후방지역"도 이런 제3의 공간을 가리킨다. 전방지역이 지배층의 독점적 공간이라면, 후방지역에 대한 '통제 對 자율성 보존'을 둘러싼 권력과 대중의 갈등적 상호작용은 수많은 '사건'과 '현장'을 낳는다. 무엇보다 권력은 후방지역을 감시장치로 '노출'시키려 하는 반면, 대중은 권력의 감시와 시선으로부터 차단된 후방지역의 '창출'을 추구한다.[42] 스콧은 권력관계의 공식대본에 대한 반대 목소리가 들릴 수 있는 '사회적 공간'을 창출·방어하려는 경향에 주목할 것을 요구한다. 이 사회적 공간에서 은닉대본이 생산되고 실행되며, 피지배자들은 은닉대본의 창조와 은폐에 대한 공유된 이해관계를 갖는다. 이 공간은 "권력의 직접적 통제 바깥의 격리된 사회적 공간"으로서 "저항이 싹틀 수 있는 사회적 지점"이자 "피지배계급 내부의 막후문화"가 형성되는 공간이고, "은닉대본을 위한 사회적 특권 공간"이다.[43]

'제3의 공간'뿐 아니라 '제3의 시간'도 존재한다. 랑시에르가 말했던 '프롤레타리아의 밤', 괴짜와 반골叛骨 노동자들의 시간이 바로 그런 시간이었다. 랑시에르가 서술한 구절들에서 '밤'을 '시간'으로 바꿔도 무방하다. "노동과 휴식의 정상적 연쇄에서 떨어져나온" 시간, "불가능한 것이 준비되고 꿈꿔지고 이미 체험되는, 말하자면, 정상적 사태 진행이 감지되기 어렵고 공격적이지 않게 중단되는" 시간, "육체노동에 종사하는 이들을 사유의 특전을 누려온 이들에게 종속시키는 전래의 위계를 유예시키는" 시간, 그 시간은 "낮의 노동에 질서를 부과하는 자들"에게서 벗어난 시간으로서, "자신들이 욕망하는 밤……그림자와 외양의 왕국인 우리의 밤"인 것이다.[44] 이 분류법에 따르면 시간은 지배자와 자본가의 시간, 순응적 노동자의 시간, 몽상적 노동자의 시간으로 나뉜다. 세 번째 범주의 시간은 지배자·자본가들이 직접 개입하고 통제하고 명령하고 질서 짓지 못하는 시간이다.

자율성의 정도는 다소 낮아질지라도, 순전한 지배·피지배에서 벗어난 제3의 시공간은 지배문화와 민중문화의 경계부境界部에서도 생겨날 수 있다. 민중문화의 창조와 재형성 과정은 '경계'와 '심부' 모두에서 진행된다고 말할 수 있다.[45] 경계부에서 형성되는 민중의 시공간은 상당히 제도화되어 안정적 존속 기반을 가질 수도 있고, 일정한 공공성을 띠는 경우도 있다. 예컨대 탈춤 마당이나 민중축제에서 발견되는 공공성은 '권력의 일상생활 속으로의 침투'와 '지배에 대한 일상적 저항'이 교차하고 공존하는 경합적 정치무대가 될 수 있다. 경계부야말로 가장 생산적인 영역이고, 가장 흥미진진한 영역이며, 가장 활발하게 정치적 밀고 당김이 이루어지는 영역이다. 이곳에서는 지배의례와 복종의례가 끊임없이 교차하지만, 민중의 복종의례에조차 은근한 저항성이 종종 담기곤 한다. 이곳에서는 '침투당하기와 침투하기'의 동시성이 현저하고, 그 결과인 혼종성은 '같으면서도 다름'을 지시한다. 민중문화 심부에 위치한 제3의 시공간이 지배와 피지배를 '나누는' 경향이 있다면, 경계부에 위치한 제3의 시공간은 지배와 피지배를 '섞는' 경향이 강하다. 지배와 저항이 혼재하는 모호함의 시공간인 것이다. 윤해동이 말하는 식민지의 '회색지대'가 그러하고, 차크라바르티가 주목한, 20세기 전반 캘커타(콜카타)를 비롯한 뱅골 지방에서 출현한 "근대적이고 혼종적인 공간"인 '우다'가 그러하다.[46] 김진호가 말한 후방지역을 예로 들자면, 후방지역을 감시에 노출하려는 권력의 시도와 감시를 차단한 후방지역을 창출하려는 민중의 시도가 갈등적으로 공존하는 곳이 경계부에 해당할 것이며, 자율성 보존 시도가 성공하여 민중이 이미 확보한 후방지역은 민중문화의 심부로 편입될 것이다. 가면극의 기원인 '풍농豐農굿'이 애초엔 상층·하층

공동의 행사였지만 문화의 계층적 분리(상층문화-하층문화 분화)에 의해 일정한 자율성과 독자성을 간직한 하층문화이자 민중예술인 '마을굿'이 출현하여 지속하는 경향, 하층문화에 대한 지배층의 부단한 탄압과 '변형적 개입' 시도에 의해 마을굿이 지배층 주도의 유교적·도교적 제의祭儀인 '부락제'로 이행하거나 대체되면서 마을굿이 상대적으로 위축·주변화되는 경향, 그럼에도 불구하고 마을굿과 부락제가 타협적으로 공존하는 경향에 대한 조동일의 역사적 분석[47]도 지배문화-민중문화 경계부에서 진행되는 역동적인 분화-자율화와 변형-혼종화의 동학을 설득력 있게 보여주었다. 이처럼 두 문화 간의 경계는 생성·해체의 반복으로 인해 항상 유동적일 수밖에 없다. 그렇기에 두 문화의 경계부는 경계의 획정 및 조정을 둘러싼 '협상'과 '교섭'이 계속되는 영역이기도 하다.

3. 민중언어

많은 민중론자들이 민중언어에 내장된 저항적 힘을 강조했다. 그런데 역설적이게도 민중언어와 관련해서 많이 논의된 것 중 하나가 바로 민중의 '침묵' 혹은 '목소리 없음'이었다. 민중언어는 '침묵의 언어'이기도 한 것이다. 그런데 필자가 앞서 말했듯이 민중의 침묵은 다의적이다. 황용연이 "사회적 배제 위에 존재하는 체계 안에서 소통이 가능한 언어를 가지지 못하는" 상황으로 기술한 '강요된 수동적 침묵'이 있는가 하면,[48] 생존의 수단으로 선택한 '자발적인 능동적 침묵'도 있을 수 있고, 심지어는 민중 스스로 침묵의 문화에 편승할 경우 나타나는 '강요하는 침묵'도 있을 수 있다.

저항적 잠재력이 뚜렷하게 감지되는 것은 '자발적인 능동적 침묵'에서이다. 이런 침묵은 (단순한 생존수단을 넘어서는) 소극적 저항의 한 수단으로서의 침묵이고, 지배자에 동의하지 않는 속마음을 감춤 혹은 동의하지 않음의 분명한 의사표시에 해당한다. 함석헌은 1958년 7월에 발표한 "우리가 어찌할고"라는 글에서 민중이 '약아져서' 침묵을 의도적으로 선택한다고 말했다. "민중이 너무 속아왔다. 그러므로 좀처럼 뉘 말을 들으려 하지 않는다. 또 의사 발표를 하려 하지 않는다. 의사 발표를 했다가 너무 비참한 수난을 한 민족이므로 될수록은 속을 주는 말을 피한다. 그래서 약아진 것이다."[49] 앞에서도 언급한 바 있지만, 한완상이 말하는 "외부로부터의 압력이 심할 때 잠깬 민중들이 짐짓 잠자는 체하기", "생존해나가기 위해서도 일부러 잠자는 체"하는 것, "속으로는 다 알고 있으면서 겉으로는 모르는 체"하는 것, "오랫동안의 경험에서 우러나오는 지혜를 가졌기에 짐짓 모르는 체"하는 것도 바로 여기에 해당한다.[50]

민중의 자발적인 능동적 침묵은 '시선 되돌리기'를 동반할 때 더욱 강한 저항성을 내포한다. 지배자가 행사하는 '시선의 권력'을 무력화하는 민중의 '시선 되돌려주기'는 지배 권력의 위력에 대한 과장을 되치기함으로써, 지배자들의 권위의식과 체통 집착에 깔린 위선을 직시하는 시선을 되돌려줌으로써, 오히려 지배자를 당황하도록 만들고 허둥대도록 만들고 쩔쩔매도록 만들 수 있다.

침묵 속의 시선 되돌려주기라는 주제에서 우리는 '침묵의 언어'와는 구분되는, '몸의 언어'라는 민중언어의 또 다른 특징을 발견하게 된다. 서남동이 보기에 민중은 통상적인 소통의 목소리로 말하는 이들이 아니라 괴상한 소리, 괴성怪聲으로 말하는 이들이었다. 그것은 신음, 단말마적 절규, 울부짖기, 몸부림, 탄식, 알아들을 수 없는 넋두리, 통곡 등 '한의 언어'로서, 사람의 '목소리'라기보다는 그냥 '소리'에 가까웠다. 그것은 "소리 없는 소리"이자 "피의 소리"[51]이자 "한의 몸부림"[52]이었다. 민중이 뿜어내는 '소리의 내력'에 서남동이 관심을 기울였던 이유이다. 김성례의 연구에서는 억울함을 호소하는 죽은 영혼의 통곡이자 넋두리인 '영게울림'이 접신한 제주 무당(심방)을 통해 울려 퍼진다. 이때의 한 맺힌 울음과 넋두리는 "4·3으로 인한 복합적인 비극적 정서"를 반영한다.[53]

억울함에 몸을 떨며 울부짖는 소리와 고통의 신음소리가 땅에 가득 차 있지만 세상 권력의 외면 때문에 한은 더욱 쌓이고 뭉치고, 그래서 어쩔 수 없이 '하늘'에 호소하는 것이 '한의 소리'이다.[54] 신에게 호소하는 언어인 이런 몸의 언어는 결국 세상 질서에 대한 거부의 몸짓이라는 것이다. 이런 맥락에서 "한의 담론은 권력과 지식의 힘에 저항하는 언어"라고 김용복은 주장했다.[55] 김진호가 말하듯이 고통에 신음하는 민중의 종말적 상상은 '자기 치유의 몸부림'이기도 하다.[56] 놀라운 것은 민중의 한 맺힌 호소가 '신과의 만남'으로 이어진다는 서남동의 주장이다. 이는 앞에서 소개한, 고통을 승화하는 '부서져 열림'의 깨달음, 고통을 통한 '눈 열림'과 '마음 열림'의 깨달음에 대한 안병무의 통찰과 통한다. 청년 전태일이 "충격받고 깨우쳐서 노동운동이라는 움직임의 세계가 자기 앞에 열려서 그리로 들어갔다"는 서남동의 서술 역시 인생의 전환점을 마련해주는 부서져 열림/깨침의 경지를 보여준다.[57] 다음은 문동환의 해설이다.

> 그(서남동—인용자)는 한의 가장 깊은 나락에서 하나님을 만난다고 한다. 아무 빛도 찾을 수 없는 한의 나락에서 "참 마음"을 만난다고 한다. 완전히 소망을 가질 수 없는 자리에서 그래도 소망을 버릴 수 없어 삶의 근원을 향해 외칠 때 거기에서 모든 것을 깨달을 수 있는 참마음을 만나 통합각을 이룩한다는 것이다.……절망의 나락에 떨어졌던 자가 그래도 소망을 버리지 못해서 하늘을 향해 호소할 때 문득 하나님이 벌써부터 거기 그와 같이 계신 것을 발견한다는 것이다.[58]

설화, 민담, 속담, 유언비어, 참언, 전설 등의 구전 전통에 대한 연구에서는 민중언어의 저항성이 보다 분명히 드러난다. 민속학자나 국문학자들은 물론이고 민중신학자들도 "역사와 신학에 가리고 밀려난 이야기와 민담의 복권"을 적극적으로 추구했다.[59] 아예 민중신학이 '이야기의 신학'이나 '민담의 신학'이 되어야 한다거나,[60] 민중의 구전 전승을 통칭하는 '민중 사회전기'를 민중신학의 핵심 자료이자 연구대상으로 삼아야 한다는 주장이 활발하게 개진되었다. 김용복에 의하면 민중의 사회전기는 "민중의 사회적 경험이 민중의 언어로 표현된 것"으로 "침묵의 전기", "숨은 기록, 잊혀진 이야기"라는 특징을 보인다.[61] 그는 민중신학의 과제를 다음과 같이 제시했다. "우리의 과제는 민중의 사회전기 발굴에 있고, 민중의 사회전기 편역에 있고, 민중의 사회전기에의 참여에 있다. 이러한 역사인식이야말로 역사학에 혁명적인 전환점을 가져올 것이다.……현재로서는 민중과의 대화를 통하여, 그들 자신의 이야기를 통하여 민중의 사회전기를 터득하는 것이 첩경일 것이다."[62] 중요한 점은 김용복이 민중의 사회전기를 고난의 이야기이자, 고난 극복 및 지배로부터의 해방을 향한 갈망과 저항의 이야기로 제시했다는 것이다.[63]

서남동은 교육과 소통의 매체인 '문자'와 '이야기=민담'을 비교했다. 전자는 "관념적, 일반적(추상적), 머리의 언어, 분해적analytic, 정신적, 사람을 억압적, 두통을 일으키는, 자기로부터 소외시키는" 성격을 갖는 반면, 후자는 "실제적, 구체적, 몸의 언어, 통전적holistic, 물질적, 해방적, 흥미를 일으키는, 사람이 재미나서 자발적인 수락으로 그 통신 내용을 직관적으로 통전적으로 '자기화'하는" 특징을 갖는다.[64] 서남동은 '역사'와 '이야기'를 구분하기도 하는데, '역사'가 문자로 된 공식기록이자 지배자의 기록이라면, '이야기'는 역사에는 부재한, 주로 구전인 민담이나 사회전기를 가리킨다.[65] 민중언어는 해학과 풍자의 특성뿐 아니라, 반어反語와 역설의 성격도 강하게 드러낸다.[66] 박정세는 주로 '희생인물'이 등장하는 '전설'들을 분석했는데, 여기에는 "민중의 애처로운 희생의 역사"와 함께, "이를 극복하려는 강한 열망", 혹은 "공평과 정의에 입각한 문제해결이 전제되어야 한다는 피맺힌 외침"이 담겨 있다고 보았다.[67]

민중언어 가운데서도 유언비어에서 저항성이 가장 또렷이 나타난다. 함석헌은 유언비어를 "들리지 않지만 온 땅에 퍼진 민중의 소리"로 규정했다.[68] 임진왜란 시기의 유언비어를 연구한 김만호는 유언비어가 "정확한 정보가 부족한 상황에서 공포심, 적대감, 소망 혹은 열망 등 다양한 감정이 결합하면서 당시의 상황을 해석해보려는 집단적 노력의 산물"이며, "여론에 수렴되지 못한 잔류의견殘留意見으로 민중의 욕구와 원망願望을 담고 있는 잠재적 여론"으로 보았다.[69] 김지하가 '비어誹語'라고 부른 유언비어론을 수용하여 서남동은 유언비어를 "민중의 소리의 매체"라고 보았다.[70] 김열규는 "민중의 문文"이 ① 속신俗信=속념俗念, ② 속담俗談, ③ 부언浮言·부설浮說=유언비어의 세 범주로 구성되어 있으며, '유언비어의 정보성', 즉 유언비어가 예언 기능이나 일어난 사태에 대한 원인 규명 기능 등을 수행하는 "민중의 정보"임을 강조했다.[71] 보다 구체적으로 유언비어는 "민중의 전율"로서 "민중들의 불안과 공포를 반영"함과 동시에, "한 시대의 집단적 전율"로서 "한 공동체가 대낮에 백일몽으로 가진 악몽"이기도 하다고 했다.[72] 김영석은 유언비어가 민중에 의해 이중적 용도의 수단으로 사용되었다고 했다. 한편으로는 민중의 자기 생존·적응·재형성 전략의 도구로 활용되고, 다른 한편으로는 지배자의 유언비어를 해체하면서(즉 그것의 균열과 간극을 드러내면서) 대안 담론을 만들어내는 도구로 쓰였다는 것이다.[73]

안병무는 정치적 억압의 상황에서는 문서가 아닌 구전에 의존할 수밖에 없고, 그것이 곧 유언비어라면서, 그 때문에 유언비어는 자연스럽게 저항적 성격을 띠게 된다고 보았다. 그는 유언비어의 특징을 다섯 가지로 제시했다. 첫째, 주로 정치적·사회적 탄압 상황에서 출현한다는 것,

둘째, 한 집단의 운명과 결부된 어떤 사건의 진실성을 밝히려는 목적을 갖는다는 점, 셋째, 공적인 성격을 띨 수 없고 비밀리에 유포된다는 것, 넷째, 피해 집단의 지도층이 사건을 사실대로 증언하지 못하거나 안 하는 경우 혹은 사건을 모호하게 만들어버리는 경우 민중에 의해 유포된다는 것, 다섯째, 특정 집단이 겪은 과거의 사건이 현재 상황과 유사할 때 활성화되면서 실존적 증언의 성격을 띠게 된다는 것이다.[74] 이 가운데 마지막 특징에 대해 그는 다음과 같이 부연했다. "유언비어는 어떤 집단이 겪은 과거의 사건이 그 집단의 실존적 상황에 상부될 때 활성화된다.……민중은 이 과거 사건에 대한 유언비어로 자신들의 실존적 희망을 표출함으로써 자기 일처럼 기뻐도 하고 슬퍼도 하는 것이다. 따라서 민중의 유언비어는 과거사를 말하면서도 남의 이야기가 아닌 실존적 증언의 성격을 띤다."[75] 안병무는 그리스도교 탄생 자체가 예수에 관한 유언비어에 근거하고 있다고 보았다.[76]

작가·평론가이자 국문학자인 송기숙은 1986년 발표한 "한국설화에 나타난 민중혁명사상"이라는 글에서 '동학농민전쟁의 설화적 기원'이라고 부를 만한 주제를 탐구했다. 당시 민중은 참언, 유언비어, 설화, 소문, 속담 같은 자신들만의 의사소통 매체를 생산하고 활용했다. "그런데, 이것이 단순하게 설화적 차원에 머문 것이 아니라 현실과 연결되어 농민전쟁의 결정적 계기를 형성시켰다."[77] 어떻게 이런 일이 가능했던가?

자신들의 의사를 널리 전달할 수 있는 도구를 가지지 못한 민중들은 그들의 의사를 참언이나 유언비어로 전달하거나 꿈과 소망을 설화로 빚어 널리 유포시켰다. 그래서 민중들은 참언이나 설화의 어떤 계기가 생기면 그것을 자기들의 소망 쪽으로 부풀려 기왕에 전해오던 참언이나 설화에 귀착시켜버린다. 난세에 폭우가 쏟아져 산에서 바위가 무너지는 사건이라도 생기면, 대뜸 거기서 말이 나와 울고 갔다는 소문이

퍼지기 십상이다. 장수 나면 용마 난다는 속담에 맞추려는 것인데, 거기에는 그 말을 탈 장수가 이미 어딘가에 태어나 있다는 사실이 전제되어 있다.……설화는 아주 고도한 상징성을 지니는 수가 있다. 민중은 즉자적인데, 어떻게 그토록 고도한 상징을 창출할 수 있을까 하는 의문이 생길 법하지만, 민중은 그들이 살아가면서 그들의 구체적인 삶에서 얻은 수많은 체험을 바탕으로 현실과 꿈을 자유자재로 넘나들며, 그런 현실과 꿈의 혼효 속에서 수많은 암시와 상징을 창출, 어떤 구체적인 사실 속에 그들 전 경험을 총체적으로 표현하게 된다. 따라서 그 의미는 지극히 추상적이고 암시적이지만, 그것은 그들 생활과 밀착되어 있기 때문에 이해가 되어 전달이 가능하고 계속 퍼져나간다. 아기장수 설화에서 곡물이 병정이 된다고 되어 있는데, 병정의 소재를 곡물로 설정한 것은 곡물은 자기들의 생산물이기 때문이며, 따라서 그 병정은 자기들이 낸 자기 편의 병정이 된다. 그리고 아기장수 설화 같이 체제 저항적인 내용의 설화에서는 소금장수나 붓장수 같은 인물들이 지배층의 협력자로 설정되는데, 그것은 그들이 자기들처럼 직접생산자가 아닌 데다 상인 일반에 대한 불신 때문에 자기들의 적대세력으로 보는 것이다.[78]

선운사 미륵비결 설화는, 우리 민족의 전통적인 혁명사상인 미륵사상과 사회변혁을 바라는 민중의 소망의 결집인 남해진인설, 그리고 역시 체제의 변혁을 바라는 민중적 소망의 표현인 아기장수 설화 등, 그동안 신앙의 형태로 혹은 구비전승의 형태로 오랜 세월 동안 민중 속에 축적되어오던 모든 혁명적 사상을 총동원하여 그것을 하나로 결집시킨 설화다.……민중은 자기들이 그렇게도 원하던 영웅을 결국 탄생시키고 말았는데, 그 영웅을 탄생시키는 데 성공한 결정적인 계기는, 전통적인 아기장수 설화를 파격적으로 변이시켜, 사람이 바위에서 나온다는 비현실성을 배제하고 거기다 아기 대신 비결을 넣어놓은 것으로 설정한, 진인설과 접합시키는 방법을 통해서였다. 이것은 천재적인 발상이었다.[79]

특히 강력한 저항성을 내장한 유언비어들은 권력에 의해 부정적 낙인이 가해져 불온시되거나 사용 자체가 금지된다. '침묵의 언어'가 아닌 '금지된 언어'가 되는 것이며, 그래서 다시 유언비어로 소통될 수밖에 없는 것이다.

지금까지 간략히 살펴보았듯이, 민중언어는 침묵의 언어, 몸의 언어, 한의 언어, 문어가 아닌 구어, 나아가 저항의 언어, 그래서 금지된 언어라는 여러 얼굴을 갖고 있다. 민중언어의 저항성이 잘 드러나는 것은 해학, 풍자, 골계 등에서인데, 이에 대해서는 민중의 '저항 기술'이라는 차원에서 자세히 다룰 예정이다(7장 1절). 김용복은 "언어는 민중의 생명"이며, 지배언어의 내면화와 타율적 언어 사용은 민중 소외로 귀결된다고 보았다. 민중의 언어는 단편적이고 산발적이고 일관성을 결여하고 있지만, 그럼에도 불구하고 "역사 현실을 참되게 계시"하고 있으며, 따라서 믿을 수 있다고 그는 주장했다.[80] 서남동은 민중언어가 무식하고 무례하며 종종 외설적이지만, 그조차 "항거와 자기해방"의 에너지를 품고 있다고 보았다.[81]

4. 민중정동

그동안 소홀하게 취급되었지만 '감정'은 피지배자들의 저항운동과 연대 형성에 필수적인 요소이다. 그러므로 우리는 마땅히 저항과 연대의 감정적 차원에 주목해야 한다. 한상진은 "변혁운동의 민중성을 구성하는 조건들" 중 하나로 "정서 융합"을 들었고, '민중연합'의 두 수준으로 "행동적 연합"과 "심정적-언술적 연합"을 들었다.[82] 유사한 취지에서 '사회운동의 감정사회학' 연구자들에 기대어 필자는 『5·18 광주 커뮤니타스』에서 다음과 같이 주장한 바 있다.

> 저항정치에서 감정은 참여로의 동기화뿐 아니라, 연대의식의 형성, 행동에로의 투신 모두에 매우 중요하다고 주장되어왔다. 뿐만 아니라 저항에의 참여 자체가 다양한 (물질적 이익이 아닌) '감정이익들emotional benefits'을 산출한다. 감정이익은 저항 행위에 참여하는 사람들에 의해서만 경험되며, 참여 그 자체에서 체험되는 긍정적인 감정이다. 저항운동 참여를 통해 얻을 수 있는 감정이익은 억눌린 인간존엄성의 주장, (정당성과 의로움의 확신에 기초한) 도덕적 분노의 표현, 자부심, 자신감, 기쁨, 행복감, 새로운 긍정적 정체성 등을 포함한다. 감정이익은 위험과 불확실성에도 불구하고 저항 참여를 지속하도록 만드는 동기가 된다.[83]

앞에서 언급했듯이 피지배자들은 일상적 치욕, 인간적 존엄·지위에 대한 공개적인 상처에 시달리며, 이런 '경험된 모욕과 상처'가 그들의 저항적 사회의식으로 연결된다. 그렇기에 항상 무시당하고 업신여김을 당하는 약자들에게 자긍심·자존감·인간존엄성의 느낌은 엄청난 감정적 보상일 수밖에 없으며, 자존감·자율성 문제가 은닉대본에서 중요시되는 이유도 여기에 있고 은닉대본을 만들어내는 중요한 계기로도 작용한다는 스콧의 주장 또한 주목할 필요가 있다. 앞에서 인용했듯이 은닉대본을 공동으로 생산하는 과정은 피지배층 사이에서 지배층과의 격리, 삶의 조건의 동질성, 피지배자들의 상호의존성을 의식하게 하며, 나아가 운명공동체 의식을 발전시킨다. 아울러 은닉대본을 공유하고 공연하는

이애주 살품이춤(1987)

행위는 (당연히 일정한 공포감을 수반함과 동시에) 자존심, 자긍심, 인간다움, 인간존엄성, 해방감, 흥분, 만족감, 희열, 성취감, 의기양양한 감정, 행복감, 승리감, 자유로움의 느낌과 같은 (개인의 주관적 경험이 아닌) "집합적 경험"을 피지배자들 사이에 확산시킨다.[84] 자신들이 마련한 사회적 공간에 피지배자들이 '한데 모여' 은닉대본을 공개적으로 실행한다는 사실 자체가 큰 의의를 갖는다. 이런 집회는 참여자들에게 집단적 힘의 시각적 효과뿐 아니라, 익명 내지 위장 수단을 제공하고, 집단적 환희의 드라마를 만들어내기도 하기 때문이다.[85]

한국의 민중 이론은 출발 당시부터 민중의 '감정'이나 '정동'을 중시했다.[86] 민속학·신학·문학 분야를 포함한 1970년대의 여러 민중 연구자들은 한과 같은 독특한 민중 정서, 한과 신명의 민중적 '감정문화'를 탐구했다. 아마도 현영학의 "오장육부의 신학"이라는 말만큼 감정과 몸과 의식의 복합체인 정동 개념에 잘 부합하는 표현도 없을 것이다. 현영학은 '무당의 신병'이 "'저세상'에서 왔거나 머리에서 짜낸 '고등종교'가 아니라 한이 담겨져 있는 오장육부에서 빚어진 몸의 경험에서 온 것"이라고 말하거나, '10대 창녀들의 싸움'을 보고는 "너무나 더럽고 치사하고 잔인하고 저주스러운 장면"이어서 "창자가 꼬이면서 통증과 역겨움이 치밀어오르는 것을 느꼈다"고 말했다.[87] 민중의 감정·정동을 말하자면 한, 한풀이, 신명, 신명풀이, 흥, 비장悲壯, 골계, 해학, 풍자 등이 먼저 떠오르지만, 여기에 사랑이나 배려, 환대, 희생 같은 윤리적 성격의 감정들도 추가할 수 있을 것이다. 민중문화에 대한 연구들은 민중의 집합적 감정이나 감정문화와 뗄 수 없는 관계에 있었다. 민중언어, 특히 '몸의 언어'로서의 민중언어는 그 자체가 강렬한 혹은 응어리진 감정의 표출인 경우가 대부분이었다.

(1) 한恨의 저항적 잠재력

민속학자 최길성은 『한국인의 한』이라는 책에서 한이 단순한 '감정'으로만이 아닌 '문화'로도 표출된다고 주장했다. 그는 이를 '한의 문화' 혹은 '한문화'로 명명하고, 중국·일본의 유사 문화와 비교했다. 그는 "부당한 인간관계에서 억울하고 분한 감정"인 분노가 발생하고 그에 비례하여 복수심이 발생하는데, 분노-복수의 되풀이가 영속적 분쟁으로 이어지지 않도록 사회마다 분쟁 처리 장치를 마련하며, 복수를 장려 혹은 의무화하는 중국·일본과는 달리 한국에서는 무속이 원한 감정을 처리하는 기능을 수행하는 가운데 독특한 '한의 문화'가 발전했다고 분석했다.[88] 민중신학자들은 '한의 신학'을 추구했다.[89] 이런 흐름은 3세대 민중신학자들에 의해 '고통의 신학'으로 이어졌다.

서남동은 민중신학의 핵심이 "죄의 문제보다 한의 문제"에 있다고 주장했다. 이런 전제 위에서 그는 민중신학의 과제가 "민중의 한을 풀자는 것"이고, 교회의 역할 역시 "어떻게 민중의 한을 푸는가"에 있다고 선언했다.[90] 서남동은 "민중의 한을 풀어주고 위로하는 한의 사제직"을 제창했고, 안병무는 예수 역시 '한의 사제'였다면서 '한으로부터의 해방', "더쌓이면 화병이 되는 한으로부터 해방"을 말했다.[91] 1984년에 서남동은 이철수의 그림을 곁들여 『한: 신학·문학·미술의 만남』이라는 소책자를 내기도 했다. 이 책에서는 김경숙·오원춘의 한 맺힌 삶과 김지하의 담시譚詩 〈장일담〉에 나오는 민초들의 한을 비롯하여, 한과 관련된 여러 전설·소설·영화·시 등이 분석되었다.[92] 1989년에 이재훈은 민중신학의 한개념에 대한 심층심리학적 이해를 시도하는 박사학위논문을 작성하기도 했다.[93] 독일인 신학자들이 높이 평가했듯이, "'한'의 개념으로 표현된 한국인의 뿌리 깊은 고통의 역사를 통해서 성서에서 말하는 고난을 현실화한 것은 유럽의 학구적 신학이 이루어내지 못한 성과"였다.[94]

한완상과 김성기는 "민중 특히 그중에서도 가장 밑바닥에 깔린 아낙네들 사이에서 오랫동안 통속적으로 표현되어왔으며 그들의 행동을 좌우하는 심리적 요인"(이효재), "한국 민중의 역사적 계층의식이며 그러한 계층적 극복을 염원하는 민중 보편성의 감정"(고은), "민중에 대한 지배자의 가렴주구 억압의 감정적인 축적"(서남동), "불의에 대항하는 응결된 분노감, 두드러진 불평등에서 기인한 무력감, 그리고 혹독한 고통이나 비탄의 감정"(현영학) 등 한에 대한 여러 정의를 소개한 후 자신들 나름의 정의를 제시했다. 이들에 의하면, 한은 "현실 세계에서 부당하게 눌려왔던 것과 억울하게 꺾여진 것들이 고여 축적되어온 역사적이고 구조적인 복합체……억울한 고통을 겪어온 민중의 구체적인 사회전기social biography 속에 담겨 있는 민중 생활체험의 핵심", 혹은 "생명의 근원적인 요구에 따라 움직이는 민중의 활동이 외적인 또는 내적인 장애 요인에 의해 부딪쳐서 좌절되어 그것이 해소되지 않고 계속 축적되는 경험 과정에서 발생하는 독특한 정동情動의 응집형태"이다.[95] 한은 "한국 민중의 집합적 정동 체험"으로서, "좌절된 민중의 욕구"를 반영한다.[96]

1979년에 쓴 글에서 백낙청은 자신의 한 정의를 제시하고, '한이 쌓이는 시대'와 '한이 풀어져야 할 시대'를 구분하면서 모두가 균등하게 잘사는 것, 정의로운 응징과 평화의 실현으로 억울함을 씻는 것을 한풀이의 조건으로 내놓았다.

> 오랜 세월을 가난하고 억울하게 살아온 민중의 아픔과 설움을 우리는 곧잘 '한'이라는 말로 표현해왔다. '한'이란 원한과도 달라서 내 불행이 어디서 왔으며 누구한테 앙갚음을 해야 좋을지도 모르는 막연한 설움이요 이름 없는 아픔이다.……우리 겨레의 노래와 이야기와 춤, 그림은 그 어느 것도 이 '한'의 정서를 따로 두고 존립하기가 힘들지만…… '민중의 한'은 이제 계속 쌓이기만 할 게 아니라 풀어져야 할 시대가 온

것이다.……몇몇 개인이나 소수계층이 아니고 다수 민중의 한인 경우에는 잘 살아도 모두가 균등하게 잘 살고 억울함을 씻더라도 그것이 정의로운 응징이자 평화의 실현으로 열매 맺지 않고서는 그 한이 풀릴 수가 없게 되어 있다.[97]

1970년대 말부터 '분단사회학'을 제창하고 나섰던 이효재는 '민중'과 '한'을 연결한 '사회심리학적 민중론'을 펼쳤다는 점에서 독특한 경우였다고 할 만하다. 그는 1979년에 발표한 "분단시대의 사회학"이라는 논문을 통해, 수년 전부터 민속학·종교학·정신분석학·문학 등을 중심으로 "한恨을 문제시하는 경향"이 나타나고 있음을 환영하면서도, 대다수 한국의 지식인들이 오랫동안 한을 학문적 연구대상에서 배제해 왔다고 비판했다.[98] 그에 의하면 분단사회학을 지향해야 마땅할 "한국 사회학"의 과제는, 나아가 종교학·정신분석학·민속학·심리학·문학·사회학을 망라하는 "분단시대의 한국학"의 과제는 '민중의 한'과 '민족의 한'을 풀어주는 데, "한스러운 삶의 상태" 혹은 "한스러운 구조적 상태"에서 민중과 민족을 해방하는 데 있다.[99] "한의 노예"로 살아온 "민중인 여성들"이 '다중적 피착취·피억압' 상황에 처해 있음을 강조함으로써 분단사회학을 페미니즘과 자연스럽게 연관시켰던 것도 이효재의 독창적인 면모를 보여준다. "국내적으로 억눌린 민중들은 약소민족으로서의 국제적 착취와 횡포로 인해 2중으로 억압을 당하였고 그중에서도 여성들은 남성들의 가부장적 권력 아래서 3중, 4중으로 착취당해온 존재였다"는 표현에서,[100] 우리는 스피박이 부각시킨, 제 목소리를 갖지 못하고 침묵을 강요당해온 식민지 인도의 여성들을 떠올리게 된다.

이효재와 유사하게 김용복도 한의 정동이 모순·갈등·적대의 '다중성', 즉 다중적 모순, 다중적 갈등, 다중적 적대와 관련됨을 강조한 바 있다. "한은 모든 억압적, 적대적, 갈등적 관계에서 당하는 존재에게 생기는 삶의 체험이다.……이중삼중, 다중적으로 겹친 모순과 갈등이 축적되고 합류된 관계에서 희생당하는 자의 한으로 표출된다.……한의 실체는 다중적 갈등, 모순과 적대관계의 합류점에서 불의와 폭력과 죽임을 당함으로써 체험되고 표현된다. 한은 당하는 자의 몸과 맘의 총체적 체험이다."[101]

대부분의 민중론자들은 "한의 강력한 힘"[102]을 인정함과 동시에 한의 양면성, 혹은 그것의 다양하고 때로는 상반된 발현 형태를 인정한다. 현영학은 한이 정한情恨, 원한怨恨, 해학·풍자·웃음이라는 세 가지 얼굴을 갖고 있다고 주장했다.[103] 서남동에 의하면, "한의 정태적인 이해와 그 체념적인 한풀이"는 "민중의 마취제"로 기능한다. 정신분석학이 밝혀주었듯이 응고되고 자립화되고 의인화·인격화되고, 급기야 괴물화된 한은 사람을 노예로 만들고 지배하고 잡아먹는 파괴적 잠재력을 발휘한다. 이는 한의 뒤집힌 표현이고 민중의 타락 과정이다. 반면에 그가 "한풀이의 실질화", "한의 역사화·현실화", "푸닥거리의 정치화", 나아가 "한의 성육신"이라고 부르는 보다 바람직한 지향도 존재한다. 특히 구약의 예언자들과 무당과 시인들이 실천한 '한의 성육신'에서는 밑바닥 사람들의 한과 일치하고 연대하고 한을 풀어줌으로써 한의 파괴적 잠재력을 승화시키는 놀라운 일들이 벌어진다.[104]

이처럼 한이 품은 다양한 가능성을 인정하면서도, 민중론자들은 한의 변혁적 잠재력을 강조하는 편이다. 그들은 한의 소극적(순응적) 측면을 최소화하면서 그 적극적(저항적) 측면을 최대화하려 애쓰는 모습을 보인다. 예컨대 문동환의 경우 "한의 양면성"을 인정하면서도 어떻게 '한 맺힌 민중'을 '메시아적 민중'으로 전환할 수 있을지 고민한다.[105] 서남동도 한이 '혁명적 에너지'로 발전하기를 바란다. 다시 말해 그는 시인 김지하가 예언자적인 인물로 내세운 장일담처럼 "억압된 민중의 한의 축적을 '단斷'의 행위로 혁명의 에네르기화할 것"을 꿈꾼다.[106] "한의 에너지화"

는 한이 "사회갱신의 힘"으로 작용하게끔 하는 것이다.[107] 김용복에 의하면 "한의 담론은 권력과 지식의 힘에 저항하는 언어"이고, "사회적·역사적 모순을 극복하는 창조적 저항의 원동력"이다.[108] 한은 "생명해방(구원)"과 "대변혁"의 동력을 발진發進시킨다.

> 민중의 한은 새로운 생명해방(구원)의 새 동력의 합류를 발진시킨다. 한은 모든 모순과 적대관계의 합류적 실체Han as the convergence of all Contradiction and Enmity를 체험함과 동시에 "한"의 원인을 제공하는 세력에 저항하고 극복하는 대변혁의 원동력을 발진시킨다. 한의 극복은 모순의 극복을 향한 화해 운동으로, 한의 극복은 상극의 극복을 통한 상생, 한은 악마라는 신의 반대급부로 해방신앙운동을 발진하는 운동이다.[109]

'한恨의 민속'을 연구한 최길성도 한이 때로 민중 항거의 힘으로 폭발했다고 보고 있다.

> 어떤 지역에서는 특히 한恨의 깊은 잠재의식이 무의식적으로 작용하여 때로는 폭발적인 민중운동으로 나타날 때가 있었다. 사람들의 한恨이 보이지 않는 것이기는 해도 그것이 존재하지 않는 것은 아니다. 하나의 실례를 든다면 호남 지방에서는 동학란을 비롯하여 광주학생사건과 광주항쟁 등 민중항거의 지역성이 보인다. 나는 이것이 한恨의 작용이라고 생각한다. 이처럼 보이지 않는 한恨이 어떤 기회에는 불쑥 구체화되어 큰 힘을 발휘할 수 있다고 생각한다. 이런 점에서 한恨의 민속은 상당히 역학적이라고 할 수 있다. 흔히 민속학이라면 복고적인 전통주의로만 생각하는 경향이 있으나 민속은 생생한 생명력을 가진 역학적 학문일 뿐만 아니라 민중사상의 바탕이 되는 것이다.[110]

인류학자 김성례는 제주의 무교 의례를 통해 되살아난 "4·3에 대한 '민중기억popular memory'"이 "공식적이고 지배적인 기억에 대한 '대항적 기억counter-memory'을 구성하기 때문에 헤게모니에 대한 투쟁의 성격"을 띠며, "창출된 민중적 대응 권력의 전략효과를 지닌다"는 점을 강조한다.[111] 제주 사람들은 민중종교가 되살린 민중기억을 통해 자신들의 '독자적인 역사'를 구성함과 동시에 기존의 공식 역사에 도전해왔다. 김성례는 비공식적 기억 이야기와 국가의 공식 담론이 대립적으로 공존하는 가운데, "원한의 담론"이 '대항담론'으로 국가의 공식 담론을 "뒤엎는 전략"을 실행한다는 데 주목한다.

> 무교 굿에 나타난 죽은 자와 산 자의 비공식적 기억 이야기와 국가의 공식 담론은 서로 대립적이면서도 어떻게 공존하는 관계를 갖게 되는가?……잘 짜인 공식적 담론의 언어 뒷전에 더 넓은 배경의 정경을 채우고 있는 또 다른 양식의 담론이 잠복하고 있다. 이것이 '원한의 담론'이다. 대항담론으로서 이 '원한의 담론'은 정치적으로 지배적인 폭력 담론을 거울같이 비춰주며, 다른 한편으로 잔인한 4·3의 학살을 정당화시켜온 국가가 조작한 죽음의 의미를 뒤엎는 전략을 가진다.[112]

마나베 유코에 따르면, 김성례는 국가폭력 희생자들의 한이 체제에는 '사회악社會惡'으로, 피억압자들에게는 저항적 힘의 원천이었다고 주장했다. "김성례는 역사의 저류에 묻혀 사라진 모반자들의 죽은 영혼에 관해 언급하는 가운데 이런 '잡귀'들의 '한'은 현재 체제 측에서 볼 때 social evil인 한편, '잡귀에 대한 위무慰撫'로 표출된 그 반작용으로서의 '한풀이'는 피억압자들을 장기적인, 특히 계획적인 정치적 레지스탕스가 되게 하는 힘의 원동력의 원천이 된다고 설명하였다."[113]

앞에서도 잠시 언급했지만 한완상도 한과 고통의 저항적 잠재력에 주목했다. 그는『민중시대의 문제의식』제2부(민중의 아픔) 머리말에서 즉자적 민중과 대자적 민중 모두에게 한이 축적되지만, 민중의 아픔과 한이 '공유'될 때 그 아픔과 한이 새로운 역사와 사회구조를 창출하는 동력으로 작용할 수 있다고 주장했다.

> 민중은 두 가지 아픔을 갖고 있다. 하나는 체념한 채 무관심의 세계에 매몰되어 있는 민중의 가슴 속 깊이 서려 있는 아픔이다.……언뜻 보기에 그는 자족하는 듯하나 그의 맘속 깊숙이는 한이 쌓이고 있다. 그런가 하면 변화의 소용돌이 속으로 뛰어드는 민중이 있다. 변화의 기수 노릇을 하는 적극적인 민중이 있다.……그리하여 지배세력과 맞부딪치고 거기서 고난을 당하게 되며, 그만큼 한이 쌓인다. 두 가지 민중의 아픔과 한이 새 역사 창조의 원동력이 될 수 있다.……내 한을 나 혼자 깊숙이 간직만 하면 그것은 사사로운 고민에 불과하다. 그러나 역사적으로 오랜 세월에 걸쳐 쌓인 민중의 한들이 그리고 그들의 아픔이 서로 나눠가지는 과정에서 강화되면 그 한과 아픔이 우렁찬 소리를 내면서 새 역사를 만들어낸다. 민중이 주인이 되는 역사와 구조를 만들어낸다.[114]

한완상은 제자인 김성기와 1987년에 발표한 논문을 통해 "민중의 '한'이 굿과 탈춤을 통해 비판적으로 초월되고 저항정신으로 승화되어 사회운동으로 연결되는 과정"을 밝히려 했다.[115] 이들에 의하면, 맺힌 한은 "억울한 고통, 부당한 아픔"이고 "억울하게 좌절된 소망"이므로 "구조적이고 역사적인 변화의 동인으로서도 작용할 수 있다."[116] 또 "한이 품고 있는 깊은 희망"은 한풀이가 정의의 실현과 연결될 수 있음을, 즉 그것이 "역사발전에의 역동적 요인", "새 역사를 열 수 있는 힘"이 될 수도 있음을 시사한다.[117] 요컨대 민중이 일상적으로 겪는 억압·수탈·차별이 한이라는 집합감정을 매개로 힘과 희망, 저항정신으로 이어질 수 있다는 것이다. 그리고 이런 양상을 특히 굿과 탈춤에서, 거기서 생성되고 분출되는 집단적 신명에서, 그로 인해 발생하는 '비판적 초월'과 저항의 정신에서 발견할 수 있다고 보았다.

> 한은 한국 민중이 그들의 구체적 역사 현실 속에서 대대로 물려받은 욕구좌절의 체험 속에서 또는 그들의 소망이 억울하게 꺾여진 아픔의 체험이 응고된 속에서 그 모습이 잘 드러난다. 달리 말하면 민중 존재 깊숙이 뿌리내린 좌절의 복합체라고 말할 수 있겠다. 억울하고 부당하게 눌려왔고, 빼앗겼고, 따돌림을 당해왔다는 민중 경험의 응어리라 하겠다. 그것은 한국 민중이 역사적으로 겪은 내외의 억압과 수탈과 차별 속에서 생긴 응어리로서 문화유산처럼 누적되어온 것이다. 그러나 이러한 한은 슬픔이자 힘이며, 절망에서 희망으로 가는 관문의 기능을 맡기도 한다. 그것은 또한 자기실현과 새 사회를 위한 저항정신으로 나타난다.[118]

앞의 인용문들을 통해서도 드러나듯이, 한완상과 김성기는 ('한의 개인화'나 '한의 사사화'가 아닌) '한의 사회화'가 창조적 저항의 에너지 역할을 한다고 주장했던 셈이다. 같은 맥락에서 이들은 '한의 이상화'와 '한의 개인화' 모두를 경계해야 한다고 말했다.[119] 김성례도 '원寃'은 '개별의 비애'와 관련되는 반면, '한恨'은 '집합의 비애', '비극의 집합적 감각'과 관련된다고 보았다.[120]

1990년대 중반 이후 등장한 3세대 민중신학자들 역시 고통의 '사회적인' 측면을 강조했다. 필자는 특히 정용택이 한을 낳는 고통의 사회적 차원('사회적 고통')과 민중을 배제하는 '사회적 감정구조'의 존재에 일차적으로 주목했다는 것, 그리고 유사한 취지에서 고통의 '생산'(인정의 거부)과

'재생산'(사회적 감정구조에 의한 배제) 차원을 구분한 후 한을 고통의 '생산'이 아닌 고통의 '재생산' 차원에 배치하고 관찰했다는 점에서 탁월하다고 생각한다. 이렇게 접근할 때 한은 '총체적 불의'인 사회적 상황, 그럼에도 불의를 해결할 합법적이고 용인된 장場이나 수단도 부재할 뿐 아니라 그로 인한 고통스러운 감정의 언어화조차 불가능한 상태를 가리키게 된다.[121] "억압과 저항과 탄압의 악순환은 한국적인 경험의 기초가 되는 한恨을 낳게 되었"다는 독일인 신학자들의 표현처럼,[122] 민중의 고통은 '반복성'과 '누적성'의 특징을 보이면서 사회적으로 재생산되는 것이다. 3세대 민중신학자들의 문제의식은 『민중신학, 고통의 시대를 읽다』라는 책에 집약되어 있다. 이처럼 한에 대한 관심과 연구는 2세대를 건너뛰어 1세대 민중론에서 3세대 민중론으로 곧장 연결되는 듯하다.

(2) 신명으로의 전화

한에 대한 탐구는 신명, 그리고 그와 연관된 한풀이, 신명풀이, 흥과 같은 민중 정동에 대한 탐구로 이어졌다. 여기서 가장 중요한 점은, 풍부한 저항적 잠재력과 폭발력을 내장하고는 있지만 여전히 '부정적인' 정동인 한이 마을굿이나 탈춤, 이 밖에 대방놀이·길놀이·풍물·사물놀이를 비롯하여 세시풍속이나 특정한 사건에 따른 다양한 주기적·비주기적 민중축제에 참여하는 가운데 신명으로 대표되는 '긍정적인' 정동으로의 극적인 전화轉化를 경과하게 된다는 것이다. 이는 맺혀 있던 한이 풀리는 체험이라는 점에서 한풀이 혹은 신명풀이로 명명된다. 국가의례를 통해 죽은 가족(전사자)을 향한 남은 가족(유족)의 태도가 극적으로 반전되는 '감정의 연금술', 다시 말해 전사자 의례를 통해 유족의 슬프고 불행한 감정을 기쁘고 행복한 감정으로 변화시키는 감정 통제 기술과도 유사한 어떤 일이 벌어지는 것이다.[123]

한에 대한 정의가 그러하듯 신명에 대한 접근도 제각각이다. 그런 와중에도 신명을 어떤 긍정적인 생명력이나 기운氣, 에너지 등으로 이해하려는 모습은 비교적 공통적이다. 채희완은 "굴절되고 억압된 생명력을 한꺼번에 풀어헤쳐 활기를 돋우는 새로운 창조적 체험"으로 신명을 정의했다.[124] 조동일은 1997년과 2005년 저작에서 그리스의 '카타르시스 연극', 인도의 '라사 연극', 한국의 '신명풀이 연극'을 대상으로 비교연극학적 접근을 시도한 바 있다.[125] 여기서 그는 신명을 "사람의 기 가운데 흥으로 발현되는 것"으로 규정했다.[126] 이영미는 신명이 "몸에 끼인 살과 액을 풀고 신을 받아들여 신인합일의 경지에 이르러 신바람에 몸을 태우는 것"이라고 했다.[127] 조동일처럼 이영미도 '예술체험'으로서 서구의 카타르시스와 한국의 신명을 다양하게 대비시켰다. 카타르시스와 신명의 공통점은 "몸에 끼인 응어리를 풀어 밖으로 밀어냄으로써 해방감과 쾌감을 느끼는 예술체험"이라는 것이다.[128] 반면 카타르시스와 비교할 때 한국의 신명이 드러내는 고유한 특징으로 이영미는 외향성, 육체성, 집단성, 희극성의 네 가지를 꼽았다. 다소 길지만 인용해보자.

첫째, 신명은 외향적이다. 카타르시스는 에너지를 안으로 끌어들이는 내향적인 과정을 겪으며 그 체험 표현 역시 내면적이다.……그에 비해 신명은 에너지가 안으로부터 밖으로 뿜어 나오는 것이다.……안에 내재되어 있으되 일상적 억압에 의해 드러나지 못했던 생명력 같은 것들이 한꺼번에 바깥으로 터져 나오는 것이다.……그 표현 역시 외향적이다. 감정의 고조와 해결을 맞으면서 차분히 안으로 정화하는 것이 아니라 밖으로 점점 강하게 내뿜으며 고조되는 게 신명이다. 그리고 그 최고의 경지에서 바깥세상과 자신이 하나가 되는 쾌감을 맛보게 되는 것이다.……

둘째, 신명은 육체적인 경향이 강하다. 카타르시스가 주로 머리와 마음을 통해서 이루어지는 체험이라면 신명은 마음과 몸의 움직임으로 이루어진다. 관중 자신이 정적인 상태에서 극의 내용을 안으로 끌어들여 동일시라는 심리적 과정을 겪는 데에 그치는 것이 아니라 관중 자신의 마음이 움직이고 몸이 움직이는 것이다. 엉덩이가 들썩거린다든가 어깨춤이 절로 난다는 식으로 신명을 이야기하는 것은 바로 이 육체성을 이야기하는 것이다.……신명은 리듬과 깊은 관련을 맺고 있다.……리듬과 그에 따른 몸의 움직임이 강한 춤이나 풍물의 장면에서 강한 신명을 체험하는 것은 당연한 일이다.

셋째, 신명은 집단적일 때에 강화된다는 점이다. 카타르시스는 자신을 잊고 극중 상황과 인물에게 자신을 몰입할 때에 발생한다. 따라서 자신을 잊기 위해서는 자기 주변의 사람들과 집단적일 수 없다. 조용히 혼자 관극할 때에 카타르시스는 강화된다. 이에 비해 신명은 흔히 '집단적'이라는 관형어를 수반한다. 신명은 몸을 움직여 에너지를 외향적으로 내어 뿜으면서 계속 고조시키며 바깥세상과 자신을 합일시키므로 자기 주변에 있는 사람들과 함께하면 더욱 빨리 강하게 고조된다.

넷째, 신명은 희극성에서 강하게 나타난다는 점이다. 카타르시스는 그 말의 태생부터 비극의 관극 체험에 관한 것이다. 희극은 공포와 연민을 수반하는 것도 아니며, 그를 통한 마음의 정화가 수반되지도 않기 때문이다. 물론 희극의 관극에서도 긴장을 통한 해방감이 있기는 하지만……신명은 비극적일 때에도 생기지만……희극적일 때에 더욱 강화된다. 격렬하게 터져 나오는 웃음이 외향적이고 육체적이기 때문일 것이다. 또한 집단적이면 더욱 강화되는 웃음의 특징과도 무관하지 않을 것이다.[129]

한이라는 정동이 그러하듯 신명이라는 정동도 강렬한 '몸의 언어'이다. 이영미의 인용문에 등장하는 '육체성' 개념이 가리키는 바도 그것이

2002 한일월드컵 당시 서울광장 거리응원 인파

었다. 다음은 이영미의 또 다른 설명이다. "몸, 외향성의 중요성은 단지 인물에서만은 아니다. 관중의 수용에서도 몸과 외향성이 중요하다. 즉 움직임이 없는 머리로서의 인식과 가슴으로의 감동, 감정을 내면으로 끌어들인 결과 배설의 시원함을 느끼게 만드는 카타르시스와는 달리, 마당극에서는 머리와 가슴뿐 아니라 몸의 움직임으로 오는 신명이 중시된다. 배우도 정서를 바깥으로 내뱉고, 관객의 호흡도 적극적·자발적으로 밖으로 내뱉으며 극에 개입하며, 여기에서 몸의 움직임이 수반된다."[130]

또 한과 마찬가지로 신명도 집단적인 현상이다. 앞서 소개한 이영미의 인용문에도 "신명은 집단적일 때에 강화된다"는 대목이 포함되어 있듯이, 한보다는 신명에서 집단적 성격이 보다 명료하게 나타난다고 말할 수 있다. 이런 취지에서 유해정은 '한풀이'와 '신명풀이'를 구분했다. "'한이 깊을수록 신명이 난다'는 명제에서도 알 수 있듯이, 신명풀이는 맺힌 한을, 풀어도 풀어도 풀어지지 않는 한을 집단의 신명으로 전화시키는 과정을 통해서, 한을 맺히게 하는 그 모순을 해결해나간다.……이러한 신명풀이가 공동체적인 성격이 조금이라도 드러나는 곳에서부터 싹이 튼다는 사실은 의미심장하다. 한을 그때그때 잠시 풀어버리고 그냥 그대로 지속해나가고 거기에 다시 매몰되고 마는 것이 한풀이라면, 집단적인 동질성을 확보해나가면서 개인적인 한을 집단적인 한으로 전화시켜 그것을 딛고 일어서는 것이 신명풀이다. 즉, 집단적인 한풀이가 곧 신명풀이라고 할 수 있을 것이다."[131] 유사한 취지에서 채희완도 집단적 연극("공동체연극")의 기능을 "생활상의 한풀이를 적극적인 신명풀이로 뒤바꾸어놓는 삶의 기제"로 규정했다.[132]

한에서 신명으로의 전환은 어떻게 이뤄지는가? 결론부터 말하자면, 굿이나 축제, 탈춤이 만들어내는 리미널리티와 커뮤니타스communitas, 몰입/흐름flow 속으로 빠져드는 과정에서 신명으로의 전환이 발생한다고 할 수 있다. 그렇다면 리미널리티, 커뮤니타스, 흐름은 무엇을 가리키며 어떤 특징을 보이는가? 리미널리티는 아놀드 방주네프가 통과의례의 중간 단계로써 처음 제시한 개념으로, 빅터 터너는 이 개념의 적용 대상을 대폭 확대하고 세련되게 발전시켰다. 커뮤니타스 역시 빅터 터너가 제안한 개념으로, 그가 작고한 후 부인인 에디스 터너에 의해 더욱 풍요롭게 다듬어졌다.[133]

필자는 리미널리티의 특징을 반反구조와 초월성(일상성의 초월), 그로 인한 자유와 탈권위주의, 모호성과 애매함, (모호함과 애매함의 시공간을 통과한 후의) 정체성과 지위 변화, 집합적이고 공적인 성격, 집합의례의 성격, 평등성과 연대성, 사회의 일시적 투명화와 그에 대한 성찰성, 저항적 에너지·감정의 분출과 새 유형의 감정 출현, 비판과 대안적-유토피아적 질서의 제시(창조성·전복성), 기성 질서 대표자들에 의한 위험시, 일시성 혹은 단기 지속 등으로 제시한 바 있다.[134] 한편 리미널리티 '안에서' 커뮤니타스가 출현한다. "커뮤니타스는 리미널리티의 해방력解放力과 전복성에 대한 주체들의 자발적인 참여에 의해 발생한다. 그리고 이런 초超일상적이고 탈脫일상적인 리미널한 시공간과 상황 속에 놓인 주체들, 다시 말해 리미널한 전이 상태liminal transition에 놓인 사람들 사이의 사회관계와 상호작용을 특징짓는 양식이 바로 커뮤니타스라고 말할 수 있다."[135] 필자는 커뮤니타스적 사회관계의 특징을 평등성과 겸손함, 우애·연대성·인류애, 인격적·직접적·전인적 만남, 에고ego의 상실과 이타성, 집단적 기쁨collective joy과 자유·해방·성스러움·신비체험을 포함하는 고양된 감정들, 행위와 인식의 융합 등으로 제시한 바 있다. 커뮤니타스는 이밖에도 반구조-자유, 공적-집합적 성격, 일시성, 대안적 질서의 제시, 기성 질서 측의 위험시, 비非의도성 등과 같은 리미널리티의 몇 가지 특징을 공유하고 있기도 하다.[136] 아울러, 빅터 터너는 커뮤니타스 체험이 미하이 칙센트미하이가 제시한 무아경적인 '흐름 혹은 몰입' 체험과 유사함을 강조했다. 빅터 터너에 의하면 몰입/흐름은 참여자의 의식적인 매개가 필요 없는 내적 논리에 의해 행동이 다음에서 다음으로 자연스럽게 이어져가는 것이다. 에디스 터너는 사람들이 완전히 몰입하여 집합적 과업에 참여함으로써 흐름 속에 놓이게 되면 행위와 인식의 완전한 융합을 체험할 수 있게 된다고 보았다.[137]

굿, 축제, 탈춤은 어떻게 리미널리티와 커뮤니타스를 만들어내는가? 다시 말해 리미널리티와 커뮤니타스의 창출 및 그것으로의 진입은 어떻게 가능해지는가? 과연 어떤 기제들이 이 과정에 작용하는가? 김열규가 탈춤을 두고 "춤과 풍물과 재담 그리고 우스운 몸짓으로 신명을 피우고 흥을 돋구면서 노는 놀이"라고 했듯이 춤, 풍물, 재담, 우스운 몸짓 등이 리미널리티 창출 기제로 우선 꼽힐 만하다.[138]

민중 이론가들의 설명을 살펴보면 몇 가지 실마리가 잡힌다. 첫째, 타악기의 약동하는 리듬과 결합된 집단적인 춤, 곧 군무群舞의 효과를 들수 있을 것 같다. 둘째, 탈춤이나 판소리의 '판'을 구성하고 즉흥적으로 재구성하는, 관중의 능동적인 참여를 유도하는 다양한 연극적 장치들과 예술적 테크닉도 중요할 것이다. 셋째, 특히 판소리에서 잘 드러나듯이 상극적인 감정을 한데 융합하거나, 이야기와 감정을 적극적으로 결합하는 것도 일상적 감각으로부터 탈출하는 데 도움이 되는 것으로 보인다. 넷째, 일종의 '전염' 효과로서, 굿을 주도하는 무당이 신내림을 통해 먼저 신명에 빠져들고, 이 신명이 무당과의 상호작용 속에서 청중에게도 전염되는 것이다. 다섯째, 굿, 축제, 탈춤은 모두 지극히 '현실적이고 현세적인' 문제들, 특히 민중의 삶을 위기와 고통으로 빠뜨리는 문제들의 해결, 한마디로 "살풀이"를 지향하기 때문에 청중의 강한 참여와 몰입을 초래하는 데 유리하다고 하겠다. 채희완의 표현으로는 이런 모든 것들이 신명을 창출해냄으로써 한의 부정적인 정동을 긍정적인 정동으로 바꿔내는 민중적인 "삶의 기술"이자 "삶의 기제"인 것이다.[139] "신명의 창출 계기를 이루는 삶의 기술"이라는 한완상·김성기의 표현에서는 이

사실이 더욱 명료하게 드러난다.[140]

먼저, 타악기의 리듬, 때로는 노래와도 결합된 군무가 참여자들을 리미널한 상태로 인도하는 것 같다. 조동일은 '길놀이 → 군무 → 탈놀이'의 순서로 진행되는 대방놀이의 전 과정에서 군무가 "몰아적인 도취에 빠지게 하는" '절정'에 해당한다고 보았다. 또 길놀이·군무·탈놀이로 이어지는 과정에 참여함으로써 민중은 한편으로는 "자기 자신의 생활을 되돌아"보는 집단적 성찰성 내지 '사회에 대한 메타비판'의 주체가 되고, 다른 한편으로는 "일상생활의 억압된 상황에서 벗어나 새롭게 태어나는 감격을 누리게" 된다고 주장했다.

> 군무에서는 구경꾼이 놀이패가 되어서 삶의 약동을 유감없이 발산하면서 몰아적인 도취를 하면서, 구경꾼끼리의 일체감을 온전히 갖게 된다. 탈놀이에서는 탈을 쓴 놀이패가 놀이를 하고 구경꾼은 구경을 하지만, 놀이패가 대방놀이의 일체감을 파괴하고, 구경꾼은 놀이패의 비정상적인 행동을 비판하면서 자기 자신의 생활을 되돌아본다. 신명풀이라는 점에서는 군무가 오히려 절정에 해당하며, 길놀이는 그 준비 과정이고, 탈놀이는 절정 다음에 오는 마무리라고 할 수 있다. 그러나 대방놀이는 삶의 약동을 발산하는 것만 의미하지 않고 삶의 약동을 억압하는 적대적인 세력과의 싸움에까지 이르러야 온전하게 될 수 있으므로, 몰아적인 도취에 빠지게 하는 군무와 비판적인 싸움을 전개하는 탈놀이는 둘 다 반드시 있어야 하며, 탈놀이를 절정 다음에 오는 마무리라고 할 수는 없다. 길놀이, 군무, 탈놀이로 이어지는 과정은 참가하는 민중으로 하여금 일상생활의 억압된 상황에서 벗어나 새롭게 태어나는 감격을 누리게 하며…….[141]

"기氣가 진盡토록 난무하여 흥이 하강할 때쯤" 탈놀이가 시작된다는 것은 주목할 만한 설명이다. 한데 어울려서 춤추며 노는 군중의 신명풀이는 일정한 시간 동안 점차 고조되다가 절정을 넘어서면 하강하게 마련이다. 신명풀이를 하는 데도 기력의 한도가 있고, 발산할 수 있는 감정의 바닥이 있다는 것도 사실이지만, 군무를 통해서 군중들의 대방놀음이 내부적으로 온전하게 다져졌을 때는 그 다음 순서인 탈놀이가 필요하게 되는 것이다.[142]

김열규에 의하면 춤이 먼저냐 신명이 먼저냐를 따지는 게 무의미할 정도로 둘은 동시에 발생하고 상호적 상승효과를 만들어낸다. 춤이 신명을 자아내고 신명은 다시 춤으로 분출된다. "탈춤을 추는 당사자들은 춤추는 요체要諦를 바로 '신명'에 두고 있다. 신명만 나면 발짓, 손짓은 저절로 난다는 것이다.……춤은 저절로 추어진다는 뜻이다. 탈춤의 솜씨는 기교이기 전에 신명인 것이다."[143] 1970년대에 홍익대 탈춤반 '눈솟말 재인패'에서 활동했던 김원호는 몸의 움직임이 더욱 역동적인 '풍물'에 큰 매력을 느꼈다고 말했다. "나는 탈춤보다는 이거다 싶을 정도로 풍물에 맞춤했다.……풍물은 지금의 현실 시간에서 그 현실과 접속하는 양식으로 말을 하고 신명을 만들어낸다. 지금의 사람들이 지금의 시간에서, 지금의 감수성과 본 모습대로 직접적으로 교호해낸다는 일이 무척좋았다. 반경 10m 내에서, 지금 시간에 살아있는 현실 대중과 눈을 맞추고 더불어 썩썩 숨 쉬며 심장 박동을 느끼는 교호가 좋았다. 그런 팽팽한 즉흥적 긴장 속에서, 무언가를 주고받으며 직조해내는, 저 심층 기저에서부터 올라오는 상호소통의 리얼리티가 좋았다."[144]

탈춤과 판소리 등에 동원되는 여러 연극적 장치들과 예술적 테크닉들도 청중을 공연의 참여자로 끌어들임으로써 신명을 만들어낸다. 마당극의 특징 중 하나는 '무형식의 형식'이다. 김방옥은 이를 "양식화되지 않은 마당극이 갖는 무형식의 즉흥성"으로 표현했다.[145] 임진택은 판소리의 생명이 '이야기적 성격', '약동하는 판', 그리고 '득음得音의 경지'에 있다면서, 소리판의 특징을 자유자재로 인물과 시간을 변경하는 즉흥성과 개방성, 서술자(3인칭)가 극중인물(1인칭)로 변신하는 것, 동시에 "3인칭 화자인 창자가 일인칭 인물로 변신하여 시제를 현재화"하는 것, 광대-고수-청중의 역동적인 상호작용 등으로 제시한다.[146] 이를 통해 "민중의 삶이 약동하는 역사적 현장"에 다름 아닌 "약동하는 판"이 창출된다.[147] 그런데 이렇게 창출된 판은 그 자체가 집단적 황홀경이나 리미널리티·커뮤니타스를 창조함으로써 대단한 감정 동원력과 몰입의 힘을 발휘하면서도, 그 몰입이 세뇌가 아닌 현실에 대한 비판적 성찰과 증진된 인식으로 이어진다는 것이 임진택의 주장이다.

> 소리판을 이루는 세 가지 요소는 광대와 고수와 청중이다. 고수는 북을 쳐주는 일종의 반주자이면서 광대의 상대역도 되고 극중인물도 되면서 동시에 구경꾼의 한 사람도 된다. 광대가 아니리와 소리와 발림(몸짓)을 해나가면 고수와 청중은 추임새를 넣어 응답함으로써 판이 성립된다. 즉 밀폐된 시·공간을 해방하고 서로의 닫혀 있는 마음과 마음, 가슴과 가슴을 열어젖힘으로써 생명(신명)의 교류 및 확대를 꾀하는 곳이 판이다. 소리판에서 광대는 청중을 향하여 어르기도 하고 추스르기도 하면서 판을 이끌어 나가고 청중은 감탄과 조흥助興의 추임새를 통하여 호응하거나 비판하면서 그들 자신의 삶을 인식하고 그 과정을 되새김한다. 이렇듯 생활 및 생명 여백의 상호교환을 통하여 구경꾼들의 체험 속에 엉켜 있는 밑바닥 정서의 실마리를 풀어 젖힘으로써 모두의 생명력이 한데 어울려 불꽃을 튀기는 '약동하는 판'으로 상승한다. 판이 가지고 있는 이러한 개방성과 즉흥성 곧 구경꾼의 상호개입 가능성은 공동체의 체험과 의식을 공유화하여 생활집단의 총체적 생명력을 하나로 결집하는 기본요소이다.[148]

이영미는 마당극의 분절성에 기초한 운문감과 리듬감에 주목한다. 특히 배우와 관중이 서로 숨을 밀고 당기면서 운문적으로 출렁거리는 '흐름'을 만들어내고 그 흐름에 올라탈 때, 다시 말해 그 출렁거리는 흐름에 자발적으로 참여하고 몰입할 때 신명이 발생한다고 서술했다.

> 분절은 마당극의 운문성을 만들어준다. 운문성의 기본이 되는 리듬감은 시간 진행에 따라 흐름을 잘라 다른 흐름을 배치시키고 그것을 반복적으로 만들어나가는 데서 생겨난다. 마당극은 여러 개의 다른 힘의 지형도를 가진 장들이 생겼다 사라지기를 반복함으로써 비약과 분절을 만들고, 그 결과 판은 고정되지 않고 역동적으로 출렁거리게 된다.
> 이러한 분절성으로 인한 운문성은 마당판 안에서 완결되지 않는다. 애초에 공간의 다차원성 자체가 집단적·자발적 관중으로 가능했던 것과 마찬가지로 이 운문성도 관중 집단의 자발적인 참여로 가능해진다. 마당극은 연기, 판의 공간 운용, 대사의 조직의 분절성으로 인하여 틈·구멍이 만들어져 있으며, 마치 판소리의 소리 구멍처럼 마당극의 관중 집단은 이 틈에 자발적으로 호흡을 던져 넣는 것이다. 즉 마당극은 작품 자체에 관중의 집단적인 숨 던지기를 요구하고 있고, 관중 집단은 이를 집단적이고 자발적으로 해낸다. 배우와 관중이 서로 숨을 밀고 당기면서 이들은 운문적으로 출렁거리는 흐름을 타게 되며, 그것은 신명을 유발한다.[149]

임진택은 골계와 비장(한)이라는 상극의 감정을 동시에 활용하면서, 이야기(서사)와 감정(서정)을 융합하는 판소리의 특징을 부각시킨다. "남도 특유의 저 밑 모를 원한怨恨의 정서가 판소리에 이입됨으로써, 말하자면 서사敍事 속에서 서정抒情이 차지하는 비중이 대폭 확장되었다고나 할까? 여기서 판소리는 골계와 비장을 한몸에 공유한 최고의 민중예술로 승화되는 것이다." 임진택에게 판소리는 "말(아니리)로는 나타내기 어려운 흥興의 감정, 말로는 담아낼 수 없는 한恨의 정서를 소리唱로 표출하는 응축된 음악적 양식"이다.[150] 한과 해학이라는 상극의 결합도 주체못할 웃음과 같은 강렬한 정동을 발생시킨다. 현영학이 말하듯이 한의 정동과 결부된 해학과 풍자는 "창자에서 터져 나오는 웃음, 몸을 비틀고 허리를 쥐고 웃어야 하는 파안대소"를 만들어낸다는 것이다.[151]

한완상·김성기가 말하듯이, "신명의 감염 현상"이라 할 수 있을 만큼 "신명은 전파성이 강하다."[152] 마을굿에서는 신내림을 통해 무당에게 먼저 신명이 차오르고, 무당과의 상호작용 속에서 청중에게도 신명이 전염되고 확산된다. 김열규가 말하듯이 먼저 무당에게 신내림과 신명이 거의 동시에 발생한다. "'신난다'의 〈신〉이 반드시 어원적으로 신과 같으리라고 단정할 수는 없다. 그러나 무당굿의 경우 신의 내림을 전제하지 않고서는 무당의 〈신명〉은 나지 않는다. 적어도 신의 내림과 신명이 나는 것과는 동시적이거나 공존적이다. 무당굿을 하는 사람에게는 '신난다'의 〈신〉과 신내림의 〈신神〉은 한 순간, 한 자리 속의 경험이다."[153] 조동일의 주장처럼 탈춤이 마을굿에서 유래한 것이라면, 신내림의 신명은 의례 주도자인 무당에게 제한되지 않고 마을 구성원 전체에게 공유될 것이다. "탈춤에서 이루어지는 신명풀이는 원래 마을굿에서 유래한 것이다. 신이 내려야 굿을 했는데, 신이 내린다는 것은 겨울의 억압에서 벗어나서 봄을 맞이하는 기쁨의 상징적인 표현이다. 신이 내려서 마을 사람들이 풍물잡이를 앞세우고 춤추며 돌아다니면 풍년과 번영이 기약된다고 하는 것은 삶의 약동을 확인하면서 풍년과 번영을 가져올 수 있는 힘을 다짐하는 행위였다."[154] 김열규는 '급전急轉'이라는 용어를 사용하여 강신降神, 즉 신내림이 마을 '전체'를 어떻게 순식간에 변화시키는가를 다음과 같이 기술했다.

강신이 소기한 대로 이루어지고 나면 촌락제의는 새 국면에 들어선다. 그 전후의 전환은 가히 급전이다. 엄숙과 금기, 불안과 긴장이 크나큰 중압으로 누르고 있던 마을은 일거에 모습을 달리하는 것이다. 해방과 돌파, 충족과 포만이 삽시간에 마을을 휩쓸어버린다. 그 모든 것이 폭발하는 것이다. 긴장이 순간적으로 급격하게 해소될 때 웃음이 폭발하는 것이라면, 그리하여 그것이 희극적인 것의 한 표정이라면, 촌락 공동제의의 급전이야말로 희극적이다.

촌락 공동제의의 경과 속에 소극笑劇인 탈춤놀이가 있게 되는 사회적 근원이 바로 여기에 있는 것이다. 마을이 바야흐로 가지게 된 기쁨과 신명, 흥과 도취가 연희로 구현된 것이 다름 아닌 이 탈춤이다. 희극의 요소인 '파로더스Parodus'와 '엑소더스Exodus' 등이 이미 이 제의의 경과 속에 있는 것이다. 강신한 마을에 신과 더불어 기뻐하는 신명이 철철 넘치게 된다. 신명은 '난장'에로 발전한다. 난장은 인류학에서 이르는바 '오지orgy', 즉 제의적 광란이다. 난장을 벌이고 난장판을 피우는 것으로 신명은 걷잡을 수 없이 폭발한다.[155]

마을굿, 탈춤, 민중축제의 지향은 고통을 낳는 현실의 부조리와 한을 푸는 행위, 즉 '살풀이'에 철저히 맞춰져 있었다. "삶의 한가운데 생존의 위협에서 맺힌 삶의 응어리를 풀어헤쳐 나가고자 하는 줄기찬 해방의 기도가 민중의 춤의 역사 속에 피맺혀 있다"는 채희완의 말 그대로이다.[156] 채희완에 의하면 "한국춤은 '신명'의 춤이다. 살이 낄수록 응어리가 깊을수록 신명은 고조된다. 어둠의 세계에서 빛의 세계로 눈물에서 웃음으로 나아가는 바로 그 지점에서 예술 충동은 극점에 오른다. 이때의 예술 충동이 신명이다."[157] '마당춤'은 특히 그러하다. 마당춤은 "열린 신명의 춤"이자, "진정한 의미에서의 살풀이의 춤"이라는 것이다.[158] 민중을 괴롭히던 살이 풀리니 살 때문에 쌓였던 한도 덩달아 풀리면서 흥과 신명이 나는 것이다. 채희완은 살풀이를 통해 회복·분출되는 생명력이자 창조적 에너지로서의 신명을 강조한다.

> 우리나라 사람은 부당하게 삶을 저해하는 요소가 침입하였을 때 '살이 끼었다'고 한다. 이러한 '살'은 풀어서 물리쳐야 살 수 있다.……'현실 인식 → 현실 쟁투 → 현실 해소'의 과정으로서의 살풀이는 곧 제대로 살아 있음을 위해 제각기 제 나름으로 삶을 사는 생명체의 자기 회복의 과정인 것이다. 이러한 살풀이의 과정이 절정에 오를 때 신인융합, 성속일여와 같은 초인적인 능력이 보통 인간에게도 부여된다. 이때 놀이 체험은 절정에 오르게 되며, 놀이와 춤이 베풀어진다. 살풀이 과정에서의 이러한 체험이 곧 신명이다. 말하자면 신명이란 굴절되고 억압된 생명력을 한꺼번에 풀어헤쳐 활기를 돋우는 새로운 창조적 체험인 것이다.……제액이나 벽사진경, 농경예축 등등의 것은 모두 생활에서의 일상적이고 초현실주의적인 살풀이의 양상인 동시에 신명 창출의 계기를 만드는 삶의 기술이기도 하다. 축제의 도화선은 이러한 배경속에서 당겨지고, 그것은 춤과 노래로써 일상적인 것의 반란·초탈을 체험한다. 옥죄인 생명 에너지가 봇물 터지듯 하는 속에서 신명은 생명 해방의 거대한 기운을 지펴내고 이끌고 당기고 풀어낸다. 생명 에너지가 그득하게 충전된 상태, 창조적 에너지가 거칠 것 없이 분출되는 상태, 어디엔가 홀린 듯 기운이 생동하고 출렁이며, 이윽고 살맛 나는 상태가 신명 나는 때이다.
> 부당한 세력이 강하면 강할수록, 삶을 압제하는 요인이 강하면 강할수록, 다시 말하여 살이 끼면 낄수록, 삶의 응어리가 깊으면 깊을수록 신명은 더욱 자기의 것이 되고, 그것이 공동의 살일 때 신명은 공동의 것이 된다. 잔치마당에서의 집단적인 가무로써 행동화되는 놀이판, 그것은 곧 집단적인 생명 회복을 기약하는 집단적인 신명풀이판이다.[159]

마을굿, 탈춤, 민중축제가 만들어내는 리미널리티 안에서 많은 놀랄 만한 변화들이 진행된다. 신명은 환희와 엑스터시, 참여의 기쁨을 제공한다. 마을 사람들은 신비체험을 통해 한의 속성 중 하나인 '무력감'에서 해방되어 '주체 능력' 내지 '권능감'을 회복한다.[160] 앞서 조동일의 인용문에 나오는 것처럼 일상의 억압에서 벗어나 "새롭게 태어나는 감격"도 맛보게 된다. 채희완의 인용문에서처럼 살풀이의 과정이 절정에 도달하면 신인융합神人融合이나 성속일여聖俗一如와 같은 "초인적인 능력이 보통 인간에게도 부여"된다. 김열규의 인용문에서 보듯이, 신명이 넘쳐흐르면서 '난장'으로 발전하고, 난장판에서 신명은 또다시 폭발한다. 거침없는 지위 전도顚倒 현상도 나타난다. 비천한 신분인 무당이 의례를 통해 공수(신탁)를 받아 신의 지위에 오르거나 카리스마를 발휘하는 것이 대표적이다.[161] 의례나 공연이 창출한 신비한 공동체인 커뮤니타스에 참여할 때 사람들은 집단화의 힘과 효능을 몸으로 배운다. 신명이라는 생명력·에너지가 생성되고 분출하는 과정에서 강렬한 공동체의식이 새로이 형성되거나, 기존의 공동체의식이 재확인된다. 위에서 언급한 권능감의 핵심 역시 집단의 힘과 효능을 자각하는 데 있다고도 말할 수 있을 것이다.

민중이 빠져든 리미널리티는 일상의 초월, 기성 질서에 함몰된 즉자성과의 결별, 기존 일상 질서와의 거리두기, 나아가 일상의 굴레로부터의 해방과 탈주를 촉진한다. '지배의 시간'이 영구적으로 계속될 듯하던 일상의 시간이 갑작스럽게 중단되고, 전복을 상상하는 리미널한 시공간이 열리는 것이다. 사람들은 리미널리티 속에서 "기존 현실에 대한 비판적 성찰을 바탕으로 일상적 현실의 좁은 경험을 넘어서는 '의식의 확충'인 초월 경험"을 하게 되는데, 탈춤은 "민중의 초월 경험을 예술적 경험으로 표현"한 것 혹은 "이 세상에 대한 비판적 초월을 경험하며 또 표현"한 것으로서, 민중에게 "초월적인 것을 현실 속에 맞이하는 기쁨"을 선물

한다.[162] 한완상·김성기는 현영학의 개념인 "비판적 초월"을 "민중의 집단 에토스의 원형"이라고까지 말한다.[163] 일상 초월의 경험은 또 다른 미래지향적인 경험, 즉 새로운 유토피아적 질서에 대한 상상의 열림으로 이어진다. 채희완에 따르면 "살풀이로서의 신명"은 "새로운 비약적 세계로 진입"함을 뜻한다. 또한 '신명의 춤'인 '민중무용'은 고통과 한을 극복한 후의 기쁨과 유토피아적 희망을 발산하는 춤이다. "민중적 무용은 한마디로 신명의 춤이라고 할 수 있다. 죽음과 어둠을 통과한 후의 생명과 빛의 세계, 눈물과 고통을 통과한 후의 환희의 세계는 개인적 사회적 재앙을 물리친 후에 다가오는 새로운 삶, 새로운 사회와 연결되며, 그것은 곧 유토피아적 신명의 세계이다."[164]

그러나 새로운 유토피아적 질서는 내세來世로 이월되어 있지 않다. 그것은 내세주의로의 도피가 아닌, 유토피아주의와 현세주의의 결합, 곧 '현세적 유토피아주의'에 가깝다. 그것은 현실 속으로 침범한 비현실이자, 디스토피아 속으로 파고든 유토피아이다. 신익상이 아감벤에 기대어 말했듯이, 현실태와 잠재태가 중첩하고 교차하는 상황은 '메시아적'이기도 하다.[165] 여기서 민중은 아감벤이 해설한 '바울의 신학'에서 제시된 '종말론적 주체', 즉 '마치 ~이 아닌 것처럼'이라는 메시아적 사고방식·윤리에 따라, 세속 안에서 삶을 영위하면서도 현실의 지배적 규범들을 거부하는 이들과 가까워진다. 이런 민중은 이질적인 두 세계를 동시에 맛보며 살아가는 이들이다. 한완상·김성기는 "일상생활 규범에서의 제도화된 일탈"인 탈춤 안에서 두 세계, 즉 차안此岸과 피안彼岸의 융합·종합이 성사된다는 놀라운 통찰을 제시한다. 그것은 두 시간성, 즉 현재와 미래의 융합이기도 하다. 이미 인용한 바 있듯이 현영학은 이런 삶을 가리켜 "초월과 현실을 함께 산다"고 표현했었다.

탈춤은, 이를테면 사람들이 완전히 역사 안에 있고 또 이 역사는 또한 다른 무엇 안에 있다(하비 콕스의 말임—인용자)는 사실을 보여주는 것이라 하겠다. 말하자면 과거와 현재의 규범틀을 전적으로 부정하지는 않으면서 동시에 새로운 미래를 꿈꾼다는 뜻에서 비동조의 요소가 있다고 하겠다.……탈춤은 단순히 피안彼岸에의 이행이 아니라 차안此岸과 피안의 종합을 꾀하는 것으로 볼 수 있겠다. 탈춤에서는 이처럼 차안과 피안이 단절되어 별개의 고도로 존재해 있지 않다는 것이 중요하다.[166]

결국 마을굿, 탈춤, 민중축제 속에서 형성되는 리미널리티는 초월, 열림, 이중적 삶의 세 단계로 구성된다. 즉 그것은 '현 질서의 초월'에서 '새로운 질서의 열림'으로, 다시 '두 세계에서의 삶'으로 연결된다.

이제 한에서 신명으로의 전환에 초점을 맞춰 지금까지의 논의를 정리해보자. 민중론자들은 대략 '이중의 이중운동'을 말하는 듯하다. 이 다차원적인 운동들은 사실상 동시에 진행된다. 첫째, '안에서 밖으로'(외화)와 '바닥에서 표면으로'(상승)의 동시적인 정동 운동이 진행되고, 둘째, 이 운동 자체가 '신명의 생성 및 발현' 과정임과 동시에 '부정적-자기파괴적 정동의 긍정적-생산적 정동으로의 전환' 과정이 된다는 것이다. 첫째가 정동의 '위치 이동'이라면, 둘째는 정동의 '생성' 및 '성격의 질적 변용'이다.

정동의 위치 이동은 이영미가 말한 신명의 '외향성', 즉 "안에 내재되어 있으되 일상적 억압에 의해 드러나지 못했던 생명력 같은 것들이 한꺼번에 바깥으로 터져 나오는 것"과 관련된다. 억압되어 있던 정동이 밖으로 분출된다. "생활 및 생명 여백의 상호교환을 통하여 구경꾼들의 체험 속에 엉켜 있는 밑바닥 정서의 실마리를 풀어 젖힘으로써 모두의 생명력이 한데 어울려 불꽃을 튀기는 '약동하는 판'으로 상승한다"는, 임진택의 앞선 인용문처럼 정동의 소재 이동은 상승과 고조 방향의 운동을 포함한다. 바닥에 가라앉아 엉켜 있던 정체불명의 정동들이 분리되어,

그 각각의 정체가 밝혀지고, 다시 새로운 방식으로 결합하여 보다 고차적인 정동으로 상승하는 것이다.

집단적인 한풀이인 신명풀이가 집단적 저항을 준비하는 일이라거나, 실제의 직접적인 집단적 저항으로 이어진다는 점이 중요하다. 신명풀이는 조만간 닥쳐올 민중의 "집단적인 저항을 예고"한다.[167] 앞서 조동일의 인용문에도 나오듯이, 탈놀이는 그 자체가 "삶의 약동을 억압하는 적대적인 세력과의 싸움", "비판적인 싸움"이다. 그것은 "시위"이자 "공격"의 행위였다.

> 대방놀이를 하는 사람들이 스스로의 유대를 공고하게 하고, 밖으로 과시하며, 적대자와 맞서는 방법으로서 가장 중요한 것은 말할 것도 없이 탈춤이다.……이것은 일하는 사람들만 누릴 수 있는 자랑스러운 감격이고, 일하지 않고 지내기만 하는 양반 지주가 열등감을 갖지 않을 수 없게 하는 시위였다. 굿이 극으로 발전하면서, 이러한 시위의 의미는 더욱 분명하게 되었다. 겨울의 억압에 대한 반감이 양반 지주의 억압에 대한 반감으로 바뀌어서, 탈춤의 가장 중요한 주제가 선명하게 부각되었던 것이다. 놀이에 참가하는 사람들을 안으로 단결시키고 놀이에 참가할 수 없는 사람들을 밖으로 공격하는 대방놀이의 내적·외적 기능은 탈춤에서 가장 강렬하게 살아날 수 있었다.[168]

채희완은 민중의 살풀이가 '공동의 적'을 향하고 있음을 명백히 밝힌다. 민중의 '생활공동체의식'이 "공동의 적에 대해 공격적으로 살풀이함으로써 뒷받침되어왔다"거나, '민중의 춤'이 "공동의 적을 제거하는 살풀이"라는 그의 표현에서 잘 드러나듯이 말이다.[169] 나아가 민중극·민속극의 기능이 "민중공동체적 사회의식의 예술적 승리"라거나, 탈춤이 "민중적 삶의 승리를 보장"한다거나, "신진세력의 탈춤적 승리"라는 대

탈춤(석촌호수 놀이마당, 1985)

목에서 잘 드러나듯이, 채희완은 민중이 민중극이나 탈춤을 통해 지배세력에게 승리를 거두고 있다고 주장했다.[170] "탈판"은 그 자체가 "싸움판"이며, 민중은 거기서 이미 승리를 구가하고 있었다. "예전의 탈춤은 한 동리 사람들 모두의 억울함, 곧 동리의 살을 풀어헤치는 공동의 살풀이에서 집단적으로 예술 체험되던 공동 신명의 축제였다. 새로운 질서로서 도래하는 새로운 사회의 주인공으로서 민중이 대두되는 민중적 사회 승리의 축제였다. 그러므로 탈판은 생활 현장에서 성취되어야 할 기존 질서의 전도를 탈춤 속에서 성취하고, 이를 다시 생존·생활의 힘으로 확보하려는 싸움판이었다."[171] 요컨대 한이 신명으로 전환되고 그 신명이 폭발적으로 발산되는 과정 자체가 민중 저항성의 표출이었던 셈이다.

밀

종

저항(3)

1. 저항의 기술

우리는 '생존'과 '저항'이 무관치 않다는 데 유의해야 한다. 둘은 불가분하게 연결되어 있다. 생존을 도모하는 행위가 투항과 복종, 기회주의적 처신만을 뜻하지는 않는다. 기실 폭력적인 봉기조차도 고상한 이념이나 추상적인 가치를 실현하기 위한 것이 아니라, 구체적이고 절박한 현안인 생존을 위한 마지막 몸부림인 경우가 많다. 따라서 민중이 구사하는 '저항의 기술'은 많은 경우 '생존의 지혜'이기도 하다. 통상 후자는 전자의 전제조건이다. 세상 물정을 모르면 저항 기술이 생겨나기 어렵고, 그 기술이 효과를 발휘하기는 더더욱 어렵다. 앞서 인용했던 단턴의 말처럼 밑바닥 수준에서 일하는 사람들은 세상 물정에 밝아지는 법을 배우게 된다. 이것이 저항의 기술을 생산할 때 소중하고도 필수적인 자산이 된다.

사실 '지배의 기술'에 대한 연구는 너무나도 많다. 주권권력-규율권력-생명권력으로 이어지는 통치 테크놀로지에 관한 미셸 푸코의 일련의 연구들을 비롯하여, 클리퍼드 기어츠가 '극장국가theatre state' 개념을 통해 펼쳐 보인 '권력의 상징학'과 '국가의 기호학',[1] 모리스 아귈롱이 제시한 '체제 민속folklore of a regime' 개념과 이를 메이지 시대 일본에 적용한 다카시 후지타니의 연구,[2] 피에르 부르디외가 밝혀낸 엘리트층의 사회문화적 구별과 분리, 거리두기 노력들[3] 등은 지배 테크놀로지의 상징적·의례적·이데올로기적·문화적 측면에 주목한 탁월한 몇 가지 연구 사례일 뿐이다. 반면에 일상적인 수준에서 주로 구사되는, 지속적이면서도 은밀한 저항의 기술에 대한 연구는 드물다.

관련 연구가 희귀하기는 해도 민중의 일상적 저항은 로버트 단턴이나 제임스 스콧, 나아가 디페시 차크라바르티나 호미 바바 등을 통해 이미 우리에게 꽤 익숙해진 주제이기도 하다. 이들은 '지배의 기술'과 구분되는, 일상생활 속에서 민중 스스로가 만들어내고 활용했던 다양한 '저항의 기술들'을 다뤘다. 에릭 울프나 라나지트 구하 등도 '비일상적' 저항에 일차적인 초점을 맞추면서도 일상적인 소소한 저항의 사례들을 풍부하게 제공해준다. 구하의 '헤게모니 없는 지배' 테제가 설득력 있게 적용될 만한 상황들에서는, 지배의 기술은 덜 정교한 반면 저항의 기술은 더 세련되게 발전할 여지가 많을 것이다. 헤게모니 없는 지배의 상황에서 피지배층은 비교적 넓게 펼쳐진 잠재적 자율성의 공간을 활용하여 다양한 방식의 저항 기술들을 창조·구사할 수 있다.

스콧은 '은닉 대본'과 '하부정치infrapolitics' 개념을 통해 민중의 일상적 저항 기술들arts of resistance을 보여주고자 했다. 그는 피지배자들의 일상적 저항을 '하부정치'로 이름했다. 하부정치는 "눈에 잘 띄지 않는 매우 다양한 형태의 저항으로서, 감히 스스로 이름조차 가질 수 없는 것들"인데, 토지 불법 침입, 밀렵, 고의적인 나태한 노동이나 늑장대응(사보타지), 좀도둑질, 은밀한 탈세, 시치미 떼기, 인신공격, 도주 등을 포함하는 은밀한 불복종행위이자 보다 안전한 저항 방식을 가리킨다.[4] 또 권력 비판의 매개물로 기능하는 은닉대본의 형식은 언어적-비언어적인 형태를 망라하는 막후의 언어와 몸짓과 관행, 이를테면 소문, 험담, 설화, 노래,

제스처, 농담, 극무대 등을 두루 포함한다. "유언비어, 남 얘기gossip, 민담, 농담, 노래, 의례, 관행, 완곡어법"과 같은 "피지배계급의 민속문화"는 은닉대본 구성을 위한 풍부한 자료들이다.[5] 필자는 유언비어를 포함한 은닉대본의 다양한 형태들도 일상적 저항에 포함할 수 있으리라 생각한다.

스콧은 이렇게 말한다. "지배하는 자와 지배받는 자의 권력 차이가 크면 클수록, 그리고 권력이 보다 자의적으로 행사될수록 피지배 집단의 공개대본은 정형화되고 의례화된 모습을 띠는 경향이 있다는 사실이다. 다시 말해 권력이 위협적일수록 가면은 더욱 두꺼워진다."[6] 이런 상황에서는 "권력 앞에서 가면을 쓰고 연기할 필요성"이 더욱 커지는 것이다. 복종의 무대예술, '순종·복종의 의례'와 같은 권력관계의 의례, 전술적 미소와 인사, 전술에 불과한 존경이나 동의, 속임수와 인상관리, 강요된 공개된 연기, 마음이 뒤따르지 않는 경의·복종·아첨이 '공개대본'과 공개된 무대를 가득 채운다.[7] "위장과 감시의 변증법"에 이끌리는 지배자-피지배자의 관계에서는 "극화된 권력관계"라는 성격이 강해지기 마련이다. 비대칭적인 권력-담론 관계로 인해 피지배층은 지배자 앞에서 '억압된 화법'에 의존할 수밖에 없지만, 거슬리는 말·행동 하나가 끔찍한 결과를 초래할 수도 있는 위험 속에서 피지배층은 오랜 기간 축적해온 지혜를 발휘한다. 피지배층은 지배층 헤게모니의 외양을 강화하는 데 '공모하는 듯한' 행동을 통해 작으나마 직접적인 이익을 챙기기도 하고, 숨어서 넌지시 지배층을 비판하기도 한다. 그들은 익명성 속에 숨고 악의 없는 듯한 행각 뒤에 숨어서 이데올로기적 불복종을 은폐한다. 그럼에도 은닉대본은 비록 위장된 형태일지라도 '공개적으로' 표현된다는 점에서 "위장된 형태의 공적 저항"이다. 그것은 피지배자들을 위한 '생존의 기술'이요 '피해 조절 전술'이자, '위선의 예술'이다.[8] 민중의 이런 집요한 일상적 저항은 지배를 비非자연화/탈脫자연화하려는 대항적 힘이고, 헤게모니적 가치, 지배이데올로기의 용어들, 헤게모니의 의례적 상징들을 전략적으로 그리고 전복적으로 이용하는 것이다. 그것은 지배자-피지 배자의 언어적·사회적 거리와 사회적·문화적 장벽을 창조적으로 역이 용하는 것이기도 하다.[9] 스콧의 다음과 같은 주장을 상기하는 것으로 충분할 것이다. "(공개대본과 은닉대본의 정치 영역은—인용자) 위장과 익명의 정치로서, 비록 공개적으로 드러나긴 하지만 이중적 의미를 갖거나 행위자의 정체성을 감추게끔 고안되어 있다."[10]

단턴도 18세기 프랑스의 민담들에 대한 분석, 그리고 1730년대 파리 생브랭가의 한 인쇄소에서 벌어진 '고양이 학살' 사건 분석을 통해 민중의 일상적인 저항 기술들을 효과적으로 재구성해 보인 바 있다. 18세기 프랑스 민중의 삶은 가난, 절망, 죽음으로 압축되는 것이었다. 민중은 어릴 적부터 삶은 잔인하다는 것, 세상은 모질고 험하다는 것을 체득한다. 그런 상황은 "움직이지 않는 역사"라고 할 정도로 수세기 동안 변함이 없었다.[11] 한마디로 "세계는 냉혹하고 마을은 야비하고 인류는 악당으로 가득 차 있다."[12] 이런 상황에 대처하고 적응하는 민중의 유일한 방어책은 재치이고, 유일한 무기는 교활함과 속임수이다. 나약하지만 교활한 "똑똑한 약자"인 민중은 힘은 있지만 우둔한 적들—지배자들—을 상대로 기지와 속이기, 술수, 상스러움, 모욕주기, 조롱, 체면을 잃게 만들기 등의 전략을 구사한다.[13] 특히 문자가 아닌 몸짓의 언어인 '민중극'은 부르주아에게 반격할 수단을 제공하는데, 민중은 상징과 의례를 능숙하게 연출하면서 모호성으로 장난질을 친다. 민중은 상징을 이용하여 주인(지배자)을 모욕하면서도 동시에 주인의 보복을 예방하거나 무력화한다. 이런 아슬아슬한 모험의 성격 때문에 그 반격은 더욱 짜릿한 쾌감을 동반한다. 물론 한바탕 웃음 이후에는 원래대로 돌아가지만 말이다.[14] 이것은 "의례적 저항"이자 "상징적 봉기"이며, "혁명적이지 않은 저항"이다.[15]

민중은 어떻게 합법적이고 지속적이며 어느 정도 공적인 성격을 띠는 저항의 수단이나 계기들을 만들어내는가? 이런 수단과 계기들은 어느 정도 각성된 저항의식이 미리 존재하기 때문에 가능한 것이지만, 역으로 이런 수단·계기들이 민중의 의식 각성을 더욱 촉진하는 효과를 내기도 한다. 이런 의식 각성의 과정은 민중에게 쾌감과 즐거움까지 제공하면서 진행되는 경우가 많기에,[16] 더더욱 효과적이라고 말할 수 있다. 민중에게 공유된 저항 기술들의 존재야말로 봉기의 시기는 물론이고 일상성 속에서도 저항의 지속성을 확보하고 민중의 비판의식 수준을 일정하게 유지하는 데 성공할 수 있었던 비결이었다.

스콧과 단턴이 소개하는 저항의 기술들은 한국 민중에게도 거의 그대로 적용될 수 있다. 세계 어디서나 민중의 일상적 저항 기술은 비슷한 데가 많다는 것이다. 기존 문헌들을 종합해보면, 한국의 민중 이론가들은 민중의 일상적 혹은 비일상적인 저항 기술로서 대략 다음과 같은 것들에 주목해온 것 같다: ① 즉자성과 대자성의 의도적인 조합, ② 해학·풍자·희극 형식의 활용, ③ 지배자의 권위 의식과 체면 의식, 고상한 인품(점잖음) 주장의 역이용, ④ 공익 혹은 공동이익이라는 명분을 내세우기, ⑤ 지배자의 자비심 내지 너그러움이라는 이데올로기적 주장의 실행을 요구하기, ⑥ 창조적이고 전복적인 모방, ⑦ 지배이데올로기가 표방한 가치와 현실의 괴리를 폭로하고 공격하는 것, ⑧ 지배이데올로기와의 협상 및 그것의 주체적 전유, ⑨ 저항 방식 및 형태의 유연한 선택, ⑩ 저항 강도의 탄력적 조절, ⑪ 저항주체를 숨기기, 혹은 익명성의 활용, ⑫ 모호성과 단편성의 활용, ⑬ 화자話者의 치환置換.

필자는 이를 크게 세 범주로, 곧 ①~③을 '즉자성의 전략적-대자적 이용'으로, ④~⑧을 '지배이데올로기의 역이용'으로, ⑨~⑬을 '갈등 조절 및 우회 기술'로 다시 묶을 수 있다고 본다. 당연한 말이지만 '갈등 조절·우회 기술' 중 '저항 방식 및 형태의 유연한 선택'과 '저항 강도의 탄력적 조절' 그리고 '저항주체를 숨기기 혹은 익명성의 활용'은 일상적 저항과 비일상적 저항 모두에 적용될 수 있다. '지배이데올로기의 역이용' 중에서도 '지배올로기의 가치와 현실의 괴리를 폭로·공격하는 것'과 '지배이데올로기와의 협상 및 그것의 주체적 전유' 역시 일상적·비일상적 저항 모두에 해당할 수 있다.

(1) 갈등 조절 및 우회의 기술

갈등 조절 및 우회 기술에 속하는 것 중 몇 가지를 보자. 먼저, 화자의 치환, 곧 화자를 산 이에서 죽은 이로 바꾸기는 비판받는 지배자의 보복을 예방한다. 김성례의 표현처럼 "산 자가 침묵해야 할 때 죽은 자의 말은 안전하다."[17]

다음으로, 의례나 공연에서 '연행 과정의 모호성', 거기서 비롯되는 '불완전성' 또는 '단편적 성격'도 지배자의 감시 권력을 무력화하는 효과적인 수단이다. 다시 김성례에 의하면, "민중기억은……연행 과정의 모호성, 비애와 웃음 사이를 넘나드는 자유로움 때문에 불완전하고 단편적으로 재생될 수밖에 없다. 바로 이 불완전성 또는 단편적 성격 때문에 민중기억은 감시의 눈을 피할 수 있는 고도의 전략을 가지고 있는 '전복의 예술 형식art form of subversion'이라고도 말할 수 있다."[18]

비판의 주체 혹은 저자著者를 익명성 속에 감추는 것도 불필요한 갈등이나 보복을 회피하는 저항 기술에 속한다. 무언가에 저항적 메시지를 심으려면 처벌·반격의 여지를 최소화하기 위해서라도 익명성이 절대적으로 필요하다. 민담이나 설화, 유언비어 등 구전에 의존하는 민중언어는 어느 것이나 '은폐된 저항주체'의 성격을 강하게 띤다. 익명성 속에 숨기 전략은 가면(탈)의 활용, 그리고 조선시대 민중미술을 대표하는 민화民畵에서도 뚜렷하게 감지된다. 민속학자이자 언론인인 예용해는 탈이라는 은폐 수단에 대해 이렇게 해석했다. "화가 난 말뚝이가 양반의 내정을 알아서 그 추행을 촌민 천여 명을 모아놓고 그 자리에서 폭로했다. 그때 제 얼굴로 하는 날이면 양반으로부터 경을 치니, 탈을 쓰게 되었다."[19] 이영철이 말하듯이 민화는 "익명성의 미술"이다.[20] 민화에 '민중미술'이라는 이름을 부여한 원동석은 민화와 정통화를 대조시키면서, 민화의 핵심적 특징으로 창작의 '집단성'과 '익명성'을 꼽았다. "민화는 정통화와 달리 묘사 그림이 아니며 공동체적 관념(상상이나 현실 욕망)을 도해적으로 전달하는 집단 그림이다. 이 집단적 성격이 작가의 익명을 요구하며 개성적 창의성을 배제한다."[21]

(2) 즉자성의 전략적-대자적 이용

다음으로, 즉자성의 전략적-대자적 이용 범주와 관련된 저항의 기술들에 대해 살펴보자. 여러 차례 반복했듯이 민중은 즉자성과 대자성의 유동적인 조합이며, 이처럼 '대자성과의 결합 속에서 해독된 즉자성'은 즉자성에 대한 새로운 이해를 가능케 한다. 민중 자신이 즉자성과 대자성의 결합인 만큼, 그들은 즉자성의 외양을 연출하고 연기하는 법 그리고 그것이 의미하는 바를 민중적 사회화 과정에서 이미 체득하고 있을 가능성이 높다. 그런 만큼 저항이나 비판의 목적에 맞게 즉자성과 대자성을 적절하게 조합하는 것은 비교적 쉬운 일이 된다.

민중이 "언뜻 보기에는 의식 없는 바보처럼 행동"하고 "속으로는 다 알고 있으면서 겉으로는 모르는 체"한다는 한완상의 관찰은 민중의 일상적 저항성과 저항 기술을 이해하는 데 중요한 실마리를 제공해준다. 앞서 말했듯이 민중은 지배자 앞에서 즉자성과 대자성을 고의적으로 전략적으로 조합할 수 있다. 민중의 표리부동이나 면종복배는 즉자성과 대자성을 '동시에' 표출하는 교묘한 저항 기술이거나, 즉자성의 외피를 씀으로써 지배자의 보복과 처벌 가능성을 미리 차단하는 생존의 지혜일 수 있다. 그것은 즉자성의 외양 안에 대자성을 '감춤과 동시에 드러내는' 행위이다.

민중의 '순진한 체하기'와 '무식한 체하기'는 종종 저항적 의도를 내포한다. 이것은 즉자적 외양과 대자적 내심을 결합함으로써, 순응과 저항을 교묘하게 혼합하고, 순응 속에 은밀하게 저항을 끼워 넣는 기술일 수 있다. 이것은 "교활한 공손함"이자,[22] 스콧이 "복종의 무대예술, 전술적 미소와 인사, 전술에 불과한 존경이나 동의, 속임수와 인상관리" 등으로 표현한 것들이다. 이에 대해서는 한완상만이 아니라 조동일을 비롯하여 탈춤 등 민중예술을 연구하는 많은 이들이 거듭 지적한 바 있다.

즉자성의 전략적-대자적 활용은 민중에게 생존의 길을 열어준다. 민중은 "싸우면서도 순진해 보임으로 살아남"는다.[23] 이상일은 민중이 어리석음과 살아남는 지혜를 터득한 교활함의 통일체라고 본다. 민중은 "정직한 그만큼 어리석고 어리석은가 하면 살아남는 지혜를 본능적으로 터득해 있기 때문에 민속극의 말뚝이나 취발이처럼 교활하기조차 하다."[24] 즉자성의 전략적-대자적 활용은 '생존'의 길뿐 아니라, 때로 '승리'의 길도 열어준다. 김지하와 서남동이 말하는 '패배(먹힘)를 통한 승리(먹음)의 역설', 겉으로는 패배하는 것 같지만 실제로는 승리하는 역설도 결국 즉자성의 전략적-대자적 활용과 관련된다. 서남동이 말하는, 지배자에게 먹힘으로써 민중이 승리한다는 것,[25] "양반에게 먹히우면서도 결국 먹어버리는 승리"[26]가 바로 그런 것이다. 아무리 먹어 치워도 마치 그 포식자 자신이 먹힘을 당하는 것 같은 기묘하고 역설적인 결말 말이다. 민중에 의한 즉자성의 전략적 활용 때문에 지배자는 속수무책으로 의문의 패배를 당하고 만다.

즉자성의 대자적 이용은 민중 언어세계(문법체계)와 지배자 언어세계(문법체계)의 구조적 차이와 거리를 드러내고 활용하는 일종의 '동문서답

놀이'로도 나타난다. 이것은 스콧이 말한, 지배자-피지배자의 언어적·사회적 거리와 사회적·문화적 장벽을 창조적으로 역이용하는 것에 정확히 해당한다. 말뚝이와 양반 사이의 '체계적인 오해'에 대한 조동일의 설명에서도 이 점이 잘 드러난다. 그에 의하면, 봉산탈춤은 "양반이 호령하고, 말뚝이가 변명하고, 양반이 변명을 잘못 알아들어 안심을 하고, 말뚝이와 함께 춤을 추며 즐거워하는 전개 방식이 거듭 사용되어, 양반이 자기의 지배를 더욱 공고하게 하려고 하기 때문에 패배하지 않을 수 없다는 것을 보여준다."[27] 민중 언어세계와 지배자 언어세계의 체계적인 괴리로 인해 지배자의 명령과 호통은 끝없이 미끄러지거나 빗나가고, 그 때문에 지배자는 불가피하게 똑같은 명령과 호통을 끝없이 반복할 수밖에 없는 운명에 처한다.

> 말뚝이에 대한 양반의 호령은 언제나 빗나간다. 양반은 계속해서 말뚝이를 꾸짖고 몰아치나, 주변의 상황에 대한 인식력이 부족한 바보이기 때문에 말뚝이에게 의식하지 못한 채 패배하고 만다.……이(양반의 호통—인용자)는 전혀 현실성이 없는 억지이고, 말뚝이나 취발이에 대한 열세를 만회할 수 없다.……양반은 신경 돋구어 살피고 피 올려 호령하면서도 결국 현실을 바로 인식하지 못하기 때문에 패배하고 만다.[28]

> 양반과 '말뚝이'의 갈등은 신분적 구속과 이로부터 해방되자는 요구의 싸움이라는 점에서도 의의를 가지나, 근본적으로 다른 두 가지 사고방식 또는 행동양식의 다툼이기도 하다. 양반은 무기력하고 비활동적이며 현실과 어긋나는 주관적인 환상에 매달린다.……양반은 권위에 대한 집착 때문에 도리어 패배하고, 의식하지 못하는 사이에 패배는 돌이킬 수 없는 지경에 이른다.[29]

양주별산대 제7과장 중 말뚝이와 도령의 재담과 춤(일제시대)

조동일은 봉산탈춤에 대한 분석을 통해, 지배층-피지배층의 상이한 전형화, 상이한 대본 간의 '축제적 갈등', "동상이몽의 균형"과 그것이 만들어내는 심오한 의미, 관중의 개입에 의한 균형 파괴와 그에 이은 지배자의 불가피한 패배, 갈등-화해의 중첩 혹은 갈등-화해의 순환을 읽어낸다. 이때 관중의 개입은 '시선 되돌려주기'보다 더 나아간 노골적인 개입이자, '상징적 봉기'에 가까운 개입, 즉 집단적 폭소와 박수, 말 걸기, 모욕주기, 조롱의 함박웃음 등을 포함한다.[30]

> 양반은 그렇게 공격하는 말을 대강 듣기는 했으므로 호령을 하지만, 제대로 알아듣지 못했으므로 말뚝이의 변명을 듣고 안심해서 '춤 대목'으로 들어간다. 등장인물들이 함께 즐거워하는 '춤 대목'에서 연극이 중단되는 것은 아니다. 대사를 주고받아서는 도저히 나타낼 수 없는 깊은 의미가 구현된다.
> 양반과 말뚝이는 서로 싸울 필요가 없음을 알고 화해를 하는 춤을 추자는 데 합의해 함께 춤추며 즐거워하는데, 그 이유는 서로 다르다. 양반은 말뚝이를 호령해서 제압했으므로 만족해하고 평화를 구가하지만, 말뚝이는 양반에 항거해 승리를 거두었으므로 즐거워하는 것이다. 그런 동상이몽의 균형을 관객이 개입해서 깨버린다. 관중은 양반의 착각을 보면서 재미있어 하고, 말뚝이와 함께 승리를 구가한다. 양반은 그런 사태를 이해하지 못해 패망하지 않을 수 없게 된다.……탈놀이가 끝난 다음에도 시작하기 전과 마찬가지로 관중 모두가 나서서 함께 춤을 추는 난장판 군무를 벌이면서 탈놀이에서 이룩한 승리를 구가한다. 그러나 상하나 우열을 뒤집어 패배자를 조롱하고 박해하자는 것이 아니다. 그런 구별이 원래 있을 수 없어 대등하고 평등하다는 것을 함께 춤을 추면서 재확인한다. 그래서 싸움이 화해이고, 극복이 생성임을 입증한다.[31]

푸코가 제시한 '시선의 권력'은 일방적이라기보다는 상호적일 수 있다. 시선의 상호성, 시선의 교차와 엇갈림을 고려할 때, '권력의 응시'는 언제든 민중의 응시 내지 시선 되돌리기에 직면할 수 있다. 이 경우 (앞서 말했듯이) 민중에 의한 '시선 되돌려주기'는 지배자를 당황하게 만들거나 허둥대게 하거나, 혹은 쩔쩔매도록 만들 수 있다. 탈춤판의 양반을 바라보는 민중의 시선이 그러하듯 말이다. 말뚝이나 취발이와도 닮은 구석이 있는 인간형인 '건달'에게서 그런 것처럼, 민중의 시선 되돌리기는 보다 노골적이고 도전적인 양상으로 나타날 수도 있다. 건달은 "지배자를 증오하는 가운데……복종하는 척하면서 언제라도 반란에 뛰어들 태세"를 갖는 인물인데, 이런 유형의 민중이 나서는 경우 "권력에 대한 경멸과 반항의식으로부터 나오는 '비열'하고 '음흉'하고 '저열'한 태도"나, "현실의 모든 어둠을 꿰뚫고 이를 조롱하는 아니러니의 의식"이 보다 직접적으로 표출될 수도 있다는 것이다.[32]

민중은 '차별의 틈새'를 교묘하게 파고들 수도 있다. 이것은 차별구조 (지배구조)에 정면으로 도전하지 않으면서도, 차별구조를 사실상 그대로 둔 채로도, (약간은 더 너그럽고 관용적인 것으로 추정된) 다른 지배자와의 '비교'를 통해 면전面前의 지배자를 비판하는 것 같은 경우를 가리킨다. 탐욕스럽고 인정머리 없는 자기 지주를 흉보는 소작인이나, 유난히 가부장적인 자기 남편을 흉보는 부인들처럼 말이다.

즉자성을 전략적-대자적으로 이용하는 저항 기술의 백미는 단연 풍자와 해학이라 하겠다. 사회학자 피터 버거에 의존하여, 김성기·한완상은 풍자가 "지배층의 권력이 절대적인 것이 아님"을 드러낸다면 해학은 기성 질서의 "극복 가능한 잠정성(일시성)"을 드러낸다고 보았다.[33] 채희완·임진택은 풍자와 해학이 "그 밑에 침묵과 한의 비장함이 튼튼한 배경을 이루고" 있는, "'웃음과 눈물의 미적 유화'의 민중적인 표현"이라고 주장했다.[34] 김흥규 역시 판소리에서 해학 측면만이 아니라 비장 측면도 발견할 수 있으며, 심지어 하나의 경험이 골계와 비장을 동시에 표현할 수도 있다고 보았다, "골계와 비장은 표면의 현격한 차이에도 불구하고 그 기저에 있어서 항상 대조적인 경험을 별도로 가지는 것만은 아니며, 때로는 동일한 경험이 골계와 비장의 양면으로 다 표현되는 경우도 있다"는 것이다.[35] 채희완·임진택에 따르면, 탈춤은 풍자적 수법에 의한 '지배자들의 희화화'를 감행하여, 적으로 상정된 지배자들을 "만만한 적"으로 제시한다. 희극 형식에 의해 가능해진 '적의 약체화'는 민중 사이에서 싸워볼 만하다는 의욕을 진작한다는 것이다. "탈춤에서 민중의 적으로 대두되는 양반 세도가들을 보면 행색이 초라하고 다분히 우스꽝스럽게 희화화되어 있다. 곧 만만한 적으로 등장해 있는 것이고, 만만한 만큼 한번 맞붙어볼 만한 의욕이 생겨난다. 공동의 적을 민중선상에서 회돌이쳐 가볍게 물리칠 수 있게 만드는 것, 바로 이것이 마당판에 있어서 서민성·민중성인 것이다."[36]

민중예술은 대개 희극적 장치와 형식을 적극적으로 활용한다. 조동일이 말하듯이 "조선 후기……평민문학의 핵심적인 미적 범주는 골계滑稽"였고, 김흥규가 설명하듯이 "탈춤·꼭둑각시놀음·사설시조 등의 예를 보더라도 골계의 정신은 조선 후기 평민예술의 공통된 특질로서, 이로써 표현된 미의식은 사대부층의 일반적 사고방식이나 지향과는 상이"한 것이었다.[37] 조동일은 아예 가면극이 "희극적인 재판"의 성격을 띠는 "일종의 연극적 재판"이라고 말하기조차 한다. "가면극은 재판이라는 인상은 주지 않고 다만 유쾌한 놀이에 지나지 않는 것 같으면서도 사실은 준엄한 재판이며 재판의 내용이 가면극의 심각한 주제를 이루고 있는 것이다."[38] 민중예술뿐 아니라 민중종교도 희극적 장치를 곧잘 활용한다. 김성례가 말하듯이 무당은 종종 "전략적인 웃음"을 연기한다.[39]

희극적 장치·형식은 지배자의 보복을 회피하면서도, 민중의 공감을 쉽게 유도하면서 비판적 메시지를 효과적으로 전달한다. 풍자는 민중의 문화적 무기이자 저항정신이 약동하는 장이다. 민중예술은 놀이와 해학의 결합이고, 비극적 내용과 희극적 형식의 결합이고, 연희와 갈등의 결합이다. 탈춤은 놀이와 해학의 결합, 곧 "민중의 해학적 놀이"이다.[40] '웃는 낮에 침 뱉으랴'는 말처럼 희극이라는 형식은 "말썽이 적고 효과적"이다. 조동일에 의하면, "양반과의 갈등은 희극적으로 표현될 수밖에 없다. 한 계급 내의 어느 인물이 겪는 삶의 고민을 그것대로 다루는 방식은 비극이기 마련이나, 대립적인 계급의 전형典型들 사이의 문제는 희극의 바탕이 되는 것이 상례이다. 농민이 양반에 대한 불만을 토로한다 해도 정면적인 도전보다는 웃음 속에 가리어진 반발을 택하는 편이 말썽이 적고 효과적이다."[41] 채희완·임진택의 표현에 따르자면, 마당굿판은 고통스러운 현실과 비극적인 내용의 '희극적 해체'를 지향한다.[42]

탈춤에서는 '그로테스크한 춤추는 신체'와 외설성조차 기존질서와 지배자들을 풍자하고 희화화하는 훌륭한 문화적 무기로 기능한다. 주송현과 김운미가 말하듯이, 탈춤은 "그로테스크한 신체에 의해 구현되는 생명 및 전도된 세계"이며, "탈춤에서 주로 사용되는 춤추는 신체를 통한 외설스러운 이미지는 이상적이고 숭고한 문화로 전도된 문화를 비하하고 조롱하기 위한 주요한 소통 기제가 된다. 연희자가 표현하는 그로테스크한 춤추는 신체를 통해 기존 세계는 풍자되고 희화화된다."[43]

조동일은 식민지 시대의 민요에 담긴 민중의 "풍자적 비판의식"을 다음과 같이 설명한다.

> 허균은 '원민'(怨民: 불의한 세상과 지배자를 원망하는 백성—인용자) 다음에는 '호민'(豪民: 기존 지배체제에 정면으로 도전하는 백성—인용자)이 있어서 나라를 뒤집는 변란을 일으킬 틈을 노린다고 했는데, 반드시 그렇게 볼 것만은 아니다. 원망을 하고 있는 데 머무르지 않고, 그렇다고 해서 당장 무슨 행동을 꾀하지도 않으면서, 잘못된 세상을 풍자적인 비판의식으

로 드러내려는 경향 또한 널리 확인된다. 민중의식 성장의 자취는 오히려 이런 방향에서 그 모습을 뚜렷하게 드러냈다. 풍자적인 비판은 겉으로 보아서는 아무렇지도 않은 듯이 꾸밀 수 있기 때문에 오히려 큰 충격을 줄 수 있는데, 살다 보니 이런 지혜를 터득하게 되었지, 무슨 이론을 앞세워서 그런 수법을 개척했던 것은 아니다.……"말깨나 하는 놈 재판소 가고 / 일깨나 하는 놈 공동산 간다 / 아깨나 낳을 년 갈보질 하고 / 목도깨나 메는 놈 부역을 간다" 이것은 일제 강점기에 나온 민요이다. 잘못된 사회를 비판하는 데 이보다 더 절실한 사연은 찾아보기 어려울 것이다. 말을 하고, 일을 하고, 아이를 낳는, 사람이 살아가는 가장 기본적인 행위마저 모두 비뚤어진 상황이야말로 더없이 불행하다 하지 않을 수 없다. 재판소, 공동묘지, 갈보질, 부역이라는 말로 펼쳐 보이는 억압과 비정상의 모습은 누를 수 없는 분노를 자아내지만, 노래 사설은 얄미울 정도로 예사롭게 이어지기만 한다. 풍자적 비판의 의식을 오랫동안 다듬어 온 전통이 있기 때문에 이런 노래를 부를 수 있었던 것이다.[44]

김영범에 의하면 판소리판에서도 "풍자적 논술 방식", 즉 풍자나 야유 등을 통한 갈등과 대결이 펼쳐진다.[45] 말하자면 연희演戲 자체가 '풍자적 갈등'의 전개였던 셈이다. 민요를 포함한 구비문학 전반에서 현실의 수탈과 괴로움에 대한 분노가 풍자로써 표현되고 있으며, 그 풍자는 고통의 가해자에 대한 '기습적인 반격'에 다름 아니라는 것이 조동일의 주장이었다.

민중 생활은 괴롭고, 민요는 괴로움의 노래다. 땀 흘려 일한 결과가 자기의 것이 아니고 타인의 것이기 때문이다. 그러기에 노동은 즐거운 것이면서도 괴로운 것이고, 괴로움은 농민에 대한 지배층의 수탈이 심해질수록 민요에서 더욱 절실하게 표현되었다.……이러한 괴로움은 그냥 참고 견딜 수 있는 것이 아니다. 자기의 고난을 호소하는 데 그치지 않고, 지배층에 대한 분노를 나타내며 분노는 흔히 풍자로 표현된다. 풍자는 구비문학 전체에서 두루 발견되는 것이다. 풍자는 현실의 고난을 극복하고 적대자를 용납하지 않으려는 대결의 정신에서 나온 것이며, 직접적인 대결이 억압되어 있을 때 택하는 기습의 방식이다.[46]

(3) 지배이데올로기의 역이용

마지막으로, 지배이데올로기의 역이용 혹은 지배이데올로기의 틈새 파고들기에 해당하는 저항 기술들을 간략히 검토해 보자. 황병주의 용어를 사용하자면, 이런 기술들은 "지배자의 언어로 지배질서를 공격하는 '되받아쓰기writing back' 전략"에 해당할 것이다.[47] "지배자들의 장치를 역이용하는 것"이라는 교육학자 김인회의 표현도 비슷한 것을 가리킨다. "민중의 교활성" 혹은 "현실을 이겨나가는 교활한 삶의 지혜"라고 표현할 수 있을 정도로, "아무리 법과 제도를 정교하게 만들어도 민중은 그것이 만들어진 목적에 순응하기보다는 그것을 나에게 유리하게 이용하는 데에서 한발 앞서간다"는 것이다.[48]

민속학자인 이상일은 『춘향전』이야말로 아이러니와 패러독스를 십분 활용한, 민중의 "창조적 교활성"이 한껏 발휘된 걸작이라고 보았다. 여기서 지배자들은 민중이 집단지성으로 교묘히 만들어낸 '아이러니와 패러독스의 덫'에 걸려들고, 그럼으로써 '민중적 선善의 완성과 민중적 정의의 승리를 위한 도구로 기능하는 불운한 악역'이 된다. '정절貞節'은 당대 지배이데올로기가 숭배해 마지않는 고귀한 가치이다. 그런데 이를 파괴하려는 세력은 역설적으로 지배자이고, 그에 맞서 정절 가치를 수호하려는 세력은 역설적으로 민중이다. 이를 통해 지배자들의 자기모순과 위선이 적나라하게 폭로된다. 길지만 인용할 가치가 충분하다고 생각한다.

괴에테의 『파우스트』가 의도적으로 선을 완성시키는 도구로서의 악역을 만들어낸 데 비하여 우리의 『춘향전』은 잠재적인 민중의 아이러니와 파라독스로서 악역을 대립시킨다. 우리는 그런 역할의 인물 설정을 단순히 민중의식이라 하고, 또는 말이 쉬워서 저항정신이라고들 하는 것이다. 그 말에는 두 가지 뜻이 있다. 여성을 포악하게 짓밟으려는 남성의 횡포와, 약한 민중을 억압하는 관官의 대변자에 맞선 민民의 대표자가 벌이는 싸움—그것은 약자와 강자의 대결이라는 뜻에서 약한 자의 저항이 민중의 처절한 상황으로 상징될 수 있다.

그러나 문제는 그런 표면적인 것이 아니라 훨씬 심층적으로 짜여진 민중의식의 교묘하고 파라독시컬한 함정의 설정에 있는 것이다. 그것이 선善의 완성을 위한 악역의 운명인 것이다. 변학도는 표면적으로 춘향이를 하옥시키고 권세를 부림으로써 암행어사 이 도령이 나타나기 전에 악역의 절정에 선다.……이 도령에 의해 봉고파직封庫罷職을 당하기 훨씬 전에 이 불운의 악역은 이미 완전히 지고 있었고 『춘향전』의 원형을 이어받고 이어주던 민중의 지혜에 걸려 이 포악한 관리는 함정에 이미 떨어져 있었던 것이다. 그것을 일러 우리는 잠재적 민중의식이라고 한다.

잠재적 의식과 현재적顯在的 의식이 서로 교묘히 올과 결로 짜여 있는 『춘향전』은 그런 뜻에서 우리의 고전적 걸작이고 그것을 증명하는 구조적 기능으로서 변학도가 존재한다. 그는 현재적으로 민중의 저항정신을 유발하는 도구로 활용되어 있고 그로써 대변되는 민과 관의 대결은 민중적 정의의 승리로 귀결됨으로써 그는 민중에게 패배하며, 동시에 그를 결정적으로 몰락케 한 것이 같은 권력임으로 해서 그의 패배는 이중적으로 철저해진다. 이러한 이중적인 패배가 드러난 그대로 민중의식의 발로라고 한다면, 앞서 말한 것처럼 드러나지 않은 잠재적 민중의식은 『춘향전』의 플롯 속에 완전히 짜여져 들어가 역설적으로 춘향이라는 여인의 정절을 시련에 처하게 함으로써 그 정절을 돋보이게 하는 도구화된 악역의 변 사또로 둔갑하는 것이다.

정절이라는 선을 꺾으려 들면서 그에 퍼부어지는 권세의 악덕이 더욱 처절하게 그 마각馬脚을 드러내게 만드는 이러한 지혜로운 수법은 거대한, 그러면서 부당한 힘에 눌려 살면서도 자기를 연명시키지 않을 수 없었던 민중의 자기 보호의 방법이었다. 그런 뜻에서 가난하고 무지하고 힘없는 민중이 그 끈질긴 생명력을 지탱시켜 나온 것은 바로 그 창조적 교활성인 것이다. 약게 굴지 않으면 죽는다. 바보스럽게 내휘둘렀다가는 맞는다. 그러므로 그들은 음흉하고 교활하게 그들의 지혜를 동원한다.(인용자가 단락을 일부 조정했음)[49]

지배이데올로기의 역이용 범주에 해당하는 민중의 저항 기술들을 좀 더 자세히 살펴보자. 우선, 민중은 마을굿이 마을 전체의 공익公益에 기여할 뿐 아니라 지주에게도 이익(풍작)이 된다는 명분을 내세움으로써 그 저항성을 위장하고 은폐한다. 조동일은 '풍농굿'의 사례를 들어 이렇게 설명한다. "양반으로서는 이런 행사를 금지하고 싶다. 금지하고 싶으면서도 불가피해서 묵인한다. 묵인할 수밖에 없는 이유는 풍농굿이 농사를 잘되게 하는 행사인 때문이기도 하지만 농민을 억누르는 데도 한계가 있기 때문이다."[50] 이미 언급했듯이 지배 권력 스스로가 일정한 한계 안에서 저항과 비판을 허용하는데, 풍농굿 역시 이런 '용인된 저항', 혹은 낮은 수준에서나마 '합법화·제도화된 저항'의 성격을 띠고 있는 셈이다. 그러나 앞서 인용한 황병주의 말처럼 "저항은 언제나 초과된 저항 또는 잉여의 저항으로 나타났다." '자비롭고 관용적인 지배자'라는 이미지를 강조하는, 지배자들의 공식대본 내지 자기주장을 아래로부터의 비판에 대한 인내심을 요구하고 보복을 방지하는 수단으로 역이용하는 행위도 넓은 의미에서 지배이데올로기의 역이용 범주에 포함시킬 수 있을 것이다.

모방은 지배자들을 선망하고 추수追隨하는 행위일 수도 있지만, 저항 기술의 하나일 수도 있다. 이를 '모방 전략' 혹은 '모방적 전유 전략'으로 부를 수 있을 것이다. 모방 전략은 지배담론의 단순한 반복이 아닌, 그것을 비틀어 새로운 의미를 생산하는 '창조적이고 전복적인 모방'일 수 있다. "서발턴은 지배적 앎을 단순 반복하는 것이 아니라 비틀고 변형시켜 전혀 엉뚱한 의미 효과로 연결하곤 했다"는 황병주의 말 그대로인 것이다.[51] "낡은 신화를 재연하고 전위한다"는 랑시에르의 표현처럼,[52] 현명한 일부 민중은 진보적 지식인들의 고상한 주장("낡은 신화")을 모방("재연")하면서 그와 동시에 그것을 전복("전위")하여 내용을 변화시키고 다른 의미를 생산한다. "전략으로서의 흉내"라는 표현에서 단적으로 드러나듯이,[53] 모방 혹은 흉내 내기는 종종 '조롱하는 모방'의 성격을 띤다. 봉산탈춤의 경우 "말뚝이가 관중에게 양반 험담을 하는 말은 양반이 즐겨 쓰는 언사를 모방해 공격 효과를 높인다."[54] 과장된 흉내 내기는 대개 지배자를 야유하고 그들의 모순을 폭로하기 위한 것이다.

> 이러한 차림과 거동은 양반의 위엄을 나타내기 위한 것인 동시에 양반의 모순을 폭로하는 것이기도 하다. 양반의 위엄을 나타내기 위해서 실제 양반을 그대로 흉내 내고, 실제 양반의 어느 측면을 과장해 보이거나 양반 생활의 외면에서는 드러나지 않는 행위를 연극적으로 꾸며 냄으로써 양반의 모순을 폭로한다.[55]

> 양반 삼 형제는 자기들의 지위에 대해 신경을 집중하고 있으면서도 양반이라는 단어의 의미 변화로 인한 희극적 격하格下를 의식하지 못한

다.……소리도 한자漢字로써 사고를 하는 양반의 어법을 모방한 것이
다. 처음의 모방은 정상적인 듯이 보였으나, 두 번째의 모방은 형식과
내용의 극단적인 불일치로 양반의 위엄을 파괴하는 데 결정적인 구실
을 했다.[56]

위의 두 번째 인용문은 '패러디로서의 모방'으로 이어진다. "말뚝이
의 시는 운자韻字를 맞추고 대구對句를 이루는 점에서 양반의 시를 흉내
내고 있으나 내용은 전혀 다르다. 양반의 시처럼 아무 의미도 없는 것이
아니고 욕설이다. 양반의 풍월에 대한 욕설이며 양반에 대한 욕설이다.
이 욕설이 희극적 모방 즉 '패러디parody'로 되어 있기에 더욱 효과적인
풍자이다. 이리하여 시나 짓고 즐기는, 양반 생활의 다른 한 측면마저 비
판의 도마 위에 올려놓는다."[57]

물론 '조롱으로서의 모방'은 '욕망으로서의 모방'과 구분된다. 그럼
에도 불구하고 민중은 모방(욕망)과 풍자를 결합한 '풍자적 모방'도 자주
구사한다. 우리는 풍자의 형태로 욕망을 표출하는 행위에 담긴 저항성
을 놓치지 말아야 한다. 부자·권력자에 대한 욕망과 풍자는 통상 함께
간다. 서로 대립하는 게 아니다. '풍자와 공존하는 욕망'은 이미 비판의
식이 굴종과 순응의 감성을 넘어선 경지에 이르렀음을 의미할 뿐 아니
라, 그 욕망은 (단순한 선망이나 탐욕, 허망한 백일몽을 넘어) '그렇게 좋은 부와 권
력을 공평하게 나누자' 혹은 '더 이상 부당하게 뺏어갈 생각만 하지 말고
정당한 내 몫을 공정하게 보장하라'는 요구로 이행하고 있다. 이런 민중
의 욕망을 조동일을 비롯한 민중예술 연구자들은 오히려 바람직하고 솔
직하고 건강한 감정 표출로 보고 있다.[58]

심지어 조동일은 '모방의 상호성'을 넌지시 암시한다. 모방은 피지배
층과 지배층 모두에게서 발생할 수도 있다는 것인데, 그러나 민중적 신
명에 대한 양반의 어설픈 모방은 민중 측으로부터 멸시의 시선과 웃음을

자초한다는 점에서 '실패한 모방'으로 끝나기 십상이라고 한다.[59] "(양반으로 하여금—인용자) 어색하게 흉내 내며 끼어들려고 하다가 실수를 하도록 하는 것이 탈춤의 지속적인 설정"이라는 것이다.[60] 조선 후기 지리산권 양반 지배층이 설화·전설 같은 민중문화 요소들을 차용하여 '명망 가문'의 위상을 유지하고 과시하려 했던 사례에 대한 송화섭의 연구가 보여주듯이, 양반문화가 민중문화의 영향을 받거나 민중문화에 대한 '모방적 차용'을 시도하는 일도 더러 벌어진다.[61]

지배이데올로기의 틈새를 파고들어 역이용한다 함은 앞서 소개한 스콧의 표현대로 "헤게모니적 가치, 지배이데올로기의 용어들, 헤게모니의 의례적 상징들을 전략적으로 그리고 전복적으로 이용하는 것"이다. 그런데 이런 부류의 저항 기술은 서로 연관된 두 범주를 포괄한다. 그 하나는 지배이데올로기가 내세운 가치·이상·약속과 현실의 괴리를 폭로·공격하고, 나아가 약속을 당장 실현하라고 요구하는 것이다. 다른 하나는 지배이데올로기 및 지배담론과의 협상 그리고 지배이데올로기의 주체적·민중적 전유이다. 민중적 전유를 채희완의 말로 표현하면 "민중적 접수"가 되리라.[62]

조동일이 말하듯이, "가면극에서의 양반 비판 또는 양반 풍자는 명분과 행동의 모순을 폭로하는 것을 핵심적인 내용으로 삼"으며, 더 나아가 '민중=정상', '양반=비정상'이라는 도식으로 기존 통념과 가치체계를 전복시킨다.[63] 조동일은 탈춤에서 양반과 지배이데올로기에 대한 비판이 "양반이 무엇보다도 존중하는 유교윤리儒教倫理의 근저마저 부정하는 데까지" 나아갈 뿐 아니라, 양반의 이중성과 허위의식을 "민중적인 가치관"인 "민중적인 현실주의"와 선명하게 대비시킨다고 해석했다.[64] 조동일의 다음 인용문이 잘 보여주듯이, 민중은 판소리를 통해서도 지배층 성원들의 언행 불일치를 통렬히 폭로하고 조롱했다.

광대가 양반 좌상객의 비위를 맞추면서도 은근히 풍자를 하는 것은 특히 판소리에서 흔히 볼 수 있었던 바인데,……상대방이 농민이나 상인 또는 같은 처지의 천민이라면 광대는 지위 높고 도덕을 자랑하는 인물을 등장시켜 거침없는 풍자를 하기 일쑤이다. 〈춘향가〉에서 변학도를 규탄한 것도 그런 사례로서 널리 알려져 있지만, 〈배비장타령〉을 한다면서 배비장裴神將이 여색을 멀리하고 행실을 바르게 가진다는 것을 어이없이 만들어 마음껏 농락한 대목은 더욱 흥미롭다. 그런가 하면, 광대 부류 중에서도 특히 천한 신분인 사당패가 꼭두각시놀음을 하는 데서 평안감사가 상주 노릇을 우스꽝스럽게 한다고 한 것이야 한 수 더 뜬다 하겠다.[65]

가치와 현실의 괴리를 폭로하는 것, 지배이데올로기의 주체적 전유라는 두 저항 기술의 공통된 전제는 지배이데올로기에 대한 새로운 이해라고 할 수 있다. 그 핵심은 지배이데올로기 '내부'에도 민중의 몫이 있다는 발상이다. 지배이데올로기는 '민중의 성취'이기도 하다는 것이다. 민중은 지배이데올로기의 내부와 외부에 모두 존재한다. 김진균의 주장처럼, 지배층이 주도하는 모든 수동혁명은 지배층의 '전술'임과 동시에, 피지배층의 '성취이자 전과戰果'라는 이중성을 지닌다.[66] 이와 유사하게 백광열은 조선 후기 민중세력의 성장에 따라 (양반 지배체제 자체는 유지됨에도 불구하고) '지배체제의 공공성' 자체가 유의미하게 변화되어갔음을 강력히 시사한 바 있다.[67] 민중의 공식대본에도 지배이데올로기와 협상하거나 투쟁한 흔적이 뚜렷이 남게 된다. 김열규는 피지배층의 공식대본 중 하나인 탈춤 대본을 "저장된 상황"이라고 명명했는데,[68] 그 대본 안에는 지배층과의 갈등적 상호작용으로 점철된 민중적 현실과 사건·투쟁들이 녹아들어 있고, 과거의 민중적 기억과 역사가 응축된 형태로 저장되어 있다는 것이다.

우리는 지배이데올로기에 대한 새로운 접근의 요체를, (지배)이데올로기가 단순한 "환상의 장소"가 아닌 "갈등과 투쟁의 장소"이며 "이데올로기 안에 각인된 갈등"에 주목해야 한다는 알튀세르의 통찰, ('지배이데올로기는 지배자들의 것'이라는 명제를 반박하는) '지배이데올로기는 피지배자들의 것이기도 하다'는 발리바르의 선언에서 찾을 수 있다. 발리바르에 따르면, "지배이데올로기가 지배적이기 위해서는 피지배자들로부터 어떤 광범위한 인정을 받아야만 하기 때문에, 근본적으로 그 안에는 피지배자들의 승리와 패배, 승인과 거부의 기억들이 들어 있을 수밖에 없다." 따라서 "어떤 약속의 형식" 속에서 "지배이데올로기는 부르주아에게 복종하라고 말하지 않고, 모두의 행복과 자유와 평등과 복지 등을 외치는 것"이다.[69] "이데올로기에서 피지배자들에 의한 승인을 발견하고 그 승인에 함축된 이상을 비지배적 입지에서 실현하고자 할 때 이데올로기의 붕괴가 일어난다"는 것이 발리바르의 지론이었다.[70] 근대의 도래로 인한 긴장, 현재 경험공간과 미래 기대지평 사이의 긴장 자체가 근대 고유의 특성이라는 코젤렉의 통찰도 여기서 상기할 수 있을 것이다. 근대의 도래와 함께 이전 시대에는 볼 수 없었던 '독특한' 지배이데올기가 등장한 것, 특히 자유·평등·인권·인간존엄성 등의 이념이 지배이데올기의 전면에 배치됨에 따라 개념적 긴장이 극대화되고 피지배층이 지배이데올로기를 투쟁의 무기로 활용할 가능성도 덩달아 높아진 것이다.

지배층은 어떤 이데올로기적 기표를 내세우며, 그 기표의 내용을 어떻게 의미화하는가? 이데올로기를 '허위의식'과 동일시하는 한완상은 '허위의식=이데올로기'의 특징을 세 가지로 제시했다. 첫째, 자유·평등과 같은 화려하고 아름다운 수사("허위의식의 첫 번째 특징은 그것이 아름다운 낱말로 포장되어 있는 것이다.……밖으로 내보이는 것은 속의 추한 욕망과는 아주 다르게 아름답고 찬란한 언어로 꾸며져 있다. 이럴 때 주로 자주 들먹여지는 낱말은 발전, 개발, 자유, 평등, 민족, 인류애, 조국, 민족주체성, 민주주의, 근대화, 정의 등과 같은 아름다운 것들이다"),

둘째, '모두'를 위한 것이라는 주장("허위의식이 입고 있는 낱말들은 대체로 모든 사람 모든 시민을 위한 것처럼 꾸며져 있다. 전 인류의 평화와 전 국민의 안녕을 위한 것처럼 꾸며져 있다.……이들은 속으로 그들 집단만의 이익에 집착할수록 겉으로는 더욱 모든 사람, 모든 국민, 모든 민족의 복지와 평화를 위한다고 소리 높이 외친다"), 셋째, 현재가 아닌 과거나 미래를 강조하는 것, 즉 고통스럽고 어려운 현실에서 눈을 돌려 은폐하거나 과거를 신화화하고 "멋진 신세계"의 유토피아적 환상을 제시한다는 것이다.[71] 허위의식의 생산·주입에 기여하는 '지식기사'와 달리, '지성인' 혹은 '지식인'은 "허위의식이 입고 있는 화려한 수사修辞의 옷과 그 속의 추한 내용 간의 차이를 날카롭게 지적하고 그 위선의 제거를 촉구한다."[72] 발리바르의 표현법을 한완상의 주장에 대입해보자면, 민중이 정의·평등 같은 화려한 수사를 당장 실현하라고, 모두를 위한 평등주의를 당장 시작하라고, 미래가 아닌 지금 당장 실현하라고 요구하는 순간 지배이데올로기는 붕괴하기 시작할 것이다. 다음과 같은 정창렬의 주장도 유사한 통찰을 담고 있다.

> 1894년의 농민전쟁은 홍경래난과 임술민란의 역사적 유산을 계승·종합하면서 한 걸음 더 진전시킨 사회운동이었다고 할 수 있다. 농민 대중은 지배층의 강제에 의하여 규범화된 지배이데올로기(민본이데올로기)를, 그 이데올로기에 사회경제적 실체를 담으려고 하는 스스로의 투쟁을 통하여 내재적으로 극복함으로써, 그 민본이데올로기를 근대적인 성격의 것으로 성장시켜가고 있었으며, 동시에 스스로를 민중으로서 정립하여 가고 있었다.[73]

조선시대 후기 혹은 말기에 민중이 주체적으로 전유한 유교이데올로기를 저항의 무기로 삼았음을 밝히는 연구들이 1990년대 말부터 속속 등장했다. 특히 역사학계에서 '민중사' 연구의 부활이 본격화된 2008~2009

년을 전후하여,[74] 관련 연구들이 쏟아져나오다시피 했다.

우선, 일본에서 활동해온 조경달은 조선시대의 민중이 정치주체로의 지위 상승을 적극적으로 주장하고 나섰을 뿐만 아니라, '유교적 민본주의'라는 지배이데올로기를 둘러싸고 중앙지배층 및 재지사족在地士族과 일종의 '전유 경쟁'을 벌였다고 주장했다. "왕조시대의 민중운동은 유교적 민본주의를 사이에 두고, 위정자와 민중, 혹은 양자 사이에서 동요하고 있던 재지사족 등이 서로 다툼을 벌인 것이라고 이해할 수 있다. 유교적 민본주의는 조선왕조사회에서 아무도 부정할 수 없는 절대적 정치사상이었으며, 누구나 공유하는 정치문화적 규범이었다"는 것이다.[75] 이를 통해 "불손하게도 민중은 서서히 양반적인 규범과 생활이념까지도 공유하고자 했다."[76] 조경달에 의하면, "유교국가인 조선에서는 본래 사士만이 정치의 실천주체였기 때문에 민중은 사士 의식을 갖지 않고서는 쉽사리 정치적 행위를 할 수 없었"으며, "사士 의식을 갖고 유토피아를 자신의 힘으로 열어나가고자 하는 심성이야말로, 해당 시기 민중운동을 격렬하게 만들어갔던 가장 중요한 요인"이었다.[77]

동학농민전쟁 당시 농민군 지도부에 의해 유교이데올로기가 독창적으로 전유되었음을 밝히는 연구들도 여럿 발표되었다. 일례로 배항섭은 다음과 같이 주장했다.

> 농민전쟁 당시 민중은 왕토사상이나 왕민사상 등 유교적 이념에 근거한 사상들을 제시하며 자신들의 행위를 정당화했다. 또 농민군들은 유교이념에 근거한 통치, 지배이념인 민본과 인정을 지배층의 책무, '백성'들이 당연히 누려야 할 '은택'이라는 쪽으로 바꾸어 이해함으로써 그들의 요구와 주장을 정당화하고 있었다.……요구조건이나 통문, 격문에 동학과 관련된 내용이 나타나지 않고 오히려 유교적 언어로 점철된 특이한 현상은 지도부나 농민군 대중이 동학을 유교에 대한 재해석 내

지 새로운 해석으로 받아들였다는 점과 관련이 있을 것으로 보인다.[78]

교조신원운동 시기부터 제2차 농민전쟁 시기에 이르기까지 동학교도나 농민군들이 내세운 핵심 목표는 계속 바뀌어갔고, 자신들의 정체성에 대해 규정하는 내용도 변해갔다. 그러나 동학의 우수성을 강조하던 교조신원운동 시기에조차도 유교적 가치를 부정한 적은 없다. 척왜양운동 시기에는 화이론적 세계관과 충효사상이, 농민전쟁 시기에는 민본과 인정 등 유교 이념이 자신들의 행동에 정당성을 부여하는 핵심 사상이 되었다.[79]

배항섭은 동학농민전쟁에 대한 최근의 연구 추세가 "농민군이 자신들의 행동을 정당화하는 기반으로 유교이념을 전유하였다는 맥락에서 전개되고 있다"면서, 관련 연구 몇 가지를 직접 소개하기도 했다. "농민군이 민유방본이나 왕토·왕신 사상 등 유교적 이데올로기에 기반하여 자신들의 행동을 정당화하였고, 18세기 후반부터 교육 경험이 확대되고 신분이 상승함에 따라 유교적 가치관과 규범이 민중에게도 확산되면서 그것을 내면화해나간 민중들이 유교이데올로기, 특히 민본과 인정 이념에 입각하여 지배층의 정사政事를 비판하고 스스로의 힘으로 인정仁政을 회복하려 한 것이 동학농민전쟁이었던 것으로 이해"하는 견해(배항섭), "동학교도와 농민군이 유교 이념을 전유, 제폭구민과 보국안민, 척왜양은 곧 의義라는 논리로 자신들의 행위를 정당화하고, 폐정개혁운동을 추진해나갔다는 주장"(홍동현), "교조신원운동 시기를 대상으로 동학교도들이 충, 효와 같은 유교적 실천윤리를 가지고 소파왜양掃破倭洋을 주장하였다는 견해"(이경원), "동학교도들이 도道와 이단異端, 의리義理 등 유교적 언설을 둘러싸고 정부와 담론투쟁을 벌였다는 연구"(허수) 등이 그것이다.[80] 최근 홍동현은 또 다른 연구에서 "동학농민전쟁 당시 지배이념의

한성으로 압송되는 전봉준

논리를 동학농민군이 전유하는 방식에 대한 구체적인 설명이 요구되며, 이를 농민군이 지향했다기보다는 전복을 위한 '빌려온 언어'로 이해할 필요가 있다"고 주장하기도 했다.[81] 김양식은 동학농민군이 '유교적 정의론'에 대한 주체적 재해석에 기초하여 '정의 실천 주체'를 민중 자신으로 설정했다고 보았다.

> 동학농민군이 말한 의義는 사람이 마땅히 지키고 행해야 할 도덕적 의리로서, 사유의 근원은 유학에서 사람이 마땅히 갖추어야 할 네 가지 성품인 인의예지의 하나이다. 유학의 관점에서 의는 옳지 못한 것을 부끄러워하고 착하지 않은 것을 미워하는 수오지심羞惡之心으로, 문제는 불의와 의를 판단하고 정의의 이름으로 불의에 대항하는 실천 주체를 누구로 설정하느냐에 달려있다. 동학농민군은 정의 실천 주체를 자신들로 보았는데, 그것은 유교적 정의론을 민중적 시각에서 주체적으로 재해석한 것이다.[82]

하윤섭은 19세기 '현실 비판 가사歌辭'에 관한 연구에서 유사한 결론을 도출했다. 그에 따르면, "조선 후기의 민중들은 다양한 경로를 통하여 인정仁政, 인륜, 선악 등과 같은 유가의 도덕적 개념들을 전유하고 있었으며, 이것이 19세기라는 특수한 시공간을 통해 발현하게 되었을 때 지배층의 학정과 전횡을 고발하는 강력한 무기가 될 수 있었다. 교화의 대상이었던 민중이 교화의 주체가 된 셈이니, 아이러니하게도 그들을 유교화하고자 했던 국가는 유교화된 그들에 의해 다시 유교화될 것을 요청받게 된 것이다."[83] 한편 김헌주는 대한제국기 의병운동에서 유생, 군인과 함께 의병운동에 나섰던 평민층과 화적火賊 집단에 주목했다. 평민층의 경우, "성리학적 의리론에 바탕하고 있지만 국민國民, 민족民族, 동포同胞 등을 체화하는 모습도 보여주고 있었으며, 동포同胞나 국민國民도 결국의義로 수렴하고 있는 모습을 보여주고 있다." 화적 집단의 경우 "봉기에 참여했지만 의병 주도층에 의해 배척되거나 실질적으로 의진(義陣—인용자)에서 소외되게 된다.……화적 출신이 모두 의병 가칭을 한 것은 아니었다. 활빈당과의 계승성을 격문을 통해 드러내면서 활동하던 의병도 있었기 때문이다. 이런 사례를 통해 화적집단이 의병운동기에 적극적으로 의義를 전유했던 맥락을 이해할 수 있었다." 결국 김헌주는 다음과 같은 결론에 도달한다. "의병 참여 주체의 목적과 지향은 주체별로 각기 달랐다.……그 투쟁의 양상이 '반일'이라는 현실적 투쟁의 목적 앞에 단일한 대오를 형성했지만 각자가 생각했던 맥락은 달랐다. 동시에 주체들의 다양한 지향은 의義라는 가치로 수렴되었다. 의병 참여 주체들은 각자의 요구를 의義라는 개념 속에 녹여내고 투쟁을 진행했으며, '의義'라는 가치를 각자의 방식으로 전유하면서 투쟁을 전개했던 것이다."[84] 20세기 한국사회를 보더라도, 3·1운동과 같은 민중적 독립운동, 4·19혁명을 비롯한 민중의 민주혁명·민주화운동은 지배이데올로기를 저항자원으로 전용하는 데 성공한 사례들이라 할 만하다.

2. 저항과 윤리

이번 절에서는 저항으로의 윤리적 동기화 문제를 다룬다. 이는 '윤리의 저항 촉진 효과' 혹은 '윤리의 저항적 힘'에 주목하는 것이다. 바꿔 말하면 '윤리에 기초한, 윤리를 이용한 저항'에 주목하는 것이다. 그람시는 대항적 헤게모니를 구축하는 데 '지적-도덕적 지도력'의 중요성을 강조했다.[85] 민중의 저항정치에서 윤리적·도덕적 차원을 무시해서는 안 될 것이다.

기존 민중 이론들을 관찰해보면 저항의 윤리적 원천으로 세 가지 정도가 주장되어왔음을 발견할 수 있다. 첫째는 민중도덕 혹은 민중윤리이고, 둘째는 (양심적) 지식인의 윤리이고, 세 번째는 민중과 지식인 모두에게 해당하는 것으로서 '열사烈士의 윤리정치'라고 부를 만한 것이다. 이번 절의 마지막 부분에서는 강력한 윤리적 결단을 요구하는 '탈脫권력' 혹은 '비非지배'의 문제를 다뤄보려 한다.

(1) 민중도덕

민중과 도덕의 관계는 이중적이다. 민중에게 도덕은 지배수단과 저항수단이라는 양면성을 띠고 있다. 도덕은 민중에 대한 지배나 억압의 수단일 수도 있고, 민중의 저항을 촉진하거나 정당화하는 수단이 될 수도 있다.

도덕과 규범은 어떻게 민중을 억압하는가? 서남동은 '한恨'이 민중의 언어라면, '죄罪'는 지배자의 언어라고 규정했다. "'죄', '정죄'는 사회학적으로 볼 때, 흔히 지배자가 약자, 반대자에게 붙이는 딱지label에 불과하기 때문에……소위 '죄인들'이란 '범죄를 당한 자들those who are sinned against' 곧 억울한 자들이다. 말하자면 '죄'란 지배자의 언어이고 '한'은 민중의 언어라고 할 수 있다."[86] 죄를 만들어내는, 사회적 약자들과 피지배자들을 범죄자로 낙인찍는 법(혹은 율법)은 철저히 지배자의 언어라는 것이다. 이는 죄를 만들어내는 법의 폭력성을 강조하는 (베냐민을 비롯한) 비판 철학의 전통과 맞닿는 것이다. 피지배자의 눈으로 볼 때, 특정한 방식으로 '질서'를 창조하는 법에 의해 지탱되는 지배체제는 '합법적인 폭력' 그 자체일 수 있다. 유사한 취지로 기세춘은 도덕이 민중에게 질곡으로 작용해왔음을 주장한다. 그는 노자와 장자의 철학에 근거하여 "도덕과 정치, 법과 경영 등 정언은 승자들의 담론"이라고 주장하는가 하면, "인의仁義가 (민중의―인용자) 손발을 묶는 질곡의 자물쇠가 되고" 있다는

장자의 말을 인용한다.[87]

한편 도덕이 저항의 도구가 될 때 이를 민중도덕, 민중윤리, 민중의 도덕경제 등으로 부를 수 있을 것이다. 민중윤리는 '지배적 윤리의 비윤리성'을 드러내는 수단으로 사용될 수 있다. 더 나아가 민중윤리가 지배자의 윤리보다 우월하다거나, 지배자 윤리의 위선과 모순에 대한 비판적 통찰을 제공할 수 있다는 방식으로, 말하자면 '민중의 윤리적 특권'을 주장하는 방식으로 발전할 수도 있다. 예컨대 신영복의 민중 개념화에는 민중의 '인식론적' 우위뿐 아니라 '도덕적' 우위도 나타난다. 정자환은 신영복의 주장들을 낮음의 사회학, 상처의 사회학, 알몸사회학, 안 가짐의 사회학 등으로 표현하면서, 신영복이 이로부터 민중의 인간다움과 도덕적 우월성을 도출해 낸다고 보았다. 민중은 "낮음으로 인해 바른 눈을 가질 수 있고 상처받기 쉬운 입장에 있어서 있을 수 있는 모든 상처를 알아볼 수 있으며 알몸이어서 자신뿐 아니라 모든 남들의 가식이나 분식에서 해방되어 바라볼 수 있고 맨손임으로 해서 물리적 자리 차지함에서 벗어나 맑은 정신으로 창의력을 발휘할 수" 있다는 것이다.[88]

전통적 유교사회가 경멸적인 맥락에서 민중을 '야만적 무도덕無道德 상태'에 머무는 존재로 묘사했음을 고려한다면, 민중의 도덕적-윤리적 우위를 가정하는 이러한 주장은 엄청난 담론적 반전이 아닐 수 없다. 더 나아가 민중신학자들은 민중의 인식론적·도덕적 우위성에서 초월과 구원의 가능성을 도출해냈다. 서남동에 의하면 민중은 사회적이고 집단적인 성향뿐 아니라 소박, 소탈, 단순, 솔직함, 인정미, 자연 그대로임과 같은 성향을 드러낸다.[89] 민중의 이런 소박함, 단순성, 순진성, 순수성은 '구원의 비밀'이기도 하다. 서남동에 따르면, "민중만이 가질 수 있고 또 가지고 있는 소박함, 단순성, 순진성……지식인들은 지식 때문에 오염돼 있고, 지도자는 권력 때문에 변질돼 버렸다. 민중이 그대로 지녀오고 있는 순수성, 그것이 결국 인류를 구원할 것이고 또 구원은 바로 거기에 있다. 민중신학은 이 점을 강조하는 신학이다."[90] 연암 박지원의 소설들에 대한 김병걸의 다음과 같은 기술도 민중에 대한 유사한 인식을 담고 있다. "그때의 누구보다 민중의식이 뛰어나게 강했던 박지원은 〈허생전〉 〈호질〉 〈양반전〉 같은 글에서 상류계급인 양반사회의 모순을 파헤쳐 풍자하고 비판했으며, 〈광문전〉 〈예덕선생전〉 같은 글에서 하층민의 순진스런 인간미와 허욕에 눈을 팔지 않고 주어진 분수대로 느긋하게 사는 삶의 모습, 또는 비천한 생활 속에서도 의리와 덕행을 지키는 인간상을 그렸다."[91]

여기서도 민중윤리와 민중종교의 밀접한 관계에 유의할 필요가 있다. 민중종교는 언제나 민중윤리의 풍부한 원천인 것이다. 독특한 '민중도덕'이 민중의 저항운동에 기여한 역사적 사례, 다시 말해 도덕적·윤리적으로 동기화되고 정당화된 민중의 저항 사례는 대단히 많다. 식민지 인도 농민의 독자적 윤리에 기초한 '다르마적 저항정치'를 다룬 구하의 연구가 대표적인 사례일 것이다. 구하의 연구 역시 민중의 독특한 '정의正義' 관념에 기초한 저항운동은 대체로 종교에서 발원하거나, 종교와 밀접한 관련 속에서 등장하는 경우가 많음을 확증해준다. 구하는 "서발턴 민중들의 저 '종잡을 수 없는' 정치적 저항"을, 서구 근대적 정치 논리로는 이해가 불가능한 '다르마적 저항의 정치'로 명명했다. 그것은 "지배자나 상급자들이 '다르마를 어긴 것adharma'에 대해 다르마의 회복을 요구하는 '다르마적 저항Dharmic Protest'"이었다.[92] 김택현은 이를 다음과 같이 상술한다. "구하는 서발턴 민중의……역사적 저항은 식민주의자들의 영국적이고 근대적인 정치에 관한 사고방식으로는 가장 이해하기 어려운 다르마적 저항이었다고 말한다.……서발턴 민중들의 저 다르마적 저항은 종교적, 윤리적 성격을 지니는 정치적 전복행위였다는 것이다. 그들은 신민을 보호하지 못하는 지배자는 다르마를 파괴한 것이므로 그 지배자를 제거함으로써 아다르마adharma를 교정하는 것이 신민의 윤리적 의무이자 신의 섭리에 따르는 정의라고 생각했다."93

이와 비슷하게 박윤덕은 에드워드 P. 톰슨의 '도덕경제moral economy' 개념을 활용하여 18세기 말 프랑스의 식량폭동을 분석한 바 있다. 그는 사회계약론에 대한 민중적 입장에서의 재해석을 반영하는 '민중적 사회계약 관념'(도덕경제)과, 경제적 자유주의와 시장경제를 핵심으로 하는 '부르주아적 사회계약 관념'의 대립이 식량폭동의 저변에 자리하고 있었다는 데 주목했다. 민중은 무엇보다 '생존'이나 '생명'을 지키는 것을 가장 중시하면서, '생존권'에 토대를 둔 독특한 공동체적 민중윤리를 발전시켰다. "불평등에 대한 비판의 근거가 되었던 '생존권' 개념"에 기초하여, 민중은 "개인의 이윤이 아니라 인간의 생존에 봉사하는 경제", "소유권은 인정하지만 타인의 생존을 위협하는 부의 집중과 독점은 거부하는 경제관"을 발전시켰으며, "실질적인 손실 못지않게 이 도덕적 금언이 무시되었을 때 민중이 직접행동에 나섰다"는 것이다.94 "자유주의자들은 로크가 사회계약의 목적으로 제시했던 인간의 권리, 즉 '생명', '자유', '소유' 가운데 '소유'를 확대하는 것을 '진보'로 보고 '자유'를 이를 위한 수단으로 간주했지만, 민중은 사회 구성원의 '생명'을 지키는 것이 사회계약의 핵심이며, '자유'는 이를 보장하기 위한 수단일 뿐이라고 생각했기 때문이다.……프랑스혁명기의 민중운동을 혁명의 여러 국면에서 예기치 않게 끼어드는 불청객이 아니라, 자기 강령을 스스로 구체화할 수는 없지만 부르주아적 사회계약에 대한 민중적 대안을 제시했던 능동적 운동으로 이해할 수 있게 될 것이다."95

한국 역사에서도 유사한 사례들을 여럿 발견할 수 있다. 김성희는 "조선 후기 민중의 유교윤리 전유와 사회의식 성장"이라는 논문에서, 18세기 조선을 "성학의 완성을 추구하며 인정仁政을 시행코자 했던 군주"와 "유교윤리를 적극적으로 내면화하며 지배계층과의 '심성적 연대'를 맺었던 민중" 사이에 "조화와 합의의 분위기가 형성"되면서, "군주는 신민

臣民의 벼리가 되고[君爲臣綱], 민중은 성왕聖王의 백성[王民]으로서 자리매 김했던" 사회로 해석했다.[96] 이런 상황에서 민중은 지배층과의 교섭 및 협상을 통해 '사회 정의'에 대한 주체적인 관념을 정립함으로써 "상당한 도덕적 자립"을 이뤄냈다는 게 김성희의 판단이었다.

> 18세기의 민중은 정치적·계급적 각성을 이루지 못한 미성숙한 존재가 아니었다. 그들은 지배계층과의 상호 교섭을 통해 사회 정의에 대한 주체적인 관념을 함양하였으며, 이제 민중은 더 이상 지배계층에 대한 무조건적인 반항의 주체 혹은 일방적인 교화와 수탈의 객체로 단순하게 정의되는 대상이 아니었다. 그들은 조선의 현실사회를 지탱하는 한 축으로 성장해 나가는 존재였으며, 그에 상당한 도덕적 자립을 이루어 내었다.[97]

앞서 민중 저항 기술의 일환으로 다룬 '지배이데올로기의 민중적 전 유' 사례들 대부분은 민중도덕에 근거한 저항으로 무리 없이 해석될 수 있다. 지배이데올로기를 창조적·주체적으로 전유함으로써 지배담론으 로부터 일정한 자율성을 확보한 독자적인 대항담론(민중도덕)을 만들어냈 고, 이 민중도덕은 저항을 자극하고 정당화하는 이념으로 동원되었다. 정창렬은 동학농민전쟁 당시 민중은 '민본民本이데올로기'에 사회경제 적 실체를 담으려는 투쟁을 통해 그것을 내재적으로 극복하려 했다고 보 았다. 조경달 역시 조선 후기 민중이 '유교적 민본주의'와 '사士 의식'을 전유함으로써 '윤리적 정치'의 주체로 스스로 상승했다고 주장했다. 배 항섭은 동학농민전쟁 당시 민중이 '민본' 혹은 '민유방본民惟邦本'과 '인 정仁政'을 지배층의 책무이자 백성이 당연히 누려야 할 권리인 은택恩澤 으로 간주함으로써, 이 책무와 권리가 이행되지 않을 때 저항이 정당하 거나 의무적인 것이 된다는 독특한 민중윤리를 발전시켰다고 보았다. 이

경원은 같은 시기의 민중이 충·효와 같은 '유교적 실천윤리'를 내세웠다고 주장했다. 하윤섭은 19세기 민중이 '인정', '인륜人倫', '선악善惡'과 같은 "유가의 도덕적 개념들을 전유"함으로써 한편으로는 스스로 "교화教化의 주체"로 발돋움했고, 다른 한편으로는 이를 "지배층의 학정과 전횡을 고발하는 강력한 무기"로 활용했다고 설명했다. 홍동현, 김양식, 김헌주는 민중이 발전시킨 '의義'의 윤리에 주목했다. 홍동현은 동학농민전쟁 당시 척왜양창의斥倭洋倡義라는 구호에서 단적으로 드러나듯이, 민중은 "제폭구민除暴救民, 보국안민輔國安民, 척왜양斥倭洋은 곧 의義라는 논리"로 자신들의 행위를 정당화했다고 보았다. 김양식은 동학농민군이 '유교적 정의론'에 대한 민중적 재해석에 기초하여 스스로 '정의'를 판단하고 실천하는 주체로 자리매김했다고 보았다. 김헌주는 대한제국기 의병운동에 나섰던 평민층과 화적 집단이 "'의'라는 가치를 각자의 방식으로 전유하면서 투쟁을 전개"했다고 주장했다.

(2) 지식인의 윤리

지식인의 윤리적 동기화는 1세대 민중론의 등장과 급속한 확산·발전을 이해하는 데 결정적으로 중요하다는 게 필자의 판단이다. 1970년대 이후 지식인들의 사회참여와 민중 담론 형성의 윤리적 동기화를 가장 심층적으로 또 체계적으로 다룬 이는 이남희였다. 그는 윤리의식 문제를 민중 담론 및 실천을 설명하는 핵심 요인으로 설정했다. 두 가지가 특히 중요했다. 그 첫째는 '역사 주체성의 위기'와 관련된 연쇄적 도덕감정 복합체였고, 둘째는 '도덕적 특권 담론'에서 비롯된 '사회적 책임'이라는 의식과 서사였다.

우선, '역사 주체성의 위기'는 무엇을 가리키는가? 이남희에 의하면, "지식인과 대학생 사이에는 한국의 근·현대사는 실패한 역사이며, 민중은 역사의 주체가 아니었다는 역사의식이 만연해 있었"다. "한국의 지식인과 대학생의 포스트식민주의 의식을 구성한 것은 이 압도적 패배의식이었으며, 이는 광범위한 집단적 불만과 좌절감을 불러왔다. 필자(이남희—인용자)는 이것을 '역사 주체성의 위기'라 부른다."[98] 역사적 패배의식은 불만과 좌절감이라는 형태로 주체성의 위기를 불러왔으며, 이는 다시한편으로는 역사에 대한 부채의식과 책임의식을 자극했고, 다른 한편으로는 역사 다시 쓰기를 통한 민중의 발견으로 이어졌다.

> 한국 지식인이 경험한 주체성의 위기는 압도적으로 '역사적'이었으며 이들이 저항운동을 펼치는 근원이 되었다.……한국 지식인의 이런 역사적 위기의식은 이들에게 실패한 역사에 대한 '부채의식'을, 즉 실패한 역사를 '바로잡아야' 한다는 역사적 책임의식을 가져왔다.[99]
> 지식인과 학생들 사이에 만연해 있던 역사적 패배의식은 이들로 하여금 한국 근·현대사의 주요 사건을 비판적으로 재해석·재평가하게했다. 기존의 역사서술에 이의를 제기하고 이를 다시 쓰는 과정에서이들은 민중을 역사발전과 사회변혁을 이끌 수 있는 진정한 주체로 파악했다.[100]

민중과 함께 잘못된 역사를 바로잡는 실천에 나서는 일은 '역사의 공범자'임을 인정하는 죄책 고백이자 자기 구원의 길이기도 했다. "반정부지식인들의 '실패' 서사는 '역사 바로잡기' 서사를 수반했다. 불명예스러운 역사를 바로잡는 일은 곧 '부끄러운 역사'를 끌어안는 동시에 자신들이 바로 그 역사의 공범자임을 인정함으로써 스스로를 구원하는 일이었다."[101]

두 번째로, '도덕적 특권 담론'은 역사에 대한 책임, 도덕적 교훈으로서의 역사, 지식과 행동의 일치 등으로 구성되어 있었다.[102] 지식인은 사회에 지고 있는 빚과 책임을 회피할 수 없다는, 지식인에 관한 '전통적인 유교적 관념'이 1970~1980년대에도 비판적 사회참여와 민중 담론 형성의 추동력으로 작용하고 있었다는 것이다.[103] 김진균 등이 참여한 "분단시대의 지식인과 민중" 토론에서도 거듭 언급되었듯이, 한국의 지식인들은 "책임을 지기로 결의한 자"였다.[104]

> 노-학 연대 서사는 '도덕적 특권 담론'과 얽혀 있었다. 앞서 후자를 지식인 역할에 대한 전통적 담론, 즉 교육받은 자는 도덕적으로 정직하고 사회적 책임감이 있다는 기존 인식에 의존하는 담론이라고 규정한 바 있다. 1980년대 지식인들이 기존의 인식 틀과 정치사회적 질서가 근본적으로 바뀌길 기대하면서도, 민중의 목소리이자 진정한 대변자를 자임한 것은 지식인에 대한 유교적인 관념 때문이었다. 1980년대 전반에 걸쳐 도덕적 특권 담론, 즉 식자층과 특권층 입장에서 본 사회적 책임 서사는, 지식인 사이에 널리 퍼져 있었다.[105]

필자는 이남희가 말한 '역사 주체성의 위기의식'과 '도덕적 특권 담론' 외에, '고통의 공동체 형성'이라는 세 번째 요인을 추가해야 한다고 생각한다. 역사 주체성의 위기의식과 도덕적 특권 담론이 저항적 참여의 '촉발 요인'이라면, 고통의 공동체 형성은 저항적 참여로 인한 일종의 '결과적 요인'이었다고 할 만하다. 이때 중요한 점은 고통으로 연대한 공동체의 등장이 민중론의 급속한 형성·발전에 결정적으로 기여했다는 사실이다.

1970년대와 1980년대 초에 1세대 민중론을 형성한 주역들은 해직된 교수 혹은 언론인이거나 기독자교수협의회의 네트워크로 엮여 있던 이들이었다. 이들 중 일부는 고문과 투옥, 망명의 고통까지 겪어야 했다. 이런 사람들이 대거 발생하면서 '고통의 공동체'가 형성되었고, 이를 기

반 삼아 민중론이 본격적으로 발전했다. "분단시대의 지식인과 민중"이
라는 주제로 열린 1985년 토론회에 참여한 이들은 새로 형성된 비판적
지식인 공동체를 "고통의 공동체"(김진균) 혹은 "유기적인 공동체"(이명현)
로 명명했다. 이 지식인들 사이를 "전술적인 절망과 전략적인 희망"(박태
순)이 지배했다.[106] 같은 토론에 의하면 1960년대 이후 비판적 지식인 그
룹의 인적 축적 과정은 몇 가지 계기를 거쳤다. 처음에는 한일회담(조윤
제, 정석해)과 삼선개헌(양주동, 조지훈, 박두진) 당시 '정치교수'로 낙인찍혀 쫓
겨난 교수들, 민중론 형성에 결정적이었던 1975~1976년 교수재임용제
도입에 이은 교수 해직사태, 1974~1975년 자유언론운동에 이은 동아일
보·조선일보 기자 해직사태, 1974년 민청학련 사건에 이은 대학생들의
출교 사태, 1980년의 두 번째 교수 대량 해직사태 등이 그것이다. 해직
기자와 제적생들의 주도로 1970년대 후반부에 다수 등장한 진보적 출판
사와 일부 잡지들은 민중론의 확산 및 체계화에 크게 기여했다.[107] 1980
년대 초중반에 새롭게 형성된 진보적 학문공동체의 성격 또한 '고통'이
나 '고뇌' 등의 키워드로 압축할 만했다.[108]

　서남동과 함께 초기 민중신학의 쌍두雙頭를 이루는 안병무는 1975년
과 1980년 두 차례나 교수직에서 해직되었고, 한 차례 옥고까지 치러야
했다. 더구나 감옥에서 얻은 심장병으로 병약해져서 일찍 세상을 떠났
다.[109] 1975년 한신대에서 해직당한 직후 안병무·문동환 교수를 위해 제
자들이 마련한 야유회에서의 풍경은 당시 안병무가 느꼈던 심리적 고통
을 절절하게 전해준다.

　　그날, 삭발하고, 대학에서 추방당한 안병무 선생님은 가평의 산골짜기
　　에서 문동환 선생님 그리고 몇몇 제자들과 함께 만취하셨다. 어느 순
　　간 포효하셨다. "이 쌍놈의, 개 같은 세상." 그리고 통곡하셨다. 돌아오
　　는 기차에서 선생님은 시인 고정희의 손을 잡고 곤히 잠드셨다. 그 후

고정희는 "수유리에 떠도는 칼바람소리"를 절규하기 시작했다.[110]

　그럼에도 이들은 고통의 경험을 긍정적으로 재해석했다. 나중에 안
병무는 해직과 투옥 사건을 "축복된 경험"으로 회고했다.[111] 안병무처럼
두 차례의 해직과 한 차례 투옥을 겪은 한완상도 후에 "해직은 일종의 은
총이었습니다"라고 고백했다.[112] 1975년과 1976년에 각각 대학 바깥으
로 쫓겨난 안병무와 한완상은 그 직후 민중신학과 민중사회학을 창안해
냈다. 사실 고통에 대한 긍정적 재해석은 비단 지식인들에게만 해당하
는 것도 아니다. 한완상과 김성기는 무당의 신병 체험과 바리데기 설화
를 기초로 고통의 '성스런' 의미를 발견한다. 고행과 신병은 낡은 자아의
죽음과 새 생명으로의 재생, 자기실현 등과 같은 더 높은 정체성·지위로
의 변화를 위한 시련 혹은 불가피한 통과의례일 수도 있다는 것이다.[113]
문학평론가 김병익은 보다 일반적인 용어로 이를 "성숙을 향한 삶의 역
설"로 표현한 바 있다.[114] 3세대 민중신학자인 이석규는 네그리와 하트
를 인용하며 가난의 고통에 대해서도 긍정적인 재해석을 가했다. "네그
리와 하트는 '빈자의 부'라고 말한다.……가난은 수동적이고 운명적인
상태가 아니라, 저항과 대안을 마련하는 주체의 장소이다."[115] 한국의 민
중 이론은 고통의 결실이었다.

(3) 열사의 윤리정치

삶보다 더욱 가치 있는 죽음에 관한 논의는 연원이 깊다. 순교殉敎에 관
한 수많은 담론들이 먼저 떠오른다. 로드니 스타크는 종교경제학적 입
장에서 '순교로의 길'을 자발적으로 걸어간 이그나티우스나 베드로가
'합리적인 선택'을 한 것이라고 주장한 바도 있다.[116] 국가를 위해 희생
한 이들에 관한 순국殉國 영웅 담론도 넘쳐난다. 왕이나 귀족의 죽음을

6월항쟁 당시 고 이한열열사 추모 군중(1987)

뒤따르는 순장殉葬의 전통, '사띠'를 결행하는 인도와 발리의 여성 담론들도 있다. 조선시대는 열녀烈女·절부節婦와 의기義妓에 관한 서사들을 풍부하게 생산했다. 강명관은 『열녀의 탄생』에서 임진왜란 이후 17세기를 통과하면서 '발명된' 용어가 바로 열녀임을 밝혔다. 이는 정절貞節 혹은 수절守節의 대상이 여성만으로 좁혀짐과 동시에 기혼 여성으로부터 미혼 여성으로까지 넓혀지는 이중적 과정을 통해 가능해졌으며, 그 결과 많은 여성들이 성적 종속성의 실천을 위해 자기 생명을 버리는 것을 '여성 고유의 윤리적 실천'으로 믿게 되었다고 한다.[117] 한국의 식민지 시대는 수많은 독립운동의 의사義士와 열사烈士들을 생산했다.

그런데 1960년 4·19혁명 이후 새로운 유형의 열사들, 즉 민주화운동이나 사회운동 과정에서 요절한 이들이 대거 등장했다. 특히 광주항쟁 희생자들을 비롯하여 1980년대 이후 발생한 이런 죽음들과 관련된 열사의 정치학, 열사문화, 애도의 정치, 죽음의 정치학 등이 학문적 탐구의 주제로 떠올랐다. 공교롭게도 이런 접근을 처음 시도한 이는 일본인인 마나베 유코였다. 그의 1995년 쓰쿠바대학 박사학위논문은 수정·보완을 거쳐 2015년 『열사의 탄생』이라는 제목으로 번역·출간되었다. 이후 천정환, 김정한, 임미리, 이소영 등이 유사한 작업을 했다. 천정환에 의하면 '죽음의 정치학'은 "한국 사회운동 특유"의 현상이다.[118] 더욱 중요한 사실은 '자결自決'이나 분신자살이 "약한 자의 무기로 선택된 최후의 윤리적 수단"(김정한)[119] 혹은 "도덕적 힘을 발휘할 약자의 무기"(최장집)였다는 것,[120] 그리고 살아남은 "'운동권' 활동가들은 열사들의 삶과 투쟁을 이상화하며 '열사문화'를 만들어갔"다는 것이다.[121] 열사의 정치학이 "운동을 위한 윤리적 동원의 기제"로 작동했다는 사실도 중요한 대목이다.[122]

천정환은 열사의 정치학이 세 가지 차원, 즉 정치적 차원(적대의 설정), 미학적·윤리적 차원(숭고의 기획), 문화적 차원(계승과 의례)으로 구성된다고 보았다. 열사의 정치학은 "민중주의나 거기 내재된 초월적 도덕"과 연관되어 있으므로, 단순한 정치적 차원 즉 "적(敵)의 창출과 공동체의 구성" 차원을 넘어선다. 이 초월적 도덕은 "적대와는 구분되는 가치인 진정성이나 의義, 그리고 죽음의 숭고함" 등으로 구성된다. 그리하여 미학적·윤리적 차원에서는 '숭고' 내지 '고귀함'의 기획이 전면에 등장한다. "열사의 죽음의 비극은 그것을 직접 목도하거나 (추)체험하는 자들에게 가장 극적인 도덕적 고양을 이루게 할 뿐 아니라, 아예 도덕적인 퇴로를 차단하는 공포와 숭고의 기획이다." 숭고의 기획 그 저변에는 "죽은 자 앞에 조건 없는 경모敬慕를 바치는 한국의 죽음문화"도 함께 작용하고 있다.[123] 열사 정치학의 문화적 차원은 '계승'과 '의례'를 축으로 하는데, 이는 마나베 유코가 말하는, 사자死者가 남긴 유지遺志의 사회화 노력을 매개로 한 생자-사자 연대와도 상통한다고 하겠다.

열사의 정치학은 그 미학적·윤리적 차원과 문화적 차원에서 묘지나 기념비 등 열사들의 죽음과 관련된 장소(성지)로의 순례를 권장한다. 그 성화된 현장에서 순례자들은 온몸으로 강렬한 정동을 체험하게 된다. 다음은 종교학자 장석만 글의 일부인데, 여기서 '성인/순교자'를 '민중 열사'로, '신자/순례자'를 '민중 순례자'로 바꿔 읽어보면 어떨까.

성지는 성인의 행적 가운데 두드러진 곳에서 선별되며, 대부분 순교 장소에 초점이 맞춰진다.……이 장소에 들어온 신자들은 두 가지의 대조적인 모습을 떠올린다. 한편으로 성인의 생생한 고통과 순결한 피의 희생, 그리고 다른 한편으로 죽음을 극복하고 영생을 획득하는 빛나는 영광이 그것이다. 그 대조가 강렬할수록 참여자가 느끼는 감정의 진폭도 클 수밖에 없다. 그것은 머리가 아니라 몸의 진동을 통해 다가온다. 성인의 붉은 피가 흘러내리고, 극한의 고통으로 인한 온갖 신음소리가 몸으로 느껴지게 되면 신자들이 아무리 몸과 마음을 걸어 잠그려고 해도 그럴 수 없게 되며, 새로운 경험의 문을 열게 된다. 이어서 이 순교의 고통이 영생의 영광으로 전환되는 드라마를 예기하고, 더욱 어찌할 바를 모르게 되는 것이다.(인용자의 강조)[124]

한편 김홍중은 "진정성의 이상이 실현될 때 나타나는 특정한 삶의 형태로서의 '요절'의 문제"를 진정성 레짐이 내포한 내재적 갈등 혹은 한계 중 하나로 제시한다.[125] 그는 요절·열사 발생의 필연성, 혹은 요절 발생을 촉진하는 논리를 다음과 같이 설명한다.

> 진정성은 현실 속에서는 언제나 실패할 수밖에 없는 고도로 이상적인 프로젝트라 할 수 있다. 진정성의 주체는 인생의 순간이 불꽃처럼 타오르기를 열망했던 것이며, 진정성이 실현되기 위해서는, 그것이 삶의 현세적 논리에 의해서 오염되거나 더럽혀지기 전에 가장 순수하고, 강렬하고, 진지하고, 아름다운 극점에서 운동을 멈추는 운명적인 정지(停止)가 논리적으로 요구되었던 것이다. 그것이 요절이라는 삶-죽음의 형식이다. 요절은 진정성의 레짐이 자신의 내적 논리에 의해서 '이상화'할 수밖에 없는 삶의 형태였다……그것(진정성의 신화—인용자)은, 그들이 짧은 생애를 완전히 연소시켜 최상급의 열정과 심혼을 기울여 살다 갔다는 통념으로 굳어지는데, 그런 신화가 뿜어내는 조명하에서 평범한 실존과 생존은 무언가 덜 진정하고 낭비적이며 부끄러운 무엇으로 비춰진다. 진정성의 논리는 치욕적인 삶과 불후의 죽음 사이의 선택지를 강요한다. 그리고 불후의 죽음을 통한 상징적 생명의 확보를 더 가치 있는 것으로 설정한다.[126]

앙가주망 혹은 사회운동의 과정에서 (요절을 포함한) 일련의 전형 혹은 모형, 전범들이 만들어지며, 이런 전형·모형·전범은 진정성의 주체를 지향하는 이들에게 "도덕적 압력을 행사"한다. 아울러 '도덕적 진정성' 은 "사회적 슈퍼에고로 군림"하면서 "개인들을 도덕적으로 동원하는 양상"을 보이기도 한다. 이런 일들이 1980년대에, 그리고 '97년체제' 등장 이전의 1990년대에 실제로 나타났다는 것이다.

> '윤리적 성찰'을 통해 구성되기 시작하는 진정성의 주체는 공적 의미 지평에의 '앙가주망'을 실행함으로써 혹은 기도함으로써 집합적으로 의미 있는 행위의 실천 주체가 성립되는데 이 행위가 다시 공동체의 도덕적 지평에 하나의 모형으로 정립되어 다른 주체화의 대상들에게 일정한 도덕적 압력을 행사한다. 학생·노동 열사들, 광주에서 희생되었던 시민군, 기득권을 포기하고 노동현장으로 투신한 운동가들의 '행위'는 모방되거나, 추종되거나, 추앙되어야 하는 '전형'의 의미를 띠게 되며, 주체는 이 전형이 행사하는 도덕적 압력 속에서 자신의 행위를 진정성을 향해 정향定向할 수 있는 규범적 나침반을 발견하는 것이다. 주체의 영광은 그 전범과의 유사성에서 오며, 주체의 오욕은 그 모범적 행위로부터의 유리遊離에서 발생한다.[127]

도덕적 진정성과 윤리적 진정성의 절묘한 결합으로 구축된 '진정성 레짐'은 사실 언제든지 양자의 분리로 인해서 와해될 가능성을 내포하고 있는 불안한 체제이다. 가령 도덕적 진정성과 유리된 윤리적 진정성은 공적 지평으로 나아가지 못하는 개인의 자기중심적 폐쇄로 이어질 수 있다.……반면에 윤리적 진정성과 결별한 도덕적 진정성은 시대적으로 형성된 규범적 명령들과 당위들(이념, 역사, 해방)이 발휘하는 강력한 헤게모니의 물화된 형식을 통해 행위자들을 억압하는 사회적 슈퍼에고로 군림할 공산이 크다. 이런 분열은 실제로 한국사회에서 진정성의 레짐이 구축되는 과정에서 발생한다. 즉 80년대적 진정성은 '도덕적'

성격이 강했고 그리하여 개인의 충분한 성찰에 근거한 사회운동이라 기보다는 역사적 책무나 책임의식이 선행하면서 개인들을 도덕적으로 동원하는 양상을 보여주었다.[128]

  김정한은 프로이트의 '애도mourning'와 '멜랑콜리melancholy' 개념을 활용하여 정상적인 '애도의 정치'가 불가능했던 민주화 이행 이전의 한국사회, 특히 1980년대의 '운동사회movement society'[129] 구성원들을 분석했다. 김정한에 의하면, 애도의 정치는 '사회적 애도'(애도 간의 연대) 그리고 '타자와 마주하고 관계하는 양식의 전환'(애도 간의 대화에 기반한 새로운 연대)의 두 가지로 구성된다.[130] 미국에서 남군南軍과 흑인 전사자에 대한 국립묘지에서의 차별이 '애도의 정치'를 불완전하게 만들었다면, 한국에서는 좌파 출신과 반정부 인사에 대한 죽음의례의 차별·억압이 애도의 정치를 불완전하게 만들거나 아예 불가능하게 만들었다.[131] 열사록烈士錄은 갈수록 길어져만 가는데도 애도의 정치를 통해 죽은 이들과 '분리'되는 것은 불가능한 상태에서, 운동사회 구성원들은 분열된 주체인 '멜랑콜리 주체'가 되는 경향이 있었다는 게 김정한의 주장이었다. 이 주체는 "죽은 자들의 세계와, 나약하고 비겁하게 일상에 안주하는 산 자들의 세계 사이에 끼어 있는 분열된 존재", "애도의 정치의 불가능으로 인해 스스로를 비판하고 자책하는 멜랑콜리 주체", "진리/정의를 실천하지 못하는 자신을 자책하고 비판하는 멜랑콜리 주체", "열망과 유혹 사이에서, 즉 진리/정의를 추구하는 삶을 살고 싶은 마음과, 현실 속에서 그렇게 살지 못하도록 하는 유혹 사이에서 심각한 고통과 슬픔을 겪는 주체"였다.[132] "'운동권' 활동가들은 열사들의 삶과 투쟁을 이상화하며 '열사문화'를 만들어 갔고, 죽음으로 저항한 열사의 초상에 근접하지 못하는 삶을 부끄러워하며 자기 자신과 '동지'를 강하게 비판하는 경향을 강화시켰다."[133] 운동가요, 추모제, 장례투쟁, 열사들의 유서 낭독 등이 멜랑콜리 주체를 구성하는 실제적인 기제들이었다.[134] 열사문화가 공고해질수록 주체의 멜랑콜리적 성격도 더욱 강해지는 역설이 작용하는 것이다. 그러나 자책, 수치심, 죄책감과 같은 윤리적 감성들은 사회운동 참여를 촉진하는 요인이기도 했다. "스스로를 향한 자책과 미움은 '새로운 세상'에 대한 열망이 클수록, 현실에서 고통받고 있는 사람들, 싸우다 죽어간 사람들에 대한 부끄러움과 죄책감이 강할수록 더욱 깊어질 수밖에 없었을 것이다. 물론 바로 이런 감성들은 1980년대 운동사회의 정치주체들이 학생운동에 뛰어들고 노동운동에 참여하도록 하는 무시할 수 없는 요인이기도 했다"는 것이다.[135]

민주화 이후 애도의 정치가 비로소 가능해졌고, 그에 따라 '멜랑콜리 주체'가 '애도의 주체'로 전환될 수 있게 되었다. 그럼에도 불구하고 1989~1991년에 걸친 현실사회주의 블록의 붕괴는 운동사회 구성원들 사이에서 "'열정passion 정동'에서 '상처받은 애착attachment 정동'으로의 전환"을 수반함으로써, 그들을 다시금 '우울증적 주체'로 변형시켰다는 것이 이소영의 진단이었다.[136]

(4) 탈권력 혹은 비지배

여기서 다룰 쟁점은 저항의 '촉발·촉진' 요인이 아니라, 저항의 '목적·지향'과 관련된다. 무엇보다도 지배-피지배 이분법, 이원 구조의 진영 논리, 억압-보복의 무한 반복과 같은 권력 작용의 딜레마와 악순환을 넘어서려는, 폭력의 사슬을 끊어내려는, 화해와 용서를 포함하는, 고도의 '윤리적 결단'이 존재하는지 여부에 집중할 것이다. 이런 난제들은 아무리 대자적 민중이라 할지라도 처음부터 그런 능력을 갖고 있을 리 없는, 그렇다고 결코 자동적으로 배양될 리도 없는, (앞에서 다룬 '메시아적 주체'에 버금가는) 높은 수준의 윤리적 역능力能과 성찰성을 요구한다. 민중 이론가들이 '해방'이나 '구원'을 어떻게 상상하는가도 이와 관련되어 있다.

민중의 저항은 적대하는 진영들의 대립을 전제한 위계적이고, 배제적이고, 정복적이고, 선악善惡 도덕론적이고, 피아彼我 적대적인 양극화와 이원론의 위험에서 얼마나 벗어나 있는가? 민중 저항의 목표는 권력의 '교체'나 '역할 교환'인가, 아니면 권력 자체의 '해체'인가? 민중 저항의 최종 목적지와 지향은 결국 '탈권력' 혹은 '비지배'에 있는 것인가? '끝내 권력자가 되지 않기' 혹은 '영원한 비非지배자로 남기'가 민중 저항 및 민중 이론의 궁극적인 종착지가 될 것인가? 필자는 간략하게라도 이 질문들을 검토해볼 필요가 있다고 생각한다.

탈권력 내지 비지배 주장은 권력, 특히 국가권력에 대한 강한 불신과 연결된 경우가 대부분이다. 이런 태도는 스스로 정부가 되느니 차라리 정부 없이 살기를 선택하겠다는 태도로 발전할 수도 있다. "현대에 이르기까지 우리의 민중주의는 저항하는 인간, 모든 권력에 저항하는 어쩌면 국가권력 자체를 적대시·죄악시하는 아나키스트적 인간을 양산해왔다"는 최정운의 언명처럼 말이다.[137] 조현일은 '진정한 비상사태'(베냐민)와 아나키즘의 친화성, 그리고 '결단주의=권위주의'(슈미트)와 아나키즘의 대립성을 논리적 전제로 삼아, '1970년대 민중문학'(1세대)이 '1980년대 민중문학'(2세대)에 비해 아나키즘에 더 가깝다는 주장을 폈다. "예외상태의 상례화에 대항하여 진정한 비상사태를 도래시키는 것이 우리의 과제라는 벤야민의 노선에 비추어……결단주의자 슈미트의 궁극적인 적은 아나키스트 바쿠닌이었듯이, 권위주의와의 대결은 아나키즘을 경유할 수밖에 없다. 현재의 연구로는 진정한 비상사태의 도래가 아나키즘과 밀접한 관련이 있다는 점, 최소한 1970년대 민중문학이 1980년대 진보적 민중문학에 비해 오히려 더 아나키즘적이라는 정도의 판단에 이를 수 있을 뿐이다."[138]

민중불교의 입장에서 노동선勞動禪 운동을 벌인 법성은 '권력화'(주인

됨, 세움)와 '탈권력화'(주인의 자리에 계속 머물지 않음, 세움이 없음)의 동시 추구
를 말했다. 그는 노동선을 다음과 같이 정의했다. "부정하되 부정함이
없고破而不破 세우되 세움이 없는立而不立 부정과 긍정의 실천, 민중이 자기
를 해방하되 해방한다는 생각도 없으며無住妙行 민중주체(보살 Bodhisattva)
의 고착된 틀도 세우지 않는無相, 창조적 활동을 우리는 노동선이라 합니
다.……노동선은 모든 이데올로기의 신비화와 낡은 사회, 모든 낡은 것
들에 대한 우상화를 끝까지 부정하여 해방을 위한 창조적 지식과 새로운
사회, 새로운 질서를 늘 인간적인 모습으로 창출해갑니다."[139] 법성은 민
중이 역사의 주체로 올라서되 스스로를 우상화함이 없이 그렇게 해야 한
다고도 말했다. "민중선民衆禪 운동은……민중이 스스로 역사의 주체가
되되 자기 자신마저 우상화시킴이 없이 마음과 세계, 나와 너, 일과 쉼,
가짐과 못 가짐의 대립과 갈등을 지양해가는 역사해방의 운동이다.……
억압과 착취가 종식됨으로써 일 없는 일이 역사의 때時가 되는 인간다운
세상을 건설하는 삶들의 자기 세움, 자기 들어 올림의 운동이다."[140] 이
인용문들에서도 억압과 착취가 사라진 체제·제도를 세우되 새 체제·제
도의 고착화를 경계하고, (민중 자신을 포함한) 모든 이데올로기적 신비화와
체제·제도의 우상화를 부정하는 무정부주의적인 지향이 감지된다.

한완상과 김성기는 한풀이·신명에 대한 접근을 통해 권력에 대한 새
로운 이해를 도모한다. 이들에 의하면 한풀이·신명은 이중적인 과정을
포함한다. 한편으로는 한이 민중의 억울하게 좌절된 욕구·소망이 맺힌
것이므로 그 한을 푸는 것은 '소망의 구조적 실현'으로서 정의의 실현이
되고, 다른 한편으로는 '해원과 화해'를 통해 대립과 갈등을 해소함으로
써 '융합의 세계'를 구현하는 것이다.[141] 그리하여 "신명은 생명 재생과
화해의 과정"이 되며, 대동놀이와 "함께 놀기"는 화해의 징표이자 그로
인한 기쁨의 표현이 된다.[142]

민중신학자들에게서는 이런 입장들이 더욱 자주 발견된다. 아마도 그

리스도교 특유의 종말론적 전망, 그것의 초월과 상대화 효과 때문일 것이다. 종말론적 시각과 희망은 사람들로 하여금 현실과 일상에 안주하지 않도록 만들면서(초월), 동시에 기존질서가 잠정적이고 일시적인 것에 불과함을 깨닫게 한다(상대화). 한국 민중신학자들의 의견을 수렴하여 독일 신학자들에게 보낸 공개편지에서, 안병무는 '민중의 자율통치'를 옹호하며 다음과 같이 주장했다.

> 권력과 지배에 관해서, 아직 속죄받지 못한 세계에서는 권력과 힘이 불가피하다고 지적했습니다.……오직 힘만이 질서를 보존할 수 있다는 가정은……민중의식이 내포하는 인간의 자율적인 통치 가능성을 무시하는 것입니다.……여러분들은 너무 권력의 악에 대해 무비판적입니다. 왜냐하면 서구의 역사에서 기독교 왕국과 통치 권력은 너무 오랜 기간 동맹의 관계를 맺어왔기 때문입니다.……한국은 작고, 약하고, 자주 착취당했던 나라입니다. 그럼에도 강력한 정부에 대해 두려워합니다. 예를 들면, 공자는 전설적인 요순시대를 표준과 모델로 간주합니다. 왜냐하면 그 시대에는 정부의 권력이 감지되지 않았기 때문입니다. 장자는 한 걸음 더 나가서 더욱 급진적인 입장에서 공자의 이상적 정부를 비판합니다. 인지될 수 없는 정부의 형태 역시 억압적이고 그 억압을 감춘다는 사실이 더욱 날카로운 비판의 이유가 됩니다.……세계가 존재하는 한 틀림없이 어떤 종류의 질서가 있습니다. 그러나 질서는 항상 권력에 대한 야망을 가장하고 있고, 우리는 이것에 반대합니다. 우리는 모든 권력의 책략에 반대하는 목소리를 내고자 합니다. 우리는 하나님의 자녀들인 민중이 자율성을 찾는 시대를 기대합니다.(인용자의 강조)[143]

김명수는 안병무에게서 무정부주의 사상을 자주 볼 수 있다고 말한다. 예컨대 "사회나 국가질서를 수립하기에 앞서 인간의 본연성이 회복되어야 한다. 이를 중시한다는 점에서 우리는 안병무의 사상에서 무정부주의적인 면모를 엿보게 된다"는 것이다. 혹은, "안병무는 반평화적 요인 가운데 하나로 폭력으로 유지되는 국가권력을 들었다. 그는 함석헌과 더불어 국가지상주의를 비판했다. 정부는 작으면 작을수록 좋고, 통치가 없어지는 만큼 평화가 온다고 생각했다. 그 외에도 안병무의 무정부주의 사상을 곳곳에서 발견할 수 있다."[144] 안병무는 "역사가 권력을 악용하는 자들에 대한 저항의 과정이고, 그 역사는 지속되어야 한다"고 역설하기도 했다.[145]

민중신학자 중에서 국가와 권력 문제에 대해 가장 많은 연구를 했던 김용복도 '최소주의적 권력관'을 고수했다. 다음 인용문에 이런 입장이 집약되어 있다.

> 민중이 넓은 의미에서 정치적인 개념으로 파악되었을 때 지배와 피지배 관계가 민중의 사회전기의 중심적 위치를 차지한다. 따라서 민중의 사회전기와 권력과의 관계는 중요한 것으로 부각된다.……궁극적인 의미에서 정치권력은 민중의 사회전기에서 정당한 위치를 발견하지 못하고 항상 적대자로 등장하게 된다. 따라서 민중사나 민중의 사회전기의 맥락에서의 모든 정치사는 그 업적보다는 '죄과'를 기록하는 것이다. 좀 더 적극적으로 말하면 정치사란 한 지배체제가 어떻게 권력을 선하게 사용했느냐 하는 데 초점이 있지 않고 <u>어떻게 그 정치권력을 효과적으로 '적게' 사용함으로써 민중의 주체 실현의 가능성을 허용하였는가</u> 하는 데 초점이 있어야 한다. 정치란 권력 행사의 과정인데, <u>좋은 정치란 권력을 가장 적게 사용하는 정치이다</u>. 따라서 권력이나 권력 체제의 업적을 칭송하는 역사는 민중의 사회전기와 대립되는 역사의 시나리오이다.……민중 집단이 정치권력을 장악하는 것 그 자

체로서 민중의 역사적 주체성의 실현이 이룩되는 것은 아니다. 민중의 주체 실현은 권력 실현과 구분되어야 한다. 민중의 역사적 주체는 권력 체제나 민중이 권력을 가장 효과적으로 적게 사용하는 데서 실현될 가능성이 가장 크다. 따라서 민중의 사회전기를 소극적으로나 적극적으로 정치권력과 분리할 수는 없으나 그렇다고 그것을 또 하나의 정치권력사로 보아서는 안 된다. (인용자의 강조)[146]

서남동은 "정치적·경제적으로 민중이 완전히 주체가 되는 세상이 오면" 민중이라는 용어는 사라질 것이라고 말했다.[147] 완전한 주체의 지위에 올라서면 민중은 소멸한다는 것, 지배자 지위에 오르면 더 이상 민중이 아니게 된다는 것이다. 서남동은 1975년 4월 민중신학의 탄생을 세상에 알린 "민중의 신학"이라는 글에서, 이원론적 대립 도식에 빠져 "누르는 자와 눌린 자의 역할만을 교환하게" 되는 사태가 영속화되는 것을 극구 경계했다.

사실상 오늘날 혁명, 해방, 정치의 신학을 제창하는 사람들이 빠져들어가기 쉬운 위험은, 모든 것을 흑과 백, 눌린 자와 누르는 자, 여성과 남성, 육체와 영혼 등으로 양극화하고, 나아가서 이것들을 '빛의 아들들'과 '어둠의 아들들', 그리스도교와 적敵그리스도, '성도들'과 '짐승들'의 묵시문학적 이원론으로 환질換質하고, 그리고 모든 악과 죄와 책임을 '누르는 자' 편에 과대망상으로 투사한 다음, 자기는 악마를 쳐부수는 하나님의 군대로 자처하는 '전쟁을 부르는 열광성'에 취한다는 점이다. 그리해서 인간이 억압으로부터의 해방이 아니라, 누르는 자와 눌린 자의 역할만을 교환하게 된다. 구조악은 인간화하지만 그 대가로 인간은 비인간화된다. 그런데 구약의 예언자, 예수님, 바울 등 성서의 권면은 어느 때나 아주 철저하게 '자기를 의롭다'고 하는 자고심(自高

心, self-righteousness)을 제일로 큰 죄로 경고한다. 어떻게 하면 인간이 '자기 의인'과 '구조악'으로부터 동시에 해방될 수 있을까. 이 점이 '해방의 신학'의 제일 큰 어려운 숙제라고 생각하고 있다.[148]

문동환도 지배-피지배 구조 자체의 해체를 지향한다. 그는 '역사주체'의 의미를 자신의 권리 회복, 지배자의 인간 회복, 이를 통한 새 인간과 새 사회의 탄생까지 포함하는 개념으로 확장하고 있다. 김성재가 설명하듯이, "그(문동환—인용자)가 민중은 역사의 주체라고 하는 말은 바로 이런 면에서 하는 것이다. 즉 자신들의 빼앗긴 권리의 회복만이 아니라 자신들의 인권을 빼앗는 자들의 인간 회복까지 하는 새로운 인간으로서의 탄생의 가능성, 그는 민중을 바로 이 점에서 보고 있다."[149] 김성재 역시 지배-피지배 및 압박-피압박의 이분법을 극복하고, 자리바꿈의 악순환을 극복함으로써 피압박자와 압박자 모두가 새 인간으로 탄생하는 것이 민중의 '역사적 소명'이라고 역설했다. 이렇게 되면 민중의 사명은 '(인간)역사 자체를 구원하는 것'과 크게 다르지 않게 될 것이다.

민중은 단순히 억눌리고, 빼앗기고, 소외당하는 것만이 아니라 이러한 상황과 자신을 자각하여 인간으로서의 자신의 권리 회복을 위한 투쟁을 함과 동시에, 이 투쟁은 단순히 자신들의 이익만을 위한 것이 아니라 이제까지 인간을 인간답지 못하게 한 사회구조, 즉 지배와 피지배, 압박과 피압박 등의 이분법적 모순구조를 극복하고 새 역사, 새 사회, 새 인간 창조의 주체로서의 역사적 과제를 가지고 있다. 그러므로 모순된 사회구조는 그대로 유지되면서 지배자와 피지배자, 압박자와 피압박자의 자리바꿈만 하는, 즉 피압박자가 압박자의 자리에 서고 압박자가 피압박자가 되는 악순환이 아니라 피압박자의 투쟁을 통해 피압박자와 압박자 모두가 새 인간으로 탄생해야 하는 것이다. 이것이 바

로 '민중의 역사적' 소명이다.[150]

채수일도 유사한 입장을 피력한 바 있다. 그에 의하면, "민중신학은 민중의 역사 주체성을 '지배와 피지배의 틀'에서 파악하기를 거부한다. '민중은 프롤레타리아가 아니라'든지 '민중 역시 죄 아래 있다'라는 진술 등이 그것을 뒷받침하고 있다. 까닭은 '지배와 피지배', '지배계급과 피지배계급'의 틀에서 파악된 역사 주체성이 흔히 두 계급 간의 위상 변화와 동일시될 수 있기 때문이다."[151] 김진호 역시 서구적 주객 이분법을 극복한다면서 '적敵-아我의 선악 이분법'에 포획될 위험, '피아彼我 이분법적 도식'이 비판의 대상을 닮아가는 위험을 경고한다.[152] 박일준은 호미 바바에 기대어, 이분법적 대립구조를 설정한 후 저항의 편을 선택하는 것은 궁극적으로는 그 구조에 갇히고 길들여지는 것이므로, 이분법적 대립구조 자체를 극복·해체하는 제3의 접근이 필요하다고 말한다.[153] 권진관은 민중과 다중多衆을 동일시하면서, 다중은 '다수화 기획' 자체를 거부한다고 주장한다. 그는 (파울로 비르노를 인용하면서) 다중의 일반지성은 국가와는 근본적으로 이질적이며, 다중은 "다수로 변형되기를 갈망하지 않는다"는 점을 강조한다.[154]

현영학은 탈춤/탈놀이를 분석하면서 "용서와 사랑의 표현"인, "해학과 웃음을 곁들인 혁명"을 포착해낸다. "탈놀이는 민중의 축제다. 이 축제를 통해서 몸으로 살 수밖에 없는 민중은 역설적으로 머리로 사는 노장이나 양반 계층과는 반대로 현실을 비판하고 그것을 넘어선 꿈을 꾸며 새로운 문화와 질서를 창조하려고 한다. 그것도 핏대를 세운 좁은 의미의 혁명이 아니라 여유 있게 해학과 웃음을 곁들인 혁명을 통해서 말이다. 웃음은 복수와 정의의 되풀이라는 악순환에 쐐기를 박는 용서와 사랑의 표현이다. 무서운 복수의 여신을 변화시킴으로써 복수와 정의의 악순환을 해결하는 아데나 여신의 지혜를 연상시킨다."[155] 이를 두고 김성재는 "민중들은 해학으로 피 흘리지 않고 혁명적 승리를 이끌어낸다"고 평가한다. 나아가 "현영학은 사회 정의의 실현을 위해 혁명을 바라지만 혁명 후의 권력자가 더 지독한 억압자로 등장하는 악순환을 제거하기 위해서는 혁명을 일으키면서도 웃음으로 그 혁명을 넘어설 수 있는 인간, 혁명 활동 자체를 인간화시킬 수 있는 인간을 기대한다"고 해설했다.[156]

민중신학의 탈권력/비지배 사상은 '정치적 메시아주의' 비판에, 그 대안으로 내세운 '메시아적 정치' 개념에 뚜렷하게 반영되어 있다. 앞서 '메시아적 주체'를 논할 때 소개했듯이, 민중신학자들은 지배·영광·폭력·권력 등과 연관된 정치적 메시아주의와는 반대로, 메시아적 정치는 '고난'과 연결되어 있으며 모든 형태의 '폭력에 기초한 권력관계'를 거부한다고 주장해왔다. 민중신학의 탈권력/비지배 사상은 한恨과 단斷의 변증법, 공公과 단斷의 변증법, 탈脫과 향向의 변증법 등 세 개의 '트로이카 변증법들'에서도 또렷하게 가시화된다. 이 변증법들은 서남동과 안병무에 의해 이론화되었고, 2세대 및 3세대 민중신학자들 사이에서 비교적 폭넓은 공감을 얻은 것으로 보인다.

우선, 서남동은 김지하의 '단론斷論'에서 착안하여 '한과 단의 변증법'을 만들어냈다. 서남동은 민중의 한을 에너지화하여 '사회갱신의 힘'으로 만들기 위해서는 한-복수의 악순환을 중단하는 '단斷의 철학'이 필요하다고 보았다.[157] 안병무에 의하면, 한-단의 변증법은 한의 "악순환적 폭발"을 막는 "악순환의 단", 한을 "높은 정신적 힘으로 승화시키는 단의 반복"을 요구한다.[158] 요컨대 한을 사회갱신의 에너지로 승화시키면서도 보복의 악순환을 방지하는 것이 바로 한-단의 변증법이라는 것이다.[159] 이것은 통상의 사회혁명과 구분된다. 김성재에 의하면, "서남동은 민중의 한에 대한 연구를 통해 놀라운 결론에 도달한다. 그것은 한국 민중들의 한풀이가 단순히 복수에 머무는 것이 아니라 용서의 차원으로 승화된다는 것이다. 그래서 '한'은 '단'으로 승화된다. '단'이란 한의 극복이며 개인적으로는 자기부정이고 집단적으로는 복수의 악순환을 끊는 것이다. 그는 이 '민중의 한과 단의 변증법'이 '사회혁명'과 다른 점이라고 한다."[160]

안병무도 일찍부터 '힘 대 힘, 폭력 대 폭력의 악순환'에 대한 단斷의 중요성, 단의 비판적·해체적 잠재력에 주목했다.[161] 그리고 이를 더 밀고 나가 '탈-향의 인간사(변증법)'과 '공-단의 변증법'을 제시했다. 안병무의 '탈脫'은 일차적으로 기존질서로부터의 '탈주'를 의미한다. 그리고 탈주에 그치는 것이 아니라 무언가의 '수립'을 동시에 지향한다. 그러나 그 수립은 '정착'을 원천적으로 배제한다. 따라서 탈은 단지 과거와의 '단절'만을 의미하는 것이 아니라, '소유·욕망의 포기'와 '희생', '모험적 미래로의 몸 던짐'의 경지를 포함한다. 이런 주장은 최형묵의 다음 인용문에 잘 드러나는데, 이정희는 이를 "탈/향의 노마드-신학"으로 명명한 바 있다.[162] 탈-향의 변증법에서 민중의 이미지는 류장현이 이주노동자나 난민 등 다문화사회에서 대거 출현하는 범주를 지칭했던 '떠돌이 민중'에 한층 가까워진다.[163] 최형묵은 "민중신학자로서 안병무의 사상적 기저를 읽어낼 수 있는 가장 중요한 단편 가운데 하나로 나는 '탈-향의 인간사'를 주저 없이 꼽겠다"면서 곧바로 이렇게 덧붙였다.

'탈脫'은 과거와 단절하는 행위이며 자신의 삶을 보장해주는 모든 것을 과감히 버리는 행위다. 그것은 소유에서 탈출하는 것이고 삶의 보장을 내던지는 것이다. '향向'은 궁극적 목적을 말한다. 그러나 향은 목적지에 도달한 상태가 아니다. 향은 '도상의 존재'를 나타낸다. 목적을 가진 나그네의 길, 그것이 향의 형태이다. 결국 향은 탈과 마찬가지로 정적인 것이 아니라 '동적인 삶의 양태'를 말한다. 이러한 입장에서 '정착자의 윤리'는 설 자리가 없다.[164]

안병무가 제시한 '공과 단의 변증법'에서 공이 변혁 지향적이면서도 권력을 형성시키는 경향을 보인다면, 단은 권력을 해체하는 경향을 보인다. 다음은 김진호의 해석이다.

> 나는 다시 단斷의 문제 설정에 의해, 공公의 문제 설정이 자칫 빠지기 쉬운 유물론적 환원주의의 오류를 견제해야 한다고 본다. '단斷의 신학'은 역사에서 영구한 안착지를 구하지 않는다. 그것은 배제주의에 대해 끝없이 비판하는 순례의 여정을 그 신앙적·윤리적 품성으로 요구하고 있는 것이다. 그런 점에서 공의 신학이 '변혁의 수사학'이라면, 단의 신학은 타협 없이 세계 속의 고난과 대면하며 그 일그러진 역사를 폭로/증언하는 '고난의 수사학'이라 할 수 있다. 그리하여 단기적이고 국면적 실천 윤리로서의 공公이 '자기 형성적'인 희망의 원리를 함축한다면, 장기 지속적 실천 원리로서의 단斷은 '자기 해체적'인 희망의 원리를 지향한다. 모순적인 듯이 보이는 이 두 요소는 서로를 부르고 서로의 통합을 지향함으로써 하나의 담론을 대안적 실천이론으로 자리매김한다. 그러므로 지구적 자본 시대의 위기 속에서 희망의 원리를 탐색하는 민중신학의 실천 담론은 이와 같이 자기 형성성과 자기 해체성을 순환하는 '단과 공의 변증법'을 요청하는 것이다.[165]

김진호에 의하면 공公을 진정 공公답게 하는 것이 바로 단斷이다. 다시 말해 (한때 "희망의 현재화/역사화"였던) 공이 폭력과 배제주의 그리고 공적인 것의 독점 욕망으로 추락하지 않도록 하는 것이 단이다. 이때 '단의 제도화'가 중요한데, 단을 제도화·구체화·물질화하는 것은 그 자체가 또 다른 '공의 실천'을 요구한다. 공 없이는 단의 지속적 실행이 불가능하다는 것이다. 이렇게 단과 공이 끝없이 맞물려 돌아가며 역사를 만들어내는 것이 '공과 단의 변증법'이라는 것이다.

그(안병무—인용자)는 인간 죄의 근원성이 있다면 그것은 '사유화할 수 없는 것을 사유화한 것'이라고 보는 것이다. 그리하여 그는 '공소을 진정 공소답게 하는 것'의 필요성을 역설한다. 이것은 대단히 소중한 민중신학적 상상력의 소산인데, 그 이유는 '폭력의 악순환으로부터 단斷'하는 실천이 현재의 우리의 삶에 개인적이고 윤리적인 강령 이상의 의미를 지니기 위해서는, 즉 희망의 현재화 / 역사화를 향한 사회적 실천을 함축하기 위해서는 '공소의 신학'이 요청되기 때문이다. 다시 말하면 민중신학에서 공소은 단斷의 구체화 / 물질화를 위한 신학적 교두보를 제공해준다. 가령 이데올로기의 효과에 대한 충분한 비판을 수행하지 않은 채 대중을 강간한 자를 처벌하고 마는 식으로 수행되는 보복은 힘을 점유한 뒤 대체 권력이 대중의 복수심을 자극하여 자신의 가학성을 발휘하는 것에 다름 아니다. 그것은 폭력과 배제주의를 속성으로 하는 권력의 본원적 욕망의 표출이며, 따라서 그것으로부터 단斷한다는 것은 권력의 욕망을 억제하는 공소의 실천을 필요로 하게 된다. 그리고 이러한 공소의 실천은 권력 욕망의 억제를 지향하는 관념뿐 아니라 그러한 제도를 지향하게 하는 것이다.······복지민주주의는 '공적인 것'을 독점하려는 권력 욕망을 억제하는 경향의 사회적 실현태의 하나라 할 수 있다.[166]

일부 민중 이론가들에게서 발견되는 '탈권력/비지배' 이념 혹은 사상은 주목할 가치가 충분하다. 필자는 이를 '영원한 비지배자' 테제로 부를 수도 있다고 생각한다. 탈권력/비지배 이념은 정치주체를 지칭하는 다른 호환적 개념들, 예컨대 국민, 시민, 인민, 계급 등과 민중을 차별화하는 중요한 분기점이 될 수도 있다는 것이 필자의 생각이다.

제 8 장

개념 네트워크 속의
민중

민중

민중이라는 개념은 고립적으로 존재하지 않는다. 그것은 다른 개념들과의 관계망 속에 존재한다. 이번 장에서는 개념 사이의 '관계' 및 '대조/비교'라는 맥락에서 민중을 고찰한다. 달리 말해 '개념들의 위계·서열 구조' 혹은 '개념들의 네트워크' 속에서, 인접한 다른 개념들과의 상호관계 및 상호작용 속에서 민중 개념의 의미를 탐문해 보려 한다.

　유사類似 개념들의 관계는 호환적-수평적-포용적인 것일 수도, 대항적-갈등적-배제적인 것일 수도 있다. 전자를 '호환互換 관계'로, 후자를 '대항對抗 관계'로 명명하기로 하자. 결국 '호환 관계'는 민중과 유사성을 띠고 있어서 서로 대체해서 사용할 수 있는 개념들과의 관계를, '대항 관계'는 민중과 경쟁하는 개념들과의 관계를 가리킨다. 필자는 이번 장에서 '호환 관계'와 '대항 관계'에 '결합結合 관계'를 추가하여, 호환·대항·결합이라는 세 가지 관계 유형을 중심으로 논의해보려 한다. 이때 '결합 관계'는 민중과 서로 끌어당기면서 상호침투하는 경향이 있는 개념들과의 관계를 가리킨다. 개념적 결합 관계 자체가 다른 개념들에서는 좀처럼 발견되지 않는, 민중만의 특이한 현상 중 하나이기도 하다.

　호환 관계의 개념들은 의미상으로도 유사할 뿐 아니라, 서로 간의 긴장이나 대립이 없어 평화롭게 공존하면서 일상적으로 혼용되며, 이들 사이에 우열優劣이나 지배-억압과 같은 현상도 거의 나타나지 않는다. 반면에 대항 관계의 개념들은 의미상의 유사성에도 불구하고 서로 갈등하고 우열을 다투며, 종종 정치투쟁·담론투쟁이나 프레임 경쟁과 연결된다. 때로는 정치권력과 담론권력이 개입되어 특정 용어의 '개념적 헤게모니'를 촉진하거나, 특정 용어에 대한 '개념적 금기 설정' 혹은 '개념적 억압'으로 비화할 수도 있다. 저항적 정치주체의 '대표 기표' 지위를 놓고 몇몇 개념들이 대항 관계를 형성할 수도 있다. 따라서 민중과 대항 관계를 형성하는 개념들은 '순응적 정치주체 계열'(대중이나 국민, 신민 등)과 '저항적 정치주체 계열'(시민, 다중, 서발턴 등)의 두 가지로 나뉜다고 할 수 있다.

유사 개념 간의 관계는 시대와 상황에 따라 달라지게 마련이다. 이 가운데 어떤 개념어에 새로운 의미가 추가되거나 그 개념의 기존 의미가 새로운 내용으로 대체됨으로써 유사 개념들과 비교적 뚜렷하게 차별화되는 '의미상의 독자성'이 생겨날 때, 해당 개념과 다른 개념들의 관계는 호환 관계로부터 대항 관계로 바뀔 수 있다. 민중은 세 계열에 속하는 다른 개념들과 대화 혹은 경쟁 관계 속에 놓여 있다고 말할 수 있다.

첫째, 민중은 배제되고 소외된 '피지배층'(혹은 박탈된 자들)을 지칭하는 개념들, 예컨대 라나지트 구하나 가야트리 스피박이 새롭게 되살린 '서발턴'이나, 조르조 아감벤이 제기한 '호모 사케르Homo sacer'[1] 개념 등과 생산적인 소통의 관계를 유지할 수 있다. 이런 개념들을 활용한 연구들로부터 민중 개념 연구가 도움을 받을 수도 있고 그 역도 가능하다는 것이다. 이번 장의 마지막 절에서는 여러모로 성격이 유사한 '민중연구'와 '서발턴연구'를 비교의 맥락에서 고찰해보려 한다.

둘째, 민중은 '저항적 정치주체'를 지칭하는 개념들, 예컨대 시민, 국민, 인민, 민족, 계급, 그리고 최근의 다중multitude이나 정체성 집단identity group 등과도 열린 대화를 나누거나 경쟁하는 관계를 형성할 수 있다. 필자는 이번 장에서 1990년대 이후 저항적 정치주체 개념의 대표 자리를 놓고 민중과 경쟁한 '시민'과 '다중' 개념에 대해 살펴볼 예정이다. 1930년대 이후 민중과의 호환 관계와 대항 관계를 넘나들었던 '인민'(그리고 '계급') 개념에 대해서도 고찰할 것이다.

셋째, 민중은 '순응적 정치주체'를 가리키는 개념들과 경쟁 관계를 유지할 수 있다. 순응적 정치주체는 정치주체로 호명되면서도 지배이데올로기에 의해 '순응적 주체'로 생산되거나, 국가나 정치지도자에 의해 '순응적 행동'을 직접적으로 요구받는 다수자를 말한다. 단순히 다수성이나 주권성에 그치지 않고 전체성·총체성·통일성·단일성을 요청받거나 그런 방향으로 동원될 경우, '순응적 정치주체'와 '저항적 정치주체'의 대립은 극대화될 것이다. 이번 장에서는 국민, 신민, 대중과 민중의 개념적 대립에 대해 주로 살펴볼 것이다.

호환·대항·결합 관계 속에서 민중을 논하기에 앞서, '민중 개념은 한국의 독자적인 발명품인가 아니면 특정 외래 개념의 번역어인가?' 하는 쟁점을 먼저 간략히 다루려 한다.

1. 고유어인가 번역어인가

근대 전환기에 외부의 문화적 충격에 의해 국민·인민·시민 등의 '전통적인' 개념들이 '번역어'로 재설정되면서, '(정치적 객체로부터) 정치주체로의 전환'으로 압축되는 의미의 일대전환을 겪었다. 서구에서 발원한 용어의 번역어인 경우에도 직접 번역은 드물었고 일본 혹은 중국이 중개자 역할을 담당하는 경우가 대부분이었다. 이처럼 한국에서 주요 정치주체 개념어들 대부분이 번역어, 그것도 '이중적 번역어'라는 특성을 갖기 때문에, 한국에서는 개념사 연구의 설계 자체가 더욱 복잡해질 수밖에 없었다.

반면에 민중이 번역어냐 아니냐는 그 자체가 여전히 논쟁거리로 남아 있다. 민중은 'people'의 번역어이거나, (people의 번역어인) '인민'의 대용어代用語인가? 대체로 1970년대에 민중 개념에 대한 논의에 참여한 이들(1세대 민중론자)은 번역어가 아니라는 입장이 다수이고, 1980년대에 중반 이후에 본격 등장한 급진적 민중론에 뛰어든 이들(2세대 민중론자)은 민중이 people의 번역어 혹은 인민의 정치적 대용어라는 입장이 절대다수이다. 물론 민중이 번역어가 아니라면 서양 쪽이나, 번역어 도입 시기에서 앞선 일본·중국 쪽을 미리 살펴야 할 필요는 대부분 사라진다.

필자가 보기에 민중이 한국의 독창적이고 독자적인 발명품인가 아니면 외부로부터 차용하거나 전수받은 번역어인가 하는 문제는 민중 개념을 둘러싼 여러 쟁점 중 가장 흥미로운 것 중 하나이다. 반복하거니와 상당수의 1세대 민중 연구자들은 민중이 서구 용어의 번역어가 아니며, 특히 1970년대 이후 통용되는 민중 개념이 한국사회의 독특한 발명품임을 강조하는 편이었다. 먼저 이들의 관점에서 논의를 따라가 보자.

집단적 주체를 지칭하는 많은 토착적 고유어들이 서구와의 문명적 조우 과정에서 큰 의미 변화를 겪으면서 번역어의 성격을 띠게 되었지만 민중은 그런 과정을 거치지 않았다. 그렇기에 민중은 외국어로 번역하기에 가장 까다로운 한국어 중 하나가 되었다. 민중은 people의 번역어나 인민의 대체어가 아니다. 실제로도 people이나 nation은 대개 인민, 국민, 민족 등으로 번역되었지 민중으로 번역되지는 않았다. 다른 주요 정치주체 개념들은 대개 19세기 말부터 변화가 본격화되었지만, 민중의 경우 정치주체로 상승하는 '대전환 시기'도 상대적으로 늦은 1920년대였다.[2] 민중의 개념사에서는 1970~1980년대가 가장 중요한 시기였고, 다음으로는 식민지 시기, 특히 1920~1930년대가 중요한 시기였다. 이런 입장에 서면, 집단주체·다수자·정치주체를 가리키는 여러 개념들 가운데 민중은 한국에서 아주 드물게 독립적이고 독자적인 발전의 과정을 거쳐온 사례가 될 것이다. 이 경우 개념사적 변화의 동인動因도 '외부'(주로 서양 혹은 중국)로부터가 아니라, '내부'(식민지 조선) 혹은 '내부화된 외부'(제국주의 일본)로부터 온 것으로 간주될 것이다. 『월간 대화』 1976년 11월호 좌담에서 한완상이 분명히 밝힌 바 있듯이 민중은 '인민대중'의 줄임말도 아니다.[3] 민중을 인민대중의 준말이나 다른 표현으로 간주하는 견해는 북한과 중국 연변의 국어사전류에서 주로 발견된다.[4]

가장 일찍부터 '뒤집힌 음역音譯'의 입장, 곧 민중의 외국어 표기에서 한국어 발음 그대로 해야 한다고 주장하여 관철했던 것은 민중신학 쪽이었다. 민중신학자들은 이 신학의 독자성을 부각시키기 위해 민중을 국제 학계에 소개할 때 people이 아니라 minjung으로 표기했다. 서남동은 이렇게 말한 바 있다. "민중이라는 말은 성서적인 전통에 있는 백성laos과는 판이하게 다르고, 오히려 '가난한 자'에 가까운 말이다. (common) people, Volk 그리고 crowd와도 다르다. 그러기에 민중의 서양말 번역은 people이나 crowd나 Volk가 되기 어렵고, minjung으로 번역해야 할 특수한 정치신학적 개념이다."[5]

민중신학은 그 영문 표기 방식을 국제 학계의 합의로 결정한 특이한 사례이기도 하다. 1979년 10월 22~24일 서울 아카데미하우스에서 열린 '아시아에큐메니칼신학모임'이 그 현장이었다. 1980년대 이후 Minjung theology라는 용어는 이미 국제 학계에서 확고하게 자리 잡은 상태이다. 2003년에 출간된 『민중신학자료』의 '발간사'에서 김성재는 이렇게 말했다. "민중신학이 사회경제적 차원을 간과하지 않으면서도 문화역사적 인식을 했기 때문에 서구 신학계는 물론 비서구 3/4세계 신학계에도 엄청난 충격과 영향을 주었다. 이 결과 민중신학은 신학의 패러다임을 근본적으로 전환시켰고, 세계 신학계가 공인한 한국신학으로 영어로도 Mingjung Theology로 부르게 되었다."[6] 안병무 등 초기 민중신학자들에 기대어, 황용연은 한국의 민중이 서구사회의 피억압자들과는 달리 "외국의 침략자"와 "한국 내부의 지배층" 모두에 의해 '이중의 억압' 아래 놓인 사람들이라는 견지에서 민중 용어의 고유성을 주장한다.

> 이들(민중신학자들—인용자)은 민중이라는 단어를 외국어로 번역할 때 대중folk이나 인민people으로 번역하는 것을 거부하고 그대로 음역해 "minjung"이라고 번역해야 한다고 주장했다. 이 점에 대해서 안병무는 이렇게 말한 바 있다. "민중은 한국적인 것이에요. 서구 사람들이 우리도 민중이다 그런 소리 함부로 못 합니다." 그의 이 진술은 민중은 외국의 침략자와 한국 내부의 지배층 양쪽 모두에게 억압을 받아왔기 때문에 한국 민중신학이 민중이라는 용어를 한국의 특수한 맥락을 우선하여 사용할 수밖에 없다는 함의를 갖는다.[7]

민중불교 연구자들은 대부분 민중불교의 영문 표기를 Minjung Buddhism으로 하고 있다. 미국에서 활동하는 불교학자인 문찬주(성원 스님)가 대표적인 사례이고,[8] 박진영이 편집한 영문 단행본 *Makers of Modern Korean Buddhism*(한국 근대불교의 창시자들)에도 존 요르겐센이 집필한 "Minjung Buddhism" 장章이 포함되어 있다.[9] 박경준과 김종만의 한국어 논문에서도 민중불교를 Minjung Buddhism으로, 민중불교운동을 Minjung Buddhist movement로 표기하고 있다.[10] 흥미로운 사실은 일찌감치 1980년대부터 개신교 신학자들도 민중불교를 지칭할 때 대부분 Minjung Buddhism이라는 용어를 사용해왔다는 것이다.[11]

신학(민중신학)과 함께 국제화가 가장 활발하게 이뤄진 분야인 미술(민중미술)에서도 Minjung art라는 용어가 일반화되어 있는 편이다. 1987년 토론토와 뉴욕, 1988년 뉴욕에서 열린 민중미술 전시회에서는 Min Joong Art라는 표현이 사용되기도 했다.[12] 한국학중앙연구원이 편찬한 『한국민족문화대백과사전』의 '민중미술Minjung art' 항목에서도 다음과 같은 대목을 발견할 수 있다. "사실적 묘사, 콜라주collage, 사진, 전통미술 도상의 차용 등 형식에 구애되지 않고 주제를 표현해낸 민중미술은 한국미술의 새 흐름을 형성하였으며 세계적으로도 한국의 시대적이고 독창적인 미술로 인정받고 있다. 민중미술은 한국 내에서뿐 아니라, 일본, 미국, 프랑스 등 세계에 소개되어 'Minjung Art'라는 용어가 고유명사로 정착될 만큼 한국 현대미술의 주요한 성과로 인식되고 있다."[13]

최열과 최태만은 자신들이 편집한 『민중미술 15년: 1980~1994』의 영문 제목을 *Korean Minjung Arts: 1980~1994*로 잡았다. 이 책의 머리말에서 편자들은 "민중미술의 독자성이란 의심의 여지가 없는 것"이라고 단정했다.[14] 2018년 일본에서 발간된 후루카와 미카古川美佳의 저서 『韓國の民衆美術(ミンジュン.アート): 抵抗の美學と思想』(한국의 민중미술: 저항의 미학과 사상)도 '민중아트(ミンジュン.アート)'를 그대로 노출시켰다.[15] 박현화는 "민중미술은 세계에 유례없는 단 하나의 운동"이라고 주장했고,[16] 김현화 역시 "민중미술은 1980년대 미술운동으로서 어떤 수식어나 부연설명이 필요 없이 '민중미술'이라는 고유명사가 되어 한국 현대미술사에 기록되었다"고 주장했는데,[17] 이들은 그만큼 민중미술의 독창성과 독자성을 강조하고 있는 것이다.

서구 학계에 민중 개념을 알리는 데 크게 기여한 이남희도 민중을 minjung으로 표기했다. 2007년 코넬대학교 출판부에서 출간된 그의 영문 저서 제목은 *The Making of Minjung*(민중 만들기)이었다. 정상호가 주장했듯이, 민중은 "국민이 갖고 있는 국가권력에의 수동성·순응성과 시민이 내재한 다의성과 서구의 흔적이 없는 순결한 개념"이었고, "진보적 지식인,

학생층의 실천운동을 위한 전략적 필요에 의해 발명된 분석적 개념"이었다.[18] 최정운 역시 민중은 한국에 독특한 '정치 언어'임을 강조했다. "'민중'이라는 말은 현대 한국사회에서 강한 정치적 의미를 지니는 말이며 우리 사회의 독특한 정치이념을 대변하는 언어라 할 수 있다. 단적으로 중국이나 일본에서는 별로 찾아볼 수 없는 정치 언어임이 분명하다."[19]

　이번에는 민중이 people의 번역어라거나 인민의 대용어라는 입장을 가진 이들을 일별해보자. 1980년 7월에 처음 발표한 글에서 유재천은 "어떤 이는 민중이라는 말을 쓰는 것을 어느 의미에서 우리에게 금기사항처럼 묶여 있는 인민人民이라는 용어를 대신하기 위한 것으로 이해하기도 한다"고 기술했다.[20] 1970년대부터 민중 논의에 참여한 1세대 민중론자 중 드물게 한상범과 노명식은 민중을 people의 번역어로 간주했다. 한상범은 "민중이란 용어를 정리해보면 우선 영어의 대중이란 의미의 mass와 구별되는 people에 속한다"고 분명히 밝힌 바 있다.[21] 노명식도 1976년 논문에서 민중을 people의 번역어로 간주했다.[22] 그는 1979년 출간한 『민중시대의 논리』 머리말에서 이렇게 추론했다. "요새 '민중'이라는 말이 꽤 많이 쓰이고 있다. 무슨 뜻으로 쓰고 있는가를 좀 살펴보았더니, 대체로 영어의 '피플people'의 의미로 쓰고 있는 것 같다. 영어의 '피플'이라면 거기에 해당하는 우리말에 '인민'이라는 말이 있다. 그런데 이 인민이라는 말이 해방 후 공산주의의 특수한 개념의 말로 변질되면서, '피플'에 해당하는 말로 새로 개발한 것이 '민중'이 아닌가 생각된다."[23] 1975년에 나온 『한국 YMCA의 이념 추구』라는 책에서도 '민중=인민=people'이라는 주장이 개진된 바 있다.[24]

　1980년대 중반 이후에 처음으로 민중연구에 나선 학자들, 즉 2세대 민중론자 중 대부분도 민중을 인민과 동일시하거나, people의 번역어로 간주하는 경향을 보였다. 이들은 분단 이후 인민 개념에 대한 권력의 억압 때문에 인민의 대용어로 민중이 사용되어왔다고 주장했다. 마르크스주의적 2세대 민중론자들은 1980년대 중반 이후 변혁론 논쟁의 과정에서 그 이전에는 외국어 표기 방식이 일정치 않았던 민중을 '일제히' people로 표기하기 시작했다. 1세대 민중론에서는 민중 고유어 주장과 인민 번역어 주장이 섞여 있었고 고유어 주장이 다소 우세했지만, 2세대 민중론으로 가면 인민 번역어 주장이 압도적 대세를 이루게 되었던 것이다. "민중=people=인민"이라는 새로운 등식이 1980년대 중반에 등장하여 급속히 확산했다. 결국 민중의 경우에는 '외부 → 내부'라는 통상적인 방향의 개념 번역이 아니라, '내부 → 외부'라는 '역방향의 번역'이 1980년대에 집중적으로 진행되었던 것이다. 마르크스주의적 민중론에 대해 시종일관 비판적인 입장을 견지했던 한상진조차 "민중적=포퓰러"(곧 민중=people)라는 입장을 유지했다.[25]

『시민의 탄생과 진화』를 쓴 정상호도 1세대와 2세대의 차이를 분명히 지적한 바 있다. 1970년대에 등장한 1세대 민중론자들인 박현채·한완상·정창렬 등은 "서구의 이론보다는 한국적 특성을 중심으로 민중론에 접근"했던 공통점을 갖고 있었던 데 반해, 1980년대의 "계급적 민중론은 한국사회의 특성보다 세계사적 보편성과 사적 유물론의 일반적 규정을 인식의 전제로 하여 민중론에 접근"했다는 특성을 갖고 있었다는 것이다.[26] 가장 늦게 민중 논의에 참여한 연구자 중 한 사람인 손석춘은 『민중언론학의 논리』에서 민중을 '피플'로 간주했다. 그에 의하면, "'민중'이란 말은 한국 근현대사의 성격을 담고 있지만, 보편적 개념으로 따진다면 영어 '피플people'과 조응한다"는 것이다.[27] 그렇지만 '민중=people=인민' 등식은 한국의 민중 개념사에서 아주 짧은 시기, 즉 1980년대 중반부터 1990년대 초까지의 시기에만 지배적인 특징이었다는 점이 강조되어야만 한다.

2. 호환/대항 관계: 민중과 인민

한국 근현대 역사가 잘 보여주듯이 민중과 가장 가까운 용어는 인민과 민족이었다. 민중은 여러 정치주체 개념어들 가운데서도 인민 개념과 각별한 관계를 형성해왔다. 위에서 간략히 살펴보았듯이 1세대 민중론자 중 적지 않은 이들, 그리고 2세대 민중론자들의 거의 전부가 민중을 people의 번역어 혹은 인민·프롤레타리아의 대용어라는 견해를 견지했다. 민중이 인민의 대체어라면 양자는 당연히 호환 관계 속에 놓여야 했다. 그러나 실제 현실이 반드시 그렇지만은 않았다.

민중이 인민의 대용어라는 견해의 타당성 문제를 넘어, 다양한 저항적 정치주체 개념들 가운데서 민중 혹은 인민 개념이 복합적이고 유동적인 상황적 요인들의 중층결정 속에서 우발적으로 선택된 것임은 분명하다. 민중과 인민은 개념의 병목 혹은 궁핍 현상, 기회공간의 열림과 닫힘 등을 포함하는, 다분히 극적이고 변화무쌍한 관계를 거쳐왔다. 민중과 인민 양자는 때로는 호환 관계로, 때로는 대항 관계로 접어들었으며, 관계의 강도 역시 부단히 출렁거렸다. 양자의 관계를 몇 가지 역사적 국면으로 구분해볼 수 있을 듯하다.

1. 19세기 중반에 이르기까지 민중과 인민은 '피지배 다수'를 지칭하는 수많은 개념들과 구분되지 않았다. 따라서 양자의 관계도 호환적이었다.

2. 19세기 후반 인민은 people의 번역어로서 '주체성'이라는 새로운 의미를 획득하여 '정치주체'로 발돋움했다.[28] 그러나 민중의 개념적 위상은 이전처럼 정치적 객체인 '피지배 다수자'에 머물러 있었다. 양자 간의 관계에서 호환성보다는 대항성이 강해졌다.

3. 1920년대 초에 민중 개념에 '주체성'과 '저항성'이 추가되는 개념적 격변이 발생했다. 이 과정은 신채호 등 민족주의 좌파 인사들에 의해

주도되었다. 당시 좌파나 민족주의 좌파 인사들은 단순한 '정치주체'인 인민보다 '저항적 정치주체'인 민중 개념을 선호하는 양상을 보였다. 민중과 인민 사이에는 '약한 대항 관계'가 형성되었다. 1920년대 중반에 이르러 민중 개념과 계급 개념의 수렴 양상도 나타났다. 민중은 1920년대 초에 '민족' 개념과 처음 결합 관계를 형성했고, 이어서 1920년대 중반에는 '계급' 개념과도 또 다른 결합 관계를 형성하게 되었다.

4. 1930년대 중반에 인민 개념과 계급 개념의 결합이라는 중요한 변화가 진행되었다. 인민과 계급 개념이 '결합 관계'로 접어든 것이다. 인민에 '계급연합/계급동맹'(인민전선)이라는 새로운 의미가 부여되면서, 이전에는 부재했거나 미약했던 '저항성'(혁명성)이라는 의미(기의)도 자연스럽게 인민 개념에 부착되었다.[29] 단순히 정치주체나 주권자를 가리키던 '자유주의적 인민' 개념 외에 '사회주의적 인민' 개념이 새롭게 등장한 것이다. 민중과 인민은 모두 저항적 정치주체를 가리키는 개념들로서, 양자의 관계는 '호환 관계'로 다시 바뀌었다. 환언하면, 1920년대에 좌파 인사들에 의해 민중 개념에서 혁명적 변화가 일어났고, 1930년대 중반에는 역시 좌파 인사들에 의해 인민에게도 유사한 의미가 부여됨으로써, 민중과 인민이 대체 가능한 사실상의 동의어가 되었다. 1930년대 중반 이후 민중과 인민은 거의 동일한 기의를 가진 기표라는 공통점을 보여주면서도(호환 관계), 저항적 정치주체의 대표 자리를 두고 서로 경쟁하는(대항 관계) 묘한 관계를 이루게 되었다. 1930년대에도 '노동자계급이 주도하는 계급동맹으로서의 민중'이라는 관념은 여전히 약한 편이었다. 그런 지위를 획득했던 용어는 1930년대 중반 이후의 '인민'이었다. 또 민중이 '민족 및 계급과의 동시적 결합 관계'라는 특성 때문에 '민족주의' 색채가 좀 더 강했다면, 인민은 '(코민테른의) 인민전선노선의 영향'과 '계급과의 결합 관계'로 인해 '국제주의' 혹은 '탈脫/초超민족주의' 성격이 좀 더 강한 편이었다.

5. 좌파 인사들은 한동안 인민과 민중을 호환적 개념으로 사용하다가, 프롤레타리아 국제주의와 계급연합의 의미가 상대적으로 약한 민중을 버리고 인민 쪽으로 옮겨갔다. 같은 시기에 민중 기표는 1920년대에 획득한 새로운 기의(주체성, 저항성)를 잃고 전통적 기의(피지배, 다수)로 회귀했다. 민중이 '피지배자의 (저항적) 언어'에서 '지배자의 (순응적) 언어' 지위로 되돌아간 것이다. 이에 따라 인민과 민중 개념은 '강한 대항 관계'라는 새로운 관계 국면으로 접어들었다.

6. 해방 직후 분단국가 형성 과정에서 북한은 '인민'을 선호한 반면, 남한은 '국민'을 선호함과 동시에 '인민'을 금기시하게 되었다.[30] 남북한이 "모든 법률적·사회적 용어에서 각각 국민과 인민을 배타적으로 강조하는 언어적 분열상"은 "역사적 맥락과 개념적 사유의 밀접한 연관성", 나아가 "개념과 현실, 개념사와 사회사가 동전의 양면처럼 결합되어 있는 한국 현대사의 한 단면을 여실히 보여주는 사례"였다.[31] 대한민국 정부 수립 후부터 한국전쟁 발발 이전까지 인민이라는 용어는 계속 사용되었지만, 그 의미는 두 가지 측면에서 심각하게 변형되었다. 그 하나는 '인민의 순치'이고, 다른 하나는 '인민 개념 사용의 냉전적 재맥락화'였다.[32] 황병주가 말하듯이 1950년대 이후 인민은 법학자들의 학술용어로만 잔존하는 등 "지식인사회의 이론적 개념으로 제한되어 사용"되었다.[33] 인민은 집합적 정치주체 개념어 중 분단체제의 영향이 가장 강하게 각인된 사례로서, 우파적 용법만 살아남은 게 아니라 개념 자체가 거의 소멸하여 사어死語처럼 변해버린 독특한 경우였다.[34] 한국전쟁 이후 극대화된 반공이데올로기의 엄청난 위세에 눌려 '인민'과 함께 '계급', '(좌파적 의미의) 대중' 개념도 사실상 금기어가 되어갔다. 1930년대 중반 이후 민중에서 저항적 함의가 약해져 지배자의 언어로 회귀하고 해방 직후에도 여전히 순응적 정치주체 개념으로 남아 있는 가운데, 저항적 정치주체인 인민의 사용은 금지됨에 따라, 민중과 인민은 의미상의 뚜렷한

차이를 드러내면서도 양자 간의 관계 자체가 사실상 부재한 상태로 접어
들었다. 그 대신 저항적 정치주체로 호명할 개념의 심각한 결핍 상황이
발생했다.

　7. 비판적 지식인이나 야당 인사들은 대표적인 순응적 정치주체 개념
인 '국민'에 대한 전복적인 재해석을 시도하거나, 4·19혁명 직후 그러했
던 것처럼 '시민'이나 '민족'을 저항적 정치주체의 대안으로 모색했다.
4·19혁명 직후에는 '민중'을 저항주체로 호명하는 사례도 간혹 나타났
다. 이처럼 해방 후 저항적 정치주체를 지칭하는 용어는 국민, 시민, 민중,

4·19 기념탑 부조

민족 등이 어느 하나의 뚜렷한 우위 없이 편의적으로 혼용되고 있었다. 그런 가운데서도 저항적 정치주체 개념의 결핍·병목 현상은 여전히 해소되지 못한 상태였다. 전반적으로 평가할 때 저항적 정치주체의 기표로서 '국민'은 부적절했고 '시민'은 시기상조였다. '민족' 역시 박정희 정권에 의한 민족·민족주의 기표 전유로 저항성이 약화되거나 상실될 가능성이 상존했다. 순응적 '국민'이 되지 않으려는 의지가 아직 '민중' 기표로 결집되지는 못하고 있었다. 1965년에 통합 야당인 '민중당'이 등장하면서 민중에게 '개념적 기회공간'이 열렸다. 당시에는 민중 기표의 기의가 '국민'과 다를 바 없었고, 실제로도 야당(민중당) 안에서 민중과 국민이 호환적으로 사용되었다. 그러나 민중당 출현을 계기로 1920년대처럼 민중 기표에 저항적 정치 주체성을 담으려는 상상과 실제 시도가 급격히 증가했다. 그럼에도 불구하고 민중당은 단명하고 말았고, 민중이 인민의 대용이라는 부정적 선입견 때문에 여전히 많은 이들이 민중이라는 용어를 사용하기를 꺼리고 있었다.

8. 1970년대에 저항적 정치주체로서의 민중 개념은 완전히 되살아났고 폭발적으로 확산했다. 일부 인사들은 민중을 '인민의 대용어'로 간주했지만, 1930년대처럼 '인민 대용어인 민중'을 '계급연합·계급동맹'으로 주장하는 이는 거의 없었다. 어쨌든 저항적 정치주체로서의 민중 부활, 민중을 인민 대용어로 주장하는 이들의 등장으로 인해, 1970년대에 (오랫동안 '무관계' 상태에 있던) 민중과 인민 사이에 '약한 호환 관계'가 회복되었다.

9. 1980년대 중반 이후 대세를 장악한 마르크스주의적 민중론자들이 민중을 '계급연합·계급동맹'으로 해석함과 동시에, 민중을 인민의 대체어로 사용했다. 마르크스주의 성향의 2세대 민중론자에 의해 민중은 1930년대 중반의 '사회주의적 인민' 내지 '혁명적 인민'과 동의어로 간주되었다. 정확히 반세기만의 일이었다. 이처럼 민중 개념이 (사회주의적 인민 개념처럼) 계급 개념과 강하게 재결합함으로써, 민중과 인민 사이에 '강

한 호환 관계'가 재차 성립되었다. 그러나 대다수 1세대 민중론자들은 ('계급' 개념을 거부하지는 않지만) 1980년대에도 민중을 '계급동맹'이나 '프롤레타리아'로 해석하기를 거부하면서, 민중과 인민 개념의 관계를 '대항 관계'로 규정하는 경향이 강했다. 일례로 서남동은 민중신학의 탄생을 알린 1975년 4월의 글에서 "공산주의자들이 쓰는 인민이라는 말은 그들의 지배를 정당화시키려는 '억압의 이데올로기'로 쓰고 있다"면서 사회주의적 인민 개념을 비판한 바 있다.[35] 서남동과 함께 민중신학을 창시한 안병무 역시 1990년대 초에 "오늘날의 공산주의에서는 인민의 이름으로 권력이 지배계급에 집중되어 있거나 획일적 평등이 강요되고" 있다면서 사회주의적 인민 개념을 비판했다.[36]

3. 호환 관계

역사적으로 민중과 경합했던 개념들은 여럿이었다. 전통적인 민중 개념은 다만 인구의 다수성이 도드라지게 강조되어 있을 뿐 민, 민초, 백성, 민생, 서민, 민서, 여민……등등과 의미상으로 구별되지 않는다. 이 용어들은 피치자 내지 피지배층, 곧 정치의 객체·대상이자 통치·지배의 대상이라는 공통적 의미를 갖고 있었다. 요컨대 민중은 이들 용어들과 '호환 관계' 속에 놓여 있었다.

한국이 근대 세계체제로 편입된 19세기 말부터 20세기 초에 걸쳐 개념 위계 및 네트워크에서 격변이 발생했다. 가장 중요한 변화는 민 계열 용어들 가운데 국민·인민·민족·시민이 각각에 상응하는 서구 개념어들의 '번역' 과정을 거치면서, 일정한 시차를 두고 (정치적 객체·대상에서) 정치적 주체로 의미의 대전환을 이뤘다는 사실이었다. 정치주체라는 새로운 의미는 '개념의 정치화', 곧 정치 영역의 바깥에 밀려나 있던 개념들이 정치 영역으로 진입해 들어오는 변화를 수반한다. 나아가 개념의 정치화는 ('서술적 개념'의) '추동적 개념으로의 전환'을 촉진하여, 독립·자유·평등·해방·인권·시민권·평화·민주·공화 등의 개념들이 그러하듯이 구성원들 사이에서 강렬한 감정적 에너지를 발생시키면서 "사회적 변혁과 전환의 동력으로 작용"하기 시작한다.[37] 그러나 19세기 말부터 국민, 인민, 민족, 시민에서 일어난 개념의 대전환은 '민중'과는 대체로 무관했다. 당시 민중 개념은 다른 유사 개념들의 근대적-정치적 지위 상승이라는 변화를 비껴가고 있었다. 따라서 이 시기를 거치면서 민중은 정치주체의 호명 수단으로 새로이 떠오른 개념들—국민, 인민, 민족, 시민—과의 '호환 관계'에서도 벗어나게 되었다. 민중은 여전히 '정치 객체'를 호명하는 언어적 수단으로 남아 있었던 것이다.

누차 반복했듯이 민중 개념사에서 정치주체로의 전환이라는 의미 대변동이 진행된 시기는 1920년대였고, 변화의 요체는 전통적 민중 개념인 '다수'와 '피지배' 의미에 '주체성'과 '저항성'이라는 새 의미들이 추가된 일이었다. 그리하여 적어도 1920년대 이후 민중은 '정치주체'라는 측면에서 국민, 시민, 인민, 민족 등과 유사한 위치에 놓이게 되었다. 앞서 언급했던 것처럼 박명규는 국민·인민·시민·민족·민중의 다섯 가지를 '정치주체'를 가리키는 핵심 개념어들로 제시했고, 필자는 여기에 '계급'을 추가하여 '6대 정치주체 개념어'로 지칭했다. 1920년대에 이르러 이 개념들과 민중이 '호환 관계'를 형성하게 되었다는 것이다.

우리는 다른 정치주체 개념들과의 호환 관계에 주목하면서도 민중 개념에서만 발견되는 몇 가지 독특한 성질에 주목할 필요가 있다. 필자가 보기에 그것은 토착성, 저항성, 비非주권성, 병렬성, 비주류성의 다섯 가지 정도로 요약된다.

첫째, 민중은 '토착성'이라는 특징을 갖고 있을 가능성이 높다. 민중론자들 사이에 이견이 여전히 존재하는 것은 사실일지라도, 민중은 다른 정치주체 개념들과 달리 번역어가 아닌 고유어일 가능성이 높다는 것, 다시 말해 주체적이고 독창적인 개념적 혁신의 산물일 가능성이 높다는 것이다.

둘째, 저항성, 그리고 그와 맞물린 강한 추동력이다. 민중 개념은 '저항적 정치주체'라는 측면에서 유사 개념들과 뚜렷하게 구분되는 의미 독자성을 지닌다. 허다한 역사적 사례들이 입증하고 있듯이 국민, 시민, 인민, 민족 등도 '저항적 정치주체' 역할을 수행할 수 있다. 하지만 이 개념들이 '항상' 그러한 것은 아니다. 국민, 시민, 인민, 민족이 저항주체가 되는 것은 특정한 상황, 특정한 시기나 국면, 특정한 사회나 지역에 국한된다. 반면에 민중은 '정의상' 저항적인 유일한 정치주체이다. 민중은 저항의 강한 '잠재력'을 갖고 있을 뿐 아니라, 그 속에 대자성을 품고 '언제든' 기존질서에 대한 저항을 지향한다. '저항의 일시성'으로 특징지어지는 다른 정치주체 개념들에 비해, 민중은 '저항의 항상성' 측면에서 특이한 존재이다. 국민, 인민, 시민도 추동력을 갖는 정치주체 개념이지만,[38] 필자가 보기에 저항성을 항구적으로 내장한 민중은 '(무산)계급'과 함께 추동력 면에서 가장 강력한 정치주체 개념이다.

셋째, 민중은 '비주권성'이라는 측면에서도 다른 정치주체 개념들과 차별화될 수 있다. 비주권성은 앞서 살펴본, 민중 개념의 '비지배' 혹은 '탈권력'이라는 성격과 직접 관련된다. 비지배/탈권력 쟁점에 대해 민중론자들 사이에 폭넓은 합의가 존재하는 것은 아니지만, 적잖은 민중론자들이 이를 주장한다는 사실은 우리의 주목을 받을 가치가 있다. 많은 국민국가·민족국가들에서 국민, 시민, 인민, 민족은 '주권자'로 간주된다. 국민, 인민, 시민은 '정치 권리를 소유한 주체'이자 '근대국가를 구성하는 주체'로 자각되고 또 그렇게 인정된다.[39] 그리하여 국민, 시민, 인민, 민족은 '피지배자이자 주권자'라는 양면적 존재가 된다. 그러나 (앞서의 표현을 다시 사용하자면) 민중은 '역사의 주체이지만 역사의 주인(주권자)은 아닌 존재'이다. 혹은, 민중은 '정치주체'일지언정 '권력주체'는 아닌 존재이다. 민중은 이처럼 해방의 열망을 품은 '아직 아님의 존재'이자 '영원한 피/비지배자'일 수 있다. 단순한 자리바꿈이나 권력 교체가 아닌 지배·권력의 소멸을 지향한다는 점에서, 민중은 '피지배에서 지배로의 이동'이 아닌 '피지배에서 비지배로의 이동'을 지향한다고 말할 수 있을까. 민중은 '피지배'의 자리를 벗어날 수는 있을지라도 '지배'의 자리에는 영원히 도달하지 못하는 숙명을 안고 있다고 말할 수 있을까. 어쨌든 '지배자 민중'이라는 용어는 성립할 수 없으며, 지배자 지위에 오르면 더 이상 민중이 아닌 것은 분명하다.[40]

넷째, 민중 개념의 특성은 신·구新舊 개념의 '병렬성'에서도 드러난다. 이 특성은 무엇보다 전통적 민중 개념, 즉 '지배자 언어로서의 민중'의 끈질긴 잔존과 생명력으로 나타난다. 다시 말해 민중 개념의 특징 중 하나는 '개념의 탈피脫皮 혹은 변태變態'라고 부를 수 있을 정도로 완전히 새로운 의미―즉 역사주체로서의 저항적 민중―가 등장하고 어느 정도 확산한 이후에도 전통적 개념(구개념)이 사라지지 않고 신개념과 나란히 오랫동안 공존했다는 점에도 있다는 것이다. '피지배 다수'라는―혹은 더 나아가 '순응적 다수'라는―전통적 민중 개념에 담긴 부정적이고 경멸적인 함의가 다소 옅어지기는 했을지라도 말이다. 지배층에 의해 순응적 정치 객체 혹은 주체로 상상된 민중은 저항주체로 상상된 민중과 뒤섞여 있었다. 민중은 다양한 용법들의 혼재 속에서 항상 의미가 과잉이고 미결정인 상태에 머물렀던 것이다.

이 책의 서장에서 '순응적 민중' 개념과 '저항적 민중' 개념의 갈등적 공존을 민중 기표의 다의성으로 인한 '전통적 기의' 대 '새로운 기의' 간의 경합 관계로 표현하기도 했지만, 1920년대 이후에도 권력자들은 민중 개념에서 저항성을 박탈·거세하여 순응적 정치주체를 호명하는 수단으로 만들려는 시도를 결코 멈추지 않았다. 국민·인민·민족·시민과는 달리, 민중의 신개념은 구개념을 제압하고 대체하는 데 연이어 실패했다. 오히려 민중의 신개념이 한국사회에서 안정적으로 착근하지 못한 채 1930년대 이후 수십 년 동안이나 사실상 사라져버리고, 그 사이에 전통적 개념의 지배력이 고스란히 되살아나는 기이한 현상이 나타나기도 했다. 말하자면 '민중(개념)이 민중(개념) 자신과 경합하는' 형국이었다. 구개념(전통적 민중)을 '다수자+피지배층', 신개념(저항적 민중)을 '다수자+피지배층+역사주체+저항성'으로 정의할 때, 민중 구개념과 신개념의 갈등적 공존 과정을 〈표 8-1〉처럼 요약할 수 있다.

〈표 8-1〉 민중 구개념(전통적 민중)과 신개념(저항적 민중)의 갈등적 공존

구분	구개념	신개념	시대별 특징
1920년대 이전	○		오직 구개념만 존재
1920~30년대	○	○	구개념과 신개념이 혼재 (구개념의 우위 속에서 신개념 등장)
1940~60년대	○		구개념이 지배적, 신개념은 거의 실종 (1960년대 중반 이후 구개념 약화)
1970년대	○	○	구개념과 신개념이 혼재 (신개념의 재등장 이후 구개념은 급속히 약화됨; 구개념과 신개념 간 긴장 증가)
1980년대		○	신개념이 지배적, 구개념은 주변화하거나 잠복 (신개념에 대한 정치적 탄압, 그로 인한 구개념 -신개념 간 의미 충돌 심화; 구개념의 급속한 약화)

2021년에 발간된 한 소책자의 저자가 "민중은 좌파의 전유물이 되었다"[41]고 주장할 정도로 민중 용어에 강한 정치적 당파성이 각인되어 있지만, 이런 현상은 주로 '1980년대 효과'에 기인한다고 할 수 있다. 보다 구체적으로, 대략 두 단계를 거쳐 이런 상황이 만들어졌다. 우선, 1965년

에 통합 야당인 '민중당'이 등장하면서 정치권과 언론에서 민중 용어 사용빈도가 폭증했던 반면, 그때까지 이 단어를 애용하던 집권 세력은 민중당 등장 이후 민중이라는 용어 자체를 거의 사용하지 않게 되었다.[42] 다음으로, 이런 상황에서 1980년대 들어 한편으로는 '마르크스주의적-계급론적 민중론'의 지배력이 확장됨과 동시에, 다른 한편으로는 군사정권이 민중론에 '좌경 담론'이라는 낙인을 찍으면서 '개념에 대한 억압'을 가하기 시작했다. 국가권력이 주도하는 이른바 '이데올로기비판교육'의 일환으로 '관변 민중연구들'이 급속히 활성화되면서 '민중연구의 정치화' 경향도 현저해졌다. 이로 인해 1980년대 이후 민중이라는 용어를 사용하는 행위 자체에 강렬한 정치적 선택성이 자연스레 작용하게 되었다. 지배세력마저 (전통적 개념을 버리고) 민중의 '급진적' 의미를 부각함에 따라, 1980년대는 역사상 처음이자 마지막으로 민중의 의미에 대해 지배세력-도전세력이 의견 일치를 이룬 시기가 되었다.

다섯째, '정치주체 중 막내'로서 개념의 근대화가 상대적으로 지체된 것, 저항적 정치 주체성(저항의 항상성), 그리고 비주권성이라는 요인들이 한데 어울려 '비주류인들nonmainstreamers'이라는 민중 개념의 또 다른 특성을 빚어냈다. 1920년대 이후 새로운 민중 개념(저항적 민중) 개념은 한 번도 '주류'의 위치에 서 보지 못한, 지배체제의 중심부와 상층부에서 밀려난, 철저히 '비주류인들'의 언어, '주변인들'의 언어로 머물러 있었다. 민중 개념의 비주류성은 한국의 법률체계에도 반영되었다. 민중 개념은 대한민국의 공식적인 기억·역사체계에서와 마찬가지로, 법률체계로 진입하는 데 어려움을 겪었다. 〈표 8-2〉와 〈표 8-3〉에서 확인할 수 있듯이, 국민·민족·시민은 정치주체이자 법률주체가 됨으로써 법률 용어로도 정착하여 자주 사용되지만, 민중은 극히 제한적으로만 법률 용어로 사용되었을 뿐이다('인민'은 중화인민공화국 등 국호를 언급하는 맥락에서만 등장한다).

민중당 전국대의원대회(1965)

〈표 8-2〉 한국의 현행 법령체계 속에서 국민, 민족, 시민, 민중, 인민의 등장 빈도

구분	국민	민족	시민	민중	인민
법령 명칭	78건	4건	0건	0건	0건
법령 본문	2,712건	86건	221건	1건	18건
조문 내용	6,311건	106건	315건	4건	12건
조문 제목	464건	3건	22건	1건	0건

* 법제처의 국가법령정보센터(http://www.law.go.kr) 검색 결과임(2020년 4월 30일).

〈표 8-3〉 현대 한국의 역대 법령체계 속에서 국민, 민족, 시민, 민중, 인민의 등장 빈도

구분	국민	민족	시민	민중	인민
법령 명칭	177종 1,867건	21종 61건	0건	0건	0건
법령 본문	55,250건	2,726건	5,843건	91건	658건
조문 내용	124,813건	2,149건	6,743건	119건	622건
조문 제목	19,874건	6건	276건	1건	16건

* 법제처의 국가법령정보센터(http://www.law.go.kr) 검색 결과임(2020년 4월 30일).

    2020년 4월 말 현재의 '현행 법령' 중에서는 오직 행정소송법의 '민중 소송民衆訴訟, actio populatis'[43]에만 민중이라는 용어가 남아 있었다. 대한 민국 법률체계 안으로 민중이라는 용어가 간혹 진입한 경우에도 그것은 저항적 민중이 아닌 '전통적 민중'이었음을 〈표 8-4〉를 통해 알 수 있다.

〈표 8-4〉 현대 한국의 역대 법령체계 속에 나타난 민중 용례

법령 명칭	제정 시기	용례
노동의 보호, 언론출판 등의 등기(법률)	미상 (미군정기)	제정 당시 제2조(노동자의 보호)에 "조선군정청은 공장의 생산, 민중 생활 상 필요한 것을 선언하고 기 정지 우는 저감을 방지하기 위하야 노동 조건 에 관한 분쟁은 조선군정청이 설치한 조정위원회에서 해결함", 제3조(폭 리에 대한 보호)에 "민중 생활의 필수품을 민중 재력의 한도 내의 가격으 로 공평한 분배를 보증하기 위하야 민중을 희생하고 폭리를 취하는 결과 로 되는 필수품의 축적 급 과도한 가격의 판매는 자에 불법으로 선언함"이 라는 내용이 포함됨. 이 조항은 1961년 12월까지 유지된 것으로 추정됨.
포장령 (대통령령)	1949.6.6	제정 당시 제6조로서 "문화포장은 교육, 학술, 예술 기타의 문화 발달 또 는 민중의 계몽에 그 공적이 현저한 자에 수여하되 녹수로 한다"는 내용 이 포함됨. 이 조항은 포장령이 폐지되는 1964년 3월까지 유지됨.
은행법 (법률)	1950.5.5	제정 당시 제3조(금융기관의 범위)에 "본법에서 금융기관이라 함은 예금의 수입, 유가증권 또는 기타 채무증서의 발행에 의하여 일반 민중으로부터 채무를 부담함으로써 획득한 자금을 대출하는 업무를 규칙적, 조직적으로 영위하는 한국은행 이외의 모든 법인을 말한다"라는 내용이 포함됨. 이 조 항은 1991년 12월 개정 때 "일반 민중"이란 표현이 "불특정 다수인"으로 바 뀔 때까지 유지됨.
한국은행법 (법률)	1950.5.5	제정 당시 제10조(금융기관의 범위)에 "본법에서 금융기관이라 함은 예금 의 수입, 유가증권 또는 기타 채무증서의 발행에 의하여 일반 민중으로부터 채무를 부담함으로써 획득한 자금을 대출하는 업무를 규칙적, 조직적으로 영위하는 한국은행 이외의 모든 법인을 말한다"라는 내용이 포함됨. 1997 년 12월 개정 때 금융기관의 범위를 규정하는 제11조에서 "일반 민중으로 부터"라는 표현이 사라짐.
부역행위특별 처리법(법률)	1950.12.1	제정 당시 제2조(형의 감경 또는 면제)에 "2. 다수 민중을 구하는 애족적 행위가 현저한 자"라는 내용이 포함됨. 이 조항은 법이 폐지되는 1952년 4 월까지 유지됨.
행정소송법 (법률)	1951.8.24	제정 당시에는 민중이라는 용어가 사용되지 않았으나, 1984년 12월 15일 개정 때 '민중소송' 관련 조항들(3조, 45~46조)이 처음 포함되어, 2020년 4 월 현재의 행정소송법(3조, 45~46조)에서도 유지되고 있음.
국가유공자 및 월남귀순자 특별원호법 시행령(각령)	1962.5.31	제2조(심사의 기준)의 "1. 애국지사" 항목에 "바. 기미독립운동을 지도한 자 또는 민중을 봉기시켜 일정에 항거함으로 인하여 옥사 또는 3년 이상 영어 생활을 한 자"라는 내용이 포함됨. 이 조항은 동 시행령이 '국가유공 자 등 특별원호법 시행령'으로 대체되는 1974년 12월까지 유지됨.
국가유공자 등 특별원호법 시행령 (대통령령)	1974.12.31	제2조(심사의 기준)의 "1. 애국지사"에 "바. 기미독립운동을 지도한 자 또 는 민중을 봉기시켜 일본식민통치에 항거함으로 인하여 옥사 또는 3년 이 상 영어 생활을 한 자"라는 내용이 포함됨. 이 조항은 동 시행령이 '국가유 공자 예우 등에 관한 법률 시행령'으로 대체되는 1984년 12월까지 유지됨.
독립유공자 사업기금법 시행령 (대통령령)	1967.11.16	제2조(심사기준)에 "6. 기미독립운동을 지도한 자 또는 민중을 봉기시켜 일제에 항거함으로 인하여 사망 또는 신체적 장애를 입었거나 영어 생활 을 한 자"라는 내용이 포함됨. 이 조항은 1975년 8월 동 시행령이 개정될 때까지 유지됨.

4. 대항 관계(1): 순응적 정치주체 계열

이 장의 서두에서 언급한 것처럼, 민중과 대항 관계를 형성하는 개념들은 '순응적 정치주체 계열'과 '저항적 정치주체 계열'의 두 가지로 나뉜다. 전자에는 대중사회론에 등장하는 대중을 비롯하여 국민·신민臣民 등이 포함된다. 후자에는 인민·계급·시민·다중·서발턴 등이 포함된다. 인민과 민중의 관계는 이미 분석했고 그와 연관하여 계급에 대해서도 어느 정도 언급한 셈이니, 여기서는 시민과 다중을 주로 다룰 것이다. 서발턴 개념에 대해서는 이번 장의 마지막 절에서 살펴볼 것이다.

(1) 국민 대 민중

군주제가 결정적으로 약화된 1905년 이후 조선의 지식인들은 민民을 '국민'으로 호명하기 시작했다.[44] 그러나 한일 강제 병합 이후 "대한제국이 제국주의에 대한 저항의 언어로 키워낸 국민 개념은 다시 일본 제국주의에 의해 복종의 언어로 퇴락하였다."[45] 이런 사정으로 인해 민중은 일찍이 1920년대부터 국민이나 신민 개념과 '대항 관계'를 맺어왔다. 다시 말해 1920~1930년대에 저항적 정치주체인 민중은 식민지 당국이 강요하는 순응적 정치주체인 국민 혹은 신민 개념과 대립 관계를 유지했다. 요컨대 '천황의 충량한 신민으로서의 국민' 개념과의 대립이었다. 그러나 그 후에도 항상 그러했던 것은 아니다. 1940년대부터 1960년대 말까지의 약 30년 동안이나 국민과 민중의 관계는 오히려 '호환 관계'에 가까웠다.

식민지 시대와 관련해서 우리가 유념해야 할 한 가지 사실은 1920~1940년대의 독특한 현상 중 하나로 '국민 대 국민의 개념 경합'도 나타났다는 것이다. 이는 '일본제국-총독부의 국민' 대 '대한민국임시정부 국민'의 대립이었다. 전자의 국민이 '복종의 언어'에 속했다면, 후자의 국민은 '저항의 언어'에 속했다. 송호근의 표현을 빌리자면, 후자는 국권 상실 이후 '상상 국가의 국민'으로 호명되던 이들에 해당할 것이다.[46] 임시정부의 등장으로 순전한 '상상 국가'에 어느 정도의 실체성이 생겨난 셈이었다. 1920년대 초의 예를 들자면, '대한민국임시정부의 국민'은 상해가정부假政府국민회, 대한국민회, 국민단(진남포), 간도국민회, 대한민족자결국민회, 대한국민의회, 대한독립서북지방국민회, 국민향촌회, 그리고 「국민회보」, 「대한국민신보」, 국민대회에 등장하는 '국민들'이었다.[47] 반면에 식민지 체제를 승인한 자치운동의 일환으로 '참정권 청원' 활동에 나선 단체들, 예컨대 국민협회, 경성국민협회, 의주국민협회 등은 '총독부-일본제국의 국민' 쪽에 섰다.[48]

1970년대에 저항적 민중 개념이 부활함에 따라 1920~1930년대와 유사하게 '민중 대 국민'의 대립 구도가 되살아났다. 군사정권의 대표적인 관제 사회운동이었던 '국가재건국민운동'에서 보듯이 1960년대 초부터 국민은 '위로부터의 동원' 대상으로 설정되었다. 유신체제 아래서 박정희 정권에 의한 '국민화 프로젝트'가 극성을 부림에 따라 민중과 국민의 대립에는 가속이 붙었다. 백욱인의 지적처럼 "국가지배체제는 '국민(국가)적인 것'을 '민족적인 것', '계급적인 것', '민중적인 것'들보다 상위에 위치 지움으로써 전국적·전국민적 통합체제를 구축"하고자 했다.[49] 지배체제가 생산하고자 하는 국민은 '냉전-반공적 주체'이자 '명랑하게 순응하는 주체'였다.[50] 국민과 민중의 대립은 국민의례 대 민중의례, 국민교육(헌장) 대 민중교육 등의 도식에서 선명하게 확인된다. 이런 상황에서 저항적 지식인들은 저항적 정치주체 호명을 '국민'에서 '민중'으로 바꿔나갔다. 김진균·조희연의 표현대로, 이런 변화는 "70년대 유신독재체제에 저항하여 반독재운동에 참여하는 '국민'을 차츰 '민중'으로 파악하는 '민중 개념'의 재정립과 연관되고 있었다."[51]

따라서 민중-국민 개념 간 관계의 역사적 변천을 개관하자면, 〈표 8-5〉처럼 1920~1930년대에는 대항 관계, 1940~1960년대에는 호환 관계, 1970~1980년대에는 다시 대항 관계로 회귀하는 과정을 거쳤다고 말할 수 있을 것이다.

〈표 8-5〉 민중과 국민 개념의 관계 변천

시기	관계
1920~1930년대	대항 관계
1940~1960년대	호환 관계
1970~1980년대	대항 관계

(2) 대중 대 민중

20세기 한국 역사에서 '대중'은 세 가지의 의미로 사용되었다. 첫 번째는 식민지 시대에 등장한 '좌파적' 의미의 대중으로, 이는 '인민'과 사실상 동의어이다. 1920년대 「동아일보」 등 신문기사들을 보면 주로 좌파 인사들이 '무산대중', '무산대중의 운동', '(무산)대중해방운동', '대중해방', '노동대중', '인민대중', '근로대중' 등의 용어들을 사용하고 있었음을 확인할 수 있다.[52] 『한국민중사』의 공동저자들(한국민중사연구회)이 민중과 '생산대중'을 거의 동의어로 사용하는 것 역시 좌파적 의미의 대중 용법에 해당한다고 하겠다. 두 번째는 '중도적' 의미의 대중으로, 1970년대 정치인 김대중이 제시한 '대중경제론'의 대중으로 대표된다.[53] 세 번째는 1960년대 중반 이후 미국으로부터 도입된 '대중사회론'의 대중이다.[54] 민중론자들은 종종 대중사회 속의 무비판적이고 수동적인 대중과 비판적으로 대조하는 맥락에서 민중을 거론하곤 했다. 법학자인 한상범 역시 '혁명주체(근로계층)로서의 대중' 그리고 민중 개념과 대립되는 '대중사회론의 대중'이라는, 대중의 이중적 의미를 명확히 구별한 바 있다.[55]

세 번째 의미의 대중과 민중에 대한 가장 체계적인 비교 작업은 1982년 유재천에 의해 이뤄졌다.

> 지금까지 우리나라에서 있었던 여러 논의를 종합해 볼 때, 민중이라는 개념은 대중사회론에서 쓰고 있는 '대중'이라는 개념과 대조되는 것이라고 할 수 있겠다. 즉 '대중'이 (i) 상이한 직업, 상이한 사회계층, 상이한 문화적 체험과 수준 및 상이한 경제적 능력을 가진 사람들의 집합체이며 (ii) 익명의 개인들로 구성된 집단이고 (iii) 구성원들 사이에 상호작용이나 경험의 교환이 거의 없고 (iv) 공통의 관습이나 전통도 없으며 (v) 공통의 규범체계도 가지고 있지 않은 (vi) 거의 조직의 형태를 갖지 않은 집단이라면 민중은 (i) 다양한 사회계층으로 구성되어 있으나 (ii) 인격적 집단이며 (iii) 구성원들 사이에 상호작용과 경험의 교환이 이루어지고 있고 (iv) 공통의 관습이나 전통을 지니고 있으며 (v) 공통의 규범체계를 가진 집단으로서 (vi) 지배구조보다 피지배구조에 속하는 사람들이라고 생각된다.[56]

김인회와 임헌영의 견해도 이와 유사하다. 김인회에 의하면 민중은 "자율적 적응력과 판단력, 창조적 생명력을 지닌 살아 있는" 존재로서, "자신들의 공통된 문화를 자신들의 방식으로 전승하고 스스로 살아 있는 인간으로서의 생명력을 강화해가는" 데 비해, 대중은 "집단적으로 반응하고 획일적으로 조종당하는 무책임하고 몰개성적이며 비인격적인 군중"이라는 성격을 드러낸다.[57] 임헌영은 대중과 비교할 때 민중은 의식의 공유와 자각·의식화, 실천 지향성(나아가 변혁성), 연대성 등의 특징을 갖는다. "민중은 대중과 구별되는 용어로 쓰이기도 한다. 1950년대 미국 사회학에서 중요 개념으로 떠오른 대중은 익명성을 특징으로 하며, 서로 분리된 채 조직도 없고, 단합된 행동 능력도 없는 집합체를 지칭한다. 그러나 민중은 정치적으로 활성화될 잠재력을 지닌 채 역사적 경험에 근거하여 의식을 공유하고, 실천 지향적인 집합체라는 특징을 가진다."[58]

물론 이런 견해와는 달리 민중과 대중을 다를 바 없는 개념으로 간주하는 이들도 있었다. 서양사학자인 이광주, 경제학자인 김윤환, 국문학자이자 문학평론가인 조남현 등이 그러했다.[59] 서양사학자 노명식은 '대중사회의 민중이 대중'이며 '대중사회는 시민사회보다 민중사회가 더 잘 구현된 역사발전단계'라는 독특한 주장을 펼치기도 했다.[60] 노명식에 의하면, "이제 그들(시민사회의 민중—인용자)은 인류 역사 이래 존재해왔던 여러 형태의 민중처럼, 생산에만 종사하고 그 열매를 지배층에게 빼앗기는 그러한 민중이 아니라, 생산의 열매를 함께 소비하는 민중이고, 권력을 민주적으로 고루 소유하는 민중이고, 산업사회의 문화를 직접 창조하고 함께 향유하는 민중이다. 그러므로 이 민중民衆은 종래의 민중처럼 불학무식不學無識한 민중이 아니라, 글을 읽고 쓸 줄 아는 교육이 있는 민중이다. 오늘날 이런 민중을 대중大衆이라고 한다."[61]

5. 대항 관계(2): 저항적 정치주체 계열

이번 절에서는 1990년대 이후 시점에 초점을 맞춰 시민 및 다중 개념이 민중 개념과 형성했던 대항 관계를 집중적으로 살펴볼 생각이다. 1970~1980년대에 저항적 정치주체의 '대표 기표' 혹은 '헤게모니적 기표' 지위를 두고 민중과 경쟁했던 개념은 거의 없었다. 일각에서 '국민'

함석헌의 『이 나라가 뉘 나라냐』(1970)

이나 '민족'에 대한 전복적 재해석이 가끔 이뤄지고 있었을 뿐이다. 예컨대 1976년 함석헌, 윤보선, 김대중 등이 명동성당에서 발표한 '3·1구국선언'에서 국민이 "민주주의의 기반이자 중요한 저항의 주체"로 간주되었던 것처럼 말이다. 이 선언문은 "국민은 정부를 감시하고 비판할 기본권을 포기할 수 없다"고 못박았다.[62] "정부를 감시하고 비판"하는 것이 국민의 기본권이자 의무로 간주되었던 것이다. 민주회복국민회의와 야당(신민당)이 주도했던 1975년 초의 '국민투표 거부 국민운동'이나, 1979년 9월 신민당이 추진했던 '민주회복국민운동'처럼 국민을 저항적 정치주체로 호명했던 사례는 간헐적으로 이어지고 있었다.[63] 우리는 1987년 6월항쟁을 이끌었던 '민주헌법쟁취국민운동본부'를 추가할 수 있을 것이다.

1970~1980년대에 인민과 계급이 마치 사어死語처럼 흔적으로만 남아 있을 따름이고, '저항적 정치주체 개념의 폐허 상태'에서 민중만이 독보적인 존재감을 자랑하고 있었다. 당시 민중은 저항주체의 압도적 상징이었다. 1980년대에 정권의 이례적인 '개념 탄압'으로 민중의 위상은 더욱 탄탄해졌다. 그런데 1990년대 이후 저항적 정치주체의 대표 기표 타이틀을 둘러싸고 강력한 경쟁자들이 등장했다.

최현은 '진보(운동)의 주체' 혹은 '저항주체'로 민중, 노동자계급, 시민, 다중, 정체성 집단 등 다섯 주체를 제시한 바 있다.[64] 1990년대 이후 민중의 가장 강력한 경쟁자로 부상한 개념은 '시민'과 '다중'이었다. '정체성 집단'이나 '서발턴' 개념도 출현했지만 대중화되지 못한 채 대체로 학계의 경계 안에 머물렀던 편이었다. 2000년대 이후 소개된 네그리와 하트의 '다중' 개념 역시 학문적 용어에 가까웠다. 이를 중심으로 하나의 연구자 집단이나 학파가 형성된 것도 아니었다. 그러나 민중 개념과의 연관 속에서 다중 개념을 다룬 논의는 꽤 활발한 편이었기에 이번 절의 논의 대상으로 포함했다.

(1) 시민 대 민중

1980년대 말부터 '저항적 정치주체로서의 시민' 개념이 빠르게 부상하고 이에 기초한 '시민운동' 단체들이 대거 출현했다. 이에 따라 1990년대에는 '민중 대 시민'의 개념적 대립 구도가 중요해졌다. 박명규는 시민개념의 부상 시기를 1980년대 중반 이후 혹은 1990년대 이후로 잡았다.[65] 이 시기를 전후하여 사회운동 영역에서도 유사한 변화가 진행되었다. 이나미에 의하면 "80년대 후반에 노동자, 농민과 같은 기층 민중운동에 못지않게 다양한 부문운동이 전개되었다.……이들 운동은 전반적으로 시민운동이라는 이름으로 지칭되었다."[66]

정상호는 민중 개념이 시민 개념의 "가장 강력한 경쟁자이자 오랜 숙적"이라고 규정했다.[67] 그러나 민중과 시민의 개념적 우열관계는 시대에 따라 큰 변화를 겪어왔다. 4·19혁명은 정상호에 의해 "시민 개념의 역사적 분기점"으로 해석되었다.[68] 그러나 '시민혁명' 혹은 '학생과 시민의 합작품'으로도 규정되었던 4·19혁명이 군사쿠데타에 의해 역공을 당하면서 시민의 위상은 다시 추락했다. 1960~1970년대의 시민 개념에 대해 박명규는 다음과 같이 서술했다.

형식상 도시민이고 명분상 근대적 존재인 시민 개념이 정치적 주체로서의 성격을 표출하는 경우가 나타난 경우는 정부의 무능에 대한 대중적인 저항과 비판이 등장할 때였다. 그것이 전형적으로 나타난 것이 1960년 4월 학생혁명과 뒤이은 민주당 정부의 민주주의 실험 기간이었다. 3·15 부정선거에 항거하는 마산, 부산, 서울의 시위는 보통 '시민과 학생'의 항거로 부르고 이때의 시민 개념에는 단순한 행정적 범주만이 아닌 정치적 주체성이 내포된 것이었다고 볼 수 있다. 따라서 혹자는 4월혁명을 '시민혁명'으로 개념화하려 시도했으며, 20세기 초 소개되었던 근대적 '시민' 개념이 그 본래적 의미를 회복하려 한 경우라고 볼 수 있다.……1960년대에는 '민주시민'이라는 말이 종종 사용되기도 했다. 하지만 여전히 이런 정치적 주체로서의 시민 개념은 널리 활성화되지 못했다. 1961년 군사쿠데타로 4월혁명의 시민적 성격이 곧바로 억압되고 오랫동안 권위주의 지배하에서 잠복하게 되었다. 시민은 추상적 행정 개념이거나 아니면 '시민적 의무'와 '국가에 대한 충성'을 핵심으로 하는 수동적 범주로 자리 잡았다. 1960~1970년대 한국은 본격적으로 산업화·도시화를 겪으면서 도시민이나 노동자층의 새로운 집단을 창출했다. 이 상황에서 서구적 시민사회론에 대한 일부의 관심이 나타났다. 1967년 이해남이 저술한 『시민사회의 성장』이란 책자는 그런 관심의 반영이라 할 것이다. 하지만 이들 논의도 서구 상황을 소개하는 차원을 크게 넘어서지 못했고 정치적으로 뚜렷한 자기 의사와 지향을 드러낼 주체로서의 시민적인 것을 강하게 부각시킨 것은 아니었다. 『사상계』로 대표되는 이 시기의 자유주의 지식인들의 논의는 '시민적인 것'을 지향하는 흐름을 담고 있었지만 명료하게 '시민'을 정치적 주체로 부각시키지는 못했다.[69]

이나미의 말처럼 군사정권 아래서 다시 축소된 시민의 공간을 민중이 빠르게 채우고 들어왔다. "5·16 이후 이러한 시민 개념은 사라지고 '소시민'이 등장한다.……이후에는 민중 개념의 시대가 시작되므로 시민 개념은 더 들어설 자리가 없게 된다. 백낙청이 시민문학론을 발표한 1969년만 해도 시민의식으로 계몽되어야 할 수동적 대상에 불과했던 민중이 70~80년대에 들어서 역사변혁의 주체로 떠올랐다."[70] 유신정권의 붕괴를 촉발한 1979년 10월의 부마항쟁이 저항적 정치주체로서 시민의 재등장을 예고하더니, 1980년 5월의 광주항쟁은 '시민군'이나 '범시민궐기대회'에서 보듯이 시민의 재탄생을 기정사실로 만들었다. 정상호는 광주항쟁을 "저항의 주체로서의 시민의 탄생"을 알린 사건으로 해석했다.[71] 그러나 이후에도 광주항쟁의 명명은 압도적으로 '민중항쟁'이었지 '시민항쟁'이 아니었다. 정상호가 말하듯이 1980년대 초중반의 변혁론 논쟁에서도 '시민민주주의혁명론'은 '민중민주주의혁명론'에 확연히 밀렸다.[72]

1980년대 후반에 이르면 상황이 크게 달라진다. 박명규는 1980년대 중반 이후 시민 개념이 본격적으로 부상했고, 1990년대 초 이후 정치적 입지가 더욱 강화되었다고 보았다.[73] 1992년 4월 개최된 한국사회학회와 한국정치학회의 공동학술발표회에서 김성국은 "불과 얼마 전까지만 하더라도 '민중'이라는 낱말이 가진 엄청난 위세 앞에서 기본적 시민권조차 인정받지 못하던 '시민'이라는 용어가 차츰 설득력을 갖기 시작하는 것 같다"고 했다.[74] 저항적 정치주체로서의 시민 개념이 민중과 맞먹을 정도로 위력 있게 등장한 계기가 1987년의 6월항쟁이었다는 점, 이를 기점으로 추동된 한국의 민주화 이행이었다는 데 대해서는 대부분 논자들의 의견이 일치한다. 1989년 여름 창립된 '경제정의실천시민연합'(경실련)을 필두로 다수의 '시민운동' 단체들이 등장했다.

그리하여 1990년대는 민중과 시민 사이의 개념적 경쟁이 두드러진 시대가 되었다. 시민사회에서도 '민중운동'과 '시민운동'의 경합이 병행되었다. 그러나 적어도 1990년대 초까지는 민중-시민, 민중운동-시민운동 간의 경쟁이 반드시 '제로섬적인' 관계에 놓였던 것은 아니다. 양자는 나란히 그리고 동시에 발전했다. 1980년대 말까지 민중운동의 발전은 눈부셨다. 민중운동은 한국 민주화의 일등공신이었지만 민주화 덕분에, 민주화 이후의 자유로운 분위기 속에서 순조롭게 발전 가도를 질주할 수 있었다.

그러나 시간이 지날수록 '민중 개념의 주변화와 시민 개념의 중심화' 경향이 뚜렷해진 것도 사실이었다. 1990년대 이후 민중 개념의 학문적·

담론적·실제적 힘이 약해졌음은 분명하다. 1990년대 이후 발표된 민중 개념사 연구들은 민중 개념 사용빈도의 감소, 민중연구와 민중 이론의 절대적·상대적 위축을 인정함과 동시에, 1980년대 계급론적 민중 개념 화를 비판하는 경우가 대부분이다. 아울러 1990년대를 지나면서 '시민 운동 우위, 민중운동 퇴조'의 흐름도 점차 뚜렷해졌다. 이에 따라 1990년 대는 "시민 담론의 최대 융성기"이자,[75] "시민의 시대"가 되었다.[76]

1980년대와 1990년대 민중론을 연결하는 드문 학자 중 한 사람인 조 희연은 민중 담론 주변화와 시민 담론 중심화를 허용하거나 촉진한 요인 들을 분석한 바 있다. 그에 의하면 시민 담론의 부상은 국제적으로는 "사 회주의의 붕괴", 국내적 차원에서는 "변혁적 경로의 퇴조", "계급적 분화 에 따르는 정치적 지향의 분화", "민중 담론의 개방성 부재"를 객관적 조 건으로, "전투적 민중운동의 결과로 획득된 자율적 시민사회 영역에 민 중운동이 적극적으로 개입하지 못한 것"을 주체적 조건으로 가능해졌 다.[77] 조희연은 1980년대의 '변혁론 논쟁'이 "경직성, 몰현실성, 이론주 의적 성격, 환원주의적 성격"을 드러냈고 "노동자계급의 헤게모니를 존 재론적 특권으로 상정하여 배타적이고 편협한 헤게모니론으로 경도"되 었다고 비판했다.[78] 보다 근본적으로는 1980년대 민중운동이 기본으로 삼았던 마르크스주의 자체가 "대단히 협애화되고 폐쇄적인 담론의 성 격"을 띠면서 "현대자본주의하에서의 지배의 고도화, 소비 및 생활 영역 에서의 지배의 다층화와 문화화에 대한 간과, 전 계급적 문제로서의 환 경문제에 대한 간과" 등의 문제를 노정했다고 보았다.[79]

이런 요인들과도 관련되는 것으로서, 시민 담론 부상은 동시대의 지 배적인 민중론, 곧 2세대 마르크스주의 민중론에 대한 비판이자 도전의 성격을 띠고 있었다고 평가할 수 있다. 시민운동 주창자들은 2세대 민중 론의 계급중심주의 접근에 반대하여 훨씬 넓은 외연을 갖는 저항주체 개 념을 제시했고,[80] 레닌식 전위정당과 통일전선적 계급동맹에 기초한 혁녕수의 노선에 반대하면서 체제 내적 개혁주의를 제시했고, 노동자계급 당파성이나 헤게모니로 집약되는 특정 저항주체의 특권화에도 반대했다. 그런 면에서 시민 개념의 강력한 등장은 (민중 개념의 일방적인 퇴조라기보다는) 3세대 민중론의 등장과 그것으로의 이행을 촉진하는 의도치 않은 역사적 역할 또한 담당했다고 말할 수 있을 것이다.

시민 개념은 '국민'과 '민중' 모두에 대해 일종의 양비론적 개념으로 등장했다는 해석도 제기되었다. 예컨대 이나미에 의하면, "현대 시민 개념은, 우선 국가의 역할에 대해 회의하고 사회의 중요성을 인식한다는 것(국민 개념 비판)과, 계급론의 편협성이 보다 다양한 문제를 보지 못하게 한다는 문제(민중 개념 비판)가 제기되면서 등장했다."[81] 이와 유사한 입장에서 '개인의 발견'과 시민 개념 부상의 동시성, 상호 연관성에 주목하는 견해도 제기되었다. 김명인이 대표적인 사례이다. "1990년대의 시대정신이라고 할 만한 '개인'의 발견은 억압된 것의 회귀로서 의미가 있었다고 보아야 할 것이다. 그것은 1970년대까지의 '국민'과 1980년대의 '민중'이라는 집단적 정체성으로부터의 이중 탈출의 결과였다."[82] 확실히 1990년대 시민 개념에서는 저항 측면뿐 아니라 '참여'의 측면이 부각되고, 집단주의와 대립되는 '개별성·다양성·차이'가 존중되고, 집단에 대한 의무 측면보다는 시민 개개인이 누려 마땅할 '권리'(특히 시민권 담론)의 측면이 중시되고, 저항주체를 구성하는 각 부문들의 관계에서도 수직적–위계적 연대가 아닌 '수평적–민주적 연대'의 성격이 강조되는 등의 특징들이 나타나는 것 같다.

박명규는 시민 개념의 부상을 20세기 후반과 21세기 초의 세계사적 변화 흐름과 관련지었다.[83] 그런데 1990년대 이후 출현한 시민 개념은 세계사적 흐름에 조응하는 보편성뿐 아니라 한국적인 독창성과 고유성 또한 가진 것이었다는 게 박명규의 판단이었다. 시민 개념은 서구의 개념에서 출발하여 일본을 거쳐온 것이지만, 거기에 한국적인 요소들 또한 가미되었다는 것이다. 그에 의하면 한국의 시민 개념에는 "역사적 기원을 달리하는 서로 다른 세 가지 차원의 시공간적 배경"이 작용하고 있었다. 그것은 조선시대부터 사용되던 어휘로서의 시민, 20세기 들어 일본의 번역을 매개로 소개된 새로운 의미의 시민(정치공동체의 자율적인 구성원 자격을 의미하는 정치적 개념), 그리고 1980년대 이후 "한국 역사, 사회운동, 정치변화와 맞물려 적극적인 사회집단, 범주, 계층의 차원에서 언급되는 시민"이 그것이다. 1980년대 이후 등장한 세 번째 시민 범주의 경우 "어원은 서구적이라는 점에서 두 번째의 함의와 같으나 일본식 번역을 통하지 않고 직접 한국적 맥락을 반영한다는 점에서 구별"된다. 이것은 "1980년대 이래 한국의 현실, 시민계층의 등장이 반영되면서 서구의 학문체계에서 직접 시민 개념이 수용, 재인식, 재적용되는 과정"으로서, "일본이라는 다른 매개자 없이, 또 서구와 시민 개념을 이상화하거나 낭만화하지 않고 역사적 조건 속에서 개념의 실체성을 찾아보려던 시기로 규정할 수 있다"는 것이다.[84]

저항주체의 대표 기표 자리를 둘러싼 민중-시민 개념 논쟁을 바라보는 민중론 진영의 입장은 크게 '대립론'과 '상보론相補論'으로 갈라졌다. 전자가 민중 패러다임과 시민 패러다임의 대립 측면을 강조하는 입장이라면, 후자는 두 패러다임의 유사성과 상호 보완성에 주목하면서 민중 패러다임이 시민 패러다임도 포용할 수 있다는 입장이었다.

1990년대 들어 민중 개념 및 민중운동에 대한 시민운동 측의 비판은 단순한 학문적 담론 영역에 머물지 않고 종종 사회운동의 헤게모니를 둘러싼 정치적 경쟁의 색채를 띠기도 했다. 시민 및 시민운동 옹호자들이 "민중운동을 '가투 중심의 봉기운동' '비판만 하는 운동'으로 매도"하거나,[85] "민중 개념에 대한 시민 개념의 도덕적 우위"를 주장함과 동시에, "시민운동은 사회구성원 전체의 보편적 이익을 추구하는 초계급적 운동으로" 부각시키는 반면 "노동자-민중운동은 자신들의 협소한 계급적 특수이익을 추구하는 집단이기주의적 운동으로 폄하"하곤 했다는 것이다.[86] '변혁적 민중운동'을 옹호하는 쪽에서도 자연스럽게 시민운동에 대한 비판이 제기되었다. 예컨대 1991년에 백욱인은 시민운동이 "문제의 근본적 해결을 위한 총체적 입장으로까지 소급하지 않고 현상의 개선에서 마무리하려는 개량적 성격"을 지니며, "생산 영역의 노동운동을 배제한 채 중간층을 자기조직의 근거로 삼는……자유주의적 시민운동은 그 성격상 언제나 개량주의로 전락할 위험에 직면하게 된다"고 주장했다.[87] 1992년에는 김세균도 한국사회의 '시민사회론'에 초점을 맞춰, 그것이 사회변혁의 문제의식을 결여하고 있으며, '민중민주주의적 관점'을 '시민민주주의적 관점'으로 전환시키는 것이라고 비판했다.[88]

이처럼 1990년대 들어 민중 옹호자들과 시민 옹호자들 사이의 논전이 점점 험악해지는 와중에도, 모든 민중 연구자들이 민중-시민 개념, 민중운동-시민운동의 관계를 대립적 경쟁 관계로만 파악했던 것은 아니었다. 예컨대 최장집은 시민과 민중을 대립적인 관계로 접근하지 않았다. 그는 민중이 미국혁명의 인민, 프랑스혁명의 인민/시민, 고대 아테네의 데모스와 비슷한 존재이며, '시민-민중' 혹은 '민중-시민'은 인민·시민·데모스와 유사하다고 보았다.[89] 무엇보다 한국에서 시민의 출현 및 형성 자체가 "민중(운동)을 매개로 한 것"으로, "한국사회에서 시민은 민중의 연속선상에 있다"고 주장했다. 다만 그는 시민을 "민주화 이후 사회에서 민주주의의 담지자이자 이를 실천할 주체"로 규정했다.[90]

민중사회학의 창시자인 한완상은 1992년 4월 열린 최초의 사회학회·정치학회 공동 학술회의에서 사회학회 회장 자격으로 기조 발제를 하는 가운데 이와 유사한 입장, 즉 '민중운동과 시민운동의 상보적 역할론'을 피력했다. 그는 시민운동을 통해 "시민사회 공간의 확장"이 이뤄진다면 "그 공간 안에서 노동계급의 정치세력화 가능성과 더불어 독점 강화와 종속 심화를 제도 내적으로 극복해낼 수 있는 진보적 운동의 가능성도 생겨날 수 있다"면서도, "정치사회학의 관심이 탈계급적인 중산층운동이나 계급연합적 신사회운동에만 무조건 집중되어야 한다는 주장은 그 반대의 주장과 마찬가지로 잘못"이라고 평가했다.[91] 그는 시민운동에 대한 '개량주의' 낙인도 비판했다.

> 현실적으로 러시아혁명 같은 기동전적 전복은 그 대상이 국가이든 독점자본이든 혹은 이 둘 다이든 간에 거의 불가능한 상황에서 시민사회 내의 가장 큰 몫을 차지하는 민중의 고통은 어떻게 줄일 수 있을 것인가. 만일 이른바 시민운동이 이 같은 고통을 얼마간이라도 줄일 수 있다면 그것을 과연 개량주의적 선택이라고 평가절하할 수 있으며 그렇게 하는 것이 올곧고 현실적인가를 묻지 않을 수 없다. 오늘 우리의 민중들이 겪고 있는 온갖 고통들, 이를테면 물가 고통, 교통지옥 고통, 입시교육 고통, 범죄 고통 그리고 환경오염 고통 등에서 시민사회의 저변을 이루고 있는 민중을 얼마간이라도 해방시켜 주려는 신사회운동을 그것이 노동자계급 주도의 운동이 아니라는 이유로(주체의 문제) 또는 그것이 계급혁명을 통한 근본 처방(자본주의체제의 지양)이 아니라는 이유로(운동 과녁의 문제) 간단하게 개량주의적 선택이라고 몰아칠 수 있을 것인가? 이 같은 부정적 평가가 정당한 것이 되려면, 프롤레타리아 혁명이 현실적으로 얼마든지 가능한데도, 짐짓 그것을 기피하기 위해서 계급연합적 혹은 초계급적 시민운동이 자의적으로 선택되고 조직되고 전개되는 경우가 성립되어야 한다. 그런데 과연 오늘의 우리 상황이 그러한 것인가?[92]

강문구도 『경제와 사회』 1992년 겨울호에 발표한 소론에서 "변혁 사상의 딜레마에 개혁 대對 혁명이란 양분법은 좀 낡은 것이 아닌가?"라고 반문하고는, "시민사회론을 개량적으로 전개할 수도, 그리고 유기적이고 총체적 변혁의 관점을 놓치지 않고서 발전시켜 갈 수도 있다"고 주장한 바 있다.[93] 그는 1993년 6월에도 "변혁론적 관점과 계급 중심성"을 강조하는 김세균의 주장을 비판하는 맥락에서, '변혁 지향적 민중운동 대 개량주의적 시민운동'의 대립 구도가 아닌, '변혁 지향의 시민사회운동'과 '체제내화 되는 시민사회운동'을 구분할 필요가 있다고 주장했다.[94] 이와 유사하게 조희연 역시 민중 개념에 대한 시민 개념의 거센 공격에도 불구하고 저항적 정치주체로서 민중과 시민이 상보적으로 양립할 수 있음을 강조했다. "민중운동의 시민적 영역에의 변혁적 참여"를 전제로, '민중 대 시민' 대립구도에서 벗어나 "민중운동과 함께 가는 시민운동", 즉 민중운동과 연대하고 동행하는 진보적·변혁적 시민운동이 충분히 가능하다는 것이다.[95] 원종찬 역시 『창작과 비평』 1993년 가을호에 기고한 글에서 민중운동과 시민운동의 상호의존성을 강조하면서, 특히 '지역운동'을 "민중운동과 시민운동의 상호 연결고리"로 활용하자고 제안한 바 있다.[96]

시민 담론에 비판적이었던 김세균조차 '민중적-급진적 시민운동'의 가능성을 열어놓았다. 그에 의하면, "자신의 정체성을 민중운동과 구분되는 시민운동으로 간주하면 그 운동은 민중운동의 성격을 잃게 된다. 그러나 그 경우에도 자신을 '부르주아적-보수적 시민운동'으로 간주하면 그 운동은 민중운동과는 거리가 먼 운동이 되는 반면 자신을 '민중적-급진적 시민운동' 등으로 이해하면 민중운동적 성격을 지닌 시민운동으로 분류할 수 있을 것이다."[97] 1980년대식의 '계급론적 민중론'이 아닌, '시민론적 민중론'이나 '민중론적 시민론'이 1990년대에 등장했던 것도 바로 이런 맥락에서였다.[98] 1980년대 변혁 지향적 민중 연구단체들의 연합조직이었던 학술단체협의회도 1993년 10월 13일 민중운동과 시민운동의 연대 방향을 모색하는 심포지엄을 열었다.[99]

(2) 다중 대 민중

민중에 대한 '시민'의 도전이 1990년대에 집중되었다면,[100] '다중'의 도전은 2000년대 이후 개시되었다. 조정환이 "민중, 시민 그리고 다중: 탈근대적 주체성의 계보"라는 글을 발표한 것이 2003년의 일이었다.[101] 안토니오 네그리와 마이클 하트의 공동 저작인 『다중』이 2008년 초에 한국어로 출간되면서 민중-다중의 대항적 관계가 분명해졌다.[102] 그러나 저항적 정치주체의 호명 기호로서 민중·다중의 적합성을 둘러싼 논전은 대체로 진보 학계를 중심으로 진행되었고, 시민사회나 사회운동 혹은 정치사회로까지 확산되지는 못한 편이었다.

시민 개념의 일차적 비판 대상이 2세대 마르크스주의 민중론이었던 것처럼, 다중 개념의 일차적 비판 대상도 2세대 민중론이었다. 네그리와 하트가 다듬은 다중 개념을 수용하여 민중 개념을 비판하는 움직임을 선도한 이는 『다중』의 대표 번역자인 조정환이었다. 그런데 공교롭게도 조정환 자신이 2세대 민중문학론의 이론가 중 한 명이었다. 그런 면에서 다중 개념에 의지한 조정환의 민중 비판은 '2세대 민중론에 대한 자기비판'의 성격을 강하게 띠게 되었다.

1990년대 이후의 한국 진보 학계에서 기존의 마르크스주의적 민중 개념은 (계급)환원주의 편향을 드러낸 것으로 강하게 비판되었다. 환원주의 경향은 경제결정론과 계급결정론에서 특히 두드러진 것으로 간주되었다. 노동자계급에 대한 비非특권화를 추구하는 흐름도 분명해졌다. 민중(실은 인민)이 '동일성·통일성으로의 환원주의'를 특징적으로 드러낸다는, 『다중』의 다음 대목이 마르크스주의적 민중 개념에 대한 비판의 근거로 작용했다.

전통적으로 민중은 통일의 관점에서 파악된 것이었다. 물론 인구는 온갖 종류의 차이에 의해 특징지어진다. 그러나 민중은 저 다양성을 통일성으로 환원하며 인구를 하나의 동일성으로 만든다. '민중'은 하나이다. 이와는 달리 다중은 다수이다. 다중은 하나의 통일성이나 단일한 동일성으로 결코 환원될 수 없는 수많은 내적 차이로 구성되어 있다. 다양한 문화들, 인종들, 민족들, 성별들, 성적 지향성들, 다양한 노동형식들, 다양한 삶의 방식들, 다양한 세계관들 그리고 다양한 욕구들, 다중은 이 모든 특이한 차이들의 다양체multiplicity이다.[103]

그러나 여기서 언급된 '민중'은 people의 번역어라는 점, 그리고 이 'people=인민'은 '사회주의적 인민' 혹은 '계급적 인민'을 가리킨다는 점에 유념해야 한다. 이와 완전히 동일한 취지로, 네그리와 하트는 『제국』에서 다중과 인민people을 명확히 대조시켜야 한다면서 "인민은 하나의 통일체로서 주민의 대표이지만 다중은 축소할 수 없으며 복수성으로 남아 있다"고 주장한 바 있다.[104] 그러므로 『다중』이나 『제국』에서 비판된 민중 혹은 인민 개념은 사회주의적-계급적 인민과 민중을 명확히 구분했던 1970년대 한국의 그것(즉 1세대 민중론)이 아니라, 민중을 '인민의 번역어'로 간주했던 1980년대 한국의 그것(즉 2세대 민중론)이었다고 보아야 한다. 필자는 (연대를 위한 '공통적인 것'의 발견 가능성을 충분히 열어두면서도) "환원 불가능한 특이한 차이들의 다양체"로서의 다중 개념을 강조하는 문제의식이 2000년대에 민중사 연구자들을 중심으로 강조된 '민중의 다성성' 주장과 유사하며, 나아가 1980년대 중반 이전 1세대 민중론의 다원주의적 민중 개념과도 친화적이라고 생각한다.

'노동자계급 헤게모니'나 '노동자계급 특권화'에 대한 문제제기는 네그리와 하트가 다중 개념을 통해 개진하는 문제의식과도 일맥상통한다. 네그리와 하트는 개방적·확장적인 다중과 배제적인 노동자계급을 개념적으로 구분할 뿐만 아니라, 노동자계급의 특권화에 대해서도 다음과 같이 비판한다.

다중 개념은 최소한 19세기와 20세기에 사용되기에 이른 노동계급 개념과는 매우 다르다. 노동계급은 근본적으로 배제에 기초를 두는 제한된 개념이다. 가장 좁은 의미로 파악된 노동계급은 오직 산업노동자만을 지시하며 그래서 다른 모든 노동하는 계급들을 배제한다. 가장 넓은 의미의 노동계급은 모든 임금노동자를 가리키며 그래서 임금을 받지 않는 다양한 계급들을 배제한다. 노동계급에서 다른 노동형태들을 배제하는 것은, 예를 들어 남성의 산업노동과 여성의 재생산노동 사이, 산업노동과 농민노동 사이, 취업자들과 실업자들 사이, 노동자들과 빈자들 사이에는 종류의 차이가 존재한다는 관념에 기초하고 있다. 노동계급은 일차적으로 생산적인 계급이며 자본의 지배를 직접적으로 받는 것으로, 그래서 자본에 맞서 효과적으로 행동할 수 있는 유일한 주체로 간주된다. 다른 피착취 계급들도 자본에 맞서 투쟁할 수 있지만 노동계급의 지도에 종속될 뿐이다. 과거에 이것이 사실이었건 그렇지 않건 간에, 다중 개념은 그것이 오늘날에는 옳지 않다는 사실에 의거한다. 달리 말해 이 개념은 노동의 형식들 사이에는 어떠한 정치적인 우열도 존재하지 않는다는 주장에 의거한다. 오늘날에는 모든 노동형태들이 사회적으로 생산적이다. 모든 노동형태들이 공통적으로 생산하고, 또한 자본의 지배에 저항할 공통적인 잠재력을 공유한다. 그것을 저항의 동등한 기회로 생각하자. 명확히 해두어야 할 것은, 이것이 산업노동자들이나 노동계급이 중요하지 않다고 말하는 것이 아니며 다만 그들이 다중 내부의 다른 계급들에 비해서 어떠한 정치적 특권도 가지고 있지 않음을 말할 따름이라는 것이다. 그리하여 배제에 의해 특징지어지는 노동계급 개념과는 달리, 다중은 개방적이고 확장적인 개념이다.[105]

노동자계급의 특권화를 배격했던 만큼, 네그리와 하트는 매우 자연스럽게도 노동자계급을 중심이자 정점頂點으로 한 수직적인 다계급적 연대 개념에 대해서도 비판적이며, 그 대안으로써 다중을 수평적이고 평등하고 민주적이고 개방적인 '네트워크'로 제시한다. "그러므로 다중 역시도 하나의 네트워크로 이해될 수 있다. 모든 차이들이 자유롭고 평등하게 표현될 수 있는 개방적이고 확장적인 네트워크로, 우리가 공동으로 in common 일하고 공동으로 살 수 있는 마주침의 수단들을 제공하는 네트워크인 것이다."[106] 과거의 '위계적 연대'는 수평적이고 평등하고 민주적인 '네트워크적 연대'로 대체된다. 조정환을 비롯한 『다중』의 번역자들이 정리했듯이, 이 네트워크 구조는 "중심도 없고 연결의 고정된 법칙도 없이 수평적으로 연결되는 구조"인 것이다.[107]

『어셈블리』에서도 네그리와 하트는 "중앙집중화된 리더십"(즉 "카리스마적 인물, 지도부 위원회, 정당구조, 관료제 등을 포함하는 중앙집중화된 수직적 형태의 조직화")을 거부하고 '다중적 다양성'을 추구함과 동시에, "노동계급은 획일화된 통일체로 이해되어서는 안 되며, 어떤 이상적인 노동자 유형으로 대표되어서도 안 된다"고 역설했다. 더 나아가 네그리와 하트는 노동자계급이라는 개념 자체를 대폭 확장하여, "노동계급은 공장노동자, 무급 가사노동자, 불안정노동자, 그리고 불법적인 노동 착취 공장에서 일하는 노동자에 이르는 엄청나게 다양한 노동의 형상들로 채워져야 한다"고 주장했다.[108]

요컨대 노동자계급이 이끄는 '위계적-수직적 연대' 개념은 다중으로 대표되는 '수평적-네트워크적 연대' 개념으로 바꾸어야 한다는 말이다. 그런데 민중을 노동자계급의 헤게모니에 기초한 위계적 연대 개념으로 제시했던 것이야말로 2세대 민중 개념의 중요한 특징이었던 만큼, 다중 개념 자체가 2세대 민중 개념에 대한 비판으로 읽힐 수 있는 것이다. 2세대 민중론에 비판적인 3세대 민중론자 대다수가 다중 개념의 이런 문제

제기에 호의적이거나 공감하는 태도를 보이는 것은 따라서 매우 자연스럽다.[109]

다중 개념의 도전에도 불구하고 '민중과 다중의 개념적 친화성'을 강조한 민중론자들도 있었다. 권진관, 한완상, 손석춘 등이 그런 이들이었다. 조정환 등이 '대체론' 즉 다중 개념으로 민중 개념을 대체해야 한다는 입장이라면, 이들의 입장은 '공존론', 즉 다중 개념은 민중 개념과 공존할 수 있을 뿐 아니라 민중 개념의 현실 적합성을 높여줌으로써 결과적으로 민중 개념을 더욱 풍부하게 만들어줄 수 있다는 입장에 가깝다고 하겠다.

그런데 공존론 안에서도 상당히 다른 접근이 시도되고 있다는 점이 이채롭다. 권진관이 신자유주의 및 신자유주의적 세계화의 맥락에서 '프리케리아트precariat'로 지칭되어온 '불안정노동자군'을 주로 논의하고 있다면, 한완상과 손석춘은 정보혁명의 맥락에서 '네티즌netizen'에 초점을 맞추었다. 그러나 두 접근 모두 '민중의 역사적 가변성 명제'에 기초하고 있다는 점은 공통적이다. 결국 두 접근은 20세기 말과 21세기 시점에서 민중의 주된 발현 양식 내지 존재 형태는 무엇인가를 묻고 있는 셈이다.

우선, 권진관은 네그리와 하트의 다중 개념을 수용하여 '오늘날의 민중은 곧 다중'이라는 주장에 이어, "다중적 민중multitudinous minjung"이라는 새로운 용어를 창안해냈다. '민중의 다중성'은 민중 구성의 복잡화·다양화 추세를 반영하면서, 근본적으로는 노동의 불안정성에서 비롯되는 삶의 불안정성이 심화·확대되는 추세를 배경으로 현실화된다. 한국에서는 다중적 민중이 1980년대 말 이후 출현했다는 것이 권진관의 판단이다.[110]

한편 한완상은 정보화·정보혁명과 관련지어 다중 개념을 수용하고, 비판적 네티즌을 '줄씨알'이라고 명명하면서 '민중=줄씨알=다중'이라는 접근을 시도했다. 그는 "정보혁명이 불러일으키는 이 같은 줄씨알들의 저력을 주목하지 않고서 21세기 민중신학 그리고 민중사회학을 거론하기 어렵"다고 주장했다. '네티즌=줄씨알'이야말로 "21세기의 대자적 민중", "대자적 씨알", "창발적 개아個我들", "창발적 줄씨알들"이라는 것이다.[111]

> 정보화 흐름을 재빠르게 수용하고 그 흐름을 적극적으로 활용했던 한국 정부와 국민들은……이제 무력한 reactor 대중에서 강력한 주체적 actor로 변했습니다. 최근 하트M. Hardt와 네그리A. Negri가 강조하는 다중multitude으로 변했습니다. 이들이 바로 한국의 줄씨알netroots입니다. 네그리와 하트가 말하는 다중은 개 주체에 내재하는 힘, 스스로를 대변하는 힘, 그 어떤 개인을 초월하는 권력이 대변할 수 없는 내재적 힘을 지닌 개 주체singularity의 통전적 실체입니다. 세계화로 국민국가의 경계를 넘어 존재하는 제국Empire에 대한 대안적이고 대항적인 힘으로 작동하는 21세기의 대자적 민중이라 하겠습니다. 20세기의 무력하고 원자화된 대중mass과는 질적으로 달리 스스로 그 힘을 형성해내는 창발적 줄씨알들입니다.[112]

한완상처럼 손석춘도 네티즌을 '21세기 민중'으로 간주하고 있다. 그는 '민중언론학'을 제창하면서 이를 "21세기 민중인 네티즌이 진실과 공정의 언론 활동으로 자신의 삶을 창조적으로 구현해내는 실천적 학문"으로 규정했다.[113] 그리고 이런 맥락에서 다중 개념의 내용을 "민중 개념으로 얼마든지 포괄할 수 있다"는 입장을 취했다.[114]

6. 결합 관계

이번 절에서는 민중과 결합 관계를 이루는 개념들을 다룬다. 결합 관계의 개념들은 단순한 대체 가능성을 넘어 서로 끌어당기고 쌍방향으로 침투하는 속성을 지닌다. 20세기의 저항적 민중 개념은 무엇보다도 민족 및 계급 개념과 불가분의 결합 관계를 맺어왔다. 한국 근현대사에서 민중은 민족 및 계급의 두 범주와 강하게 결부되어온 개념이었다. 특히 1920년대부터 민족·계급 개념과 강하게 연관된 새로운 민중 개념이 등장하기 시작했다. 한국에서 민중 개념은 민족과 계급이라는 두 변수 간의 변화하는 함수관계 속에 놓이는 경향이 매우 강했다. 계급 개념은 인민-민중 관계를 다룰 때 간략하게나마 언급한 바 있으므로, 여기서는 민중과 민족의 결합 관계에 집중할 것이다.

『시민종교의 탄생』에서 필자는 다음과 같이 썼다. "20세기 한반도에서 '민족' 혹은 '민족주의'는 엄청난 위력을 발휘했다. 대한제국이 몰락하여 식민지로 전락한 사건도, 식민지에서 해방된 사건도 엄청난 민족주의적 감정을 분출시켰다. 해방 후 분단, 독립정부 수립, 전쟁, 휴전, 전후복구와 경제 건설 등을 겪으면서도 민족주의 열기는 수십 년 동안 가라앉지 않았다."[115] 몇 가지를 더 인용해보자. "20세기 한국사회의 담론 체계에서 민족은 이념적으로나 실천적으로 늘 그 중심 위치를 차지했다. 지난 100여 년 동안 한반도의 역사 속에서 전개된 삶과 죽음, 노동과 문화, 사상과 느낌은 물론 심지어 개인적 고통과 사랑까지도 민족의 거대한 담론 체계 속에 흡인되었다"(임지현); "20세기 한국사에서 '민족'이란 단어만큼 큰 영향력을 발휘한 단어는 없을 것이다"(박찬승); "남북한 모두에서 민족주의는 국가권력을 정당화하는 데 사용되거나, 탈식민지 이후 민족 건설 과정에서 일종의 국가종교로 작용하였다.……정부는 민족주의야말로 어떠한 희생도 달게 치러야 할 궁극적인 시민적 미덕임을 수없이 설교하였다"(카터 에커트).[116] 신형기는 민족이 20세기 한국인들에게 "숭고함과 근원적인 순결함의 표상", "발화의 대大 주체", "거룩한 전체"로 간주되었다고 했다.[117]

필자는 20세기 한국인의 삶에서 민족·민족주의가 차지했던 지대한 영향력과 중요성이 민중 개념과 민족 개념의 친화성을 뒷받침한 하나의 요인이었다고 본다. 민중연구의 3대 지향을 주체성, 실천성, 비판성이라고 말할 수 있을 만큼 한국 민중론은 처음부터 (주체성으로 집약되는) 민족주의적 성향이 강했던 것이 특징이었다. 그 민족주의가 얼마나 높은 수준의 탈식민주의 의식에 도달해 있었는가는 별개로 말이다.

필자는 '민중-민족의 개념적 결합 관계'와 '민족주의적 민중론'을 구분해야 한다고 본다. 후자는 민중론의 한 하위유형으로서 민족(모순)의 중요성을 강조하는 입장을 가리킨다. 후자가 전자를 당연한 전제로 요구한다는 점에서 양자가 긴밀한 상관관계를 맺고 있음은 분명하다. 그러나 전자가 '모든' 민중론에 공통되는 일반적인 특징인 반면 후자는 다양한 민중론들 중 '일부'에만 해당한다는 점에서 양자는 엄연히 구분된다.

(1) 민족과 민중의 개념적 친화성

사실 1920년대 초 처음 출현한 한국의 저항적-정치적 민중 개념은 기존의 민중 기표가 민족과 계급 개념을 끌어당겨 자신의 일부로 만듦으로써 성립되었다. 신채호가 말한 '민중혁명'은 민족혁명과 계급혁명(사회혁명)의 합성어였다. 민중은 단지 계급만이 아닌, '계급과 민족의 합슴'을 지시하고 있었던 것이다. 한국이 식민지로 전락한 1910년부터 민족-국민 개념 간에 대항 관계가 성립하고, 1920년대 초에는 민중-국민 개념 간에도 대항 관계가 성립하면서, 자연스럽게 민족과 민중 사이에서 개념적 수렴 현상이 발생했던 것으로 보인다. 더구나 1920년대 이후 민족운동의 핵심 주체가 민족부르주아로부터 민중으로 변화됨에 따라, 민족과 민중의 수렴 추세가 더욱 공고해진 것 같다. 동시에, 민족운동의 주도권이 민중에게 이양됨에 따라 '민족 개념의 민주화' 내지 '민족 개념과 민주주의 개념의 결합'도 함께 진행되었던 것으로 보인다. 범민중적 3·1운동의 결과 탄생한 임시정부가 민주주의 정체政體를 선택한 것은 결코 우연이 아니었던 셈이다.

식민지-(신식민지)-분단체제로 이어진 독특한 삶의 정황으로 인해, 탈식민지 시대에도 '민중'과 함께 '민족'이 변혁정치의 유력한 주역으로 부각되었다. 해방 후 반공주의의 지배력 확장으로 계급 개념이 억압당하자, 분단체제 아래서 민중과 민족 개념이 강하게 결속하는 양상이 나타나게 되었다.

해방 후 민족-민중의 개념적 친화성을 뒷받침한 몇 가지 요인들이 있는 것 같다. 우선, 신식민지성을 포함한 '식민지성' 혹은 '종속성'의 지속이라는 지식인들의 상황 인식이다. 또 하나는 한반도 '분단체제'의 등장이다. 저항적 정치주체로서의 민중 개념이 부활한 시점이 1960년대 말혹은 1970년대 초였다는 점에서 우리는 하나의 요인을 더 고려해야 할것이다. 그것은 박정희식 민족주의와의 '차별화' 필요성이다. 두 개의 민족 담론, 즉 '지배담론으로서의 민족'과 '저항담론으로서의 민족'이 각축하는 1970년대의 상황에서, 비판적 지식인들은 지배담론으로서의 민족과 차별화되는 새로운 저항적 민족 담론을 '발명'해내야 했다.

이전의 이승만 정권과 마찬가지로 박정희 정권도 '안전한-건전한 민족주의'와 '위험한-불온한 민족주의'를 구분한 후 전자에 대해서는 권장하고 후자에 대해서는 억압하는 기조를 유지했다. 그런데 1960년대 말부터 박정희 정권은 '민족주의의 정치적 활용'에 적극적으로 나섰다. 박정권의 민족주의 드라이브는 반공민족주의, 스포츠민족주의, 발전주의적-경제적 민족주의, 언어민족주의, 문화적 민족주의, 영토적 민족주의,

국토민족주의, 군사주의적 민족주의 등으로 그 범위를 대폭 확대했다. 1970년대에는 민족주의 관점에서 전쟁사 중심의 '국난극복사관'으로 역사 재구성을 시도하기도 했다.[118] 특히 1960년대 중반 이후 한국의 반체제적 지식인들은 '근대화 담론과 민족주의 담론의 결합'인 박정희식 경제민족주의와 대결해야 했다. 홍정완에 따르면, 쿠데타 세력은 "4월혁명 이후 대두했던 민족주의적 흐름 중에서 '제3세계' 민족해방운동에 연대의식을 표명했던 흐름은 강력히 탄압하면서도, '후진성'의 탈피, 산업화를 향한 '민족적' 정치·경제체제의 건설을 주장했던 흐름에 편승"하여, 자신들이 "4월혁명의 진정한 계승자인 아시아·아프리카 지역 민족주의 물결의 일환"임을 자처하면서, "로스토우의 근대화론을 원용하며 쿠데타를 '근대화'를 위한 '민족주의적 혁명'으로서 정당화했다."[119] 1960~1970년대에 민족주의 성향의 반체제 지식인들은 민족주의 자체에 대한 성찰에 기초하여 지배층의 민족주의에 대한 비판에 나서는 한편, 지배층의 민족주의와 명확히 구분되는 자신들의 독자적인 민족주의 이론을 만들어내야 하는 이중적 과제에 직면해 있었다.

민중론자들의 비판은 '지배층 민족주의의 반反민중성'을 파고들었다. 지배층의 민족주의가 '민중을 억압하는 이데올로기'로 악용되고 있다고 서남동이 비판했던 게 대표적인 예일 것이다.[120] 안병무도 민중신학의 태동 사건이었던 1975년 3·1절 강연("민족·민중·교회")에서 민족을 빙자한 민중 혹사와 착취를 강하게 비판한 바 있다.

> 우리 민족은 계속 외세의 침략과 위협을 받아왔기에 민족의식이 강했으며 민중은 나라 사랑을 지상의 과제로 알았기에 민족의 운명을 내세우는 정부에 무조건 충성을 보여왔으나 민중은 정부로부터 가장 푸대접받는 역사가 계속됐다. 민중이 민족을 형성하고 그것을 지킬 대권大權을 정부에 맡겼는데 바로 이 민족이 개념화되어 민중을 혹사 착취하

는 데 이용되는 일이 오늘날까지 계속됐다는 말이다. 이것은 결국 민
족도 없고 민중도 없고 그것을 이용하는 정부만이 있었다는 말이
다.……민족을 사랑하기 때문에 민족의 대권을 가진 정부에 복종했으
나 착취와 혹사 외에 아무런 대가도 받지 못한 민중의 분노가 터진 사
건이 근세사의 홍경래 사건이나 동학혁명 사건 등이다.[121]

강만길은 1976년 민족운동의 주체에 초점을 두고 세 유형의 민족주
의, 즉 국가주의적 내셔널리즘, 국민주의적 내셔널리즘, 민족주의적 내
셔널리즘을 구분한 바 있다. 이 가운데 군주나 일부 귀족이 주도하는 '국
가주의적 내셔널리즘'은 실패를 거듭하며 "반역사적 성격"을 드러냈고,
시민계급이 주도하는 '국민주의적 내셔널리즘'은 식민지 시대에 독립운
동을 이끌었고 해방 후에도 1970년대까지 위력을 발휘해왔지만,[122] 이
제는 민족 전체가 민족운동 주체가 되는 '민족주의적 내셔널리즘'으로
나아가야 한다는 것이었다. 그의 비판은 '국민주의적 내셔널리즘'에 집
중되고 있다. 그는 "국민주의적 내셔널리즘 국사학으로서의 일제시대의
'민족사학'이 지나치게 관념주의·영웅주의적"이었고, "시민계급적 사
회계층의 범주 밖에 있는 민족 구성원에 대한 이해가 철저하지 못하였던
시대적 제약성"을 드러냈다고 보았다.[123] 아울러 지배적 민족주의가 "민
족이나 국민을 가탁한 특수 계층의 전유물"이 되어 "민족 안의 모순을
호도"하는 반민중성을 드러냈다고 주장했다.

우리 역사상에서 국민주의적 내셔널리즘은 식민지 치하에서의 저항운
동 이론으로서의 그 긍정적인 의미만이 강조되어왔다. 그러나 세계사
상에서의 그것은……민족이나 국민을 가탁假託한 특수 계층의 전유물
專有物이 되어 반역사적 작용을 거듭해왔다.……대외적으로는 침략주
의를 합리화하는 이론이 되어왔고 대내적으로는 민족 안의 모순을 얼

버무리는 역할을 다해 왔던 것이다.……국민주의적 내셔널리즘이 가졌던 민족 안의 모순을 호도糊塗하던 기능은 민족 구성원 전체의 권익을 옹호하는 기능으로 승화되어야 할 것이며, 외국의 침략에 저항하는 논리로서의 국수성國粹性과 배타성排他性 같은 것은 진취적이고 개방적인 성격으로 전환되어야 할 것이다.[124]

비판적 지식인들이 박정희 정권의 민족주의 전유에 맞서 시도한 개념 혁신의 산물이 바로 '민중적 민족주의'였다.[125] 민중적 민족주의는 두 가지 지점에서, 즉 '민족과 민중의 결합' 그리고 '민족과 민주주의의 결합'을 추구한다는 점에서 정권 측의 권위주의적-파시즘적 민족주의와 선명하게 차별화되었다. 여기서는 '민족' 개념(반체제 민족주의자들)이 '민중' 개념을 능동적으로 끌어당기는 측면이 도드라졌다. '민중적 민족주의'가 민족에 민중을 각인해 넣으려는 시도라면, 이와는 반대로 '민족주의적 민중'이나 '민족적 민중주의'처럼 민족 패러다임을 아예 민중 패러다임으로 대체하는 선택 역시 물론 가능했고 실제로 그런 사례가 적지 않았다. 이상록은 '민중과 민족의 담론적 접합'을 시도하는 문학계의 민족 담론 차별화 시도를 소개한 바 있다.

> 1960~70년대 담론지형 속에서 '민족' 담론의 주도권은 지배블록에서 움켜쥐고 있었고, 저항 진영에서는 지배블록의 주도권에 끌려가거나 차별화 전략을 위해 애쓰는 형국이었다.……민족문학론이 지향했던 차별화 담론의 핵심은 민중의 이익에 입각해서 현실의 비판적 리얼리티를 부각시키는 데 있었다. 즉, 민족 담론의 차별화를 판가름하는 핵심은 '민중'을 어떻게 규정할 것인가와 민중의 이익을 어떻게 재현하는가에 놓여 있었다. 민족문학론에서 민중은 민족모순의 담지자인 동시에 반외세·반봉건·반독재를 실천하는 민족 발전의 주체로 표상되

고 있었다.[126]

월간지 『청맥』의 이론가였던 이진영은 1966년의 글에서 민족과 민주주의의 결합인 '민주주의적 민족주의'를 주창했다. "지금 우리 민족사회는 세계사적인 대세의 일환으로 안으로 민주사회를 달성하려는 민주주의적 사회개혁과, 밖으로는 명실공히 자주독립 사회를 건설하려는 민족주의 운동을 동시에 수행해야 할 민주주의적 민족주의의 과제를 역사의 무거운 짐으로 짊어지고 있다"는 것이다.[127] 이진영은 '민족과 민주주의'의 결합뿐 아니라 '민족과 민중'의 결합에도 선구적으로 나섰다. 그는 1965년에 발표한 글에서 서구와 제3세계 민족주의의 비교, 제3세계 민족주의 내부에서의 비교 등 이중의 입체적인 비교역사적 고찰을 시도했다. 여기서 제3세계 내부의 비교는 인도형 민족운동, 중국형 민족운동, 아프리카형 민족운동, 라틴아메리카형 민족운동의 차이를 밝히는 데 집중되었다. 한국 사례는 중국형 민족운동과 유사한 것으로 간주되었다. 그에 의하면 민족적 모순이 심각할수록 민족운동의 참여 폭이 넓어지는 일반적인 경향성이 나타나지만, 민족운동의 유형에 따라 그 폭과 주도 세력이 달라진다. 인도형 민족운동의 경우, 자본주의의 발달 정도가 높아 (봉건적 성격도 어느 정도 가진) 민족부르주아가 강력하게 성장하여 비폭력적 투쟁을 통해 독립을 성취하고, 이후 '집권 세력'이 되어 정치권력을 행사하게 된다. 반면 인도형에서는 민족혁명과 사회혁명은 분리되고, 민족부르주아에 부수된 봉건적 성격으로 인해 봉건 유제가 온존하고, 이를 자본주의적 재생산과 착취에 활용한다. 중국형 민족운동의 경우 자본주의 발달이 지체되어 민족부르주아는 규모가 왜소하고 제국주의에 대해서도 협력적·타협적·투항적이다. 인도형 민족운동에서는 민족혁명과 사회혁명이 분리되는 데 반해, 중국형에서는 민족운동이 민중 주도로 진행됨으로써 민족혁명과 사회혁명의 결합이 용이해지는 편이다. 아프리카형 민족운동의 경우, 모든 산업을 외국인(백인)이 소유하므로 '흑인 전체'가 반제反帝투쟁으로 동원되는 경향이 있으며, 노동자 겸 농민의 성격을 지닌 '계절적 이동노동자들'이 주력을 이룬 노동자계급이 민족운동을 주도한다. 라틴아메리카형 민족운동의 경우, 일찍 독립을 성취한 데다 자본주의 발전 정도도 높고 노동자계급이 상당히 형성되어 있으므로, 전통적 지주·관료·신흥상공업자들이 민족주의를 표방하지만 파시즘화의 위험 또한 높다.[128] 요컨대 한국에서는 민족운동이 민중 주도로 진행됨으로써 민족혁명과 사회혁명이 중첩되기 쉽다는 것이 이진영의 주장인 셈이다.

박현채도 이진영과 유사한 분석을 내놓은 바 있다. 그는 자본주의 발전의 세 유형에 따라 "민족주의운동의 담당 주체(계급)"가 달라진다는 주장을 폈다. '선발선진자본주의'에서는 자본가계급이 주된 담당 주체가 되고, '후발선진자본주의'에서는 주도 세력의 구성이 복잡하게 나타나며, 한국을 포함한 식민지-종속형의 경우 초기에는 소부르주아나 중간층이 민족운동을 주도하다가 신식민지 단계에서는 "민중적" 담당 주체로 전이된다는 것이다. 박현채는 한국 근현대사에 대한 구체적인 분석을 통해 민족운동의 담당 주체가 민중으로 점차 변화되어왔음을 입증하고자 했다.[129]

염무웅은 일찍이 1972년에 민족-민주-민중 개념의 결합, 곧 "근대적 의미의 민족 개념이 민주 및 민중 개념과 결합한다"는 견해를 피력했다.[130] 원동석은 "민족과 민중의 표리관계"를 주장했는데,[131] 이를 비롯하여 '민족의 실체가 민중'이라는 '민중 실체론' 주장은 비교적 흔한 편이었다. 급기야 역사학자 박성수는 1980년 발표한 "한국사에 나타난 민중운동"이란 글에서 민중과 민족이 '동의어'라는 주장까지 개진했다. "민족이란 말은 본시 민중이란 뜻이었다. 의암毅菴 유인석은 민족의 반대말을 귀족이라고 하면서, 모든 귀하지 못한 사람들을 민족이라 생각하고, 그들을 위해 봉사하자는 주의를 민족주의라고 하였다. 이러한 맥락에서 민족이란 말은 오늘날 그 본래의 뜻을 되찾아야 하는 것이며, 민중을 떠나서 민족이 없다는 사실을 다시금 강조하여야 하는 것이다."[132]

2세대 마르크스주의적 민중론자들도 민족 문제의 중요성을 강조한 것은 마찬가지였다. 예컨대 백욱인은 "한국사회의 계급 문제와 민중 문제가 갖는 특성은……민족 문제가 변혁주체 설정과 형성에 커다란 영향을 미친다는 데 있다"면서, 구체적으로는 제국주의의 작용과 영향으로 인해 "민중 형성이 일국성—國性을 초월"하고 "분단극복의 과제가 현재화"된다고 보았다.[133] 민중운동의 전성기였던 1980년대 후반에도 '민족'을 표방한 민중문화운동 단체'가 꽤 많았다. 1984년 재창립된 '자유실천문인협의회'가 1987년 '민족문학작가회의'로 개명했던 일, 1985년 '민족미술협의회'가 결성된 일, 1988년 '한국민족예술인총연합'이 출범했던 일 등을 우선 떠올릴 수 있겠다.[134]

그러나 1990년대 중반 이후 역사학계를 중심으로 '민중 개념과 민족 개념의 점진적 분리'가 진행되었다. 이 시기에는 "민족이라는 단일주체의 폐쇄성을 비판하고 민족 내부에 실재하는 이질적인 경험과 목소리를 강조"하는 탈근대·탈식민 역사학의 영향 아래, 민중사학을 포함한 기존의 한국 역사학이 "일국주의·민족주의 역사학"으로 비판되었다.[135] '민족사학' 전통의 '민족주의 과잉'이 비판의 대상으로 떠오른 것이다.[136] 나아가 민족주의 자체가 '권력'으로 간주되었다.[137] 이런 변화를 배경 삼아 민족주의에 대한 학문적 관심의 초점도 '주권'(국가 주권의 획득이나 이행·이양)에서 '규율권력'이나 '내부식민지'도 점차 이동했다.[138] 이런 새로운 민중 개념화에서는 오랫동안 한국 민중 개념의 특징 중 하나였던 민족·민족주의와의 친화성이 약해지는 것은 물론이고, 민중과 민족의 점진적 분리 또한 불가피해질 것이다.

민중이 '초민족적 주체'라는 주장도 일각에서 제기되었다. 허영란은 역사문제연구소 민중사반이 추구해온 '새로운 민중사'의 민중 이해를 일상적 주체, 다성적 주체, 모순적 주체, 근대를 상대화하는 방법적 매개이자 초민족적 주체라는 네 가지로 제시한 바 있다. 여기서 초민족적 주체는 "일국 단위의 변혁을 수행하는 주체가 아니라, 국가와 민족의 경계를 넘나들고 때로는 그것을 무화시키는 트랜스내셔널한 주체"를 가리킨다.[139]

국민국가 혹은 민족국가의 경계 안에서 민중은 거의 항상 국민보다 '작은' 규모이고, 대부분 민족보다 '작은' 규모이며, 대개 국민·민족 안에 '포함되어' 있다.[140] 그럼에도 불구하고 민중은 국가·민족의 경계와 제약을 '넘어설' 가능성을 갖고 있다. 일종의 '개념적 마법'이라 할 이런 특성은 민중뿐 아니라 1930년대 이후의 사회주의적 인민이나 계급 개념에서도 발견된다. 민중 개념이 드러내온 민족·민족주의와의 친화성에도 불구하고, 민중 개념에 내재한 초국가적·초민족적 확장 잠재력은 근대 민족국가·국민국가 체계에서는 물론이고 지구화 시대에도 이 개념에 의미 있는 생존 가능성을 제공하는 것으로 보인다.

(2) 민족주의적 민중론

이번에는 민중론의 하위유형 중 하나인 '민족주의적 민중론'으로 눈을 돌려보자. 1987년에 한상진은 기존 민중론을 한완상으로 대표되는 '소외론적 접근'과 박현채로 대표되는 '계급론적 접근'으로 구분했다.[141] 그런데 여기에 '민족론적 접근' 곧 '민족주의적 민중론'을 추가해야 할 듯하다. 이 접근은 통상 '민중적 민족○○'의 형식, 예컨대 '민중적 민족문학'이나 '민중적 민족사학' 등의 작명 방식을 선호한다. 민족주의적 민중론은 '계급주의적 민중론'과 대립하는 민중론, 혹은 민족 요인과 계급 요인 모두를 중시하나 전자에 중점을 두는 입장, 민족 요인을 계급 요인

못지않게 중시하면서 양자의 균형을 추구하는 입장을 두루 포괄한다.

사실 1세대 민중론의 특징을 '관념적', '소외론적', '낭만적', '인민주의/포퓰리즘적' 등의 형용사들에서 찾기에 앞서 '민족주의적'이라는 데서 먼저 찾아야 하지 않을까. 그만큼 강한 민족주의 성향이야말로 1세대 민중론 전반을 아우르는 특징이 아닌가 하는 게 필자의 생각이다. 강만길의 분단사학(분단시대의 사학), 이효재의 분단사회학, 백낙청의 분단체제론과 민족문학론, 박현채와 유인호의 민족경제론, 원동석의 민족예술론 등이 대표적인 사례들이다. 민중신학의 안병무도 '엘리트 민족주의'가 아닌, "민중적 민족주의"의 성격을 띠는 '제3세계 민족주의'의 입장을 취했다.[142]

민중사회학의 한완상도 민중의 입장에서 민족문제에 접근하는 것의 중요성을 줄곧 강조해 왔다. 한완상은 1970년대부터 민중사회학의 네 가지 연구 영역 중 하나로 '한반도의 통일 문제 연구'를 제시했고, 1980년대에도 분단-민족주의-냉전이데올로기의 연결에 주목하면서 한국사회의 양대 과제를 민주화와 통일로 제시했다. 그는 2000년대 초에도 "한국사회를 병들게 한 가장 무서운 질병균이 바로 민족분단에서 나온 것"이라고 진단하는 등 민족 문제에 대한 줄기찬 관심을 유지했다.[143] 민중론에 참여한 시기로 보아 2세대에 가까운 한상진도 민중의 민족주의적 성격이나 민족모순의 중요성을 강조한 바 있다.[144] 김진균은 민중이 민족의 대다수를 구성할 뿐 아니라 민중만이 민족 이익을 대변하는 존재라는 점에서 민중이 민족주의와 민족운동의 진정한 주체가 된다고 보았고, 이런 '민족주의적 민중론'이 이미 1920년대에 형성된 견해임을 밝히고 있다.[145] 뿐만 아니라 김진균은 식민지 시대의 신채호와 손진태는 물론이고 1970년대와 1980년 초까지의 민중론자 대부분을 '민족주의적 민중론자'로 간주했다.[146]

채광석은 민족문학과 민중문학의 관계를, "민족문학은 민중에 기초

한 민중문학을 통해 구체화되는 것"으로 정식화한 바 있다.[147] 백낙청은
치열하고도 정확하게 분단체제를 직시하면서 "민족적인 것과 민중적인
것의 결합"[148]을 겨냥하는 민족문학론의 필요성과 중요성을 다음과 같
이 설파했다.

> 민족문학론은 분단체제에 대한 이러한 인식에 충실함으로써만 문학
> 자체의 발전에도 기여하며 분단의 극복에도 기여할 수 있다. 70년대의
> 민족문학론이 60년대 이래로 다양하게 전개된 참여문학론·시민문학
> 론·농민문학론·리얼리즘문학론 등에 일종의 구심점을 제공한 것은
> 바로 그러한 기여를 얼마간 해냈기 때문이라고 믿어진다.……'민족문
> 학'이라는 단어는 관변 측의 문인들도 자주 써왔다. 그러나 우리의 민
> 족문학론에서는 '민족'이란 무슨 형이상학적 실체도 아니요 과거의 역
> 사에 의해 이미 고정되어버려 몇몇 사람들이 제멋대로 관리할 수 있는
> 그런 것도 아니라는 점을 처음부터 강조해 왔다. 어디까지나 민족 성
> 원 대다수의 삶에 의해 규정되어 그와 더불어 역사 속에서 그 의미가
> 변전하는 것이 민족이며, 그 점에서 진정한 민족문학은 민중문학의 성
> 격을 띠지 않을 수 없는 것이다.[149]

역사학계에서 민중-민족의 수렴은 1975년 전국역사학대회에서 강만
길이 '분단사학'(분단시대의 사학론), 즉 "현 단계 한국사학은 분단시대의 사
학으로서 제약을 탈피하여 민족통일을 위한 역사학이 되어야 한다고 제
창"하면서 본격화되었다.[150] 1981년에 이만열은 '민중의식에 입각한 민
족사관' 즉 '민중적 민족사관'을 들고나왔다.[151] 민중사학의 탄생 과정은
'위로부터의 민족사학'을 뒤집어 '아래로부터의 민족사학'을 정련하는
과정에서 비롯되었다. 강만길은 1970년대 중반 이후 '분단시대의 사관'
을 정립하면서, 패권적 지위에 있던 '위로부터의 엘리트주의적 민족사

관'을 '아래로부터의 민족사학'으로 전복하는 작업을 함께 수행했다. 일단 뒤집힌 흐름은 1980년대 초 이만열과 정창렬에 의해 쉽사리 역류를 허용하지 않을 정도의 큰 흐름으로 안착했다. 이제 '(민중적) 민족사학'이 '민중사학'으로 바뀌는 일만 남았고, 이는 1980년대 중반 소장 역사학자들에 의해 현실화되었다. 1970년대부터 1980년대 초반까지 기존 민족사학의 '전복'이라는 1단계, 1980년대 중반 유물사관 및 마르크스주의에 기대어 아래로부터의 민족사학에서 민중사학으로의 '도약'이라는 2단계를 거쳤던 셈이다.

이효재는 『창작과 비평』 1979년 봄호에 "분단시대의 사회학"이라는 글을 발표한 데 이어, 1985년에는 같은 제목의 단행본을 발간했다. 그가 제창한 '분단사회학'의 성격은 (앞서 인용한 바 있는) "국내적으로 억눌린 민중들은 약소민족으로서의 국제적 착취와 횡포로 인해 2중으로 억압을 당하였고 그중에서도 여성들은 남성들의 가부장적 권력 아래서 3중, 4중으로 착취당해온 존재였다"는 문장에 집약되어 있다. 그는 민족, 민중, 여성(혹은 페미니즘)의 삼중적 결합을 시도했다.

민중미술계의 대표적 이론가인 원동석은 1975년에 발표한 "민족주의와 예술의 이념"이라는 글에서 민족주의의 두 측면(향외적 측면과 향내적 측면)을 구분하고, 향외적 자주성과 향내적 민주성의 복잡한 관계 문제를 제기했다. 그는 신생 독립국들에서 '향외적 자주성'을 주장하는 대신 '향내적 민주성'을 무시하는 "기묘한 공통성"이 발견된다면서 다음과 같이 덧붙였다. "지금까지 민족주의자들은 그의 사관을 향외적 관계에서만 문제시하여 자민족의 역사를 합리화하고 변명한 쇼비니스트였으며…… 민족의 실제 구성원이나 민중의 현실적 소재를 소홀히 하였다. 말하자면 민족의 실체인 민중에 대한 이해와 파악이 전무한 상태에서 그들의 민족주의관은 스스로 관제의 도구가 된 것이다. 이러한 바탕에서 문화상의 민족주의를 찾은들 무슨 의미가 있는가?"[152] 아울러 민중예술과 민족예술은 불가분의 상호의존 관계 속에 있다고 주장했다. 민중예술은 민족예술에 뿌리내리고 있으며, 민중예술은 민족예술의 '토양이며 광맥'이라는 것이다.[153] 동시에 "오늘의 민족예술론은 역사적 발전 논리 위에 있고 그 구체적 내실성으로 민중미술을 지향하거나 구심적 원동력이 되는 것이다. 즉 민족의 주체적 역사의 담당층이 민중이라면, 예술문화 역시 민중 자신의 원동력에서 창조되어야 한다는 것이다."[154] 이효재가 민족·민중·페미니즘의 다차원적 접합을 추구했던 것처럼, 원동석도 민족·민중·민주주의의 다차원적 접합을 추구했다.

민족경제론도 민족과 민중을 적극적으로 결합한다. 박현채는 민중이 민족경제의 주체이며, 민중론은 민족경제론의 주요 구성 부분이라고 주장한다. 민중은 "민족경제에 자기 재생산의 기반을 갖는 데에서 민족적일 수밖에 없고 그런 의미에서 민중적인 것은 민족적일 수밖에 없다."[155] 필자는 박현채가 (한상진의 주장처럼) 일방적으로 '계급론적 접근'에 치우친다기보다는, 민족 요인과 계급 요인의 균형을 추구하는 입장에 가깝다고 판단한다. 말하자면 '민중적 민족경제론' 혹은 '민족경제론과 민중경제론의 종합'이라고 하겠다.[156] 필자는 김진균 역시 유사한 입장이라고 생각한다. 그런 면에서 두 사람은 1세대 민중론과 2세대 민중론의 가교 역할을 수행했던 이들이었다고 말할 수 있다. 이 둘은 여느 1세대 민중론자들과 같은 시기에 민중론에 참여했으면서도, 2세대 민중론자들에 의해 가장 즐겨 인용되는 이들이기도 했다.

계급과 민족 요인을 균형 있게 중시하는 김진균의 입장은 그가 제창한 '민족적·민중적 학문'에서 단적으로 드러난다.[157] 1980년대 중후반의 사회성격 혹은 사회구성체 논쟁을 대하는 태도에서도 김진균의 이런 입장이 재차 확인된다. 그는 이 논쟁의 핵심이 주변부자본주의론과 국가독점자본주의론의 대립이라면서, 어느 한쪽도 배척하지 않은 채 국가독점자본주의론에서는 계급모순의 근거를, 주변부자본주의론에서는 민족모순의 근거를 발견한다.[158] 김진균은 1980년 광주항쟁의 경험이 '민족·민중운동 주체들'에게 '민족과 민중에 대한 통일적 이해'의 필요성을 절감하게 만들었다면서, 이런 맥락에서 "민족문제가 계급모순에 매개"되어야 함을 강조했다.[159]

7. 서발턴연구와 민중연구

필자는 서발턴연구와 민중연구에 대한 간략한 비교 작업으로 이번 장을 마무리하려 한다. 일본 역사학계의 '민중사·민중사상사' 연구, 중국 문학계의 '저층서사底層敍事'로까지 시야를 확대하여 비교분석을 시도해볼 수도 있겠지만 추후 과제로 미루고자 한다.[160] 인도 출신 역사학자들의 주도로 시작되었지만 지금은 문학을 비롯한 여러 분야 학자들이 참여함으로써 '학제적/다학문적' 연구 영역으로 인정받고 있는 서발턴연구 subaltern studies와 마찬가지로, 한국의 민중연구minjung studies도 학제적/다학문적 연구 영역으로 점차 자리 잡았다. 두 그룹은 어떤 공통점과 차이를 보이는가? 또 한국의 민중연구는 이미 세계적 주목을 받았을 뿐 아니라 라틴아메리카 등 다른 대륙으로도 그 영향력이 확산하고 있는 서발턴연구와 견줄 만한가?[161]

서발턴 개념과 민중 개념이 호환 관계인가 대항 관계인가에 대해서는 의견이 엇갈린다. 서발턴과 민중의 유사성을 강조하는 이들은 둘을 호환 관계의 개념들로 보는 것이고, 양자의 차이와 이질성을 강조하는 이들은 대항 관계 개념으로 보는 것이다. 서발턴연구와 민중연구에 대한 비교분석의 난점이자 함정 중 하나는 '비교 대상 선정의 적절성' 문제이다. 이 문제는 서발턴연구와 민중연구 모두가 1980년대 이후 의미 있는 변화를 거쳐왔다는 사실에서 주로 비롯된다.

서발턴연구의 경우 1985년에 이루어진 스피박의 연이은 문제제기 등을 거치면서 "포스트구조주의로의 재정향"[162] 혹은 '탈근대적 탈식민주의로의 전환'이라는 중대한 변화를 겪게 된다. 강옥초에 의하면 '전환 이후'의 서발턴연구는 집단에서 개인으로, 그리고 폭발(즉 격렬하고 급진적인 저항)에서 일상적 저항으로 주된 관심을 이동시켰고, 아울러 저항과 지배의 혼합·혼성을 강조하기 시작했다.[163] 이처럼 '초기' 서발턴연구와 '전환 이후' 서발턴연구가 뚜렷하게 구분된다. 민중연구 역시 최소한 세 단계의 변화를 거쳐왔다. 필자의 구분법에 따르자면, 1960년대 말 혹은 1970년대 초부터 1980년대 초반까지의 1세대, 1980년대 후반부터 1990년대 초까지의 2세대, 1990년대 중반 이후의 3세대가 각기 다른 색깔의 민중론을 펼쳤다.

따라서 예컨대 '전환 이후'의 서발턴연구와 '2세대' 민중연구를 비교 대상으로 선정하면, 양자의 공통점보다는 차이점들이 도드라져 보일 것이고, 서발턴연구가 민중연구에 비해 우월하게 비칠 가능성이 높을 것이다. 또 '전환 이후'의 서발턴연구와 '3세대' 민중연구를 비교 대상으로 선정하면, 양자의 차이보다는 공통점들이 부각될 가능성이 높다. 특히 필자가 보기에 서발턴연구와의 비교에서 가장 경계해야 할 것은 2세대 민중론을 한국 민중론 전체의 대표로 보편화하는 경향, 그리고 1세대 민중론과 2세대 민중론을 부당하게 동일시하는 경향이다.[164]

서발턴연구와 민중연구에 대한 체계적인 비교는 1995년 인류학자인 윤택림에 의해 이미 행해진 바 있다. 그는 양쪽의 차이보다는 공통점에 집중했다. 그가 찾아낸 공통점은 밑으로부터의 역사, 제도권 바깥의 연구, 엘리트 중심 역사의 전복, 공통의 딜레마 혹은 약점들, 마르크스주의와의 긴밀한 관계, 문헌연구 위주라는 방법론적 한계 등 대략 여섯 가지로 압축된다. 이를 조금 더 자세히 살펴보자. 첫째, 서발턴연구와 민중연구는 공히 기존의 역사서술을 비판하고 '밑으로부터의 역사쓰기'를 제창함으로써 대안적 역사쓰기를 시도하고 있다. 둘째, 이들의 대안적 역사쓰기는 기존의 제도권 연구기관 바깥에서부터 출발했다. 셋째, 서발턴과 민중을 역사의 주체로 인식하는 새로운 역사쓰기는 소수 엘리트가 아닌 대중에게 규범적인 가치를 부여한 20세기 정치 담론에 의해 정당성을 획득하고 있다. 넷째, 서발턴연구와 민중연구는 몇 가지 공통의 딜레마들을 안고 있다. 그것은 서발턴 및 민중의 자율성·주체성·행위성에 대한 강조, 연대성과 단일성에 대한 강조, 엘리트-대중 이분법 등에 기인하는 본질주의, 자발주의, 중심화, 전체주의적 동일화(그로 인한 여성 등에 대한 또 다른 차별과 배제) 경향 등으로 나타난다. 다섯째, 서발턴연구와 민중연구는 마르크스주의와의 긴밀한 관계라는 공통점을 갖고 있다. 서발턴 연구그룹은 포스트모더니즘과 마르크스주의의 접합을 시도하는 반면, 사회경제사에 중점을 두고 유물사관에 입각한 계급투쟁론에 경도된 한국 민중사는 마르크스주의에 좀 더 밀착되어 있다. 여섯째, 양자는 방법론의 문제도 공유하고 있는데, 민중사가들은 실증주의 사학을 비판하면서도 대부분 문서 위주의 연구를 계속하고 있고, 서발턴 연구자들도 대부분 문헌에 의존하여 연구하고 있다. 따라서 양자 모두 사료의 폭을 넓혀 민속자료와 구전, 구술사oral history 등을 서발턴·민중 삶의 역사적 재현에 제대로 활용하지 못하고 있다.[165]

윤택림의 지적처럼 서발턴연구와 민중연구는 여러 면에서 유사한 면모를 보이는 것 같다. 그가 열거한 것들을 포함하여 몇 가지를 더 추가할수 있을 듯하다. 위에서 보았듯이 윤택림은 서발턴연구와 민중연구 모두 마르크스주의와 긴밀한 관계를 갖고 있다고 주장했다. 아마도 2세대 민중론을 염두에 두고 이렇게 말했을 것으로 짐작되지만, 한국에서 민중론과 마르크스주의의 관계는 생각보다 복잡했다. 한국 민중론은 '비非마르크스주의 혹은 반反마르크스주의'(1세대)에서 '마르크스주의'(2세대)로,

다시 '탈脫마르크스주의'(3세대)로 이행해간 것으로 보인다. 그러나 한때 나마 마르크스주의가 민중연구에 강한 영향을 끼쳤다는 점, 그리고 반드시 마르크스주의적이라고 할 수는 없을지라도 대다수 민중 연구자들이 정치적·사회적으로 참여적이고 실천 지향적인 진보 지식인들이라는 점에서 서발턴연구와 민중연구의 유사성을 인정할 수 있을 것이다.

필자는 앞에서 서발턴연구에 대해서나 민중연구에 대해서나 '변화의 관점'에서 접근해야 한다고 말했다. 한두 차례의 질적인 변화를 거친 결과, '전환 이후' 서발턴연구와 '3세대' 민중연구의 지향이나 내용이 대체로 비슷해졌다. 그리고 변화를 주도한 이들, 즉 스피박 등 서발턴연구의 '전환'을 촉진한 이들과 3세대 민중 연구자들이 그 이전의 '초기' 서발턴연구와 '1세대·2세대' 민중연구에 가한 비판의 논점들도 (비판의 정확성이나 타당성과는 별개로) 대체로 유사한 편이다.

초기 서발턴 연구그룹에 대한 비판의 초점들은 서발턴의 단일성·동질성과 응집력·통일성을 과장하거나 부당하게 가정한다는 것, 나아가 그로 인해 내부의 차이와 억압·차별·배제를 경시한다는 것, 혹은 그런 현상들을 설명하는 데서 무능함을 드러낸다는 것, 서발턴의 의식 및 문화의 독자성과 자율성을 과장한다는 것, 서발턴의 저항성을 당연시하거나 부당하게 선험적으로 전제하거나 과도하게 인정한다는 것, 그런 연유들로 다분히 본질주의적이고 목적론적인 성격을 드러낸다는 것 등으로 요약될 수 있을 듯하다.[166] 한국 민중론 3세대에 의한 1·2세대 비판의 논점도 이와 대부분 겹친다.

피지배층의 봉기蜂起, 사회운동의 성격을 띠는 폭발적이거나 조직적인 저항에 주목했다는 것도 서발턴연구와 민중연구의 공통점이었다. 특히 구하로 대표되는 '초기' 서발턴연구와 한국의 1~2세대 민중 연구자들이 그러했다. 한국의 민중연구는 식민지 시기는 물론이고 식민지화 이전의 조선시대 말기, 해방 후의 4·19혁명이나 5·18 광주항쟁까지 연구

대상 시기를 대폭 확장한 점이 특징이기도 하다. 반면에 피지배층에 의한 저강도의 '일상적 저항'에 초점을 맞춘 것은 1세대 민중 연구자들(주로 민중문화·민중예술·민중종교 연구자들)과 3세대 민중 연구자들, 그리고 '전환 이후' 서발턴 연구자들이었다.

노동자계급 못지않게 농민과 농촌문제를 비중 있게 다루는 것도 서발턴연구와 민중연구의 또 다른 공통점이었던 것으로 보인다. 주지하다시피 서발턴연구의 주된 대상은 농촌인구의 비중이 높았던 '식민지 인도 사회'이다. 서발턴연구의 경우 인도 마르크스주의에 대한 '마오주의'의 영향력도 농민·농촌에 대한 관심을 강화한 한 요인이었을 것이다. 그런데 그 이전에 이 개념을 학문적·정치적 장으로 소환하고 끌어올린 그람시 자신이 주목했던 이탈리아 남부 농업지대와 인도·조선을 포함하는 비서구 식민지들이 상당한 유사성을 보였다고도 말할 수 있을 것 같다. 남서부의 섬 사르데냐 출신으로서 "이탈리아 남부에 대한 고민"에 사로잡혔던 그람시의 문제의식과 서발턴 개념의 관련성에 주목했던 이는 강옥초였다.[167] 한국에서는 신경림의 시와 김정한의 소설을 중심으로 한 민중문학, 그리고 역사학의 민중운동 연구자들이 농촌과 농민층에 주목했다. 민중 연구자 가운데서도 강정구가 농민적 색채가 강한 문학계의 민중 개념을 꾸준히 탐색해왔다.[168]

방법론 차원의 유사성도 발견된다. 이미 언급했듯이 윤택림은 서발턴연구와 민중연구가 문헌연구 위주라는 방법론적 한계를 공유한다고 비판했다. 이런 지적은 민중의 구전口傳 문화·문학·예술을 발굴하려 애써온 1세대 민중 연구자들의 노력을 부당하게 평가절하한 것이라 생각되지만, 서발턴/민중의 문헌·기록 부재 혹은 희소함, 지배층의 관점으로 오염된 기존 문헌 자료들로 인한 난국을 극복할 방법을 모색하는 것은 서발턴연구와 민중연구 모두에 불가피한 상황이었다. 그런 차원에서 이 문제를 해체적 독법, 전복적 독해, 또는 '결을 거스르는 독해'나 '뒤엎어

판독하기'(서남동) 등을 통해 돌파해보려는 방법론적 고투는 서발턴연구
와 민중연구 모두에서 넉넉하게 확인된다. 윤택림이 제안하는 구술사를
포함하여, 실제로 새로운 방법론의 창안 혹은 도입에 과연 성공했느냐와
는 별개로 둘 다 유사한 난제와 씨름해야만 했다는 것이다.

대체로 역사학계에 한정된 쟁점이지만, 좁은 의미의 자료(史料) 수집
방법이나 자료(史料) 해석 방법을 넘어 접근방법이나 사관史觀 차원으로
시야를 확대한다면, '서발턴연구와 민중연구가 민족주의 역사학과 마르
크스주의 역사학에 대해 어떤 입장을 취했는가?' 하는 질문이 제기될 만
하다. 널리 알려져 있다시피 서발턴 연구그룹은 처음부터 민족주의 역
사학과 마르크스주의 역사학에 대해 비판적인 입장이었다. 이에 비해 민
중연구 쪽의 경우 엘리트주의적 민족주의 역사학에 대해서는 비판적 입
장이 널리 공유되었지만, 마르크스주의 역사학에 대해서는 비판(1세대와
3세대)과 수용(2세대)이 혼재하는 것처럼 보이므로 손쉬운 대답이 가능하
지 않을 듯하다. 그럼에도 불구하고 이남희는 민중사학이 (결국 '관변사학'
으로 전락해버린) '민족주의사학'뿐 아니라 '마르크스주의사학'에 대한 반발
로 등장했다고 해석했다.

> 민중사학은……민족주의사학과 마르크스주의사학에 대한 반발로 전
> 개되었다. 민중사학자들은 한국의 민족주의사학과 마르크스주의사학
> 이 19세기 말부터 일본 학자들이 유포한 식민사관의 유해한 영향을 극
> 복하고자 노력했다는 것을 인정했으나, 둘 다 한계가 있다고 보았다.
> 즉 민족주의사학은 민족을 '이상적으로' 해석해 민족을 제일의 역사
> 적 주체로 보았고, 따라서 모든 역사를 민족이라는 범주 안에 포괄시
> 켰다. 반면에, 마르크스주의사학은 한국사를 보편적 역사의 일부로 편
> 입시키고 한국사에 대한 일본 사학계의 견해를 진부한 것으로 깎아내
> 리고자 했다. 하지만 민중사학자들이 보기에 이들은 서구 역사 발전

의 틀을 '지나치게 기계적으로' 한국 사례에 꿰어맞추고자 노력했고, 한국사회의 독특하고 특정적인 면들을 짚어내지 못했다. 따라서 기존의 한국 사관들은 둘 다 모두 올바른 민중 이미지를 제시하는 데 실패했다는 것이다.[169]

민중 혹은 서발턴의 외연을 넓게 설정하는 경향도 민중연구와 서발턴연구의 유사점이라고 할 수 있다. 그람시는 노동자계급 헤게모니를 강조하는 혁명이론을 거부하고 서발턴 개념을 통해 혁명 주체를 급진적으로 확장했으며, 새로운 혁명세력으로 '지배계급에 예속된 모든 피억압 계급'을 상정했다.[170] 서발턴 연구그룹은 서발턴 개념을 '서구 주변부'라는 맥락에서 '식민지/신식민지' 맥락으로 바꿈으로써 서발턴 개념의 범위를 더욱 확장했다. 차크라바르티에 의하면, 1960년대에는 노예 출신, 노동계급, 죄수, 여성 같은 사회집단과 계급이 연구대상이었지만, 1970~1980년대를 거치면서 서발턴 개념에 포괄되는 소수집단의 목록은 더욱 확장되어 "소위 인종집단, 선주민, 어린이와 노인, 동성애자와 그 밖의 소수자를 포함하게 된다."[171] 민중연구의 경우 2세대보다는 1세대와 3세대가, 2세대 안에서는 계급론자보다는 민족론자가 민중의 범위를 더 넓게 설정하는 경향을 보였다.

민중·서발턴의 이중성이나 혼종성을 인정하는 것도 민중연구와 서발턴연구의 공통점이라 하겠다. 관련 연구들이 민중·서발턴의 동질성과 저항성을 과장한다는 비판에도 불구하고, 그리고 이중성·혼종성의 중요성이나 그 정도·양상 등에 대한 구체적인 판단에서는 서발턴연구와 민중연구 사이에 유의미한 차이가 나타날 수도 있지만 말이다. 호미 바바의 혼종성 개념은 말할 것도 없고, 민중연구에서도 초기부터 민중의 이중성, 다시 말해 민중의 즉자성과 대자성, 그리고 양 측면의 혼재 혹은 유동적인 조합 등이 강조되었다.

서발턴연구와 민중연구가 모두 종교와 문화 요인을 중시했다는 점도 주목할 만하다. 서발턴연구의 경우 인도 농민의 힌두교적 윤리에 기초한 '다르마적 저항정치', 초월적 명령에 따른 농민봉기를 다룬 구하를 다시 언급하는 것만으로도 충분하리라. 그런데 종교 요인에 대한 강조는 종교가 미신이나 비과학적 지식임을 전제하는 '종교 대 과학'의 이분법적 도식에 대한 비판, 혹은 종교적 차원을 무시하거나 엉뚱하게 해석하는 마르크스주의 및 자유주의 역사가들의 오류에 대한 비판의 맥락에서 제기되었다.[172] 이는 '세속적 시간관·세계관'을 전제하는 역사주의에 대한 차크라바르티의 보다 근본적인 비판으로 이어졌다.[173] 차크라바르티는 식민자와 식민지민의 갈등적인 만남을 "두 사유 체계의 만남", 곧 "세계가 궁극적으로―최종적인 분석에서―탈주술화되어 있는 사유 체계와 인간만이 의미 있는 행위자는 아닌 사유 체계의 만남"으로 간주한다.[174] 차크라바르티는 식민지 벵골인들을 통해 삶의 일부만 실용주의적으로 세속화하는, 다시 말해 신의 영역을 여전히 그대로 놔두고 존중하면서 시민사회 및 국가의 '현실적인' 영역만 세속화하는 "다른 세속화"를 말하고 있다. "벵골에서 사상의 세속화의 역사는 유럽과는 달랐다. 벵골의 근대성에서 남녀 신들은 이성을 지닌 기독교의 신과 같은 것으로 세속화되지 않았다."[175] 서발턴연구와 마르크스주의/자유주의 역사학 사이에 일어나는 대립과 논쟁이 한국에서는 민중연구 내부에서, 즉 1세대와 2세대 사이에서 발생한다. 1세대 민중연구가 민중 저항에서 종교 요소를 중시했던 반면, 2세대 민중연구는 '과학주의'의 관점에서 종교 요인의 중요성을 격하하는 경향을 보였다.

　　반反엘리트주의적 에토스, 그와 연관된 평등주의와 민주주의 지향도 서발턴연구와 민중연구 모두에서 발견되는 요소이다. 서발턴연구와 민중연구는 엘리트 중심의 역사관에 반대하며, 다수의 지배 실현을 추구한다는 의미에서 민주주의의 맥락 위에 있고, 다수에 대한 소수의 차별과 억압·착취의 개선이라는 의미에서 평등주의 맥락 위에 서 있다. 차크라바르티는 학술지『서발턴연구』가 "역사서술에서 모든 엘리트주의적 편견과 싸우는 것" 그리고 "민주주의 투쟁 근거를 서발턴 역사의 사실들에서 마련하려는 것"을 목적으로 삼았다고 밝힌 바 있다.[176] 서발턴 연구그룹은 민족주의적 역사서술이나 마르크스주의적 역사서술 모두를 "엘리트주의적 지배담론"으로 간주했다.[177]

탈식민주의 에토스 역시 서발턴연구와 민중연구의 유사점 중 하나로 꼽을 수 있겠다. 오늘날 서발턴연구는 탈식민주의 담론을 선도하는 학파의 하나로서 확고히 인정받고 있다. 한국의 민중신학과 민중미술이 국제적 주목을 받았던 것도 그것이 '제3세계 신학'이나 '제3세계 저항미술'로 인정받았기 때문이었다. 조동일이나 이영미 등이 서구와의 비교연구를 적극적으로 시도하면서 탈춤·인형극·판소리를 비롯한 한국 민중예술의 미학적·연극학적 수월성을 부각하는 것, 민중연구를 국외에 소개할 때 민중을 people로 번역하기를 거부하는 것 등에서도 서구중심주의에 도전하는 탈식민주의적 에토스를 확인할 수 있다. 한국에서 저항적 민중 개념이 재생된 1970년대는 '학문적 토착화'를 넘어, 서구에 대한 '지적·학문적 종속화'(김진균) 혹은 '한국 지식인 문화의 식민지성'(조한혜정)[178]의 극복을 통해 학문적 주체성을 확립하자는 기운이 고조된 때이기도 했다. 한국의 민중 개념 및 민중연구는 탈식민주의 담론의 가장 모범적인 사례 중 하나가 될 잠재력을 갖췄다고 필자는 생각하고 있다. '보편적 진리'의 지위를 주장하는 서구와의 대결의식은 민중예술·민중문화 연구자들, 그리고 민중신학자들에게서 가장 강렬하게 감지된다.

한편, 필자가 보기에 한국 민중연구는 서발턴 연구그룹과 비교할 때 몇 가지 특이성을 갖고 있다. 첫째, 서발턴연구와 민중연구의 차이는 '연구'가 아닌 '개념 그 자체'에 있다. 서발턴과 민중은 그 외연의 광범위함에서 보듯이 '다수성'이라는 공통분모를 갖고 있다. 그런데 여기에 더해 서발턴 개념에서는 '종속성'이 강조되는 반면, 민중 개념에는 종속성만이 아니라 정치 주체성과 저항성 또한 중요한 의미요소로 자리하고 있다.[179] 둘째, 서발턴 개념이 (인도 출신 진보적 지식인들이) 상황적 필요에 따라 외부로부터 수입하고 차용한 용어였다면, 민중은 (한국의 진보적 지식인들이) 전래의 고유어를 상황적 필요에 따라 새롭게 혁신하고 창안해낸 경우에 가까웠다. 셋째, 연구자의 참여 폭 측면에서 민중연구가 서발턴연구에 비해 훨씬 넓은 편이었다. 민중연구는 1980년대를 거치면서 거의 모든 인문사회과학 분야들로 확산되었다. 넷째, 역사학으로 한정해 보자면, 서발턴연구에서는 역사학자들의 주도성이 시종 도드라졌지만, 민중연구의 경우 1세대에서는 그 존재가 상대적으로 미약했다가 2세대에서는 상당히 강세를 보였고 3세대에 와서는 신학과 함께 양대 축을 형성하게 되었다. 다섯째, 민중연구 쪽에서 참여자 폭이 훨씬 넓었고 참여자 규모도 한층 방대했던 만큼, 연구자들 사이의 응집력과 내적 동질성은 그만큼 뒤질 수밖에 없었다. 특히 '전환 이후'의 서발턴 연구그룹은 학술지와 학술회의를 통해 상대적으로 작은 규모의 연구자들이 '탈근대적 탈식민주의'의 방향으로 학문적 입장을 수렴해갔던 데 비해, 민중연구는 1988년에 처음 시도된 공동 학술회의에서 '민족적·민중적 학문'을 공통분모이자 공동 기치旗幟로 제시하는 정도에 그쳤다.[180] 여섯째, 서발턴연구와 민중연구는 모두 의미 있는 방향 전환 과정을 거쳤고 그 전환의 최종 결과도 비슷했지만, 방향 전환의 시기와 방향은 크게 달랐다. 1980년대 중반, 특히 1985년의 시점이 중요했다. 1985년에 있었던 스피박의 집중적인 문제제기는 서발턴연구에서 '탈근대적 탈식민주의'로의 방향 전환을 초래했지만, 같은 시기 한국 민중연구에서는 이른바 사회구성체 논쟁이 벌어지면서 '정통 마르크스주의'로의 방향 전환이 신속하게 진행되었고, 1세대 민중론을 대신하여 2세대 민중론이 대대적으로 영향력을 확장해나갔다. 1990년대 이후 한국에도 소개된 서발턴연구의 성과들은 2세대 민중론으로부터 3세대 민중론으로의 이행을 촉진하는 역할을 담당했다. 일곱째, 서발턴연구와 비교할 때 민중연구는 민중문화와 민중예술 분야에서 강세를 보였다. 한, 살풀이, 신명, 풍자·해학 등 민중의 집합감정 및 정동을 깊이 파고드는 경향도 민중연구의 특이성을 잘 보여준다. 필자는 여기에다 민중연구의 세 가지 특징을 추가하고자 한다.

서발턴연구에서는 민족주의와의 거리두기가 계속되었던 반면, 민중연구에서는 1990년대까지도 민중과 민족·민족주의가 '결합 관계'를 유지할 정도로 밀접한 상태를 유지했다. 물론 민중 연구자들 사이에서도 지배이데올로기로서의 민족주의는 비판 대상이었고, 지배자들의 민족주의와 '민중적 민족주의'를 차별화하려는 노력이 계속 경주되었지만 말이다. 반세기 넘게 냉전 분단체제로 고통받았던 한국에 비해, 인도에서는 민족주의 엘리트의 민중 억압과 함께, 다종족-다종교 사회에서 피지배층 사이에 분열과 갈등을 조장하는 종족주의·민족주의의 폐해가 우선적으로 문제시되었다.

민중연구에서는 윤리나 윤리적 책임, 그에 기초한 연대 등의 쟁점들이 중시되었다. 윤리성은 한국 민중론의 두드러진 특색이었다. 서발턴연구에서 '메시아적 주체'와 같은 주제를 기대하기는 어려울 것이다. 서발턴연구에는 신학자들이 거의 참여하지 않았지만, 민중연구에서는 신학자들의 존재가 대단했다. 여기에 민중불교의 교학敎學, 일부 종교학자들의 민중종교 연구도 추가해야 할 것이다. 앞서 1세대 민중론자들이 불교와 노장사상, 동학 등 동양종교·동양사상을 무기로 서구적 주객 이원론과 대결하는 모습을 살펴본 바도 있다. 민중연구에서 신학의 큰 비중과 강한 존재감, 그것의 파급력과 영향력은 기독자교수협의회 등의 매개 작용까지 가세하면서 사회학(한완상), 서양사(노명식), 행정학(이문영), 미학·연극학·무용학(채희완) 등에도 윤리적 성격을 각인해나갔다.

마지막으로, 서발턴연구에 비해 민중연구에서는 최근까지도 저항과 해방의 강렬한 파토스가 유지되고 있다. 이는 한편으로 민중연구가 현실 사회운동 및 정치와 결속하는 경향, 민중연구의 성과가 실제 민중문화운동과 연계하여 사회적으로 파급·확산하는 경향으로, 다른 한편으로는 '민중운동사 연구'가 활성화되는 경향으로 나타났다. 반면에 서발턴 연구자 '자신들'의 현실정치·사회운동 참여는 그다지 활발하지 않은 것 같다. 또 서발턴연구에서는 1980년대 중반 이후의 '전환'을 계기로 봉기나 반란이 아닌 일상으로 강조점이 이동함에 따라 "집단적, 조직적 저항의 의미가 퇴색하는 경향"이 나타났다.[181] 그러나 1990년대 중반 이후의 3세대 민중신학에서는 여전히 저항과 해방의 강렬한 파토스가 감지될 뿐 아니라, 2000년대 이후 등장한 3세대 민중사가 '일상적 저항'에 일차적 초점을 두는 와중에도 민중운동사 연구 역시 여전히 일정한 활성을 유지하고 있다.

4·3평화공원 행방불명인 묘역과 표석

맺음말

이 책에서는 20세기 민중 기표에서 새로이 발생한 두 기의를 심층적으로 분석했다. 주체성과 저항성이 바로 그것이었다. 두 기의의 갑작스러운 침투 '이후' 민중은 근본적으로 다른 개념이 되었다. 그것은 더 이상 이전처럼 단순하거나 단조로운, 화석처럼 굳어진 어휘일 수 없었다. 변혁의 파토스가 지배한 특정 시대에 국한된, 일시적인 감정의 배출 통로였던 것도 아니다. 보통 민중이라 하면 1980년대 후반부를 지배한 계급적-마르크스주의적 민중론만 연상하면서 민중론 전체를 과잉 단순화하는 경향이 있으나 이는 명백한 오류이다. 이 책을 통해 민중 개념의 깊이와 폭에 대해 학계의 공감대가 형성될 수 있기를 기대한다. 시대를 초월하는 이 개념의 생명력과 호소력, 그리고 그것의 원천에 대한 논의도 활성화되었으면 좋겠다.

서장序章을 잇는 장에서, 필자는 '수렴되는' 지점들을 통해 민중 개념의 전체적 윤곽을 그려보았다. 개념의 다양한 구성요소 중에서도 가장 중요한 것은 다수성, 종속성, 주체성, 저항성, 다계층성의 다섯 가지로 집약되었다. 필자는 이 밖에도 민중의 실체성, 개념의 고대성, 민중의 긍정성 강조, 실천성과 당파성, 불의한 구조라는 상황정의와 전복성, 역사적 낙관주의, 민족·민족주의와의 친화성, 민중의 이중성, 다원적 접근, 역사적 가변성, 형성적 존재 등도 민중 개념의 구성요소들임을 밝혔다. 민중과 호환 관계에 있는 다른 정치주체 개념들과 비교할 때, 민중은 번역어가 아닌 고유어라는 토착성, 비지배/탈권력 지향과 연결된 비非주권성, 신·구 개념의 병렬성, 비주류성, 저항성이라는 특성을 보이기도 한다.

이어서 필자는 '분기되는' 지점들을 통해 민중 개념의 다채로움도 탐색해보았다. 실상 민중 기표는 온갖 해석들이 제출되어 경합하는 백가쟁명의 마당場이었다. 민중 기표 자체가 치열한 정치적 각축의 대상이기도 했다. 민중의 역사적·사회적 실체성, 정의 방식, 개념의 역사적 시효와 공간적 적용 범위, 개념의 한국적 독창성 정도, 민중의 구성, 내적 이질성에 대한 해석, 민중의 인식론적·윤리적 특권, 연대의 성격, 민중-권력 관계, 저항의 차원들, 저항의 조건과 주도 세력, 변혁론, 역사관과 보편성 관념 등이 여전한 논쟁거리로 남아 있다.

이 책의 마지막 장에서 필자는 민중을 개념들의 네트워크 속에서, 구체적으로 다른 정치주체 개념들과의 호환 관계, 대항 관계, 결합 관계 속에서 다각적으로 분석해보았다. 비교의 맥락에서 서발턴연구와 민중연구를 대조해보기도 했다. 민중과 인민은 시대에 따라 호환 관계 속에 놓이기도 하고, 대항 관계에 놓이기도 했다. 민중은 '순응적 정치주체 계열'의 개념들과는 대체로 '적대적 대항 관계'를, '저항적 정치주체 계열'의 개념들과는 대체로 '비적대적 대항 관계'를 맺어왔다. 1920년대 이래 민중은 민족·민족주의 개념과 유난한 친화성을 보이면서 서로 결합 관계를 형성해왔다.

민중은 한국과 중국을 포함한 동아시아 지역에서 오랜 역사를 가진 어휘이다. 그러나 통치자의 언어이거나 사회운동의 언어이던 민중이 '학술적 언어'로 사용된 때는 1970년대 이후부터였다. 따라서 학술 언어로서 민중의 역사는 매우 짧다고 말해야 한다. 그럼에도 불구하고 민중 개념의 '학술적 가치'는 지대하다. 한국의 민중 개념은 '다수'와 '피지배'라는 전통적 의미에 '주체'와 '저항'이라는 새로운 의미를 추가한 것이었다. 그것은 1920~1930년대에 사회운동 영역에서 널리 사용되다가 거의 명맥이 끊어진 지 수십 년 만에 재등장한, 다시 말해 1920년대에 처음 등장하고 얼마 후 잠복했다가 1970년대에 재생한 개념이었다. 이 독특한 민중 개념은 한국 학계와 지성계가 '발명'해냈고, 거의 모든 인문학 및 사회과학 영역들로 파급되었고, 1970년대부터 무려 50년 이상 지속적으로 영향을 미쳤다. 특히 1970~1980년대의 20년 동안은 민중 개념의 영향력이 대단했다.

필자는 1920~1930년대와 1970년대 이후의 민중 개념이 '개념의 한국적 창안' 사례에 해당한다고 본다. 1920년대 신채호에 의해 주체성과 저항성을 장착한 새로운 민중 개념이 처음 공표될 때부터, 민중은 '계급과 민족의 결합체이자 공통분모'라는 특이한 성격을 내장했다는 점에서 동시대 중국과 일본의 민중 개념과 구분되는 독창성을 보유하고 있었다. 1910~1920년대에 중국의 민중 개념은 계급 측면이 약했고 동시대 일본의 민중 개념은 민족 측면이 약했던 데 비해, 조선의 민중 개념은 계급모순과 민족모순 모두의 집약체였다. 한·중·일의 민중 개념이 모두 정치 주체성과 일정한 저항성을 포함했던 것은 사실이지만, 중국과 일본의 민중 개념이 대체로 '자유주의적 민중'에 머물렀던 데 비해 식민지 조선의 민중 개념은 민족혁명과 계급혁명이라는 이중·동시 혁명의 주역인 '혁명적 민중'으로 성큼 나아갔다. 여하튼 민중 개념의 보편성을 주장하거나 그것이 서양 개념의 번역어임을 강조했을 때보다는, '한국적 독자성'을 강조했을 때 민중 개념이 더욱 풍요롭고 창조적인 논의를 동반했다는 점은 분명해 보인다.

1970년대에는 학술적 민중 담론의 영향권이 4~5개 분야에 제한되었다면, 1980년대에는 인문사회과학의 거의 전 분야로 확장되었다. 아울러 1980년대에 이르러 민중문학, 민중신학, 민중사회학, 민중교육, 민중사(학), 민중미술 등의 한국적인 명칭들이 비교적 확고히 자리 잡았다. 따라서 필자는 다학문적일multi-disciplinary뿐 아니라 학제적이기도interdisciplinary 한 또 하나의 독립적인 연구 분야를 지칭하기 위해 민중학 내지 민중연구minjung studies라는 용어를 사용할 수도 있다고 본다. 물론 지금까지 한국 학계에서는 민중학이나 민중연구보다는 '민중론'이라는 표현을 주로 사용해왔다. 1970년대 이래 한국의 민중론'들'은 학문적 주체성과 탈식민주의 에토스, 실천적 지향, 비판적 접근, 사회적 약자의 시각, 그리고 거기서 비롯되는 반엘리트주의·평등주의·민주주의 가치 등을 공유했다.

필자는 1960년대 말부터, 늦어도 1970년대 초부터 1980년대 중반 이전까지 민중 담론 형성과 민중 개념 연구에 주도적으로 참여한 이들, 곧 1세대 민중론자들에 대한 재평가와 함께, 그들에 대한 보다 면밀한 탐구가 필요하다고 본다. 동시에 1980년대 후반부터 1990년대 초까지 마르크스주의 성향의 2세대 민중론이 풍미했던 시기에 그와는 '결이 다른'

민중론을 펼쳤던 이들도 새롭게 주목해야 한다고 생각한다. 이런 견지에서 3세대 민중론이 1세대 민중론 및 2세대 '비주류' 민중론과 유기적으로 결합할 때 민중론의 새 지평이 열리지 않을까 기대해본다.

민중은 단지 학계의 언어로만 머물지 않았다. 민중은 매력적인 학술적 개념임과 동시에 그 자체 강력한 사회운동과 정치의 언어이기도 했다. 그래서 이남희의 제안대로 민중보다는 '민중 프로젝트'라는 표현이 더 어울릴지도 모른다. 민중 프로젝트는 강렬한 민중 담론의 자장磁場 안에 머물면서 1970년대 중반부터 1990년대 초에 걸쳐 대학을 다녔고 졸업 후 대개 우리 사회 중간층으로 편입된 이들을 통해, 그리고 1980년대에 '민중운동'에 참여했거나 그 영향을 받은 이들을 통해, 한국사회의 민주화와 인간화에도 크게 공헌했다. 1980년대에 민중사회학 논쟁의 주역 중 한 사람인 한상진은 대학의 급팽창과 맞물리면서 거대한 세력을 형성한, 그러면서도 매우 참여 지향적이고 개혁적이며 민주화를 열망했던 '민중 담론 세대'에 주목하여 그 자신의 독특한 '중민이론'을 발전시키기도 했다.

역사학자 황병주는 민중이 "근대 한국의 가장 중요한 집단주체 개념 중의 하나"였다고 주장한 바 있다.[1] 1920~1930년대나 1970~1980년대에 한정한다면 이 말이 더욱 타당할 것이다. 이 시기에 민중은 유행어나 다름없었다. 민중은 한국 근현대사를 이해하는 데도 필수적인 개념 중 하나인 것이다.

밑줄

제1장 서장

1) 우리는 민중의 사회적 구성이나 역사·문화·집합심성·정치의식·사회운동 등 '민중 자체'에 대한 연구들과 민중 '개념'에 대한 연구를 구분할 필요가 있다. 그럼에도 '민중 자체'에 대한 연구들이 (대체로 간접적인 방식으로) 민중 '개념'에 대해 많은 정보와 통찰을 제공한다는 점 또한 명백하다. '민중' 연구는 민중 개념의 범위, 민중 개념의 적용 가능한 시폭(時幅), 민중의 이중성에 대한 개념화, 탈식민주의적 민중 개념의 구성 등 여러 주제에 '보다 직접적으로' 기여할 수도 있다.

2) 물론 지식인 중에서도 민중의 전통적 의미와 용법에 머물러 있는 경우에는 필요할 때만 제한적으로 언급하게 될 것이다. 대신 이 책에서는 20세기 이후 등장한 민중의 새로운 의미들에 주목하는 지식인들, 그리고 민중 정의를 시도하거나 독자적인 이론화를 시도하는 지식인들에게 일차적인 초점을 맞출 것이다. 개념에 대한 정의를 내리거나 이론 정립을 시도하는 행위는 이 주제에 대한 관심도뿐 아니라, 이 주제에 관한 성찰성과 그 깊이를 나타내는 주요 지표라 할 것이다. 민중 우호적 주장을 펴는 지식인만이 아니라, 그에 대한 반론과 비판을 제기하는 지식인도 당연히 논의에 포함되어야 한다.

3) 박명규, 『국민·인민·시민: 개념사로 본 한국의 정치주체』, 소화, 2009, 12쪽.

4) 박찬승, 『민족·민족주의』, 소화, 2010.

5) 신진욱, 『시민』, 책세상, 2008; 정상호, 『시민의 탄생과 진화: 한국인들은 어떻게 시

민이 되었나?』, 한림대학교출판부, 2013; 정상호 외, "시민의 탄생과 진화: 한국인들은 어떻게 시민이 되었나?", 『시민과 세계』 24, 2014.

6) 리처드 왓모어, 『지성사란 무엇인가?: 역사가가 텍스트를 읽는 방법』, 이우창 역, 오월의봄, 2020, 79-84쪽.

7) 신진욱은 개념사를 다시 '명칭의 역사'(명칭사)와 '의미의 역사'(의미사)라는 두 측면으로 구분함으로써, 명칭사·의미사·사회사를 개념사의 세 하위영역들로 제시한 바 있다(신진욱, 『시민』, 20-23쪽). 홍윤기는 신진욱·정상호와의 좌담에서 '명칭사'에 '기표사(記標史)'라는 이름을 거론하기도 했는데(정상호 외, "시민의 탄생과 진화", 307쪽), 그렇다면 '의미사'는 '기의사(記意史)'로 불릴 수도 있겠다.

8) 이남희, 『민중 만들기: 한국의 민주화운동과 재현의 정치학』, 유리·이경희 역, 후마니타스, 2015, 22쪽.

9) 구해근, 『한국 노동계급의 형성』, 신광영 역, 창작과비평사, 2002, 43-46, 211쪽.

10) 나인호, 『개념사란 무엇인가: 역사와 언어의 새로운 만남』, 역사비평사, 2011, 155쪽.

11) 나인호는 한국개념사총서 프로젝트를 두고 "기획 의도나 규모 면에서 개념사 연구의 시금석이라 할 수 있는 코젤렉의 『역사 기본개념』 사전에 충분히 비견될 만한 위대한 학술사업"일 뿐 아니라, '비교문명권'의 입장에서 '개념의 비교사'를 시도한다는 점에서 오히려 "코젤렉의 문제의식을 추월"한다고까지 평가한 바 있다(나인호, "'한국개념사총서'의 이론적 감수성", 『개념과 소통』 13, 2014, 89, 91-92, 107쪽). 최근에는 하영선 등을 중심으로 '사회과학' 분야의 개념사 연구 성과들도 속속 나오고 있다(하영선·손열 편, 『한국 사회과학 개념사: 조공에서 정보화까지』, 한울아카데미, 2018; 하영선 외, 『냉전기 한국 사회과학 개념사』, 대한민국역사박물관, 2018).

12) 나인호, "'한국개념사총서'의 이론적 감수성", 90-91쪽.

13) 위의 글, 91, 93, 96, 108쪽.

14) 기존의 개념사적 연구들은 물론이고, '근대적 개인'과 '근대적 시민'의 탄생 과정을 역사적으로 추적하는 송호근의 인민-시민-국민 3부작도 이런 비판에서 완전히 자유롭지는 못할 듯하다. 송호근, 『인민의 탄생: 공론장의 구조 변동』, 민음사, 2011; 송호근, 『시민의 탄생: 조선의 근대와 공론장의 지각 변동』, 민음사, 2013; 송호근, 『국민의 탄생: 식민지 공론장의 구조 변동』, 민음사, 2020.

15) 허수·노관범, "머리말: 현지성과 동시성으로 보는 근대 개념사", 한림대학교 한림과학원 편, 『두 시점의 개념사: 현지성과 동시성으로 보는 동아시아근대』, 푸른역사, 2013, 6쪽 참조.

16) 박명규, 『국민·인민·시민』, 45-46쪽.

17) 나인호, 『개념사란 무엇인가』, 20쪽.

18) 위의 책, 18-20, 91-109쪽. 기원·확산 패러다임에서 공동생산·재발명 패러다임으로의 전환은 '전파론에서 생성론으로의 전환'으로 표현되기도 한다(허수·노관범, "머리말: 현지성과 동시성으로 보는 근대 개념사", 6-14쪽).

19) 양일모, "서론", 이경구 외, 『개념의 번역과 창조: 개념사로 본 동아시아 근대』, 돌베개, 2012, 8쪽.

20) 강중기, "근대 중국의 미신 비판과 옹호", 한림대학교 한림과학원 편, 『두 시점의 개념사: 현지성과 동시성으로 보는 동아시아근대』, 푸른역사, 2013, 282쪽.

21) 정상호, 『시민의 탄생과 진화』, 62쪽.

22) 나인호, 『개념사란 무엇인가』, 20-23, 114-118쪽.

23) 라인하르트 코젤렉, 『지나간 미래』, 한철 역, 문학동네, 1998, 238쪽.

24) 나인호, 『개념사란 무엇인가』, 116쪽.

25) 위의 책, 118쪽.

26) 민중이 '근대 서구어의 번역어'가 아니라는 점에서 다른 유사 개념들과 차별성을 보일지라도, '근대로의 이행'이라는 역사적 변화가 민중 개념의 혁신에도 큰 영향을 끼쳤다는 것 또한 분명한 사실로 보인다. 이 쟁점에 대해서는 제4장에서 상세히 논의할 것이다.

27) 우리는 제8장에서 민중의 번역어 여부 논란으로 되돌아올 것이다.

28) 나인호, 『개념사란 무엇인가』, 22쪽.

29) 리처드 왓모어, 『지성사란 무엇인가?』, 40쪽.

30) 위의 책, 6, 47쪽.

31) 정상호, 『시민의 탄생과 진화』, 57쪽.

32) 알랭 바디우, "'인민'이라는 말의 쓰임에 대한 스물네 개의 노트", 알랭 바디우 외, 『인민이란 무엇인가: 인민에 대한 철학적 사유들』, 서용순·임옥희·주형일 역, 현실문화, 2014, 11쪽.

33) 정상호, 『시민의 탄생과 진화』, 57쪽.

34) 유재천, "서(緖): 민중 개념의 내포와 외연", 유재천 편, 『민중』, 문학과지성사, 1984, 12쪽.

35) 박현채, 『한국 자본주의와 민족운동』, 한길사, 1984, 11-12쪽.

36) 이만열, "한국사 연구대상의 변화", 『한국 근대 학문의 성찰』, 중앙대학교 중앙문화
연구원, 1988; 이남희, 『민중 만들기』, 83쪽에서 재인용.

37) 한완상, "민중사회학의 방법론", 『신동아』, 1987년 4월호, 495-496쪽.

38) 배경식, "민중과 민중사학", 역사비평 편집위원회 편, 『논쟁으로 본 한국사회 100년』,
역사비평사, 2000, 349쪽.

39) 김진균, 『사회과학과 민족현실』, 한길사, 1988, 23쪽.

40) 박현채, 『한국 자본주의와 민족운동』, 11쪽.

41) 배경식, "민중과 민중사학", 349쪽.

42) 이세영, "'민중' 개념의 계보학", 신정완 외, 『우리 안의 보편성: 학문 주체화의 새로
운 모색』, 한울, 2006, 363쪽; 정창렬, "백성의식·평민의식·민중의식", 한국신학연
구소 편, 『한국민중론』, 한국신학연구소, 1984. '역사적·사회적 실체가 되어감'의 존
재로 민중을 이해하는 이런 접근법은 민중의식, 실천(민중운동), 연대(헤게모니적
세력연합 구축) 등의 문제영역들을 끌어들임으로써 민중 개념을 '텅 빈, 유동적 기
표'로 논의할 가능성을 열어준다는 점에서 특별히 주목할 가치가 있다. '실체가 되
어감'의 논리를 더 밀고 나가면, 의식·실천·연대가 구체적 상황 속에서 현실화하면
민중 개념은 '의미 충만한 사회적·역사적 실체'가 되고, 그렇지 못하면 지식인들의
'상상적 구성물'로 머물러 있게 된다는 입론도 성립할 수 있게 된다.

43) 김병걸, "민중과 문학", 한국신학연구소 편, 『한국민중론』, 한국신학연구소, 1984, 55쪽.

44) 황문수, "민중의 역설성", 『신동아』, 1980년 7월호, 128쪽.

45) 이상일, "한의 삶을 역전시키는 힘: 민속문화 속의 민중", 『신동아』, 1980년 7월호,
156쪽.

46) 김주연, "민중과 대중", 김주연 편, 『대중문학과 민중문학』, 민음사, 1985, 20쪽.

47) 유재천, "70년대의 민중에 대한 시각", 유재천 편, 『민중』, 문학과지성사, 1984, 130쪽.

48) 백낙청, 『인간해방의 논리를 찾아서: 백낙청 평론집』, 시인사, 1979, 165-166쪽.

49) 이진경, 『사회구성체론과 사회과학 방법론: 한국사회 성격 논쟁에 부쳐』, 아침, 1986,
73쪽.

50) 이세영, "'민중' 개념의 계보학", 320, 386쪽.

51) 김원, 『박정희 시대의 유령들: 기억, 사건 그리고 정치』, 현실문화, 2011, 534쪽.

52) 김성보 외, "종합토론", 역사학연구소 편, 『한국 민중사의 새로운 모색과 역사쓰기』, 선인, 2010, 400쪽.

53) 위의 글, 376쪽. 이와 유사하게 민중신학자인 김진호도 '실체론'과 '형성론'을 대비 시켰다(김진호, "역사주체로서의 민중: 민중신학 민중론의 재검토", 『신학사상』 80, 1993).

54) 민중사반, "총론: 민중사를 다시 말한다", 역사문제연구소 민중사반, 『민중사를 다시 말한다』, 역사비평사, 2013, 17, 20쪽.

55) 장훈교, "공간적 은유의 전환: '구성적 외부'에서 바라본 민중과 민중사에 대한 연구 노트", 『역사연구』 18, 2008, 38쪽에서 재인용.

56) 황병주, "1960년대 비판적 지식인사회의 민중 인식", 『기억과 전망』 21, 2009, 112, 145쪽.

57) 김성보 외, "종합토론", 371쪽; 민중사반, "총론: 민중사를 다시 말한다", 12쪽.

58) 이상록, "1970년대 민족문학론: 탈(脫)식민에의 욕망과 피(被)식민의 흔적들", 『실천 문학』 108, 2012, 121-122쪽.

59) Lee Namhee, *The Making of Minjung: Democracy and the Politics of Representation in South Korea*, Ithaca: Cornell University Press, 2007(이남희, 『민중 만들기』); 김 홍중, 『마음의 사회학』, 문학동네, 2009.

60) 민중은 (한완상이 말한) '당위의 명제'와 '존재의 명제' 사이 긴 스펙트럼의 어딘가 에 놓여 있는 존재이다. 그렇지만 민중이 역사와 사회구조·권력구조의 주인이자 주 역'이어야 한다'는 당위적 지향만큼은 처음부터 선명했다. 유신체제 붕괴 직후인 1980년 4월에 낸, "민중사회학을 위한 서설"이라는 부제가 붙은 『민중과 사회』에서 는 민중 개념에 담긴 당위적·규범적 지향이 더욱 선명하게 드러난다. 이 책의 머리 말은 이렇게 시작된다. "민중이 나라의 주인이 되어야 한다는 당위가 무참하게 깨어 져 가고 있는 70년대 말에 나는 민중이 사회와 역사의 주인임을 다시 한 번 강조하고 싶었다. 마치 절망 속에서 참 희망을 갖고 싶고, 칠흑같이 어두운 속에서 밝은 빛을 갈망하듯이, 민중이 객체로 떨어지고, 대상(對象)으로 취급받고, 나그네로 따돌림당 하는 상황 속에서 민중이 주인이며 주역이며 주격(主格)임을 소리높이 외치고 싶었

다"(한완상, 『민중과 사회』, 1쪽). 바로 이런 취지에서 한완상은 민중사회학이 "민중으로 하여금 객체에서 주체로, 대상에서 주역으로, 소외에서 참여로 나아가도록 민중을 도와야 한다는 실천적이고 규범적인 요청"에 대응하고 "민중과 지배세력 간의 거리를 줄일 목적"을 추구한다고 주장했다(한완상, 『민중과 사회』, 58, 70쪽). 또한 서남동이 말했듯이, 비록 사회경제적으로 압박과 착취에 시달릴지언정 민중은 "정치적으로는 역사주체이고 그렇게 되어야 할" 존재이며, "그것이 우리 과업의 목표가 되어야 한다." "민중은 역사의 주체이고 또 그렇게 되어야만 한다"(서남동)는 게 초기 민중신학자들의 공유된 신념이었다(서남동, 『민중신학의 탐구』, 한길사, 1983, 182-183쪽).

61) 이남희, 『민중 만들기』, 29쪽.

62) 이상록, "함석헌의 민중 인식과 민주주의론", 『사학연구』 97, 2010.

63) 장진영에 의하면, "노동만화에 등장하는 노동자와 농민 캐릭터 설정에 있어서 계층과 계급을 대변하는 전형성의 확보에 주목하게 된다. 당시 '두렁'은 노동자와 농민과 함께 미술교실을 꾸리면서 '얼굴 그리기'를 통해 가장 노동자와 농민다운 얼굴을 투표로 선정하는 과정을 가졌는데, 어떤 얼굴 형상이 다수의 공감을 획득하는가를 파악할 수 있었다. 노동만화에 등장하는 노동자와 농민은 대체로 둥글둥글한 형상에 뭉툭한 코, 선한 눈빛, 당찬 기개, 흐트러진 머리카락 등의 형상이다.……당시 노동자들에게 만화 〈공포의 외인구단〉은 상당한 인기를 얻었는데, 주인공 '까치'에서 보여지는 전형성과는 달라야 한다고 보았다. 영웅적이라기보다는 반영웅적이어야 했고, 잘생긴 것보다는 우직하면서 당찬, 세련되기보다는 덜 세련된, 민중적인 심성을 인격화 또는 시각화시켜야 한다고 보았다. 이는 당시 대중문화를 거부하는 태도의 연장선이기도 하다"(인용자의 강조). 장진영, 『민중만화: 장진영 만화모음1』, 정음서원, 2020, 123쪽.

64) 김원은 1980년대 대학생들의 독특한 '운동문화'가 노동자들을 '신성시' 내지 '신비화'하는 지경에 이르렀다고 서술했다. 당시 학생운동에 참여한 대학생들이 만들어낸 노동자의 이미지는 "무모순적인 인간형, 혁명가나 투사의 이미지", "뭔가 신성하고 고귀한 존재", "찌들고 착취 받고 있지만 전투적이고 투쟁적인", "희생적이고 근면하고 전투적인" 이들이었다. 김원, 『잊혀진 것들에 대한 기억: 1980년대 대학의 하위문화와 대중정치』, 이매진, 2011, 21, 24, 94, 99쪽.

65) 전상기, "'민중'과 '대중'의 관계론(/내재)적 함의: 1960년대 이후 한국문학장에서의 '민중' 논의의 현재적 의미", 『한국문학이론과 비평』 21(3), 2017, 26쪽.

66) 1970년대 이후의 민중 개념을 염두에 두고, 강정구는 "원래 대다수의 사람들을 지시하던 실체 개념이 역사변혁주체를 의미하는 전망 개념과 동일시된 특정한 시기"(강정구, "진보적 민족문학론에서 민중 개념의 형성 과정 연구", 『비교문화연구』 11(2), 2007, 6쪽)라면서, "민중 개념의 아이러니"를 다음과 같이 정리했다. "민중이라는 용어는 대다수(衆)의 사람들(民)이라는 구체적인 실체를 역사의 변혁이라는 전망 속에서 규정한 특이한 개념이기 때문이다. 그것은 현존한다는 점에서 실체이다. 그 전망이 아직 실현되지 않았다는 점에서는 비실체인 셈이다"(같은 글, 5쪽).

67) 한완상은 유신체제의 힘이 극성기에 다다랐던 1978년 6월에 낸 『민중과 지식인』의 머리말에서 "민중이 역사와 구조의 주인이라고 하는 것은 당위(當爲)의 명제일 뿐 결코 존재의 명제는 아닌 것 같다"고 결론지었다. 한완상, 『민중과 지식인』, 정우사, 1978, 3쪽.

68) 이상록이 말하는 '존재/당위로서의 민중', 그리고 한완상이 말하는 '존재/당위 명제로서의 민중'이라는 민중 유형론을 '즉자적/대자적 민중'이라는 민중 유형론과 혼동하지 말아야 한다. 즉자적/대자적 민중은 모두 '존재 대 당위' 혹은 '현재 대 미래' 혹은 '현실 대 비현실'의 이분법 구도가 아닌, "하나의 존재/현재/현실 속의 두 민중" 유형을 가리키는 것이다. 다시 말해 주어진 현실 속에는 즉자적 민중과 대자적 민중이 혼재되어 있고, 심지어 한 개인 내부에서도 혼재되어 있다. '당위/당위명제인 민중=대자적 민중'이라는 등식은 성립하지 않는다.

69) 한상진, 『중민이론의 탐색』, 문학과지성사, 1991, 198쪽.

70) 권진관, "중진국 상황에서 민중신학하기: 민중론을 중심으로", 강원돈 외, 『다시, 민중신학이다』, 동연, 2010.

71) 최장집, 『민중에서 시민으로: 한국 민주주의를 이해하는 하나의 방법』, 돌베개, 2009, 179-180쪽.

72) 정용택, "왜 고통이 중요하며, 왜 고통이 문제인가", 이정희 외, 『민중신학, 고통의 시대를 읽다』, 분도출판사, 2018, 218쪽.

73) 하성웅, "Giorgio Agamben의 메시아 담론에 관한 정치신학 연구", 감리교신학대학교 석사학위논문, 2014의 '감사의 글' 참조.

74) 김진호, "'민중의 죽음'과 안병무를 다시 읽는다는 것", 김진호 외, 『죽은 민중의 시대 안병무를 다시 본다』, 삼인, 2006, 21쪽.

75) 신익상, "근본주의와 가난의 문제: 민중신학의 '민중'과 아감벤의 '잔여'를 연결하여", 한국민중신학회 편, 『민중신학의 여정』, 동연, 2017, 173쪽.

76) 김나현, "1970년대 민중시의 주체 구성: 민중시를 둘러싼 몇 가지 분할에 대하여", 『한국시학연구』 53, 2018, 26쪽.

77) 박일준, "탈근대 시대의 가난한 자, 사이 그리고 혼종성", 강원돈 외, 『다시, 민중신학이다』, 동연, 2010, 376-378쪽.

78) 민주주의가 공식 표방되면서도 정치적으로 소외된 현대의 민중이 '반존재'에 가까울 것이다.

79) 이보다는 덜 알려져 있지만, 1970년대에 한완상은 본격적인 민중사회학적 작업에 앞서, '주체 대 구조'의 이분법적 대립구도 속에서 구조결정론을 비판하고 인간 행위자의 능동성과 자발성을 강조하는 '인간주의 사회학'을 제창하기도 했다. 이 주체론은 말하자면 '인간관'이나 '사회관' 차원의 논의였던 셈이다. 한완상, 『인간과 사회구조: 사회학이론과 문제점들』, 경문사, 1986[이 책은 1977년에 『현대사회학의 위기: 개방적 사회와 자율적 인간을 위하여』(경문사)라는 제목으로 처음 출간된 바 있다].

80) 홍정완, 『한국 사회과학의 기원: 이데올로기와 근대화의 이론체계』, 역사비평사, 2021, 385쪽.

81) 김진균 외, "토론: 분단시대의 지식인과 민중", 『한국사회연구3』, 한길사, 1985, 44-45쪽.

82) 김지하, "풍자냐 자살이냐", 『시인』, 1970년 7월호. 이 글은 성민엽 편, 『민중문학론』, 문학과지성사, 1984에 재수록되었다.

83) 이런 맥락에서 문익환은 『히브리 민중사』에서 '천민들의 하느님'을 강조했다(문익환, 『히브리 민중사: 문익환 이야기 마당』, 삼민사, 1990). 서남동은 다음과 같이 정식화했다. "1.……하느님은 항상 이들(빈민—인용자) 편에, 그리고 오로지 이들만 무조건적으로 그리고 열정적으로 편든다.……2. 하느님은, 성서 전체에 걸쳐 가난한 자의 변호자로 나타난다. 3.……결국 예수의 이야기는, 무엇보다도 먼저 '가난한-사람의(of)-하느님' '가난한 사람과-함께하는(with)-하느님' '가난한-사람을-위한(for)-하느님'에 관한 이야기가 아니겠는가?"(서남동, "빈곤의 사회학과 빈민의 신

학", 한국신학연구소 편, 『1980년대 한국 민중신학의 전개』, 한국신학연구소, 1990, 219쪽).

84) 정치학자 정영태는 노동자계급 당파성의 맥락에서 당파성과 '진리'를 연관시켰다. "계급적 대립이 존재하는 사회에서는 중립적 내지 보편적 가치관은 있을 수 없으며 특정의 계급에 봉사하는 '당파적' 가치관일 수밖에 없다. 따라서 올바른 당파성을 견지해야만 객관성과 진리에 도달할 수 있다." 정영태, "정치학 연구의 주요 쟁점과 그 연구 현황", 한국산업사회연구회 편, 『현대한국 인문사회과학 연구사: 80·90년대 비판학문의 평가와 전망』, 한울, 1994, 12쪽.

85) 김영범, 『민중의 귀환, 기억의 호출』, 한국학술정보, 2010.

86) 여기서 지식인들이 '민중'이라고 정의하고 호명하는 사회집단이 '타칭 민중'이라면, '자칭 민중'은 자신들을 민중으로 호명하거나 스스로 민중이라는 정체성을 주장하는 집단을 가리킨다.

87) 자크 랑시에르, 『프롤레타리아의 밤』, 안준범 역, 문학동네, 2021.

88) 김성재는 1980년 5월 처음 발표한 글에서 1970년대 민중론을 접근방법의 차이에 주목하여 사회과학적 접근(한완상, 박현채), 역사적 접근(송건호, 안병직, 김용복), 신학적-기독교적 접근(안병무, 서남동, 문동환)의 세 가지로 분류한 바 있다. 신학자인 김용복을 '역사적 접근'으로 분류한 점이 이채롭다. 김성재, "민중교육 방법론 연구", NCC신학연구위원회 편, 『민중과 한국신학』, 한국신학연구소, 1982, 396-410쪽.

89) 조동일, "가면극의 희극적 갈등: 형성, 형식, 내용의 세 측면에서", 서울대학교 석사학위논문, 1968; 조동일, "가면극 악사의 코러스적 성격", 『동서문화』 3, 1969; 조동일, "조선 후기 가면극과 민중의식의 성장", 『창작과 비평』 24, 1972년 여름; 조동일, "한국 구비문학과 민중의식의 성장", 국제문화재단 편, 『한국의 민속문화』, 국제문화재단출판부, 1974; 조동일, 『한국 가면극의 미학』, 한국일보사, 1975; 조동일, 『탈춤의 역사와 원리』, 홍성사, 1979; 조동일, "서사민요와 웃음", 김흥규 편, 『전통사회의 민중예술』, 민음사, 1980; 조동일, 『카타르시스 라사 신명풀이』, 지식산업사, 1997; 조동일, 『한국의 탈춤』, 이화여자대학교출판부, 2005; 심우성, "한국 민속인형극 소고: 덜미(꼭두각시놀음)를 중심으로", 『창작과 비평』 26, 1972년 겨울; 심우성 편저, 『한국의 민속극: 부(附) 연희본 13편』, 창작과비평사, 1975; 심우성, 『민속문화와 민중의식: 심우성 평론집』, 대화출판사, 1978; 김흥규 편, 『전통사회의 민중예술』, 민음

사, 1980; 이상일, "한의 삶을 역전시키는 힘"; 이상일, 『한국인의 굿과 놀이』, 문음사, 1981; 이상일, "놀이문화와 민중의식: 대동놀이와 공동체의식의 탐구", 성균관대학교 대동문화연구원 편, 『한국인의 생활의식과 민중예술』, 성균관대학교출판부, 1984; 김열규, "굿과 탈춤", 채희완 편, 『탈춤의 사상』, 현암사, 1984; 김열규, "〈민중의 문(文)〉들에 관한 시론", 『한국인의 생활의식과 민중예술』; 최길성, 『한국인의 한』, 예전사, 1991.

90) 채희완, "가면극의 민중적 미의식 연구를 위한 예비적 고찰", 서울대학교 석사학위논문, 1977; 채희완, "춤의 사회적 과제와 전망", 『실천문학』 1, 1980; 채희완, "70년대의 문화운동", 한국기독교사회문제연구원 편, 『문화와 통치』, 민중사, 1982; 채희완, 『공동체의 춤 신명의 춤』, 한길사, 1985; 채희완, "탈춤 추는 광대", 『신동아』, 1985년 7월호; 채희완 편, 『탈춤의 사상』, 현암사, 1984; 임진택, "살아 있는 판소리", 백낙청·염무웅 편, 『한국문학의 현단계 II』, 창작과비평사, 1983; 임진택, 『민중연희의 창조』, 창작과비평사, 1990; 채희완·임진택, "마당극에서 마당굿으로", 정이담 외 『문화운동론』, 공동체, 1985; 채희완·임진택 편, 『한국의 민중극: 마당굿 연희본 14편』, 창작과비평사, 1985.

91) 김광억, "정치적 담론기제로서의 민중문화운동: 사회극으로서의 마당극", 『한국문화인류학』 21, 1989; 김성례, 『한국 무교의 문화인류학』, 소나무, 2018.

92) 황선명, 『민중종교운동사』, 종로서적, 1980; 황선명 외, 『한국 근대 민중종교 사상』, 학민사, 1983.

93) 김영범, "19세기 민중집단의 집합의식에의 한 접근: 판소리의 의사소통론적 신(新)고찰", 서울대학교 석사학위논문, 1985; 김영범, 『민중의 귀환, 기억의 호출』; 한완상·김성기, "한(恨)에 대한 민중사회학적 시론: 종교 및 예술 체험을 중심으로", 서울대학교 사회학연구회 편, 『현대자본주의와 공동체이론』, 한길사, 1987; 박승길, "한말 신흥종교의 혁세 정신(革世精神)과 민중의 자기 인식 방향과 유형", 한국사회사연구회 편, 『한국의 종교와 사회변동』, 문학과지성사, 1987; 박명규, "동학사상의 종교적 전승과 사회운동", 『한국의 종교와 사회변동』; 조성윤, "일제하의 신흥종교와 독립운동", 『한국의 종교와 사회변동』; 한완상·한도현, "민중종교의 종말론적 급진성: 동학에 나타난 조선 농민의 혁명적 열망", 일랑고영복교수화갑기념논총간행회 편, 『사회변동과 사회의식 2』, 전예원, 1988.

94) 유재천에 의하면 민중은 "구성원들 사이에 공통의 문화와 관심사가 있다는 점", 부연하자면 "공동의 문화를 향유하고 있으며 삶의 조건을 억압하는 세력과 제도에 대해 공동의 관심을 갖는다"는 특징을 갖고 있다. 유재천, "70년대의 민중에 대한 시각", 128쪽.

95) 서광선의 표현을 빌리자면, "한국 민중신학의 두드러진 특징의 하나는 한국문화의 전통적 맥락에서 그리스도교 신학의 가능성과 그 뿌리를 찾으려 한다는 것이다. 한국의 전통문화 가운데서도 특히 민중들이 창조하는 민중적 문화 형식과 방법과 내용에서 민중신학의 뿌리를 찾고 있는 점에 주목하게 된다"(서광선, "한국의 민중신학", 한국신학연구소 편, 『1980년대 한국 민중신학의 전개』, 한국신학연구소, 1990, 45쪽). 춘추전국시대 사상가인 '묵자(墨子)'라는 화두를 들고 1992년부터 민중 논의에 뒤늦게 뛰어든 이후 문익환 등 민중신학자들과 논쟁을 벌여나갔던 기세춘도 넓은 의미의 문화적 접근 범주에 포함시킬 수 있을 것이다(기세춘, 『묵자: 천하에 남이란 없다(상,하)』, 나루, 1995; 기세춘, 『우리는 왜 묵자인가: 묵자사상의 해석학적 고찰』, 초당, 1995; 문익환·기세춘·홍근수, 『예수와 묵자: 문익환 기세춘 홍근수의 논쟁』, 바이북스, 2016).

96) 현영학, "한국 가면극 해석의 한 시도: 신학적 해석", 채희완 편, 『탈춤의 사상』, 현암사, 1984; 현영학, 『예수의 탈춤: 한국 그리스도교의 사회윤리』, 한국신학연구소, 1997; 서광선, "해방의 탈춤", 한국신학연구소 편, 『1980년대 한국 민중신학의 전개』, 한국신학연구소, 1990.

97) 서남동, "두 이야기의 합류", NCC신학연구위원회 편, 『민중과 한국신학』, 한국신학연구소, 1982; 서남동, 『민중신학의 탐구』; 서남동, "민담에 관한 탈신학적 고찰", 한국신학연구소 편, 『1980년대 한국 민중신학의 전개』, 한국신학연구소, 1990; 김용복, "민중의 사회전기와 신학", 『민중과 한국신학』; 김용복, 『한국 민중의 사회전기: 민족의 현실과 기독교운동』, 한길사, 1987; 김용복, "성서와 민중의 사회전기", 『1980년대 한국 민중신학의 전개』; 김용복, 『지구화시대의 민중의 사회전기: 하나님의 정치경제와 디아코니아선교』, 한국신학연구소, 1998.

98) 안병무, "예수사건의 전승 모체", 한국신학연구소 편, 『1980년대 한국 민중신학의 전개』, 한국신학연구소, 1990.

99) 강원돈, "신학적 해석학의 새로운 모색: 민중문화운동의 민중신학적 수용", 『신학사상』 53, 1986; 김창락, "이야기신학으로서의 민중신학", 한국신학연구소 편, 『1980년대 민중신학의 전개』, 한국신학연구소, 1990.

100) 변태섭 외, 『전통시대의 민중운동(상): 만적의 난에서 평안도 농민전쟁까지』, 풀빛, 1981; 고승제 외, 『전통시대의 민중운동(하): 홍경래의 난에서 이필제 난까지』, 풀빛, 1981; 김의환 외, 『근대 조선의 민중운동: 갑오농민전쟁과 반일의병운동』, 풀빛, 1982 등이 그 시발점을 이룬다.

101) 한국민중사연구회, 『한국민중사1,2』, 풀빛, 1986.

102) 천관우, "민중운동으로 본 3·1운동", 동아일보사 편, 『3·1운동 50주년 기념논집』, 동아일보사, 1969; 김진봉, "3·1운동과 민중", 같은 책.

103) 마나베의 책과 카치아피카스의 책은 모두 2015년에 한글로 번역되었다. 마나베 유코, 『열사의 탄생: 한국민중운동에서의 한의 역학』, 김경남 역, 민속원, 2015; 조지 카치아피카스, 『한국의 민중봉기: 민중을 주인공으로 다시 쓴 남한의 사회운동사, 1894 농민전쟁~2008 촛불시위』, 원영수 역, 오월의봄, 2015. 마나베의 원저 제목은 『烈士の誕生』(열사의 탄생)이었고, 카치아피카스의 원저 제목은 Asia's Unknown Uprisings (vol.1): South Korean Social Movements in the 20th Century(아시아의 알려지지 않은 봉기들1: 20세기의 남한 사회운동)이었다.

104) 2018년 출판된 이창일의 『민중과 대동: 민중사상의 연원과 조선시대 민중사상의 전개』(모시는사람들)는 제목과는 달리 '민중'이 아닌 '민(民)' 개념에 초점을 맞추고 있는데, 확실히 '민=민중'의 등식은 논리적 비약에 가깝다고 하겠다. 그가 민중이라는 단어를 두고 "실제로는 현대어"이며, "'민중'이라는 말은 서구어의 '더 피플(the people)'을 번역한 현대어"라고 확언하는 것도 논란의 여지가 많은 주장이다(같은 책, 19, 291쪽).

105) 구한말 이전 시기, 더 정확히는 1920년대 이전의 민중 개념에 대한 역사적 연구는 지금까지도 지극히 부진하다. 그나마 단편적이고 국지적인 언급들조차 부정확한 경우가 많다. 구한말 이전의 조선, 혹은 근대 이전의 중국에서 민중 개념이 어떻게 사용되었고 어떤 역사적 변천을 겪어왔는지에 관한 연구는 매우 드물 뿐 아니라 치밀하지 못하다.

106) 이만열, "한국사에 있어서의 민중", 유재천 편, 『민중』, 문학과지성사, 1984, 66쪽.

107) 안병직, "단재 신채호의 민족주의", 『창작과 비평』 29, 1973년 가을, 837-844쪽.

108) 천관우, 『한국사의 재발견』, 일조각, 1974, 375쪽.

109) 오대록, "1920년대 '전북민중운동자동맹' 연구", 『한국근현대사연구』 41, 2007.

110) 김창후, "재일제주인 항일운동의 연구 과제: 김문준의 활동을 중심으로", 『제주도 사연구』 6, 1997.

111) 허수, 『식민지 조선 오래된 미래: 개념과 표상으로 식민지 시대 다시 읽기』, 푸른역사, 2011, 특히 3부 2장("집합적 주체들의 향방: '국민·인민·민중·대중'을 중심으로")을 볼 것.

112) 조동일, "민중·민중의식·민중예술", 한국신학연구소 편, 『한국민중론』, 한국신학연구소, 1984, 102-122쪽. 이 글은 1984년 2월 출간된 『한국인의 생활의식과 민중예술』(성균관대학교출판부)에 같은 제목으로 발표되었다.

113) 노재봉에 의하면, "2차대전 이전에도 민중이란 말이 상당히 유행했던 때가 있습니다. 가령, 일본의 경우 2차대전 이전인 대정(大正)데모크라시 때부터 민중이라는 말을 붙인 운동이 대대적으로 있었으니까요"(김대환 외, "좌담회: '민중'이데올로기와 민중운동", 『신동아』, 1985년 7월호., 404쪽). 신채호의 민중 개념을 다룬 김종학 역시 2006년 석사학위논문에서 노재봉이 주목한 시기의 일본 민중론에 대해 간략히 언급했다(김종학, "단재 신채호의 아나키즘의 정치사상사적 의미: 식민지 조선의 민족주의와 민중 개념의 형성", 서울대학교 석사학위논문, 2006, 4쪽).

114) 김진하, "민중론에 관한 실증적 접근", 서강대학교 석사학위논문, 1990.

115) 최정운, "조선시대의 민중세계를 다룬 소설 『임꺽정』의 공(功)과 과(過)", 『한국사 시민강좌』 41, 2007.

116) 안병직, "단재 신채호의 민족주의"; 강만길 편, 『신채호』, 고려대학교출판부, 1990에 수록된 진덕규, 송재소, 신용하, 강만길의 글; 김종학, "단재 신채호의 아나키즘의 정치사상사적 의미" 등 참조.

117) 이정복, "한국에 있어서의 민중론", 『한국정치연구』 1, 1987; 이정복, "민중론의 정치학적 분석", 이정복 외, 『한국 민중론 연구』, 한국정신문화연구원, 1990; 박재순, 『민중신학과 씨올사상』, 천지, 1990; 정지석, "함석헌의 민중사상과 민중신학", 『신학사상』 134, 2006; 이상록, "함석헌의 민중 인식과 민주주의론"; 김명수, 『씨알사상과 민중신학』, 한국학술정보, 2012; 윤상현, "1950년대 후반~1960년대 초 함석헌의 주체 형성 담론의 변화: 민중·민족·국민 담론을 중심으로", 『사학연구』 112, 2013; 한규무, "『뜻으로 본 한국역사』와 1960년대 함석헌의 민주화운동", 『한국사학사학보』 29, 2014.

118) 이이화, "허균이 본 호민", 한국신학연구소 편, 『한국민중론』, 한국신학연구소, 1984; 조광, "정약용의 민권의식 연구", 같은 책.

119) 이세영, "'민중' 개념의 계보학", 320, 369, 383쪽.

120) 박명규, 『국민·인민·시민』, 41쪽.

121) 그러기에 민중을 둘러싼 권력-개념 관계의 역동적 맥락에 민감한 지성사적 접근이 더더욱 요구된다. 민중은 어떤 세력에 의해 '저항적' 맥락에서 소환되는가, 혹은 '수동적'이거나 단순한 '기술적' 맥락에서 소환되는가?

122) 김영범은 아래로부터의 역사를 주도해온 이들을 '영국 마르크스주의 성향 사회사가(社會史家)들'로 통칭하고 있다. 김영범, 『민중의 귀환, 기억의 호출』, 146쪽.

123) 이에 대해서는, Jeff Goodwin and James Jasper and Francesca Polletta eds., *Passionate Politics: Emotions and Social Movements*, Chicago: University of Chicago Press, 2001; 그 번역본인, 제프 굿윈 외 편, 『열정적 정치: 감정과 사회운동』, 박형신·이진희 역, 한울, 2012 참조.

124) 정동이론에 대해서는, 멜리사 그레그·그레고리 시그워스 편, 『정동이론: 몸과 문화·윤리·정치의 마주침에서 생겨나는 것들에 대한 연구』, 최성희·김지영·박혜정 역, 갈무리, 2015; 브라이언 마수미, 『정동정치』, 조성훈 역, 갈무리, 2018 등을 볼 것. 『정동이론』의 번역자들은 정동 개념이 '정신-신체 이분법'을 극복할 수 있게 해주며, 정동은 정신과 신체 "양쪽 모두에 걸쳐 있고 양쪽 모두에 작용한다"는 것, "정동은 몸과 정신의 동시 작동에 의한 것"임을 강조한 바 있다(최성희·김지영, "옮김이 후기", 『정동이론』, 587-588쪽). 마수미의 언명처럼, "정동이 통과해 지나가는 마주침들은 마음을 자극하는 즉시 몸을 때린다"(브라이언 마수미, 『정동정치』, 14쪽). 정동은 "감각적(신체적) 차원"의 감정 영역인 느낌(feeling)이나, "개인적·사회적 차원"의 감정 영역인 감정(emotion)과 구분되는 "상호작용적 차원"의 감정 영역으로서, "몸과 정신의 이분법을 탈피"한 의식-무의식, 행위-의식, 의식-감정, 몸-정신 '사이'의 역동적인 운동을 가리킨다[이태성, "사회과 교육에서 감정 개념의 명료화: '정동 이론(Affect Theory)'을 중심으로", 『사회과교육연구』 24(2), 2017, 23-24쪽]. 정동은 "사이에서(in-between-ness) 태어나고, 누적되는 곁(beside-ness)으로서 머문다." 정동은 "의식화된 앎 아래나 옆에 있거나, 또는 아예 그것과는 전체적으로 다른 내장의(visceral) 힘들, 즉 정서(emotion) 너머에 있기를 고집하는

생명력(vital forces)"이고, "힘(force) 또는 힘들의 마주침(조우)(forces of en-counter)"이다. 정동은 "순간적인, 그러나 때로는 좀 더 지속적인 관계의 충돌이나 분출일 뿐 아니라, 힘들과 강도들의 이행(移行, passage)(혹은 이행의 지속)"이며, "정동하고(affect) 정동되는(affected) 몸의 능력(capacity)"을 가리킨다(저자의 강조; 그레고리 시그워스·멜리사 그레그, "미명의 목록[창안]", 『정동이론』, 14-16쪽). 시그워스와 그레그는 "정동의 성질들에 대한 기술들"로서, "과잉, 자율적, 비인격, 형언할 수 없는 것(the ineffable), 과정의 진행 중임, 교육-미학적(pedagogico-aesthetic), 잠재적인, 공유 가능한(모방적인), 접착성의(달라붙는)(sticky), 집단적인, 우발성, 문턱 혹은 전환점, 잠재적인 것의 내재성(미래성), 열림, 진부한 것과 관습의 영역 주위를 순환하는 진동하는 비일관성, 누적되는 배치가 한데 모이는 장소 등"을 열거하고 있다(그레고리 시그워스·멜리사 그레그, "미명의 목록[창안]", 29쪽). 이태성은 버텔슨과 머피에 의존하여 정동의 세 측면, 즉 전-개인적인(pre-personal) '힘의 운동'으로서의 정동, 개인적이고 언어적으로 '친밀한 것'으로서의 정동, '그 사이에 있는 것'으로서의 정동(다시 말해 '전이와 과정'으로서의 정동, 즉 "끊임없이 '전이적'이며, 어느 하나의 상태라기보다는 '한 상태에서 다른 것으로 진행되는 과정'"으로서의 정동)을 제시하기도 했다(이태성, "사회과 교육에서 감정 개념의 명료화", 27쪽).

필자는 정동이론이 민중연구에도 직간접적으로 기여하리라 기대한다. 첫째, 정동이론은 민중의 신명과 한을 이해하는 데, 둘째, 민중의 (때때로 상충되는) 욕구와 욕망을 이해하는 데 도움을 줄 수 있다. 셋째, 정동은 사건 및 흐름/몰입(flow)과의 연관 속에서, 다시 말해 사건과의 조우나 흐름/몰입 속에서 발생하는 그 무엇으로 이해될 수도 있다. 사건으로서의 정동에서는 주-객의 분리가 와해된다. 마수미가 말하듯이, "정동은 사건입니다. 또는 모든 사건의 어떤 차원입니다.……이 능력(정동하거나 정동되는 능력—인용자)은 어떤 고집스러운 구분을, 아마도 그 가장 고집스러운 구분을 가로질러 횡단합니다. 정동하는 능력과 정동되는 능력은 동일한 사건의 두 얼굴이기 때문입니다. 하나는 우리가 객체(사물)로 따로 떼어내고 싶을지도 모르는 쪽으로 향하고, 다른 하나는 주체(주관)로 떼어낼지도 모르는 쪽으로 향합니다. 여기서, 이 둘은 동일한 동전의 양면입니다"(브라이언 마수미, 『정동정치』, 82-83쪽). 나아가 '정동적 마주침'으로서의 사건은 존재력의 증강을 가져온다. "마주침의 강렬도는 그 마주침을 통해 일어나는 존재력—느끼고, 행하고, 지각하는 능력—의 증강을 지칭한다"(브라이언 마수미, 『정동정치』, 295쪽). 넷째, 필자는 정동 이론이 '신체에 새겨진 정동'의 작용에 기초한, 민중의(나아가 인간 보편의) 탁월한 윤리적 잠재력을 포착하는 데도 도움을 줄 수 있다고 본다. 레비나스의 다음과 같은 논의를 보자. "존재하려는 자기보존 경향 속에서 굶주림은 다른 사람의 굶주림에 놀랍게도 예민하다는 점에 주목하자. 타인의 굶주림은 사람들을 식곤증과 충족에서 일깨운다. 우리가 나 자신의 굶주림에 대한 기억으로부터 다른 사람의 굶주림에 대한 고통과 연민으로 옮겨가는 것은 정말 놀랄 만한 일이다"(에마뉘엘 레비나스, 『신 죽음 그리고 시간』, 김도형·문성원·손영창 역, 그린비, 2013, 257쪽). 자신의 굶주렸던 기억이 몸에 흔적으로 남아 있다가 불현듯 굶주린 타자에 대한 연민이라는 이타적 관계 맺기로 나아가도록 동인으로 작용한다는 것이다. 이런 윤리적 계기는 '자기 초월'의 차원까지 내포하는데, "배고픔은……타인의 배고픔에 대한 반응을 통해, 나를 벗어나 바깥으로 초월할 수 있는 가능성을 보여주는 현상"이라는 것이다(강영안, 『타인의 얼굴: 레비나스의 철학』, 문학과지성사, 2005, 191쪽).

제2장 합의

1) 김용복, "성서와 민중의 사회전기", 175-176쪽; 서광선, "해방의 탈춤", 55쪽.

2) 황문수, "민중의 역설성", 131쪽.

3) 이남희, 『민중 만들기』, 24, 28쪽.

4) 김성재, "책을 펴내면서", 정창렬 외, 『한국민중론의 현단계: 분과학문별 현황과 과제』, 돌베개, 1989, 4쪽.

5) "제삼세계와 민중문학"이라는 글에서 백낙청은 설사 '각성된 민중' 단계에 이르지 못했을 때조차 민중은 '역사의 주체' 역할을 수행해왔다고 주장한 바 있다. "민중은 오합지중이라고 해서 민중이 아니거나 자기 나름으로 인간답게 살 권리가 없어지는 것이 아니다. 물론 까마귀떼 모아놓은 것처럼 떠들기만 하고 단결된 행동을 못 하는 동안에는 실제로 인간답게 살게 되기가 힘들고, 그러므로 앞으로 각성된 민중으로 성장하기까지의 길고도 험한 과정을 남겨놓고 있다. 그러나 민중은 그들이 인간이라는 점

에서 이미 소중하고, 소수 지배자·억압자가 아니라는 점에서 저들보다 단연코 훌륭하며, 땀흘려 일하고 자식 낳아 기르면서 인류의 살림살이를 지탱해왔다는 점에서 버젓이 역사의 주체로 역할해온 것이다." 백낙청, 『인간해방의 논리를 찾아서』, 180쪽.

6) 임헌영, "민중", 한국문학평론가협회 편, 『문학비평 용어사전(상)』, 국학자료원, 2006, 755쪽; 한상진, 『민중의 사회과학적 인식』, 문학과지성사, 1987, 86쪽.

7) 최장집, 『민중에서 시민으로』, 178쪽.

8) 송건호·안병직·한완상, "좌담회: 민중의 개념과 그 실체", 『월간 대화』, 1976년 11월호, 67쪽.

9) 조동일, "민중·민중의식·민중예술", 121-122쪽.

10) 유재천, "70년대의 민중에 대한 시각", 127, 129쪽.

11) 한상범, "민중론의 전개 방향", 유재천 편, 『민중』, 문학과지성사, 1984, 120쪽.

12) 송건호·안병직·한완상, "좌담회: 민중의 개념과 그 실체", 69쪽.

13) 정창렬, "백성의식·평민의식·민중의식", 157-158쪽.

14) 이세영, "'민중' 개념의 계보학", 309쪽.

15) 송건호·안병직·한완상, "좌담회: 민중의 개념과 그 실체", 68-69쪽.

16) 박현채, 『한국 자본주의와 민족운동』, 11쪽.

17) 필자는 여기서 '계층'을 막스 베버와 유사한 계층 개념, 즉 정치적·사회적·문화적 요소들이 다양하게 작용하는 다원주의적 개념으로 사용하고 있다.

18) 조현일, "비상사태기의 문학과 정치: 1970년대 전반기 민중문학을 중심으로", 『민족문학사연구』 60, 2016, 25쪽.

19) 배항섭, 『19세기 민중사 연구의 시각과 방법』, 성균관대학교출판부, 2015, 13쪽.

20) 황문수, "민중의 역설성", 131-132쪽.

21) 김명인, "다시 민중을 부른다: 87년체제를 넘어, 신자유주의 시장독재에 맞서서", 『실천문학』 87, 2007, 306쪽.

22) 서광선, "한국의 민중신학", 55쪽.

23) 안병무, "민중운동과 민중신학", 한국신학연구소 편, 『1980년대 한국 민중신학의 전개』, 한국신학연구소, 1990, 24쪽.

24) 김지하, "생명의 담지자인 민중", 『밥』, 분도출판사, 1984, 130-131쪽.

25) 인민 개념에 대한 라클라우의 논의는, Ernesto Laclau, *On Populist Reason*, Lon-

don & New York: Verso, 2018을 볼 것(이 책의 초판은 2005년에 출간되었다). 필자는 라클라우가 이 책에서 제시하는 인민(people) 개념의 여러 성격이나 특징들을 '민중' 개념의 성격·특징으로 바꿔 읽어도 무방하다고 생각한다.

26) 한상진, 『중민이론의 탐색』, 198-199쪽.

27) 서광선, "해방의 탈춤", 486쪽.

28) 라클라우에 의하면, "(우리가 '절대적으로' 비어 있는 기표를 얻을 수 있다면 보편성은 자신의 진정한 궁극적인 신체를 가질 것이며, 정치적 의미를 구축하는 방식으로서의 헤게모니는 종결될 것이다. '완전한 비어 있음'과 '완전한 충만함'은 실상 꼭 같은 것이다.) 등가연쇄는 '언제나' 상이한 등가연쇄를 통해 의미와 정체성을 구축하는 다른 헤게모니적 개입에 의해 교란되고 방해를 받는다.……경쟁이 이루어지는 특정한 기표들에 부착되는 의미에는 동일한 담화 공간에서 복수의 전략들이 작용하는 결과로 인해 본질적 비(非)고정성이 존재한다. 내가 교란되지 않은 등가연쇄를 통합하는 일반적 등가물을 '비어 있는 기표'라 불렀다면, 상호 간섭하는 복수의 담화들을 통해 도입되는 비(非)고정성에서 그 비어 있음이 비롯되는 등가물은 '떠다니는 기표'라 부를 것이다. 실질적으로 양자의 과정은 서로를 중층결정하지만, 그들 사이의 분석적 구별을 유지하는 건 중요하다." 주디스 버틀러·에르네스토 라클라우·슬라보예 지젝, 『우연성 헤게모니 보편성: 좌파에 대한 현재적 대화들』, 박대진·박미선 역, 도서출판b, 2009, 413쪽.

29) 물론 '금지된 기표'와 '낭만화된 기표'는 모두 빈 기표에 과도하게 의미를 충전시키려는 시도를 반영하는, 따라서 '본질화되고 과잉의미화된 기표'에 가까운 것이다.

30) 황문수, "민중의 역설성", 129쪽.

31) 김성재, "민중교육 방법론 연구", 410-411쪽.

32) 배경식, "민중과 민중사학", 347쪽.

33) 유재천, "서(緖): 민중 개념의 내포와 외연", 12쪽.

34) 김지하는 이렇게 말한다. "민중은 우매성·속물성·비겁성과 같은 부정적 요소를 지님과 동시에 지혜로움, 무궁한 힘과 대담성과 같은 긍정적 요소 또한 가지고 있다. 그 부정적 요소도 단순히 일률적인 것만은 아니다. 올바르지는 않지만 결코 밉지 않은 요소도 있고, 무식하지만 경멸할 수 없는 요소도 있다. 그리고 겁은 많지만 사랑스러운 요소도, 때묻고 더럽지만 구수하고 터분해서 마음을 끄는 요소도, 몹시 이기

적이긴 하나 무척 익살스러운 요소도 있다"(김지하, "풍자냐 자살이냐", 『민중문학론』, 24쪽). 김영무도 유사한 견해를 표명한 바 있다. "민중 내부에 부정적으로 내면화되어 있는 억압세력의 논리는 가난과 굶주림을 벗어나려는 몸부림의 과정에서 추악한 모습을 드러내기도 한다. 민중의 이런 부정적인 측면까지를 꿰뚫어 봄으로써, 민중 멸시와 표리를 이루는 감상적 민중 신비화를 동시에 뛰어넘는 제3세계 문학의 저 든든한 낙관주의의 넓은 마당에는 배타적인 강인함이나 전투성과 더불어 마침내 나는 넉넉함과 푸근함, 일견 숙맥 같은 순박함과 청순함도 함께 숨쉬고 있는 것이다"(김영무, "제3세계의 문학: 개념의 명료화와 대중화를 위하여", 김병걸·채광석 편, 『민중, 노동 그리고 문학: 80년대 대표평론선』, 지양사, 1985, 50쪽).

35) 가야트리 스피박, "서발턴은 말할 수 있는가?", 로절린드 C. 모리스 편, 『서발턴은 말할 수 있는가?: 서발턴 개념의 역사에 대한 성찰들』, 태혜숙 역, 그린비, 2013, 61쪽.

36) 위의 글, 58, 62쪽.

37) 물론 이는 앞서 말한 '민중의 긍정성' 강조 경향과 직결되는 것이다. 이런 낙관적 세계관은 민중의 어두운 면과 밝은 면을 모두 긍정할 수 있는 심리적 여유를 제공하기도 하고, 그런 여유를 전제로 삼기도 한다.

38) 전상기, "'민중'과 '대중'의 관계론(/내재)적 함의", 12쪽.

39) 한완상, 『민중과 지식인』, 275쪽. 여기서 한완상은 "바람직한 민족주의는 반드시 민중이 중심이 되는 민주주의와 연결이 되어야 한다"고 말했다.

40) 한완상, 『민중사회학』, 종로서적, 1984, 3쪽.

41) 라나지트 구하, 『서발턴과 봉기: 식민 인도에서의 농민봉기의 기초적 측면들』, 김택현 역, 박종철출판사, 2008, 28쪽.

42) 백욱인, "과학적 민중론의 정립을 위하여", 『역사비평』 3, 1988, 135쪽.

43) 박현채, 『한국 자본주의와 민족운동』, 15-19쪽.

44) 김세균, "계급 그리고 민중, 시민, 다중", 『진보평론』 20, 2004, 325-326, 332쪽.

45) 임지현, "파시즘은 살아 있다", 임지현 외, 『우리 안의 파시즘』, 삼인, 2000, 8쪽.

46) 조희연, "민중사회학의 발전적 심화론", 『신동아』, 1987년 4월호, 530쪽.

47) 한완상, 『민중과 사회: 민중사회학을 위한 서설』, 종로서적, 1980, 15쪽.

48) 한상진, "민중사회학의 '민중론' 비판", 『신동아』, 1987년 4월호, 516, 519쪽.

49) 위의 글, 516쪽.

50) 한완상, 『민중과 지식인』, 14쪽.

51) 한완상, 『민중과 사회』, 13-14쪽.

52) 위의 책, 75쪽.

53) 노명식, "근대사회에서의 시민과 민중", 『월간 대화』, 1976년 11월호, 94쪽.

54) 한완상, 『민중시대의 문제의식: 한완상 사회평론집』, 일월서각, 1983, 88-89쪽.

55) 한상진, 『중민이론의 탐색』, 133-134쪽.

56) 안병무, "예수와 오클로스", NCC신학연구위원회 편, 『민중과 한국신학』, 한국신학연구소, 1982, 86쪽.

57) 서남동, 『민중신학의 탐구』, 182쪽.

58) 김용복, "메시야와 민중: 정치적 메시야니즘에 대항한 메시야적 정치", NCC신학연구위원회 편, 『민중과 한국신학』, 한국신학연구소, 1982, 288쪽 참조.

59) 서광선, "한국의 민중신학", 55쪽.

60) 현영학, 『예수의 탈춤』, 31쪽.

61) 박현채, 『민중과 경제』, 정우사, 1978, 8-9쪽.

62) 정창렬, "백성의식·평민의식·민중의식", 157-158쪽.

63) 김진균, 『사회과학과 민족현실』, 264쪽.

64) 장일조, "한국 민중신학에 대한 몇 가지 테에제", 민영진 외, 『한국 민중신학의 조명』, 한울, 1984, 124쪽.

65) 구해근, 『한국 노동계급의 형성』, 210-211쪽.

66) 김영범, 『민중의 귀환, 기억의 호출』, 20쪽.

67) 유재천, "70년대의 민중에 대한 시각", 127쪽.

68) 유재천, "민중문화와 대중문화", 한국기독교사회문제연구원 편, 『문화와 통치』, 민중사, 1982, 13쪽.

69) 한상진, 『민중의 사회과학적 인식』, 28쪽.

70) 한승희, 『민중교육의 형성과 전개』, 교육과학사, 2001, 125쪽.

71) 최장집, 『한국 민주주의의 이론』, 한길사, 1993, 384-385쪽.

72) 김원, 『잊혀진 것들에 대한 기억』, 145-146쪽.

73) 한완상, 『민중과 지식인』, 15-16쪽. 문학평론가 성민엽은 대자성에 일차적인 초점을 두고 민중을 "대중 속에 뿌리를 박고 지식인다운 고뇌를 통해 성립되는 그 어떤 깨

어 있는 정신"으로 정의하기도 했다(성민엽, 『변하는 것과 변하지 않는 것: 성민엽 비평집』, 문학과지성사, 2004, 53쪽). 독특하게도, 사회학자인 김홍중은 '민중' 대신 신실성(sincerity)/진정성(authenticity)을 기준 삼아 즉자성과 대자성을 구분했다. 그에 의하면, '신실성'은 '즉자적 진정성'으로서, "진정성의 맹아가 들어 있으나, 그것은 아직 개화하지 않은 원형질에 가깝다." 반면 '진정성'은 '대자적 신실성'으로, "신실성이 스스로 반성되어 진화한 형태"이다(김홍중, 『마음의 사회학』, 문학동네, 2009, 28쪽).

74) 김지하, "풍자냐 자살이냐", 『민중문학론』, 24쪽.

75) 문동환, "의식화 교육의 과제", 한완상 외, 『한국민중교육론: 그 이념과 실천전략』, 학민사, 1985, 104-107쪽; 허병섭, 『스스로 말하게 하라: 한국 민중교육론에 관한 성찰』, 학이시습, 2009, 16쪽.

76) 이상일, "한의 삶을 역전시키는 힘", 155쪽.

77) 이세영, "현대 한국 사학의 동향과 과제", 학술단체연합심포지움 준비위원회 편, 『80년대 한국 인문사회과학의 현 단계와 전망』, 역사비평사, 1988, 90쪽.

78) 김진호, "역사주체로서의 민중."

79) 한완상·백욱인, "민중사회학의 몇 가지 문제점들: 그 총체적 바탕을 다지기 위하여", 장을병 외, 『우리 시대 민족운동의 과제』, 한길사, 1986.

80) 기세춘에 의하면, "허무와 저항은 약자와 패자의 생존방식이며 동전의 양면처럼 항상 따라다닌다. 뒤로 물러나 움츠러들다가 폭발하면 저항이 되고, 저항하다가 좌절하면 허무주의로 빠지는 것이 민중이라고 보아야 할 것이다"(기세춘, 『동양고전 산책1』, 바이북스, 2006, 148쪽); "노장의 절망과 염세(厭世)는 속으로는(겉으로는—인용자) 허무와 퇴영이지만 겉으로는(속으로는—인용자) 은둔과 저항이다. 이러한 허무와 저항의 양면성은 약자와 패자의 생존방식이다. 퇴영이 폭발하면 저항이 되고 저항이 좌절하면 허무주의로 빠지는 것이 민중성인 것이다"(기세춘, 『장자』, 바이북스, 2007, 34쪽); "양면성은 민중의 특성이기도 하다. 민중에게 허무와 저항은 동면의 양면처럼 항상 따라다닌다. 퇴영이 폭발하면 저항이 되고, 저항이 좌절하면 허무주의로 빠지는 것이 민중성이라고 보아야 할 것이다"(기세춘, 『노자 강의』, 바이북스, 2008, 81쪽).

81) 다음은 〈객지〉의 한 대목이다. "그는 수많은 공사판에서 객기를 부리는 젊은이들의 천작을 겪어 봐서 알지만, 모두 소용없는 짓이었다. 남의 일에 관여 않는 게 나이값

이란 거였다. 개선이니 진정서니 서명이니 하는 짓들이란 그가 십여 년을 노동판에 굴러다니면서 한 번도 성사하는 꼴을 못 보았다. 이번 일만 해도 실패로 돌아갔고 평소에 서기들이나 십장들에게 직접적으로 맞섰던 자들만이 족집게로 뽑히듯이 잘려나갔다. 대부분의 날품들은 이런 일에 만성이 되어 있어서 열띤 분위기가 가라앉고 나면 곧장 잊어버렸다." 황석영, 『객지』, 창작과비평사, 1974, 4쪽.

82) 호인수, 『백령도: 호인수 시집』, 실천문학사, 1991, 66쪽.

83) 이화여대 교수이던 현영학은 1970년대 청계천 판자촌에서 10대 '창녀들'의 원색적인 싸움(고객 쟁탈전)을 우연히 목격함으로써 밑바닥 민중 삶의 실상과 충격적으로 조우했다. "너무나 더럽고 치사하고 잔인하고 저주스러운 장면이었다. 세상에 이럴 수가! 나는 창자가 꼬이면서 통증과 역겨움이 치밀어오르는 것을 느꼈다.……며칠 동안 그 싸움의 광경이 나를 계속 따라다녔다." 현영학, 『예수의 탈춤』, 96쪽.

84) 한완상, 『민중과 사회』, 28-35쪽.

85) 한완상, 『민중과 지식인』, 15쪽.

86) 한완상, 『민중과 사회』, 83쪽. 같은 책에서 한완상은 다음과 같이 말하기도 했다. "민중의 두 가지 얼굴은 결국 두 가지 민중의 모습을 뜻한다. 너무나 다른 두 가지 민중을 정확히 이해하지 못하면 민중과 역사, 민중과 지배자, 민중과 사회구조의 관계를 종합적으로 이해할 수 없다. 두 가지 중 하나만 이해하고서는 역사 앞에서의 민중의 역할, 지배자에 대한 민중의 위치, 구조 속에서의 민중의 처지 등을 제대로 알 수 없게 된다. 이 두 가지 민중의 다른 성격을 전체적으로 파악해야 한다. 그리고 이 두 종류의 민중이 어떻게 역사와 구조에 연관이 되는지를 밝혀야 한다"(같은 책, 26쪽).

87) 한완상, 『지식인과 현실인식: 한완상 평론선집』, 청년사, 1986, 68쪽.

88) 박현채, 『민중과 경제』, 8-9쪽.

89) 문동환, "의식화 교육의 과제", 104쪽. 이 글은 문동환, "민중교육론", 『현존』, 1979년 5월호를 재수록한 것이다.

90) 현영학, "한국 가면극 해석의 한 시도", 155쪽.

91) 김진호, "'대로(大路)'에서 헤매기: 2004, 민중신학의 길 찾기 혹은 해체하기", 『시대와 민중신학』 8, 2004, 169쪽.

92) 정준희, "1930년대 브나로드운동의 사회적 기반과 전개 과정", 연세대학교 석사학위 논문, 2018.

93) 신경림, 『문학과 민중』, 민음사, 1977, 22-23쪽.

94) 독일 개신교 세계선교협회(Evangelisches Missionswerk)의 신학위원회에 속한 12 명의 신학자들을 가리킨다.

95) 안병무, "개신교 세계선교협회 신학위원회의 편지에 대한 회답", 이정용 편, 『민중신학, 세계 신학과 대화하다』, 연규홍 역, 동연, 2010, 291-292쪽.

96) 보다 상세한 과정은, 편집부, "민중신학자들과 독일 신학자들의 대화", 『신학사상』 69, 1990; 이정용 편, 『민중신학, 세계 신학과 대화하다』, 연규홍 역, 동연, 2010, 261-295쪽 참조. 위의 인용문은 『민중신학, 세계 신학과 대화하다』의 번역을 따랐다.

97) 김경재, "역사의 주체는 민중이다", 『기독교사상』, 1976년 3월호, 85쪽.

98) 김성재, "1980년대 이후 민중신학과 방법론", 『신학연구』 39, 1998, 348-349쪽.

99) 김진호, "'대로(大路)'에서 헤매기", 178, 182쪽.

100) 박성준, "21세기의 문턱에서 민중신학을 다시 생각한다", 『신학사상』 109, 2000, 71쪽.

101) 한완상, 『민중사회학』, 74쪽.

102) 김진호, "역사주체로서의 민중."

제3장 불일치

1) 유재천, "서(緖): 민중 개념의 내포와 외연", 12-13쪽.

2) 서남동, "민중(씨올)은 누구인가?", 유재천 편, 『민중』, 문학과지성사, 1984, 89-90쪽.

3) 이세영, "'민중' 개념의 계보학", 344-345쪽.

4) 한숭희에 의하면, "주류 경제학 또는 사회학에서는 이 개념(민중계층—인용자)을 거의 사용하지도 표명하지도 않았고, 계급, 성(gender), 인종 등과 같은 다양한 하위-대립 차원을 개념적으로 포괄할 수 있는 단일 개념을 가져본 적도 없었다. 오히려, 이 개념은, 고양된 집단의식을 가진 민중 그룹의 정체성을 명확히 하기 위해, 새로이 출현한 문화연구와 인류학에 의해 고안되었다." 한숭희, 『민중교육의 형성과 전개』, 124쪽.

5) 다소 부정확해 보이기는 하나, 정자환은 민중 구성에 대한 다양한 견해들을 다음 표처럼 분류한 바도 있다(정자환, "한국의 민중사회학과 민중문학에서의 민중 개념 비교", 『성심여자대학 논문집』 22, 1990, 132-133쪽의 표들을 하나로 합친 것임).

구분	획정 기준	민중의 범위
조희연	경제 (생산수단 소유 여부, 소득수준, 생산노동자)	노동자
조정환		노동자
박현채		노동자, 농민, 도시빈민
한상진	정치 (정치적 의사결정에서의 소외, 참여 열망)	노동자, 농민, 도시빈민, 소시민, 중산층
백낙청	생활양식 (소득, 낮은 위치/맨손/알몸, 생산자, 자연과의 관계)	노동자, 농민, 도시빈민, 소시민
신영복		노동자, 농민, 도시빈민

6) 민중의 인식론적 특권을 좀 더 동태적인 방향에서 표현한다면 네그리와 하트가 말한, "실천에서 구축되는 아래로부터의 진리의 탐구" 정도가 될 터이다. 이에 따르면 "실천에서 발전되고 실행되는 주체화의 과정에서, 진리와 윤리는 이렇게 아래로부터 발생한다." 안토니오 네그리·마이클 하트, 『어셈블리: 21세기 새로운 민주주의 질서에 대한 제언』, 이승준·정유진 역, 알렙, 2020, 29쪽.

7) 민중신학자 현영학에 의하면, "이 세상의 현존 체제하에서는 제일 밑바닥에 놓여져서 제일 혜택을 받지 못하는 계층인" 민중은 "이 세상에서 무슨 일이 생기고 있는지를 가장 먼저 제일 정확하게 파악하는" 능력이 있으며, "민중은 몸으로 살아야 하는 그들의 사회적 위치 때문에 사회의 부조리성을 꿰뚫어 볼" 수 있다(박아론, "민중신학에 대한 고찰과 연구", 『신학지남』 56(3), 1989, 30쪽에서 재인용). 이와 유사하게 김창락은 "민중에게 인식론적 특권을 부여해야만 모든 개별 과학이 올바른 학문으로 참으로 바로 설 수 있다"면서도 곧바로 다음과 같이 덧붙였다. "그러나 이 말은 경험적으로 주어진 민중이 곧 진리 자체이며 진리의 판단기준이 된다는 뜻은 아니다. 경험적 민중은 지배이데올로기에 의해 세뇌되어 있을 수도 있고 민중의 경험 내용에는 부정적인 것과 실패한 것도 있을 수 있다.……민중이라고 해서 오류에서 완전히 면제된 것은 아니다"(김창락, "민중신학에 있어서 민중의 의미", 정창렬 외, 『한국 민중론의 현단계: 분과학문별 현황과 과제』, 돌베개, 1989, 136쪽). 김창락이 말하는 민중의 인식론적 특권은 다음과 같은 의미이다. "민중을 발견한다는 것은 곧 민중을 선택하는 것, 민중에게 인식론적 특권을 부여하는 것, 민중의 편에 서는 것을 뜻한다.……민중에게 인식론적 특권을 부여하는 것은 민중의 자리에서, 민중의 눈

으로 사회와 역사를 본다는 것을 뜻한다. 민중의 자리는 사회의 밑바닥이다. 민중의 눈은 미래를 앞질러 바라보는 환상력이다. 민중의 자리와 눈은 인식의 내용이 아니라 참다운 인식이 생산되는 작업장이다. 민중의 자리와 눈을 합해서 다른 말로 표현하면 민중의 '전망(perspective)' 또는 민중의 '지평(horizon)'이라 한다"(김창락, "민중신학에 있어서 민중의 의미", 134쪽).

8) 신영복의 민중론은 학술적 논문이나 저서와는 거리가 먼, 편지의 형식을 띤 것이었다. 이런 '민중 담론 형식의 다채로움' 역시 1970년대 민중론의 특징 중 하나였다. 신영복은 1983년 5월에 쓴 편지에서 "민중을 불우한 존재로 선험(先驗)하려는" 태도, "감상과 연민이 만들어낸 민중이란 이름의 허상(虛像)"이나 "민중을 신성시하는 또 다른 형태의 감상주의"를 경계해야 한다고 주장했다. 이런 신중함 속에서 그는 "당대 사회의 생생한 현재 상황 속에서 민중의 진정한 실체를 발견해내는" 일의 중요성과 어려움을 강조하는 한편, 민중을 "당대(當代)의 가장 기본적인 모순을 계기로 하여 창조되는 응집되고 '증폭된 사회적 역량'"으로 정의했다(신영복, 『감옥으로부터의 사색』, 햇빛출판사, 1988, 157-159쪽). 1984년 5월에 쓴 편지에서 신영복은 "맨홀에서 작업 중인 인부에게 길 가는 사람들의 숨긴 곳이 노출되듯이, 낮은 자리를 사는 수인들에게는 사람들의 치부(恥部)를 직시할 수 있는 의외의 시각이 주어져 있습니다"라고 말했다(같은 책, 78쪽). 정자환은 이를 다음과 같이 해석한다. "그의 맨홀 논리란 맨홀 속에서 일하는 인부야말로 가장 낮은 곳에서 일함으로써 물리적인 위치상 길 위를 걸어 다니는 이 세상 모든 사람의 치부와 진실을 있는 그대로 다 알게 되어 특별한 사회인식상의 이점을 갖고 있다는 것이다.……모든 인간은 다 같이 눈을 위로 향하고 있다는 의미에서도 각기 자기 위치의 윗부분 이상의 세계만 안다고 할 때 맨 밑에 있는 사람이 아니고서는 그 사회 전체를 알 수 있는 사람이 없다는 점에 있어서도 그 맨홀 논리는 성경의 '낮은 데로 임하소서'와 같은 맥락을 이룬다"(정자환, "한국의 민중사회학과 민중문학에서의 민중 개념 비교", 122쪽).

9) 김진균, "민중사회학의 이론화 전략", 정창렬 외, 『한국 민중론의 현단계: 분과학문별 현황과 과제』, 돌베개, 1989, 77쪽 참조.

10) 이에 대해서는, 로절린드 C. 모리스, 『서발턴은 말할 수 있는가?: 서발턴 개념의 역사에 대한 성찰들』, 태혜숙 역, 그린비, 2013을 참조할 것.

11) 에르네스토 라클라우·샹탈 무페, 『헤게모니와 사회주의 전략: 급진 민주주의 정치

를 향하여』, 이승원 역, 후마니타스, 2012, 113-116쪽 참조.

12) 에릭 울프, 『유럽과 역사 없는 사람들: 인류학과 정치경제학으로 본 세계사 1400~ 1980』, 박광식 역, 뿌리와이파리, 2015, 33-34쪽.

13) 제임스 스콧, 『지배, 그리고 저항의 예술: 은닉 대본』, 전상인 역, 후마니타스, 2020.

14) 알랭 바디우, "'인민'이라는 말의 쓰임에 대한 스물네 개의 노트", 22쪽.

15) 에르네스토 라클라우·샹탈 무페, 『헤게모니와 사회주의 전략』, 26쪽. 라클라우와 무페는 '적대' 개념의 중요성을 강조했다. "적대란 바로 우리의 연구 방법이 이론적 수준과 정치적 수준 모두에서 현재적 적실성을 가질 수 있도록 하는 중심 개념이 다"(같은 책, 18쪽).

16) 정자환, "한국의 민중사회학과 민중문학에서의 민중 개념 비교", 133쪽.

17) 이정복, "민중론의 정치학적 분석", 24-49쪽.

18) 길승흠, "한국의 경제성장과 민중 개념의 변천", 이정복 외, 『한국 민중론 연구』, 한국정신문화연구원, 1990, 99-109쪽.

19) 김세균, "계급 그리고 민중, 시민, 다중", 309-310쪽.

20) 한상진, 『민중의 사회과학적 인식』, 12-27쪽.

21) 한완상·백욱인, "민중사회학의 몇 가지 문제점들", 152-153쪽.

22) 배경식, "민중과 민중사학", 350쪽.

23) 문성호, 『민중주의 정치사상: 허균, 정약용, 전봉준, 신채호, 함석헌, 전태일』, 한국학술정보, 2006.

24) 김성보, "'민중사학' 아직도 유효한가", 『역사비평』 16, 1991, 50-53쪽.

25) 김세균, "계급 그리고 민중, 시민, 다중", 311-312, 319쪽; 조희연, "민중운동과 시민사회, 시민운동", 『실천문학』 32, 1993, 243쪽.

26) 민중 개념을 구성하는 실천론에는 진보적 지식인들의 역사적·윤리적 부채의식에서 연유한 규범성이 강하게 작용하고 있었다. 또한 규범적 시각에서 보면 구성론에도 상당한 역동성이 잠재되어 있었다. 민중 구성론의 전제가 되는 상황정의(사회관)는 '고통'과 '불의'라는 두 규범적 요소가 핵심을 이루고 있는데, 둘 모두가 개념적 긴장과 역동성을 불러일으킬 잠재력을 지니고 있었다.

27) 그러나 항상 그렇듯이 이질적인 두 차원의 결합은 ('개념적 역동성'뿐만 아니라) '개념적 모호성' 또한 증가시키게 마련이다.

28) 주디스 버틀러, 『연대하는 신체들과 거리의 정치: 집회의 수행성을 위한 노트』, 김응산·양효실 역, 창비, 2020, 9-14쪽 참조.

29) 백욱인, "과학적 민중론의 정립을 위하여", 122, 125쪽.

30) 전서암, "민중의 개념", 유재천 편, 『민중』, 문학과지성사, 1984, 44-45쪽. 이 글은 전서암, "민중불교론", 『월간 대화』, 1977년 10월호를 재수록한 것이다.

31) 고은(표일초), "미륵신앙과 민중불교", 한종만 편, 『한국 근대 민중불교의 이념과 전개』, 한길사, 1980, 336, 338, 352쪽.

32) 고은, "미륵과 민중: 그 역사적 추구를 위하여", 황선명 외, 『한국 근대 민중종교사상』, 학민사, 1983.

33) 박현채, 『민중과 경제』, 12-21쪽.

34) 한완상, "민중과 의식화 교육", 한완상 외, 『한국민중교육론: 그 이념과 실천전략』, 학민사, 1985, 50쪽.

35) 한완상 『지식인과 현실인식』, 36쪽.

36) 한상진, 『민중의 사회과학적 인식』, 25쪽.

37) 한상진, "민중과 사회과학", 유재천 편, 『민중』, 문학과지성사, 1984. 153쪽.

38) 조동일, "민중·민중의식·민중예술", 94-97쪽.

39) 이상일, 『한국인의 굿과 놀이』, 문음사, 1981, 특히 81, 85쪽.

40) 이상일, "한의 삶을 역전시키는 힘", 155쪽.

41) 백낙청, 『인간해방의 논리를 찾아서』, 148-149쪽.

42) 김지하, "생명의 담지자인 민중", 129-130쪽.

43) 김병걸, "민중과 문학", 57쪽; 김종철, "민중과 지식인", 한국신학연구소 편, 『한국민중론』, 한국신학연구소, 1984, 45쪽.

44) 한국민중사연구회, 『한국민중사1』, 19쪽.

45) 이만열, "민중의식 사관화의 시론", 한국신학연구소 편, 『한국민중론』, 한국신학연구소, 1984, 205, 208쪽.

46) 노명식, "근대사회에서의 시민과 민중", 95쪽.

47) 위의 글, 94쪽.

48) 위의 글, 95쪽; 노명식, 『민중시대의 논리』, 전망사, 1979, 11-12쪽.

49) 강만길 외, "80년대 민중사학론, 무엇이 문제인가: 한국 역사학계의 새 기류와 90년

대 전망", 『역사비평』 7, 1989, 33-34쪽.

50) 조동걸, "식민지 사회구조와 민중", 한국신학연구소 편, 『한국민중론』, 한국신학연구
　　소, 1984, 180쪽.

51) 정창렬, "백성의식·평민의식·민중의식", 158쪽.

52) 위의 글, 158-179쪽.

53) 위의 글, 177쪽.

54) 김성보, "'민중사학' 아직도 유효한가", 52쪽.

55) 민중사반, "총론: 민중사를 다시 말한다", 11쪽.

56) 고재식, "민중의 진리성(眞理性)과 신학", 『신동아』, 1980년 7월호, 142쪽.

57) 황문수, "민중의 역설성", 131쪽.

58) 한국민중사연구회, 『한국민중사1』, 34쪽.

59) 위의 책, 19쪽.

60) 김종철, "민중과 지식인", 47-48쪽.

61) 서남동, 『민중신학의 탐구』, 178쪽.

62) 현영학, 『예수의 탈춤』, 92-93쪽.

63) 문동환, "민중신학의 전망: 제2세대 민중신학자들의 문제제기에 대하여", 『기사연무
　　크2』, 한국기독교사회문제연구원, 1990, 425쪽.

64) 황문수, "민중의 역설성", 130쪽.

65) 백낙청, 『인간해방의 논리를 찾아서』, 160쪽.

66) 이진영, "지식인과 역사의식", 『청맥』, 1966년 3월호, 38-39쪽.

67) 한완상 자신도 이진영과 똑같이 '기능적 지식인'(지식기사)과 '창조적 지식인'의 이
　　분법을 여러 차례 제시한 바 있다. 한완상, 『한국현실 한국사회학』, 범우사, 1992,
　　456-462쪽 참조.

68) 김종철, "민중과 지식인", 51-52쪽.

69) 박성수, "한국사에 나타난 민중운동", 『신동아』, 1980년 7월호, 127쪽.

70) 원동석은 1984년 처음 발표한 글에서 이렇게 말했다. "오늘의 민중은 무기력하고 물
　　질화된 대중이 아니라 공동적 소외의식을 자각하는 평민, 시민, 농민으로서 자신의
　　주체적 발언을 찾으면서 성장하고 있다. <u>그들이 지식인이든 비지식인이든 민중의식
　　을 체험하고 발언의 공감대를 형성할 때 민중 자신의 모습이 되는 것이다.</u> 민중은 신

화적 창조물이 아니라 현실의 소외 체험으로부터 인간의 권리를 찾으려는 사람들 자신의 모습이다"(인용자의 강조). 원동석, 『민족미술의 논리와 전망』, 풀빛, 1985, 104-105쪽.

71) 황문수, "민중의 역설성", 132쪽.

72) 조남현, "문학으로 본 대중과 민중", 『신동아』, 1980년 7월호, 150쪽.

73) 이치석, 『함석헌 평전』, 시대의창, 2005, 575쪽.

74) 파울로 프레이리, 『교육과 의식화』, 채광석·심지연 역, 새밭, 1978; 파울로 프레이리 외, 『민중교육론: 제3세계의 시각』, 채광석 외 역, 한길사, 1979; 파울로 프레이리, 『페다고지: 민중교육론』, 성찬성 역, 한국천주교평신도사도직협의회, 1979; 파울로 프레이리, 『실천교육학』, 김쾌상 역, 일월서각, 1986; 파울로 프레이리, 『교육과 정치의식: 문화, 권력 그리고 해방』, 한준상 역, 학민사, 1986 등 참조.

75) 이미숙, "서설: 현단계 민중교육에 대한 검토", 한완상 외, 『한국민중교육론: 그 이념과 실천전략』, 학민사, 1985, 27쪽.

76) 한완상·백욱인, "민중사회학의 몇 가지 문제점들", 179쪽.

77) 노학연대에서 '학(學)'은 학생운동을 의미한다. 1980년대에 학생운동 지도자들은 2세대 민중 담론의 핵심적 생산자 중 하나였다.

78) 최장집, 『민중에서 시민으로』, 181쪽.

79) 김원, 『잊혀진 것들에 대한 기억』, 22, 85, 94-95, 345쪽.

80) 김성재, "민중교육 방법론 연구", 409쪽에서 재인용.

81) 최순양, "스피박의 서발턴(하위주체)의 관점에서 바라 본 아시아 여성신학과 민중신학적 담론에 대한 문제제기", 『신학논단』 72, 2013, 233-234쪽; 김애령, 『듣기의 윤리: 주체와 타자, 그리고 정의의 환대에 대하여』, 봄날의박씨, 2020, 149-151쪽 참조.

82) 민중사반, "총론: 민중사를 다시 말한다", 16쪽.

83) 위의 글, 16-17쪽.

84) 서남동, 『민중신학의 탐구』, 43-44쪽; 강원돈, "우리 시대의 과제와 교회에 대한 새로운 이해", 죽재서남동목사기념논문집편집위원회 편, 『전환기의 민중신학: 죽재 서남동의 신학사상을 중심으로』, 한국신학연구소, 1992, 36쪽; 허병섭, 『스스로 말하게 하라』, 554, 559-560쪽. 강영선은 서남동의 주장을 "하늘에 호소할 수밖에 없는 민중의 하소연을 들을 줄 알고, 그 소리의 내력을 밝혀주는 소리의 매체로서의 한의 사

제"로 압축했다(강영선, "설교와 민중언어", 『전환기의 민중신학』, 308쪽).

85) 김원, 『박정희 시대의 유령들』, 470-471쪽.

86) 위의 책, 475쪽.

87) 김원, 『잊혀진 것들에 대한 기억』, 69쪽.

88) 위의 책, 71, 376쪽.

89) 이남희, 『민중 만들기』, 294-295쪽.

90) 김원, 『잊혀진 것들에 대한 기억』, 98-103쪽.

91) 김의기열사추모사업회 편, 『4월 하늘 아래 바보 청년 김의기: 광주를 목격하고 산화한 김의기 열사 30주기 추모집』, 김의기열사추모사업회, 2010, 55쪽.

92) 이해찬에 의하면, 1970년대 후반 들어 "방학 기간을 이용한 농촌활동과 공장활동이 체계적으로 크게 강화되었다. 학생들의 관념성, 낭만성, 불철저한 자세를 노동자들과의 생활 경험을 통해 극복하고자 하며 이를 통해 민중에 대한 믿음과 애정을 굳건히 함으로써 학생을 포함한 민중이 역사변혁의 주체로 성장하는 데 일보 전진하는 실천적 계기를 찾으려는 예비 훈련과정으로 설정되는 공장활동을 위해 학생들은 근로기준법·산업재해보상보험법 등 노동법과 노동정책을 체계적으로 공부한 다음 공장활동에 들어가곤 했다." 이해찬, "한국 학생운동의 발전과 민중 지향", 박현채·정창렬 편, 『한국민족주의론III: 민중적 민족주의』, 창작과비평사, 1985, 416쪽.

93) 이해찬, "한국 학생운동의 발전과 민중 지향", 404쪽.

94) 한국기독교사회문제연구원, 『1970년대 민주화운동과 기독교』, 한국기독교사회문제연구원, 1983, 99-100쪽.

95) 이해찬, "한국 학생운동의 발전과 민중 지향", 412쪽.

96) 김정인, "이념서클을 통해서 본 학생운동 조직문화의 변화", 민주화운동기념사업회 한국민주주의연구소 편, 『한국 민주주의 100년, 가치와 문화』, 한울, 2020, 363쪽.

97) 김의기열사추모사업회, 『4월 하늘 아래 바보 청년 김의기』, 20, 80, 93-94쪽 참조.

98) 박인배, "문화패 문화운동의 성립과 그 방향", 박현채·정창렬 편, 『한국민족주의론III: 민중적 민족주의』, 창작과비평사, 1985, 445쪽.

99) 이해찬, "한국 학생운동의 발전과 민중 지향", 416쪽.

100) 정환규, "민중교육론의 이념과 성격", 한완상 외, 『한국민중교육론: 그 이념과 실천 전략』, 학민사, 1985, 154쪽.

101) 조희연, "80년대 학생운동과 학생운동론의 전개", 『사회비평』 1, 1988, 130쪽.

102) 김민호, "80년대 학생운동의 전개과정", 『역사비평』 3, 1988, 100-101쪽.

103) 편집부, 『학생운동 논쟁사』, 일송정, 1988, 295쪽.

104) 정근식, "학생운동 연구를 위한 방법론적 모색", 이호룡·정근식 편, 『학생운동의 시대』, 선인, 2013, 47쪽.

105) 자크 랑시에르, 『프롤레타리아의 밤』, 31쪽.

106) 위의 책, 16쪽.

107) 로버트 단턴, 『고양이 대학살: 프랑스 문화사 속의 다른 이야기들』, 조한욱 역, 문학과지성사, 1996, 16쪽. 단턴이 추구한 인류학적이고 민속학적인 역사학은 "평범한 사람들이 세계로부터 의미를 만들어내는 방식을 연구"하며, "평범한 사람들의 우주론을 캐내어 그들이 마음속에서 실재를 어떻게 구성하였고 그들의 행동으로 그 것을 어떻게 표현하였는가를 보이려고 시도한다"(같은 책, 15쪽).

108) 한완상·백욱인, "민중사회학의 몇 가지 문제점들", 191쪽.

109) 법성, 『앎의 해방 삶의 해방: 근본불교의 인식론과 실천론』, 한마당, 1989, 8쪽.

110) 한완상, 『민중시대의 문제의식』, 97쪽.

111) 한완상·백욱인, "민중사회학의 몇 가지 문제점들", 174쪽.

112) 한완상, 『한국현실 한국사회학』, 483, 498쪽.

113) 위의 책, 483쪽.

114) 원동석, 『민족미술의 논리와 전망』, 351쪽.

115) 위의 책, 356-357쪽.

116) 류동우, 『어느 돌멩이의 외침』, 청년사, 1984; 박노해, 『노동의 새벽: 박노해 시집』, 풀빛, 1984.

117) 정한용 편, 『민족문학 주체 논쟁』, 청하, 1989.

118) 천정환, "서발턴은 쓸 수 있는가: 1970~80년대 민중의 자기재현과 '민중문학'의 재평가를 위한 일고", 『민족문학사연구』 47, 2011, 236-238쪽.

119) 문동환, "민중신학의 전망", 425-426, 433, 437쪽.

120) 박현채, 『한국 자본주의와 민족운동』, 231-237쪽.

121) 장상철, "1970년대 '민중' 개념의 재등장", 『경제와 사회』 74, 2007, 15쪽.

122) 배경식, "민중과 민중사학", 350-352쪽.

123) 위의 글, 351쪽.

124) 조희연, "민중사회학의 발전적 심화론", 528-529쪽.

125) 위의 글, 524쪽.

126) 조정환, "민중문학운동의 목표와 방법 문제에 대하여", 학술단체연합심포지움 준비
위원회 편, 『80년대 한국 인문사회과학의 현단계와 전망』, 역사비평사, 1988, 415쪽.

127) 서남동, 『민중신학의 탐구』, 177쪽.

128) 황용연, "소수자, 우리 시대의 민중", 김진호 외, 『죽은 민중의 시대 안병무를 다시
본다』, 삼인, 2006, 201-202쪽.

129) 안병무, "민족·민중·교회", NCC신학연구위원회 편, 『민중과 한국신학』, 한국신학
연구소, 1982, 24쪽. 이 글은 1975년 4월에 『기독교사상』을 통해 같은 제목으로 발
표되었다.

130) 서남동, "민중(씨올)은 누구인가?", 94-98쪽.

131) 위의 글, 99쪽.

132) 현영학, 『예수의 탈춤』, 93-94쪽.

133) 미치 스미스, "민중, 흑인 대중, 전 지구적 명령", 김진호·김영석 편저, 『21세기 민
중신학: 세계 신학자들, 안병무를 말하다』, 김태현·유승태·정용택 역, 삼인, 2013,
190쪽.

134) 조동일, "한국 구비문학과 민중의식의 성장", 119쪽.

135) 이상일, "한의 삶을 역전시키는 힘", 153-154쪽.

136) 조동일, "한국 구비문학과 민중의식의 성장", 120-121쪽.

137) 채희완, "탈춤 추는 광대", 116쪽.

138) 채희완·임진택, "마당극에서 마당굿으로", 138-139, 146쪽.

139) 위의 글, 144-146쪽.

140) 김지하, "생명의 담지자인 민중", 174-175쪽.

141) 염무웅, "도시-산업화 시대의 문학", 김주연 편, 『대중문학과 민중문학』, 민음사,
1980, 152쪽; 김병걸, 『민중문학과 민족현실: 김병걸 평론집』, 1989, 107쪽.

142) 김병걸, 『민중문학과 민족현실』, 108쪽.

143) 조세희, 『난장이가 쏘아올린 작은 공』, 문학과지성사, 1978.

144) 성민엽, "이차원(異次元)의 전망: 조세희론", 백낙청·염무웅 편, 『한국문학의 현단

계II』, 창작과비평사, 1983, 221쪽.

145) 황석영, 『장길산』(1~10권), 현암사, 1984; 김주영, 『객주』(1~9권), 창작과비평사, 1981~1984; 문순태, 『타오르는 강』(1~7권), 창작과비평사, 1987; 문순태, 『타오르는 강』(1~9권), 소명출판, 2012. 『객주』에는 "엿장수·옹기장수·담배장수·새우젓장수·짚신장수·연지장수·황화장수" 등 온갖 종류의 "장사꾼들"이 등장한다(황광수, "과거의 재생과 현재적 삶의 완성: 『객주』와 『타오르는 강』을 중심으로", 백낙청·염무웅 편, 『한국문학의 현단계II』, 창작과비평사, 1983, 245쪽).

146) 조정래, 『태백산맥』(1~10권), 한길사, 1986~1989.

147) 조경달, "민중운동사 연구의 방법", 역사문제연구소 민중사반·아시아민중사연구회 편, 『민중 경험과 마이너리티: 동아시아 민중사의 새로운 모색』, 경인문화사, 2017, 63-64쪽.

148) 최순양, "스피박의 서발턴(하위주체)의 관점에서 바라 본 아시아 여성신학과 민중신학적 담론에 대한 문제제기", 233-234쪽.

149) 김성보 외, "종합토론", 402쪽.

150) 서경식, "재일조선인은 '민중'인가?: 한국 민중신학을 향한 문제제기", 『시대와 민중신학』 8, 2004.

151) 현영학, "한국 가면극 해석의 한 시도", 145쪽.

152) 조동일, 『한국 가면극의 미학』, 227쪽.

153) 미셸 바렛, "참전 서발턴들: 제1차 세계대전의 식민지 군대와 제국전쟁묘지위원회의 정치", 로절린드 C. 모리스 편, 『서발턴은 말할 수 있는가?: 서발턴 개념의 역사에 대한 성찰들』, 태혜숙 역, 그린비, 2013, 272쪽; 로절린드 모리스, "서문", 같은 책, 24-25쪽.

154) 황용연, "민중신학에서의 민중 용어의 작용에 대한 연구", 『신학사상』 190, 2020, 447, 449쪽.

155) 김귀옥, "한국전쟁과 한국군 위안부 문제를 돌아본다", 『구술사연구』 2(1), 2011.

156) 이 마지막 범주의 침묵은 대개 오랜 시간 관행이나 전통으로 자리 잡아 거의 무의식 수준에서 작동하는 '배태된 침묵(embedded silence)'일 가능성 또한 높다.

157) 김원, 『박정희 시대의 유령들』, 467-470쪽 참조.

158) 민중을 '불평등하고 위계적인 계급연합'으로 제시하는 '노동자계급(프롤레타리아)

헤게모니' 담론이 민중 내부에서 '일차적 차별화'의 기제로 작용한다면, '내부의 또 다른 소수자 만들기'는 민중 내부에서 작동하는 '이차적 차별화' 기제라고 말할 수 있을 것이다.

159) 김득중, "1980년대 민중의 발견과 민중사학의 성과와 한계", 『내일을 여는 역사』 24, 2006, 64-65쪽.

160) 서남동, 『민중신학의 탐구』, 227쪽.

161) 민중신학연구소, "제5회 달릿-민중신학자 대회 성명서", 『민중과 신학』 9, 2002; Kwon Jinkwan and P. Mohan Larbeer eds., *Towards a Theology of Justice for Life in Peace: Minjung-Dalit Theological Dialogue*, Bangalore: BTESSC, 2012; 이대웅, "'민중-달릿의 눈으로 본 생명·평화·정의의 신학'", 『크리스천투데이』(온라인판), 2011.10.18; 강원돈, "민중과 지식인: 권진관 교수의 퇴임 기념 문집을 상재하며", 한국민중신학회 편, 『민중신학의 여정』, 동연, 2017, 11쪽 등 참조. 대회 명칭의 경우 한국에서 열릴 때는 '달릿-민중신학자 대회'로, 인도에서 열릴 때는 '민중-달릿 신학자 대회'로 바뀌는 것으로 보인다. 한편 달릿신학은 힌두교의 카스트 체계에서도 배제된 달릿(불가촉천민), 부족들(tribals)을 비롯하여 인도 사회 최하층을 이루는 '주변부 서발턴' 집단들을 주된 신학적 성찰의 대상으로 삼는다(와티 롱챠르, "인도 부족(Tribal)의 현황과 신학", 『민중과 신학』 4, 2000].

162) 흑백논리를 비판하면서 한완상은 『민중사회학』(79쪽)에서 이렇게 말한 바 있다. "차이와 차별은 전혀 다른 것인데도 흑백논리의 소유자는 차이와 차별 사이에 엄청난 거리가 있다는 것을 모른다. 그래서 차이는 차별의 구실이 된다. 자기와 생각이 다르다는 이유로 그 차이를 구실삼아 남을 차별한다."

163) 이용기, "민중사학을 넘어선 민중사를 생각한다", 『내일을 여는 역사』 30, 2007, 201쪽.

164) 이세영, "'민중' 개념의 계보학", 345쪽.

165) 청사 편집실 편, 『민중1』, 청사, 1983, 5쪽.

166) 서남동, 『민중신학의 탐구』, 198-199쪽.

167) 서광선, "한국의 민중신학", 43-44쪽.

168) 박현채, 『한국 자본주의와 민족운동』, 11-29쪽.

169) 한상범, "민중론의 전개 방향", 122-123쪽.

170) 디페시 차크라바르티, 『유럽을 지방화하기: 포스트식민 사상과 역사적 차이』, 김택

현·안준범 역, 그린비, 2014.

171) 주디스 버틀러·에르네스토 라클라우·슬라보예 지젝, 『우연성 헤게모니 보편성』, 283쪽.

172) 현영학, "한국 가면극 해석의 한 시도", 155-156쪽.

173) 송건호, "지성의 사회참여", 『청맥』, 1964년 11월호, 26쪽.

174) 이진경, 『역사의 공간: 소수성 타자성 외부성의 사건적 사유』, 휴머니스트, 2010, 63-64쪽. 이런 비판에 기초하여, 이진경은 대안적인 마르크스주의적 역사관의 방향을 "거대한 서사를 구성하고 그것에 하나의 단일성과 통일성을 부여하며 모든 것을 그것으로 포섭하려는 역사 전체와 대결하며 그 역사 안에 균열을 만들어내고 그 역사의 외부를 드러내는 그런 역사……모든 것을 통합하는 수렴적 사유의 역사가 아니라, 거기서 이탈하는 수많은 탈주선들을 그리게 하고 그것들이 활발하게 운동하게 하는 것"으로 제시했다(같은 책, 64쪽).

175) 둘 다 베냐민의 '근대적 시간관' 개념에 의존하고 있음에도 불구하고, 베네딕트 앤더슨과 라인하르트 코젤렉은 '민족주의'의 탄생 및 '언어혁명'과 관련된 '근대적 시간관의 역사 개변적(改變的) 역할'을 적극적으로 평가한다. 베네딕트 앤더슨, 『상상의 공동체: 민족주의의 기원과 전파에 대한 성찰』, 윤형숙 역, 나남, 2002; 라인하르트 코젤렉, 『지나간 미래』.

176) 김홍중에 의하면, "계몽주의 철학에 의해 하나의 소신(所信)으로 주창되었고 19세기의 역사철학에 의해 교의의 수준으로 격상한 진보의 관념은, 직선적인 역사의 자기 운동을 추동하는 역사적 이성의 원리에 대한 신념에 기초하고 있었다(헤겔).……'근대'는 이처럼 역사를 종언으로 이끄는 목적론적이고 종말론적인 보편사적 책무와 긴밀하게 연결되어 있는 특권적인 시대로 이해되었다." 김홍중, 『마음의 사회학』, 289-290쪽.

177) 김홍중, 『마음의 사회학』, 290쪽.

178) 위의 책, 315-316쪽.

179) 이진경, 『역사의 공간』, 127쪽.

180) 베냐민은 "교조적 요구를 지닌 진보의 개념"과 "한층 더 현실에 근거한 진보의 개념"을 구분했는데, 후자는 역사의 연속성을 폭파하는 메시아적 시간에 일어나는 도약을 가리켰다. 반면에 "교조적 요구를 지닌 진보의 개념"은, 첫째, "인류 자체의 진

보(인류의 기술과 지식의 진보만이 아닌)", 둘째, "아직도 완결되지 않은 진보(인류의 무한한 완벽성의 가능성에 상응하는)", 셋째, "근본적으로 끊임없이 발전하는 진보(직선 내지 나선형을 그으면서 자동적으로 나아가는 진보)"를 의미했다(발터 벤야민, 『발터 벤야민의 문예이론』, 반성완 편역, 민음사, 1983, 352쪽). 베냐민에 의하면, "인류의 역사적 진보라는 개념은 동질적이고 공허한 시간을 관통하는 역사적 발전과정이라는 개념과 분리시켜 생각할 수 없다. 따라서 진보라는 개념에 대한 비판의 바탕은 이러한 역사적 발전과정이라는 개념에 대한 비판이 되지 않으면 안 될 것이다"(같은 책, 352-353쪽).

181) 이진경, 『역사의 공간』, 57-59쪽.

182) 위의 책, 119쪽.

183) 위의 책, 121쪽. 이진경의 이런 주장은 '순수한 역사적 시간' 출현의 완성인 '역사 자체', 그리고 세속화를 배경으로 '신'의 자리를 대신한 '역사'에 관한 나인호의 설명과 내용적으로 겹친다. "'진보'에서 시작된 유럽인들의 "순수한 역사적 시간"의 발견 과정은 마침내 '역사'가 추상적인 집합단수 개념으로 바뀌면서 완성되었다. 코젤렉이 강조하다시피, '역사'야말로 근대의 시작을 알리는 신호였다.……흔히 대문자 역사라고 불리는 '역사'는 무엇에 관한 개별 '역사들'의 단순 조합이 아니라, 시간적·공간적으로 현실 전체가 체계적으로 통합된 보편적 시스템을 의미했다. 시간적으로 과거와 현재뿐 아니라 미래 또한 '역사' 속으로 통일적으로 엮였다.……이를 통해 역사 개념은 마치 시간과 공간처럼, 인간의 모든 경험의 가능성과 그 경험에 대한 모든 인식 가능성을 포함하는 인간 의식의 선험적 범주가 되었다. 따라서 '역사'는 이제 '누구의 역사'나 '무엇에 대한 역사'가 아니라, 자기 스스로 주체가 되고 자신을 성찰의 대상으로 삼는—따라서 초역사적인—'역사 자체'가 되었다. 이 '역사 자체'로서의 '역사'는 마치 신(神)처럼 인간과 세계에 심판을 가하는 최종심급이 되었다"(나인호, 『개념사란 무엇인가』, 155-156쪽). '한국민중사 사건' 재판에서 한승헌, 조영래, 박원순, 홍성우 등 7인의 변호인단이 작성한 변론 요지서의 종결부에서도 '역사'는 '거시적 진보'의 대체 개념이 되어 '최후의 신적인 심판관' 역할을 담당하고 있다. "실로 역사는 시공을 초월한 절대 가치 평가의 기준으로 이 지상에서 인간이 저지르는 모든 행위를 기록, 분석, 비판하는 임무를 지닌 최후의 심판관입니다. 진실로 이 법정은 역사를 재판한 것으로 하여 다시 역사의

법정에 서게 될 것입니다. 이 심판은 후대의 역사가가 아니라 당대의 역사가들에 의해 이미 이루어지고 있습니다"(전명혁, "'민중사' 논의와 새로운 모색", 『역사연구』 18, 2008, 10-11쪽에서 재인용).

184) 이진경, 『역사의 공간』, 121-122쪽.

185) 위의 책, 103쪽.

186) 안병무, "예수와 오클로스", 103쪽.

187) 그레고리 시그워스·멜리사 그레그, "미명의 목록[창안]", 30쪽.

188) 주디스 버틀러·에르네스토 라클라우·슬라보예 지젝, 『우연성 헤게모니 보편성』.

189) 최샘·정채연, "데리다의 환대의 윤리에 대한 법철학적 성찰", 『중앙법학』 22(1), 2020, 79-81쪽.

190) 이병천·윤소영, "전후 한국 경제학 연구의 동향과 과제", 학술단체연합심포지움 준비위원회 편, 『80년대 한국 인문사회과학의 현단계와 전망』, 역사비평사, 1988, 51, 56쪽.

191) 채광석, "민족문학과 민중문학", 김병걸·채광석 편, 『민족, 민중 그리고 문학』, 지양사, 1985, 91쪽.

192) 김동춘, "한국 사회과학에서의 탈식민의 과제", 『비평』 3, 2000, 239쪽.

193) 위의 글, 224-226, 245쪽.

194) 라클라우에 의하면, 그람시가 인정하는 "유일한 보편성"은 "헤게모니적 보편성"인데, 그것은 "특수성에 의해 변질되는 보편성"(주디스 버틀러·에르네스토 라클라우·슬라보예 지젝, 『우연성 헤게모니 보편성』, 82쪽), 혹은 "특수주의를 통해 구축되는" 보편성이다(같은 책, 414쪽).

195) 안토니오 네그리·마이클 하트, 『다중』, 조정환·정남영·서창현 역, 세종서적, 2008; 안토니오 네그리·마이클 하트, 『공통체: 자본과 국가 너머의 세상』, 정남영·윤영광 역, 사월의책, 2014.

196) 김지하, "생명의 담지자인 민중", 125-126쪽.

197) 위의 글, 155쪽.

198) 김홍중, 『마음의 사회학』, 6쪽.

199) 이진경, 『역사의 공간』, 85-86쪽.

200) 위의 책, 103쪽.

201) 위의 책, 89쪽.

202) 위의 책, 104쪽.

제4장 주체

1) 김동춘, "한국 사회과학에서의 탈식민의 과제", 236쪽.

2) 김정한, "1980년대 운동사회의 감성: 애도의 정치와 멜랑콜리 주체", 『한국학연구』 33, 2014, 100쪽.

3) 위의 글, 95쪽.

4) 김지하, "생명의 담지자인 민중", 131쪽.

5) 포스트모더니즘의 시각에서 민중론을 전개한 사회학자 김성기는 한국에서 포스트 모더니즘을 수용한 시점을 '1980년대 중반경'으로 규정했다(김성기, 『포스트모더니 즘과 비판사회과학』, 문학과지성사, 1991, 191쪽). 철학자 허경은 포스트모더니즘이 1980년대 말에도 여전히 한국 학계에서 낯설게 여겨졌고, 1990년대 초중반에 가서 야 비로소 널리 알려졌다고 했다. "제가 1980년대 말에 대학원에 들어갔을 때 푸코 를 전공한다고 하면 대부분 '그게 누구냐?'고 많이 물어봤어요. 1990년대 초중반이 되니까, 푸코를 공부한다고 하면 '우와, 푸코를 하는구나!' 하고 감탄을 했죠. 그러다 가 1990년대 중후반에는 사람들이 반농담 삼아 '아직도 푸코를 공부하냐?'고 물어었 요"(허경, "미셸 푸코와 자기 변형의 기술", 철학아카데미, 『처음 읽는 프랑스 현대철 학: 사르트르부터 바디우까지, 우리 눈으로 그린 철학 지도』, 동녘, 2013, 243쪽).

6) 민중신학자 최형묵이 대표적이다. 그에 따르면, 민중의 자의식·자각은 "민중 자신 들의 생활상 혹은 실천상의 여러 층위에 따라 다양하게 표출될 수 있는 것이다. 다시 말해 일상생활 영역에서 소박한 형태의 주체성으로 나타날 수도 있고 나아가 거시 적, 역사적 차원에서의 자신들이 주체가 되는 새로운 사회상, 세계상을 그려내는 것 으로 나타날 수도 있다. 어떠한 형태이든 그것은 '민중이 역사의 주체'라는 것을 핵 심 내용으로 하는 하나의 세계관으로 나타난다." 최형묵, 『보이지 않는 손이 보이지 않는 것은 그 손이 없기 때문이다』, 다산글방, 1999, 297쪽.

7) 우리가 제시하는 '정치주체에서 역사주체로의 고양'이라는 맥락과는 반대로, 민중

과 관련하여 '존재주체(역사주체) → 인식주체 → 실천주체'로의 발전과정을 제시하는 한완상·백욱인("민중사회학의 몇 가지 문제점들")의 도식에서는 역사주체가 정치주체보다 낮은 위상을 가질 수도 있다.

8) 한완상·백욱인, "민중사회학의 몇 가지 문제점들", 181쪽.

9) 물론 이런 특권 담론들은 민중에 대한 본질주의적 이해를 부당하게 자극하기 쉽고, 규범적·목적론적 역사관의 함정에 빠지기 쉽다는 한계를 갖고 있다.

10) 정창렬, "책머리에", 박현채·정창렬 편, 『한국민족주의론III: 민중적 민족주의』, 창작과비평사, 1985, 7쪽.

11) 김성보 외, "종합토론", 393쪽.

12) 정창렬, "한국에서 민중사학의 성립·전개 과정", 정창렬 외, 『한국 민중론의 현단계』, 돌베개, 1989, 38쪽에서 재인용.

13) 이세영, "'민중' 개념의 계보학", 344쪽.

14) 위의 글, 340, 343, 346, 348쪽.

15) 강만길, 『분단시대의 역사인식』, 창작과비평사, 1979, 35쪽.

16) 장상철, "1970년대 '민중' 개념의 재등장", 9쪽에서 재인용.

17) 정자환, "한국의 민중사회학과 민중문학에서의 민중 개념 비교", 126쪽에서 재인용.

18) 원동석, 『민족미술의 논리와 전망』, 24쪽.

19) "누가 '진정한' 역사주체인가"라는 질문 자체가 민중을 '단일하고 동질적이고 항상적인 존재'로 상상하도록 만드는 위험한 경향을 동반한다. 그러나 민중은 이질적 요구들의 접합에 의한 등가사슬 형성에 성공하여 어떤 보편성·총체성이 창출되는 희귀한 역사적 순간들에만 '진정한 주체'가 된다. 또 이런 예외적인 순간들에조차 민중은 통상 지배 진영에 맞서는 대항헤게모니적 구성체(민중 진영)로서, 지배 진영과 '함께/나란히' 역사를 이끌어가는 '공동주체'일 따름이다. 1987년에 발표한 "후기구조주의의 시각에서 본 민중"이라는 논문에서 사회학자 김성기는 '민중=역사주체' 명제가 상식화되어 자명하게 혹은 당위적으로 수용되고 있다면서, 이 명제가 안고 있는 몇 가지 위험을 경고한 바 있다. 이 명제는 민중이 미리·선험적으로 존재할 뿐 아니라 고도의 동질성을 지닌 유기적인 상태에 있다고 그릇되게 상정하는 경향이 있으며, 이런 경향은 진화적·필연적 논리를 전제하는 목적론적 설명이나 당위론적 정당화의 또 다른 위험을 안고 있다는 것이다(김성기, "후기구조주의의 시각에서 본

민중: 주체 형성 논의를 중심으로", 『한국사회학연구』 9, 1987).

20) 권진관, "중진국 상황에서 민중신학하기", 284쪽.

21) 한상범, "민중론의 전개 방향", 119쪽.

22) 최혜린, "근현대 한국 통사(通史)에 나타난 전근대 피지배층 저항 서술의 변화", 『인문논총』 75(1), 2018, 54-57쪽.

23) 김득중, "1980년대 민중의 발견과 민중사학의 성과와 한계", 56쪽.

24) 위의 글, 58쪽.

25) 역사학 비판은 '지배층 중심의 역사학 비판'에서 시작하여 '서구 중심적 역사학 비판'으로 나아간다. 탈서구적 역사학은 '제국주의적 역사서술'을 비판할 뿐 아니라, 서구 중심적 역사학 패러다임을 답습하는 '민족주의적 역사서술'과 '경제결정론적-유물론적 역사서술'을 모두 비판 대상으로 삼는다.

26) 서남동에 의하면, "민중의 역사는 지금까지 쓰여지지 아니했다. 그렇기 때문에 민중의 역사는 정사(正史)라고 하는 것을 뒤엎어 판독하는 과업에서 시작된다"(서남동, "두 이야기의 합류", 260쪽). 김용복에 의하면, "지금까지의 역사서술은 종교를 포함한 지배세력을 중심으로 쓰여져 왔다.……유교의 역사서술은 지배자인 왕의 연대기로 민중은 역사의 무대에 나타나고 있지 않다. 그러나 우리는 역사를 거꾸로 읽자고 하는 것이다"(김용복, "메시야와 민중", 291쪽).

27) 한상진, 『중민이론의 탐색』, 320쪽.

28) 천정환, "서발턴은 쓸 수 있는가", 228-229쪽.

29) 에릭 울프, 『유럽과 역사 없는 사람들』, 39-40쪽.

30) 개신교 세계선교협회 신학위원회, "한국의 민중신학자들에게 보내는 편지", 이정용 편, 『민중신학, 세계 신학과 대화하다』, 연규홍 역, 동연, 2010, 264-266쪽.

31) 테오 순더마이어, "한국의 민중신학과 민중미술: '말뚝이'를 중심으로", 안병무 박사 고희 기념논문집 출판위원회 편, 『예수·민중·민족: 안병무 박사 고희 기념논문집』, 한국신학연구소, 1992, 822쪽.

32) 김용복, "메시야와 민중", 288쪽.

33) 이 책은 1986년에 『인간과 사회구조』라는 제목으로 재출간되었다.

34) 한완상은 인도주의사회학의 문제의식을 다음과 같이 요약했다. "나의 입장은 다분히 인도주의적 입장이다. 이것은 개인의 실존적 선택 능력을 강조하되, 개인의 존재

피구속성을 십분 인정함으로써, 사회명목론(社會名目論)이나 인간중심론(人間中心論)에 빠지지 않는다. 나의 입장이 인도주의라고 하는 이유는 이른바 불리한 입장에 놓여 있는 사람들의 처지를 존중하는 입장이기 때문이다.……피해자의 입장에 서서 그들이 주체적으로 사태를 수습할 수 있게끔 도와주는 사회학 이론은 인도주의적 성격을 띠지 않을 수 없다"(한완상, 『인간과 사회구조』, 19-20쪽). 같은 책의 다른 곳(175-176쪽)에서는 인도주의사회학의 '존립 근거'에 대해 밝혔다. "사회학의 가치와 유용성은, 바로 이 같은 인간의 자율성과 선택적 의지력을 신장시키는 데 선용될 수 있는 인간화의 지식체계라는 데서 찾아야 할 것이다. 사회학은 인간이 구조의 수인이 되는 과정과 결과만을 서술, 분석, 이해하는 학문이 아니라 수인 상태로부터 인간을 해방시키는 과정을 이해하는 학문이기도 하다는 점에 주목해야 한다.……사회학자는 그의 사회학적 지식을 활용하여 창조적 탈출을 도울 수 있으며, 감옥을 더욱 인간화시킬 수 있는 것이다. 인도주의사회학의 존립 근거가 바로 여기에 있는 것이다." 1992년에 한완상은 인도주의사회학의 '인간화' 문제의식이 민중사회학의 문제의식으로 계승되었다고 회고했다. "'인간화의 주체가 사람이고 그 관심의 과녁이 존엄성의 보장'이라 한다면, 이 같은 인간화의 관심은 구체적 억압상황에서는, 즉 70년대의 유신체제하에서는 민중과 그들의 존엄성 보장의 문제로 자연스럽게 옮아가게 되었다"(한완상, 『한국현실 한국사회학』, 439쪽).

35) 박재순, "1세대 민중신학에 대한 비판과 새로운 모색", 『기사연무크1: 진통하는 한국교회』, 한국기독교사회문제연구원, 1990, 95쪽에서 재인용.

36) 박현채, 『한국 자본주의와 민족운동』, 14쪽.

37) 한국민중사연구회, 『한국민중사1』, 19쪽.

38) 이기백, 『한국사신론』, 일조각, 1977, 455-456쪽.

39) 이만열, "한국사에 있어서의 민중", 67쪽.

40) Max Horkheimer and Theodor W. Adorno, *Dialectic of Enlightenment*, John Cumming tr., New York: The Seabury Press, 1972, p. 34; 테오도르 아도르노 · 막스 호르크하이머, 『계몽의 변증법』, 김유동 역, 문학과지성사, 2001, 68쪽.

41) 김인회에 의하면, "사회 속에서 유리한 입장에 처해 있던 강자들의 집단이나 문화보다는 오히려 불리한 쪽에 속해 있는 집단이나 문화의 생명이 더 강하게 지속되어 왔다는 사실이다. 쉽게 말해서 역사의 표층을 장식했던 수많은 영웅들과 위인들은 문

헌 속에만 남아 있고 현실에서는 사라졌다. 역사의 기록을 남긴 양반층의 문화 역시 삶의 현실 속에서는 생명력을 잃어버린 지 오래이다. 이렇게 역사의 주역들이라고 인정되었던 존재들이 사라진 다음에도 우리의 역사가 지속되고 있는 것이 사실이라 면 우리는 우리 역사의 생명력의 원천이 어디에서 연유한 것인지를 다시 생각해보 지 않을 수 없게 된다.……미국의 시인 휘트먼(W. Whitman)이 "풀잎들"이라고 부 른 대지의 주인공들, 동양의 성현들이 민초(民草)라고 부른 이름 없는 백성들이 바 로 역사의 생명력의 원천이 아닐까?……우리가 만일 우리의 역사를 지탱해온 힘의 원천을 대지에 뿌리박고 자라는 풀과 같은 민중들의 생명력에서 찾자고 한다면 우 리는 우리의 역사와 문화에 대해 던지는 질문의 내용을 바꾸어야만 한다. 즉, 그것은 누가 어떻게 역사를 이끌어왔는가가 아니라 어떻게 우리 민족은 그 많은 고통을 극 복하면서 문화적·민족적 동질성과 일체성을 지녀올 수 있었나 하는 것이다"(인용자 의 강조). 김인회, 『교육과 민중문화』, 한길사, 1983, 136-138쪽.

42) 조경달, 『이단의 민중반란: 동학과 갑오농민전쟁 그리고 조선 민중의 내셔널리즘』, 박맹수 역, 역사비평사, 2008, 26-28쪽.

43) 김영범, 『민중의 귀환, 기억의 호출』, 20쪽.

44) 민중교육 문제를 탐구해온 교육학자 한숭희도 '대중문해/민중문해(popular liter- acy)'의 역사적 중요성을 강조했다. 그에 의하면, "민중 집단이 읽고 쓸 수 있는 것이 민중문화의 확장을 통한 담론적 투쟁의 발판이라는 생각을 하게 된 것은 그리 오래 전의 일이 아니다. 대중문해가 확산되던 초기만 해도 그들이 읽고 쓸 수 있게 됨으로 써 사회 계급구조에 무엇인가의 변화가 초래될 수 있다고 믿는 경우는 거의 없었 다"(한숭희, 『민중교육의 형성과 전개』, 161-162쪽). 그러나 "문해는 근대사회의 대 중이 그들의 목소리를 공적(公的) 담론(談論)의 영역으로 확대해나가면서 사회정치 적 위치를 공고히 해 나올 수 있었던 기본 기제였다"(한숭희, "성인문해의 문화담론 적 분석", 『사회교육학연구』 3(1), 1997, 29쪽).

45) 송호근, 『시민의 탄생』, 9쪽; 송호근, 『인민의 탄생』, 42쪽.

46) 그에게 민중이 핵심 개념어는 아닐지라도, "가장 중요한 역사 동인이자 주체적 행위 자로서의 인민"이나 "역사의 주체로 나선 인민의 탄생"과 같은 표현들에서 드러나듯 이(송호근, 『시민의 탄생』, 19, 30쪽), 송호근의 인민-시민-국민 3부작도 '역사주체가 되어가는' 과정에 초점을 맞추는 과정적-형성적 접근에 입각해 있다고 말할 수 있다.

47) 이만열, "민중의식 사관화의 시론", 209쪽.

48) 박현채, "민중과 문학", 김병걸·채광석 편, 『민족, 민중 그리고 문학: 80년대 대표평론선』, 지양사, 1985, 72쪽.

49) 염무웅, 『민중시대의 문학: 염무웅 평론집』, 창작과비평사, 1979, 3쪽.

50) "창간사: 보천보 뗏목꾼들의 살림", 『실천문학: 역사에 던지는 목소리』 1, 전예원, 1980, 374쪽.

51) 여익구, 『민중불교 입문』, 풀빛, 1985, 12쪽.

52) 김성보, "'민중사학' 아직도 유효한가", 54쪽; 김성보 외, "종합토론", 390쪽.

53) 김진호, "역사주체로서의 민중", 28, 33쪽.

54) 송호근에 의하면, "19세기를 전후하여 본격적으로 열렸던 기회의 창을 통하여 인민들은 '역사의 객체'로부터 '역사의 주체'로 등장하기 시작했다. 역사의 주체라고 해서 민중사관이 강조하듯이 역사발전의 동력을 뿜어냈다는 뜻은 아니다. 지배구조가 느슨해진 틈을 타서 인민 대중이 통치구조로부터 이탈하는 것이 가능했다는 의미이고, 이것이 다시 지배구조의 와해를 가속화시켰다." 송호근, 『인민의 탄생』, 33-34쪽.

55) 배항섭, 『19세기 민중사 연구의 시각과 방법』, 304쪽.

56) 서남동, 『민중신학의 탐구』, 40-41쪽.

57) 문동환, "의식화 교육의 과제", 102쪽.

58) 이만열, "한국사에 있어서의 민중", 73쪽.

59) 송건호·안병직·한완상, "좌담회: 민중의 개념과 그 실체", 74-75쪽.

60) 최장집, 『민중에서 시민으로』, 178쪽.

61) 이광주, "민중의 서구적 논리와 계보", 『신동아』, 1980년 7월호, 135-136쪽. 이광주는 1985년 좌담에서는 '민중 개념의 대전환' 시점을 '2차 대전 이후'로 수정했다. "대체로 민중이라는 말은 역사적으로는 부정적인 의미에서 쭉 쓰여져 왔습니다. '아리스토텔레스'는 데모크라티아의 데모스를 불안하고 변덕스러운 존재라고 부정적으로 표현하고 있는데, 이러한 '아리스토텔레스'의 생각은 대체로 1930년대까지 이어져 와 인민주권을 근대의 정치적 원리로 주장한 '루소'를 포함해서 대체로 민중에 대해서는 부정적으로 표현해왔습니다. 그러던 것이 2차대전 이후 플러스적인 심볼로 대두되고 있는데 이것은 제2차 산업혁명 이후 매스 프로덕션이 만들어낸 새로운 현상입니다. 그 이전까지는 유럽의 정치사는 말할 것도 없거니와 사상사나 문화사에 있

어서도 민중을 마이너스적인 것으로 보았어요. 기껏해야 민속학적인 차원에서 민중
이 이해되었을 뿐이지요"(김대환 외, "좌담회: '민중'이데올로기와 민중운동", 404쪽).

62) 이진영, "민족운동의 담지자", 『청맥』, 1965년 11월호, 94쪽.

63) 서남동, 『민중신학의 탐구』, 175, 225-226쪽.

64) 전명혁, "'민중사' 논의와 새로운 모색", 10쪽에서 재인용.

65) 한국민중사연구회, 『한국민중사1』, 19쪽.

66) 장상철, "1970년대 '민중' 개념의 재등장", 15쪽.

67) 노명식, 『민중시대의 논리』, 5-6쪽. 노명식은 '시민사회'를 역사상 처음 등장한 '민중
의 사회'로 해석했다(같은 책, 12쪽). 이미 인용한 바 있듯이, 1976년 발표한 글에서
노명식은 서구에서 '시민계급의 대두'를 통해 민중의 시대가 개막되었다고 주장한
바 있다.

68) 염무웅, 『민중시대의 문학』, 3쪽.

69) 이상록, "함석헌의 민중 인식과 민주주의론", 177쪽.

70) 백낙청, "민족문학론의 새로운 과제", 『실천문학』 1, 1980, 229쪽.

71) 백낙청, 『인간해방의 논리를 찾아서』, 151-152쪽.

72) 위의 책, 155쪽.

73) 백욱인, "과학적 민중론의 정립을 위하여", 143쪽.

74) 허영란, "민중운동사 이후의 민중사: 민중사 연구의 현재와 새로운 모색", 『역사문제
연구』 15, 2005, 309쪽. 재미있는 일은, 함석헌이 이런 논리를 거꾸로, 즉 '주체에서
주인으로'의 방향이 아니라 '주인에서 주체로'라는 주장을 펴고 있다는 점이다. 그
는 1975년에 발표한 글에서 이렇게 말한다. "본래 그것을 만들었던 것은 민중이요,
제왕 영웅이란 것들은 한때 그 소유권을 도둑질해 가지고 있었던 것뿐이기 때문에
그것이 그 참 주인인 민중에 돌아오는 것은 당연한 일이다.……옛날에도 나라의 주
인, 역사의 주인이 민중인 것은 다름이 없었지만 다만 싹틀 시기가 되지 못해 잠잠히
있었을 뿐이었다.……역사의 가짜 주체인 국가가 전체 민중 앞에 완전히 자기부정
을 행하지 않으면 아니 된"다(함석헌, "절망 속의 희망", NCC 신학연구위원회 편,
『민중과 한국신학』, 한국신학연구소, 1982, 284-285쪽).

75) Kim Yong-bok ed., *Minjung Theology: People as the Subjects of History*, Singapore:
Commission on Theological Concerns of Christian Conference of Asia, 1981.

76) 테오 순너마이어, "한국의 민중신학과 민중미술", 820쪽.

77) 문희석, 『민중신학』, 대한기독교출판사, 1977; Chris H.S. Moon, *A Korean Minjung Theology: An Old Testament Perspective*, New York: Orbis Books, 1985; Deane William Ferm ed., *Third World Liberation Theologies: A Reader*, New York: Orbis Books, 1986; 딘 윌리엄 펌, 『제삼세계 해방신학』, 강인철 역, 분도출판사, 1993.

78) 스즈키 쇼소, "동아시아의 민중신학자 안병무 선생님", 심원안병무선생기념사업위원회 편, 『갈릴래아의 예수와 안병무』, 한국신학연구소, 1998, 161-166쪽.

79) Lee Jung Yong ed., *An Emerging Theology in World Perspective: Commentary on Korea Minjung Theology*, Mystic: Twenty-Third Publications, 1988; 이정용 편, 『민중신학, 세계 신학과 대화하다』, 연규홍 역, 동연, 2010.

80) 이석규, "21세기 민중신학을 위한 한 제안", 『민중과 신학』 7, 2001, 44쪽.

81) 채희동, 『민중 성령 생명: 죽재 서남동의 생애와 사상』, 한국신약학회, 1996, 33쪽.

82) 서남동, 『전환시대의 신학』, 한국신학연구소, 1976.

83) 안병무·박재순, "대담: 민중의 생명을 향한 민중신학", 『기사연무크2』, 한국기독교사회문제연구원, 1990, 447쪽.

84) 안병무, "개신교 세계선교협회 신학위원회의 편지에 대한 회답", 281쪽.

85) 위의 글, 291쪽.

86) 김진호, "'민중의 죽음'과 안병무를 다시 읽는다는 것", 29-30쪽.

87) 김진호, "'대로(大路)'에서 헤매기", 169쪽.

88) 오승성, "후기 계몽주의 시대의 신학방법론: 민중신학의 후기 계몽주의적 재구성", 『조직신학논총』 32, 2012, 268-272쪽. 이러한 논리에 따르면, 주체의 정체성에 대해 타자(이방인)는 수동적인 객체가 아닌, '생성적인 능동적 역할'을 담당한다. 주체는 단독으로 존재할 수 없고 타자(이방인)와의 상호구성적 관계 속에서만 존재한다. 결국 주체는 타자/이방인에 의해 생성되므로, 주체와 타자(이방인)의 조우는 주체-타자(이방인) 간의 만남이라기보다 '두 주체 간의 만남'이 된다(최샘·정채연, "데리다의 환대의 윤리에 대한 법철학적 성찰", 60, 77-79쪽).

89) 오승성, "후기 계몽주의 시대의 신학방법론", 290쪽.

90) 김희헌, 『서남동의 철학: 민중신학에 이르다』, 이화여자대학교출판부, 2013, 110쪽.

91) 위의 책, 113쪽. 김희헌은 서남동이 1972년에 쓴 "예수의 예루살렘 입성"이라는 논

문에서 "근대적 사유 안에 담긴 이분범적 사례"를 네 가지로 제시한 바 있다고 소개했다. "첫째는 실재를 '정신과 물질로 이분'하는 것이요, 둘째는 인간의 인식을 '지성과 직관으로 이분'하고 지성에 치중하는 것이요, 셋째는 세계를 '인간과 자연으로 이분'하고 인간중심주의로 나가는 것이요, 넷째는 '디오니소스적인 면과 아폴로적인 면의 양면의 조화'를 깨뜨리고 아폴로적 질서에 집착하는 것이다"(같은 책, 84-85쪽).

92) 위의 책, 84쪽.

93) 서남동, 『민중신학의 탐구』, 305, 310-311, 324, 355-357쪽. 대학에서 추방되고 감옥 생활까지 겪은 서남동은 기독교장로회 선교교육원 원장이 되자마자 탈식민주의를 상징하는 일종의 행위극을 벌였다. 채희동에 의하면, "방외의 신학자, 거리의 신학자 죽재 서남동은 민중의 신학을 정리하기에 앞서 자신의 연구실 벽에 걸려 있던 칼 바르트, 폴 틸리히, 본회퍼, 니버 형제 등 서구의 기라성 같은 신학자들의 사진을 모두 떼어버리고 그 자리에 대신 처형되기 위하여 압송되어 가는 녹두장군 전봉준의 사진을 걸어놓았다. 이제 민중의 신학자 서남동에게 있어서 그의 신학의 자리는 서구의 역사와 신학이 아니다. 우리 신학의 뿌리라 여겼던 서구신학을 단(斷)한 것이다"(채희동, 『민중 성령 생명』, 47-48쪽).

94) 현영학, "민중신학과 한(恨)의 종교", 한국신학연구소 편, 『1980년대 한국 민중신학의 전개』, 한국신학연구소, 1990, 452쪽.

95) 강원돈, "민중신학: 민중 현실의 재발견과 신학의 민족화", 정민 외, 『80년대 사회운동 논쟁』, 한길사, 1989, 363쪽.

96) 안병무에 관한 박사학위논문을 쓴 안드레아스 호프만-리히터에 의하면, 안병무는 1965년에 작성한 박사학위논문에서부터 해석학·구원론·종말론·기독교윤리 등의 다양한 맥락에서 '사건' 개념을 주요하게 구사했고, 당시 그가 활용한 사건 개념의 요체는 "예수의 활동을 통해 관철되는 하느님의 의지, 곧 예수를 통해 실행하는 하느님의 죄 사함의 의지"에 있었다고 한다. 안드레아스 호프만-리히터, "안병무의 '사건' 개념", 한국신학연구소 편, 『예수 민중 민족: 안병무박사 고희기념논문집』, 한국신학연구소, 1992, 754쪽.

97) 사건을 통한 '정체성 변혁'에 대해서는, 황용연, "'정체성의 정치'와 민중신학: IMF 시대 민중신학의 실천담론을 위한 '한 방향' 모색", 『시대와 민중신학』 5, 1998, 126쪽 참조.

98) 안병무, 『민중신학 이야기』, 한국신학연구소, 1987, 25-26쪽.

99) 위의 책, 26, 35, 220쪽.

100) 김희헌, 『서남동의 철학』, 84-85쪽.

101) 최형묵, 『보이지 않는 손이 보이지 않은 것은 그 손이 없기 때문이다』, 231쪽에서 재
   인용.

102) 테오 순더마이어, "한국의 민중신학과 민중미술", 827쪽.

103) 이정희, "이론으로의 모험: 그 상상력의 배후", 김진호 외, 『죽은 민중의 시대 안병
   무를 다시 본다』, 삼인, 2006, 274쪽.

104) 위의 글, 274-275쪽.

105) 김남일, 『안병무 평전: 성문 밖에서 예수를 말하다』, 사계절출판사, 2007, 256쪽.

106) 이정희, "민중신학, '어디로?': 그 원천을 질문하면서", 이정희 외, 『민중신학, 고통
   의 시대를 읽다』, 분도출판사, 2018, 212쪽.

107) 강원돈, "우리 시대의 과제와 교회에 대한 새로운 이해", 46쪽.

108) 안병무, 『민중사건 속의 그리스도』, 한국신학연구소, 1989, 134-137쪽 참조.

109) 김경재, "서남동의 생태학적 윤리에 대한 소고", 죽재서남동기념사업회 편, 『서남동
   과 오늘의 민중신학: 죽재 서남동 목사 서거 25주기 추모 논문집』, 동연, 2009, 41쪽.

110) 김용복, "서남동의 한(恨) 담론에 관하여", 죽재서남동기념사업회 편, 『서남동과 오
   늘의 민중신학: 죽재 서남동 목사 서거 25주기 추모 논문집』, 동연, 2009, 25-26쪽.

111) 김명수, 『안병무의 신학사상』, 한울, 2011, 16쪽.

112) 안병무·박재순, "대담: 민중의 생명을 향한 민중신학", 447쪽.

113) 이문영, "지식인 전범(典範)", 심원안병무선생기념사업위원회 편, 『갈릴래아의 예
   수와 안병무』, 한국신학연구소, 1998, 75쪽.

114) 테오 순더마이어, "안병무 교수에 대한 기억", 심원안병무선생기념사업위원회 편,
   『갈릴래아의 예수와 안병무』, 한국신학연구소, 1998, 156쪽.

115) 안병무·박재순, "대담: 민중의 생명을 향한 민중신학", 464쪽.

116) 김명수, 『안병무의 신학사상』, 212-214, 231쪽.

117) 안병무·박재순, "대담: 민중의 생명을 향한 민중신학", 463쪽.

118) 김명수, 『안병무: 시대와 민중의 증언자』, 살림, 2006, 214쪽.

119) 김명수, 『안병무』, 191쪽. 이 대목에서 우리는 앞서 언급한, 민중이 비어 있으면서

도 의미 충만한, 비어 있음과 충만함이 서로 의존되어 있고 또 통합되어 있는 기표
라는 명제를 다시 기억해낼 수도 있을 것이다.

120) 안병무, "개신교 세계선교협회 신학위원회의 편지에 대한 회답", 282-283쪽.

121) 김명수, 『안병무』, 209쪽.

122) 안병무는 이렇게 말한 적이 있다. "함 선생을 통해서 나는 기독교를 탈기독교적 입
장에서 볼 수 있었어요. 그리고 내가 사상적으로 얼마나 좁은 틀 속에 갇혀 있었는
가를 깨우쳐주셨지요. 함 선생의 씨알사상은 내가 민중과 민중신학을 발견하는 과
정에서 어떤 눈을 뜨게 해주었어요.……지금도 함 선생의 영향이 내게 끊임없이 작
용해요." 김명수, 『안병무의 신학사상』, 287-288쪽.

123) 김명수가 설명하듯이, 씨알 하나에 담긴 전체 우주, 씨알 하나에 응축된 인류 진화
역사라는 씨알사상의 핵심 주장 중 하나도 『화엄경』에 의존한다. "함석헌은 씨알과
우주의 관계를 화엄경의 '일즉다 다즉일(一卽多 多卽一)' 사상의 지평에서 해석한
다. 씨알 속에 전 우주가 들어있고 우주는 씨알로 구성되어 있다. 하나 안에 전체가
그리고 전체 안에 하나가 들어있다. 씨알 하나에 우주 전체의 생명이 이어져 있다.
그런 의미에서 씨알은 소우주에 해당한다"(김명수, 『안병무의 신학사상』, 285-286
쪽). 보다 구체적으로, 먼지(티끌) 하나에 온 우주(시방세계)가 들어있다는 '일미진
중함시방(一微塵中含十方)'의 화엄사상을 가리킨다.

124) 김명수, 『안병무』, 43-45, 196쪽; 김명수, 『안병무의 신학사상』, 269-289쪽; 김남일,
『안병무 평전』, 198쪽.

125) 김명수, 『안병무의 신학사상』, 288쪽.

126) 김남일, 『안병무 평전』, 289-290쪽.

127) 김지하, "생명의 담지자인 민중", 126쪽. 김지하는 1984년 6월 작가 최일남과의 대
담에서 이렇게 말하기도 했다. "자주 강조되는 것 중에 착취자와 피착취자, 억압자
와 피억압자가 있는데, 그것은 서양식 이원론에서 나온 발상입니다. 그것이 지나치
면 부정적 원한으로 나타납니다.……그런 식의 2분법론은 우리가 서양 사람들에게
세뇌당했기 때문입니다. 동양은 노장(老莊)도 그렇고 일원적입니다"(김지하, 『민
족의 노래 민중의 노래』, 동광출판사, 1984, 215-216쪽). 김지하는 종교와 연극을
과감하여 연결하여 서구중심주의를 비판한 적도 있었다. 그는 한국 가톨릭의 문제
를 지적하는 맥락에서 이렇게 말했다. "가톨릭 신자의 핵심은 미사에 있습니다. 그

리고 빵(밥)에 있습니다. 그런데 미사 구조가 서양 극장구조로 되어 있습니다. 거기에 배우가 놀고 관객은 울고 웃고 하는 건데, 미학에서는 이것을 감성적 독재라고 합니다. 연희자(演戱者)가 일방적으로 퍼붓는 것이지요. 우리 젊은이들의 굿구조는 안 그래요. 아주 민주적으로 되어 있습니다. 연극과 종교의식과는 옛날부터 아주 밀착되어 있었습니다. 그런데 서양의 미사 구조는 한마디로 수직(垂直)구조입니다. 저쪽은 하늘이고 이쪽은 죄인이라는 식이에요. 중세의 신앙구조를 못 벗어난 겁니다. 누룩 없는 빵이 문제고 제단도 살아 움직여야지요"(김지하, 『민족의 노래 민중의 노래』, 229쪽).

128) 황용연, "'산 사람'을 말하며 '유령'을 감지하기: 한국 민주주의와 민중신학", 『시대와 민중신학』 8, 2004, 205쪽.

129) 자크 데리다, 『환대에 대하여』, 남수인 역, 동문선, 2004.

130) 오승성이 제시한 용어들을 사용하면, 김지하의 주장은 "이것이냐 저것이냐(a or b)", "이것이 아니고 저것(not-this-but-that)"이라는 이항대립적 논리를, "이것도 저것도(both-and)"의 논리, "이것도-아니고-저것도-아님(neither-this-nor-that)"의 논리, "이것이고-저것이면서-이것도-아니고-저것도-아님(both-this-and-that-and-neither-this-nor-that)"의 논리로써 전복하는 것이다. 오승성, "후기 계몽주의 시대의 신학방법론", 288쪽.

131) 법성, 『앎의 해방 삶의 해방』, 414쪽.

132) 법성 편, 『민중선을 말한다』, 근본불교연구소, 1988, 24쪽.

133) 김성기, 『포스트모더니즘과 비판사회과학』, 127, 133, 141쪽.

134) 발터 벤야민, 『발터 벤야민의 문예이론』, 344, 346쪽.

135) 위의 책, 353쪽.

136) 위의 책, 353-355쪽.

137) 리처드 카니, 『재신론』, 김동규 역, 갈무리, 2021, 14, 30, 226-227쪽.

138) 김홍중, 『마음의 사회학』, 317쪽.

139) 사토 요시유키, 『권력과 저항: 푸코 들뢰즈 데리다 알튀세르』, 김상운 역, 난장, 2012, 326쪽.

140) 진태원, "해체, 차이, 유령론으로 읽는 자크 데리다", 철학아카데미, 『처음 읽는 프랑스 현대철학: 사르트르부터 바디우까지, 우리 눈으로 그린 철학 지도』, 동녘, 2013,

331쪽.

141) 파커 J. 파머, 『비통한 자들을 위한 정치학: 왜 민주주의에서 마음이 중요한가』, 김찬호 역, 글항아리, 2012. '비통한 자들의 정치학(politics of the brokenhearted)'을 제창한 파머는 "낯선 사람들에게 환대를 베풀기 위해서는 타자에 대한 두려움이 불러일으키는 긴장에 계속 마음을 열어야 한다"고 역설한다(같은 책, 236쪽). 그는 모순과 애매함을 편안하게 여기고, 역설을 존중하고, 대립하는 것들 사이의 긴장을 통해 새로운 통찰에 눈떠야 한다고 주장한다. 두려움에 사로잡혀 타자로부터 도망치는 것이 아니라 경계를 넘어 타자 속으로 들어감으로써, 타자의 경험이 우리의 닫힌 마음을 부수어 열도록 해야 한다는 것이다. 그러기 위해서는 긴장을 창조적으로 활용하는 마음의 습관, 즉 창조적으로 긴장을 붙들고 끌어안는 마음의 습관, 긴장을 삶의 유익으로 끌어들이는 마음의 능력(혹은 마음의 연금술)을 키우고 배양해야 하며, 그래야만 비통함에 직면할 때 마음이 부서져 흩어지는 대신 부서져 열리는 쪽으로 나아갈 수 있다고 말한다(같은 책, 34-38, 88, 111-116, 132, 149, 237쪽).

142) 강영안은 이렇게 설명한다. "레비나스는 이런 대리적 주체를 '메시아'라 부른다. '나, 그것은 메시아이며, 메시아, 그는 곧 나이다'라고 말한다. 메시아는 타인을 위해서 대신 죄를 짊어지고 고난을 당하는 자이다.……레비나스의 윤리적, 책임적 주체는 각자가 모두 그리스도이다." 강영안, 『타인의 얼굴』, 188쪽.

143) 정수복, 『비판사회학의 계보학: 한국 사회학의 지성사3』, 푸른역사, 2022, 253쪽에서 재인용.

144) 김성재, "민중교육 방법론 연구", 394쪽에서 재인용.

145) 에마뉘엘 레비나스, 『신 죽음 그리고 시간』, 279쪽. 다시 강영안의 설명을 들어보자. "윤리의 근거로서의 레비나스의 책임 개념은 '타율성'에서 출발한다.……타인에 대한 책임은 나의 주도권에 근거를 두지 않는다. 타인에 대한 나의 책임은 나의 자유에 선행한다.……레비나스는 이기주의나 이타주의, 그리고 그 바탕에 전제된 나의 자유 이전에, 그것에 앞서, 책임을 위치시킨다. 책임은 어떤 특별한 사람, 몇몇 엘리트의 전유물이 아니라 인간을 인간이게, 주체를 주체이게 하는 조건이 되기 때문이다"(강영안, 『타인의 얼굴』, 184쪽).

146) 안병무, "마가복음에서 본 역사의 주체", NCC신학연구위원회 편, 『민중과 한국신학』, 한국신학연구소, 1982, 181쪽.

147) 안병무, "예수와 오클로스", 95쪽.

148) 위의 글, 103쪽.

149) 위의 글, 91쪽.

150) 안병무, "민중운동과 민중신학", 32쪽.

151) 서광선, "한국의 민중신학", 56쪽.

152) 하성웅, "Giorgio Agamben의 메시아 담론에 관한 정치신학 연구", 93쪽.

153) 김홍중, 『마음의 사회학』, 99, 317쪽.

154) 위의 책, 290, 316, 319쪽. 김홍중은 진보의 역사철학과 순간의 역사시학을 다음과 같이 설명한다. "진보의 역사철학이 순간과 순간의 계열적 연쇄, 즉 크로노스 (chronos)를 사유한다면, 순간의 역사시학은 순간들의 질적인 깊이, 즉 카이로스 (kairos)를 사유한다. 진보의 역사철학이 항상 저 멀리에 도달해야 하는 역사의 끝 (eschaton)에 모든 의미를 투기한다면, 순간의 역사시학은 가능성과 의미로 충만한 지금 이 순간(nunc stans)에 모든 희망을 건다. 이러한 이유로, 전자가 근대에 대한 낙관을 노정한다면, 후자는 근대에 대하여 매우 양가적인 태도를 취하며 이러한 양 가적 태도의 긴장 속에서 역설적으로 '희망의 원리'(Ernst Bloch)를 발견하고자 한 다. 순간의 질적 깊이를 강조하는 역사시학은 진보를 절대적 가치로 추구하던 역사 철학의 흐름과 반립하면서 서구 근대성의 내적 균열을 구성"한다(같은 책, 290쪽).

155) 김용복, "메시야와 민중", 291쪽.

156) 최형묵, 『보이지 않는 손이 보이지 않은 것은 그 손이 없기 때문이다』, 297쪽.

157) 이치석, 『함석헌 평전』, 427쪽.

158) 황병주, "1960년대 비판적 지식인사회의 민중 인식", 119쪽에서 재인용.

159) 함석헌, "씨알의 설움", 『사상계』, 1959년 12월호, 156, 161-162쪽.

160) 이철호, "1970년대 민족문학론과 반세속화의 징후들: 백낙청의 초기 비평에 나타 난 '본마음'을 중심으로", 『민족문학사연구』 62, 2016, 300쪽.

161) 조현일, "비상사태기의 문학과 정치", 32쪽.

162) 위의 글, 38-39쪽.

163) 한완상, "민중과 의식화 교육", 54-55, 58쪽.

164) 한완상, 『지식인과 현실인식』, 304-315쪽.

165) 한완상, 『사자가 소처럼 여울을 먹고: 한완상 회고록』, 후마니타스, 2017, 82, 85, 155쪽.

166) 마나베 유코, 『열사의 탄생』, 167쪽.

167) 채희완, "탈춤 추는 광대", 116쪽.

168) 김성례, 『한국 무교의 문화인류학』, 31쪽.

169) 문익환·기세춘·홍근수, 『예수와 묵자』, 156쪽; 기세춘, 『우리는 왜 묵자인가』, 162쪽.

170) 기세춘, 『우리는 왜 묵자인가』, 133-134쪽.

171) 문익환·기세춘·홍근수, 『예수와 묵자』, 132쪽; 기세춘, 『우리는 왜 묵자인가』, 193쪽.

172) 기세춘, 『장자』, 53-54쪽.

173) 류보선, "반성의 윤리성과 탈식민성: 해방직후 채만식 문학의 한 특성", 『민족문학사연구』 45, 2011, 81, 85쪽.

174) 사토 요시유키, 『권력과 저항』, 321쪽.

175) 류보선, "반성의 윤리성과 탈식민성", 83-84쪽.

176) 현영학, "민중·고난의 종·희망", 한국신학연구소 편, 『1980년대 한국 민중신학의 전개』, 한국신학연구소, 1990, 17쪽.

177) 이상철 외, 『민중신학, 고통의 시대를 읽다』, 분도출판사, 2018.

178) 채수일, "밖에서 본 민중신학", 한국신학연구소 편, 『예수 민중 민족: 안병무박사 고희기념논문집』, 한국신학연구소, 1992, 594쪽.

179) 서남동, 『민중신학의 탐구』, 119쪽.

180) 안병무, 『민중신학 이야기』, 33, 99쪽.

181) 김명수, 『안병무의 신학사상』, 107, 214쪽.

182) 안병무, 『민중신학 이야기』, 116쪽.

183) 안병무, "민중운동과 민중신학", 25쪽.

184) 함석헌은 '민중의 초월성'을 '제도적·조직적 구속과 지배에서 벗어남', '신분·계급의 제약을 넘어섬', '제도와 이데올로기를 넘어섬' 등으로 이해했다. 박재순, 『민중신학과 씨울사상』, 268-269쪽.

185) 박아론, "민중신학에 대한 고찰과 연구", 30쪽에서 재인용.

186) 김용복, "메시야와 민중", 287, 289쪽.

187) 서남동, "민중(씨울)은 누구인가?", 98쪽.

188) 안병무, "개신교 세계선교협회 신학위원회의 편지에 대한 회답", 292쪽.

189) 안병무, 『민중신학 이야기』, 338쪽.

190) 위와 같음.

191) 위의 책, 340-341쪽.

192) 문동환, "민중신학의 전망", 427쪽.

193) 신익상, "근본주의와 가난의 문제", 169-170, 176쪽.

194) 김희헌, 『서남동의 철학』, 101쪽.

195) 서남동은 다음과 같이 말했다. "메시아는 고난받는 이웃으로 화신(化身)해 가지고 우리에게 접근합니다. 그런 의미에서 민중이 메시아입니다.……지금 고난받는 사람이 새 역사, 새 사회를 건설할 주역이 된다고 하는 그런 얘기입니다. 민중이 메시아입니다. 무슨 영웅적인 힘 가지고 한다는 말 아닙니다. 그들의 고난을 통해서, 그들의 고난이 호소하는 그것이 계기가 돼 가지고 지금보다도 의로운 사회를 건설하는 계기가 됩니다. 그런 의미에서 그들이 새 역사를 열 고난받는 메시아라 그 말입니다." 서남동, "민중(씨올)은 누구인가?", 101-102쪽.

196) 문동환, "민중신학의 전망", 437쪽.

197) 서남동, 『민중신학의 탐구』, 117쪽.

198) 김희헌, 『서남동의 철학』, 101쪽.

199) 위의 책, 98쪽.

200) 신익상, "근본주의와 가난의 문제", 170-171쪽.

201) 현영학, 『예수의 탈춤』, 128쪽.

202) 서남동, 『민중신학의 탐구』, 118쪽.

203) 김희헌, 『서남동의 철학』, 97쪽.

204) 서남동, 『민중신학의 탐구』, 117, 119쪽.

205) 민영진, "민중신학의 전승사적 위치와 평가", 민영진 외, 『한국 민중신학의 조명』, 대화출판사, 1984, 12-13쪽.

206) 현영학, "한국 가면극 해석의 한 시도", 153쪽.

207) 현영학, 『예수의 탈춤』, 100쪽. 이와 유사하게, 채희완과 임진택은 1982년에 발표한 "마당극에서 마당굿으로"라는 글에서 마당극 〈녹두꽃〉에 대해 논하는 가운데 '민중의 변혁적 특권'이라고도 부를 만한 주장을 개진하기도 했다. "가장 썩은 물이 괴어 있는, 가장 밑바닥인 뒷골목의 창녀나 거지·우범자 들로부터 역사의 새로운 물줄기가 시작된다고 보고 있는 것이다. 이는 '밑바닥이 하늘이다'라는 교리와 일치

되고 있어 그로테스크한 우화성을 배가하고 있다. 어떻게 보면 사회구조 내에서 어느 정도 보장된 삶을 사는 계층보다는 가장 소외받고 있는 계층에서부터 문제를 해결해나간다는 의도가 숨겨져 있는 것이기도 하다. 창녀·거지·우범자는 더 이상 버릴 것이 없는 계층이며 고통을 받을수록, 억울하면 할수록 더욱 더 인간적일 수 있게 되는 유일한 계층이라는 뜻도 포함되어 있다. 밥이 하늘이므로 밥이 없는 밑바닥이야말로 하늘에 다가갈 가장 무한한 가능성이 있다는 역설이 성립될 수 있다."
채희완·임진택, "마당극에서 마당굿으로", 146쪽.

208) 김용복, "메시야와 민중", 287쪽.

209) 위의 글, 292, 298-299쪽.

210) 위의 글, 292-293쪽. 정치적 메시아주의는 미르치아 엘리아데가 스탈린주의와 나치즘을 가리켜 명명한 "도착적 메시아주의"와 유사하다(리처드 카니, 『재신론』, 233쪽).

211) 김용복, "메시야와 민중", 298-299쪽.

212) 채수일, "밖에서 본 민중신학", 594쪽.

213) 김용복, "민중의 사회전기와 신학", 371-372쪽.

214) 문동환, "민중신학의 전망", 426-427쪽.

215) 채수일, "1970년대 진보교회 사회참여의 신학적 기반", 『한국기독교와 역사』 18, 2003, 24쪽.

216) 서남동, "빈곤의 사회학과 빈민의 신학", 228쪽.

217) 박아론, "민중신학에 대한 고찰과 연구", 23쪽.

제5장 저항(1)

1) Eric R. Wolf, *Europe and the People without History*, Berkeley: University of California Press, 1982; 에릭 울프, 『유럽과 역사 없는 사람들』.

2) James C. Scott, *Weapons of the Weak: Everyday Forms of Peasant Resistance*, New Haven: Yale University Press, 1985; James C. Scott, *Domination and the Arts of Resistance: Hidden Transcripts*, New Naven: Yale University Press, 1990; 제임스 스콧, 『지배, 그리고 저항의 예술』.

3) 로절린드 모리스, "서문", 32쪽.

4) Ranajit Guha, *Elementary Aspects of Peasant Insurgency in Colonial India*, New Delhi: Oxford University Press, 1983; 라나지트 구하, 『서발턴과 봉기』.

5) 안토니오 네그리·마이클 하트, 『제국』, 윤수종 역, 이학사, 2001, 279쪽.

6) 위의 책, 280쪽.

7) 여기서 즉자성-대자성은 민중의 '의식' 수준에 해당하는 개념이다. 따라서 '대자적 의식'에서 '저항적 행동'이 직접 도출될 수 있는 것은 아니며, 체제 이완·균열·위기 와 같은 구조적 조건 그리고 '반역사적 돌발'로서의 '사건'(이진경)이라는 정치적 계 기가 필요할 것이다. 그럼에도 불구하고 '대자적 의식'과 '저항적 행동' 사이에 어떤 긍정적인 상관관계가 성립될 수 있음은 비교적 분명하다 하겠다.

8) 김택현, "서발턴연구에 대하여", 『역사연구』 6, 1998, 267쪽.

9) 이진경, 『역사의 공간』, 94쪽.

10) 박일준, "탈근대 시대의 가난한 자, 사이 그리고 혼종성", 376, 406-408쪽 참조. 아 울러, 호미 바바, 『문화의 위치: 탈식민주의 문화이론』, 나병철 역, 소명출판, 2012를 볼 것.

11) 윤해동, 『식민지의 회색지대: 한국의 근대성과 식민주의 비판』, 역사비평사, 2003.

12) 박권일, "그것은 민주주의가 아니다", 「한겨레」, 2020.12.11, 25면.

13) 발터 벤야민, 『발터 벤야민의 문예이론』, 347쪽.

14) 제임스 스콧, 『지배, 그리고 저항의 예술』, 197-200쪽.

15) 신정론(神正論) 혹은 변신론(辯神論)은 '악(惡)의 존재에도 불구하고 신의 선(善)함 을 정당화하는 것'을 가리킨다. 베버에 의하면, 종교와 사회집단들은 불평등·불의 등 '세상의 불완전함'과 '신의 선함·전능함'을 화해시키려 저마다 독특한 신정론들 을 만들어낸다. 이때 특정 집단의 계층적 지위와 신정론이 친화성을 보이게 된다. 따 라서 지배층·특권층은 현존 사회질서를 신의 뜻에 맞게 형성된 것으로 해석하는 '행 운의 신정론'을, 피지배층·비특권층은 기존 사회질서를 신의 뜻에 반하는 사악한 힘 의 영역으로 해석하는 '절망 혹은 도피의 신정론'을 선호하는 경향이 있다. Max Weber, *The Sociology of Religion*, Ephraim Fischoff tr., Boston: Beacon Press, 1964, pp. 106-108, 138-150; Max Weber, *From Max Weber: Essays in Sociology*, H. H. Gerth and C. W. Mills eds. and tr., New York: Oxford University Press,

1958, pp. 271-275.

16) 한완상, 『인간과 사회구조』, 19-20쪽.

17) 실제로도 한국 민중론에서 '권력'이나 '지배'의 문제는 그다지 진지하고 정교하게 논의되지 못했고, 이것이 민중론자들이 민중의 저항 능력을 과도하게 설정한다는 비판을 받는 한 이유일 것이다.

18) 에릭 울프, 『유럽과 역사 없는 사람들』, 33-34쪽.

19) 황병주, "발문: 유령과의 동거를 위하여", 김원, 『박정희 시대의 유령들: 기억, 사건 그리고 정치』, 현실문화, 2011, 6쪽.

20) 김창호, "80년대 이후 진보적 철학 연구사", 한국산업사회연구회 편, 『현대한국 인문사회과학 연구사: 80·90년대 비판학문의 평가와 전망』, 한울, 1994, 156쪽.

21) 이용기, "민중사학을 넘어선 민중사를 생각한다", 203쪽.

22) 김성보 외, "종합토론", 407쪽.

23) 사토 요시유키, 『권력과 저항』, 9쪽에서 재인용.

24) 제임스 스콧, 『지배, 그리고 저항의 예술』, 29쪽.

25) 현영학, 『예수의 탈춤』, 76-77쪽.

26) 한상진, 『민중의 사회과학적 인식』, 37쪽.

27) 제임스 스콧, 『지배, 그리고 저항의 예술』, 34, 37, 49-50, 56-57, 181-182, 308, 341, 347, 349-350, 365, 381쪽.

28) 위의 책, 341, 347, 349, 365쪽.

29) 경향신문, 1960.4.29, 1면; 동아일보, 1960.4.29, 1면; 동아일보, 1960.4.30, 1면; 동아일보, 1960.7.24, 3면; 경향신문, 1963.3.20, 3면 등을 참조.

30) 법성, 『민중선을 말한다』, 22쪽.

31) 김성보 외, "종합토론", 396쪽.

32) 허경, "미셸 푸코와 자기 변형의 기술", 265쪽.

33) 김영범, 『민중의 귀환, 기억의 호출』, 62-63쪽.

34) 위의 책, 18-19쪽.

35) 조경달, 『민중과 유토피아: 한국 근대 민중운동사』, 허영란 역, 역사비평사, 2009, 20쪽.

36) 조경달, "민중운동사 연구의 방법", 42, 69쪽.

37) 배항섭, 『19세기 민중사 연구의 시각과 방법』, 13, 250쪽.

38) 성민엽, 『변하는 것과 변하지 않는 것』, 54쪽.

39) 한완상, 『민중사회학』, 34쪽.

40) 이데올로기 개념 때문에 한완상은 민중신학자나 신영복 등이 주장하는 '민중의 인식론적 특권' 담론에 대해 비판적이다. 그가 '실제적 인식주체'(지식인)와 '잠재적 인식주체'(민중)를 구분하는 것도 그 때문이다(한완상·백욱인, "민중사회학의 몇 가지 문제점들", 171쪽). 특정 계급으로부터 이데올로기의 상대적 자율성을 전제하는 '구조주의적 이데올로기' 개념과 비교할 때, 한완상의 이데올로기 용법이 '도구주의적 이데올로기' 개념과 유사하다는 점도 아울러 지적해둘 필요가 있겠다.

41) 김종철, "역자 해설", 존 다우닝, 『변혁과 민중언론: 미국·서구·동구의 저항매체』, 김종철 역, 창작과비평사, 1989, 388-389, 391-392쪽.

42) 손석춘, 『민중언론학의 논리: 정보혁명 시대 네티즌의 무기』, 철수와영희, 2015, 13-17쪽.

43) 이상록, "함석헌의 민중 인식과 민주주의론"; 윤상현, "1950년대 후반~1960년대 초 함석헌의 주체 형성 담론의 변화"; 한규무, "『뜻으로 본 한국역사』와 1960년대 함석헌의 민주화운동" 등을 참조.

44) 황병주, "1960년대 비판적 지식인사회의 민중 인식", 135-142쪽.

45) 이치석, 『함석헌 평전』, 575쪽.

46) 기세춘, 『우리는 왜 묵자인가』, 142쪽.

47) 한완상, 『민중시대의 문제의식』, 96쪽.

48) 허병섭, 『스스로 말하게 하라』, 320쪽.

49) 이해찬, "한국 학생운동의 발전과 민중 지향", 416쪽.

50) 허병섭, 『스스로 말하게 하라』, 15쪽.

51) 한숭희, 『민중교육의 형성과 전개』, 117-118쪽.

52) 이세영, "'민중' 개념의 계보학", 342쪽.

53) 한완상·백욱인, "민중사회학의 몇 가지 문제점들", 174, 186쪽.

54) 위의 글, 172쪽.

55) 박현채, 『민중과 경제』, 9-11쪽. 아울러 이 주제와 관련된 박현채의 주장을 압축적으로 소개하고 있는 공제욱의 논문을 볼 것(공제욱, "현대 한국 계급연구의 현황과 쟁점", 김진균 외, 『한국사회의 계급연구1』, 한울, 1985, 45-46쪽).

56) 박현채, 『민중과 경제』, 10쪽.

57) 위의 책, 25쪽.

58) 박현채, 『한국자본주의와 민족운동』, 12-13쪽.

59) 박현채, "민중의 계급적 성격 규명", 김진균 외, 『한국사회의 계급연구1』, 한울, 1985, 55-56쪽.

60) 한승희, 『민중교육의 형성과 전개』, 129-131, 149-152쪽 참조.

61) 김용복, "민중의 사회전기와 신학", 379쪽.

62) 서남동, "두 이야기의 합류", 273쪽.

63) 박성준, "21세기의 문턱에서 민중신학을 다시 생각한다", 86쪽에서 재인용.

64) 이런 문제의식은 정동을 "서로 관계하는 차이화의 운동"이나 "공동-개별화(co-individuation)" 과정으로 접근하는 마수미의 문제의식과도 상통한다. 브라이언 마수미, 『정동정치』, 287, 293쪽.

65) 이 쟁점은 저항주체 설정을 위한 '전략적 본질주의'를 인정하면서 지배담론과의 '협상'을 시도하려는 서발턴 연구자들의 문제의식과 통한다. 김택현의 설명에 의하면, "해체의 방법에 따라 서발턴연구는 '필요한 경우에' 지배담론들의 '본질주의'를 하나의 전략으로서 '조심스럽게 그리고 비판적으로' 이용하고자 한다. 가령 서발턴연구는 지배담론에서 서발턴이 주체처럼 보이는 것은 '주체효과'에 불과하지만, 필요하다면 그 서발턴을 계급의식적인 주체로 설정한다거나 민족의식적인 주체로 설정할 수 있다고 본다. 이러한 '전략적 본질주의(strategic essentialism)'의 목표는……본질주의적인 개념들과 용어들 그리고 그러한 개념들과 용어들로 구성되어 있는 텍스트들이 권력/지식으로서 생산되는 과정과 소비되는 과정을 자세히 분석하여 지배담론을 전복시킬 수 있는 전략적 근거지를 확보하는 데에 있다. 따라서 서발턴연구는 어떤 의미에서는 지배담론과 '협상(negotiation)'할 수밖에 없다. 그러나 그 협상은 지배담론에 포섭되거나 굴복하거나 협력하는 것이 아니라 새로운 서발턴의 역사를 생산하기 위하여 지배담론에 비판적으로 개입하는 것을 말한다." 김택현, "서발턴연구에 대하여", 269쪽.

66) 에르네스토 라클라우·샹탈 무페, 『헤게모니와 사회주의 전략』, 26쪽.

67) 천정환, "열사의 정치학과 그 전환: 2000년대 노동자의 죽음을 중심으로", 『문화과학』 74, 2013, 103쪽.

68) 한상진, 『민중의 사회과학적 인식』, 19, 28, 42쪽; 한상진, 『중민이론의 탐색』, 274쪽.

69) 김진호, 『반신학의 미소』, 삼인, 2001, 290쪽. 이와 유사하게, '차이의 정치'를 대표하는 '정체성 정치(identity politics)'나 '정치적 올바름(political correctness)의 정치'가 '분열주의의 함정'에 빠질 가능성을 우려하는 목소리도 높다. 예컨대, 마크 릴라, 『더 나은 진보를 상상하라: 정체성 정치를 넘어』, 전대호 역, 필로소픽, 2018; 로베르트 팔러, 『성인언어: 정치적 올바름과 정체성 정치 비판』, 이은지 역, 도서출판b, 2021 등을 볼 것.

70) 조희연, "민중사회학의 발전적 심화론", 526쪽.

71) 한상진, 『민중의 사회과학적 인식』, 35-36쪽.

72) 김진균, "민중운동과 분단극복의 문제", 이영희·강만길 편, 『한국의 민족주의운동과 민중』, 두레, 1987, 83쪽.

73) 한완상, 『민중사회학』, 90-91쪽.

74) 위의 책, 82-90쪽.

75) 위의 책, 91-92쪽.

76) 나인호, 『개념사란 무엇인가』, 23, 114-116, 148-149쪽.

77) 조동일, "가면극의 희극적 갈등", 203쪽.

78) 조동일, "조선 후기 가면극과 민중의식의 성장", 264쪽.

79) 노명식, 『민중시대의 논리』, 12쪽.

80) 이병천·윤소영, "전후 한국 경제학 연구의 동향과 과제", 33-38쪽, 특히 12번 각주 참조.

81) 안병직, "단재 신채호의 민족주의", 840쪽.

82) 김진균, "민중운동과 분단극복의 문제", 78쪽.

83) 공제욱, "계급분석: 계급구성 연구로부터 변혁의 주체와 대상에 대한 연구로", 정민 외, 『80년대 사회운동 논쟁』, 한길사, 1989, 268쪽.

84) 물론 '하부-외부'의 연대 또한 가능한데, 이 경우 민중적 연대는 초국경적·초국가적·글로벌 연대의 성격을 띠게 될 것이다.

85) 라클라우와 무페에 의하면, 레닌주의 담론에서는 "헤게모니 개념이 중심적"인데, 이 헤게모니는 계급동맹 내에서 "정치적 지도력을 수반"한다. 또 "'보편 계급'으로서의 노동자계급에게 귀속된 중심성은 실천적인 중심성이 아니라 '존재론적인 중심성'이

며, 이는 동시에 '프롤레타리아트가 과학의 보고(寶庫)'라는 의미에서 '인식론적 특권'의 소재지이기도 하다." 마르크스주의가 노동자계급에 부여한 존재론적·인식론적 특권이 "대중운동의 정치적 지도력으로 이전"되고, 노동자계급 헤게모니의 필연성을 뒷받침하기 위해 대중운동에서 지도자(전위)와 피지도자(대중) 사이의 구분이 확립될 때 "정치적 권위주의가 출현"한다. 이런 의미의 헤게모니 및 계급동맹 개념은 명백히 "민주주의적이라기보다는 권위주의적"이다. 에르네스토 라클라우·샹탈 무페, 『헤게모니와 사회주의 전략』, 113–116쪽.

86) 박현채, "문학과 경제: 민중문학에 대한 사회과학적 인식", 김병걸·채광석 편, 『역사, 현실 그리고 문학: 80년대 대표평론선1』, 지양사, 1985, 68쪽.

87) 성민엽, "민중문학의 논리", 성민엽 편, 『민중문학론』, 문학과지성사, 1984, 167쪽.

88) 김진균, "민중운동과 분단극복의 문제", 78–79쪽.

89) 백욱인, "과학적 민중론의 정립을 위하여", 143쪽.

90) 변혁운동 발전기, 심지어 혁명운동 고조기라는 민중운동 일각의 과도하고 주관적인 상황 인식도 이런 이론적 태만과 지체에 일조했을 것이다.

91) 한상진은 라클라우나 무페를 직접 언급하지는 않지만, 마르크스주의 내에 '다원적 사고'를 도입했다는 점에서 '그람시'와 '포스트마르크스주의'에 대해 긍정적으로 평가한 바 있다(한상진, 『중민이론의 탐색』, 340쪽). 그는 한 토론모임에서 "변혁이론과 실천이라는 관점에서 정통 마르크스주의의 유산을 극복함과 동시에 개방성과 다양성을 존중하는 포스트마르크스주의의 지평을 여는 것이 우리 사회에서 바람직하다는 생각"(같은 책, 167쪽)을 밝히는가 하면, "구조결정주의적인 경직된 사고를 떠나서 생동하고 있는 사회집단들이 어떻게 상호관계를 맺고 있으며, 그 안에서 어떠한 지평이 열리거나 닫히고 있는가를 탄력 있게 잡는 것, 이것이 중요하다……자본논리적인 틀로 인간의 삶을 설명하는 것이 어렵다고 보기 때문에 불가피하게 마르크스주의적 다원론 혹은 개방성을 요구하는 경향이 생기지 않았나 봅니다"(같은 책, 177쪽)라고 말하기도 했다. 그는 그람시의 용어인, "부르주아계급이 행사한 지적·도덕적 헤게모니/지도력"을 언급하기도 했다(같은 책, 187쪽).

92) 한상진, 『민중의 사회과학적 인식』, 34쪽.

93) 위의 책, 12, 38, 422, 439쪽.

94) 위의 책, 46쪽.

95) 위의 책, 164쪽.

96) 위의 책, 36쪽.

97) 위의 책, 27-28쪽. 한상진은 '다원주의적 모순론'을 전개하면서 '경제모순'에 대한 '정치모순'의 우위를 주장했다. 그는 '경제모순'과 계급이론으로 민중에 접근하는 시각에 맞서, 경제모순보다 '정치모순'이 더욱 중요함을 강조하면서, 한국의 정치모순은 "권위주의 정치체제와 분단"이며, 특히 분단은 "최대의 정치적 모순"이라고 보았다(같은 책, 12, 22-24쪽).

98) 조희연, "민중사회학의 발전적 심화론", 530쪽.

99) 한완상·백욱인, "민중사회학의 몇 가지 문제점들"; 한완상·김성기, "한(恨)에 대한 민중사회학적 시론"; 한완상·강인철, "해방신학의 이데올로기론과 대안적 공동체", 이문영 외, 『시대와 지성』, 민음사, 1988; 한완상·한도현, "민중종교의 종말론적 급진성"; 한완상, "'90년대 한국사회학의 진로, '전통'과 '정통'의 비적합성을 지양하며", 『한국현실 한국사회학』; 한완상, "한국에서 시민사회, 국가 그리고 계급: 과연 시민운동은 개량주의적 선택인가", 한국사회학회·한국정치학회 편, 『한국의 국가와 시민사회』, 한울, 1992. 한완상의 『한국현실 한국사회학』에 수록된 "한국사회학의 반성: 80년대 패러다임의 성격"(10장)은 이기홍과 한완상이 공동으로 집필한 글이다.

100) 한상진, 『민중의 사회과학적 인식』, 26쪽.

101) 정수복, "한완상과 비판사회학의 형성", 『한국사회학』 51(1), 2017, 381쪽.

102) 한완상·백욱인, "민중사회학의 몇 가지 문제점들", 191쪽.

103) 한완상·김성기, "한(恨)에 대한 민중사회학적 시론", 282쪽.

104) 한완상, "한국에서 시민사회, 국가 그리고 계급", 15쪽.

105) 위의 글, 15-16쪽.

106) 정수복, "한완상과 비판사회학의 형성", 384쪽.

107) 김진호, "역사주체로서의 민중", 28쪽.

108) 예컨대, 김진호, 『반신학의 미소』, 289쪽을 보라.

109) 한상진, 『중민이론의 탐색』, 320-321쪽.

110) 김성기, 『포스트모더니즘과 비판사회과학』, 125-126쪽.

111) 한상진, 『민중의 사회과학적 인식』, 29, 37-38쪽.

112) 한상진, 『중민이론의 탐색』, 135쪽.

113) 김진호, 『반신학의 미소』, 290쪽.

114) 물론 논자에 따라서는 김진균 민중론의 연속성을 주장할 수도 있겠다. 예컨대 김진균은 1988년 출간한 『사회과학과 민족현실』에서 한편으로는 "노동운동의 선도적·창조적 위치"(273쪽)나 "민중헤게모니"(273쪽)를 주장하면서도, 다른 한편으로는 '계급 위치에 따른 중요도와 특권의 정도'를 과도하게 강조하는 것은 문제라고 보았다. 이런 취지에서 그는 "특정 계급의 중요성을 과도하게 강조하는 것은 과학적 안목의 결여에서 온다"(같은 책, 24쪽)고 진단한 바 있다.

115) 홍성태, 『김진균 평전: 민중을 위한 학문과 실천의 삶』, 진인진, 2014, 292쪽 이하; 정수복, 『비판사회학의 계보학』, 249-250, 258-261쪽.

116) 정수복, 『비판사회학의 계보학』, 243, 261쪽.

117) 홍성태, 『김진균 평전』, 294쪽.

118) 김진균, 『21세기 진보운동의 기획』, 문화과학사, 2003, 245-246쪽.

119) 위의 책, 136-137쪽.

120) 김진균, 『진보에서 희망을 꿈꾼다』, 박종철출판사, 2003, 286-287쪽; 홍성태, 『김진균 평전』, 316쪽에서 재인용.

121) 김성례, 『한국 무교의 문화인류학』, 28-30쪽.

122) 위의 책, 163쪽. 국가폭력 희생자들과 관련된 모든 추모의례, 특히 종교적 성격을 띠는 추모의례에는 유사한 기억연대적 성격이 담겨 있다. '광주민중항쟁'의 경우, 매년 개최되는 '5월행사'의 중심은 5월 17일의 '전야제'와 5월 18일의 '기념식'인데, 이 중 전야제는 "5·18 기억의 의례적 재현"이라는 점에서 '의례투쟁'의 성격을 보다 강하게 띠고 있고, 2003~2004년경부터 "전통적인 초혼모델, 또는 빙의모델"에 기대게 되었다(정근식, "항쟁기억의 의례적 재현: '5월행사'와 전야제를 중심으로", 『민주주의와 인권』 5(1), 2005, 특히 6-7, 26, 30쪽). 이런 의례적 전환이 '기억공동체' 혹은 '기억연대' 형성을 더욱 촉진했을 가능성이 높다는 게 필자의 판단이다.

123) 마나베 유코, 『열사의 탄생』; 임미리, 『열사, 분노와 슬픔의 정치학: 한국저항운동과 열사 호명구조』, 오월의봄, 2017; 천정환, "열사의 정치학과 그 전환"; 김정한, "1980년대 운동사회의 감성"; 이소영, "1990년대 문학과 망각된 정동: 1991년 5월 유서대필 조작사건과 김영현의 소설을 중심으로", 『민족문학사연구』 74, 2020.

124) 마나베 유코는 "유지의 사회화" 노력을 매개로 한 산 이와 죽은 이의 연대를 다음과

같이 설명했다. "한국 운동권에서 민주화 투쟁은 죽은 사람과 산 사람의 연대라는 들판에서 더 광범히 사회적으로 전개되는 '유지(遺志)의 사회화'라고 생각할 수 있다. 이것은 죽은 사람이 남긴 '유지'의 실체를 상정하여, 그 계승을 무엇인가의 사회적 활동으로 바꿈으로써, 죽은 사람을 계속 살려내고자 하는 심리 기제에 기인한다. 그것은 또한 죽은 사람과의 영속적인 대화를 의미하는 것이기도 하다." 마나베 유코, 『열사의 탄생』, 302쪽.

125) 한상진, 『중민이론의 탐색』, 192, 279쪽.

126) 주디스 버틀러는 '불안정성' 개념을 "희생자화와 고통으로서가 아니라(혹은 그에 더하여) 주요한 잠재력의 장소로 발전"시키고, 빈자·장애인·피종속자의 '취약성(vulnerability)'을 "우리 모두가 공유하는, 피할 수 없는 타자에의 의존" 내지 "상호의존성"을 인식하게 만듦으로써 연대의 가능성을 높여주는 것으로 재해석했다(안토니오 네그리·마이클 하트, 『어셈블리』, 134쪽). 버틀러에 의하면 불안정성은 "어떤 인구가 제대로 작동하지 않는 사회적·경제적 지원체계 탓에 남들보다 더 많이 고통받으며 상해, 폭력, 그리고 죽음에 더 많이 노출되는, 정치적인 문제로 초래된 어떤 상태"이며, 더 압축하자면 "불안정 상태의 차별적 할당"으로 정의된다(주디스 버틀러, 『연대하는 신체들과 거리의 정치』, 51쪽). 불안정성은 고통·불안·좌절과 동시에 모욕·수치심·자학의 쓰라린 감정을 자아내는 원인이지만, 동시에 '연대의 기초'로도 작용한다. 불안정성이라는 공통된 상태에 처한 이들은 상호의존성을 점차 인식하면서 '살만한 삶(livable life)에 대한 요구'를 중심으로 연대한다. 이런 식으로 불안정성은 다양한 형태의 저항을 관통하면서 '연대의 에토스'를 강화한다(주디스 버틀러, 『연대하는 신체들과 거리의 정치』, 25-29, 34-36, 307쪽). 공동의 목표나 요구 못지않게 공동의 집합적 감정도 중요한데, 불안정성을 공유하는 이들 간의 동병상련 감정 역시 연대를 촉진하는 것이다.

127) 네그리와 하트는 '빈자들의 필수적 생존 기제인 연대·돌봄·공동체·협력' 속에서 구축되고 생산되는 새로운 공통적 주체성, '빈자의 관점에 선 사랑'—'결핍이 아닌 힘·활력으로서의 빈자'의 관점에 선 사랑—을 탈근대 시대에 걸맞은 실천적 대안, 구원으로의 길로 내세운다. "사랑을 철학적·정치적 개념으로 이해하기 위해서는 빈자의 관점에서, 빈자들이 어디서나 보여주는 사회적 유대와 사회적 생산의 수많은 형태들에서 시작하는 것이 유용하다. 유대, 다른 사람들을 돌보는 것, 공동체를

창조하는 것, 공통의 기획으로 협력하는 것은 빈자들에게 필수적인 생존 메커니즘이다.……빈자는 물질적 결핍에 의해서 정의되지만, 사람들이 벌거벗은 삶으로 환원되는 경우는 없으며 항상 발명과 생산의 힘을 갖추고 있다. 실상 빈자의 진정한 본질은 결핍이 아니라 힘(활력)이다. 우리가 연대하여 모일 때, 우리가 우리의 개별적 신체들 그 어느 것보다 훨씬 더 강력한 사회적 신체를 형성할 때, 우리는 새로운 공통적 주체성을 구축하고 있는 것이다. 그리하여 빈자의 관점의 도움으로 드러나는 우리의 출발점은, 공통적인 것이 생산되고 주체성이 생산되는 과정이 바로 사랑이라는 것이다. 이 과정은 단지 물질적 재화와 기타 필수품들을 생산하는 <u>수단</u>이 아니라 그 자체로 <u>목적</u>이기도 하다"(저자의 강조). 안토니오 네그리·마이클 하트, 『공통체』, 261-262쪽.

128) 태혜숙의 스피박 해석에 의하면, "(다중적 고통 속에서 살아가는―인용자) 제3세계의 보통 여성들과의 유대를 끝내 놓지 않는 정치적/윤리적인 페미니스트 의식", 즉 "탈식민주의적 페미니스트 윤리 감각"의 요체는 "지식의 문제가 아니라 타자와의 관계 맺음이며 지구상의 온갖 차이들과 거리들을 존중하고 포용하는 사랑의 행위"라고 한다. 태혜숙, "탈식민주의 페미니즘: 하위주체로서의 여성 개념을 중심으로", 『한국여성학』 13(1), 1997, 8쪽.

129) 팬데믹 시대에 연대는 더 이상 선택의 문제가 아니라, 공멸을 피하기 위한 인류의 윤리적 의무가 된다. 율라 비스는 『면역에 관하여』를 다음의 말로 마무리했다. "정원의 은유를 우리의 사회적 몸으로까지 확장하면, 우리는 자신을 정원 속의 정원으로 상상할 수 있다.……우리가 사회적 몸을 무엇으로 여기기로 선택하든, 우리는 늘 서로의 환경이다. 면역은 공유된 공간이다. 우리가 함께 가꾸는 정원이다." 율라 비스, 『면역에 관하여』, 김명남 역, 열린책들, 2016, 248쪽.

제6장 저항(2)

1) 구조주의에 내재한 저항의 가능성을 탐색해온 사토 요시유키는 자신의 저서 『권력과 저항』에서 구조주의 안에서도 '주체'와 '구조' 모두에서 저항의 가능성을 찾을 수 있다고 주장했다. '주체' 쪽에서는 주체적 양상의 변용과 특이성의 구축(푸코, 들뢰

스-가타리)에서, '구조' 쪽에서는 우발성의 침입이 일으키는 구조의 생성변화(알튀
세르, 데리다)에서 각각 저항의 잠재력을 발견할 수 있다는 것이다.

2) 삐에르 부르디외, 『구별짓기: 문화와 취향의 사회학(상,하)』, 최종철 역, 새물결, 1995~
1996.

3) 황병주, "발문: 유령과의 동거를 위하여", 7쪽.

4) 김택현, 『디페시 차크라바르티, 유럽을 지방화하기』, 커뮤니케이션북스, 2018, 56쪽.

5) 정용택, "왜 고통이 중요하며, 왜 고통이 문제인가", 238쪽.

6) 김열규, "굿과 탈춤", 127쪽.

7) 위의 글, 124쪽.

8) 차이는 다양성에서 비롯되는 창조성이나 '동일성의 폭력'에 대한 저항을 의미하기도
하지만, '집체(集體)의 미학' 내지 '총체성(totality)의 미학'에 대항하는 미학적 차원
도 가질 수 있다. "장미가 민들레를 혐오하거나 멸시하지 않듯이, 모든 차이는 경이
로운 아름다움이며 존중받을 일"일 수 있는 것이다. 편집부, "'무지개신학 시리즈'를
발간하면서", 패트릭 쳉, 『급진적인 사랑: 퀴어신학 개론』, 임유경·강주원 역, 무지개
신학연구소, 2019, 11쪽.

9) 김원, 『박정희 시대의 유령들』, 41, 84, 86쪽.

10) 데이비드 허다트, 『호미 바바의 탈식민적 정체성』, 조만성 역, 앨피, 2011, 76-77, 112쪽.

11) 서광선, "해방의 탈춤", 493쪽.

12) 김택현, "서발턴연구에 대하여", 267-268쪽.

13) 라나지트 구하, 『서발턴과 봉기』, 8쪽.

14) 김택현, 『서발턴과 역사학 비판』, 박종철출판사, 2003, 28-29쪽.

15) 위의 책, 26쪽.

16) 황병주, "발문: 유령과의 동거를 위하여", 8쪽.

17) 조동일, 『탈춤의 역사와 원리』, 104쪽.

18) 예컨대 백욱인은 이렇게 말했다. "민중 생활상태에 관한 구체적인 분석에 입각하지
않은 문화주의적 접근방식은 민중의 주체성 형성 문제를 다룬다고 하면서 이를 의
식공간의 관념적 주체 영역으로 왜소화시킨다. 민중운동과 괴리된 민중론, 민중 현
실과 괴리된 민중의식론, 사회구조에 관한 객관적인 분석과 괴리된 사상이론, 이들
은 모두 사이비 과학의 거짓 구체성과 관념적 이데올로기만을 재생산해낼 뿐이다."

백욱인, "과학적 민중론의 정립을 위하여", 134쪽.

19) 강인철, "종교운동과 사회운동으로서의 동학운동", 『신학사상』 86, 1994, 57쪽.

20) 조동일은 이를 "사회적 존재로서의 인간의 현실 경험을 사고의 근거로 삼고 합리적인 가치를 추구하자는 태도"이자 "삶의 현실을 있는 그대로 긍정"하는 '현실적 합리주의'라고 명명했다(조동일, "한국 구비문학과 민중의식의 성장", 128, 130쪽). 이영미는 "대중 자신의 현실에 바람직한 미래의 씨앗이 있다는 현실적이면서도 낙관적인 태도"에 주목했다(이영미, 『마당극 양식의 원리와 특성』, 시공사, 2001, 294쪽).

21) Jeff Goodwin and Steven Pfaff, "Emotion Work in High-Risk Social Movements: Managing Fear in the U.S. and East German Civil Rights Movements," Jeff Goodwin et al. eds., *Passionate Politics*, Chicago: University of Chicago Press, 2001.

22) 제임스 스콧, 『지배, 그리고 저항의 예술』, 262, 268쪽.

23) 조동일, "조선 후기 가면극과 민중의식의 성장"; 조동일, "한국 구비문학과 민중의식의 성장."

24) 김용복, "메시야와 민중", 288쪽.

25) 송호근, 『인민의 탄생』, 42쪽.

26) 위의 책, 337-338쪽.

27) 한완상·김성기, "한(恨)에 대한 민중사회학적 시론", 274, 278쪽.

28) 김광억, "정치적 담론기제로서의 민중문화운동", 65-66쪽.

29) 김영범, 『민중의 귀환, 기억의 호출』, 45쪽.

30) 위의 책, 44-45쪽.

31) 위의 책, 47-48쪽.

32) 김양식은 농민봉기에서 농기(農旗)의 상징에 대해 다음과 같이 서술했다. "전봉준 등이 이끄는 농민군들이 무장봉기를 알리는 선언문에서 언급한 '의로운 깃발'의 원형은 농기이다. 농기는 마을을 지켜주는 상징 깃발이자 농민의 마음인 농심을 대변하는 것으로, 길흉화복을 좌우하는 하늘과 농민을 연결시켜주는 매개체이기에 신성한 존재이다.……두레패의 상징은 농사의 신이 깃든 농기를 드는 것이다.……농기를 드는 것은 마을의 안녕과 풍년을 여는 신을 앞세우는 것으로, 그 종류도 '농자천하지대본야'라고 쓴 큰 깃발 외에 신격이 다른 여러 종류가 있었다. 농기를 드는 날은 마을 고사를 지내는 날, 두레가 설 때, 마을 공동작업을 할 때이다. 농기가 마을 공

간에 한정된 반면, 동학농민군의 깃발은 농기의 공간 범위를 나라 전체로 확장하여 온 백성을 위해 의로운 깃발을 든 것이다." 김양식, "동학농민군의 저항문화와 상징", 『역사연구』 35, 2018, 226쪽.

33) 해당 대목 전체를 소개하면 다음과 같다. "농민에 대한 억압과 그 억압에 맞선 농민의 폭동은 뒤섞인 사실의 문제로서만이 아니라 적대적이지만 동반적인 전통들로서 우리의 과거 안에 거듭 나타난다. 농촌 대중을 노예 상태로 묶어둔 오랜 관행이 복종과 충성의 코드를 발전시키는 데 기여한 것과 똑같이, 봉기의 반복적인 실천도 몇 세기에 걸쳐 훌륭하게 확립된 반항 구조들을 발전시키는 데 기여했다. 이 반항 구조들은 일상생활에서조차 그리고 개인이나 소집단의 저항에서조차 미약하고 파편적인 방식으로 작동하고 있지만, 저 대중이 세상을 뒤집어엎기 시작하고 대중을 순화시키는 제의(祭儀)들과 숭배들과 이데올로기들이 서발턴과 상급자의 모순을 비적대적 수준에서 유지하는 데에 더 이상 기여하지 못할 때 그 구조적인 가장 단호하고 광범한 방식으로 본연의 힘을 발휘한다"(라나지트 구하, 『서발턴과 봉기』, 29쪽). 반면에 구하와 함께 서발턴연구를 개척한 가야트리 스피박의 서발턴 개념은 구하에 비해 저항적 성격이 상대적으로 약하다. 실제로도 스피박은 "인민의 단호한 힘과 완전한 자율성"을 강조하는 구하의 주장은 "서발턴 의식을 특권화"하는 것이라고 직접 비판한 바 있다(가야트리 스피박, "서발턴은 말할 수 있는가?", 81쪽).

34) 김택현, "옮긴이 후기", 라나지트 구하, 『서발턴과 봉기: 식민 인도에서의 농민봉기의 기초적 측면들』, 김택현 역, 박종철출판사, 2008, 449쪽.

35) 제임스 스콧, 『지배, 그리고 저항의 예술』, 227, 231-232쪽.

36) 김영범, 『민중의 귀환, 기억의 호출』, 48쪽.

37) 김성기, "예술의 근대화와 민중문화운동", 김진균 외, 『제3세계와 한국의 사회학: 현대한국사회론』, 돌베개, 1986, 209-210쪽.

38) 서남동, 『민중신학의 탐구』, 37-41쪽.

39) 허수, 『식민지 조선 오래된 미래』, 49쪽.

40) 정무용, "민중과 역사: 1970년대 이후 민중사의 추이와 민중상의 변화", 『인문과학연구』 16, 2011, 169-171쪽.

41) 강옥초, "그람시와 '서발턴' 개념", 『역사교육』 82, 2002, 158쪽.

42) 김진호, "민중신학의 계보학적 이해: 문화정치학적 민중신학을 전망하며", 『시대와

민중신학』 4, 1997, 16-17쪽.

43) 제임스 스콧, 『지배, 그리고 저항의 예술』, 13-14, 16, 38, 126, 202쪽.

44) 자크 랑시에르, 『프롤레타리아의 밤』, 10, 36쪽.

45) 문화 생산의 활달함은 여러 문화가 만나는 경계 영역에서 더욱 두드러지지만, 그 산물의 민중적 자율성과 고유성은 심부 영역에서 좀 더 우세할 가능성이 높다. 경계에서의 민중문화 생산은 지배문화에 대한 모방이나 지배문화와의 혼종화 성격이 보다 강할 것이기 때문이다. 그럼에도 여러 문화가 섞이는 경계 영역에서 무언가 새롭고 창조적인 문화 요소가 출현할 가능성이 더욱 높음은 분명해 보인다. 두 문화에의 '중첩 소속'이 숙명인 '경계인들'은 '경계의 생산성'을 보여주는 단적인 예이다. 김선희는 표류(漂流) 혹은 표착(漂着)이라는 해난사고로 인해 일시적·우발적으로 형성된 한국·일본의 '경계지역들'이 문물 교류와 문화접촉의 결절점 기능을 수행하면서 '생동적인 공간성'을 드러냈음을 밝혔다. 김선희, "'중심' 공간으로서의 한일 경계지역 연구", 『도시연구』 12, 2014.

46) 디페시 차크라바르티, 『유럽을 지방화하기』, 360, 419쪽.

47) 조동일, "가면극의 희극적 갈등", 200쪽; 조동일, 『한국 가면극의 미학』, 10-16, 39-42쪽.

48) 이 경우에는 김원이 말하듯이 "침묵의 계보, 즉 서발턴에게 침묵을 강제하는 제도, 가치, 규범의 지배적인 계보를 추적"하는 과업이 중요해진다(김원, 『박정희 시대의 유령들』, 536쪽). 이 과업은 일종의 권력 비판이자 이데올로기비판인 셈이다.

49) 윤상현, "1950년대 후반~1960년대 초 함석헌의 주체 형성 담론의 변화", 384쪽에서 재인용.

50) 한완상, 『지식인과 현실인식』, 58쪽.

51) 서남동, 『민중신학의 탐구』, 43, 112쪽.

52) 김희헌, 『서남동의 철학』, 118쪽.

53) 김성례, 『한국 무교의 문화인류학』, 30쪽.

54) 서남동, 『민중신학의 탐구』, 44, 112-113, 118쪽.

55) 김용복, "서남동의 한(恨) 담론에 관하여", 22쪽.

56) 김진호에 따르면, "종말적 상상은 언어 부재, 역사의 실어증에 닥친 이의 내재화된 병증의 일종이라는 것이다. 요컨대 종말적 상상은 존재의 실존적 고통을 전제한다.

하지만 동시에 그것은 상처 입은 심성에 대한 자기 치유의 몸부림이기도 하다." 김진호, "'민중의 죽음'과 안병무를 다시 읽는다는 것", 19쪽.

57) 서남동, 『민중신학의 탐구』, 307쪽.

58) 문동환, "민중신학의 전망", 428쪽.

59) 김희헌, 『서남동의 철학』, 113쪽.

60) 서남동, "민담에 관한 탈신학적 고찰", 201-202쪽; 박재순, "1세대 민중신학에 대한 비판과 새로운 모색", 96쪽; 강원돈, "민중신학", 367쪽.

61) 김용복, "민중의 사회전기와 신학", 375-376, 380쪽.

62) 위의 글, 376쪽.

63) 위의 글, 383-385쪽.

64) 서남동, 『민중신학의 탐구』, 303-304쪽.

65) 서남동, "민담에 관한 탈신학적 고찰", 201쪽.

66) 기세춘, 『장자』, 57-59쪽.

67) 박정세, "전설과 무속의 한풀이 양식", 죽재서남동목사기념논문집편집위원회 편, 『전환기의 민중신학: 죽재 서남동의 신학사상을 중심으로』, 한국신학연구소, 1992, 291쪽.

68) 서남동, 『민중신학의 탐구』, 116쪽에서 재인용.

69) 김만호, "임진왜란 시기의 유언비어와 사회상의 변화", 『역사학연구』 54, 2014, 64쪽.

70) 서남동, "예수, 교회사, 한국교회", 『기독교사상』, 1975년 2월호, 65, 67쪽.

71) 김열규, "〈민중의 문(文)〉들에 대한 시론", 69, 87쪽.

72) 위의 글, 88, 96쪽.

73) 김영석, "서문", 김진호·김영석 편저, 『21세기 민중신학: 세계 신학자들, 안병무를 말하다』, 김태현·유승태·정용택 역, 삼인, 2013, 25-26쪽.

74) 안병무, "예수사건의 전승 모체", 239-242쪽.

75) 위의 글, 241-242쪽.

76) 안병무, "민중운동과 민중신학", 34쪽.

77) 송기숙, "한국 설화에 나타난 민중혁명사상: 선운사 미륵비결 설화와 동학농민전쟁의 민중적 전개", 장을병 외, 『우리 시대 민족운동의 과제』, 한길사, 1986, 232쪽.

78) 위의 글, 193-194쪽.

79) 위의 글, 232쪽.

80) 김용복, "민중의 사회전기와 신학", 375-376쪽.

81) 서남동, "두 이야기의 합류", 263쪽.

82) 한상진, 『중민이론의 탐색』, 263, 274쪽.

83) 강인철, 『5·18 광주 커뮤니타스: 항쟁, 공동체 그리고 사회드라마』, 사람의무늬, 2020, 129쪽. 아울러, Jeff Goodwin and James Jasper and Francesca Polletta eds., *Passionate Politics*, 특히 이 책에 실린 크레이그 칼훈, 엘리자베스 우드의 논문을 볼 것. 아울러, 정철희 외, 『상징에서 동원으로: 1980년대 민주화운동의 문화적 동학』, 이학사, 2007, 특히 "사회운동의 연대 형성과 프레이밍 과정에서 도덕 감정의 역할"(신진욱)을 볼 것.

84) 제임스 스콧, 『지배, 그리고 저항의 예술』, 62, 197-200, 349-350, 352-354쪽.

85) 위의 책, 127-128쪽.

86) 정동이론에서의 정동(情動)은 'affect'의 번역어이지만, 김성기와 한완상은 공동논문에서 루마니아의 사회학자이자 역사심리학자인 제베데이 바르부의 개념인 'collective emotions'을 '집합적 정동(情動)체험'으로 번역해 사용했다. 이는 "일정한 역사적 상황 속에 있는 어떤 사회집단에게 특유한 감정의 복합, 또는 특유한 정동적(情動的) 경향 및 태도의 유형"을 가리키며, 이런 집단적 감정(집합감정)은 "생활의 모든 영역에 걸쳐 그 성원들의 행동을 규정"할 수 있고, "민중공동체의 행위와 태도에 영향 끼치는 주요한 동인"으로 작용한다. 한완상·김성기, "한(恨)에 대한 민중사회학적 시론", 254, 257쪽.

87) 현영학, 『예수의 탈춤』, 96, 452쪽. 안병무도 예컨대 "소리를 몸으로 듣는"다거나(안병무, "민중운동과 민중신학", 25쪽), "가슴에 아프게 박혀……뼈에 사무치게, 내 가슴에 응어리진……가슴에 철천지 한으로 응어리져", "사람들이 당하는 고통이 가슴에 사무쳤고, 이것이 바로 민족의 한, 민중의 한이 아닌가", "뼈에 사무치게 느끼는 것은 한국 사람은 한국적인 것이어야 한다는 것……속속들이 서구화된 것, 이것을 극복해야 합니다"(안병무, 『민중신학 이야기』, 18, 25, 42-43쪽) 등 '정동적 몸의 언어'를 즐겨 사용하고 능숙하게 구사한 편이었다.

88) 최길성 『한국인의 한』, 17-19쪽.

89) 서남동, "민담에 관한 탈신학적 고찰", 197쪽.

90) 서남동, 『민중신학의 탐구』, 243쪽.

91) 서남동, "두 이야기의 합류", 260-262, 274-275쪽.

92) 서남동·이철수, 『한: 신학·문학·미술의 만남』, 분도출판사, 1984.

93) Lee Jae Hoon, "A Study of 'Han' of the Korean People: A Depth Psychological Contribution to the Understanding of the Concept of 'Han' in the Korean Minjung Theology," Ph.D. diss., Union Theological Seminary, 1989.

94) 개신교 세계선교협회 신학위원회, "한국의 민중신학자들에게 보내는 편지", 272쪽.

95) 한완상·김성기, "한(恨)에 대한 민중사회학적 시론", 255, 284쪽.

96) 위의 글, 254, 256, 257, 266, 279쪽.

97) 백낙청, 『인간해방의 논리를 찾아서』, 166쪽.

98) 이효재, 『분단시대의 사회학』, 한길사, 1985, 11-12쪽.

99) 위의 책, 12, 14, 33쪽.

100) 위의 책, 13쪽.

101) 김용복, "서남동의 한(恨) 담론에 관하여", 24쪽.

102) 이상일, "한의 삶을 역전시키는 힘", 154쪽.

103) 현영학, 『예수의 탈춤』, 96, 128-129쪽.

104) 서남동, "한의 형상화와 그 신학적 성찰", NCC신학연구위원회 편, 『민중과 한국신학』, 한국신학연구소, 1982, 319-347쪽; 서남동, "두 이야기의 합류", 272-273쪽.

105) 박재순, "1세대 민중신학에 대한 비판과 새로운 모색", 95쪽.

106) 서남동, "두 이야기의 합류", 274쪽.

107) 서남동, 『민중신학의 탐구』, 200쪽.

108) 김용복, "서남동의 한(恨) 담론에 관하여", 22-23쪽.

109) 위의 글, 25쪽.

110) 최길성 『한국인의 한』, 13쪽.

111) 김성례, 『한국 무교의 문화인류학』, 31, 168, 180쪽.

112) 위의 책, 181쪽.

113) 마나베 유코, 『열사의 탄생』, 297쪽.

114) 한완상, 『민중시대의 문제의식』, 60쪽.

115) 정수복, "한완상과 비판사회학의 형성", 389쪽.

116) 한완상·김성기, "한(恨)에 대한 민중사회학적 시론", 255, 263쪽.

117) 위의 글, 256, 257쪽.

118) 위의 글, 279쪽.

119) 위의 글, 255-256쪽.

120) 마나베 유코, 『열사의 탄생』, 291쪽.

121) 정용택, "왜 고통이 중요하며, 왜 고통이 문제인가", 222, 227-229쪽. 한이 두 가지 발현 형태를 보이듯이, 정용택도 민중에게는 자살이냐 저항이냐의 두 가지 가능성이 열려 있다고 보았다. 사회적 감정구조에 의해 배제됨에 따른 비(非)가시화와 침묵화(굴종으로 주체화)를 자살과 같은 자기 파괴적 방식으로 대응하는 경로, 그리고 가시화와 공적인 발언·절규를 통해 저항으로 나아가는 경로가 그것이다. 물론 (앞으로 '열사의 정치학' 대목에서 다루겠지만) 자살도 저항의 한 형태, 곧 '자기 파괴적 형태의 저항'일 수 있다.

122) 개신교 세계선교협회 신학위원회, "한국의 민중신학자들에게 보내는 편지", 266쪽.

123) 다카하시 데쓰야, 『결코 피할 수 없는 야스쿠니 문제』, 현대송 역, 역사비평사, 2005, 특히 44-45쪽. 이것은 앞서 소개했던 마나베 유코의 관찰, 즉 '유지(遺志)의 사회화'를 통해 '원혼(冤魂)'이 '열사(烈士)'로 상승하면서 죽은 이를 대하는 남은 이들의 감정이 슬픔과 비탄에서 존경과 추앙으로 변하는 것과도 유사하다고 하겠다.

124) 채희완, 『공동체의 춤 신명의 춤』, 46쪽.

125) 조동일, 『카타르시스 라사 신명풀이』; 조동일, 『한국의 탈춤』.

126) 조동일, 『한국의 탈춤』, 90쪽.

127) 이영미, 『마당극 양식의 원리와 특성』, 279쪽.

128) 위의 책, 279쪽.

129) 위의 책, 280-282쪽.

130) 위의 책, 291쪽.

131) 유해정, "새로운 대동놀이를 위하여", 정이담 외, 『문화운동론』, 공동체, 1985, 154-155쪽.

132) 채희완, 『공동체의 춤 신명의 춤』, 99쪽.

133) Arnold Van Gennep, *The Rites of Passage*, Monika B. Vizedom and Gabrielle L. Caffee tr., Chicago: University of Chicago Press, 1960; Victor W. Turner, *The

Ritual Process: Structure and Anti-Structure, London: Routledge & Kegan Paul, 1969; Victor W. Turner, *Dramas, Fields, and Metaphors: Symbolic Action in Human Society*, Ithaca: Cornell University Press, 1974; Victor W. Turner, *From Ritual to Theatre: The Human Seriousness of Play*, New York: PAJ Publications, 1982; Victor W. Turner, *The Anthropology of Performance*, New York: PAJ Publications, 1987; Edith Turner, *Communitas: The Anthropology of Collective Joy*, New York: Palgrave MacMillan, 2012 등을 참조할 것.

134) 강인철, 『5·18 광주 커뮤니타스』, 27-36쪽.

135) 위의 책, 44-45쪽.

136) 위의 책, 46-51쪽.

137) 위의 책, 51쪽.

138) 김열규, "굿과 탈춤", 120쪽.

139) 채희완, 『공동체의 춤 신명의 춤』, 46, 99쪽.

140) 한완상·김성기, "한(恨)에 대한 민중사회학적 시론", 271쪽.

141) 조동일, 『탈춤의 역사와 원리』, 153쪽.

142) 위의 책, 152쪽.

143) 김열규, "굿과 탈춤", 106쪽.

144) 김원호, "김원호의 탈춤①: 성속일여(聖俗一如) 대동신명(大同神明)…이 울렁거리는 기운은?", 「프레시안」, 2021.10.10.

145) 김방옥, "마당극의 양식화 문제", 『한국연극』, 1981년 3월호; 안종관, "한국연극, 이대로 좋은가", 백낙청·염무웅 편, 『한국문학의 현단계 II』, 창작과비평사, 1983, 182쪽에서 재인용.

146) 임진택, "살아 있는 판소리", 백낙청·염무웅 편, 『한국문학의 현단계 II』, 창작과비평사, 1983, 309, 332쪽.

147) 위의 글, 310쪽.

148) 위의 글, 308쪽.

149) 이영미, 『마당극 양식의 원리와 특성』, 285쪽.

150) 임진택, "살아 있는 판소리", 308, 317쪽.

151) 현영학, 『예수의 탈춤』, 128쪽.

152) 한완상·김성기, "한(恨)에 대한 민중사회학적 시론", 266쪽.

153) 김열규, "굿과 탈춤", 105쪽.

154) 조동일, 『탈춤의 역사와 원리』, 147쪽.

155) 김열규, "굿과 탈춤", 118쪽.

156) 채희완, 『공동체의 춤 신명의 춤』, 61쪽.

157) 위의 책, 40쪽.

158) 위의 책, 45-46쪽.

159) 위의 책, 46-47쪽.

160) 한완상·김성기, "한(恨)에 대한 민중사회학적 시론", 264-266쪽 참조.

161) 위의 글, 266, 267쪽.

162) 위의 글, 275쪽.

163) 위의 글, 277쪽.

164) 채희완, 『공동체의 춤 신명의 춤』, 27쪽.

165) 신익상, "근본주의와 가난의 문제", 176쪽.

166) 한완상·김성기, "한(恨)에 대한 민중사회학적 시론", 276쪽.

167) 채희완·임진택, "마당극에서 마당굿으로", 131쪽.

168) 조동일, 『탈춤의 역사와 원리』, 147쪽.

169) 채희완, 『공동체의 춤 신명의 춤』, 62, 99쪽.

170) 위의 책, 90, 92, 102쪽.

171) 위의 책, 90쪽.

제7장 저항(3)

1) Clifford Geertz, *Negara: The Theatre State in Nineteenth-Century Bali*, Princeton: Princeton University Press, 1980; 클리퍼드 기어츠, 『극장국가 느가라: 19세기 발리의 정치체제를 통해서 본 권력의 본질』, 김용진 역, 눌민, 2017. 기어츠는 권력의 상징학, 정치적 상징학, 국가의 기호학, 권력의 이미지화, 권력의 시학 등을 사실상 동의어로 사용한다(클리퍼드 기어츠, 『극장국가 느가라』, 222-223, 225, 233, 242쪽). 기어

츠는 "실재적인 것은 상상되는 것"이라는 전제 아래, "전시하여 보여주기, 응시하기, 그리고 극적으로 만들기의 질서화하는 힘"에 주목한다(클리퍼드 기어츠, 『극장국가 느가라』, 221, 249쪽). 극장국가의 핵심은 국가의례를 통한 권력의 창출·확인·재현에 있는데, 이 개념을 통해 기어츠는 "의례 속에서 통치자 자신을 기호나 이미지로 전환하려는 분투"를 읽어낸다(클리퍼드 기어츠, 『극장국가 느가라』, 239쪽). 그리하여 "국가 통치술은 연극 상연술"이 되며, 국가의례는 "형이상학적 연극"이자 "권력의 드라마"이자 "궁정오페라"가 된다(클리퍼드 기어츠, 『극장국가 느가라』, 190, 218, 242, 249쪽). 극장국가 개념을 현대 북한과 대한제국에 적용한 연구도 있다. 권헌익·정병호, 『극장국가 북한: 카리스마 권력은 어떻게 세습되는가』, 창비, 2013; 김기란, 『극장국가 대한제국: 대한제국 만들기 프로젝트와 문화적 퍼포먼스』, 현실문화, 2020.

2) 모리스 아귈롱, 『마리안느의 투쟁: 프랑스 공화국의 초상과 상징체계, 1789~1880』, 전수연 역, 한길사, 2001, 37쪽; Takashi Fujitani, *Splendid Monarchy: Power and Pageantry in Modern Japan*, Berkeley: University of California Press, 1996; 다카시 후지타니, 『화려한 군주: 근대일본의 권력과 국가의례』, 한석정 역, 이산, 2003.

3) 삐에르 부르디외, 『구별짓기』.

4) 제임스 스콧, 『지배, 그리고 저항의 예술』, 17, 47, 53, 57쪽.

5) 위의 책, 17, 32, 47, 55-56쪽.

6) 위의 책, 29쪽.

7) 위의 책, 27-30, 37, 40, 71, 80, 129, 173쪽.

8) 위의 책, 11-12, 16-17, 28-30, 58, 74, 129쪽.

9) 위의 책, 147-148, 178-182, 227-229쪽.

10) 위의 책, 55쪽.

11) 로버트 단턴, 『고양이 대학살』, 46, 64, 85쪽.

12) 위의 책, 88쪽.

13) 위의 책, 70, 81-82, 88-95쪽.

14) 위의 책, 94-95, 142-148쪽.

15) 위의 책, 92, 143쪽.

16) 조동일, "조선 후기 가면극과 민중의식의 성장", 236, 248쪽.

17) 김성례, 『한국 무교의 문화인류학』, 180쪽.

18) 위의 책, 184쪽.

19) 조동일, "조선 후기 가면극과 민중의식의 성장", 249쪽에서 재인용.

20) 이영철, "80년대 민족·민중미술의 전개와 현실주의", 최열·최태만 편, 『민중미술 15 년: 1980~1994』, 삶과꿈, 1994, 108쪽.

21) 원동석, 『민족미술의 논리와 전망』, 101쪽.

22) 데이비드 허다트, 『호미 바바의 탈식민적 정체성』, 109쪽.

23) 김성재, "1980년대 이후 민중신학과 방법론", 347쪽.

24) 이상일, "한의 삶을 역전시키는 힘", 155쪽.

25) 서남동, "두 이야기의 합류", 265-266쪽.

26) 서남동, "한의 형상화와 그 신학적 성찰", 336쪽.

27) 조동일, 『한국의 탈춤』, 85-86쪽.

28) 조동일, 『한국 가면극의 미학』, 91-92쪽.

29) 조동일, "조선 후기 가면극과 민중의식의 성장", 256쪽.

30) 조동일, 『한국의 탈춤』, 99-102쪽.

31) 위의 책, 99-100쪽.

32) 김홍중, 『마음의 사회학』, 26-27쪽.

33) 한완상·김성기, "한(恨)에 대한 민중사회학적 시론", 273-274쪽. 버거는 놀이, 희망 (그리고 희망과 결합된 저주), 유머·해학·희극 등을 일상생활에서도 발견되는 '초월의 신호들(signals of transcendence)'로 보았다. 그것은 "우리의 '자연적' 현실 영역 안에서 나타나면서도 한편 이 현실을 초월하는 것을 가리키는 것으로 보이는 현상"으로서, 우리로 하여금 "일상생활 바깥으로 발을 내딛"게 하는, 우리를 "신비에의 개방"으로 이끄는 요소들로 보았다(피터 버거, 『현대사회와 신: 천사들에 관한 소문』, 김쾌상 역, 대한기독교서회, 1979, 89, 125쪽). 초월은 일상 안에서 일상의 시간이, 일상의 지배력이 잠시 멈추는 것이다. 그런데 놀이·희망·해학은 일상에 도전하고 일상을 흔들고 동요시킴으로써 초월로의 열림을 가능케 한다는 것이다.

34) 채희완·임진택, "마당극에서 마당굿으로", 136쪽.

35) 김흥규, "판소리에 있어서의 비장", 김흥규 편, 『전통사회의 민중예술』, 민음사, 1980, 131쪽.

36) 채희완·임진택, "마당극에서 마당굿으로", 137쪽.

37) 조동일, "서사민요와 웃음", 29쪽; 김흥규, "판소리에 있어서의 비장", 131쪽.

38) 조동일, 『한국 가면극의 미학』, 47-48쪽.

39) 마나베 유코, 『열사의 탄생』, 46쪽.

40) 한완상·김성기, "한(恨)에 대한 민중사회학적 시론", 275쪽.

41) 조동일, "조선 후기 가면극과 민중의식의 성장", 235쪽.

42) 채희완·임진택, "마당극에서 마당굿으로", 135쪽.

43) 주송현·김운미, "미하일 바흐친의 사유로 본 송파산대놀이의 그로테스크 리얼리즘 연구", 『무용역사기록학』 45, 2017, 47쪽.

44) 조동일, "민중·민중의식·민중예술", 128-129쪽.

45) 김영범, 『민중의 귀환, 기억의 호출』, 46, 48쪽.

46) 조동일, "한국 구비문학과 민중의식의 성장", 124쪽.

47) 황병주, "발문: 유령과의 동거를 위하여", 8쪽.

48) 김인회, 『교육과 민중문화』, 141-142, 150쪽.

49) 이상일, 『한국인의 굿과 놀이』, 75-77쪽. 이 대목은 네그리와 하트가 『어셈블리』의 서문 말미에 소개한 사례를 연상시킨다. "아프리카계 미국인의 문화의 역사로 되돌아가서 볼 때 우리에게 더 영감을 주는 것은 농장의 밭에서 노예들이 주고받아 부르는 '호, 에마, 호' 같은 제목의 노래들이다. 서아프리카 음악 전통들에서 파생된 이 노예 노래들은 다른 노동요들처럼 노동의 리듬을 유지했지만, 또한 때로는 노예들이 서로 메시지를 전달하는 가사를 암호화해서 넣었다. 주인의 채찍질을 피하거나 작업 과정을 뒤엎거나 심지어 탈출을 계획할 수 있게 도울 수 있는 메시지를 바로 옆에서 있는 주인도 모르게 전달하는 것이다"(안토니오 네그리·마이클 하트, 『어셈블리』, 34-35쪽).

50) 조동일, "조선 후기 가면극과 민중의식의 성장", 234쪽.

51) 황병주, "발문: 유령과의 동거를 위하여", 7-8쪽.

52) 자크 랑시에르, 『프롤레타리아의 밤』, 45쪽.

53) 데이비드 허다트, 『호미 바바의 탈식민적 정체성』, 116쪽.

54) 조동일, 『한국의 탈춤』, 98쪽.

55) 조동일, 『한국 가면극의 미학』, 49-50쪽.

56) 위의 책, 89쪽.

57) 위의 책, 93-94쪽.

58) 한 언론인의 역설적 표현처럼, "'나도 종부세 폭탄 맞고 싶다!'……이런 푸념에는 고가 주택에 살고 싶다는 욕망과 함께 기득권층에 대한 신랄한 풍자가 담겨 있다." 박현, "나도 종부세 폭탄 맞고 싶다!", 「한겨레」, 2021.11.26, 22면.

59) 조동일, 『탈춤의 역사와 원리』, 149-153쪽.

60) 위의 책, 152-153쪽.

61) 송화섭은 "지리산권의 문벌지족 가운데 경제적 능력을 가진 명망 가문이 가문의 전통과 사회적 위상을 드높이고자 두 전설을 차용한 것", 즉 일부 양반들이 합미성·할미성 성쌓기 내기 설화에 전국적으로 퍼진 오누이힘내기 전설과 마고할미 전설을 결합한 행위에 주목했다(송화섭, "지리산권의 합미성(合米城)·할미성(城) 성곽설화와 마고할미", 『여성과 역사』 29, 2018, 203쪽). 16-17세기 마녀사냥의 지침서로 이용되었던 『말레우스 말레피카룸』에 대한 분석을 통해 마녀 담론과 개념이 두 문화의 혼종을 통해 형성되었음을 밝힌 오의경의 연구에서 확인되듯이, 지배문화(엘리트문화)와 민중문화의 혼종화는 일상적이고 흔한 일이었다. 오의경은 지배문화-민중문화의 역학관계에 대한 세 가지 입장을 엘리트문화의 변용설, 민중문화 자율성 이론, 문화 혼종설의 세 가지로 제시한 후, 세 번째 입장에서 논지를 전개했다(오의경, "엘리트문화와 민중문화의 혼종: 『말레우스 말레피카룸』과 16-17세기 마녀사냥을 중심으로", 『Homo Migrans』 18, 2018, 88-89쪽).

62) 채희완, "해설: 마당굿의 과제와 전망", 채희완·임진택 편, 『한국의 민중극』, 창작과비평사, 1985, 12쪽.

63) 조동일, 『한국 가면극의 미학』, 53, 88쪽; 조동일, 『탈춤의 역사와 원리』, 81쪽 참조.

64) 조동일, 『한국 가면극의 미학』, 94, 206쪽. 조동일은 1968년의 석사학위논문에서는 '민중적 현실주의'라는 표현 대신 '세속적 현실주의'라는 표현을 사용했다(조동일, "가면극의 회극적 갈등", 203쪽).

65) 조동일, "민중·민중의식·민중예술", 130-131쪽.

66) 김진균은 노태우 정권 등장 이후의 변화를 두고 "자신들의 헤게모니를 강화하려고 하는 이른바 '개량화' 전술의 산물임과 동시에……민중 세력의 요구와 투쟁이 쟁취해낸 부분적인 전과이기도 하다고 해야 할 것"이라고 말했다. 정수복, 『비판사회학의 계보학』, 245쪽.

67) 백광열, "조선시대 양반 지배의 특권성과 공공성: 17세기 말 해남윤씨 해언전(海堰田) 개발 과정에서 연호(烟戶) 잡역(雜役)의 사적 유용 문제를 중심으로", 『조선시대사학보』 86, 2018, 149쪽. 백광열은 여기서 '지배계급의 공공성'을 "지배적 위치에 있는 어떤 특정 계급의 공적인 존재로서의 지위나 역할, 성격", 그리고 "그러한 지배계급의 공공성이 관철되는 사회 상태"로 정의했다(같은 글, 122쪽).

68) 한완상·김성기, "한(恨)에 대한 민중사회학적 시론", 272쪽에서 재인용.

69) 최원, "루이 알튀세르, 이데올로기와 반역", 철학아카데미, 『처음 읽는 프랑스 현대철학: 사르트르부터 바디우까지, 우리 눈으로 그린 철학 지도』, 동녘, 2013, 235, 237쪽.

70) 조광제, "들어가는 글", 칠학아카데미, 『처음 읽는 프랑스 현대철학: 사르트르부터 바디우까지, 우리 눈으로 그린 철학 지도』, 동녘, 2013, 12쪽.

71) 한완상, 『지식인과 허위의식』, 현대사상사, 1977, 8-11쪽.

72) 위의 책, 12쪽.

73) 정창렬, "조선 후기 농민봉기의 정치의식", 성균관대학교 대동문화연구원 편, 『한국인의 생활의식과 민중예술』, 성균관대학교출판부, 1984, 64쪽.

74) 홍동현, "'새로운 민중사'의 등장과 새로운 동학농민전쟁사(史) 서술에 대한 모색", 『남도문화연구』 27, 2014, 363-364쪽.

75) 조경달, 『민중과 유토피아』, 5쪽.

76) 위의 책, 379쪽.

77) 위의 책, 5, 27-28쪽.

78) 배항섭, "1880~90년대 동학의 확산과 동학에 대한 민중의 인식", 『조선시대사학보』 77, 2016, 257쪽.

79) 배항섭, "동학농민전쟁의 사상적 기반과 유교", 『역사학보』 236, 2017, 36쪽.

80) 배항섭, "1880~90년대 동학의 확산과 동학에 대한 민중의 인식", 255-256쪽.

81) 홍동현, "'새로운 민중사'의 등장과 새로운 동학농민전쟁사(史) 서술에 대한 모색", 372쪽.

82) 김양식, "동학농민군의 저항문화와 상징", 221쪽.

83) 하윤섭, "'새로운 민중사'의 시각과 19세기 현실비판 가사 연구사에 대한 비판적 검토와 새로운 독법의 마련", 『민족문학사연구』 61, 2016, 66쪽.

84) 김헌주, "대한제국기 의병운동 참여 주체의 지향 재인식", 『한국사학보』 78, 2020,

178쪽.

85) 라클라우와 무페에 의하면, "'계급동맹'의 차원을 넘어서는 헤게모니 개념으로의 결정적 이행이 일어난 것은 '정치적'인 차원에서 '지적이고 도덕적인' 평면으로 이동한 바로 이런 움직임 속에서였다. 왜냐하면 정치적 지도력은 참가 부문들이 자신들의 개별적 이해관계를 유지하는 가운데 이해관계의 정세적 일치에 기반을 둘 수 있는 반면, 도덕적이고 지적인 지도력은 '관념'과 '가치' 전체가 수많은 부문 구성원들에게 공유되는—또는 우리의 용어를 사용하자면, 일정한 주체 위치들이 수많은 계급 부문을 가로지르는—것을 요구하기 때문이다. 그람시에 따르면 지적이고 도덕적인 지도력은 일종의 좀 더 높은 수준의 종합, 즉 '집합의지'를 구성하는 것이며, 이는 이데올로기를 통해 '역사적 블록'을 통합하는 유기적 접합체(organic cement)가 된다." 에르네스토 라클라우·샹탈 무페, 『헤게모니와 사회주의 전략』, 133쪽.

86) 서남동, "한의 형상화와 그 신학적 성찰", 344쪽.

87) 기세춘, 『장자』, 40, 58쪽.

88) 정자환, "한국의 민중사회학과 민중문학에서의 민중 개념 비교", 124쪽.

89) 박아론, "민중신학에 대한 고찰과 연구", 17쪽.

90) 정지석, "함석헌의 민중사상과 민중신학", 11쪽에서 재인용.

91) 김병걸, "민중과 문학", 62-63쪽.

92) 김택현, "헤게모니와 서발턴 민중: 라나지트 구하의 '서발턴연구'와 역사학(II)", 『영국연구』 25, 2011, 275, 281쪽.

93) 위의 글, 280-281쪽.

94) 박윤덕, "민중의 "도덕경제"와 식량폭동: 18세기 말 프랑스의 경우", 『역사학연구』 38, 2010, 428, 430, 456쪽.

95) 위의 글, 457쪽.

96) 김성희, "조선 후기 민중의 유교윤리 전유와 사회의식 성장", 『사학연구』 106, 2012, 197쪽.

97) 위의 글, 197-198쪽.

98) 이남희, 『민중 만들기』, 22-23, 25쪽.

99) 위의 책, 27쪽.

100) 위의 책, 24쪽.

101) 위의 책, 81쪽.

102) 위의 책, 4장, 특히 247-258쪽 참조.

103) 위의 책, 386-388쪽 참조. 비단 1970~1980년대만이 아니라, (앞에서 보았듯이) "빈곤과 무지에 허덕이는 민중을 구제하고 근대적 시민사회의 건설을 위해 그들을 계몽·선도할 존재"로서의 '전통적인' 엘리트주의적 지식인관은 4·19혁명 직후 대학생들에게도 전형적으로 발견되었다.

104) 김진균 외, "토론: 분단시대의 지식인과 민중", 58, 59쪽.

105) 이남희, 『민중 만들기』, 385쪽.

106) 김진균 외, "토론: 분단시내의 지식인과 민중", 44, 54, 58쪽.

107) 위의 글, 38-41, 56쪽.

108) 김진균, 『한국의 사회현실과 학문의 과제』, 문화과학사, 1997, 214쪽.

109) 홍근수, "고 안병무 교수의 삶과 유산", 심원안병무선생기념사업위원회 편, 『갈릴래아의 예수와 안병무』, 한국신학연구소, 1998, 434, 441쪽; 하트무트 알부르샤트, "안병무 교수를 기억하면서", 같은 책, 179쪽.

110) 이정희, "이론으로의 모험", 232쪽. 이 장면에는 국가권력의 잔인하고 무심한 칼날에 베인 아픔 못지않게, 국가권력의 폭력에 무력하게 굴복한 대학 동료들의 이기적인 무사안일주의에 대한 쓰라린 배신감과 한없는 섭섭함이 진하게 묻어난다. 안병무의 단말마적 외침은 서남동이 말한 '민중의 신음소리이자 절규'였다. 그날 안병무는 의지할 데 없이 내던져진 한 사람의 민중이 되었던 것이다.

111) 안병무, "개신교 세계선교협회 신학위원회의 편지에 대한 회답", 288쪽.

112) 한완상, "민중신학의 현대사적 의미와 과제: 21세기 줄씨알의 신학을 바라며", 『신학사상』 143, 2008, 18쪽.

113) 한완상·김성기, "한(恨)에 대한 민중사회학적 시론", 267-270쪽.

114) 김병익, "세밑, 그 조용한 기다림", 「한겨레」, 2022.12.30, 25면.

115) 이석규, "지구화 시대의 다중론에 대한 정치신학과 민중신학의 전망", 『신학연구』 61, 2012, 111쪽. 네그리와 하트는 『어셈블리』에서 프란치스코회의 사례를 통해 "결핍으로서의 가난이 아니라 부와 풍요의 상태로서의 가난"을 강조한 바 있다(안토니오 네그리·마이클 하트, 『어셈블리』, 134쪽). 네그리와 하트는 『공통체』에서도 프란치스코회를 "다중과 빈자의 구성적 관계"를 보여주는 주요 사례로 소개하면

서, "빈자의 덕"을 내세운 프란치스코회를 중심으로 "빈자 다중의 형상이 시민사회 및 교회의 권력층이 세운 법정과 어떻게 대결하는지"를 설파했다(안토니오 네그리·마이클 하트, 『공통체』, 83쪽). 네그리와 하트는 『제국』의 마지막 단락에서 성 프란치스코의 삶을 탈근대 시대에 부합하는 미래의 혁명적 이상으로 제시한다. "초기 자본주의에 반대하여 프란체스코는 모든 도구적 훈육을 거부했고, (빈곤 속에서 그리고 구성된 질서 속에서의) 육신의 고행에 반대하여 그는 모든 존재와 자연, 동물, 달 자매, 해 형제, 들판의 새, 가난하고 착취당하는 사람들을 포함하고, 권력의지와 부패에 대항하면서 즐거운 삶을 제시하였다. 다시 한 번 탈근대에서 우리는 권력의 비참함에 대항하여 존재의 기쁨을 제시하면서 우리 자신이 프란체스코의 상황에 있다는 것을 발견한다. 이것이 바로 어떠한 권력도 통제할 수 없는 혁명이다"(안토니오 네그리·마이클 하트, 『제국』, 521-522쪽). 한편 레비나스도 '가난의 신성함과 초월성'에 대해 말한 바 있다. "타인의 배고픔은 신성"하며, "배고픔 가운데서, 매우 비천한 차원에서 초월이 점진적으로 나타난다.……배고픔은 공간적인 의미에서 '바깥'과 구별되는 '비공간적인 바깥'을 보여주는 통로, 다시 말해 존재 저편, 존재와 다른 차원으로 초월할 수 있는 통로이다"(강영안, 『타인의 얼굴』, 190-191쪽).

116) 로드니 스타크, 『기독교의 발흥: 사회과학자의 시선으로 탐색한 초기 기독교 성장의 요인』, 손현선 역, 좋은씨앗, 2016, 243-283쪽 참조.

117) 강명관, 『열녀의 탄생: 가부장제와 조선 여성의 잔혹한 역사』, 돌베개, 2009, 6, 34-35, 46-47쪽 참조.

118) 천정환, "열사의 정치학과 그 전환", 106쪽.

119) 김정한, "1980년대 운동사회의 감성", 103쪽.

120) 김홍중, 『마음의 사회학』, 39쪽에서 재인용.

121) 김정한, "1980년대 운동사회의 감성", 96쪽.

122) 천정환, "열사의 정치학과 그 전환", 90-91쪽.

123) 위의 글, 103-107쪽.

124) 장석만, "가톨릭 성지 조성으로 불거진 갈등을 생각한다", 『가톨릭평론』 35, 2022, 56-57쪽.

125) 김홍중, 『마음의 사회학』, 35쪽.

126) 위의 책, 38-39쪽.

127) 위의 책, 34쪽.

128) 위의 책, 37-38쪽.

129) 운동사회는 "전문화되고 제도화된 사회운동이 다양한 영역에 상존함으로써 쟁투 정치(contentious politics)가 확대된 현대 민주주의의 역동적인 시민사회"를 가리 킨다. 김정한, "1980년대 운동사회의 감성", 81쪽.

130) 김정한, "1980년대 운동사회의 감성", 99-100쪽.

131) 미국의 애도 정치에 대해서는, John R. Neff, *Honoring the Civil War Dead: Commemoration and the Problem of Reconciliation*, Lawrence: University Press of Kansas, 2005; Micki McElya, *The Politics of Mourning: Death and Honor in Arlington National Cemetery*, Cambridge: Harvard University Press, 2016 등을 볼 것. 한국을 비롯한 일본, 중국, 타이완 등 근현대 동아시아에서의 애도 정치에 대해서는, 이영 진 외, 『애도의 정치학: 근현대 동아시아의 죽음과 기억』, 도서출판 길, 2017을 참조.

132) 김정한, "1980년대 운동사회의 감성", 91, 95, 100쪽.

133) 위의 글, 96쪽.

134) 위의 글, 82-95쪽.

135) 위의 글, 95쪽.

136) 이소영, "1990년대 문학과 망각된 정동."

137) 최정운, "조선시대의 민중세계를 다룬 소설 『임꺽정』의 공(功)과 과(過)", 101-102쪽.

138) 조현일, "비상사태기의 문학과 정치", 39쪽.

139) 법성 편, 『민중선을 말한다』, 21쪽.

140) 위의 책, 7쪽.

141) 한완상·김성기, "한(恨)에 대한 민중사회학적 시론", 256-266쪽.

142) 위의 글, 264, 271쪽.

143) 안병무, "개신교 세계선교협회 신학위원회의 편지에 대한 회답", 284-285쪽.

144) 김명수, 『안병무』, 199쪽.

145) 안병무, "개신교 세계선교협회 신학위원회의 편지에 대한 회답", 286쪽.

146) 김용복, "민중의 사회전기와 신학", 373-374쪽.

147) 서남동, 『민중신학의 탐구』, 183쪽.

148) 서남동, "'민중'의 신학", 『기독교사상』, 1975년 4월호, 89-90쪽.

149) 김성재, "민중교육 방법론 연구", 409-410쪽.

150) 위의 글, 411쪽.

151) 채수일, "밖에서 본 민중신학", 589쪽.

152) 김진호, "'대로(大路)'에서 헤매기", 178-179쪽.

153) 박일준, "탈근대 시대의 가난한 자, 사이 그리고 혼종성", 407쪽.

154) 권진관, "중진국 상황에서 민중신학하기", 288쪽.

155) 현영학, 『예수의 탈춤』, 77-78쪽.

156) 김성재, "1980년대 이후 민중신학과 방법론", 346쪽.

157) 서남동, 『민중신학의 탐구』, 200쪽.

158) 안병무, "민중신학: 마가복음을 중심으로", 김진호·김영석 편저, 『21세기 민중신학: 세계 신학자들, 안병무를 말하다』, 김태현·유승태·정용택 역, 삼인, 2013, 157쪽.

159) 김희헌, 『서남동의 철학』, 124-126쪽.

160) 김성재, "민중신학의 어제, 오늘, 내일", 『신학사상』 100, 1998, 35쪽.

161) 안병무, "마가복음에서 본 역사의 주체", 184쪽.

162) 이정희, "이론으로의 모험", 297쪽.

163) 류장현, "다문화사회의 떠돌이 민중에 대한 신학적 이해", 강원돈 외, 『다시, 민중신학이다』, 동연, 2010, 43-44쪽.

164) 최형묵, "탈/향의 기억 그리고 공(公)의 상상력", 김진호 외, 『죽은 민중의 시대 안병무를 다시 본다』, 삼인, 2006, 214쪽.

165) 김진호, 『반신학의 미소』, 184쪽.

166) 위의 책, 168-169쪽.

제8장 개념 네트워크 속의 민중

1) 조르조 아감벤, 『호모 사케르: 주권권력과 벌거벗은 생명』, 박진우 역, 새물결, 2008.

2) 따라서 다른 개념사 연구들에서는 1850~1950년까지의 100년, 혹은 19세기 말부터 20세기 초까지의 시기가 가장 중요했다. 박명규, 『국민·인민·시민』, 7, 38-39쪽.

3) 송건호·안병직·한완상, "좌담회: 민중의 개념과 그 실체", 65쪽. 민중을 인민대중의

줄임말로 간주하는 접근은 임석진 등이 집필한 『철학사전』(중원문화사, 1987년)의 '민중' 항목(564쪽)에서도 발견된다.

4) 1960년 북한 과학원 언어문학연구소가 편찬하여 과학원출판사에서 발행된 『조선말 사전』은 민중을 "인민대중"으로, 1980년 연변조선족자치구 력사언어연구소가 편찬 하여 민족출판사에서 발행된 『조선말 소사전』은 "'인민대중'을 이르는 말"로, 1981년 북한 사회과학원 언어학연구소가 편찬하여 과학백과사전출판사에서 발행된 『현대조선말사전』은 "'인민대중'을 달리 이르는 말"로, 1992년 연변사회과학원 언어연구소가 편찬하여 연변인민출판사에서 발행된 『조선말사전』은 "'인민대중'의 준말"로, 2006년 북한 사회과학원 언어학연구소가 편찬하여 사회과학출판사에서 발행된 『조선말 대사전』(증보판)은 "'인민대중'을 달리 이르는 말"로 각각 설명하고 있다.

5) 서남동, "두 이야기의 합류", 245쪽.

6) 한국신학연구소 편, 『민중신학자료』 제1권, 한국신학연구소, 2003, 3쪽.

7) 황용연, "민중신학에서의 민중 용어의 작용에 대한 연구", 428쪽. 이와 동일한 논리로 민중신학은 "한국적 신학"이 된다(같은 글, 441쪽).

8) Mun Chanju, "A Historical Introduction to Minjung Buddhism: A Liberation Buddhism of South Korea in the 1980s," 『韓国仏教学 seminar』 9, 2003; Chanju Mun, "A Historical Introduction to Minjung (Liberation) Buddhism: A South Korean Version of Radical Buddhism in the 1980s," Politics, Religion & Ideology 15(2), 2014 등을 볼 것.

9) John Jorgensen, "Minjung Buddhism," Jin Y. Park ed., Makers of Modern Korean Buddhism, Albany: SUNY Press, 2010.

10) 박경준, "민중불교 운동의 흥기와 이념 및 평가", 『한국불교학』 30, 2001; 김종만, "Chatfield의 『SOMETHING IN COMMON』과 민중불교의 종교적 공통 지향점에 관한 연구", 『동양사회사상』, 24(2), 2021.

11) 예컨대 Pyun Sun Hwan, "Buddhist-Christian Dialogue Toward the Liberation of Minjung: Particularly Centering Around Minjung Buddhism," 『신학과 세계』 16, 1988; Kim EunKyu, "Minjung (the Oppressed) Buddhism in the Context of Korea," Madang: Journal of Contextual Theology 17, 2012 등을 볼 것.

12) 노해나, "민중미술의 해외전시(1988~1999)에 나타난 제3세계의 주체성과 문화 교차

연구", 홍익대학교 석사학위논문, 2018, 1쪽.

13) https://100.daum.net/encyclopedia/view/14XXE0071692(2020.10.18 검색).

14) 최열·최태만 편, 『민중미술 15년: 1980~1994』, 삶과꿈, 1994, i. 그러나 이 책에 수록
된 원동석의 "민중미술의 논리와 전망"은 1984년에 처음 발표된 글인데, 여기서는
민중이 people로, 민중미술이 people art로 명시되어 있다(같은 책, 26쪽). 원동석은
1984년 발표한 다른 글에서도 아놀드 하우저와 한완상을 따라 대중(대중예술)과 대
비되는 정치적 의미의 people을 민중(민중예술)이라고 '번역'하면서 민중미술을 인
류학적 개념인 'folk art'와 구분하여 'people art'로 명명한 바 있다(원동석, 『민족미
술의 논리와 전망』, 97쪽). 이는 민중미술을 최초로 이론화한 인물로 인정되는 원동
석이 2세대 민중론에도 가까움을 확인시켜주는 대목이기도 하다.

15) 古川美佳, 『韓國の民衆美術(ミンジュン.アート): 抵抗の美學と思想』, 東京: 岩波書店,
2018.

16) 박현화, "갯벌에서 민중을 만난 작가, 박석규", 박응주·박진화·이영욱 편, 『민중미술,
역사를 듣는다1』, 현실문화연구, 2017, 266쪽.

17) 김현화, 『민중미술』, 한길사, 2021, 296쪽.

18) 정상호, 『시민의 탄생과 진화』, 215, 218쪽.

19) 최정운, "조선시대의 민중세계를 다룬 소설 『임꺽정』의 공(功)과 과(過)", 90쪽.

20) 유재천, "70년대의 민중에 대한 시각", 129쪽.

21) 한상범, "민중론의 전개 방향", 119쪽.

22) 노명식, "근대사회에서의 시민과 민중", 94쪽.

23) 노명식, 『민중시대의 논리』, 5쪽.

24) 유재천, "민중문화와 대중문화", 13쪽.

25) 한상진, 『중민이론의 탐색』, 313쪽.

26) 정상호, 『시민의 탄생과 진화』, 212-213쪽.

27) 손석춘, 『민중언론학의 논리』, 13쪽.

28) 도회근에 의하면, "인민이라는 용어 자체는 우리나라를 비롯하여 중국 등에서 예로
부터 피치자의 뜻으로 가장 일반적으로 사용되던 단어"였지만 19세기 이후 의미의
변화를 겪게 된다. "근대 이후 서구사상의 유입으로 이 인민의 개념에 people의 번
역어로서의 인민 개념이 추가됨으로써 이 용어는 다양한 뜻으로 전파되었다. 그러

나 동양에서 19세기 말, 20세기 초의 인민 개념은 국민의 개념과 거의 비슷하게 사용되는 경우가 많았고 구별하는 경우에는……대체로 국가공동체의 구성원으로서의 국민과 사회계약론에서 사회계약의 참가자 총체로서의 인민을 구별할 때 사용하였다." 도회근, "사회통합을 위한 국민 개념 재고", 『저스티스』 134(2), 2013, 438쪽.

29) 일본에서 발행된 마르크스주의 관점의 1967년판 『사회과학사전』에서는 인민을 다음과 같이 정의했다. "지배되고 억압되고 착취당하는 계급, 계층으로 혁명을 수행할 능력을 가진 사회적·정치적 세력의 총칭이다. 따라서 인민 속에 포함된 사회적·정치적 세력은 그 나라의 역사적 발전단계나 당면한 혁명의 성격의 차이에 의하게 된다.……현재의 독점자본주의국에서는 노동자, 농민, 도시노동자만이 아니라 중소자본가 계급도 인민 속에 포함된다"(박명규, 『국민·인민·시민』, 144-145쪽). 박명규에 따르면, "사회주의자들에게 인민 개념은 피지배적 상태에 있는 계급적 존재이다. 또 정치적 역할도 일반적인 권리와 자유의 주체로서가 아니라 혁명을 수행할 역량으로 설정되어 있다.……실제로 이런 인민 개념은 20세기 전반기 내내 사용되고 널리 확대되었다. 인민투쟁, 인민전선, 인민민주주의 등의 개념들이 모두 이와 연관되는 것이라 할 수 있다"(같은 책, 145쪽).

30) 김성보, "남북 국가 수립기 인민과 국민 개념의 분화", 『한국사연구』 144, 2009.

31) 박명규, 『국민·인민·시민』, 25, 27쪽.

32) 임종명은 '인민의 순치'를 "비특권적 피통치자, 또는 피지배 집단 내지는 계급'이라는, 해방공간에서의 유력한 인민 상상법을 무효화시키는 한편 인민을 부르주아적 존재, 또는 시민적 존재로 정체화하여 인민을 대한민국의 정치주체로 변모시키고자 한 것"으로 설명했다. 또 '인민 개념 사용의 재맥락화'에 대해서는 "해방공간에서 아세아인의 반(反)제국주의 연대의 기표로 기능하던 인민을, 또 일국적 차원에서나 세계적 차원에서 반(反)지배 혁명의 주체로 정체화하고 그를 위한 연대의 맥락에 있던 인민"을 새롭게 "냉전의 맥락에 위치시키고, 반공투쟁의 주체로 정체화"하는 것으로 설명했다(임종명, "해방공간과 인민, 그리고 민족주의와 민주주의", 『한국사연구』 167, 2014, 238-239쪽). "독일 인민은 통일을 적극 희망"(경향신문, 1948.6.9)한다거나, "동독 인민의 해방운동"(동아일보, 1953.6.23)과 같은 언론의 표현들은 '인민 개념의 냉전적 재맥락화' 사례일 것이다.

33) 황병주, "1960년대 비판적 지식인사회의 민중 인식", 124쪽.

34) 조병옥이 1957년 5월의 "이 대통령께 드리는 공개장"에서 "국민의 자유와 총의(總 意)를 무시한 독재정권이란 그 나라의 인민의 각성으로 점차적으로 타도되고 있다" 고 일갈한 것이나, 주요한이 「경향신문」 1959년 2월 4일자 '여적(餘滴)' 난에 실린 칼 럼에서 "인민이 성숙되어 있어서 자기 스스로 행동할 수 있다"고 한 것처럼(강인철, 『경합하는 시민종교들: 대한민국의 종교학』, 성균관대학교출판부, 2019, 371, 375 쪽), 또 4·19혁명 직후 "한국전쟁 이후 인민이 공개 정치무대에 등장했던 예외적인 사례"로서 "혁신계열 및 통일운동 진영에서" 인민 개념이 부활했던 사례처럼(황병 주, "1960년대 비판적 지식인사회의 민중 인식", 124쪽), 인민을 저항적 정치주체로 호명하는 용법이 한국전쟁 이후 완전히 사라진 것은 아닐지라도 말이다.

35) 서남동, "'민중'의 신학", 87쪽.

36) 안병무, "예루살렘 성전체제와 예수의 대결", 한국신학연구소 편, 『1980년대 한국 민 중신학의 전개』, 한국신학연구소, 1990, 385쪽. 이 밖에도 김경재는 1976년에 다음과 같이 말했다. "민중은 경제적 척도만으로 구분되는 사회학적 계급 그 이상의 무엇이 다. 따라서 민중의 신학은 '지배적 소수자의 독재'와 '프롤레타리아의 독재'를 동시 에 거부한다.……진짜 민중은 프롤레타리아의 독재가 무엇인지도 모르고 그것을 원 하지도 않는다. 프롤레타리아의 독재를 부르짖던 맑스-레닌의 후예들은 그 명분으 로 위장하여 프롤레타리아를 지배하는 지배적 소수자의 특권을 만끽하고 있다는 것 은 역사가 증명하고 있다"(김경재, "역사의 주체는 민중이다", 84-85쪽). 김용복 역 시 '프롤레타리아' 개념에 대하여 "역사의 주체가 지닌 초월적인 역동성을 역사적 결정론이라는 내부논리에 묶이게 될 뿐"이어서 이런 내부논리는 결국 "민중에게 고 통만 가할" 뿐이라고 보았고, '모택동식 인민' 역시 "프롤레타리아의 우위와 전체주 의적 독재"를 포함한다고 비판했다(김용복, "메시야와 민중", 289-290쪽). 한완상은 민중이 계급보다 더 넓은 개념이며(한완상, 『지식인과 현실인식』, 30쪽), '민중과 프 롤레타리아의 차이'를 강조하며 경제결정론을 비판했다(한완상, 『민중시대의 문제 의식』, 87쪽). 그는 백욱인과 함께 쓴 글에서는 이렇게 말했다. "역사주체로서 민중 과 보다 포괄적 의미의 프롤레타리아트 사이에는 본질적인 유사성이 존재한다고도 볼 수 있겠다. 하지만 프롤레타리아트를 생산수단의 입장에서만 바라보는 경제환원 론의 시각에서 보면 민중과 프롤레타리아트는 다르다"(한완상·백욱인, "민중사회 학의 몇 가지 문제점들", 181쪽). 안병무는 '추상적 보편개념'이 아닌 '역사적 존재'

로서의 프롤레타리아가 겪는 인권 무시와 비인간화를 비판했다. "마르크스가 프롤레타리아를 부르조아 계급과 대립시켜 전자의 편에 선 것은 예수의 입장과 상반되지 않는다. 그러나 예수의 입장에서 볼 때 근본적으로 다르며, 치명적인 차이로 다음 두 가지를 지적할 수 있다. 하나는 프롤레타리아를 계급으로 파악함으로써 그 계급성이 추상적 보편개념이 되므로 그 같은 개념 형성의 한 분자가 되었으면서 실은 그런 집단 개념 아래 역사적 존재의 인권이 무시되고 비인간화되는 것이며, 둘째는 위와 연속한 개개인들의 자기 운명을 자기들의 이름으로 도용한 소수로 구성된 통치자에게 바쳐버림으로써 철저한 피통치자가 되어버릴 수밖에 없다는 점이다"(안병무, "예수와 해방", 『역사와 민중』, 한길사, 1993, 179-196쪽; 김성재, "1980년대 이후 민중신학과 방법론", 334쪽에서 재인용).

37) 박명규, 『국민·인민·시민』, 262쪽.

38) 위의 책, 263쪽.

39) 위의 책, 267-268쪽.

40) 민중 연구자 가운데 손석춘은 "시민혁명을 거치면서" 민중이 '피지배자'라는 의미와 '국가의 사회의 주인'(주권자)이라는 '두 의미'를 모두 지녀왔으며, "민주주의가 성숙해가면 민중의 양면성은 뚜렷한 변화를 보이게" 되는데 "피지배자의 속성은 시나브로 작아지고 주권자의 속성은 무장 커져간다"고 주장했다(손석춘, 『민중언론학의 논리』, 13, 324-325쪽). 그러나 이런 류의 주장은 손석춘이 민중을 피플(people)의 동의어 내지 번역어로 보고 있기에 가능한 것이다.

41) 김유진, 『민중주의의 몰락: 개념, 역사, 그리고 한국사회』, 생각나눔, 2021, 17쪽.

42) 황병주, "1960년대 비판적 지식인사회의 민중 인식", 125-127쪽.

43) 현행 행정소송법의 제3조에 따르면, 민중소송은 "국가 또는 공공단체의 기관이 법률에 위반되는 행위를 한 때에 직접 자기의 법률상 이익과 관계없이 그 시정을 구하기 위하여 제기하는 소송"을 가리킨다.

44) 송호근, 『시민의 탄생』, 17쪽; 박찬승, 『민족·민족주의』, 244쪽. 국민 개념의 역사에 대해 박명규는 다음과 같이 설명한다. "어휘로만 보면 '국민'이라는 단어는 훨씬 이전부터 사용되었고 공적인 기록에도 종종 등장하고 있다. 『조선왕조실록』을 검색해보면 이미 태조 이성계 시대에 '국민(國民)'이라는 말이 사용되었고 조선왕조 전 시기에 걸쳐 163회의 기록이 발견된다. 이 숫자는 다른 단어에 비해 많지는 않지만 그

렇다고 매우 예외적이거나 사용되지 않는 말이라고 할 수는 없다.……19세기 말까지 국민이란 개념은 그다지 널리 사용되지 않았고 오히려 백성이나 인민과 같은 어휘가 훨씬 많이 등장한다. 국민 개념이 호응을 얻기 시작한 19세기 말에도 정작 개념어로서 이 단어가 널리 쓰였던 것은 아니다.……(1897년부터 1899년까지의 「독립신문」 발행 시기에도―인용자) 백성이나 인민이라는 단어에 비해 국민의 사용빈도는 매우 적게 나타난다. 이것은 적어도 19세기 말까지 이 개념이 오늘날과 같은 힘을 지니지 않았음을 보여준다"(박명규, 『국민·인민·시민』, 52-53쪽).

45) 정상호, 『시민의 탄생과 진화』, 47쪽.

46) 송호근, 『시민의 탄생』, 17쪽.

47) 「동아일보」의 기사 수록 일자를 기준 삼아 예를 들자면, 상해가정부국민회(1920.6.24), 대한국민회(1920.8.1, 1921.2.24, 1921.4.16, 1921.7.17, 1922.6.10), 진남포의 국민단(1920.8.8), 간도국민회(1920.9.2, 1921.9.25), 대한민족자결국민회(1920.9.11), 국민회(1920.9.15, 1921.8.5, 1921.9.26~27, 1922.1.20, 1922.2.18, 1922.2.21), 대한국민의회(1920.9.25), 국민의회(1921.4.26, 1921.5.8), 대한독립서북지방국민회(1921.5.11), 국민향촌회(1921.6.8) 등으로 나타난다. 국민대회(동아일보, 1920.9.6, 1920.8.19, 1922.11.9~10, 1922.11.16), 「국민회보」(동아일보, 1922.6.19), 「대한국민신보」(동아일보, 1922.10.8)의 국민 역시 임시정부 계열이었다.

48) 동아일보, 1921.4.20, 1922.2.21, 1922.3.6 등 참조.

49) 백욱인, "과학적 민중론의 정립을 위하여", 130-131쪽.

50) 강인철, 『경합하는 시민종교들』, 540-544쪽.

51) 김진균·조희연, "해방 이후 인문사회과학사의 비판적 재검토: 학문적 종속과 민족적·민중적 학문의 전개", 김진균·조희연 편, 『한국사회론: 현대 한국사회의 구조와 역사적 변동』, 한울, 1990, 288쪽.

52) 1921년경에는 사회주의 성향의 「대중시보」가 일본 유학생들을 중심으로 발간되기도 했으며, 1925년경에는 좌파 단체 중 '대중운동자동맹'도 존재하고 있었다. 예컨대 「동아일보」 1921년 11월 21일자 2면과 1925년 5월 25일자 3면 참조.

53) 정상호, 『시민의 탄생과 진화』, 54-56쪽.

54) 황병주, "1960년대 비판적 지식인사회의 민중 인식", 130쪽.

55) 한상범, "민중론의 전개 방향", 120-121쪽.

56) 유재천, "민중문화와 대중문화", 13쪽.

57) 김인회, 『교육과 민중문화』, 150쪽.

58) 임헌영, "민중", 756쪽.

59) 이광주, "민중의 서구적 논리와 계보"; 김윤환, "현대 산업사회와 민중운동", 『신동 아』, 1980년 7월호; 김대환 외, "좌담회: '민중'이데올로기와 민중운동"에서의 이광 주와 김윤환; 조남현, "문학으로 본 대중과 민중."

60) 노명식, 『민중시대의 논리』, 12-27쪽 참조.

61) 위의 책, 15쪽.

62) 박명규, 『국민·인민·시민』, 116쪽.

63) 매일경제신문, 1975.2.5, 1면; 경향신문, 1975.2.3, 1면; 동아일보, 1979.9.7, 1면 등 참조.

64) 최현, "한국사회 진보의 주체: 민중, 노동자계급, 시민, 다중과 정체성 집단", 『경제와 사회』 86, 2010.

65) 박명규, 『국민·인민·시민』, 239-253쪽.

66) 이나미, "근·현대 한국의 민 개념: 허균의 "호민론"을 통해 본 국민·민중·시민", 『한 국동양정치사상사연구』 13(2), 2014, 173쪽.

67) 정상호, 『시민의 탄생과 진화』, 210쪽.

68) 위의 책, 143-152쪽.

69) 박명규, 『국민·인민·시민』, 234-235쪽.

70) 이나미, "근·현대 한국의 민 개념", 173쪽.

71) 정상호, 『시민의 탄생과 진화』, 195-203쪽.

72) 위의 책, 216-217쪽.

73) 박명규, 『국민·인민·시민』, 239, 244쪽.

74) 김성국, "한국 자본주의 발전과 시민사회의 성격", 한국사회학회·한국정치학회 편, 『한국의 국가와 시민사회』, 한울, 1992, 149쪽.

75) 박명규, 『국민·인민·시민』, 179쪽.

76) 우석훈, "87년 이후 20년, 민중의 시대가 다시 도래하는가?", 『사회비평』 36, 2007, 35쪽.

77) 조희연, "민중운동과 시민사회, 시민운동", 234-249, 258, 269-270쪽.

78) 위의 글, 258, 265쪽.

79) 위의 글, 244쪽.

80) 1989년 7월 발표된 경실련의 취지 선언문("우리는 왜, 경제정의실천시민연합을 발기하는가?")에는 다음 내용이 포함되어 있다. "어떤 사람은 왜 민중이 아니고 시민이냐고 물을지도 모르겠습니다. 그러면 우리는 이렇게 대답합니다. '우리가 힘을 모으려는 세력은 소외되고 억눌린 민중만이 아닙니다. 선한 뜻을 지닌 가진 자도 운동의 중요한 주체입니다. 왜냐하면 우리 사회가 이래서는 안 되고 기필코 민주복지사회로 가야겠다고 하는 선한 의지를 가진 사람이면 그가 기업인이든 중산층이든 할 것 없이 이 운동의 중요한 구성원이 될 수 있기 때문입니다.'"

81) 이나미, "근·현대 한국의 민 개념", 169쪽.

82) 김명인, "다시 민중을 부른다", 295쪽.

83) 박명규에 의하면, "시민 개념은 20세기 후반 이후 지속적으로 관심의 대상이 되었고, 특히 국민의 개념이 다소 위축되고 있는 21세기에 와서 시민 개념은 더욱 각광을 받고 있다. 즉 탈근대, 세계화의 흐름과 더불어 국민국가의 경계를 넘어서는 자율적인 개인, 자발적인 참여를 특징으로 하는 '시민'의 존재에 주목하는 경향이 커지고 있는 것이다. 또한 민족이라는 문화적 공동체성을 넘어서 다양한 주체를 인정하기 위해서도 시민 내지 시민권 개념이 중요하다는 문제의식이 이론적으로나 실천적으로 확산되고 있다." 박명규, 『국민·인민·시민』, 178쪽.

84) 박명규, 『국민·인민·시민』, 178-179쪽.

85) 조희연, "민중운동과 시민사회, 시민운동", 261쪽.

86) 김세균, "계급 그리고 민중, 시민, 다중", 310쪽.

87) 백욱인, "한국사회 시민운동(론) 비판", 『경제와 사회』 12, 1991, 81쪽.

88) 김세균, "'시민사회론'의 이데올로기적 함의 비판", 『이론』 2, 1992.

89) 최장집, 『민중에서 시민으로』, 177, 226쪽.

90) 위의 책, 178, 201, 204쪽.

91) 한완상, "한국에서 시민사회, 국가 그리고 계급", 23쪽.

92) 위의 글, 21쪽. 한완상은 스스로를 "다원적 민주주의자", "진보적 자유주의자"로 규정한 바 있다(한완상, 『사자가 소처럼 여울을 먹고』, 207쪽). 사실 한완상은 1970년대 후반부터 크리스찬아카데미가 주도하던 중간집단 형성론에 참여하여 '중간집단'의 비판적·저항적 역할을 강조해왔다. 그는 중간집단이 "화해와 대화 기능" 및 "갈등과 대결 기능"의 이중적 기능을 모두 수행할 수 있지만, "강자와 약자의 부당한 간

격이 크면 클수록 중간집단이 설 자리는 공간적인 중간이 아니라, 억압받는 약자 민중의 편"이어야 하며, 거기서 "허위의식을 날카롭게 폭로, 비판하는 세력이 되어야 한다"고 역설했다(한완상, 『지식인과 허위의식』, 186-187쪽). 필자가 보기에 한완상의 중간집단론은 한상진의 중민이론과 닮았다.

93) 강문구, "민주적 변혁운동의 지반(地盤)의 심화, 확장을 위하여: 김세균 교수의 '시민사회론' 비판에 대한 토론", 『경제와 사회』 16, 1992, 96-97쪽.

94) 강문구, "변혁 지향 시민사회운동의 과제와 전망", 『경제와 사회』 18, 1993.

95) 조희연, "민중운동과 시민사회, 시민운동", 258-260, 264-265, 268, 270쪽.

96) 원종찬, "새로운 시대의 민중운동과 시민운동을 위하여", 『창작과 비평』 81, 1993년 가을, 특히 23쪽.

97) 김세균, "계급 그리고 민중, 시민, 다중", 320쪽.

98) 최현, "한국사회 진보의 주체", 109쪽.

99) 한겨레, 1993.10.14, 11면.

100) 우석훈에 의하면 1990년대 초 도래한 '시민의 시대'는 신자유주의적 시장지배체제인 이른바 '97년체제' 등장 이후까지 지속되었다. 그러나 2000~2002년을 경계로 시민단체에도 본격적으로 위기가 찾아오기 시작했다(우석훈, "87년 이후 20년, 민중의 시대가 다시 도래하는가?", 30, 35쪽). 우석훈은 97년체제에 어울리는 사회운동은 시민운동이 아닌 민중운동이라고 보았다. 시민 개념의 위세가 다소 꺾이면서, (민중신학에서는 이미 1990년대 초부터 3세대 민중론이 나온 데 이어) 역사학계에서도 2000년대에는 3세대 민중론이 등장하게 된다.

101) 조정환, "민중, 시민 그리고 다중: 탈근대적 주체성의 계보", 『시민과 세계』 4, 2003.

102) 안토니오 네그리의 저작은 이미 1991년부터 번역되고 있었고(안토니오 네그리, 『전복의 정치학』, 장현준 역, 세계일보사, 1991), 2004년에 영어판이 나온 『다중』(Multitude: War and Democracy in the Age of Empire)의 국내 번역본이 나온 때는 2008년 2월이었다.

103) 안토니오 네그리·마이클 하트, 『다중』, 18쪽.

104) 안토니오 네그리·마이클 하트, 『제국』, 13쪽.

105) 안토니오 네그리·마이클 하트, 『다중』, 142-143쪽.

106) 위의 책, 18쪽.

107) 위의 책, 476쪽.

108) 안토니오 네그리·마이클 하트, 『어셈블리』, 8-9, 22쪽.

109) 예컨대 장훈교, "공간적 은유의 전환", 47쪽; 전상기, "'민중'과 '대중'의 관계론(/내재)적 함의", 33쪽 참조.

110) 권진관, "중진국 상황에서 민중신학하기", 277-279, 284-285쪽.

111) 한완상, "민중신학의 현대사적 의미와 과제", 24-26쪽.

112) 위의 글, 24쪽.

113) 손석춘, 『민중언론학의 논리』, 325쪽.

114) 위의 책, 16쪽.

115) 강인철, 『시민종교의 탄생: 식민성과 전쟁의 상흔』, 성균관대학교출판부, 2019, 377 -378쪽.

116) 임지현, 『민족주의는 반역이다: 신화와 허무의 민족주의 담론을 넘어서』, 소나무, 1999, 52쪽; 박찬승, 『민족·민족주의』, 21쪽; 카터 에커트, "헤겔의 망령을 몰아내며: 탈민족주의적 한국사 서술을 위하여", 신기욱·마이클 로빈슨 편저, 『한국의 식민지 근대성: 내재적 발전론과 식민지 근대화론을 넘어서』, 도면회 역, 삼인, 2006, 512쪽.

117) 신형기, "가상의 인격, 도덕의 광기", 김철 외, 『문학 속의 파시즘』, 삼인, 2001, 341쪽.

118) 강인철, 『경합하는 시민종교들』, 395-451쪽.

119) 홍정완, 『한국 사회과학의 기원』, 386-387쪽.

120) 손규태, "민중신학에서의 민족문제", 죽재서남동목사기념논문집편집위원회 편, 『전환기의 민중신학: 죽재 서남동의 신학사상을 중심으로』, 한국신학연구소, 1992, 177쪽.

121) 안병무, "민족·민중·교회", 19-20쪽.

122) 강만길은 '국민주의적 내셔널리즘'에 기초한 민족사학이 사관(史觀) 면에서도 해방 후의 역사학계를 주도해왔다고 보았다(강만길, 『분단시대의 역사인식』, 28쪽). 김동춘도 '민족주의'와 '민족주의사학'을 "그릇된 특수성"이라는 용어로 비판한 바 있다. 그에 의하면, "식민화의 정신구조"는 "그릇된 보편성"(서구 추종주의)과 "그릇된 특수성"(민족주의)의 공존인데, 이 가운데 "그릇된 특수성이란 자신에 대한 객관적 인식의 결여 혹은 내부에 일반화 혹은 보편화의 계기를 내장하지 않는 자기중심주의(ego-centrism)이다.……타자의 진정한 내용과 의미를 망각하고……자기

중심주의(민족주의)에 침잠해 있는 상황이다"(김동춘, "한국 사회과학에서의 탈식민의 과제", 224-225쪽).

123) 강만길, "〈민족사학〉론의 반성", 『창작과 비평』 39, 1976년 봄, 322-323쪽.

124) 위의 글, 324-325쪽.

125) 물론 역으로 정권의 관점에서 보면, '민중적 민족주의'는 반드시 억제해야 할 '위험한-불온한 민족주의'의 하나였을 것이다.

126) 이상록, "1970년대 민족문학론", 119-120쪽.

127) 이진영, "지식인과 역사의식", 31-32쪽.

128) 이진영, "민족운동의 담지자", 85-93쪽.

129) 박현채, "한국 민족주의운동의 주체 문제", 이영희·강만길 편, 『한국의 민족주의운동과 민중』, 두레, 1987, 37-46쪽.

130) 염무웅, "민족문학의 어둠 속의 행진", 『월간중앙』, 1972년 3월호; 이세영, "'민중' 개념의 계보학", 338쪽에서 재인용.

131) 원동석, 『민족미술의 논리와 전망』, 356쪽.

132) 박성수, "한국사에 나타난 민중운동", 124쪽.

133) 백욱인, "과학적 민중론의 정립을 위하여", 125쪽.

134) '네이버 지식백과'의 '한국민족예술단체총연합' 항목을 보면, 2019년 5월 현재로도 이 단체에는 민족건축인협회, 민족굿위원회, 한국민족극운동협회, 민족문학작가회의(현 한국작가회의), 민족미술인협회, 민족사진가협회, 한국민족음악인협회, 민족춤위원회, 민족서예인협회 등이 소속되어 있음을 확인할 수 있다.
https://terms.naver.com/entry.naver?docId=813928&cid=43137&categoryId=43137 (2022.10.19 검색)

135) 허영란, "민중운동사 이후의 민중사", 312-313쪽.

136) 박찬승, "역사의 '진보'와 '진보'의 역사학", 학술단체협의회 편, 『한국 인문사회과학의 현재와 미래』, 푸른숲, 1998, 34-37쪽.

137) 허수, 『식민지 조선 오래된 미래』, 31쪽.

138) 윤대석, "한국에서의 포스트콜로니얼 연구", 『문학동네』 39, 2004년 여름, 385-387쪽.

139) 허영란, "민중운동사 이후의 민중사: 민중사 연구의 현재와 새로운 모색", 역사문제연구소 민중사반, 『민중사를 다시 말한다』, 역사비평사, 2013, 15쪽.

140) 물론 제국주의 시기의 일본이나 식민지 조선, 해방 후의 '반공주의 대한민국'에서 그러했듯이, '진정한 국민'과 '비국민'을 구분하는 맥락에서는 '국민'의 규모가 '민중'보다 작아질 수도 있다.

141) 한상진, "민중사회학의 '민중론' 비판", 509-511쪽.

142) 안병무, "한국적 그리스도인 상(像)의 모색", 한국신학연구소 편, 『1980년대 한국 민중신학의 전개』, 한국신학연구소, 1990, 462쪽.

143) 정수복, "한완상과 비판사회학의 형성", 379-385쪽.

144) 한상진, "민중사회학의 '민중론' 비판", 510쪽.

145) 김진균, 『한국의 사회현실과 학문의 과제』, 204, 237, 249, 263쪽.

146) 김진균, 『사회과학과 민족현실』, 240, 260-261, 276쪽.

147) 채광석, "민족문학과 민중문학", 88쪽.

148) 백낙청, "민족문학론의 새로운 과제", 223쪽.

149) 위의 글, 222-223쪽.

150) 이세영, "현대 한국 사학의 동향과 과제", 87쪽.

151) 이세영, "'민중' 개념의 계보학", 340-341쪽. 이때 이세영이 1981년 발표된 이만열의 "민중의식 사관화의 시론"을 가리키고 있음은 물론이다.

152) 원동석, 『민족미술의 논리와 전망』, 21쪽.

153) 위의 책, 102, 104-105쪽.

154) 위의 책, 356쪽.

155) 박현채, "민족경제론적 관점에서 본 민중론", 정창렬 외, 『한국 민중론의 현단계: 분과학문별 현황과 과제』, 돌베개, 1989, 43쪽.

156) 김낙중도 '민중적 민족경제론'을 제창한 바 있다. 김낙중, "민중적 민족경제 수립의 길", 유진경 외, 『한국경제의 현단계』, 사계절, 1985.

157) 김진균, "민족적·민중적 학문을 제창한다", 학술단체연합심포지움 준비위원회 편, 『80년대 한국 인문 사회과학의 현단계와 전망』, 역사비평사, 1988.

158) 김진균, 『사회과학과 민족현실』, 263-264, 268쪽.

159) 위의 책, 17, 261쪽.

160) 일본의 민중사·민중사상사 연구는 1970년대에 본격화한 한국의 민중연구나 1980년대에 본격화한 서발턴연구에 비해 시기적으로 앞선다. 2차 대전 이후 '황국사관

(皇國史觀)'이 소멸하면서 '전후 역사학'의 지배적인 흐름 중 하나로 민중사상 연구가 등장했다. 1960년에 창립된 '민중사연구회'가 그 주역이었는데, 이들은 학술지 『민중사연구』를 발간했다. 이 연구그룹은 서구 근대화론에 입각한 엘리트주의적 역사관과 마르크스주의 역사학(사회경제사학)을 비판함과 동시에 그 한계를 극복하려 등장한 이후, 1970년대에는 일정한 학문적 시민권을 얻었고 1980년대에도 상당한 성과를 산출했다. 최초 주창자 중 한 사람인 야스마루 요시오(安丸良夫)가 1960년대 초에 연구 작업을 시작하여 1990년대 말까지도 계속 활동하는 데서도 보듯이, 민중사·민중사상 연구는 꽤 오랫동안 생명력을 유지했다. 이들은 비교적 넓은 내부 구성을 갖는 민중 개념을 선호하며, 민중문화의 고유성과 자율성을 중시하는 편이다(김필동, 『근대 일본의 민중운동과 사상』, 제이앤씨, 2005, 7, 15-17, 21-23, 34, 40-41, 52-53, 65, 76쪽). 그러나 1990년대 이후 민중사·민중사상사 연구의 '근대주의 비판'이 불철저한 것이었다거나, 민중 내의 이질성이나 소수자집단과 차별 문제를 경시했다는 자성 내지 자기비판도 연구그룹 내부에서 제기되었다(같은 책, 59-66쪽). 이는 '전환 이후' 서발턴연구나 3세대 민중론과 흐름을 같이하는 것이기도 하다. 일본의 민중사·민중사상사 연구는 2000년대 이후 한국 민중 연구자들과의 교류를 통해 한국에도 상당한 영향을 주었다는 점에서 주목할 만하다. 물론 역사학에 국한된 움직임이었다는 한계가 있지만 말이다.

한편 중국에서는 1990년대 초에 '저층'이라는 말이 처음 등장했다. 그람시의 『옥중수고』가 처음 중국어로 번역될 당시에는 서발턴이 '하층계급'이나 '하층집단'으로 번역되다가, 이후 '저층'으로 바뀐 것이다. 저층서사의 효시로 인정되는 조정로의 중편소설 〈나알〉이 2004년에 발표되었고, 2005년부터는 (비록 주류 문학의 지위로 올라서지는 못했을지라도) '저층서사'가 문단의 중요한 주제 중 하나로 부각되기 시작했다고 한다(원영혁, 『한국의 민중문학과 중국의 저층서사 비교연구: 황석영·조세희·나위장·조정로의 소설을 중심으로』, 박문사, 2016, 46-47, 54-57, 67쪽).

161) 서발턴 연구그룹은 1982년에 창간된 『서발턴연구: 남아시아의 역사와 사회에 관한 논문들(Subaltern Studies: Writings on South Asian History and Society)』이라는 부정기 학술지와 그해 오스트레일리아 캔버라에서 처음 열린 관련 국제회의를 통해 본격적인 활동을 시작했고, 1988년 출간된 『서발턴연구 선집(Selected Subaltern Studies)』을 계기로 영미권 학계에 널리 알려지게 되었다. 1993년에는 '라틴아메리

카서발턴연구집단'이 결성되었다. 김택현, 『서발턴과 역사학 비판』, 16-41쪽.

162) 김택현, 『서발턴과 역사학 비판』, 50쪽.

163) 강옥초, "그람시와 '서발턴' 개념", 154쪽.

164) 필자는 탈식민주의의 관점에서 민중신학을 비판하는 장종식의 박사학위논문을 보면서 유사한 문제가 반복된다는 인상을 받았다. Chang Jong Sik, "Minjung Theology: Postcolonial Critique," Ph.D. diss., University of Birmingham, 2002.

165) 윤택림, "탈식민 역사쓰기: 비공식 역사와 다중적 주제』, 『한국문화인류학』 27, 1995, 61-70쪽.

166) 초기 서발턴연구가 "본질주의적이고 목적론적인 경향의 맹점"을 드러냈다는 것이 스피박의 지적이었다(강옥초, "그람시와 '서발턴' 개념", 153쪽). 김택현은 서발턴 연구그룹이 1980년대 중엽부터 내외의 비판에 직면했다면서 다음과 같이 부연했다. "비판의 대상이 된 것은 과연 순전하게 서발턴 농민의식이라고 부를 수 있는 어떤 것이 존재하는가, 혹은 엘리트 지배에서 완전히 벗어나 있는 자율적인 서발턴 정치 영역이라고 부를 수 있는 어떤 공간이 존재하는가 하는 문제였다.……(스피박은—인용자) 서발턴연구에서의 농민의식에 관한 상(像)은 '실증적인, 순수한 농민의식'이며, 그 같은 농민의식을 역사학적으로 구성하고자 하는 서발턴연구의 시도는—비록 그 과정에서 서발턴연구가 본질주의를 전략적으로 사용하고 있는 것을 이해할 수는 있어도— 역사적 실제 속에서나 이론적으로나 결국 언제나 '실패'에 직면할 수밖에 없다는 것, 오히려 그 같은 서발턴 의식을 재구성하고자 하는 과정에서 서발턴 연구집단은 그들이 반대하였던 기존 역사학의 휴머니즘적인 혹은 진화주의적인 주체 관념을 다시 불러내어 서발턴을 지배하게 된다는 것, 게다가 여성 문제는 서발턴연구의 시야에 전혀 들어와 있지 않다는 것 등을 지적하였다"(김택현, 『서발턴과 역사학 비판』, 30-31쪽).

167) 강옥초에 의하면, "그람시의 서발턴 개념은 마르크스주의에서 혁명의 주체를 논할 때 흔히 배제되었던 부차적인 집단, 어떻게 보면 이중적으로 소외된 집단들을 포괄한다는 점에 그 특색이 있다.……그람시가 계급이라는 이론적 도구에 만족하지 못하고 서발턴이라는 다소 모호한 개념을 제기한 것도 바로 이 같은 배경에서라고 여겨진다. 즉 서발턴은 당대 이탈리아에서 북부의 도시 프롤레타리아트와는 그 억압의 상황이나 조직 가능성이 달랐던 농민을 함께 염두에 둔 개념이라고 생각된

다"(강옥초, "그람시와 '서발턴' 개념", 140-141쪽). 다시 강옥초에 따르면, "그의 사상적 특징은 전형적인 서구사회라기보다 서구화의 흐름 속에 있는 유럽 내 주변 부로서의 이탈리아의 현실을 남김없이 대면하는 과정에 존재했던 것이다.……제3 세계의 탈식민주의 연구자들이 '서구' 좌파 그람시의 저술에서 대안적 역사서술의 단서를 이끌어낼 수 있었던 것은 (그들이 의식했든 아니든) 사르뎃냐 출신 사상가 의 이러한 면모에 기인하는 바가 크지 않을까 하는 것이다"(같은 글, 159쪽).

168) 강정구가 발표한 "신경림 시에 나타난 민중의 재해석", 『어문연구』 33(3), 2005; "진 보적 민족문학론에서 민중 개념의 형성 과정 연구"; "진보적 민족문학론의 민중시 관(民衆詩觀) 재고: 신경림의 시를 중심으로", 『국제어문』 40, 2007; "진보적 민족문 학론의 민중 개념 형성론 보론", 『세계문학비교연구』 27, 2009; "1970년대 민중-민 족문학의 저항성 재고(再考)", 『국제어문』 46, 2009 등을 참조할 것. 아울러, 강정구 · 김종회, "민중 개념의 다양성과 그 변천 과정: 신경림의 민족문학론을 대상으로", 『현대문학의 연구』 43, 2011도 볼 것.

169) 이남희, 『민중 만들기』, 85쪽.

170) 김지현 외, 『탈식민주의의 얼굴들: 파농·사이드·바바·스피박』, 역락, 2012, 165-168쪽, 특히 166쪽.

171) 디페시 차크라바르티, 『유럽을 지방화하기』, 208쪽.

172) 위의 책, 218, 228쪽. 차크라바르티를 해설하면서, 김택현은 서양의 과학적 이성과 계몽적 합리주의가 인도 종교 특히 힌두교를 미신으로 규정하여 '근대성=과학 대 무지=미신'의 대립 쌍을 생산했지만, 또 "과학과 종교를 궁극적으로 또한 돌이킬 수 없이 서로 상충하는 것으로 본 근대 서양의 계몽적 합리주의 패러다임의 식민 담론으로서의 효과"에도 불구하고, 식민지 인도에서 "이성 대 감성, 휴머니즘(인간 중심주의—인용자) 대 신앙 사이의 영원한 투쟁"은 결코 종결되지 못했다는 것, "인 도 근대사에서는 종교적인 것이 정치적인 것으로 끊임없이 넘쳐흐른다는 것"을 강 조했다(김택현, 『서발턴과 역사학 비판』, 55-57쪽). 한편 윤해림에 의하면, "농민반 란에 있어서 중요한 부분인 종교성이 공식적인 역사에서는 반란 농민의 광신으로 묘사되고 있고, 맑시스트 역사서술에서는 종교성이 개재할 때 농민들의 정치의식 을 경멸하고, 반란 지도자들에 의해 종교가 조작적으로 사용되었다고 해석하고 있 다. 맑시스트 역사서술조차도 농민의식의 종교성을 파악하지 못하는 것은 이데올

로기적으로 식민주의 역사서술과 대비되는 패러다임 속에 갇혀 있기 때문에 반란 의식의 특수성을 무시하게 된다"(윤택림, "탈식민 역사쓰기", 53쪽).

173) 종교사회학 분야에서 활동해온 필자는 구하나 차크라바르티 같은 서발턴 연구자 들이 종교 요인을 중시할 뿐 아니라, 특히 세속화론이나 세속주의에 대해 대단히 비판적이라는 사실에 깊은 인상을 받았다. 필자는 이들의 주장이 다양한 버전의 사 회학적 세속화 이론들은 물론이고, (여전히 세속화·세속주의라는 서구적 근대성 의 기준들을 중심으로 사고하거나, 서구적 근대성/세속성을 보편화하는 오류를 반 복할 가능성을 완전히 배제할 수 없다는 점에서) 최근의 '다중적 세속성(multiple secularities)' 주장들에 잠복한 한계까지 넘어설 잠재력이 있다고 생각한다. '다중 적 세속성'에 대해서는 Monika Wohlrap-Sahr and Marian Burchardt, "Multiple Secularities: Toward a Cultural Sociology of Secular Modernities," *Comparative Sociology* 11, 2012; Marian Burchardt and Monika Wohlrap-Sahr, "'Multiple Sec- ularities: Religion and Modernity in the Global Age'—Introduction," *International Sociology* 28(6), 2013; Craig Calhoun, Mark Juergensmeyer and Jonathan VanAntwerpen eds., *Rethinking Secularism*, New York: Oxford University Press, 2011; Peter F. Beyer, "Questioning the Secular/Religious Divide in a Post-West- phalian World," *International Sociology* 28(6), 2013 등을 참조할 것.

174) 디페시 차크라바르티, 『유럽을 지방화하기』, 166쪽. 식민주의자들이 가져온 역사 주의적-세속적 시간은 "신이 없는 탈주술화되고, 텅 비고, 동질적이고, 연속적인 시간"이자, "자연적이고 동질적이고 세속적인 달력 위의 시간"이자, "역사적이고 휴머니즘적인 시간—즉 신과 정령을 상실한 시간"이다(같은 책, 67, 73, 170, 172 쪽). 차크라바르티는 '신의 죽음'을 의미하는 '인간중심주의로서의 휴머니즘'은 "근대 주체의 특수한 구성물"에 불과하며, "과학들은 서로 다른 문화권에 사는 우 리의 세계 이해에 모종의 동일성이 있음을 나타내지만 신들은 차이를 나타낸다"고 주장했다(같은 책, 170, 173쪽).

175) 위의 책, 464쪽. 식민지 인도인들은 삶의 영역들을 "분리"하고 "상징적 경계"를 유 지했고, "외국어 사용의 오염 효과"를 차단하기 위해, "신들이나 조상신들과 접촉 하는 영역들, 즉 더 순수한 의례의 영역들(다이바카르마와 피트리카르마)을 오염 시키지 않도록" 신·조상에 대한 의례 영역에서는 영어를 사용하지 않고 의례 용어

들을 영어로 번역하지도 않았다. 그들은 시간의 신화적·종교적 실천이 세속적인 역사의 시간보다 더 '우월'하다고 여기면서 거기에 더욱 강하게 '몰입'하는 모습을 보였다(같은 책, 432-434, 436-437쪽).

176) 보다 자세히 인용하자면 다음과 같다. "『서발턴연구』의 명시적 목표는……서발턴 계급들을 민족주의와 민족의 역사 안에 써넣으려는 것이었고, 역사서술에서 모든 엘리트주의적 편견과 싸우는 것이었다. 서발턴을 역사의 주권적인 주체로 만드는 것, 그들의 목소리를 듣는 것, 그들의 경험과 사유를(그들의 물질적 정향만이 아니라) 진지하게 취하는 것, 이런 것들이 우리가 의도적으로 공공연하게 설정한 목표였다. 이 애초의 지적인 야망 및 이런 야망을 이룩하겠다는 욕망은 민주주의적인 공적 삶에 대한 근대적 이해와 접속되어 있다는 점에서 정치적이었다. 그것들이 반드시 서발턴 계급 자신들의 삶에서 나온 것은 아니었지만, 그래도 우리의 목적 중 하나는, 영국의 아래로부터의 역사 전통에서처럼, 인도에서의 민주주의 투쟁 근거를 서발턴 역사의 사실들에서 마련하려는 것이었다." 디페시 차크라바르티, 『유럽을 지방화하기』, 216-217쪽.

177) 김택현, "서발턴연구에 대하여", 266쪽.

178) 조혜정, 『탈식민지 시대 지식인의 글 읽기와 삶 읽기(1): 바로 여기 교실에서』, 또하나의 문화, 1992, 23-24쪽.

179) 그람시는 '서발턴 계급들(subaltern classes)'의 특성을 비(非)통일성, 단편적·삽화적 성격, 그리고 예속성(종속성)의 세 가지로 제시한 바 있다(안토니오 그람시, 『그람시의 옥중수고 II: 철학·역사·문화 편』, 이상훈 역, 거름, 1999, 70, 74쪽). 구하의 서발턴 정의는 "남아시아 사회에서의 종속—그것이 계급, 카스트, 연령, 젠더, 지위 또는 그 밖의 어떤 방식으로 표현되든—의 일반적인 속성을 가리키는 한 이름"이라는 것이었다(강옥초, "그람시와 '서발턴' 개념", 135쪽). 이와 유사하게, 기안 프라카쉬는 서발턴을 "계급, 카스트(caste), 성(gender), 인종, 언어, 문화 등의 면에서의 종속을 가리키는 것으로서, 역사에서의 지배/피지배 관계의 중심성을 지시하기 위해 사용된" 개념이라고 했다(김택현, "서발턴연구에 대하여", 262쪽).

180) 김택현은 탈근대주의 수용 여부와 마르크스주의에 대한 태도에서 서발턴연구와 민중연구의 차이를 발견하는 듯하다(김택현, "인도의 식민지 근대사를 보는 시각과 서발턴연구", 『역사비평』 45, 1998, 235-236쪽; 김택현, 『서발턴과 역사학 비판』,

64-67쪽 등을 참조). 그러나 정확히 얘기하자면, 민중연구에서는 개별 쟁점마다 여러 입장이 혼재했다. 민중연구의 2세대는 서구 근대성을 수용하는 보편주의적 근대주의자에 가깝지만, 1세대의 상당수와 3세대 대부분은 서구 근대성에 비판적인 태도를 취했다. 민중연구 2세대 대부분은 마르크스주의를 수용했지만, 1세대와 3세대의 대부분은 마르크스주의에 대해 비판적 태도를 취했다. 이런 혼재 현상은 한국 민중연구의 내적 다양성 때문이라고 볼 수 있다.

181) 강옥초, "그람시와 '서발턴' 개념", 154쪽.

맺음말

1) 황병주, "1960년대 비판적 지식인사회의 민중 인식", 113쪽.

강만길, "〈민족사학〉론의 반성", 『창작과 비평』 39, 1976년 봄.

_____, 『분단시대의 역사인식』, 창작과비평사, 1979.

강만길 편, 『신채호』, 고려대학교출판부, 1990.

강만길 외, "80년대 민중사학론, 무엇이 문제인가: 한국 역사학계의 새 기류와 90년대 전망", 『역사비평』 7, 1989.

강명관, 『열녀의 탄생: 가부장제와 조선 여성의 잔혹한 역사』, 돌베개, 2009.

강문구, "민주적 변혁운동의 지반(地盤)의 심화, 확장을 위하여: 김세균 교수의 '시민사회론' 비판에 대한 토론", 『경제와 사회』 16, 1992.

_____, "변혁지향 시민사회운동의 과제와 전망", 『경제와 사회』 18, 1993.

강영선, "설교와 민중언어", 죽재서남동목사기념논문집편집위원회 편, 『전환기의 민중신학: 죽재 서남동의 신학사상을 중심으로』, 한국신학연구소, 1992.

강영안, 『타인의 얼굴: 레비나스의 철학』, 문학과지성사, 2005.

강옥초, "그람시와 '서발턴' 개념", 『역사교육』 82, 2002.

강원돈, "신학적 해석학의 새로운 모색: 민중문화운동의 민중신학적 수용", 『신학사상』 53, 1986.

_____, "민중신학: 민중 현실의 재발견과 신학의 민족화", 정민 외, 『80년대 사회운동 논쟁』, 한길사, 1989.

_____, "우리 시대의 과제와 교회에 대한 새로운 이해", 죽재서남동목사기념논문집편집위원회 편, 『전환기의 민중신학: 죽재 서남동의 신학사상을 중심으로』, 한국신

학연구소, 1992.

_____, "민중과 지식인: 권진관 교수의 퇴임 기념문집을 상재하며", 한국민중신학회 편, 『민중신학의 여정』, 동연, 2017.

강원돈 외, "대토론: 변화된 현실 속에서 민중신학이 나아갈 길", 죽재서남동목사기념 논문집편집위원회 편, 『전환기의 민중신학: 죽재 서남동의 신학사상을 중심으로』, 한국신학연구소, 1992.

강인철, "종교운동과 사회운동으로서의 동학운동", 『신학사상』 86, 1994.

_____, 『시민종교의 탄생: 식민성과 전쟁의 상흔』, 성균관대학교출판부, 2019.

_____, 『경합하는 시민종교들: 대한민국의 종교학』, 성균관대학교출판부, 2019.

_____, 『5·18 광주 커뮤니타스: 항쟁, 공동체 그리고 사회드라마』, 사람의무늬, 2020.

_____, "민중", 한국학중앙연구원 편저, 『한국학 학술용어: 근대 한국학 100년의 검토』, 한국학중앙연구원출판부, 2020.

강정구, "신경림 시에 나타난 민중의 재해석", 『어문연구』 33(3), 2005.

_____, "진보적 민족문학론에서 민중 개념의 형성 과정 연구", 『비교문화연구』 11(2), 2007.

_____, "진보적 민족문학론의 민중시관(民衆詩觀) 재고: 신경림의 시를 중심으로", 『국제어문』 40, 2007.

_____, "진보적 민족문학론의 민중 개념 형성론 보론", 『세계문학비교연구』 27, 2009.

_____, "1970년대 민중-민족문학의 저항성 재고(再考)", 『국제어문』 46, 2009.

강정구·김종회, "민중 개념의 다양성과 그 변천 과정: 신경림의 민족문학론을 대상으로", 『현대문학의 연구』 43, 2011.

강중기, "근대 중국의 미신 비판과 옹호", 한림대학교 한림과학원 편, 『두 시점의 개념사: 현지성과 동시성으로 보는 동아시아근대』, 푸른역사, 2013.

개신교 세계선교협회 신학위원회, "한국의 민중신학자들에게 보내는 편지", 이정용 편, 『민중신학, 세계 신학과 대화하다』, 연규홍 역, 동연, 2010.

고승제 외, 『전통시대의 민중운동(하): 홍경래의 난에서 이필제 난까지』, 풀빛, 1981.

고은(표일초), "미륵신앙과 민중불교", 한종만 편, 『한국 근대 민중불교의 이념과 전개』, 한길사, 1980.

_____, "미륵과 민중: 그 역사적 추구를 위하여", 황선명 외, 『한국 근대 민중종교사상』, 학민사, 1983.

고재식, "민중의 진리성(眞理性)과 신학", 『신동아』, 1980년 7월호.

공제욱, "현대 한국 계급연구의 현황과 쟁점", 김진균 외, 『한국사회의 계급연구1』, 한울, 1985.

_____, "계급분석: 계급구성 연구로부터 변혁의 주체와 대상에 대한 연구로", 정민 외, 『80년대 사회운동 논쟁』, 한길사, 1989.

구해근, 『한국 노동계급의 형성』, 신광영 역, 창작과 비평사, 2002.

권진관, "중진국 상황에서 민중신학하기: 민중론을 중심으로", 강원돈 외, 『다시, 민중신학이다』, 동연, 2010.

권헌익·정병호, 『극장국가 북한: 카리스마 권력은 어떻게 세습되는가』, 창비, 2013.

그레고리 시그워스·멜리사 그레그, "미명의 목록[창안]", 멜리사 그레그·그레고리 시그워스 편, 『정동이론: 몸과 문화·윤리·정치의 마주침에서 생겨나는 것들에 대한 연구』, 최성희·김지영·박혜정 역, 갈무리, 2015.

기세춘, 『묵자: 천하에 남이란 없다(상,하)』, 나루, 1995.

_____, 『우리는 왜 묵자인가: 묵자사상의 해석학적 고찰』, 초당, 1995.

_____, 『동양고전 산책1』, 바이북스, 2006.

_____, 『장자』, 바이북스, 2007.

_____, 『노자 강의』, 바이북스, 2008.

길승흠, "한국의 경제성장과 민중 개념의 변천", 이정복 외, 『한국 민중론 연구』, 한국정신문화연구원, 1990.

김경재, "민중의 신학과 한국기독교의 미래", 『기독교사상』, 1976년 1월호.

_____, "역사의 주체는 민중이다", 『기독교사상』, 1976년 3월호.

_____, "서남동의 생태학적 윤리에 대한 소고", 죽재서남동기념사업회 편, 『서남동과 오늘의 민중신학: 죽재 서남동 목사 서거 25주기 추모 논문집』, 동연, 2009.

김광억, "정치적 담론기제로서의 민중문화운동: 사회극으로서의 마당극", 『한국문화인류학』 21, 1989.

김귀옥, "한국전쟁과 한국군 위안부 문제를 돌아본다", 『구술사연구』 2(1), 2011.

김기란, 『극장국가 대한제국: 대한제국 만들기 프로젝트와 문화적 퍼포먼스』, 현실문화, 2020.

김나현, "1970년대 민중시의 주체 구성: 민중시를 둘러싼 몇 가지 분할에 대하여", 『한국시학연구』 53, 2018.

김낙중, "민중적 민족경제 수립의 길", 유진경 외, 『한국경제의 현단계』, 사계절, 1985.

김남일, 『안병무 평전: 성문 밖에서 예수를 말하다』, 사계절출판사, 2007.

김대환 외, "좌담회: '민중'이데올로기와 민중운동", 『신동아』, 1985년 7월호.

김동춘, "한국 사회과학에서의 탈식민의 과제", 『비평』 3, 2000.

김득중, "1980년대 민중의 발견과 민중사학의 성과와 한계", 『내일을 여는 역사』 24, 2006.

김명수, 『안병무: 시대와 민중의 증언자』, 살림, 2006.

_____, 『안병무의 신학사상』, 한울, 2011.

_____, 『씨알사상과 민중신학』, 한국학술정보, 2012.

김명인, "다시 민중을 부른다: 87년체제를 넘어, 신자유주의 시장독재에 맞서서", 『실천문학』 87, 2007.

김민호, "80년대 학생운동의 전개과정", 『역사비평』 3, 1988.

김병걸, "민중과 문학", 한국신학연구소 편, 『한국민중론』, 한국신학연구소, 1984.

_____, 『민중문학과 민족현실: 김병걸 평론집』, 풀빛, 1989.

김선희, "'중심' 공간으로서의 한일 경계지역 연구", 『도시연구』 12, 2014.

김성국, "한국 자본주의 발전과 시민사회의 성격", 한국사회학회·한국정치학회 편, 『한국의 국가와 시민사회』, 한울, 1992.

김성기, "예술의 근대화와 민중문화운동", 김진균 외, 『제3세계와 한국의 사회학: 현대 한국사회론』, 돌베개, 1986.

_____, "후기구조주의의 시각에서 본 민중: 주체 형성 논의를 중심으로", 『한국사회학연구』 9, 1987.

_____, 『포스트모더니즘과 비판사회과학』, 문학과지성사, 1991.

김성례, 『한국 무교의 문화인류학』, 소나무, 2018.

김성보, "'민중사학' 아직도 유효한가", 『역사비평』 16, 1991.

_____, "남북 국가 수립기 인민과 국민 개념의 분화", 『한국사연구』 144, 2009.

김성보 외, "종합토론", 역사학연구소 편, 『한국 민중사의 새로운 모색과 역사쓰기』, 선인, 2010.

김성재, "민중교육 방법론 연구", NCC신학연구위원회 편, 『민중과 한국신학』, 한국신학

　　　연구소, 1982.

_____, "1980년대 이후 민중신학과 방법론", 『신학연구』 39, 1998.

_____, "민중신학의 어제, 오늘, 내일", 『신학사상』 100, 1998.

김성희, "조선 후기 민중의 유교윤리 전유와 사회의식 성장", 『사학연구』 106, 2012.

김세균, "'시민사회론'의 이데올로기적 함의 비판", 『이론』 2, 1992.

_____, "계급 그리고 민중, 시민, 다중", 『진보평론』 20, 2004.

김애령, 『듣기의 윤리: 주체와 타자, 그리고 정의의 환대에 대하여』, 봄날의박씨, 2020.

김양식, "동학농민군의 저항문화와 상징", 『역사연구』 35, 2018.

김열규, "굿과 탈춤", 채희완 편, 『탈춤의 사상』, 현암사, 1984.

_____, "〈민중의 문(文)〉들에 관한 시론", 성균관대학교 대동문화연구원 편, 『한국인의
　　　생활의식과 민중예술』, 성균관대학교출판부, 1984.

김영무, "제3세계의 문학: 개념의 명료화와 대중화를 위하여", 김병걸·채광석 편, 『민중,
　　　노동 그리고 문학』, 지양사, 1985.

김영범, "19세기 민중집단의 집합의식에의 한 접근: 판소리의 의사소통론적 신(新)고찰",
　　　서울대학교 석사학위논문, 1985.

_____, 『민중의 귀환, 기억의 호출』, 한국학술정보, 2010.

김영석, "서문", 김진호·김영석 편저, 『21세기 민중신학: 세계 신학자들, 안병무를 말하
　　　다』, 김태현·유승태·정용택 역, 삼인, 2013.

김용복, "메시야와 민중: 정치적 메시야니즘에 대항한 메시야적 정치", NCC신학연구위
　　　원회 편, 『민중과 한국신학』, 한국신학연구소, 1982.

_____, "민중의 사회전기와 신학", NCC신학연구위원회 편, 『민중과 한국신학』, 한국신
　　　학연구소, 1982.

_____, 『한국 민중의 사회전기: 민족의 현실과 기독교운동』, 한길사, 1987.

_____, "성서와 민중의 사회전기", 한국신학연구소 편, 『1980년대 한국 민중신학의 전
　　　개』, 한국신학연구소, 1990.

_____, "서남동의 한(恨) 담론에 관하여", 죽재서남동기념사업회 편, 『서남동과 오늘의
　　　민중신학: 죽재 서남동 목사 서거 25주기 추모 논문집』, 동연, 2009.

김원, 『잊혀진 것들에 대한 기억: 1980년대 대학의 하위문화와 대중정치』, 이매진, 2011.

_____, 『박정희 시대의 유령들: 기억, 사건 그리고 정치』, 현실문화, 2011.

김유진, 『민중주의의 몰락: 개념, 역사, 그리고 한국사회』, 생각나눔, 2021.

김윤환, "현대 산업 사회와 민중운동", 『신동아』, 1980년 7월호.

김의기열사추모사업회 편, 『4월 하늘 아래 바보 청년 김의기: 광주를 목격하고 산화한 김의기 열사 30주기 추모집』, 김의기열사추모사업회, 2010.

김의환 외, 『근대 조선의 민중운동: 갑오농민전쟁과 반일의병운동』, 풀빛, 1982.

김인회, 『교육과 민중문화』, 한길사, 1983.

김재영, 『초기 불교 개척사』, 도피안사, 2001.

김정인, "이념서클을 통해서 본 학생운동 조직문화의 변화", 민주화운동기념사업회 한국민주주의연구소 편, 『한국 민주주의 100년, 가치와 문화』, 한울, 2020.

김정한, "1980년대 운동사회의 감성: 애도의 정치와 멜랑콜리 주체", 『한국학연구』 33, 2014.

김종만, "Chatfield의 『SOMETHING IN COMMON』과 민중불교의 종교적 공통 지향점에 관한 연구", 『동양사회사상』, 24(2), 2021.

김종철, "민중과 지식인", 한국신학연구소 편, 『한국민중론』, 한국신학연구소, 1984.

김종철, "역자 해설", 존 다우닝, 『변혁과 민중언론: 미국·서구·동구의 저항매체』, 김종철 역, 창작과비평사, 1989.

김종학, "단재 신채호의 아나키즘의 정치사상적 의미: 식민지 조선의 민족주의와 민중 개념의 형성", 서울대학교 석사학위논문, 2006.

김주연, "민중과 대중", 김주연 편, 『대중문학과 민중문학』, 민음사, 1985.

김주영, 『객주』(1~9권), 창작과비평사, 1981~1984.

김지하, "풍자냐 자살이냐", 『시인』, 1970년 7월호.

_____, "생명의 담지자인 민중", 『밥』, 분도출판사, 1984.

_____, 『민족의 노래 민중의 노래』, 동광출판사, 1984.

김지현 외, 『탈식민주의의 얼굴들: 파농·사이드·바바·스피박』, 역락, 2012.

김진균, "민중운동과 분단극복의 문제", 이영희·강만길 편, 『한국의 민족주의운동과 민중』, 두레, 1987.

_____, 『사회과학과 민족현실』, 한길사, 1988.

_____, "민족적·민중적 학문을 제창한다", 학술단체연합심포지움 준비위원회 편, 『80년대 한국 인문 사회과학의 현단계와 전망』, 역사비평사, 1988.

_____, "민중사회학의 이론화 전략", 정창렬 외, 『한국 민중론의 현단계: 분과학문별 현황과 과제』, 돌베개, 1989.

_____, 『한국의 사회현실과 학문의 과제』, 문화과학사, 1997.

_____, 『21세기 진보운동의 기획』, 문화과학사, 2003.

김진균 외, "토론: 분단시대의 지식인과 민중", 『한국사회연구3』, 한길사, 1985.

김진균·조희연, "해방 이후 인문사회과학사의 비판적 재검토: 학문적 종속과 민족적·민중적 학문의 전개", 김진균·조희연 편, 『한국사회론: 현대 한국사회의 구조와 역사적 변동』, 한울, 1990.

김진봉, "3·1운동과 민중", 동아일보사 편, 『3·1운동 50주년 기념논집』, 동아일보사, 1969.

김진하, "민중론에 관한 실증적 접근", 서강대학교 석사학위논문, 1990.

김진호, "역사주체로서의 민중: 민중신학 민중론의 재검토", 『신학사상』 80, 1993.

_____, "민중신학의 계보학적 이해: 문화정치학적 민중신학을 전망하며", 『시대와 민중신학』 4, 1997.

_____, 『반신학의 미소』, 삼인, 2001.

_____, "'대로(大路)'에서 헤매기: 2004, 민중신학의 길 찾기 혹은 해체하기", 『시대와 민중신학』 8, 2004.

_____, "'민중의 죽음'과 안병무를 다시 읽는다는 것", 김진호 외, 『죽은 민중의 시대 안병무를 다시 본다』, 삼인, 2006.

김진호·김영석 편저, 『21세기 민중신학: 세계 신학자들, 안병무를 말하다』, 김태현·유승태·정용택 역, 삼인, 2013.

김창락, "민중신학에 있어서 민중의 의미", 정창렬 외, 『한국 민중론의 현단계: 분과학문별 현황과 과제』, 돌베개, 1989.

_____, "이야기신학으로서의 민중신학", 한국신학연구소 편, 『1980년대 민중신학의 전개』, 한국신학연구소, 1990.

김창호, "80년대 이후 진보적 철학 연구사", 한국산업사회연구회 편, 『현대한국 인문사회과학 연구사: 80·90년대 비판학문의 평가와 전망』, 한울, 1994.

김창후, "재일제주인 항일운동의 연구 과제: 김문준의 활동을 중심으로", 『제주도사연구』 6, 1997.

김택현, "인도의 식민지 근대사를 보는 시각과 서발턴연구", 『역사비평』 45, 1998.

_____, "서발턴연구에 대하여", 『역사연구』 6, 1998.

_____, 『서발턴과 역사학 비판』, 박종철출판사, 2003.

_____, "옮긴이 후기", 라나지트 구하, 『서발턴과 봉기: 식민 인도에서의 농민봉기의 기초적 측면들』, 김택현 역, 박종철출판사, 2008.

_____, "헤게모니와 서발턴 민중: 라나지트 구하의 '서발턴연구'와 역사학(II)", 『영국 연구』 25, 2011.

_____, 『디페시 차크라바르티, 유럽을 지방화하기』, 커뮤니케이션북스, 2018.

김필동, 『근대 일본의 민중운동과 사상』, 제이앤씨, 2005.

김헌주, "대한제국기 의병운동 참여주체의 지향 재인식", 『한국사학보』 78, 2020.

김현화, 『민중미술』, 한길사, 2021.

김홍중, 『마음의 사회학』, 문학동네, 2009.

김흥규, "판소리에 있어서의 비장", 김흥규 편, 『전통사회의 민중예술』, 민음사, 1980.

김흥규 편, 『전통사회의 민중예술』, 민음사, 1980.

김희헌, 『서남동의 철학: 민중신학에 이르다』, 이화여자대학교출판부, 2013.

나인호, 『개념사란 무엇인가: 역사와 언어의 새로운 만남』, 역사비평사, 2011.

_____, "'한국개념사총서'의 이론적 감수성", 『개념과 소통』 13, 2014.

노명식, "근대사회에서의 시민과 민중", 『월간 대화』, 1976년 11월호.

_____, 『민중시대의 논리』, 전망사, 1979.

노해나, "민중미술의 해외전시(1988~1999)에 나타난 제3세계의 주체성과 문화 교차 연구", 홍익대학교 석사학위논문, 2018.

다카시 후지타니, 『화려한 군주: 근대일본의 권력과 국가의례』, 한석정 역, 이산, 2003.

다카하시 데쓰야, 『결코 피할 수 없는 야스쿠니 문제』, 현대송 역, 역사비평사, 2005.

데이비드 허다트, 『호미 바바의 탈식민적 정체성』, 조만성 역, 앨피, 2011.

도회근, "사회통합을 위한 국민 개념 재고", 『저스티스』 134(2), 2013.

디페시 차크라바르티, 『유럽을 지방화하기: 포스트식민 사상과 역사적 차이』, 김택현·안준범 역, 그린비, 2014.

라나지트 구하, 『서발턴과 봉기: 식민 인도에서의 농민봉기의 기초적 측면들』, 김택현 역, 박종철출판사, 2008.

라인하르트 코젤렉, 『지나간 미래』, 한철 역, 문학동네, 1998.

로드니 스타크, 『기독교의 발흥: 사회과학자의 시선으로 탐색한 초기 기독교 성장의 요인』, 손현선 역, 좋은씨앗, 2016.

로버트 단턴, 『고양이 대학살: 프랑스 문화사 속의 다른 이야기들』, 조한욱 역, 문학과지성사, 1996.

로베르트 팔러, 『성인언어: 정치적 올바름과 정체성 정치 비판』, 이은지 역, 도서출판b, 2021.

로절린드 C. 모리스 편, 『서발턴은 말할 수 있는가?: 서발턴 개념의 역사에 대한 성찰들』, 태혜숙 역, 그린비, 2013.

류동우, 『어느 돌멩이의 외침』, 청년사, 1984.

류보선, "반성의 윤리성과 탈식민성: 해방직후 채만식 문학의 한 특성", 『민족문학사연구』 45, 2011.

류장현, "다문화사회의 떠돌이 민중에 대한 신학적 이해", 강원돈 외, 『다시, 민중신학이다』, 동연, 2010.

리처드 왓모어, 『지성사란 무엇인가?: 역사가가 텍스트를 읽는 방법』, 이우창 역, 오월의봄, 2020.

리처드 카니, 『재신론』, 김동규 역, 갈무리, 2021.

마나베 유코, 『열사의 탄생: 한국민중운동에서의 한의 역학』, 김경남 역, 민속원, 2015.

마크 릴라, 『더 나은 진보를 상상하라: 정체성 정치를 넘어』, 전대호 역, 필로소픽, 2018.

멜리사 그레그·그레고리 시그워스 편, 『정동이론: 몸과 문화·윤리·정치의 마주침에서 생겨나는 것들에 대한 연구』, 최성희·김지영·박혜정 역, 갈무리, 2015.

모리스 아귈롱, 『마리안느의 투쟁: 프랑스 공화국의 초상과 상징체계, 1789~1880』, 전수연 역, 한길사, 2001.

문동환, "민중교육론", 『현존』, 1979년 5월호.

_____, "의식화 교육의 과제", 한완상 외, 『한국민중교육론: 그 이념과 실천전략』, 학민사, 1985.

_____, "민중신학의 전망: 제2세대 민중신학자들의 문제제기에 대하여", 『기사연무크 2』, 한국기독교사회문제연구원, 1990.

문성호, 『민중주의 정치사상: 허균, 정약용, 전봉준, 신채호, 함석헌, 전태일』, 한국학술정보, 2006.

문순태, 『타오르는 강』(1~9권), 소명출판, 2012.

문익환, 『히브리 민중사: 문익환 이야기 마당』, 삼민사, 1990.

문익환·기세춘·홍근수, 『예수와 묵자: 문익환 기세춘 홍근수의 논쟁』, 바이북스, 2016.

문희석, 『민중신학』, 대한기독교출판사, 1977.

미셸 바렛, "참전 서발턴들: 제1차 세계대전의 식민지 군대와 제국전쟁묘지위원회의 정치", 로절린드 C. 모리스 편, 『서발턴은 말할 수 있는가?』, 태혜숙 역, 그린비, 2013.

미치 스미스, "민중, 흑인 대중, 전 지구적 명령", 김진호·김영석 편저, 『21세기 민중신학: 세계 신학자들, 안병무를 말하다』, 김태현·유승태·정용택 역, 삼인, 2013.

민영진, "민중신학의 전승사적 위치와 평가", 민영진 외, 『한국 민중신학의 조명』, 대화출판사, 1984.

민중사반, "총론: 민중사를 다시 말한다", 역사문제연구소 민중사반, 『민중사를 다시 말한다』, 역사비평사, 2013.

민중신학연구소, "제5회 달릿-민중신학자 대회 성명서", 『민중과 신학』 9, 2002.

박경준, "민중불교 운동의 홍기와 이념 및 평가", 『한국불교학』 30, 2001.

박노해, 『노동의 새벽: 박노해 시집』, 풀빛, 1984.

박명규, "동학사상의 종교적 전승과 사회운동", 한국사회사연구회 편, 『한국의 종교와 사회변동』, 문학과지성사, 1987.

_____, 『국민·인민·시민: 개념사로 본 한국의 정치주체』, 소화, 2009.

박성수, "한국사에 나타난 민중운동", 『신동아』, 1980년 7월호.

박성준, "21세기의 문턱에서 민중신학을 다시 생각한다", 『신학사상』 109, 2000.

박승길, "한말 신흥종교의 혁세 정신(革世精神)과 민중의 자기 인식 방향과 유형", 한국사회사연구회 편, 『한국의 종교와 사회변동』, 문학과지성사, 1987.

박아론, "민중신학에 대한 고찰과 연구", 『신학지남』 56(3), 1989.

박윤덕, "민중의 "도덕경제"와 식량폭동: 18세기 말 프랑스의 경우", 『역사학연구』 38, 2010.

박인배, "문화패 문화운동의 성립과 그 방향", 박현채·정창렬 편, 『한국민족주의론III: 민중적 민족주의』, 창작과비평사, 1985.

박일준, "탈근대 시대의 가난한 자, 사이 그리고 혼종성", 강원돈 외, 『다시, 민중신학이다』, 동연, 2010.

박재순, "1세대 민중신학에 대한 비판과 새로운 모색", 『기사연무크1: 진통하는 한국교회』, 한국기독교사회문제연구원, 1990.

_____, 『민중신학과 씨올사상』, 천지, 1990.

박정세, "전설과 무속의 한풀이 양식", 죽재서남동목사기념논문집편집위원회 편, 『전환기의 민중신학: 죽재 서남동의 신학사상을 중심으로』, 한국신학연구소, 1992.

박찬승, "역사의 '진보'와 '진보'의 역사학", 학술단체협의회 편, 『한국 인문사회과학의 현재와 미래』, 푸른숲, 1998.

_____, 『민족·민족주의』, 소화, 2010.

박현채, 『민중과 경제』, 정우사, 1978.

_____, 『한국 자본주의와 민족운동』, 한길사, 1984.

_____, "문학과 경제: 민중문학에 대한 사회과학적 인식", 김병걸·채광석 편, 『역사, 현실 그리고 문학: 80년대 대표평론선1』, 지양사, 1985.

_____, "민중과 문학", 김병걸·채광석 편, 『민족, 민중 그리고 문학: 80년대 대표평론선2』, 지양사, 1985.

_____, "민중의 계급적 성격 규명", 김진균 외, 『한국사회의 계급연구1』, 한울, 1985.

_____, "한국 민족주의운동의 주체 문제", 이영희·강만길 편, 『한국의 민족주의운동과 민중』, 두레, 1987.

_____, "민족경제론적 관점에서 본 민중론", 정창렬 외, 『한국 민중론의 현단계: 분과학문별 현황과 과제』, 돌베개, 1989.

박현화, "갯벌에서 민중을 만난 작가, 박석규", 박응주·박진화·이영욱 편, 『민중미술, 역사를 듣는다1』, 현실문화A, 2017.

발터 벤야민, 『발터 벤야민의 문예이론』, 반성완 편역, 민음사, 1983.

배경식, "민중과 민중사학", 역사비평 편집위원회 편, 『논쟁으로 본 한국사회 100년』, 역사비평사, 2000.

배항섭, 『19세기 민중사 연구의 시각과 방법』, 성균관대학교출판부, 2015.

_____, "1880~90년대 동학의 확산과 동학에 대한 민중의 인식", 『조선시대사학보』 77, 2016.

_____, "동학농민전쟁의 사상적 기반과 유교", 『역사학보』 236, 2017.

백광열, "조선시대 양반 지배의 특권성과 공공성: 17세기 말 해남윤씨 해언전(海堰田)

개발 과정에서 연호(烟戶) 잡역(雜役)의 사적 유용 문제를 중심으로", 『조선시대 사학보』 86, 2018.

백낙청, 『인간해방의 논리를 찾아서: 백낙청 평론집』, 시인사, 1979.

_____, "민족문학론의 새로운 과제", 『실천문학』 1, 1980.

백욱인, "과학적 민중론의 정립을 위하여", 『역사비평』 3, 1988.

_____, "한국사회 시민운동(론) 비판", 『경제와 사회』 12, 1991.

법성, 『앎의 해방 삶의 해방: 근본불교의 인식론과 실천론』, 한마당, 1989.

법성 편, 『민중선을 말한다』, 근본불교연구소, 1988.

베네딕트 앤더슨, 『상상의 공동체: 민족주의의 기원과 전파에 대한 성찰』, 윤형숙 역, 나남, 2002.

변태섭 외, 『전통시대의 민중운동(상): 만적의 난에서 평안도 농민전쟁까지』, 풀빛, 1981.

브라이언 마수미, 『정동정치』, 조성훈 역, 갈무리, 2018.

삐에르 부르디외, 『구별짓기: 문화와 취향의 사회학(상,하)』, 최종철 역, 새물결, 1995~1996.

사토 요시유키, 『권력과 저항: 푸코 들뢰즈 데리다 알튀세르』, 김상운 역, 난장, 2012.

서경식, "재일조선인은 '민중'인가?: 한국 민중신학을 향한 문제제기", 『시대와 민중신학』 8, 2004.

서광선, "한국의 민중신학", 한국신학연구소 편, 『1980년대 한국 민중신학의 전개』, 한국신학연구소, 1990.

_____, "해방의 탈춤", 한국신학연구소 편, 『1980년대 한국 민중신학의 전개』, 한국신학연구소, 1990.

서남동, "예수, 교회사, 한국교회", 『기독교사상』, 1975년 2월호.

_____, "'민중'의 신학", 『기독교사상』, 1975년 4월호.

_____, 『전환시대의 신학』, 한국신학연구소, 1976.

_____, "두 이야기의 합류", NCC신학연구위원회 편, 『민중과 한국신학』, 한국신학연구소, 1982.

_____, "한의 형상화와 그 신학적 성찰", NCC신학연구위원회 편, 『민중과 한국신학』, 한국신학연구소, 1982.

_____, 『민중신학의 탐구』, 한길사, 1983.

_____, "민담에 관한 탈신학적 고찰", 한국신학연구소 편, 『1980년대 한국 민중신학의 전개』, 한국신학연구소, 1990.

_____, "빈곤의 사회학과 빈민의 신학", 한국신학연구소 편, 『1980년대 한국 민중신학의 전개』, 한국신학연구소, 1990.

서남동·이철수, 『한: 신학·문학·미술의 만남』, 분도출판사, 1984.

성균관대학교 대동문화연구원 편, 『한국인의 생활의식과 민중예술』, 성균관대학교출판부, 1984.

성민엽, "이차원(異次元)의 전망: 조세희론", 백낙청·염무웅 편, 『한국문학의 현단계 II』, 창작과비평사, 1983.

_____, "민중문학의 논리", 성민엽 편, 『민중문학론』, 문학과지성사, 1984.

_____, 『변하는 것과 변하지 않는 것: 성민엽 비평집』, 문학과지성사, 2004.

손규태, "민중신학에서의 민족문제", 죽재서남동목사기념논문집편집위원회 편, 『전환기의 민중신학: 죽재 서남동의 신학사상을 중심으로』, 한국신학연구소, 1992.

손석춘, 『민중언론학의 논리: 정보혁명 시대 네티즌의 무기』, 철수와영희, 2015.

송건호, "지성의 사회참여", 『청맥』, 1964년 11월호.

송건호·안병직·한완상, "좌담회: 민중의 개념과 그 실체", 『월간 대화』, 1976년 11월호.

송기숙, "한국 설화에 나타난 민중혁명사상: 선운사 미륵비결 설화와 동학농민전쟁의 민중적 전개", 장을병 외, 『우리 시대 민족운동의 과제』, 한길사, 1986.

송호근, 『인민의 탄생: 공론장의 구조 변동』, 민음사, 2011.

_____, 『시민의 탄생: 조선의 근대와 공론장의 지각 변동』, 민음사, 2013.

_____, 『국민의 탄생: 식민지 공론장의 구조 변동』, 민음사, 2020.

송화섭, "지리산권의 합미성(合米城)·할미성(城) 성곽설화와 마고할미", 『여성과 역사』, 29, 2018.

스즈키 쇼소, "동아시아의 민중신학자 안병무 선생님", 심원안병무선생기념사업위원회 편, 『갈릴래아의 예수와 안병무』, 한국신학연구소, 1998.

신경림, 『문학과 민중』, 민음사, 1977.

신영복, 『감옥으로부터의 사색: 통혁당 무기수 신영복 편지』, 햇빛출판사, 1988.

신익상, "근본주의와 가난의 문제: 민중신학의 '민중'과 아감벤의 '잔여'를 연결하여",

한국민중신학회 편, 『민중신학의 여정』, 동연, 2017.

신진욱, 『시민』, 책세상, 2008.

신형기, "가상의 인격, 도덕의 광기", 김철 외, 『문학 속의 파시즘』, 삼인, 2001.

심우성, "한국 민속인형극 소고: 덜미(꼭두각시놀음)를 중심으로", 『창작과 비평』 26, 1972년 겨울.

_____, 『민속문화와 민중의식: 심우성 평론집』, 대화출판사, 1978.

안드레아스 호프만-리히터, "안병무의 '사건' 개념", 한국신학연구소 편, 『예수 민중 민족: 안병무박사 고희기념논문집』, 한국신학연구소, 1992.

안병무, "민족·민중·교회", 『기독교사상』, 1975년 4월호.

_____, "마가복음에서 본 역사의 주체", NCC신학연구위원회 편, 『민중과 한국신학』, 한국신학연구소, 1982.

_____, "예수와 오클로스", NCC신학연구위원회 편, 『민중과 한국신학』, 한국신학연구소, 1982.

_____, 『민중신학 이야기』, 한국신학연구소, 1987.

_____, 『민중사건 속의 그리스도』, 한국신학연구소, 1989.

_____, "민중운동과 민중신학", 한국신학연구소 편, 『1980년대 한국 민중신학의 전개』, 한국신학연구소, 1990.

_____, "예수사건의 전승 모체", 한국신학연구소 편, 『1980년대 한국 민중신학의 전개』, 한국신학연구소, 1990.

_____, "예루살렘 성전체제와 예수의 대결", 한국신학연구소 편, 『1980년대 한국 민중신학의 전개』, 한국신학연구소, 1990.

_____, "한국적 그리스도인 상(像)의 모색", 한국신학연구소 편, 『1980년대 한국 민중신학의 전개』, 한국신학연구소, 1990.

_____, "개신교 세계선교협회 신학위원회의 편지에 대한 회답", 이정용 편, 『민중신학, 세계 신학과 대화하다』, 연규홍 역, 동연, 2010.

_____, "민중신학: 마가복음을 중심으로", 김진호·김영석 편저, 『21세기 민중신학: 세계 신학자들, 안병무를 말하다』, 김태현·유승태·정용택 역, 삼인, 2013.

안병무·박재순, "대담: 민중의 생명을 향한 민중신학", 『기사연무크2』, 한국기독교사회문제연구원, 1990.

안병직, "단재 신채호의 민족주의", 『창작과 비평』 29, 1973년 가을.

안종관, "한국연극, 이대로 좋은가", 백낙청·염무웅 편, 『한국문학의 현단계 II』, 창작과 비평사, 1983.

안토니오 그람씨, 『그람씨의 옥중수고 I : 정치 편』, 이상훈 역, 거름, 1986.

안토니오 그람시, 『그람시의 옥중수고 II : 철학·역사·문화 편』, 이상훈 역, 거름, 1999.

안토니오. 네그리·마이클 하트, 『제국』, 윤수종 역, 이학사, 2001.

_____, 『다중』, 조정환·정남영·서창현 역, 세종서적, 2008.

_____, 『공통체: 자본과 국가 너머의 세상』, 정남영·윤영광 역, 사월의책, 2014.

_____, 『어셈블리: 21세기 새로운 민주주의 질서에 대한 제언』, 이승준·정유진 역, 알렙, 2020.

알랭 바디우, "'인민'이라는 말의 쓰임에 대한 스물네 개의 노트", 알랭 바디우 외, 『인민이란 무엇인가: 인민에 대한 철학적 사유들』, 서용순·임옥희·주형일 역, 현실문화, 2014.

알랭 바디우 외, 『인민이란 무엇인가: 인민에 대한 철학적 사유들』, 서용순·임옥희·주형일 역, 현실문화, 2014.

양일모, "서론", 이경구 외, 『개념의 번역과 창조: 개념사로 본 동아시아 근대』, 돌베개, 2012.

에르네스토 라클라우·샹탈 무페, 『헤게모니와 사회주의 전략: 급진 민주주의 정치를 향하여』, 이승원 역, 후마니타스, 2012.

에릭 울프, 『유럽과 역사 없는 사람들: 인류학과 정치경제학으로 본 세계사 1400~1980』, 박광식 역, 뿌리와이파리, 2015.

에마뉘엘 레비나스, 『신 죽음 그리고 시간』, 김도형·문성원·손영창 역, 그린비, 2013.

여익구, 『민중불교 입문』, 풀빛, 1985.

염무웅, 『민중시대의 문학: 염무웅 평론집』, 창작과비평사, 1979.

_____, "도시-산업화 시대의 문학", 김주연 편, 『대중문학과 민중문학』, 민음사, 1980.

오대록, "1920년대 '전북민중운동자동맹' 연구", 『한국근현대사연구』 41, 2007.

오승성, "후기 계몽주의 시대의 신학방법론: 민중신학의 후기 계몽주의적 재구성", 『조직신학논총』 32, 2012.

오의경, "엘리트문화와 민중문화의 혼종: 『말레우스 말레피카룸』과 16-17세기 마녀사냥을 중심으로", 『Homo Migrans』 18, 2018.

와티 롱챠르, "인도 부족(Tribal)의 현황과 신학", 『민중과 신학』 4, 2000.

우석훈, "87년 이후 20년, 민중의 시대가 다시 도래하는가?", 『사회비평』 36, 2007.

원동석, 『민족미술의 논리와 전망』, 풀빛 1985.

원영혁, 『한국의 민중문학과 중국의 저층서사 비교연구: 황석영·조세희·나위장·조정
　　로의 소설을 중심으로』, 박문사, 2016.

원종찬, "새로운 시대의 민중운동과 시민운동을 위하여", 『창작과 비평』 81, 1993년 가을.

유재천, "서(緒): 민중 개념의 내포와 외연", 유재천 편, 『민중』, 문학과지성사, 1984.

_____, "70년대의 민중에 대한 시각", 유재천 편, 『민중』, 문학과지성사, 1984.

유재천 편, 『민중』, 문학과지성사, 1984.

유해정, "새로운 대동놀이를 위하여", 정이담 외, 『문화운동론』, 공동체, 1985.

윤대석, "한국에서의 포스트콜로니얼 연구", 『문학동네』 39, 2004년 여름.

윤상현, "1950년대 후반~1960년대 초 함석헌의 주체 형성 담론의 변화: 민중·민족·국
　　민 담론을 중심으로", 『사학연구』 112, 2013.

윤택림, "탈식민 역사쓰기: 비공식 역사와 다중적 주제』, 『한국문화인류학』 27, 1995.

윤해동, 『식민지의 회색지대: 한국의 근대성과 식민주의 비판』, 역사비평사, 2003.

율라 비스, 『면역에 관하여』, 김명남 역, 열린책들, 2016.

이경구 외, 『개념의 번역과 창조: 개념사로 본 동아시아 근대』, 돌베개, 2012.

이광주, "민중의 서구적 논리와 계보", 『신동아』, 1980년 7월호.

이기백, 『한국사신론』, 일조각, 1977.

이나미, "근·현대 한국의 민 개념: 허균의 "호민론"을 통해 본 국민·민중·시민", 『한국
　　동양정치사상사연구』 13(2), 2014.

이남희, 『민중 만들기: 한국의 민주화운동과 재현의 정치학』, 유리·이경희 역, 후마니타스,
　　2015.

이만열, "한국사에 있어서의 민중", 유재천 편, 『민중』, 문학과지성사, 1984.

_____, "민중의식 사관화의 시론", 한국신학연구소 편, 『한국민중론』, 한국신학연구
　　소, 1984.

이문영, "지식인 전범(典範)", 심원안병무선생기념사업위원회 편, 『갈릴래아의 예수와
　　안병무』, 한국신학연구소, 1998.

이미숙, "서설: 현단계 민중교육에 대한 검토", 한완상 외, 『한국민중교육론: 그 이념과 실천전략』, 학민사, 1985.

이병천·윤소영, "전후 한국 경제학 연구의 동향과 과제", 학술단체연합심포지움 준비위원회 편, 『80년대 한국 인문사회과학의 현단계와 전망』, 역사비평사, 1988.

이상록, "함석헌의 민중 인식과 민주주의론", 『사학연구』 97, 2010.

_____, "1970년대 민족문학론: 탈(脫)식민에의 욕망과 피(被)식민의 흔적들", 『실천문학』 108, 2012.

이상일, "한의 삶을 역전시키는 힘: 민속문화 속의 민중", 『신동아』, 1980년 7월호.

_____, 『한국인의 굿과 놀이』, 문음사, 1981.

_____, "놀이문화와 민중의식: 대동놀이와 공동체의식의 탐구", 성균관대학교 대동문화연구원 편, 『한국인의 생활의식과 민중예술』, 성균관대학교출판부, 1984.

이상철 외, 『민중신학, 고통의 시대를 읽다』, 분도출판사, 2018.

이석규, "21세기 민중신학을 위한 한 제안", 『민중과 신학』 7, 2001.

_____, "지구화 시대의 다중론에 대한 정치신학과 민중신학의 전망", 『신학연구』 61, 2012.

이세영, "현대 한국 사학의 동향과 과제", 학술단체연합심포지움 준비위원회 편, 『80년대 한국 인문사회과학의 현 단계와 전망』, 역사비평사, 1988.

_____, "'민중' 개념의 계보학", 신정완 외, 『우리 안의 보편성: 학문 주체화의 새로운 모색』, 한울, 2006.

이소영, "1990년대 문학과 망각된 정동: 1991년 5월 유서대필 조작사건과 김영현의 소설을 중심으로", 『민족문학사연구』 74, 2020.

이영미, 『마당극 양식의 원리와 특성』, 시공사, 2001.

이영진 외, 『애도의 정치학: 근현대 동아시아의 죽음과 기억』, 도서출판 길, 2017.

이영철, "80년대 민족·민중미술의 전개와 현실주의", 최열·최태만 편, 『민중미술 15년: 1980~1994』, 삶과꿈, 1994.

이용기, "민중사학을 넘어선 민중사를 생각한다", 『내일을 여는 역사』 30, 2007.

이이화, "허균이 본 호민", 한국신학연구소 편, 『한국민중론』, 한국신학연구소, 1984.

이정복, "한국에 있어서의 민중론", 『한국정치연구』 1, 1987.

_____, "민중론의 정치학적 분석", 이정복 외, 『한국 민중론 연구』, 한국정신문화연구

원, 1990.

이정복 외, 『한국 민중론 연구』, 한국정신문화연구원, 1990.

이정용 편, 『민중신학, 세계 신학과 대화하다』, 연규홍 역, 동연, 2010.

이정희, "이론으로의 모험: 그 상상력의 배후", 김진호 외, 『죽은 민중의 시대 안병무를 다시 본다』, 삼인, 2006.

_____, "민중신학, '어디로?': 그 원천을 질문하면서", 이정희 외, 『민중신학, 고통의 시대를 읽다』, 분도출판사, 2018.

이진경, 『사회구성체론과 사회과학 방법론: 한국사회 성격 논쟁에 부쳐』, 아침, 1986.

_____, 『역사의 공간: 소수성 타자성 외부성의 사건적 사유』, 휴머니스트, 2010.

이진영, "민족운동의 담지자", 『청맥』, 1965년 11월호.

_____, "지식인과 역사의식", 『청맥』, 1966년 3월호.

이창일, 『민중과 대동: 민중사상의 연원과 조선시대 민중사상의 전개』, 모시는사람들, 2018.

이철호, "1970년대 민족문학론과 반세속화의 징후들: 백낙청의 초기 비평에 나타난 '본마음'을 중심으로", 『민족문학사연구』 62, 2016.

이치석, 『함석헌 평전』, 시대의창, 2005.

이태성, "사회과 교육에서 감정 개념의 명료화: '정동 이론(Affect Theory)'을 중심으로", 『사회과교육연구』 24(2), 2017.

이해찬, "한국 학생운동의 발전과 민중 지향", 박현채·정창렬 편, 『한국민족주의론III: 민중적 민족주의』, 창작과비평사, 1985.

이효재, "분단시대의 사회학", 『창작과 비평』 51, 1979년 봄.

_____, 『분단시대의 사회학』, 한길사, 1985.

임미리, 『열사, 분노와 슬픔의 정치학: 한국저항운동과 열사 호명구조』, 오월의봄, 2017.

임종명, "해방공간과 인민, 그리고 민족주의와 민주주의", 『한국사연구』 167, 2014.

임지현, 『민족주의는 반역이다: 신화와 허무의 민족주의 담론을 넘어서』, 소나무, 1999.

_____, "파시즘은 살아 있다", 임지현 외, 『우리 안의 파시즘』, 삼인, 2000

임진택, "살아 있는 판소리", 백낙청·염무웅 편, 『한국문학의 현단계 II』, 창작과비평사, 1983.

_____, 『민중연희의 창조』, 창작과비평사, 1990.

임헌영, "민중", 한국문학평론가협회 편, 『문학비평 용어사전(상)』, 국학자료원, 2006.

자크 데리다, 『환대에 대하여』, 남수인 역, 동문선, 2004.

자크 랑시에르, 『프롤레타리아의 밤』, 안준범 역, 문학동네, 2021.

장상철, "1970년대 '민중' 개념의 재등장", 『경제와 사회』 74, 2007.

장석만, "가톨릭 성지 조성으로 불거진 갈등을 생각한다", 『가톨릭평론』 35, 2022.

장일조, "한국 민중신학에 대한 몇 가지 테제", 민영진 외, 『한국 민중신학의 조명』, 한울, 1984.

장진영, 『민중만화: 장진영 만화모음1』, 정음서원, 2020.

장훈교, "공간적 은유의 전환: '구성적 외부'에서 바라본 민중과 민중사에 대한 연구노트", 『역사연구』 18, 2008.

전명혁, "'민중사' 논의와 새로운 모색", 『역사연구』 18, 2008.

전상기, "'민중'과 '대중'의 관계론(/내재)적 함의: 1960년대 이후 한국문학장에서의 '민중' 논의의 현재적 의미", 『한국문학이론과 비평』 21(3), 2017.

전서암, "민중불교론", 『월간 대화』, 1977년 10월호.

_____, "민중의 개념", 유재천 편, 『민중』, 문학과지성사, 1984.

정근식, "항쟁기억의 의례적 재현: '5월행사'와 전야제를 중심으로", 『민주주의와 인권』 5(1), 2005.

_____, "학생운동 연구를 위한 방법론적 모색", 이호룡·정근식 편, 『학생운동의 시대』, 선인, 2013.

정무용, "민중과 역사: 1970년대 이후 민중사의 추이와 민중상의 변화", 『인문과학연구』 16, 2011.

정상호, 『시민의 탄생과 진화: 한국인들은 어떻게 시민이 되었나?』, 한림대학교출판부, 2013.

정상호 외, "시민의 탄생과 진화: 한국인들은 어떻게 시민이 되었나?", 『시민과 세계』 24, 2014.

정수복, "한완상과 비판사회학의 형성", 『한국사회학』 51(1), 2017.

_____, 『비판사회학의 계보학: 한국 사회학의 지성사3』, 푸른역사, 2022.

정영태, "정치학 연구의 주요 쟁점과 그 연구 현황", 한국산업사회연구회 편, 『현대한국 인문사회과학 연구사: 80·90년대 비판학문의 평가와 전망』, 한울, 1994.

정용택, "왜 고통이 중요하며, 왜 고통이 문제인가", 이정희 외, 『민중신학, 고통의 시대를 읽다』, 분도출판사, 2018.

정자환, "한국의 민중사회학과 민중문학에서의 민중 개념 비교", 『성심여자대학 논문집』 22, 1990.

정준희, "1930년대 브나로드운동의 사회적 기반과 전개 과정", 연세대학교 석사학위논문, 2018.

정지석, "함석헌의 민중사상과 민중신학", 『신학사상』 134, 2006.

정창렬, "백성의식·평민의식·민중의식", 한국신학연구소 편, 『한국민중론』, 한국신학연구소, 1984.

_____, "조선 후기 농민봉기의 정치의식", 성균관대학교 대동문화연구원 편, 『한국인의 생활의식과 민중예술』, 성균관대학교출판부, 1984.

_____, "책머리에", 박현채·정창렬 편, 『한국민족주의론III: 민중적 민족주의, 창작과비평사, 1985.

_____, "한국에서 민중사학의 성립·전개 과정", 정창렬 외, 『한국 민중론의 현단계』, 돌베개, 1989.

정창렬 외, 『한국 민중론의 현단계: 분과학문별 현황과 과제』, 돌베개, 1989.

정철희 외, 『상징에서 동원으로: 1980년대 민주화운동의 문화적 동학』, 이학사, 2007.

정한용 편, 『민족문학 주체 논쟁』, 청하, 1989.

정환규, "민중교육론의 이념과 성격", 한완상 외, 『한국민중교육론: 그 이념과 실천전략』, 학민사, 1985.

제임스 스콧, 『지배, 그리고 저항의 예술: 은닉 대본』, 전상인 역, 후마니타스, 2020.

제프 굿윈 외 편, 『열정적 정치: 감정과 사회운동』, 박형신·이진희 역, 한울, 2012.

조경달, 『이단의 민중반란: 동학과 갑오농민전쟁 그리고 조선 민중의 내셔널리즘』, 박맹수 역, 역사비평사, 2008.

_____, 『민중과 유토피아: 한국 근대 민중운동사』, 허영란 역, 역사비평사, 2009.

_____, "민중운동사 연구의 방법", 역사문제연구소 민중사반·아시아민중사연구회 편, 『민중 경험과 마이너리티: 동아시아 민중사의 새로운 모색』, 경인문화사, 2017.

조광, "정약용의 민권의식 연구", 한국신학연구소 편, 『한국민중론』, 한국신학연구소, 1984.

조광제, "들어가는 글", 철학아카데미, 『처음 읽는 프랑스 현대철학: 사르트르부터 바디
우까지, 우리 눈으로 그린 철학 지도』, 동녘, 2013.

조남현, "문학으로 본 대중과 민중", 『신동아』, 1980년 7월호.

조동걸, "식민지 사회구조와 민중", 한국신학연구소 편, 『한국민중론』, 한국신학연구소,
1984.

조동일, "가면극의 희극적 갈등: 형성, 형식, 내용의 세 측면에서", 서울대학교 석사학위
논문, 1968.

_____, "가면극 악사의 코러스적 성격", 『동서문화』 3, 1969.

_____, "조선 후기 가면극과 민중의식의 성장", 『창작과 비평』 24, 1972년 여름.

_____, 『한국 가면극의 미학』, 한국일보사, 1975.

_____, 『탈춤의 역사와 원리』, 홍성사, 1979.

_____, "서사민요와 웃음", 김흥규 편, 『전통사회의 민중예술』, 민음사, 1980.

_____, "민중·민중의식·민중예술", 한국신학연구소 편, 『한국민중론』, 한국신학연구
소, 1984.

_____, 『카타르시스 라사 신명풀이』, 지식산업사, 1997.

_____, 『한국의 탈춤』, 이화여자대학교출판부, 2005.

조르조 아감벤, 『호모 사케르: 주권권력과 벌거벗은 생명』, 박진우 역, 새물결, 2008.

조선희, "민족문학 주체 논쟁", 정한용 편, 『민족문학 주체 논쟁』, 청하, 1989.

조성윤, "일제하의 신흥종교와 독립운동", 한국사회사연구회 편, 『한국의 종교와 사회
변동』, 문학과지성사, 1987.

조세희, 『난장이가 쏘아올린 작은 공』, 문학과지성사, 1978.

조용범, 『후진국 경제론』(증보판), 박영사, 1981.

조정래, 『태백산맥』(1~10권), 한길사, 1986~1989.

조정환, "민중문학운동의 목표와 방법 문제에 대하여", 학술단체연합심포지움 준비위
원회 편, 『80년대 한국 인문사회과학의 현단계와 전망』, 역사비평사, 1988.

_____, "민중, 시민 그리고 다중: 탈근대적 주체성의 계보", 『시민과 세계』 4, 2003.

조정환·정남영·서창현, "옮긴이의 말", 안토니오 네그리·마이클 하트, 『다중』, 조정환·
정남영·서창현 역, 세종서적, 2008.

조지 카치아피카스, 『한국의 민중봉기: 민중을 주인공으로 다시 쓴 남한의 사회운동사,

1894 농민전쟁~2008 촛불시위』, 원영수 역, 오월의봄, 2015.

조현일, "비상사태기의 문학과 정치: 1970년대 전반기 민중문학을 중심으로", 『민족문학사연구』 60, 2016.

조혜정, 『탈식민지 시대 지식인의 글 읽기와 삶 읽기(1): 바로 여기 교실에서』, 또하나의문화, 1992.

조희연, "민중사회학의 발전적 심화론", 『신동아』, 1987년 4월호.

_____, "80년대 학생운동과 학생운동론의 전개", 『사회비평』 1, 1988.

_____, "민중운동과 시민사회, 시민운동", 『실천문학』 32, 1993.

주디스 버틀러, 『연대하는 신체들과 거리의 정치: 집회의 수행성을 위한 노트』, 김응산·양효실 역, 창비, 2020.

주디스 버틀러·에르네스토 라클라우·슬라보예 지젝, 『우연성 헤게모니 보편성: 좌파에 대한 현재적 대화들』, 박대진·박미선 역, 도서출판b, 2009.

주송현·김운미, "미하일 바흐친의 사유로 본 송파산대놀이의 그로테스크 리얼리즘 연구", 『무용역사기록학』 45, 2017.

진태원, "해체, 차이, 유령론으로 읽는 자크 데리다", 철학아카데미, 『처음 읽는 프랑스 현대철학: 사르트르부터 바디우까지, 우리 눈으로 그린 철학 지도』, 동녘, 2013.

채광석, "민족문학과 민중문학", 김병걸·채광석 편, 『민족, 민중 그리고 문학』, 지양사, 1985.

채수일, "밖에서 본 민중신학", 한국신학연구소 편, 『예수 민중 민족: 안병무박사 고희기념논문집』, 한국신학연구소, 1992.

_____, "1970년대 진보교회 사회참여의 신학적 기반", 『한국기독교와 역사』 18, 2003.

채희동, 『민중 성령 생명: 죽재 서남동의 생애와 사상』, 한국신약학회, 1996.

채희완, "가면극의 민중적 미의식 연구를 위한 예비적 고찰", 서울대학교 석사학위논문, 1977.

_____, "춤의 사회적 과제와 전망", 『실천문학』 1, 1980.

_____, "70년대의 문화운동", 한국기독교사회문제연구원 편, 『문화와 통치』, 민중사, 1982.

_____, "해설: 마당굿의 과제와 전망", 채희완·임진택 편, 『한국의 민중극』, 창작과비평사, 1985.

_____, 『공동체의 춤 신명의 춤』, 한길사, 1985.

_____, "탈춤 추는 광대", 『신동아』, 1985년 7월호.

채희완 편, 『탈춤의 사상』, 현암사, 1984.

채희완·임진택, "마당극에서 마당굿으로", 정이담 외 『문화운동론』, 공동체, 1985.

채희완·임진택 편, 『한국의 민중극: 마당굿 연희본 14편』, 창작과비평사, 1985.

천관우, "민중운동으로 본 3·1운동", 동아일보사 편, 『3·1운동 50주년 기념논집』, 동아
　　일보사, 1969.

_____, 『한국사의 재발견』, 일조각, 1974.

천정환, "서발턴은 쓸 수 있는가: 1970~80년대 민중의 자기재현과 '민중문학'의 재평가
　　를 위한 일고", 『민족문학사연구』 47, 2011.

_____, "열사의 정치학과 그 전환: 2000년대 노동자의 죽음을 중심으로", 『문화과학』
　　74, 2013.

철학아카데미, 『처음 읽는 프랑스 현대철학: 사르트르부터 바디우까지, 우리 눈으로 그
　　린 철학 지도』, 동녘, 2013.

청사 편집실 편, 『민중1』, 청사, 1983.

최길성, 『한국인의 한』, 예전사, 1991.

최샘·정채연, "데리다의 환대의 윤리에 대한 법철학적 성찰", 『중앙법학』 22(1), 2020.

최성희·김지영, "옮긴이 후기", 그레그 멜리사·그레고리 시그워스 편, 『정동이론: 몸과
　　문화·윤리·정치의 마주침에서 생겨나는 것들에 대한 연구』, 최성희·김지영·박혜
　　정 역, 갈무리, 2015.

최순양, "스피박의 서발턴(하위주체)의 관점에서 바라 본 아시아 여성신학과 민중신학
　　적 담론에 대한 문제제기", 『신학논단』 72, 2013.

최열·최태만 편, 『민중미술 15년: 1980~1994』, 삶과꿈, 1994.

최원, "루이 알튀세르, 이데올로기와 반역", 철학아카데미, 『처음 읽는 프랑스 현대철학:
　　사르트르부터 바디우까지, 우리 눈으로 그린 철학 지도』, 동녘, 2013.

최장집, 『한국 민주주의의 이론』, 한길사, 1993.

_____, 『민중에서 시민으로: 한국 민주주의를 이해하는 하나의 방법』, 돌베개, 2009.

최정운, "조선시대의 민중세계를 다룬 소설 『임꺽정』의 공(功)과 과(過)", 『한국사 시민
　　강좌』 41, 2007.

최현, "한국사회 진보의 주체: 민중, 노동자계급, 시민, 다중과 정체성 집단", 『경제와 사

회』 86, 2010.

최형묵, 『보이지 않는 손이 보이지 않은 것은 그 손이 없기 때문이다』, 다산글방, 1999.

_____, "탈/향의 기억 그리고 공(公)의 상상력", 김진호 외, 『죽은 민중의 시대 안병무를 다시 본다』, 삼인, 2006.

최혜린, "근현대 한국 통사(通史)에 나타난 전근대 피지배층 저항 서술의 변화", 『인문논총』 75(1), 2018.

카터 에커트, "헤겔의 망령을 몰아내며: 탈민족주의적 한국사 서술을 위하여", 신기욱·마이클 로빈슨 편저, 『한국의 식민지 근대성: 내재적 발전론과 식민지 근대화론을 넘어서』, 도면회 역, 삼인, 2006.

클리퍼드 기어츠, 『극장국가 느가라: 19세기 발리의 정치체제를 통해서 본 권력의 본질』, 김용진 역, 눌민, 2017.

태혜숙, "탈식민주의 페미니즘: 하위주체로서의 여성 개념을 중심으로", 『한국여성학』 13(1), 1997.

테오도르 아도르노·막스 호르크하이머, 『계몽의 변증법: 철학적 단상』, 김유동 역, 문학과지성사, 2001.

테오 순더마이어, "한국의 민중신학과 민중미술: '말뚝이'를 중심으로", 안병무 박사 고희 기념논문집 출판위원회 편, 『예수·민중·민족: 안병무 박사 고희 기념논문집』, 한국신학연구소, 1992.

_____, "안병무 교수에 대한 기억", 심원안병무선생기념사업위원회 편, 『갈릴래아의 예수와 안병무』, 한국신학연구소, 1998.

파울로 프레이리, 『교육과 의식화』, 채광석·심지연 역, 새밭, 1978.

_____, 『페다고지: 민중교육론』, 성찬성 역, 한국천주교평신도사도직협의회, 1979.

_____, 『실천교육학』, 김쾌상 역, 일월서각, 1986.

_____, 『교육과 정치의식: 문화, 권력 그리고 해방』, 한준상 역, 학민사, 1986.

파울로 프레이리 외, 『민중교육론: 제3세계의 시각』, 채광석 외 역, 한길사, 1979.

파커 J. 파머, 『비통한 자들을 위한 정치학: 왜 민주주의에서 마음이 중요한가』, 김찬호 역, 글항아리, 2012.

패트릭 S. 쳉, 『급진적인 사랑: 퀴어신학 개론』, 임유경·강주원 역, 무지개신학연구소, 2019.

편집부, "민중신학자들과 독일 신학자들의 대화", 『신학사상』 69, 1990.

편집부, 『학생운동 논쟁사』, 일송정, 1988.

피터 버거, 『현대사회와 신: 천사들에 관한 소문』, 김쾌상 역, 대한기독교서회, 1979.

하성웅, "Giorgio Agamben의 메시아 담론에 관한 정치신학 연구", 감리교신학대학교 석사학위논문, 2014.

하영선·손열 편, 『한국 사회과학 개념사: 조공에서 정보화까지』, 한울아카데미, 2018.

하영선 외, 『냉전기 한국 사회과학 개념사』, 대한민국역사박물관, 2018.

하윤섭, "'새로운 민중사'의 시각과 19세기 현실비판 가사 연구사에 대한 비판적 검토와 새로운 독법의 마련", 『민족문학사연구』 61, 2016.

하트무트 알부르샤트, "안병무 교수를 기억하면서", 심원안병무선생기념사업위원회 편, 『갈릴래아의 예수와 안병무』, 한국신학연구소, 1998.

학술단체연합심포지움 준비위원회 편, 『80년대 한국 인문사회과학의 현단계와 전망』, 역사비평사, 1988.

한국기독교사회문제연구원, 『1970년대 민주화운동과 기독교』, 한국기독교사회문제연구원, 1983.

한국민중사연구회, 『한국민중사1,2』, 풀빛, 1986.

한국민중신학회 편, 『민중신학의 여정』, 동연, 2017.

한국신학연구소 편, 『한국민중론』, 한국신학연구소, 1984.

한국신학연구소 편, 『민중신학자료』(1~7권), 한국신학연구소, 2003.

한규무, "『뜻으로 본 한국역사』와 1960년대 함석헌의 민주화운동", 『한국사학사학보』 29, 2014.

한상범, "민중론의 전개 방향", 유재천 편, 『민중』, 문학과지성사, 1984.

한상진, "민중과 사회과학", 유재천 편, 『민중』, 문학과지성사, 1984.

_____, "민중사회학의 '민중론' 비판", 『신동아』, 1987년 4월호.

_____, 『민중의 사회과학적 인식』, 문학과지성사, 1987.

_____, 『중민이론의 탐색』, 문학과지성사, 1991.

한숭희, "성인문해의 문화담론적 분석", 『사회교육학연구』 3(1), 1997.

_____, 『민중교육의 형성과 전개』, 교육과학사, 2001.

한완상, 『지식인과 허위의식』, 현대사상사, 1977.

_____, 『민중과 지식인』, 정우사, 1978.

_____, 『민중과 사회: 민중사회학을 위한 서설』, 종로서적, 1980.

_____, 『민중시대의 문제의식: 한완상 사회평론집』, 일월서각, 1983.

_____, 『민중사회학』, 종로서적, 1984.

_____, "민중과 의식화 교육", 한완상 외, 『한국민중교육론: 그 이념과 실천전략』, 학민사, 1985.

_____, 『지식인과 현실인식: 한완상 평론선집』, 청년사, 1986.

_____, 『인간과 사회구조: 사회학이론과 문제점들』, 경문사, 1986.

_____, "민중사회학의 방법론", 『신동아』, 1987년 4월호.

_____, "한국에서 시민사회, 국가 그리고 계급: 과연 시민운동은 개량주의적 선택인가", 한국사회학회·한국정치학회 편, 『한국의 국가와 시민사회』, 한울, 1992.

_____, 『한국현실 한국사회학』, 범우사, 1992.

_____, "민중신학의 현대사적 의미와 과제: 21세기 줄씨알의 신학을 바라며", 『신학사상』 143, 2008.

_____, 『사자가 소처럼 여울을 먹고: 한완상 회고록』, 후마니타스, 2017.

한완상·강인철, "해방신학의 이데올로기론과 대안적 공동체", 이문영 외, 『시대와 지성』, 민음사, 1988.

한완상·김성기, "한(恨)에 대한 민중사회학적 시론: 종교 및 예술 체험을 중심으로", 서울대학교 사회학연구회 편, 『현대자본주의와 공동체이론』, 한길사, 1987.

한완상·백욱인, "민중사회학의 몇 가지 문제점들: 그 총체적 바탕을 다지기 위하여", 장을병 외, 『우리 시대 민족운동의 과제』, 한길사, 1986.

한완상·한도현, "민중종교의 종말론적 급진성: 동학에 나타난 조선 농민의 혁명적 열망", 일랑고영복교수화갑기념논총간행회 편, 『사회변동과 사회의식2』, 전예원, 1988.

한완상 외, 『한국민중교육론: 그 이념과 실천전략』, 학민사, 1985.

함석헌, "씨알의 설움", 『사상계』, 1959년 12월호.

_____, "절망 속의 희망", NCC 신학연구위원회 편, 『민중과 한국신학』, 한국신학연구소, 1982.

허경, "미셸 푸코와 자기 변형의 기술", 철학아카데미, 『처음 읽는 프랑스 현대철학: 사르트르부터 바디우까지, 우리 눈으로 그린 철학 지도』, 동녘, 2013.

허병섭, "한국 민중극 언어에 관한 연구", 현영학 외, 『한국문화와 기독교윤리』, 문학과 지성사, 1986.

_____, 『스스로 말하게 하라: 한국 민중교육론에 관한 성찰』, 학이시습, 2009.

허수, 『식민지 조선 오래된 미래: 개념과 표상으로 식민지 시대 다시 읽기』, 푸른역사, 2011.

허수·노관범, "머리말: 현지성과 동시성으로 보는 근대 개념사", 한림대학교 한림과학원 편, 『두 시점의 개념사: 현지성과 동시성으로 보는 동아시아근대』, 푸른역사, 2013.

허영란, "민중운동사 이후의 민중사: 민중사 연구의 현재와 새로운 모색", 『역사문제연구』 15, 2005.

_____, "민중운동사 이후의 민중사: 민중사 연구의 현재와 새로운 모색", 역사문제연구소 민중사반, 『민중사를 다시 말한다』, 역사비평사, 2013.

현영학, "한국 가면극 해석의 한 시도: 신학적 해석", 채희완 편, 『탈춤의 사상』, 현암사, 1984.

_____, "민중·고난의 종·희망", 한국신학연구소 편, 『1980년대 한국 민중신학의 전개』, 한국신학연구소, 1990.

_____, "민중신학과 한(恨)의 종교", 한국신학연구소 편, 『1980년대 한국 민중신학의 전개』, 한국신학연구소, 1990.

_____, 『예수의 탈춤: 한국 그리스도교의 사회윤리』, 한국신학연구소, 1997.

호미 바바, 『문화의 위치: 탈식민주의 문화이론』, 나병철 역, 소명출판, 2012.

호인수, 『백령도: 호인수 시집』, 실천문학사, 1991.

홍근수, "고 안병무 교수의 삶과 유산", 심원안병무선생기념사업위원회 편, 『갈릴래아의 예수와 안병무』, 한국신학연구소, 1998.

홍동현, "'새로운 민중사'의 등장과 새로운 동학농민전쟁사(史) 서술에 대한 모색", 『남도문화연구』 27, 2014.

홍성태, 『김진균 평전: 민중을 위한 학문과 실천의 삶』, 진인진, 2014.

홍정완, 『한국 사회과학의 기원: 이데올로기와 근대화의 이론체계』, 역사비평사, 2021.

황광수, "과거의 재생과 현재적 삶의 완성: 『객주』와 『타오르는 강』을 중심으로", 백낙청·염무웅 편, 『한국문학의 현단계 II』, 창작과비평사, 1983.

황문수, "민중의 역설성", 『신동아』, 1980년 7월호.

황병주, "1960년대 비판적 지식인사회의 민중 인식", 『기억과 전망』 21, 2009.

_____, "발문: 유령과의 동거를 위하여", 김원, 『박정희 시대의 유령들: 기억, 사건 그리고 정치』, 현실문화, 2011.

황석영, 『객지』, 창작과비평사, 1974.

_____, 『장길산』(1~10권), 현암사, 1984.

황선명, 『민중종교운동사』, 종로서적, 1980.

황선명 외, 『한국 근대 민중종교 사상』, 학민사, 1983.

황용연, "'정체성의 정치'와 민중신학: IMF 시대 민중신학의 실천 담론을 위한 '한 방향' 모색", 『시대와 민중신학』 5, 1998.

_____, "'산 사람'을 말하며 '유령'을 감지하기: 한국 민주주의와 민중신학", 『시대와 민중신학』 8, 2004.

_____, "소수자, 우리 시대의 민중", 김진호 외, 『죽은 민중의 시대 안병무를 다시 본다』, 삼인, 2006.

_____, "민중신학에서의 민중 용어의 작용에 대한 연구", 『신학사상』 190, 2020.

Beyer, Peter F., "Questioning the Secular/Religious Divide in a Post-Westphalian World," *International Sociology* 28(6), 2013.

Burchardt, Marian, and Monika Wohlrap-Sahr, "'Multiple Secularities: Religion and Modernity in the Global Age'—Introduction," *International Sociology* 28(6), 2013.

Calhoun, Craig, "Putting Emotions in Their Place," Jeff Goodwin et al. eds., *Passionate Politics*, Chicago: University of Chicago Press, 2001.

Calhoun, Craig, Mark Juergensmeyer and Jonathan VanAntwerpen eds., *Rethinking Secularism*, New York: Oxford University Press, 2011.

Chang, Jong Sik, "Minjung Theology: Postcolonial Critique," Ph.D. diss., University of Birmingham, 2002.

Ferm, Deane William ed., *Third World Liberation Theologies: A Reader*, New York:

Orbis Books, 1986.

Fujitani, Takashi, *Splendid Monarchy: Power and Pageantry in Modern Japan*, Berkeley: University of California Press, 1996.

Geertz, Clifford, *Negara: The Theatre State in Nineteenth-Century Bali*, Princeton: Princeton University Press, 1980.

Goodwin, Jeff, and James M. Jasper and Francesca Polletta eds., *Passionate Politics: Emotions and Social Movements*, Chicago: University of Chicago Press, 2001.

Goodwin, Jeff, and Steven Pfaff, "Emotion Work in High-Risk Social Movements: Managing Fear in the U.S. and East German Civil Rights Movements," Jeff Goodwin et al. eds., *Passionate Politics*, Chicago: University of Chicago Press, 2001.

Guha, Ranajit, *Elementary Aspects of Peasant Insurgency in Colonial India*, New Delhi: Oxford University Press, 1983.

Horkheimer, Max, and Theodor W. Adorno, *Dialectic of Enlightenment*, John Cumming tr., New York: The Seabury Press, 1972.

Jorgensen, John, "Minjung Buddhism," Jin Y. Park ed., *Makers of Modern Korean Buddhism*, Albany: SUNY Press, 2010.

Kim, Eunkyu, "Minjung (the Oppressed) Buddhism in the Context of Korea," *Madang: Journal of Contextual Theology* 17, 2012.

Kim, Yong-bok ed., *Minjung Theology: People as the Subjects of History*, Singapore: Commission on Theological Concerns of Christian Conference of Asia, 1981.

Kwon, Jinkwan, and P. Mohan Larbeer eds., *Towards a Theology of Justice for Life in Peace: Minjung-Dalit Theological Dialogue*, Bangalore: BTESSC, 2012.

Laclau, Ernesto, *On Populist Reason*, London & New York: Verso, 2018.

Lee, Jae Hoon, "A Study of 'Han' of the Korean People: A Depth Psychological Contribution to the Understanding of the Concept of 'Han' in the Korean Minjung Theology," Ph.D. diss., Union Theological Seminary, 1989.

Lee, Jung Yong ed., *An Emerging Theology in World Perspective: Commentary on*

Korea Minjung Theology, Mystic: Twenty-Third Publications, 1988.

Lee, Namhee, *The Making of Minjung: Democracy and the Politics of Representation in South Korea*, Ithaca: Cornell University Press, 2007.

McElya, Micki, *The Politics of Mourning: Death and Honor in Arlington National Cemetery*, Cambridge: Harvard University Press, 2016.

Moon, Chris H.S., *A Korean Minjung Theology: An Old Testament Perspective*, New York: Orbis Books, 1985.

Mun, Chanju, "A Historical Introduction to Minjung Buddhism: A Liberation Buddhism of South Korea in the 1980s," 『韓国仏教学 seminar』 9, 2003.

_____, "A Historical Introduction to Minjung (Liberation) Buddhism: A South Korean Version of Radical Buddhism in the 1980s," *Politics, Religion & Ideology* 15(2), 2014.

Neff, John R., *Honoring the Civil War Dead: Commemoration and the Problem of Reconciliation*, Lawrence: University Press of Kansas, 2005.

Pyun, Sun Hwan, "Buddhist-Christian Dialogue toward the Liberation of Minjung: Particularly Centering Around Minjung Buddhism," 『신학과 세계』 16, 1988.

Scott, James C., *Weapons of the Weak: Everyday Forms of Peasant Resistance*, New Haven: Yale University Press, 1985.

_____, *Domination and the Arts of Resistance: Hidden Transcripts*, New Naven: Yale University Press, 1990.

Turner, Edith, *Communitas: The Anthropology of Collective Joy*, New York: Palgrave MacMillan, 2012.

Turner, Victor W., *The Ritual Process: Structure and Anti-Structure*, London: Routledge & Kegan Paul, 1969.

_____, *Dramas, Fields, and Metaphors: Symbolic Action in Human Society*, Ithaca: Cornell University Press, 1974.

_____, *From Ritual to Theatre: The Human Seriousness of Play*, New York: PAJ Publications, 1982.

_____, *The Anthropology of Performance*, New York: PAJ Publications, 1987.

Van Gennep, Arnold, *The Rites of Passage*, Monika B. Vizedom and Gabrielle L. Caffee tr., Chicago: University of Chicago Press, 1960.

Weber, Max, *From Max Weber: Essays in Sociology*, H. H. Gerth and C. W. Mills eds. and tr., New York: Oxford University Press, 1958.

_____, *The Sociology of Religion*, Ephraim Fischoff tr., Boston: Beacon Press, 1964.

Wohlrap-Sahr, Monika, and Marian Burchardt, "Multiple Secularities: Toward a Cultural Sociology of Secular Modernities," *Comparative Sociology* 11, 2012.

Wolf, Eric R., *Europe and the People without History*, Berkeley: University of California Press, 1982.

Wood, Elisabeth J., "The Emotional Benefits of Insurgency in El Salvador," Jeff Goodwin et al. eds., *Passionate Politics*, Chicago: University of Chicago Press, 2001.

古川美佳, 『韓國の民衆美術(ミンジュン.アート): 抵抗の美學と思想』, 東京: 岩波書店, 2018.

찾아보기

가

수록 도판 크레디트

총서 知의회랑을 기획하며

arcade of knowledge

대학은 지식 생산의 보고입니다. 세상에 바로 쓰이지 않더라도 언젠가는 반드시 인류에 필요할 지식을 생산하고 축적하며 발전시키는 일을 끊임없이 해나갑니다. 오랫동안 대학에서 생산한 지식은 책이란 매체에 담겨 세상의 지성을 이끌어왔습니다. 그 책들은 콘텐츠를 저장하고 유통시키며 활용하게 만드는 매체의 차원을 넘어, 인간의 비판적 사유 능력과 풍부한 감수성을 자극하는 촉매의 역할을 충실히 해왔습니다.

이와 같은 '책을 읽는다'는 것은 단순히 지식과 정보를 습득하는 데 멈추지 않고, 시대와 현실을 응시하고 성찰하면서 다시 그 너머를 사유하고 상상함을 의미합니다. 그러므로 '세상의 밑그림'을 그리는 책무를 지닌 대학에서 책을 펴내는 것은 결코 가벼이 여겨선 안 될 일입니다.

이제 우리는 다양한 방식으로 존재하는 지식과 정보, 그리고 사유와 전망을 담은 책을 엮어 현존하는 삶의 질서와 가치를 새롭게 디자인하고자 합니다. 과거를 풍요롭게 재구성하고 미래를 창의적으로 기획하는 작업이 다채롭게 펼쳐질 것입니다.

대학의 심장부에 해당하는 도서관이 예부터 우주의 축소판이라 여겨져 왔듯이, 그곳에 체계적으로 배치된 다양한 책들이야말로 이른바 학문의 우주를 구성하는 성좌와 다름없습니다. 우리는 그 빛이 의미 없이 사그라들지 않기를, 여전히 어둡고 빈 서가를 차곡차곡 채워가기를 기대합니다.

앎을 쉽게 소비하는 시대를 살고 있지만, 다양한 앎을 되새김함으로써 학문의 회랑에서 거듭나는 지식의 필요성에 우리는 공감합니다. 정보의 홍수와 유행 속에서도 퇴색하지 않을 참된 지식이야말로 인간이 가야 할 길에 불을 밝혀줄 수 있기 때문입니다. 앞으로 대학이란 무엇을 하는 곳이며, 왜 세상에 남아 있어야 하는 곳인지 끊임없이 되물으며, 새로운 지의 총화를 위한 백년 사업을 시작하겠습니다.

총서 '知의회랑' 기획위원

안대회 · 김성돈 · 변혁 · 윤비 · 오제연 · 원병묵

지은이 강인철

1994년 서울대학교 사회학과에서 박사학위를 받았고, 1997년부터 한신대학교 종교문화
학과 교수로 재직 중이다. 시민종교, 전사자 숭배, 한국의 종교정치, 군종제도, 종교와 전
쟁, 양심적 병역거부, 종교사회운동, 종교권력, 개신교 보수주의, 한국 천주교, 북한 종
교, 민중 개념사 등을 탐구해왔다. 현재 한국의 양심적 병역거부 역사를 다루는 2부작을
집필 중이다.

이번에 나온 『민중』 2부작을 포함하여 지금까지 모두 18권의 단독저서를 출간했다. 광
주항쟁 40주년을 맞는 2020년 5월에 『5·18 광주 커뮤니타스』를, 그리고 2019년 초에는
'한국 시민종교 3부작'을 이루는 『시민종교의 탄생』, 『경합하는 시민종교들』, 『전쟁과 희
생』을 동시에 내놓았다. 2017년에는 『종교와 군대』를, 2012~2013년에는 '한국 종교정
치 5부작'인 『한국의 종교, 정치, 국가』, 『종속과 자율』, 『저항과 투항』, 『민주화와 종교』,
『종교정치의 새로운 쟁점들』을 선보였다. 그 밖에 『종교권력과 한국 천주교회』(2008),
『한국의 개신교와 반공주의』(2007), 『한국 천주교회의 쇄신을 위한 사회학적 성찰』
(2007), 『한국 천주교의 역사사회학』(2006), 『전쟁과 종교』(2003), 『한국 기독교회와 국
가, 시민사회: 1945~1960』(1996) 등이 있다.

🏛 知의회랑
arcade of knowledge
036

민중, 저항하는 주체
민중의 개념사, 이론

1판 1쇄 인쇄 2023년 7월 20일
1판 1쇄 발행 2023년 7월 30일

지 은 이   강인철
펴 낸 이   유지범
책임편집   현상철
편   집   신철호·구남희
마 케 팅   박정수·김지현

펴 낸 곳   성균관대학교출판부
등   록   1975년 5월 21일 제1975-9호
주   소   03063 서울특별시 종로구 성균관로 25-2
전   화   02)760-1253~4 팩스 02)762-7452
홈페이지   http://press.skku.edu

ISBN 979-11-5550-596-0 93300